FIRMES EN LA FE

Cuando escribo estas líneas, hace tres meses que ha estallado la guerra en Ucrania. El mundo, cuando apenas se habían empezado a superar las consecuencias de la pandemia de la Covid-19, está herido de nuevo por las consecuencias un nuevo conflicto: muerte, hambre, refugiados, destrucción, empobrecimiento, dolor... Uno piensa como ser humano que no hemos terminado de aprender la lección. El doloroso s. XX nos puso en diálogo con la paradoja en la que permanecemos: capaces de un asombroso desarrollo en ciencia, técnica, medicina, pero incapaces de progresar en la construcción de una humanidad más fraterna, justa y libre.

La comunidad de fe que constituyen los lectores del **Evangelio de EDIBESA** es consciente de esta circunstancia y sabe que la Palabra de Dios es el mejor manual de instrucciones para orientarse en esa rara tarea que sigue siendo, muchas veces, vivir. Ese mundo herido necesita del aliento de la fe para darse cuenta de que es posible vivir de otra manera. Darse cuenta de que Jesús, amigo fiel, es el que con su palabra transforma nuestra vida y la realidad. Cuántas veces lo olvidamos y cuántas veces surge la necesidad de volver a recuperar el aliento en una palabra, la de Dios, que nos ha creado y nos sostiene en nuestras luchas.

Nuestro mundo necesita conjugar el amor como modo privilegiado de articular la vida en común, la fraternidad. Nuestro mundo necesita conjugar la esperanza como un modo privilegiado de vivir un tiempo, el que vivimos en que cabe recrear lo vivido (la memoria) para proyectarlo en el futuro pleno prometido por el Señor. Y nuestro mundo necesita que permanezcamos firmes en la fe (1Cor 16, 13). Una fe que nos configura con Aquel que, con su vida, muerte y resurrección, abrió un camino de sentido que ha iluminado a muchos desde hace más de dos mil años.

A nosotros nos toca mantener viva la llama. El librito que el lector tiene un año más (y ya van veintisiete) entre sus manos es una herramienta muy útil para el propósito de que, permaneciendo en la fe seamos capaces de articular cambio en medio de la sociedad y nuestra circunstancia. La **Palabra** nos ayuda a escuchar la voz de Dios en Jesús, la Palabra nos ayuda a meditar su mensaje y ensanchar nuestro interior, la Palabra nos ayuda a crear comunión y fraternidad, la Palabra nos ayuda, en definitiva, a ser huella privilegiada de Dios en el mundo.

Hoy sigue siendo tarea compartida la de anunciar el **Evangelio**. Somos Iglesia y queremos que la semilla de amor y concordia que lleva el Evangelio en su seno sea para todos. Ojalá que cada persona que se acerca a este librito, logre encarnar en su vida el valor de una fe, la que tenemos en nuestro Dios, que quiere que el ser humano, viva y viva en plenitud.

Fray Jorge Luis Álvarez, O.P.
Editor
Convento de San Esteban,
Salamanca, 22 de junio de 2022,
Santo Tomás Moro

SIGLAS DE LOS SANTOS Y BEATOS

(Si son varios, acaban en «s»)

ab	abad, abadesa	**em**	emperador, emperatriz	**ob**	obispo
ap	apóstol	**er**	ermitaño, anacoreta	**pb**	presbítero
AT	Antiguo Testamento	**es**	esposo, esposa	**pf**	padre de familia
cf	confesor	**ev**	Evangelista	**pp**	papa
co	compañeros	**la**	laico, laica	**prof**	profeta
ct	catequista	**mf**	madre de familia	**re**	rey, reina
dc	doctor de la Iglesia	**mj**	monje, monja	**rl**	religioso, religiosa
di	diácono	**mr**	mártir	**vd**	viuda
		NT	Nuevo Testamento	**vg**	virgen

LECTURA DE LA PALABRA EN CLIMA DE ORACIÓN

1. **Hago silencio,** *exterior e interior.*
   Estoy en la presencia del Señor
   Contemplo a Dios que me quiere, me acoge, me escucha, me habla.
2. **Petición:**
   Humildemente te pido, a ti, Señor, que eres la luz verdadera y la fuente misma de toda luz, que, meditando fielmente tu Palabra, viva siempre en tu claridad.
   Por Jesucristo, tu Hijo, nuestro Señor.
3. **Palabra de Dios**
   Leo tranquila y detenidamente el texto evangélico para hoy, en comunión con toda la Iglesia. Me fijo bien en todos los detalles.
4. **Ante la Palabra leída**
   –¿Qué dice este texto? *(Lectura honda: personas, circunstancias, actitudes…).*
   –¿Qué me dice a mí, personalmente? *(Meditación).*
   –Desde esto, ¿qué te digo yo ahora, Señor? *(Oración).*
   –¡Quiero identificarme contigo, Señor! ¿Qué hacer?
   (Contemplación, iluminación de mi vida concreta).
5. **Oración**
   Hay una oración-reflexión propia de cada día, como inicio de respuesta al texto evangélico. Al final puede añadirse la siguiente:
   Gracias, Señor, por tu presencia y tu cercanía en este rato de oración; y por la luz y la fuerza que me has dado. Ayúdame a vivir según tu voluntad y sirviendo siempre a mis hermanos. Por Jesucristo, tu Hijo, nuestro Señor.

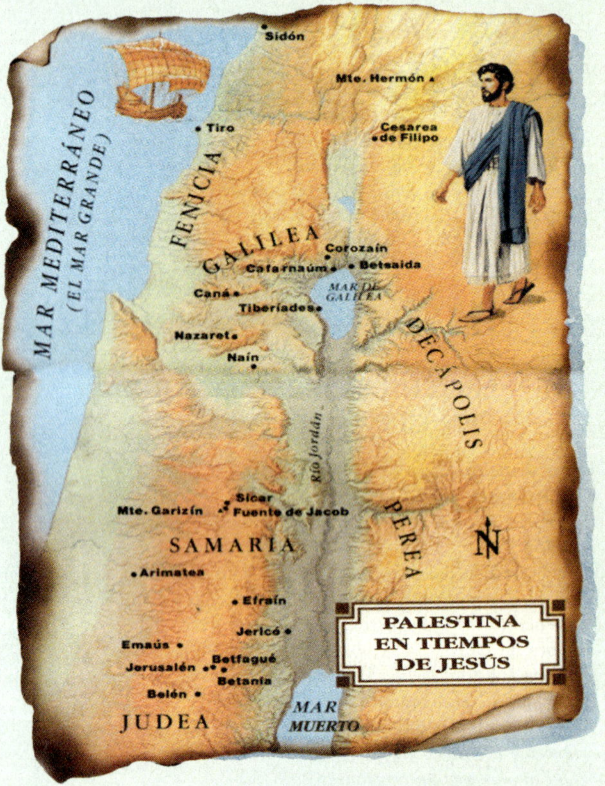

Los Santos Lugares se deben salvaguardar en su sacralidad, tutelando así no solo el legado del pasado, sino también a las personas que los visitan hoy y que los visitarán en el futuro. Que Jerusalén sea verdaderamente la Ciudad de la paz. Que resplandezca plenamente su identidad y su carácter sagrado, su valor universal, religioso y cultural, como tesoro para toda la humanidad. Qué bello que los peregrinos y los residentes puedan acudir libremente a los Lugares Santos y participar en las celebraciones.

Franciscus

ENERO

María es la Madre de Dios ("Theotókos"), pues por obra del Espíritu Santo concibió en su seno virginal y dio al mundo a Jesucristo, el Hijo de Dios. La Encarnación encuentra su prolongación en el misterio de la Iglesia, cuerpo de Cristo.
(San Juan Pablo II, "Redemptoris Mater", 5)

E N E R O

ENERO
1
DOMINGO

Tiempo de Navidad "Liturgia de las horas": Tomo I - Salterio 2ª semana

MARÍA, MADRE DE DIOS

SOLEMNIDAD DE SANTA MARÍA, MADRE DE DIOS.
Manuel (Enmanuel),
San Fulgencio de Ruspe *ob*

JORNADA MUNDIAL POR LA PAZ

Papa Francisco: María es la mujer que sabe conservar, es decir proteger, *custodiar* en su corazón el paso de Dios en la vida de su Pueblo. Desde sus entrañas aprendió a escuchar el latir del corazón de su Hijo y eso le enseñó, a lo largo de toda su vida, a descubrir el palpitar de Dios en la historia. Celebrar la maternidad de María como Madre de Dios y madre nuestra, al comenzar un nuevo año, significa recordar una certeza que acompañará nuestros días: somos un pueblo con Madre, no somos huérfanos. (01-01-2017)

PALABRA

• *Números* 6, 22-27: El Señor habló a Moisés: «Di a Aarón y a sus hijos, esta es la fórmula con la que bendeciréis a los hijos de Israel: "El Señor te bendiga y te proteja, ilumine su rostro sobre ti y te conceda su favor. El Señor te muestre su rostro y te conceda la paz". Así invocarán mi nombre sobre los hijos de Israel y yo los bendeciré».

• *Salmo* 66, 2-3. 5-8: ***Que Dios tenga piedad y nos bendiga.***

• *Gálatas* 4, 4-7: Hermanos: Cuando llegó la plenitud del tiempo, envió Dios a su Hijo, nacido de mujer, nacido bajo la ley, para rescatar a los que estaban bajo la ley, para que recibiéramos la adopción filial. Como sois hijos, Dios envió a nuestros corazones al Espíritu de su Hijo que clama: «¡"Abba", Padre!». Así que ya no eres esclavo, sino hijo; y si eres hijo, eres también heredero por voluntad de Dios.

• **LUCAS 2, 16-21:** Los pastores fueron corriendo hacia Belén y encontraron a María y a José, y al niño acostado en el pesebre. Al verlo, contaron lo que se les había dicho de aquel niño. Todos los que lo oían se admiraban de lo que les habían dicho los pastores. María, por su parte, conservaba todas estas cosas, meditándolas en su corazón. Y se volvieron los pastores dando gloria y alabanza a Dios por todo lo que habían oído y visto, conforme a lo que se les había dicho. Cuando se cumplieron los ocho días para circuncidar al niño, le pusieron por nombre Jesús, como lo había llamado el ángel antes de su concepción.

ORACIÓN

SEÑOR, en aquella primera Navidad, los pastores regresaron proclamando alabanzas de lo que habían visto y oído en el portal de Belén. **Jesús, al meditar este pasaje, siento en mi corazón el amor de tu Madre sosteniéndote en sus brazos. Junto a aquellos humildes pastores, yo te alabo.**

Santos BASILIO y GREGORIO *obs docs*,
Adalardo de Corbie *ab*

Papa Francisco: A quienes también hoy quieren saber quién es Jesús podemos ofrecerles tres cosas, tres: el evangelio; el crucifijo; y el testimonio de nuestra fe, pobre pero sincera. El evangelio: allí podemos encontrar a Jesús, escucharlo, y conocerlo: para que se pueda llevar en el bolso, en el bolsillo, leerlo con frecuencia, un pasaje, un párrafo cada día, la Palabra de Dios es luz para nuestro camino. El crucifijo: signo del amor de Jesús que se ha donado por nosotros; y después, una fe que se traduce en gestos simples de caridad fraterna. Pero principalmente, en la coherencia de vida entre lo que decimos y lo que vivimos. El evangelio, el crucifijo y el testimonio. (22-03-2015)

PALABRA

Este fue el testimonio de Juan, cuando los judíos enviaron desde Jerusalén sacerdotes y levitas a que le preguntaran: «¿Tú quién eres?». Él confesó y no negó; confesó: «Yo no soy el Mesías». Le preguntaron: «¿Entonces, qué? ¿Eres tú Elías?». Él dijo: «No lo soy». «¿Eres tú el Profeta?». Respondió: «No». Y le dijeron: «¿Quién eres, para que podamos dar una respuesta a los que nos han enviado? ¿Qué dices de ti mismo?». Él contestó: «Yo soy la voz que grita en el desierto: "Allanad el camino del Señor", como dijo el profeta Isaías». Entre los enviados había fariseos y le preguntaron: «Entonces, ¿por qué bautizas si tú no eres el Mesías, ni Elías, ni el Profeta?». Juan les respondió: «Yo bautizo con agua; en medio de vosotros hay uno que no conocéis, el que viene detrás de mí, y al que no soy digno de desatar la correa de la sandalia». Esto pasaba en Betania, en la otra orilla del Jordán, donde Juan estaba bautizando.

1 Juan 2,22-28; ***Salmo*** 97,1-4 • **JUAN 1,19-28**

ORACIÓN

SEÑOR, como san Juan Bautista, deseo confesar a todos, mi amor a Ti, y no negarlo –o disimularlo– ante algunos de mis familiares y amigos. **Jesús, dame valor y sabiduría para dar siempre testimonio de Ti, incluso en las circunstancias más difíciles.** ***Los confines de la tierra han contemplado la salvación de nuestro Dios*** *(Salmo 97,3cd).*

SANTÍSIMO NOMBRE DE JESÚS.

Santos Antero *pp*, Genoveva *vg*, Ciriaco Elías *ob*

Anagrama del NOMBRE DE JESÚS

Papa Francisco: Nosotros somos hombres en tensión, somos también hombres contradictorios e incoherentes, pecadores, todos. Pero hombres que quieren caminar bajo la mirada de Jesús. Somos pequeños, somos pecadores, pero queremos militar bajo el estandarte de la Cruz. Nosotros, que somos egoístas, queremos también vivir una vida agitada por grandes deseos. Renovemos así nuestra oblación al Eterno Señor del universo para que con la ayuda de su Madre gloriosa podamos querer, desear y vivir los sentimientos de Cristo que se despojó de sí mismo. (03-01-2014)

PALABRA

Al día siguiente, al ver Juan a Jesús que venía hacia él, exclamó: «Este es el Cordero de Dios, que quita el pecado del mundo. Este es aquel de quien yo dije: "Tras de mí viene un hombre que está por delante de mí, porque existía antes que yo". Yo no lo conocía; pero he salido a bautizar con agua, para que sea manifestado a Israel». Y Juan dio testimonio diciendo: «He contemplado al Espíritu que bajaba del cielo como una paloma y se posó sobre él. Yo no lo conocía, pero el que me envió a bautizar con agua me dijo: "Aquel sobre quien veas bajar el Espíritu y posarse sobre él, ese es el que bautiza con Espíritu Santo". Y yo lo he visto, y he dado testimonio de que este es el Hijo de Dios».

1Juan 2, 29 ; 3, 6; ***Salmo*** 97, 1-6 • JUAN 1, 29-34

ORACIÓN

SEÑOR, según lo marcado por la ley judía, tu Madre y san José te llevaron a Jerusalén para presentarte en el templo. **Jesús, yo no puedo presentarte en aquel templo, pero sí puedo sentir tu Presencia en lo más hondo de mi corazón. ¡Bendito sea tu santo Nombre!** ***Los confines de la tierra han contemplado la salvación de nuestro Dios.*** *(Salmo 97, 3cd)*

SAN MANUEL GONZÁLEZ

Santos Genoveva Torres *vg,*
Manuel González *ob,*
Zedíslava de Lemberk *mf,*
Isabel Ana Seton *mf*

Papa Francisco: Jesús te encontró el día de tu Bautismo: eso es verdad, eras niño. Y con el Bautismo te ha justificado y te ha hecho parte de su pueblo. Todos nosotros hemos tenido en nuestra vida algún encuentro con Él, un encuentro verdadero en el que sentí que Jesús me miraba. No es una experiencia sólo para santos. Y si no recordamos, será bonito hacer un poco de memoria y pedir al Señor que nos dé la memoria, porque Él se acuerda, Él recuerda el encuentro... (24-04-2015)

PALABRA

Estaba Juan con dos de sus discípulos y, fijándose en Jesús que pasaba, dice: «Este es el Cordero de Dios». Los dos discípulos oyeron sus palabras y siguieron a Jesús. Jesús se volvió y, al ver que lo seguían, les pregunta: «¿Qué buscáis?». Ellos le contestaron: «Rabí (que significa Maestro), ¿dónde vives?». Él les dijo: «Venid y veréis». Entonces fueron, vieron dónde vivía y se quedaron con él aquel día; era como la hora décima (las cuatro de la tarde). Andrés, hermano de Simón Pedro, era uno de los dos que oyeron a Juan y siguieron a Jesús; encuentra primero a su hermano Simón y le dice: «Hemos encontrado al Mesías (que significa Cristo)». Y lo llevó a Jesús. Jesús se le quedó mirando y le dijo: «Tú eres Simón, el hijo de Juan; tú te llamarás Cefas (que se traduce: Pedro)».

1 Juan 3,7-10; ***Salmo*** 97,1.7-9 • **JUAN 1, 35-42**

ORACIÓN

SEÑOR, muchas veces me pregunto qué es lo que en realidad busco en mi vida: ¿te busco a Ti?, ¿o, más bien, intento conseguir egoístamente mi propio beneficio? **Jesús, te suplico que me guíes a tu santa morada, porque quiero entregarme generosamente a Ti.** ***Los confines de la tierra han contemplado la salvación de nuestro Dios*** *(Salmo 97,3cd).*

Santos Juan Nepomuceno Neumann *ob*, Deogracias *ob*, Emiliana *vg*. Beato Carlos Houben *pb*

S. JUAN NEPOM. NEUMANN

Papa Francisco: La experiencia de los Magos nos exhorta a no conformarnos con la mediocridad, a no "ir tirando", sino a buscar el sentido de las cosas, a escrutar con pasión el gran misterio de la vida. Y nos enseña a no escandalizarnos de la pequeñez y de la pobreza, sino a reconocer la majestad en la humildad, y saber arrodillarnos frente a ella. (06-01-2016)

PALABRA

Determinó Jesús salir para Galilea; encuentra a Felipe y le dice: «Sígueme». Felipe era de Betsaida, ciudad de Andrés y de Pedro. Felipe encuentra a Natanael y le dice: «Aquel de quien escribieron Moisés en la ley y los profetas, lo hemos encontrado: Jesús, hijo de José, de Nazaret». Natanael le replicó: «¿De Nazaret puede salir algo bueno?». Felipe le contestó: «Ven y verás». Vio Jesús que se acercaba Natanael y dijo de él: «Ahí tenéis a un israelita de verdad, en quien no hay engaño». Natanael le contesta: «¿De qué me conoces?». Jesús le responde: «Antes de que Felipe te llamara, cuando estabas debajo de la higuera, te vi». Natanael respondió: «Rabí, tú eres el Hijo de Dios, tú eres el Rey de Israel». Jesús le contestó: «¿Por haberte dicho que te vi debajo de la higuera, crees? Has de ver cosas mayores». Y le añadió: «En verdad, en verdad os digo: veréis el cielo abierto y a los ángeles de Dios subir y bajar sobre el Hijo del hombre».

1Juan 3, 11-21; ***Salmo*** 99, 1-5 • **JUAN 1, 43-51**

ORACIÓN

SEÑOR, cuando te pregunto si puede salir algo bueno de mi imperfecto corazón o si hay verdadero amor dentro de mí, siempre me respondes que sí. Porque Tú moras en lo más profundo de mí. **Jesús, ayúdame a sentir tu amorosa Presencia en el centro de mi ser.** ***Aclama al Señor, tierra entera*** *(Salmo 99,1).*

ADORACIÓN DE LOS MAGOS

SOLEMNIDAD DE LA EPIFANÍA DEL SEÑOR.
Santos Andrés Corsini *ob*, Pedro Tomás *ob*

ENERO
6
VIERNES

DÍA DEL CATEQUISTA NATIVO Y COLECTA DEL IEME

Papa Francisco: La adoración es un gesto de amor que cambia la vida. Es actuar como los Magos: es traer oro al Señor, para decirle que nada es más precioso que Él; es ofrecerle incienso, para decirle que sólo con Él puede elevarse nuestra vida; es presentarle mirra, con la que se ungían los cuerpos heridos y destrozados, para pedirle a Jesús que socorra a nuestro prójimo que está marginado y sufriendo, porque allí está Él. (06-01-2020)

PALABRA

• ***Isaías*** 60,1-6: ¡Levántate y resplandece, Jerusalén, porque llega tu luz; la gloria del Señor amanece sobre ti!
• ***Salmo*** 71,1-2.7-13: ***Se postrarán ante ti, Señor, todos los pueblos de la tierra.***
• ***Efesios*** 3, 2-3a.5-6: Hermanos: habéis oído hablar de la distribución de la gracia de Dios que se me ha dado en favor de vosotros, los gentiles.

• **MATEO 2,1-12:** Habiendo nacido Jesús en Belén de Judea en tiempos del rey Herodes, unos magos de Oriente se presentaron en Jerusalén preguntando: «¿Dónde está el Rey de los judíos que ha nacido? Porque hemos visto salir su estrella y venimos a adorarlo». Al enterarse el rey Herodes, se sobresaltó y todo Jerusalén con él; convocó a los sumos sacerdotes y a los escribas del país, y les preguntó dónde tenía que nacer el Mesías. Ellos le contestaron: «En Belén de Judea, porque así lo ha escrito el profeta: "Y tú, Belén, tierra de Judá, no eres ni mucho menos la última de las poblaciones de Judá; pues de ti saldrá un jefe que pastoreará a mi pueblo Israel"». Entonces Herodes llamó en secreto a los magos para que le precisaran el tiempo en que había aparecido la estrella, y los mandó a Belén diciéndoles: «Id y averiguad cuidadosamente qué hay del niño y, cuando lo encontréis, avisadme, para ir yo también a adorarlo». Ellos, después de oír al rey, se pusieron en camino, y, de pronto, la estrella que habían visto salir comenzó a guiarlos hasta que vino a pararse encima de donde estaba el niño. Al ver la estrella, se llenaron de inmensa alegría. Entraron en la casa, vieron al niño con María, su madre, y cayendo de rodillas lo adoraron; después, abriendo sus cofres, le ofrecieron regalos: oro, incienso y mirra. Y habiendo recibido en sueños un oráculo, para que no volvieran a Herodes, se retiraron a su tierra por otro camino.

ORACIÓN

SEÑOR, tras guiar mediante una brillante estrella a los magos de Oriente, te mostraste ante ellos en el portal de Belén. Y ellos, al contemplarte, se postraron ante Ti y te ofrecieron regalos. **Jesús, deseo de todo corazón ser como aquella estrella, porque quiero guiar hasta Ti a mis familiares, amigos y vecinos, para que ellos también puedan contemplar tu gloria.**

ENERO
7
SÁBADO

Sábado después de Epifanía

Santos RAIMUNDO DE PEÑAFORT *pb*, Luciano *pb mr*, Ciro *ob mr*

S. RAIMUNDO DE PEÑAFORT

Papa Francisco: Jesús tiene las entrañas de Dios. Está lleno de ternura hacia la gente, en especial hacia los excluidos, los pecadores, los enfermos de los que nadie cuida. Los curas asépticos y de laboratorio no ayudan a la Iglesia. La Iglesia debe ser como un hospital de campaña, que debe sanar las heridas. Hay tanta gente herida, por problemas materiales, por escándalos, también en la Iglesia... Gente herida por ilusiones del mundo. (06-03-2014)

PALABRA

Al enterarse Jesús de que habían arrestado a Juan se retiró a Galilea. Dejando Nazaret, se estableció en Cafarnaún, junto al mar, en el territorio de Zabulón y Neftalí, para que se cumpliera lo dicho por el profeta Isaías: «Tierra de Zabulón y tierra de Neftalí, camino del mar, al otro lado del Jordán, Galilea de los gentiles. El pueblo que habitaba en tinieblas vio una luz grande; a los que habitaban en tierra y sombras de muerte, una luz les brilló». Desde entonces comenzó Jesús a predicar diciendo: «Convertíos, porque está cerca el reino de los cielos». Recorría toda Galilea, enseñando en sus sinagogas y proclamando el evangelio del reino y curando toda enfermedad y toda dolencia del pueblo. Su fama se extendió por toda Siria y le traían todos los enfermos aquejados de toda clase de enfermedades y dolores, endemoniados, lunáticos y paralíticos. Y él los curó. Y le seguían multitudes venidas de Galilea, Decápolis, Jerusalén, Judea y Transjordania.

1 Juan 3, 22 - 4, 6; ***Salmo*** 2, 7-8.10-12a • **MATEO 4, 12-17.23-25**

ORACIÓN

SEÑOR, tras dejar Nazaret te estableciste en Cafarnaúm y desde ahí saliste a predicar el Evangelio por toda Galilea y por otras zonas cercanas. Y hacías el bien a todos, para mostrar que tu Reino de Amor ya está entre nosotros. **Jesús, quiero experimentar tu Reino dentro de mí. Ayúdame a hacerlo presente a todos en mi vida cotidiana.** ***Te daré en herencia las naciones*** *(Salmo 2,8b).*

FIESTA DEL BAUTISMO DEL SEÑOR.
Santos Apolinar *ob*, Severino *ab*, Lorenzo Justiniano *ob*

ENERO
8
DOMINGO

Papa Francisco: Tan pronto como Jesús fue bautizado en el río Jordán, los cielos se abrieron y el Espíritu Santo descendió sobre él como una paloma, mientras que desde lo alto resonaba una voz que decía: «Este es mi Hijo amado; en el que me complazco» (Mateo 3, 17). En la fiesta del Bautismo de Jesús redescubrimos nuestro bautismo. Así como Jesús es el Hijo amado del Padre, también nosotros, renacidos del agua y del Espíritu Santo, sabemos que somos hijos amados — ¡el Padre nos ama a todos! —, que somos objeto de la satisfacción de Dios, hermanos y hermanas de muchos otros, con una gran misión de testimoniar y anunciar a todos los hombres y mujeres el amor ilimitado del Padre. (12-01-2020)

PALABRA

• ***Isaías*** 42, 1-4.6-7: Esto dice el Señor: «Mirad a mi siervo, a quien sostengo; mi elegido, en quien me complazco. He puesto mi espíritu sobre él, manifestará la justicia a las naciones: No gritará, no clamará, no voceará por las calles. La caña cascada no la quebrará, la mecha vacilante no lo apagará. Manifestará la justicia con verdad. No vacilará ni se quebrará hasta implantar la justicia en el país. En su ley esperan las islas. Yo, el Señor, te he llamado en mi justicia, te tomé de la mano, te formé e hice de ti alianza de un pueblo y luz de las naciones, para que abras los ojos de los ciegos, saques a los cautivos de la cárcel, y de la prisión a los que habitan en las tinieblas».

• ***Salmo*** 28, 1-4.9-10: ***El Señor bendice a su pueblo con la paz.***

• ***Hechos*** 10, 34-38: Pedro tomó la palabra y dijo: «Ahora comprendo con toda verdad que Dios no hace acepción de personas, sino que acepta al que lo teme y practica la justicia, sea de la nación que sea. Envió su palabra a los hijos de Israel, anunciando la Buena Nueva de la paz que traería Jesucristo, el Señor de todos. Vosotros conocéis lo que sucedió en toda Judea, comenzando por Galilea, después del bautismo que predicó Juan. Me refiero a Jesús de Nazaret, ungido por Dios con la fuerza del Espíritu Santo, que pasó haciendo el bien y curando a todos los oprimidos por el diablo, porque Dios estaba con él».

• MATEO 3, 13-17: Vino Jesús desde Galilea al Jordán y se presentó a Juan para que lo bautizara. Pero Juan intentaba disuadirlo diciéndole: «Soy yo el que necesito que tú me bautices, ¿y tú acudes a mí?». Jesús le contestó: «Déjalo ahora. Conviene que así cumplamos toda justicia». Entonces Juan se lo permitió. Apenas se bautizó Jesús, salió del agua; se abrieron los cielos y vio que el Espíritu de Dios bajaba como una paloma y se posaba sobre él. Y vino una voz de los cielos que decía: «Este es mi Hijo amado, en quien me complazco».

ORACIÓN

SEÑOR, durante tu bautizo descendió sobre Ti el Espíritu Santo y el Padre te expresó su Amor. Desde entonces, haciendo la voluntad del Padre, predicaste el Evangelio y diste tu vida por nosotros. **Jesús, ayúdame a experimentar a tu Santo Espíritu dentro de mí. Deseo sentirme amado y valorado por Ti.**

CAMBIO DE TOMO DE "Liturgia de las Horas"

DESDE MAÑANA, LUNES, TOMO III

Santos EULOGIO DE CÓRDOBA *pb mr*, **Adrián** *ab*, **Marcelino** *ob*, **Águeda Yi** *vg mr*

TIEMPO ORDINARIO

TOMO III de *la Liturgia de las Horas*

Papa Francisco: El tiempo litúrgico que acabamos de vivir tenía en el centro la espera de Jesús y después la llegada de Jesús: el nacimiento y los misterios del nacimiento hasta el bautismo. Hoy comienza un nuevo tiempo litúrgico y la Iglesia nos hace ver en el centro de este inicio también a Jesús. El centro de la liturgia de hoy es Jesús: Jesús como la primera y última palabra del Padre. (09-01-2017)

PALABRA

Después de que Juan fue entregado, Jesús se marchó a Galilea a proclamar el Evangelio de Dios. Decía: «Se ha cumplido el tiempo y está cerca el reino de Dios: convertíos y creed en el Evangelio». Pasando junto al mar de Galilea, vio a Simón y a Andrés, el hermano de Simón, echando las redes en el mar, pues eran pescadores. Jesús les dijo: «Venid en pos de mí y os haré pescadores de hombres». Inmediatamente dejaron las redes y lo siguieron. Un poco más adelante vio a Santiago, hijo de Zebedeo, y a su hermano Juan, que estaban en la barca repasando las redes. A continuación, los llamó, dejaron a su padre Zebedeo en la barca con los jornaleros y se marcharon en pos de él.

Hebreos 1, 1-6; *Salmo* 96, 1-2.6-9 • **MARCOS 1, 14-20**

ORACIÓN

SEÑOR, nos dices que se ha cumplido el tiempo y ya está cerca de nosotros tu Reino de Amor. Pero a veces me cuesta creerlo, porque tengo muchos problemas y dificultades en mi vida cotidiana. **Jesús, te lo pido, ayúdame a convertirme plenamente a tu Evangelio. Deseo seguirte interiormente, allá a donde tu Amor me lleve.** ***Adorad a Dios, todos sus ángeles*** *(Salmo 96).*

Santos Gregorio de Nisa *ob,* Miltiades *pp,* Guillermo *ob.* Beatos Ana de los Ángeles *vg,* Gonzalo *pb*

B. ANA DE LOS ANG. MONTEAGUDO

Papa Francisco: El Evangelio es palabra de vida: no oprime a las personas, al contrario, libera a quienes son esclavos de muchos espíritus malignos de este mundo: el espíritu de la vanidad, el apego al dinero, el orgullo, la sensualidad... ¡No os olvidéis! Leed un pasaje del Evangelio cada día. Es la fuerza que nos cambia, que nos transforma: cambia la vida, cambia el corazón. (01-02-2015)

PALABRA

En la ciudad de Cafarnaún, el sábado entra Jesús en la sinagoga a enseñar; estaban asombrados de su enseñanza, porque les enseñaba con autoridad y no como los escribas. Había precisamente en la sinagoga un hombre que tenía un espíritu inmundo, y se puso a gritar: «¿Qué tenemos que ver nosotros contigo, Jesús Nazareno? ¿Has venido a acabar con nosotros? Sé quién eres: el Santo de Dios». Jesús lo increpó: «¡Cállate y sal de él!». El espíritu inmundo lo retorció violentamente y, dando un grito muy fuerte, salió de él. Todos se preguntaron estupefactos: «¿Qué es esto? Una enseñanza nueva expuesta con autoridad. Incluso manda a los espíritus inmundos y lo obedecen». Su fama se extendió enseguida por todas partes, alcanzando la comarca entera de Galilea.

Hebreos 2, 5-12; *Salmo* 8, 2. 5-9 • **MARCOS 1, 21b-28**

ORACIÓN

SEÑOR, bien sabes que en mi corazón habitan pensamientos inmundos que me hacen sentirme superior a los demás y ser egoísta. **Jesús, te lo suplico, esté donde esté, y haga lo que haga, defiéndeme de estos pensamientos cuando ellos me ataquen con sus tentaciones.** ***Diste a tu Hijo el mando sobre todas las obras de tus manos*** *(Salmo 8, 7a).*

Santos Higinio *pp*, Honorata *vg*, Tomás de Cori *pb*, Teodosio *er*

Papa Francisco: Así era la vida de Jesús: «Recorrió toda Galilea, predicando en sus sinagogas y expulsando los demonios». Toda la jornada era así: predica al pueblo, enseña la Ley, enseña el Evangelio. Y la gente lo busca para escucharlo y también porque sana a los enfermos. «Al anochecer, cuando se puso el sol, le llevaron a todos los enfermos y endemoniados... Curó a muchos enfermos de diversos males y expulsó a muchos demonios». Y nosotros estamos delante de Jesús que nos habla (08-02-2015).

PALABRA

Al salir Jesús de la sinagoga, fue con Santiago y Juan a casa de Simón y Andrés. La suegra de Simón estaba en cama con fiebre, e inmediatamente le hablaron de ella. Jesús se acercó, la tomó de la mano y la levantó. Se le pasó la fiebre y se puso a servirles. Al anochecer, cuando se puso el sol, le llevaron todos los enfermos y endemoniados. La población entera se agolpaba a la puerta. Curó a muchos enfermos de diversos males y expulsó muchos demonios; y como los demonios lo conocían, no les permitía hablar. Se levantó cuando todavía estaba muy oscuro, se marchó a un lugar solitario y allí se puso a orar. Simón y sus compañeros fueron en su busca y, al encontrarlo, le dijeron: «Todo el mundo te busca». Él les responde: «Vámonos a otra parte, a las aldeas cercanas, para predicar también allí; que para eso he salido». Así recorrió toda Galilea, predicando en sus sinagogas y expulsando los demonios.

Hebreos 2, 14-18; *Salmo* 104,1-9 • **MARCOS 1, 29-39**

ORACIÓN

SEÑOR, cuando tomaste con Amor la mano de la suegra de Pedro, ésta sanó y se puso a servir generosamente a los demás. **Jesús, te pido que me sanes interiormente con tu dulce Amor, para que pueda entregarme con generosidad a todos.** ***El Señor se acuerda de su alianza eternamente*** *(Salmo 104, 8a).*

Santos Martino de León *pb*, Arcadio *mr*, Cesárea *ab*, Antonio María Pucci *pb*

SAN MARTINO DE LEÓN

Papa Francisco: Jesús no toma distancia de seguridad y no actúa delegando, sino que se expone directamente al contagio de nuestro mal; y precisamente así nuestro mal se convierte en el lugar del contacto: Él, Jesús, toma de nosotros nuestra humanidad enferma y nosotros de Él su humanidad sana y capaz de sanar. Esto sucede cada vez que recibimos con fe un Sacramento: el Señor Jesús nos «toca» y nos dona su gracia. En este caso pensemos especialmente en el Sacramento de la Reconciliación, que nos cura de la lepra del pecado. (15-02-2015)

PALABRA

Se acerca a Jesús un leproso, suplicándole de rodillas: «Si quieres, puedes limpiarme». Compadecido, extendió la mano y lo tocó diciendo: «Quiero: queda limpio». La lepra se le quitó inmediatamente y quedó limpio. Él lo despidió, encargándole severamente: «No se lo digas a nadie; pero, para que conste, ve a presentarte al sacerdote y ofrece por tu purificación lo que mandó Moisés, para que les sirva de testimonio». Pero, cuando se fue, empezó a pregonar bien alto y a divulgar el hecho, de modo que Jesús ya no podía entrar abiertamente en ningún pueblo; se quedaba fuera, en lugares solitarios; y aun así acudían a él de todas partes.

Hebreos 3, 7-14; ***Salmo*** 94, 6-11 • **MARCOS 1, 40-45**

ORACIÓN

SEÑOR, sé que deseas extender tu mano sobre mí para sanar mi corazón. Pero a mí me cuesta suplicarte que lo hagas. **Jesús, dame la humildad que tuvo aquel leproso para pedirte que le sanaras, porque quiero quedar interiormente limpio.** ***Ojalá escuchéis hoy la voz del Señor: No endurezcáis vuestro corazón*** *(Salmo 94, 7d-8a).*

Santos HILARIO *ob dc,* **Remigio** *ob,* **Gumersindo** *pb mr.* **Beata Verónica** *vg*

ENERO
13
VIERNES

Papa Francisco: Jesús aquí da un paso más: no solo sana a los enfermos, sino que les perdona los pecados. ¿Cómo es mi fe en Jesucristo? ¿Creo que Jesucristo es Dios, es el Hijo de Dios? ¿Y esa fe me cambia la vida? ¿Hace que mi corazón se inaugure diariamente? (15-01-2016)

PALABRA

Cuando a los pocos días volvió Jesús a Cafarnaún, se supo que estaba en casa. Acudieron tantos que no quedaba sitio ni a la puerta y les proponía la palabra. Y vinieron trayéndole un paralítico llevado entre cuatro y, como no podían presentárselo por el gentío, levantaron la techumbre encima de donde él estaba, abrieron un boquete y descolgaron la camilla donde yacía el paralítico. Viendo Jesús la fe que tenían, le dice al paralítico: «Hijo, tus pecados te son perdonados». Unos escribas, que estaban allí sentados, pensaban para sus adentros: «¿Por qué habla este así? Blasfema. ¿Quién puede perdonar pecados sino solo uno, Dios?». Jesús se dio cuenta enseguida de lo que pensaban y les dijo: «¿Por qué pensáis eso? ¿Qué es más fácil: decir al paralítico: "Tus pecados te son perdonados", o decir: "Levántate, toma la camilla y echa a andar"? Pues, para que veáis que el Hijo del hombre tiene autoridad en la tierra para perdonar pecados -dice al paralítico-: "Te digo: Levántate, toma tu camilla y vete a tu casa"». Se levantó, tomó inmediatamente la camilla y salió a la vista de todos. Se quedaron atónitos y daban gloria a Dios diciendo: «Nunca hemos visto una cosa igual».

Hebreos 4,1-5.11; *Salmo* 77,3-8 • **MARCOS 2, 1-12**

ORACIÓN

SEÑOR, aquel paralítico quedó sanado y perdonado porque hubo unas personas que, con mucho esfuerzo, le ayudaron a llegar hasta Ti. **Jesús, yo quiero ser de esas personas que se esfuerzan en ayudar a los demás. Te lo suplico, dame de tu Amor misericordioso para que pueda hacerlo.** ***No olvidéis las acciones de Dios*** *(Salmo 77, 7b).*

ENERO
14
SÁBADO

Sábado 1° Tiempo Ordinario Tomo III - Salterio 1ª semana

Santos JUAN DE RIBERA *ob*, Félix de Nola *pb*, Eufrasio *ob*, Macrina *mf mr*

SAN JUAN DE RIBERA

Papa Francisco: Jesús va delante, nos precede, abre el camino y nos invita a seguirlo. Nos invita a ir lentamente superando nuestros preconceptos, nuestras resistencias al cambio de los demás e incluso de nosotros mismos. (21-09-2015)

PALABRA

Jesús salió de nuevo a la orilla del mar; toda la gente acudía a él y les enseñaba. Al pasar vio a Leví, el de Alfeo, sentado al mostrador de los impuestos y le dice: «Sígueme». Se levantó y lo siguió. Sucedió que, mientras estaba él sentado a la mesa en casa de Leví, muchos publicanos y pecadores se sentaban con Jesús y sus discípulos, pues eran ya muchos los que lo seguían. Los escribas de los fariseos, al ver que comía con pecadores y publicanos, decían a sus discípulos: «¿Por qué come con publicanos y pecadores?». Jesús lo oyó y les dijo: «No necesitan médico los sanos, sino los enfermos. No he venido a llamar a justos, sino a pecadores».

Hebreos 4, 12-16; ***Salmo*** 18,8-10.15 • **MARCOS 2, 13-17**

ORACIÓN

SEÑOR, a veces caigo en la tentación de criticar a otras personas que son diferentes a mí. Incluso llego a murmurar contra algunas que, a su manera, están junto a Ti. **Jesús, dame sabiduría para comprender a los que son distintos, y generosidad para ayudarles.** ***Tus palabras, Señor, son espíritu y vida*** *(Juan 6, 63c).*

ENERO **15** DOMINGO

Santos Francisco Fernández de Capillas y *co mrs,* Arnoldo Janssen *pb,* Tarsicia *vg mr*

JORNADA Y COLECTA DE LA INFANCIA MISIONERA

Papa Francisco: El testimonio de Juan el Bautista nos invita a empezar una y otra vez en nuestro camino de fe: empezar de nuevo desde Jesucristo, el Cordero lleno de misericordia que el Padre ha dado por nosotros. Sorprendámonos una vez más por la elección de Dios de estar de nuestro lado, de solidarizarse con nosotros los pecadores, y de salvar al mundo del mal haciéndose cargo de él totalmente. (19-01-2020)

PALABRA

• ***Isaías*** 49, 3.5-6: Me dijo el Señor: «Tú eres mi siervo, Israel, por medio de ti me glorificaré». Y ahora dice el Señor, el que me formó desde el vientre como siervo suyo, para que le devolviese a Jacob, para que le reuniera a Israel; he sido glorificado a los ojos de Dios. Y mi Dios era mi fuerza: «Es poco que seas mi siervo para restablecer las tribus de Jacob y traer de vuelta a los supervivientes de Israel. Te hago luz de las naciones, para que mi salvación alcance hasta el confín de la tierra».

• ***Salmo*** 39, 2.4. 7-10: ***Aquí estoy, Señor, para hacer tu voluntad.***

• ***1Corintios*** 1, 1-3: Yo, Pablo, llamado a ser apóstol de Jesucristo, por voluntad de Dios, y Sóstenes, nuestro hermano, a la Iglesia de Dios que está en Corinto, a los santificados por Jesucristo, llamados santos con todos los que en cualquier lugar invocan el nombre de nuestro Señor Jesucristo, señor de ellos y nuestro: a vosotros, gracia y paz de parte de Dios, nuestro Padre y del Señor Jesucristo.

• **JUAN 1, 29-34:** Al ver Juan a Jesús que venía hacia él, exclamó: «Este es el Cordero de Dios, que quita el pecado del mundo. Este es aquel de quien yo dije: Tras de mí viene un hombre que está por delante de mí, porque existía antes que yo. Yo no lo conocía, pero he salido a bautizar con agua, para que sea manifestado a Israel». Y Juan dio testimonio diciendo: «He contemplado al Espíritu que bajaba del cielo como una paloma y se posó sobre él. Yo no lo conocía, pero el que me envió a bautizar con agua me dijo: "Aquel sobre quien veas bajar el Espíritu y posarse sobre él, ese es el que bautiza con Espíritu Santo". Y yo lo he visto, y he dado testimonio de que este es el Hijo de Dios».

ORACIÓN

SEÑOR, cuando san Juan vio que caminabas hacia él, exclamó que eres «el Cordero de Dios, que quita el pecado del mundo». Si fuera yo el que te viera caminar hacia mí, ¿qué exclamaría?, ¿qué diría de Ti? **Jesús, camina hacia mí, porque quiero conocerte mejor. Deseo amarte de todo corazón.**

Este es el Cordero de Dios,
que quita el pecado del mundo.

Santos Fulgencio *ob*, Marcelo *pp*, Honorato, Berardo y *co mrs.* Beata Juana M.ª Condesa *vg*

Papa Francisco: Ser dóciles a la Palabra de Dios. Es novedad. El Evangelio es novedad. La revelación es novedad. Nuestro Dios es un Dios que siempre hace nuevas las cosas. Y nos pide esta docilidad a su novedad. En el pasaje evangélico, Jesús es claro en esto, es muy claro: «vino nuevo en odres nuevos». Así, Dios debe ser recibido con esta apertura a la novedad. Y esta actitud se llama docilidad. (...) Hemos de adaptarnos siempre, adecuarnos a esta novedad de la Palabra de Dios, estar abiertos a la novedad. (20-01-2014)

PALABRA

Como los discípulos de Juan y los fariseos estaban ayunando, vinieron unos y le preguntaron a Jesús: «Los discípulos de Juan y los discípulos de los fariseos ayunan. ¿Por qué los tuyos no?». Jesús les contesta: «¿Es que pueden ayunar los amigos del esposo, mientras el esposo está con ellos? Mientras el esposo está con ellos, no pueden ayunar. Llegarán días en que les arrebatarán al esposo, y entonces ayunarán en aquel día. Nadie le echa un remiendo de paño sin remojar a un manto pasado; porque la pieza tira del manto -lo nuevo de lo viejo- y deja un roto peor. Tampoco se echa vino nuevo en odres viejos; porque el vino revienta los odres, y se pierden el vino y los odres; a vino nuevo, odres nuevos».

Hebreos 5, 1-10; *Salmo* 109, 1-4 • **MARCOS 2, 18-22**

ORACIÓN

SEÑOR, nos dices que el vino nuevo de tu Amor no puede guardarse en un corazón viejo y egoísta. **Por eso, Jesús, te ruego que me ayudes a tener un corazón nuevo y generoso, capaz de albergar y compartir todo el Amor que Tú me quieras dar.** ***Tú eres sacerdote eterno, según el rito de Melquisedec*** *(Salmo 109, 4bc).*

Martes 2° Tiempo Ordinario   Tomo III - Salterio 2ª semana

Santos ANTONIO (ANTÓN) *ab*, Rosalina *rl*, Sulpicio *ob*

Papa Francisco: La Iglesia enseña y defiende los valores fundamentales, sin olvidar que «el sábado se hizo para el hombre y no el hombre para el sábado» (Mc 2,27); y que Jesús también dijo: «No necesitan médico los sanos, sino los enfermos. No he venido a llamar justos, sino pecadores» (Mc 2,17). Educa para el amor auténtico, capaz de alejar de la soledad, sin olvidar su misión de buen samaritano de la humanidad herida. (4-10-2015)

PALABRA

Sucedió que un sábado Jesús atravesaba un sembrado, y sus discípulos, mientras caminaban, iban arrancando espigas. Los fariseos le preguntan: Mira, ¿por qué hacen en sábado lo que no está permitido?». Él les responde: «¿No habéis leído nunca lo que hizo David, cuando él y sus hombres se vieron faltos y con hambre, cómo entró en la casa de Dios, en tiempos del sumo sacerdote Abiatar, comió de los panes de la proposición, que solo está permitido comer a los sacerdotes, y les dio también a quienes estaban con él?».Y les decía: «El sábado se hizo para el hombre y no el hombre para el sábado; así que el Hijo del hombre es señor también del sábado».

Hebreos 6, 10-20; ***Salmo*** 110, 1-5.9-10 • **MARCOS 2, 23-28**

ORACIÓN

SEÑOR, supiste hacer un sabio uso de la verdadera Ley divina para guiar tu conducta y la de tus discípulos, aunque a veces eso contraviniese la ley judía. **Jesús, dame sabiduría para apoyarme en tu Evangelio en todas las acciones de mi vida, aunque ello suponga a veces contravenir las costumbres establecidas.** ***El Señor recuerda siempre su alianza*** *(Salmo 110, 5b).*

SANTA MARGARITA DE HUNGRIA

Santos Margarita de Hungría *vg,* **Prisca de Roma** *la mr,* **Deícola** *ab*

18 - 25 enero

OCTAVARIO DE ORACIÓN POR LA UNIDAD DE LOS CRISTIANOS

Papa Francisco: Esta gente, como la del Evangelio de hoy, la encontramos también nosotros y también nosotros hemos tenido pereza, o hemos sido hipócritas como los fariseos. Se trata de tentaciones que vienen, pero que debemos conocerlas para defendernos. (01-04-2014)

PALABRA

Jesús entró otra vez en la sinagoga, y había allí un hombre que tenía una mano paralizada. Lo estaban observando, para ver si curaba en sábado y acusarlo. Entonces le dice al hombre que tenía la mano paralizada: «Levántate y ponte ahí en medio». Y a ellos les pregunta: «¿Qué está permitido en sábado?, ¿hacer lo bueno o lo malo?, ¿salvarle la vida a un hombre o dejarlo morir?». Ellos callaban. Echando en torno una mirada de ira y dolido por la dureza de su corazón, dice al hombre: «Extiende la mano». La extendió y su mano quedó restablecida. En cuanto salieron, los fariseos se confabularon con los herodianos para acabar con él.

Hebreos 7, 1-3.15-17; *Salmo* 109, 1-4 • **MARCOS 3, 1-6**

ORACIÓN

SEÑOR, las personas que acudieron a la sinagoga para orar, vieron cómo quebrantabas la ley judía para sanar a un discapacitado. Así les hiciste ver que el bien a las personas está por encima de la ley. **Jesús, dame sabiduría para discernir el verdadero bien.** ***Tú eres sacerdote eterno, según el rito de Melquisedec*** *(Salmo 109, 4bc).*

Jueves 2° Tiempo Ordinario — Tomo III • Salterio 2ª semana

Santos Arsenio *ob*, Germánico *mr*, Macario *ab*, Liberata y Faustina *vgs mrs*. Beato Marcelo Spínola *ob*

B. MARCELO SPINOLA

Papa Francisco: El recorrido de la salvación de muchos que comienzan con ir a escuchar a Jesús o a pedir una sanación y después vuelven a Él y sienten la salvación. ¿Pero lo más importante de Jesús es que sane? No. ¿Que nos enseña? No. ¡Que salva! Él es el Salvador y nosotros somos salvados por Él. Y esto es más importante. Y esta es la fuerza de nuestra fe... (22-01-2015)

PALABRA

Jesús se retiró con sus discípulos a la orilla del mar, y lo siguió una gran muchedumbre de Galilea. Al enterarse de las cosas que hacía, acudía mucha gente de Judea, Jerusalén, Idumea, Transjordania y cercanías de Tiro y Sidón. Encargó a sus discípulos que le tuviesen preparada una barca, no lo fuera a estrujar el gentío. Como había curado a muchos, todos los que sufrían de algo se le echaban encima para tocarlo. Los espíritus inmundos, cuando lo veían, se postraban ante él y gritaban: «Tú eres el Hijo de Dios». Pero él les prohibía severamente que lo diesen a conocer.

Hebreos 7, 25–8,6; *Salmo* 39, 7-10.17 • MARCOS 3, 7-12

ORACIÓN

SEÑOR, antes de que tu Padre y Tú enviarais a vuestro Santo Espíritu a la Iglesia en Pentecostés, prohibías a la gente que hablara de Ti. Porque no querías que se malinterpretara tu mensaje de Amor. **Jesús, sé que ahora deseas que yo dé testimonio de tu Evangelio. Dame coraje para hacerlo.** ***Aquí estoy, Señor, para hacer tu voluntad*** *(Salmo 39 8a y 9a).*

Santos FABIÁN *pp* y SEBASTIÁN *mrs*, FRUCTUOSO *ob*, AUGURIO y EULOGIO *mrs*, Eustoquia *ab*

ENERO 20 VIERNES

Papa Francisco: Los Doce son el grupo más importante que Jesús eligió. Los Doce son los primeros obispos, el primer grupo de obispos. Los Apóstoles son las columnas de la Iglesia. Y los obispos son columnas de la Iglesia. Cuando Jesús hace esta elección de los Doce, tiene dos razones. Ante todo, "para que estuvieran con él". Por eso el obispo tiene la obligación de estar con Jesús. No es hacer planes pastorales... ¡no, no! Es rezar. La segunda tarea es ser testigo, es decir, predicar: predicar la salvación que el Señor Jesús nos ha traído. Hoy quiero invitaros a rezar por nosotros, obispos: porque también nosotros somos pecadores, también nosotros tenemos debilidades, también nosotros corremos el peligro de Judas. (22-01-2016)

PALABRA

Jesús subió al monte, llamó a los que quiso, y se fueron con él. E instituyó doce para que estuvieran con él y para enviarlos a predicar, y que tuvieran autoridad para expulsar a los demonios: Simón, a quien puso el nombre de Pedro, Santiago el de Zebedeo, y Juan, el hermano de Santiago, a quienes puso el nombre de Boanerges, es decir, los hijos del trueno, Andrés, Felipe, Bartolomé, Mateo, Tomás, Santiago el de Alfeo, Tadeo, Simón el de Caná y Judas Iscariote, que lo entregó.

Hebreos 8, 6-13; *Salmo* 84, 8.10-14 • **MARCOS 3, 13-19**

ORACIÓN

SEÑOR, sé que Tú me has escogido para que dé testimonio de Ti a mis familiares, mis amigos y mis vecinos. **Jesús, reconozco que a veces me da miedo seguir tu llamada, por eso te pido que me envíes tu Santo Espíritu para que esté conmigo, guiándome y dándome fuerza y valor.** ***La misericordia y la fidelidad se encuentran*** *(Salmo 84, 11a).*

ENERO
21
SÁBADO

Sábado 2º Tiempo Ordinario Tomo III - Salterio 2ª semana

Santos INÉS *vg mr,* **Juan Yi** *pf mr.*
Beata María Josefa de Santa Inés *vg*

Papa Francisco: También entre los parientes de Jesús hubo algunos que a un cierto punto no compartieron su modo de vivir y de predicar, nos lo dice el Evangelio. Pero su Madre lo siguió siempre fielmente, manteniendo fija la mirada de su corazón en Jesús, el Hijo del Altísimo, y en su misterio. Y al final, gracias a la fe de María, los familiares de Jesús entraron a formar parte de la primera comunidad cristiana. Pidamos a María que nos ayude también a nosotros a mantener la mirada bien fija en Jesús y a seguirle siempre, incluso cuando cuesta. (18-08-2013)

PALABRA

Jesús llega a casa con sus discípulos y de nuevo se junta tanta gente que no los dejaban ni comer. Al enterarse su familia, vinieron a llevárselo, porque se decía que estaba fuera de sí.

Hebreos 9, 2-3 .11-14; ***Salmo*** 46, 2-3.6-9 • **MARCOS 3, 20-21**

ORACIÓN

SEÑOR, algunos de tus familiares no entendían lo que hacías. Por eso pensaban que estabas loco. A veces yo también pienso que están locos los que hacen cosas que no entiendo. **Jesús, te suplico que me ayudes a ser más comprensivo.** ***Dios asciende entre aclamaciones, el Señor, al son de trompetas*** *(Salmo 46, 6).*

SAN VICENTE MARTIR

Santos VICENTE *di mr,* **Vicente Pallotti** *pb.*
Beatos Guillermo J. Chaminade *pb,*
Laura Vicuña *vg*

DOMINGO DE LA PALABRA DE DIOS

Papa Francisco: Nosotros, cristianos de hoy en día, tenemos la alegría de proclamar y testimoniar nuestra fe, porque hubo ese primer anuncio, porque existieron esos hombres humildes y valientes que respondieron generosamente a la llamada de Jesús. A orillas del lago, en una tierra impensable, nació la primera comunidad de discípulos de Cristo. Que la conciencia de estos inicios suscite en nosotros el deseo de llevar la palabra, el amor y la ternura de Jesús a todo contexto, incluso a aquel más dificultoso y resistente. (22-01-2017)

PALABRA

• ***Isaías*** 8, 23b-9,3: En otro tiempo, humilló el Señor la tierra de Zabulón y la tierra de Neftalí, pero luego ha llenado de gloria el camino del mar, el otro lado del Jordán, Galilea de los gentiles. El pueblo que caminaba en tinieblas vio una luz grande; habitaba en tierra y sombras de muerte, una luz les brilló. Acreciste la alegría, aumentaste el gozo; se gozan en tu presencia, como gozan al segar, como se alegran al repartirse el botín. Porque la vara del opresor, el yugo de su carga, el bastón de su hombro, los quebrantaste como el día de Madián.

• ***Salmo*** 26, 1.4.13-14: ***El Señor es mi luz y mi salvación.***

• ***1Corintios*** 1, 10-13.17: Os ruego, hermanos, en nombre de nuestro Señor Jesucristo, que digáis todos lo mismo y que no haya división entre vosotros. Estad bien unidos con un mismo pensar y un mismo sentir. Pues, hermanos, me he enterado por los de Cloe de que hay discordias entre vosotros. Y os digo esto porque cada cual anda diciendo: «Yo soy de Pablo, yo soy de Apolo, yo soy de Cefas, yo soy de Cristo». ¿Está dividido Cristo? ¿Fue crucificado Pablo por vosotros? ¿Fuisteis bautizados en nombre de Pablo? Pues no me envió Cristo a bautizar, sino a anunciar el Evangelio, y no con sabiduría de palabras, para no hacer ineficaz la cruz de Cristo.

• **MATEO, 4, 12-23:** Al enterarse Jesús de que habían arrestado a Juan se retiró a Galilea. Dejando Nazaret se estableció en Cafarnaún, junto al mar, en el territorio de Zabulón y Neftalí, para que se cumpliera lo dicho por medio del profeta Isaías: «Tierra de Zabulón y tierra de Neftalí, camino del mar, al otro lado del Jordán, Galilea de los gentiles. El pueblo que habitaba en tinieblas vio una luz grande; a los que habitaban en tierra y sombras de muerte, una luz les brilló». Desde entonces comenzó Jesús a predicar diciendo: «Convertíos, porque está cerca el reino de los cielos». Paseando junto al lago de Galilea vio a dos hermanos, a Simón, llamado Pedro, y a Andrés, que estaban echando la red en el mar, pues eran pescadores. Les dijo: «Venid en pos de mí y os haré pescadores de hombres». Inmediatamente dejaron las redes y lo siguieron. Y pasando adelante vio a otros dos hermanos, a Santiago, hijo de Zebedeo, y a Juan, su hermano, que estaban en la barca repasando las redes con Zebedeo, su padre, y los llamó. Inmediatamente dejaron la barca y a su padre y lo siguieron. Jesús recorría toda Galilea enseñando en las sinagogas, proclamando el evangelio del reino y curando toda enfermedad y toda dolencia en el pueblo.

ORACIÓN

SEÑOR, recorriendo Galilea fuiste enseñando, predicando y curando. Lo dabas todo para mostrar a aquellas gentes tu Evangelio. **Jesús, yo también deseo poner todo de mi parte para dar a conocer tu Reino. Por favor, dame de tu Amor para poder hacerlo.**

SAN INDEFONSO DE TOLEDO (Murillo)

ENERO **23** LUNES

Santos ILDEFONSO *di*, Francisco Gil de Fréderic *pb mr*, Emerenciana *mr*

Papa Francisco: Todos nosotros hemos recibido el don de la fe. Debemos cuidarlo, para que al menos no se debilite, para que continúe siendo fuerte con el poder del Espíritu Santo que nos la ha regalado... Hay que pedir al Señor la gracia de tener una fe sincera, una fe que no se negocia según las oportunidades que vienen. Una fe que cada día trato de reavivarla o al menos pido al Espíritu Santo que la reavive y así dé un fruto grande. (S.M. 26-1-2015)

PALABRA

Los escribas que habían bajado de Jerusalén decían: «Tiene dentro a Belzebú y expulsa a los demonios con el poder del jefe de los demonios». Él los invitó a acercarse y les hablaba en parábolas: «¿Cómo va a echar Satanás a Satanás? Un reino dividido internamente no puede subsistir; una familia dividida no puede subsistir. Si Satanás se rebela contra sí mismo, para hacerse la guerra, no puede subsistir, está perdido. Nadie puede meterse en casa de un hombre forzudo para arramblar con su ajuar, si primero no lo ata; entonces podrá arramblar con la casa. En verdad os digo, todo se les podrá perdonar a los hombres: los pecados y cualquier blasfemia que digan; pero el que blasfeme contra el Espíritu Santo no tendrá perdón jamás, cargará con su pecado para siempre». Se refería a los que decían que tenía dentro un espíritu inmundo.

Hebreos 9, 15.24-28; ***Salmo*** 97, 1-6 • **MARCOS 3, 22-30**

ORACIÓN

SEÑOR, sabes bien que, a veces, movidos por el maligno, caemos en la tentación de sembrar discordia entre nuestros familiares y amigos. Cuando hacemos eso atentamos contra el Espíritu Santo, que une con su Amor todo lo distante y diferente. **Jesús, ayúdame a ser siempre un vínculo de paz y unión entre todos.** ***Cantad al Señor un cántico nuevo, porque ha hecho maravillas*** *(Salmo 97, 1bc).*

ENERO

24

MARTES

Martes 3° Tiempo Ordinario **Tomo III - Salterio 3ª semana**

Santos FRANCISCO DE SALES *ob dc*, Bábila *ob y co mrs*, Feliciano *ob*

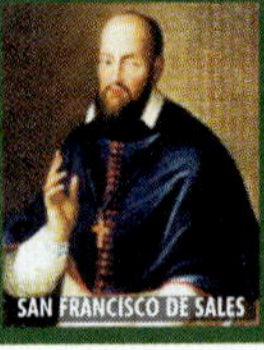

Papa Francisco: Cuando Jesús, afirma el primado de la fe en Dios, no encuentra una comparación más significativa que los afectos familiares, estos mismos vínculos familiares, en el seno de la experiencia de la fe y del amor de Dios, se transforman, se «llenan» de un sentido más grande, para crear una paternidad y una maternidad más amplias. (02-09-2015)

PALABRA

Llegaron la madre de Jesús y sus hermanos y, desde fuera, lo mandaron llamar. La gente que tenía sentada alrededor le dice: «Mira, tu madre y tus hermanos y tus hermanas están fuera y te buscan». Él les pregunta: «¿Quiénes son mi madre y mis hermanos?».Y mirando a los que estaban sentados alrededor, dice: «Estos son mi madre y mis hermanos. El que haga la voluntad de Dios, ese es mi hermano y mi hermana y mi madre».

Hebreos 10, 1-10; ***Salmo*** 39,2.4.7-11 • **MARCOS 3, 31-35**

ORACIÓN

SEÑOR, nos dices que somos hermanos tuyos los que hacemos la voluntad del Padre. **Por eso, Jesús, te pido por mis familiares y amigos, para que, amándonos unos a otros, seamos verdaderos miembros de tu familia.** ***Aquí estoy, Señor, para hacer tu voluntad*** *(Salmo 39, 8a y 9a).*

CONVERSIÓN DE SAN PABLO

FIESTA DE LA CONVERSIÓN DE SAN PABLO, APÓSTOL
San Ananías *NT*. BB.
Enrique Seuze *pb*, Arcángela *vg*

ENERO
25
MIÉRCOLES

Papa Francisco: El encuentro con Jesús en el camino de Damasco transformó radicalmente la vida de Pablo. A partir de entonces, el significado de su existencia no consiste ya en confiar en sus propias fuerzas para observar escrupulosamente la Ley, sino en la adhesión total de sí mismo al amor gratuito e inmerecido de Dios, a Jesucristo crucificado y resucitado. De esta manera, él advierte la irrupción de una nueva vida, la vida según el Espíritu, en la cual, por la fuerza del Señor Resucitado, experimenta el perdón, la confianza y el consuelo. (25-1-2017)

PALABRA

Se apareció Jesús a los Once y les dijo: «Id al mundo entero y proclamad el Evangelio a toda la creación. El que crea y sea bautizado se salvará; el que no crea será condenado. A los que crean, les acompañarán estos signos: echarán demonios en mi nombre, hablarán lenguas nuevas, agarrarán serpientes en sus manos y, si beben un veneno mortal, no les hará daño. Impondrán las manos a los enfermos, y quedarán sanos».

Hechos 22,3-16; *Salmo* 116, 1-2 • **MARCOS 16, 15-18**

ORACIÓN

SEÑOR, nos dices que cuando demos testimonio de Ti, ayudarás para que todos entiendan tu mensaje evangélico. Y las palabras venenosas que entonces algunos nos puedan decir, no nos harán ningún daño. **Jesús, te agradezco tu infinita fidelidad.** ***Id al mundo entero y proclamad el Evangelio*** *(Marcos 16, 15).*

ENERO
26
JUEVES

Jueves 3° Tiempo Ordinario Tomo III - Salterio 3ª semana

**Santos TIMOTEO y TITO *obs*,
Paula *vd*, Alberico *ab***

SANTOS TIMOTEO Y TITO

Papa Francisco: El cristiano es un testigo. Y precisamente la palabra «testimonio» encierra una de las peculiaridades de las actitudes cristianas. Un cristiano que lleva esta luz, debe hacerla ver porque él es un testigo. Y si un cristiano prefiere no hacer ver la luz de Dios y prefiere las propias tinieblas, entonces le falta algo y no es un cristiano completo. Una parte de él está ocupada, las tinieblas le entraron en el corazón, porque tiene miedo de la luz y prefiere los ídolos. El cristiano es un testigo, testigo de Jesucristo, luz de Dios. Y deber poner esta luz en el candelabro de su vida. (28-01-2016)

PALABRA Dijo Jesús al gentío: «¿Se trae la lámpara para meterla debajo del celemín o debajo de la cama?, ¿no es para ponerla en el candelero? No hay nada escondido, sino para que sea descubierto; no hay nada oculto, sino para que salga a la luz. El que tenga oídos para oír, que oiga». Les dijo también: «Atención a lo que estáis oyendo: la medida que uséis la usarán con vosotros, y con creces. Porque al que tiene se le dará, y al que no tiene se le quitará hasta lo que tiene».

Hebreos 10, 19-25; ***Salmo*** 23, 1-6 • **MARCOS 4,21-25**

ORACIÓN **SEÑOR,** cuando salgo de la iglesia después de Misa, en mi corazón llevo varios mensajes que serían muy buenos para otras personas. Pero a veces, en lugar de compartirlos o llevarlos a la práctica, los oculto dentro de mí. A veces lo hago por comodidad y otras por miedo. **Jesús, dame coraje y valor para ser un auténtico discípulo tuyo.** ***Esta es la generación que busca tu rostro, Señor*** *(Salmo 23, 6).*

SANTA ÁNGELA DE MÉRICI

Santos ÁNGELA DE MÉRICI *vg*, Enrique de Ossó *pb*, Julián *mr*, Mario *ab*

ENERO **27** VIERNES

Papa Francisco: La mostaza, la más pequeña de todas las semillas, está llena de vida y crece hasta hacerse más alta que las demás hortalizas. Y así es el Reino de Dios. Para entrar a formar parte de él es necesario ser pobres en el corazón; no confiar en las propias capacidades, sino en el poder del amor de Dios; no actuar para ser importantes ante los ojos del mundo, sino preciosos ante los ojos de Dios, que tiene predilección por los sencillos y humildes (14-6-2015).

PALABRA

Jesús decía al gentío: «El reino de Dios se parece a un hombre que echa simiente en la tierra. Él duerme de noche y se levanta de mañana; la semilla germina y va creciendo, sin que él sepa cómo. La tierra va produciendo fruto sola: primero los tallos, luego la espiga, después el grano. Cuando el grano está a punto, se mete la hoz, porque ha llegado la siega». Dijo también: «¿Con qué podemos comparar el reino de Dios? ¿Qué parábola usaremos? Con un grano de mostaza: al sembrarlo en la tierra es la semilla más pequeña, pero después de sembrada crece, se hace más alta que las demás hortalizas y echa ramas tan grandes que los pájaros del cielo pueden anidar a su sombra». Con muchas parábolas parecidas les exponía la palabra, acomodándose a su entender. Todo se lo exponía con parábolas, pero a sus discípulos se lo explicaba todo en privado.

Hebreos 10, 32-39; ***Salmo*** 36, 3-6.23-24.39-40 • **MARCOS 4, 26-34**

ORACIÓN

SEÑOR, ¿con qué puedo yo comparar tu Reino de Amor? ¿Qué parábola o que símil podría yo emplear para mostrárselo a los demás? **Jesús, ayúdame a experimentar tu Reino, para que así pueda dar un claro testimonio de él.** ***El Señor es quien salva a los justos*** *(Salmo 36, 39a).*

ENERO

28

SÁBADO

Santo TOMÁS DE AQUINO *pb dc,*
Julián de Cuenca *ob,*
Águeda Lin Zhao *vg mr*

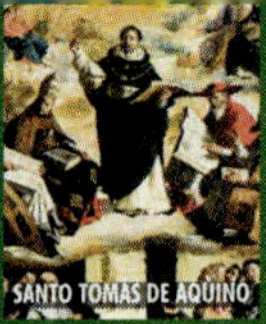

Papa Francisco: El Señor se despierta para despertar y avivar nuestra fe pascual. Tenemos un ancla: en su Cruz hemos sido salvados. Tenemos un timón: en su Cruz hemos sido rescatados. Tenemos una esperanza: en su Cruz hemos sido sanados y abrazados para que nadie ni nada nos separe de su amor redentor. (27-03-2020)

PALABRA

Aquel día, al atardecer, dice Jesús a sus discípulos: «Vamos a la otra orilla». Dejando a la gente, se lo llevaron en barca, como estaba; otras barcas lo acompañaban. Se levantó una fuerte tempestad y las olas rompían contra la barca hasta casi llenarla de agua. Él estaba en la popa, dormido sobre un cabezal. Lo despertaron, diciéndole: «Maestro, ¿no te importa que perezcamos?». Se puso en pie, increpó al viento y dijo al mar: «¡Silencio, enmudece!». El viento cesó y vino una gran calma. Él les dijo: «¿Por qué tenéis miedo? ¿Aún no tenéis fe?». Se llenaron de miedo y se decían unos a otros: «¿Pero ¿quién es este? ¡Hasta el viento y el mar lo obedecen!».

Hebreos 11, 1-2.8-19; ***Salmo, Lucas*** 1, 69-75 • **MARCOS 4, 35-41**

ORACIÓN

SEÑOR, cuando estabas predicando el Evangelio en la orilla del lago, pediste a tus discípulos que embarcaran contigo para cruzar al lado opuesto. Aquel viaje fue muy tempestuoso, pero gracias a ello les mostraste tu poder. **Jesús, ayúdame a contemplar tu poder cuando sufro las tempestades de la vida.** ***Bendito sea el Señor, Dios de Israel, porque ha visitado a su pueblo*** *(Lucas 1,68)*

Santos Valero *ob*, Afraates *er*.
Beato Manuel Domingo y Sol *pb*

Papa Francisco: Jesús manifiesta la voluntad de Dios de conducir a los hombres a la felicidad. (...) Pero en esta predicación, Jesús sigue un camino particular: comienza con el término "bienaventurados", es decir felices; prosigue con la indicación de la condición para ser tales; y concluye haciendo una promesa. El motivo de las bienaventuranzas, es decir de la felicidad, no está en la condición requerida —"pobres de espíritu", "afligidos", "hambrientos de justicia", "perseguidos" ...— sino en la sucesiva promesa, que hay que acoger con fe como don de Dios. (29-01-2017)

PALABRA

• **Sofonías** 2,3; 3, 12-13: Buscad al Señor los humildes de la tierra, los que practican su derecho, buscad la justicia, buscad la humildad, quizá podáis resguardaros el día de la ira del Señor. Dejaré en ti un resto, un pueblo humilde y pobre, que buscará refugio en el nombre del Señor. El resto de Israel no hará más el mal, no mentirá ni habrá engaño en su boca. Pastarán y descansarán, y no habrá quien los inquiete.

• **Salmo** 145, 6c-10: ***Dichosos los pobres en el espíritu, porque de ellos es el reino de los cielos.***

• **1Corintios** 1, 26-31: Fijaos en vuestra asamblea, hermanos: no hay en ella muchos sabios en lo humano, ni muchos poderosos, ni muchos aristócratas; sino que, lo necio del mundo lo ha escogido Dios para humillar a los sabios, y lo débil del mundo lo ha escogido Dios para humillar lo poderoso. Aún más, ha escogido la gente baja del mundo, lo despreciable, lo que no cuenta, para anular a lo que cuenta, de modo que nadie pueda gloriarse en presencia del Señor. A él se debe que vosotros estéis en Cristo Jesús, el cual se ha hecho para nosotros sabiduría de parte de Dios, justicia, santificación y redención. Así – como está escrito -: «el que se gloríe, que se gloríe en el Señor».

• **MATEO 5, 1-12a:** Al ver Jesús el gentío, subió al monte, se sentó y se acercaron sus discípulos; y, abriendo la boca, les enseñaba diciendo: «Bienaventurados los pobres en el espíritu, porque de ellos es el reino de los cielos. Bienaventurados los mansos, porque ellos heredarán la tierra. Bienaventurados los que lloran, porque ellos serán consolados. Bienaventurados los que tienen hambre y sed de la justicia, porque ellos quedarán saciados. Bienaventurados los misericordiosos, porque ellos alcanzarán misericordia. Bienaventurados los limpios de corazón, porque ellos verán a Dios. Bienaventurados los que trabajan por la paz, porque ellos serán llamados hijos de Dios. Bienaventurados los perseguidos por causa de la justicia, porque de ellos es el reino de los cielos. Bienaventurados vosotros cuando os insulten y os persigan y os calumnien de cualquier modo por mi causa. Alegraos y regocijaos, porque vuestra recompensa será grande en el cielo».

ORACIÓN

SEÑOR, en el sermón de la montaña nos ofreciste varios caminos para alcanzar la bienaventuranza, es decir, la verdadera felicidad. Pero ninguno de esos caminos es fácil y cómodo, porque suponen para nosotros una gran renuncia. **Jesús, ayúdame a superar mi comodidad y mi miedo, porque quiero ser, aquí y ahora, bienaventurado.**

Alegraos y regocijaos,
porque vuestra recompensa
será grande en el cielo

Santos Lesmes *ab*, Martina de Roma *mr*, Jacinta Mariscotti *vg*, David Galván *pb mr*

Papa Francisco: Quien encuentra a Jesús no tiene dudas, siente que es eso lo que buscaba, lo que esperaba y lo que responde a sus aspiraciones más auténticas: quien conoce a Jesús, quien lo encuentra personalmente, queda fascinado, atraído por tanta bondad, tanta verdad, tanta belleza, y todo en una gran humildad y sencillez. Buscar a Jesús, encontrar a Jesús: ¡este es el gran tesoro! (27-07-2014)

PALABRA

Jesús y sus discípulos llegaron a la orilla del mar, en la región de los gerasenos. Apenas desembarcó, le salió al encuentro, desde los sepulcros, un hombre poseído de espíritu inmundo. Y es que vivía entre los sepulcros; ni con cadenas podían ya nadie sujetarlo; muchas veces lo habían sujetado con cepos y cadenas, pero el rompía las cadenas y destrozaba los cepos, y nadie tenía fuerza para dominarlo. Se pasaba el día y la noche en los sepulcros y en los montes, gritando e hiriéndose con piedras. Viendo de lejos a Jesús, echó a correr, se postró ante él y gritó con voz potente: «¿Qué tienes que ver conmigo, Jesús, Hijo de Dios Altísimo? Por Dios te lo pido, no me atormentes». Porque Jesús le estaba diciendo: «Espíritu inmundo, sal de este hombre». Y le preguntó: «¿Cómo te llamas?». Él respondió: «Me llamo Legión, porque somos muchos». Y le rogaba con insistencia que no los expulsara de aquella comarca. Había cerca una gran piara de cerdos paciendo en la falda del monte. Los espíritus le rogaron: «Envíanos a los cerdos para que entremos en ellos». Él se lo permitió. Los espíritus inmundos salieron del hombre y se metieron en los cerdos; y la piara, unos dos mil, se abalanzó acantilado abajo al mar y se ahogó en el mar. Los porquerizos huyeron y dieron la noticia en la ciudad y en los campos. Y la gente fue a ver qué había pasado. Se acercaron a Jesús y vieron al endemoniado que había tenido la legión, sentado, vestido, y en su juicio. Y se asustaron. Los que lo habían visto contaron lo que había pasado al endemoniado y a los cerdos. Ellos [los del pueblo] le rogaban que se marchase de su comarca. Mientras se embarcaban, el que había estado poseído por el demonio le pidió que le permitiese estar con él. Pero no se lo permitió, sino que le dijo: «Vete a casa con los tuyos y anúnciales lo que el Señor ha hecho contigo porque ha tenido misericordia de ti». El hombre se marchó y empezó a proclamar por la Decápolis lo que Jesús había hecho con él; todos se admiraban.

Hebreos 11, 32-40; *Salmo* 30, 20-24 • **MARCOS 5,1-20**

ORACIÓN

SEÑOR, tras sanar al endemoniado, en lugar de alabarte, los porquerizos huyeron y te pidieron que te fueras. Ciertamente, hay personas a las que tu Reino de Amor les resulta incómodo y absurdo. Por eso lo rechazan. **Jesús, te pido que me ayudes a que no huya ni proteste cuando tu Reino irrumpa en mi vida trastocándola por completo.** ***Sed valientes de corazón, los que esperáis en el Señor*** *(Salmo 30, 25).*

ENERO

31

MARTES

Martes 4° Tiempo Ordinario Tomo III - Salterio 4° semana

Santos JUAN BOSCO *pb*, Ciro y Juan *mrs*, Marcela *vb*, Waldo *ob*

Papa Francisco: Jesús se da cuenta de que había una mujer enferma, en medio de aquella muchedumbre, que lo toca. Jesús no solo atiende a la muchedumbre, siente a la muchedumbre, siente también el latido del corazón de cada uno de nosotros, de cada uno. Y con esto nosotros hacemos crecer la esperanza, porque tenemos fija la mirada sobre Jesús. (S. M. 03-02-2015)

PALABRA

Se acercó un jefe de la sinagoga, que se llamaba Jairo, y, al verlo, se echó a sus pies, rogándole con insistencia: «Mi niña está en las últimas; ven, impón las manos sobre ella, para que se cure y viva». Se fue con él y lo seguía mucha gente que lo apretujaba. Había una mujer que padecía flujos de sangre desde hacía doce años. Oyó hablar de Jesús y, acercándose por detrás, entre la gente, le tocó el manto, pensando: «Con solo tocarle el manto curaré». Inmediatamente se secó la fuente de sus hemorragias, y notó que su cuerpo estaba curado. Jesús, notando que había salido fuerza de él, se volvió enseguida, en medio de la gente, y preguntaba: «¿Quién me ha tocado el manto?». La mujer se acercó asustada y temblorosa, al comprender lo que había ocurrido, se le echó a los pies y le confesó toda la verdad. Él le dijo: «Hija, tu fe te ha curado. Vete en paz y queda curada de tu enfermedad». Todavía estaba hablando, cuando llegaron de casa del jefe de la sinagoga para decirle: «Tu hija se ha muerto. ¿Para qué molestar más al maestro?». Jesús alcanzó a oír lo que hablaban y le dijo al jefe de la sinagoga: «No temas; basta que tengas fe». No permitió que lo acompañara nadie, más que Pedro, Santiago y Juan, el hermano de Santiago. Llegan a casa del jefe de la sinagoga y entró donde estaba la niña, la tomó de la mano y le dijo: «Talitha qumi» (que significa: «Contigo hablo, niña, levántate»). La niña se levantó inmediatamente y echó a andar; tenía doce años. Y quedaron fuera de sí llenos de estupor. Les insistió en que nadie se enterase; y les dijo que dieran de comer a la niña.

Hebreos 12, 1-4; *Salmo* 21, 26-32 • **MARCOS 5, 21-43**

ORACIÓN

SEÑOR, la mujer enferma estaba tan desesperada que, llena de fe, se acercó a Ti para tocarte. Y eso bastó para que Tú la sanaras. **Jesús, que no sea necesario que yo esté pasando por una situación desesperada para que, lleno de fe, me acerque a Ti.** ***Te alabarán, Señor, los que te buscan*** *(Salmo 21, 27b).*

FEBRERO

Cuarenta días después del nacimiento de Jesús, María y
José llevaron al niño a Jerusalén para presentarlo al Señor.
Había en el Templo un hombre justo
y piadoso, llamado Simeón:
«Tomó en brazos al niño», y, vuelto al Señor, dijo:
«Han visto mis ojos tu salvación,
la que has preparado a la vista de todos los pueblos,
luz para iluminar a los gentiles y gloria de tu pueblo Israel.
Este está puesto para caída y elevación de muchos en Israel,
y para ser señal de contradicción»; y añade con referencia
a María: «Y a ti misma una espada te atravesará el alma».
(San Juan Pablo II: "Redemptoris Mater, 16)

FEBRERO
1
MIÉRCOLES

Miércoles 4° Tiempo Ordinario Tomo III • Salterio 4° semana

Santos Ramón de Fitero *ab*, Severo *ob*, Pablo Hong Yong-ju, *ct* y *co mrs*

Papa Francisco: Muchos bautizados viven como si Cristo no existiera: se repiten los gestos y signos de fe, pero no corresponden a una verdadera adhesión a la persona de Jesús y a su Evangelio. Cada cristiano —todos nosotros, cada uno de nosotros— está llamado a profundizar en esta pertenencia fundamental, tratando de testimoniarla con una conducta coherente de vida, cuyo hilo conductor será la caridad. Pidamos al Señor, que, por intercesión de la Virgen María, deshaga la dureza de los corazones y la estrechez de las mentes, para que estemos abiertos a su gracia, a su verdad y a su misión de bondad y misericordia, dirigida a todos, sin exclusión. (08-07-2018)

PALABRA

Jesús se dirigió a su ciudad y lo seguían sus discípulos. Cuando llegó el sábado, empezó a enseñar en la sinagoga; la multitud que lo oía se preguntaba asombrada: «¿De dónde saca todo eso? ¿Qué sabiduría es esa que le ha sido dada? ¿Y esos milagros que realizan sus manos? ¿No es este el carpintero, el hijo de María, hermano de Santiago y José y Judas y Simón? Y sus hermanas ¿no viven con nosotros aquí?». Y se escandalizaban a cuenta de él. Les decía: «No desprecian a un profeta más que en su tierra, entre sus parientes y en su casa». No pudo hacer allí ningún milagro, solo curó algunos enfermos imponiéndoles las manos. Y se admiraba de su falta de fe. Y recorría los pueblos de alrededor enseñando.

Hebreos 12,4-7.11-15; ***Salmo*** 102,1-2.13-14.17-18a • **MARCOS 6, 1-6**

ORACIÓN

SEÑOR, meditando tu Evangelio y contemplando tu Sabiduría, a veces me pregunto: ¿de dónde viene tanto amor y tanto bien?, ¿de dónde surgen unas obras tan impresionantes? Y de mi corazón sólo brota una respuesta: todo procede de lo Alto. **Jesús, Hijo de Dios, creo firmemente en Ti.** ***La Misericordia del Señor dura por siempre, para aquellos que lo temen*** *(Salmo 102, 17)*

PRESENTACIÓN DEL SEÑOR

FIESTA DE LA PRESENTACIÓN DEL SEÑOR
Purificación de María. Virgen de la Candelaria, de Copacabana, de la Calle. Santos Lorenzo *ob*, Burcardo *ob*

JORNADA DE LA VIDA CONSAGRADA

FEBRERO
2
JUEVES

Papa Francisco: Guiemos al pueblo de Jesús dejándonos a su vez guiar por él. Eso es lo que debemos ser: guías guiados. Que el Señor, por intercesión de María nuestra madre, de san José y de los santos Simeón y Ana, nos conceda lo que le hemos pedido en la Oración: “Ser presentados delante de ti con el alma limpia”. Así sea. (29-12-2020)

PALABRA

Cuando se cumplieron los días de su purificación, según la ley de Moisés, los padres de Jesús lo llevaron a Jerusalén, para presentarlo al Señor, de acuerdo con lo escrito en la ley del Señor: «Todo varón primogénito será consagrado al Señor», y para entregar la oblación, como dice la ley del Señor: «un par de tórtolas o dos pichones». Había entonces en Jerusalén un hombre llamado Simeón, hombre justo y piadoso, que aguardaba el consuelo de Israel; y el Espíritu Santo estaba con él. Le había sido revelado por el Espíritu Santo que no vería la muerte antes de ver al Mesías del Señor. Impulsado por el Espíritu, fue al templo.Y cuando entraban con el niño Jesús sus padres para cumplir con él lo acostumbrado según la ley, Simeón lo tomó eTn brazos y bendijo a Dios diciendo: «Ahora, Señor, según tu promesa, puedes dejar a tu siervo irse en paz. Porque mis ojos “han visto a tu Salvador”, a quien has presentado ante todos los pueblos: “luz para alumbrar a las naciones” y gloria de tu pueblo Israel».

Malaquías 3, 1-4; ***Salmo*** 23, 7-10; ***Hebreos*** 2, 14-18 • LUCAS 2, 22-32

ORACIÓN

SEÑOR, todos los días, de un modo u otro, te haces presente en mi vida. A veces lo haces cuando contemplo el retablo de mi parroquia. Otras en un libro que estoy leyendo, o cuando hablo con un amigo. **Por eso, Jesús, todas las noches antes de acostarme, querría poder darte gracias porque, con los ojos de mi corazón, he contemplado tu salvadora Presencia en algún momento de la jornada.** ***El Señor, Dios del universo, él es el Rey de la gloria*** *(Salmo 23, 10bc).*

Viernes 4° Tiempo Ordinario Tomo III • Salterio 4ª semana

Santos BLAS ***ob mr*, ÓSCAR *ob*,**
Simeón y Ana *NT*,
Claudina Thévenet *vg*, Berlinda *vg*

Papa Francisco: Juan era un hombre que tuvo un breve tiempo de vida, un breve tiempo para anunciar la Palabra de Dios. Él era el hombre que Dios envió a preparar el camino a su Hijo. Pero Juan acabó mal, decapitado por orden de Herodes. Se convirtió en el precio de un espectáculo para la corte en un banquete. (...) En Juan está, por lo tanto, la imagen y la vocación de un discípulo. (...) ¿Anunciamos a Jesucristo? ¿Progresamos o no progresamos en nuestra condición de cristianos como si fuese un privilegio? (07-02-2014)

PALABRA

En aquel tiempo, como la fama de Jesús se había extendido, el rey Herodes oyó hablar de él. Unos decían: «Juan el Bautista ha resucitado de entre los muertos y por eso las fuerzas milagrosas actúan en él». Otros decían: «Es Elías». Otros: «Es un profeta como los antiguos». Herodes, al oírlo, decía: «Es Juan, a quien yo decapité, que ha resucitado». Es que Herodes había mandado prender a Juan y lo había metido en la cárcel, encadenado. El motivo era que Herodes se había casado con Herodías, mujer de su hermano Filipo, y Juan le decía que no le era lícito tener la mujer de su hermano. Herodías aborrecía a Juan y quería matarlo, pero no podía, porque Herodes respetaba a Juan, sabiendo que era un hombre justo y santo, y lo defendía. Al escucharlo quedaba muy perplejo, aunque lo oía con gusto. La ocasión llegó cuando Herodes, por su cumpleaños, dio un banquete a sus magnates, a sus oficiales y a la gente principal de Galilea. La hija de Herodías entró y danzó, gustando mucho a Herodes y a los convidados. El rey le dijo a la joven: «Pídeme lo que quieras, que te lo daré». Y le juró: «Te daré lo que me pidas, aunque sea la mitad de mi reino». Ella salió a preguntarle a su madre: «¿Qué le pido?». La madre le contestó: «La cabeza de Juan el Bautista». Entró ella enseguida, a toda prisa, se acercó al rey y le pidió: «Quiero que ahora mismo me des en una bandeja la cabeza de Juan el Bautista». El rey se puso muy triste; pero, por el juramento y los convidados, no quiso desairarla. Enseguida le mandó a uno de su guardia que trajese la cabeza de Juan. Fue, lo decapitó en la cárcel, trajo la cabeza en una bandeja y se la entregó a la joven; la joven se la entregó a su madre. Al enterarse sus discípulos, fueron a recoger el cadáver y lo pusieron en un sepulcro.

Hebreos 13, 1-8; ***Salmo*** 26, 1-5.8-9 • **MARCOS 6, 14-29**

ORACIÓN

SEÑOR, los Evangelios nos narran cómo el maligno manipuló al rey Herodes por medio de la atrayente hija de Herodías. Ante su sugerente danza, no pudo el rey resistir a la tentación. **Jesús, ayúdame a estar alerta cuando soy más vulnerable a las tentaciones del maligno.**
El Señor es mi luz y mi salvación *(Salmo 26, 1b).*

Santos Catalina de Ricci *vg*, Juan de Britto *pb mr*, Gilberto *pb*, Rabano Mauro *ob*, Beata Isabel Canori *mf*

Papa Francisco: Cuando nos alejamos de Jesús y de su amor, nos perdemos y la existencia se transforma en desilusión e insatisfacción. Con Jesús al lado, se puede proceder con seguridad, se pueden superar las pruebas, avanzar en el amor hacia Dios y hacia el prójimo. Jesús se hizo don para los demás, convirtiéndose así en modelo de amor y de servicio para cada uno de nosotros. (22-07-2018)

PALABRA

Los apóstoles volvieron a reunirse con Jesús y le contaron todo lo que habían hecho y enseñado. Él les dijo: «Venid vosotros a solas a un lugar desierto a descansar un poco». Porque eran tantos los que iban y venían que no encontraban tiempo ni para comer. Se fueron en barca a un lugar desierto. Muchos los vieron marcharse y los reconocieron; entonces de todas las aldeas fueron corriendo por tierra a aquel sitio y se les adelantaron. Al desembarcar, Jesús vio una multitud y se compadeció de ella, porque andaban como ovejas que no tienen pastor; y se puso a enseñarles muchas cosas.

Hebreos 13, 15-17.20-21; *Salmo* 22, 1-6 • **MARCOS 6, 30-34**

ORACIÓN

SEÑOR, tenías previsto hacer una jornada de retiro espiritual con tus discípulos en un lugar solitario y tranquilo. Pero al llegar allí te topaste con una multitud que necesitaba tu ayuda. Entonces renunciaste a tus planes e hiciste el bien a todas aquellas personas. **Jesús, te suplico que me des capacidad para adaptar mis planes a las necesidades de mi prójimo.** ***El Señor es mi pastor, nada me falta*** *(Salmo 22, 1b).*

FEBRERO

5

DOMINGO

DOMINGO V DEL TIEMPO ORDINARIO Tomo III - Salterio 1ª semana

Santos ÁGUEDA *vg mr,*
Pedro Bautista *pb mr,*
Jesús Méndez *pb mr,* Adelaida *ab*

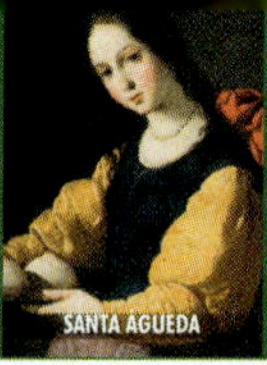

SANTA ÁGUEDA

Papa Francisco: La luz de nuestra fe, donándose, no se apaga, sino que se refuerza. Sin embargo, puede disminuir si no la alimentamos con el amor y con las obras de caridad. Así la imagen de la luz se encuentra con la de la sal. La página evangélica, de hecho, nos dice que, como discípulos de Cristo, somos también «la sal de la tierra (v. 13)». (...) Por lo tanto, la misión de los cristianos en la sociedad es la de dar "sabor" a la vida con la fe y el amor que Cristo nos ha donado. (05-02-2017)

PALABRA

• ***Isaías*** 58, 7-10: Esto dice el Señor: «Parte tu pan con el hambriento, hospeda a los pobres sin techo, cubre quien veas desnudo, y no te desentiendas de los tuyos. Entonces surgirá tu luz como la aurora, enseguida se curarán tus heridas, ante ti marchará la justicia, detrás de ti la gloria del Señor. Entonces clamarás al Señor y te responderá; pedirás ayuda y te dirá: "Aquí estoy". Cuando alejes de ti la opresión, el dedo acusador y la calumnia, cuando ofrezcas al hambriento de lo tuyo y sacies al alma afligida, brillará tu luz en las tinieblas, tu oscuridad como el mediodía».

• ***Salmo*** 111, 4-9: ***El justo brilla en las tinieblas como una luz.***

• ***1Corintios*** 2, 1-5: Yo mismo, hermanos, cuando vine a vosotros a anunciaros el testimonio de Dios, no lo hice con sublime elocuencia o sabiduría, pues nunca entre vosotros me precié de saber cosa alguna, sino a Jesucristo, y este crucificado. También yo me presenté a vosotros débil y temblando de miedo; mi palabra y mi predicación no fue con persuasiva sabiduría humana, sino en la manifestación y el poder del Espíritu, para que vuestra fe no se apoye en la sabiduría de los hombres, sino en el poder de Dios.

• **MATEO 5, 13-16:** Dijo Jesús a sus discípulos: «Vosotros sois la sal de la tierra. Pero si la sal se vuelve sosa, ¿con qué la salarán? No sirve más que para tirarla fuera y que la pise la gente. Vosotros sois la luz del mundo. No se puede ocultar una ciudad puesta en lo alto de un monte. Tampoco se enciende una lámpara para meterla debajo del celemín, sino para ponerla en el candelero y que alumbre a todos los de casa. Brille así vuestra luz ante los hombres, para que vean vuestras buenas obras y den gloria a vuestro Padre que está en los cielos».

ORACIÓN

SEÑOR, nos pides que seamos la sal de la tierra. Deseas que con nuestras palabras y acciones demos «sabor» a la vida de los que nos rodean. **Jesús, ayúdame a ser esa pizca de «sal evangélica» que, con pequeños detalles y sutiles palabras, dé un toque de felicidad a la vida de los que conviven conmigo.**

Vosotros sois la luz del mundo

FEBRERO

6

LUNES

Santos PABLO MIKI *y co mrs,*
Dorotea *vg mr,* **Mateo Correa** *pb mr*

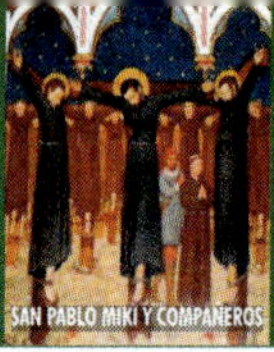
SAN PABLO MIKI Y COMPAÑEROS

Papa Francisco: Los que lo tocaban se curaban. Es la segunda creación de Dios...Cuando escuchamos que la gente hace reuniones para pensar en cómo cuidar la Creación, podemos decir: -Pero no, ¡son los verdes! ¡No, no son los verdes! ¡Esto es cristiano! Es nuestra respuesta a la 'primera creación' de Dios. Un cristiano que no cuida la creación, es un cristiano al que no le importa el trabajo de Dios. La segunda creación es dejarnos reconciliar con Dios, ir por el camino de la reconciliación interior, porque la reconciliación es el trabajo de Cristo. No debemos afligir al Espíritu Santo, que trabaja dentro de nosotros. Creemos en un Dios personal: es persona Padre, persona Hijo y persona Espíritu Santo. Que el Señor nos dé la gracia de entender que Él trabaja y nos dé la gracia de responder justamente a este trabajo de amor. (S.M., 09-02-2015)

PALABRA

Terminada la travesía, Jesús y sus discípulos llegaron a Genesaret y atracaron. Apenas desembarcados, lo reconocieron y se pusieron a recorrer toda la comarca; cuando se enteraba la gente dónde estaba Jesús, le llevaban los enfermos en camillas. En los pueblos, ciudades o aldeas donde llegaba, colocaban a los enfermos en la plaza y le rogaban que les dejase tocar al menos la orla de su manto; y los que lo tocaban se curaban.

Génesis 1, 1-19; ***Salmo*** 103, 1-6.10.12.24.35c • **MARCOS 6, 53-56**

ORACIÓN

SEÑOR, en los primeros tiempos de tu predicación, las multitudes te buscaban desesperadamente para que las sanaras. Acudían llenos de fe para tocar, si quiera, la orla de tu manto. **Jesús, cuando voy a Misa o asisto a una procesión, deseo acudir lleno de fe y devoción para tocar con mi corazón, al menos, la orla de tu Amor misericordioso.** ***Goce el Señor con sus obras*** *(Salmo 103, 31b).*

Santos Ricardo *pf*, Juliana *vd*. Beatos Pío IX *pp*, Anselmo Polanco *ob* y Felipe *pb mrs*

Papa Francisco: Jesús encuentra gente que tiene miedo de ponerse en camino y que construye una especie de «caricatura de Dios». Pero eso es un carné de identidad falso porque estos no-inquietos han silenciado la inquietud del corazón: dibujan a Dios con los mandamientos, pero haciendo así se olvidan de Dios para observar sólo la tradición de los hombres. Y, cuando tienen una inseguridad, inventan o crean otro mandamiento. Jesús dice a los escribas y fariseos que se llenan de mandamientos. Esto precisamente es el falso carné de identidad, el que podemos tener sin ponernos en camino, quietos, sin la inquietud del corazón. (10-02-2015)

PALABRA

Se reunieron junto a Jesús los fariseos y algunos escribas venidos de Jerusalén; y vieron que algunos discípulos comían con manos impuras, es decir, sin lavarse las manos. (Pues los fariseos, como los demás judíos, no comen sin lavarse antes las manos, restregando bien, aferrándose a la tradición de sus mayores, y al volver de la plaza no comen sin lavarse antes, y se aferran a otras muchas tradiciones, de lavar vasos, jarras y ollas). Y los fariseos y los escribas le preguntaron: «¿Por qué no caminan tus discípulos según las tradiciones de los mayores y comen el pan con manos impuras?». Él les contestó: «Bien profetizó Isaías de vosotros, hipócritas, como está escrito: "Este pueblo me honra con los labios, pero su corazón está lejos de mí. El culto que me dan está vacío, porque la doctrina que enseñan son preceptos humanos". Dejáis a un lado el mandamiento de Dios para aferraros a la tradición de los hombres». Y añadió: «Anuláis el mandamiento de Dios por mantener vuestra tradición. Moisés dijo: "Honra a tu padre y a tu madre" y "el que maldiga a su padre o a su madre es reo de muerte"; en cambio, vosotros decís: Si uno le dice al padre o a la madre: "Los bienes con que podría ayudarte son 'corbán', es decir, ofrenda sagrada", ya no le permitís hacer nada por su padre o por su madre; invalidando la palabra de Dios con esa tradición que os transmitís; y hacéis muchas cosas semejantes».

Génesis 1, 20-2, 4a; *Salmo* 8, 4-9 • **MARCOS 7, 1-13**

ORACIÓN

SEÑOR, bien sabes que nos gusta guardar algunas antiguas tradiciones que nos ayudan a dar sentido a nuestra vida. Dichas tradiciones son el fruto de la sabiduría popular aquilatada durante siglos. Pero Tú nos dices que el Evangelio está por encima de todo, también de las tradiciones. **Jesús, ayúdame a saber vivir evangélicamente el legado de mis ancestros.** ***¡Señor, Dios nuestro, qué admirable es tu nombre en toda la tierra! (Salmo 8, 2ab).***

FEBRERO
8
MIÉRCOLES

Miércoles 5° Tiempo Ordinario Tomo III - Salterio 1ª semana

Santos Jerónimo EMILIANI *pb*, Josefina BAKHITA *vg*, Honorato *ob*, Esteban *er*. Beata Esperanza de Jesús *Amor Misericordioso*.

Papa Francisco: ¡Que el Señor nos cambie el corazón! Y así nos salvará. Nos protegerá de los tesoros que no nos ayuden en el encuentro con Él, en el servicio a los demás, y también nos dará la luz para ver y juzgar de acuerdo con el verdadero tesoro: su verdad. Que el Señor nos cambie el corazón para buscar el verdadero tesoro y así convertirnos en personas luminosas y no ser personas de las tinieblas. (21-06-2013)

PALABRA

Llamó Jesús de nuevo a la gente y les dijo: «Escuchad y entended todos: Nada que entre de fuera puede hacer al hombre impuro; lo que sale de dentro es lo que hace impuro al hombre». Cuando dejó a la gente y entró en casa, le pidieron sus discípulos que les explicara la parábola. Él les dijo: «¿También vosotros seguís sin entender? ¿No comprendéis? Nada que entre de fuera puede hacer impuro al hombre, porque no entra en el corazón, sino en el vientre, y se echa en la letrina». (Con esto declaraba puros todos los alimentos). Y siguió: «Lo que sale de dentro del hombre, eso sí hace impuro al hombre. Porque de dentro, del corazón del hombre, salen los pensamientos perversos, las fornicaciones, robos, homicidios, adulterios, codicias, malicias, fraudes, desenfreno, envidia, difamación, orgullo, frivolidad. Todas esas maldades salen de dentro y hacen al hombre impuro».

Génesis 2, 4b-9.15-17; ***Salmo*** 103, 1-2a.27-30 • **MARCOS 7, 14-23**

ORACIÓN

SEÑOR, reconozco que a veces presto más atención a lo que como o bebo que a lo que oyen mis oídos y ven mis ojos, aún a sabiendas de que es por ahí –y no por el estómago– por donde entran los malos pensamientos en mi corazón. **Jesús, ayúdame a vigilar lo que captan mis sentidos.** ***Bendice, alma mía, al Señor*** *(Salmo 103, 1a).*

Santos Apolonia *vg mr*, Miguel Febres *rl*, Sabino *ob*, Rainaldo *ob*. Beatos Leopoldo de Alpandeire *rl*, Ana Catalina Emmerick *mj*

Papa Francisco: Es la historia de una madre que se había expuesto al riesgo de hacer un mal papel, pero insistió por amor a su hija. Viniendo del paganismo y de la idolatría, encontró la salud para su hija; y para sí misma encontró al Dios viviente. Su camino es el camino de una persona de buena voluntad que busca a Dios y lo encuentra. Por su fe el Señor la bendice. Pero es también la historia de mucha gente que aún hoy recorre este camino. Y el Señor espera a estas personas, movidas por el Espíritu Santo. Cada día en la Iglesia del Señor hay personas que recorren este camino, silenciosamente, para encontrar al Señor, precisamente porque se dejan conducir por el Espíritu Santo. (21-02-2014)

PALABRA

Jesús fue a la región de Tiro. Entró en una casa, procurando pasar desapercibido, pero no logró ocultarse. Una mujer que tenía una hija poseída por un espíritu impuro se enteró enseguida, fue a buscarlo y se lo echó a los pies. La mujer era pagana, una fenicia de Siria, y le rogaba que echase el demonio de su hija. Él le dijo: «Deja que se sacien primero los hijos. No está bien tomar el pan de los hijos y echárselo a los perritos». Pero ella replicó: «Señor, pero también los perros, debajo de la mesa, comen las migajas que tiran los niños». Él le contestó: «Anda, vete, que, por eso que has dicho, el demonio ha salido de tu hija». Al llegar a su casa, se encontró a la niña echada en la cama; el demonio se había marchado.

Génesis 2, 18-25; *Salmo* 127, 1-5 • **MARCOS 7, 24-30**

ORACIÓN

SEÑOR, la perseverancia y la humildad con la que te rogaba aquella mujer pagana conmovió tu corazón y, así, atendiste su petición. **Jesús, bien sabes que me cuesta mucho ser perseverante y humilde, por eso te pido que me ayudes a madurar en estas importantes virtudes.** ***Dichosos los que temen al Señor*** *(Salmo 127, 1b).*

FEBRERO

10

VIERNES

Viernes 5º Tiempo Ordinario   Tomo III - Salterio 1º semana

Santos ESCOLÁSTICA *vg*, José Sánchez del Río *mr*, Silvano *ob*, Guillermo *er*. Beatos Luis Stepinac *ob*, Eusebia Palomino *vg*

Papa Francisco: La enseñanza que sacamos de este episodio es que Dios no está cerrado en sí mismo, sino que se abre y se pone en comunicación con la humanidad. En su inmensa misericordia, supera el abismo de la infinita diferencia entre Él y nosotros, y sale a nuestro encuentro. Para realizar esta comunicación con el hombre, Dios se hace hombre: no le basta hablarnos a través de la ley y de los profetas, sino que se hace presente en la persona de su Hijo, la Palabra hecha carne. Jesús es el gran «constructor de puentes» que construye en sí mismo el gran puente de la comunión plena con el Padre. (06-09-2015)

PALABRA

Dejando Jesús el territorio de Tiro, pasó por Sidón, camino del mar de Galilea, atravesando la Decápolis. Y le presentaron un sordo que, además, apenas podía hablar; y le piden que le imponga la mano. Él, apartándolo de la gente, a solas, le metió los dedos en los oídos y con la saliva le tocó la lengua. Y mirando al cielo, suspiró y le dijo: «Effetá» (esto es: «ábrete)». Y al momento se le abrieron los oídos, se le soltó la traba de la lengua y hablaba correctamente. Él les mandó que no lo dijeran a nadie; pero, cuanto más se lo mandaba, con más insistencia lo proclamaban ellos. Y en el colmo del asombro decían: «Todo lo ha hecho bien; hace oír a los sordos y hablar a los mudos».

Génesis 3, 1-8; ***Salmo*** 31, 1-7 • **MARCOS 7, 31-37**

ORACIÓN

SEÑOR, aquel sordomudo de Sidón dejó que lo llevaras a un lugar apartado y allí lo sanaste con tu Amor. Sin embargo, cuando yo me quedo «sordomudo» ante las injusticias de este mundo, reconozco que a veces me cuesta dejar que me sanes en lo más íntimo de mi corazón. **Jesús, ayúdame a no rechazar nunca tu Amor.** ***Dichoso el que está absuelto de su culpa*** *(Salmo 31, 1a).*

Bienaventurada Virgen María de Lourdes

Santos Pedro Maldonado *pb mr*,
Sotera *vg mr*, Pascual I *pp*

JORNADA MUNDIAL DEL ENFERMO

FEBRERO
11
SÁBADO

Papa Francisco: El día de la Jornada Mundial del Enfermo, le encomiendo a María, Madre de misericordia y Salud de los enfermos, todas las personas enfermas, los agentes sanitarios y quienes se prodigan al lado de los que sufren. Que Ella, desde la Gruta de Lourdes y desde los innumerables santuarios que se le han dedicado en todo el mundo, sostenga nuestra fe y nuestra esperanza, y nos ayude a cuidarnos unos a otros con amor fraterno. A todos y cada uno les imparto de corazón mi bendición. (20-12-2020)

PALABRA

Había una boda en Caná de Galilea y la madre de Jesús estaba allí; Jesús y sus discípulos estaban también invitados a la boda. Faltó el vino, y la madre de Jesús le dice: «No tienen vino». Jesús le dice: «Mujer, ¿qué tengo yo que ver contigo? Todavía no ha llegado mi hora». Su madre dijo a los sirvientes: «Haced lo que él os diga». Había allí colocadas seis tinajas de piedra, para las purificaciones de los judíos, de unos cien litros cada una. Jesús les dice: «Llenad las tinajas de agua». Y las llenaron hasta arriba. Entonces les dice: «Sacad ahora y llevádselo al mayordomo». Ellos se lo llevaron. El mayordomo probó el agua convertida en vino sin saber de dónde venía (los sirvientes sí lo sabían, pues habían sacado el agua), y entonces llama al esposo y le dice: «Todo el mundo pone primero el vino bueno, y cuando ya están bebidos, el peor; tú, en cambio, has guardado el vino bueno hasta ahora». Este fue el primero de los signos que Jesús realizó en Caná de Galilea; así manifestó su gloria y sus discípulos creyeron en él.

Eclesiástico 24, 1-4.8-12.19-22 ***Salmo: Lucas*** 1, 46b-55 • **JUAN 2, 1-11**

ORACIÓN

SEÑOR, lleno de Amor, transformaste en vino el agua de la cisterna para alegrar la boda de Caná. **Jesús, quiero darte gracias porque siempre tratas de alegrar mi vida, transformando con tu Amor los malos sentimientos que se acumulan en mi corazón.** ***El Poderoso ha hecho obras grandes por mí: su nombre es santo*** *(Lucas 1,49).*

FEBRERO

12

DOMINGO

DOMINGO VI DEL TIEMPO ORDINARIO — Tomo III - Salterio 2ª semana

Santos Eulalia de Barcelona *vg mr*, Mártires de Abitinia. Beata Umbelina *ab*

CAMPAÑA CONTRA EL HAMBRE EN EL MUNDO

S. EULALIA DE BARCELONA

Papa Francisco: En este pasaje, Jesús quiere ayudar a quienes le escuchan para realizar una relectura de la ley mosaica. Lo que fue dicho en la antigua alianza era verdadero, pero no era todo: Jesús vino para dar cumplimiento y para promulgar de manera definitiva la ley de Dios, hasta la última jota (cf. 18). Él manifiesta las finalidades originarias y cumple los aspectos auténticos, y hace todo esto mediante su predicación y más aún al ofrecerse a sí mismo en la cruz. (12-02-2017)

PALABRA

• ***Eclesiástico*** 15, 15-20: Si quieres, guardarás los mandatos y permanecerás fiel a su voluntad. Él te ha puesto delante fuego y agua, extiende tu mano a lo que quieras. Ante los hombres está la vida y la muerte, y a cada uno se le dará lo que prefiera. Porque grande es la sabiduría del Señor, fuerte su poder y lo ve todo. Sus ojos miran a los que le temen, y conoce todas las obras del hombre. A nadie obligó a ser impío, y a nadie dio permiso para pecar.

• ***Salmo*** 118, 1-5.17-18.33-34: ***Dichoso el que camina en la ley del Señor.***

• ***1Corintios*** 2, 6-10: Hermanos: Hablamos, de sabiduría entre los perfectos; pero una sabiduría que no es de este mundo ni de los príncipes de este mundo, condenados a perecer, sino que enseñamos una sabiduría divina, misteriosa, escondida, predestinada por Dios antes de los siglos para nuestra gloria. Ninguno de los príncipes de este mundo la ha conocido, pues si la hubiesen conocido, nunca hubieran crucificado al Señor de la gloria. Sino que, como está escrito: «Ni el ojo vio, ni el oído oyó, ni el hombre puede pensar lo que Dios ha preparado para los que lo aman». Y Dios nos lo ha revelado por el Espíritu; pues el Espíritu lo sondea todo, incluso lo profundo de Dios.

• **MATEO 5, 17-37:** En aquel tiempo, dijo Jesús a sus discípulos: «No creáis que he venido a abolir la Ley y los Profetas: no he venido a abolir, sino a dar plenitud. En verdad os digo que antes pasarán el cielo y la tierra que deje de cumplirse hasta la última letra o tilde de la ley. El que se salte uno solo de los preceptos menos importantes y se lo enseñe así a los hombres será el menos importante en el reino de los cielos. Pero quien los cumpla y enseñe será grande en el reino de los cielos. Porque os digo que si vuestra justicia no es mayor que la de los escribas y fariseos, no entraréis en el reino de los cielos. Habéis oído que se dijo a los antiguos: "No matarás", y el que mate será reo de juicio. Pero yo os digo: todo el que se deja llevar de la cólera contra su hermano será procesado. Y si uno llama a su hermano "imbécil", tendrá que comparecer ante el Sanedrín, y si lo llama "necio", merece la condena de la "gehenna" del fuego. Por tanto, si cuando vas a presentar tu ofrenda sobre el altar, te acuerdas allí mismo de que tu hermano tiene quejas contra ti, deja allí tu ofrenda ante el altar y vete primero a reconciliarte con tu hermano, y entonces vuelve a presentar tu ofrenda. Con el que te pone pleito procura arreglarte enseguida, mientras vais todavía de camino, no sea que te entregue al juez, y el juez al alguacil, y te metan en la cárcel. En verdad te digo que no saldrás de allí hasta que hayas pagado el último céntimo. Habéis oído que se dijo: "No cometerás adulterio". Pero yo os digo: todo el que mira a una mujer deseándola, ya ha cometido adulterio con ella en su corazón. Si tu ojo derecho te induce a pecar, sácatelo y tíralo. Más te vale perder un miembro que ser echado entero en la "gehenna". Si tu mano derecha te induce a pecar, córtatela y tírala, porque más te vale perder un miembro que ir a parar entero a la "gehenna". Se dijo: "El que repudie a su mujer, que le dé acta de repudio". Pero yo os digo que si uno repudia a su mujer –no hablo de unión ilegítima– la induce a cometer adulterio, y el que se casa con la repudiada comete adulterio. También habéis oído que se dijo a los antiguos: "No jurarás en falso" y "Cumplirás tus juramentos al Señor". Pero yo os digo que no juréis en absoluto: ni por el cielo, que es el trono de Dios; ni por la tierra, que es estrado de sus pies; ni por Jerusalén, que es la ciudad del Gran Rey. Ni jures por tu cabeza, pues no puedes volver blanco o negro un solo cabello. Que vuestro hablar sea sí, sí, no, no. Lo que pasa de ahí viene del Maligno».

ORACIÓN

SEÑOR, en el sermón de la montaña nos ofreces un gran número de pautas de conducta. Todas ellas tienen algo en común: siguen tu especial justicia, es decir, son misericordiosas. **Jesús, ayúdame a ser misericordioso en todas las acciones de mi vida.**

FEBRERO

13

LUNES

Lunes 6° Tiempo Ordinario — **Tomo III - Salterio 2ª semana**

Santos Benigno *pb mr,* Cástor *pb er,* Esteban *ab.* Beato Jordán de Sajonia *pb*

B. JORDÁN DE SAJONIA

Papa Francisco: Los fariseos, al pedir un signo a Jesús, confunden el modo de obrar de Dios con el modo de obrar de un brujo. Dios no actúa como un brujo. Dios tiene su modo de ir adelante: la paciencia de Dios. Y nosotros cada vez que nos acercamos al sacramento de la reconciliación (confesión) cantamos un himno a la paciencia de Dios. ¡Cómo nos lleva el Señor sobre los hombros, con cuánta paciencia! (17-02-2014).

PALABRA

Se presentaron los fariseos y se pusieron a discutir con Jesús; para ponerlo a prueba, le pidieron un signo del cielo. Jesús dio un profundo suspiro y dijo: «¿Por qué esta generación reclama un signo? En verdad os digo que no se le dará un signo a esta generación». Los dejó, se embarcó de nuevo y se fue a la otra orilla.

Génesis 4, 1-15.25; ***Salmo*** 49, 1-8. 16-17.20-21 • **MARCOS 8, 11-13**

ORACIÓN

SEÑOR, ¿qué signos te pido yo a Ti?, ¿qué deseo que hagas para tener certeza de que eres realmente el Hijo de Dios? **Jesús, te lo suplico, que nunca dude de Ti. Que nunca caiga en la tentación de ponerte a prueba para que me muestres tu divinidad.** ***Ofrece a Dios un sacrificio de alabanza*** *(Salmo 49, 14a).*

SANTOS CIRILO Y METODIO,
Patronos de Europa, Valentín *mr*,
Juan B. de la Concepción *pb*, Vital *mr*

FIESTA DE SAN CIRILO Y SAN METODIO PATRONOS DE EUROPA

Papa Francisco: El pasaje del Evangelio de Lucas propuesto hoy por la liturgia, señala que cuando el Señor envía a sus setenta y dos discípulos, los envía "en pobreza", les da consejos sobre la pobreza. Es la pobreza del discípulo: el camino del discípulo, el Señor quiere que sea pobre. Si un discípulo está apegado al dinero, a la riqueza, no es un verdadero discípulo. (18-10-2018)

PALABRA

Designó el Señor otros setenta y dos y los mandó delante de él, de dos en dos, a todos los pueblos y lugares adonde pensaba ir él. Y les decía: «La mies es abundante y los obreros pocos; rogad, pues, al dueño de la mies que envíe obreros a su mies. ¡Poneos en camino! Mirad que os envío como corderos en medio de lobos. No llevéis bolsa, ni alforja, ni sandalias; y no saludéis a nadie por el camino. Cuando entréis en una casa, decid primero: "Paz a esta casa". Y si allí hay gente de paz, descansará sobre ellos vuestra paz; si no, volverá a vosotros. Quedaos en la misma casa, comiendo y bebiendo de lo que tengan, porque el obrero merece su salario. No andéis cambiando de casa. Si entráis en una ciudad y os reciben, comed lo que os pongan, curad a los enfermos que haya en ella, y decidles: "El reino de Dios ha llegado a vosotros"».

Hechos 13, 46-49; *Salmo* 116, 1.2 • **LUCAS 10, 1-9**

ORACIÓN

SEÑOR, nos pides que cuando entremos en una casa transmitamos a todos tu Paz. **Jesús, te doy gracias por haberme llamado a ser discípulo tuyo, porque deseo transmitir a todos tu Paz y tu Felicidad, incluso a los que te rechazan.** ***Id al mundo entero y proclamad el Evangelio*** *(Marcos 16, 15).*

FEBRERO
15
MIÉRCOLES

Miércoles 6° Tiempo Ordinario Tomo III - Salterio 2ª semana

Santos Claudio de la Colombière *pb*, Onésimo *NT*, Faustino y Jovita *mrs*, Georgia *vg*, Sigfrido *ob*

S. CLAUDIO DE LA COLOMBIÈRE

Papa Francisco: Jesús restituye la vista a un ciego que mendigaba en la orilla del camino, que, en lugar de encontrar compasión y ayuda del prójimo como pide la ley halla insensibilidad y rechazo. Ceguera y sordera impiden percibir las necesidades de los hermanos y reconocer en ellos la presencia del Señor. Que Cristo ilumine y sane nuestros corazones, para que aprendamos a estar atentos a las necesidades de nuestros hermanos (15-06-2016).

PALABRA

Jesús y los discípulos llegaron a Betsaida. Y le trajeron un ciego pidiéndole que lo tocase. Él lo sacó de la aldea, llevándolo de la mano, le untó saliva en los ojos, le impuso las manos y le preguntó: «¿Ves algo?». Levantando los ojos dijo: «Veo hombres; me parecen árboles, pero andan». Le puso otra vez las manos en los ojos; el hombre miró: estaba curado y veía todo con claridad. Jesús lo mandó a casa, diciéndole que no entrase en la aldea.

Génesis 8, 6-13. 20-22; ***Salmo*** 115, 12-19 • **MARCOS 8, 22-26**

ORACIÓN

SEÑOR, a aquel ciego de Betsaida al que sanaste con tu Amor, le pediste que no entrara en la aldea, sino que regresara a la tranquilidad de su casa. **Jesús, sé que a mí también me pides que me aleje del ruido y el caos del mundo. Ayúdame a regresar contigo al silencio de mi corazón.** ***Te ofreceré, Señor, un sacrificio de alabanza*** *(Salmo 115, 17a).*

Santos Elías y *co mrs,* Juliana *vg mr.*
Beato José Allamano *pb*

Papa Francisco: Cuando Jesús les dice claramente aquello que dice a los discípulos, es decir, que su misión se cumple no en el amplio camino del triunfo, sino en el arduo sendero del Siervo sufriente, humillado, rechazado y crucificado, entonces puede sucedernos también a nosotros como a Pedro, y protestar y rebelarnos porque eso contrasta con nuestras expectativas, con las expectativas mundanas. En esos momentos, también nosotros nos merecemos el reproche de Jesús. (16-09-2018)

PALABRA

Jesús y sus discípulos se dirigieron a las aldeas de Cesarea de Filipo; por el camino, preguntó a sus discípulos: «¿Quién dice la gente que soy yo?». Ellos le contestaron: «Unos, Juan Bautista; otros, Elías, y otros, uno de los profetas». Él les preguntó: «Y vosotros, ¿quién decís que soy?». Tomando la palabra Pedro le dijo: «Tú eres el Mesías». Él les conminó a que no hablaran a nadie acerca de esto. Y empezó a instruirlos: «El Hijo del hombre tiene que padecer mucho, ser reprobado por los ancianos, sumos sacerdotes y escribas, ser ejecutado y resucitar a los tres días». Se lo explicaba con toda claridad. Entonces Pedro se lo llevó aparte y se puso a increparlo. Pero él se volvió y, mirando a los discípulos, increpó a Pedro: «¡Ponte detrás de mí, Satanás! ¡Tú piensas como los hombres, no como Dios!».

Génesis 9, 1-13; ***Salmo*** 101, 16-21.29 y 22-23 • **MARCOS 8, 27-33**

ORACIÓN

SEÑOR, cuando mis amigos y familiares me preguntan quién eres Tú, reconozco que a veces no sé muy bien qué contestar, porque eres un misterio que sobrepasa infinitamente mi capacidad intelectual. **Jesús, dame de tu Amor para que, a falta de palabras, pueda dar testimonio de Ti con mis obras.** ***El Señor, desde el cielo, se ha fijado en la tierra*** *(Salmo 101, 20b).*

FEBRERO
17
VIERNES

Viernes 6º Tiempo Ordinario Tomo III - Salterio 2ª semana

Santos SIETE FUNDADORES SERVITAS, Silvino *ob*, Teodoro *m*

SS. SIETE FUNDADORES SERVITAS

Papa Francisco: Es necesario estar dispuestos a «perder la propia vida», entregándola a fin de que todos los hombres se salven: así, nos encontraremos en la felicidad eterna. El camino de Jesús nos lleva siempre a la felicidad, ¡no lo olvidéis! El camino de Jesús nos lleva siempre a la felicidad. Habrá siempre una cruz en medio, pruebas, pero al final nos lleva siempre a la felicidad. (01-03-2015)

PALABRA

Llamando a la gente y a sus discípulos, Jesús les dijo: «Si alguno quiere venir en pos de mí, que se niegue a sí mismo, tome su cruz y me siga. Porque quien quiera salvar su vida, la perderá; pero el que pierda su vida por mí y por el Evangelio, la salvará. Pues ¿de qué le sirve al hombre ganar el mundo entero y perder su alma? ¿O qué podrá dar uno para recobrarla? Quien se avergüence de mí y de mis palabras, en esta generación adúltera y pecadora, también el Hijo del hombre se avergonzará de él, cuando venga con la gloria de su Padre entre sus santos ángeles». Y añadió: «En verdad os digo que algunos de los aquí presentes no gustarán la muerte hasta que vean el reino de Dios en toda su potencia».

Génesis 11, 1-9; *Salmo* 32, 10-15 • **MARCOS 8, 34 - 9, 1**

ORACIÓN

SEÑOR, todos los días, en los más pequeños detalles, nos haces elegir entre salvar nuestra vida actuando caprichosamente o perderla siendo generosos. **Jesús, dame sabiduría para escoger siempre tu camino.** ***Dichoso el pueblo que Dios se escogió como heredad*** *(Salmo 32, 12b).*

FEBRERO 18 SÁBADO

Santos Sadot *ob* y *co mrs*, Eladio *ob*, Francisco Regis *pb mr*. Beato Juan de Fiésole (Fray Angélico) *pb*

Papa Francisco: El evento de Jesús transfigurándose sobre el monte nos hace entender mejor también su resurrección. Para entender el misterio de la cruz es necesario saber con antelación que el que sufre y que es glorificado no es solamente un hombre, sino el Hijo de Dios, que con su amor fiel hasta la muerte nos ha salvado. (25-02-2018)

PALABRA

Jesús toma consigo a Pedro, a Santiago y a Juan, sube aparte con ellos solos a un monte alto, y se transfiguró delante de ellos. Sus vestidos se volvieron de un blanco deslumbrador, como no puede dejarlos ningún batanero del mundo. Se les aparecieron Elías y Moisés, conversando con Jesús. Entonces Pedro tomó la palabra y dijo a Jesús: «Maestro, ¡qué bueno es que estemos aquí! Vamos a hacer tres tiendas, una para ti, otra para Moisés y otra para Elías». No sabía qué decir, pues estaban asustados. Se formó una nube que los cubrió, y salió una voz de la nube: «Este es mi Hijo, el amado; escuchadlo». De pronto, al mirar alrededor, no vieron a nadie más que a Jesús, solo con ellos. Cuando bajaban del monte, les ordenó que no contasen a nadie lo que habían visto, hasta que el Hijo del hombre resucitara de entre los muertos». Esto se les quedó grabado, y discutían qué querría decir aquello de «resucitar de entre los muertos». Le preguntaron: «¿Por qué dicen los escribas que primero tiene que venir Elías?». Les contestó él: «Elías vendrá primero y lo renovará todo. Ahora, ¿por qué está escrito que el Hijo del hombre tiene que padecer mucho y ser despreciado? Os digo que Elías ya ha venido, y han hecho con él lo que han querido, como estaba escrito acerca de él».

Hebreos 11, 1-7; *Salmo* 144, 2-5.10-11 • **MARCOS 9, 2-13**

ORACIÓN

SEÑOR, antes de mostrar tu divinidad a Pedro, Santiago y Juan, les hiciste ascender esforzadamente una empinada montaña. **Jesús, dame fuerzas para superar las pruebas que me pones para madurar interiormente, y así pueda yo alcanzar, contigo, la cumbre de la perfección espiritual.** ***Bendeciré tu nombre por siempre, Señor*** *(Salmo 144, 1b).*

FEBRERO
19
DOMINGO

DOMINGO VII DEL TIEMPO ORDINARIO Tomo III - Salterio 3º semana

Santos Lucía Yi *vg mr*, Conrado Confalonieri *er.* Beato Álvaro de Córdoba *pb*

B. ÁLVARO DE CÓRDOBA

Papa Francisco: Para Jesús el rechazo de la violencia puede conllevar también la renuncia a un derecho legítimo; y da algunos ejemplos: poner la otra mejilla, ceder el propio vestido y dinero, aceptar otros sacrificios (cf vv. 39-42). Pero esta renuncia no quiere decir que las exigencias de la justicia sean ignoradas o contradichas; no, al contrario, el amor cristiano, que se manifiesta de forma especial en la misericordia, representa una realización superior de la justicia. Eso que Jesús nos quiere enseñar es la distinción que tenemos que hacer entre la justicia y la venganza. Distinguir entre justicia y venganza. La venganza nunca es justa. (19-02-2017)

PALABRA

• ***Levítico*** 19, 1-2.17-18: El Señor habló así a Moisés: «Di a la comunidad de los hijos de Israel: "Sed santos, porque yo, el Señor, vuestro Dios, soy santo. No odiarás de corazón a tu hermano, pero reprenderás a tu prójimo, para que no cargues tú con su pecado. No te vengarás de los hijos de tu pueblo ni les guardarás rencor, sino que amarás a tu prójimo como a ti mismo. Yo soy el Señor"».

• ***Salmo*** 102, 1bc-4.8.10.12-13: ***El Señor es compasivo y misericordioso.***

• ***1 Corintios*** 3, 16-23: Hermanos: ¿No sabéis que sois templos de Dios y que el Espíritu de Dios habita en vosotros? Si alguno destruye el templo de Dios, Dios lo destruirá a él; porque el templo de Dios es santo: y ese templo sois vosotros. Que nadie se engañe. Si alguno de vosotros se cree sabio en este mundo, que se haga necio para llegar a ser sabio. Porque la sabiduría de este mundo es necedad ante Dios, como está escrito: «Él caza a los sabios en su astucia». Y también: «El Señor penetra los pensamientos de los sabios y conoce que son vanos». Así, pues, que nadie se gloríe en los hombres, pues todo es vuestro: Pablo, Apolo, Cefas, el mundo, la vida, la muerte, lo presente, lo futuro. Todo es vuestro, vosotros de Cristo y Cristo de Dios.

• **MATEO 5, 38-48:** En aquel tiempo, dijo Jesús a sus discípulos: «Habéis oído que se dijo: "Ojo por ojo, diente por diente". Pero yo os digo: no hagáis frente al que os agravia. Al contrario, si uno te abofetea en la mejilla derecha, preséntale la otra; al que quiera ponerte pleito para quitarte la túnica, dale también el manto; a quien te requiera para caminar una milla, acompáñale dos; a quien te pide, dale, y al que te pide prestado, no lo rehúyas. Habéis oído que se dijo: "Amarás a tu prójimo y aborrecerás a tu enemigo". Pero yo os digo: amad a vuestros enemigos y rezad por los que os persiguen, para que seáis hijos de vuestro Padre celestial, que hace salir su sol sobre malos y buenos, y manda la lluvia a justos e injustos. Porque, si amáis a los que os aman, ¿qué premio tendréis? ¿No hacen lo mismo también los publicanos? Y, si saludáis solo a vuestros hermanos, ¿qué hacéis de extraordinario? ¿No hacen lo mismo también los gentiles? Por tanto, sed perfectos, como vuestro Padre celestial es perfecto».

ORACIÓN

SEÑOR, nos pides que nos portemos bien con todos, no sólo con nuestros amigos: incluso con nuestros enemigos. Porque también sobre ellos sale el sol de tu Amor misericordioso. **Jesús, sabes que a veces me cuesta mucho ser bueno con todos. Ayúdame a vencer los rencores que anidan en mi corazón.**

Sed perfectos,
como vuestro Padre celestial es perfecto

FEBRERO

20

LUNES

Lunes 7º Tiempo Ordinario Tomo III - Salterio 3ª semana

Santos *niños* Francisco y Jacinta Marto de Fátima *cfs*, León *ob*, Eleuterio *ob*, Beata Julia Rodzninska *vg mr*

Papa Francisco: Cuando Jesús cura, cuando va entre la gente y cura a una persona, jamás la deja sola. Porque no es un mago, un brujo, un curandero que va y cura, pero luego sigue por su camino. Él, en cambio, hace que cada uno vuelva a su sitio, no lo deja por el camino. (24-02-2014)

PALABRA

Jesús y los tres discípulos bajaron del monte y cuando volvieron a donde estaban los demás discípulos, vieron mucha gente alrededor, y a unos escribas discutiendo con ellos. Al ver a Jesús, la gente se sorprendió, y corrió a saludarlo. Él les preguntó: «¿De qué discutís?». Uno le contestó: «Maestro, te he traído a mi hijo; tiene un espíritu que no lo deja hablar y, cuando lo agarra, lo tira al suelo, echa espumarajos, rechina los dientes y se queda rígido. He pedido a tus discípulos que lo echen, y no han sido capaces». Él, tomando la palabra, les dice: «¡Generación incrédula! ¿Hasta cuándo estaré con vosotros? ¿Hasta cuándo os tendré que soportar? Traédmelo». Se lo llevaron. El espíritu, en cuanto vio a Jesús, retorció al niño; este cayó por tierra y se revolcaba echando espumarajos. Jesús preguntó al padre: «¿Cuánto tiempo hace que le pasa esto?». Contestó él: «Desde pequeño. Y muchas veces hasta lo ha echado al fuego y al agua, para acabar con él. Si algo puedes, ten compasión de nosotros y ayúdanos». Jesús replicó: «¿Si puedo? Todo es posible al que tiene fe». Entonces el padre del muchacho se puso a gritar: «Creo, pero ayuda mi falta de fe». Jesús, al ver que acudía gente, increpó al espíritu inmundo, diciendo: «Espíritu mudo y sordo, yo te lo mando: Sal de él y no vuelvas a entrar en él». Gritando y sacudiéndolo violentamente, salió. El niño se quedó como un cadáver, de modo que muchos decían que estaba muerto. Pero Jesús lo levantó, tomándolo de la mano, y el niño se puso en pie. Al entrar en casa, sus discípulos le preguntaron a solas: «¿Por qué no pudimos echarlo nosotros?». Él les respondió: «Esta especie solo puede salir con oración».

Eclesiástico 1, 1-10b; *Salmo* 92, 1-2.5 • **MARCOS 9, 14-29**

ORACIÓN

SEÑOR, nos pides que tengamos fe, porque, por medio de ella, Tú puedes hacer un gran bien en nuestra vida. Y para tener una verdadera fe en Ti es necesario tener una auténtica relación contigo. Es decir, es necesario orar. **Jesús, que todos los días tenga al menos un cuarto de hora para recogerme dentro de mí corazón, y así pueda relacionarme íntimamente contigo.** ***El Señor reina, vestido de majestad*** *(Salmo 92, 1a).*

Santos PEDRO DAMIÁN *ob*, Germán *ab*, Roberto Southwell *pb mr*

Papa Francisco: El Señor parece preguntarnos: «¿De qué discutíais por el camino?». Y nos sentimos confundidos por la distancia que existe entre la llamada del Señor y nuestra pobre respuesta. Ante su mirada misericordiosa no podemos fingir que nuestra división no es un escándalo, un obstáculo para el anuncio del Evangelio de la salvación al mundo. Nuestra vista está ofuscada a menudo por el peso causado por la historia de nuestras divisiones, y nuestra voluntad no siempre está libre de la ambición humana que a veces acompaña a nuestro deseo de anunciar el Evangelio. (16-06-2014)

PALABRA

Jesús y sus discípulos atravesaron Galilea; no quería que nadie se enterase, porque iba instruyendo a sus discípulos. Les decía: «El Hijo del hombre va a ser entregado en manos de los hombres, y lo matarán; y después de muerto, a los tres días resucitará». Pero no entendían lo que decía, y les daba miedo preguntarle. Llegaron a Cafarnaún, y una vez en casa, les preguntó: «¿De qué discutíais por el camino?». Ellos callaban, pues por el camino habían discutido quién era el más importante. Jesús se sentó, llamó a los Doce y les dijo: «Quien quiera ser el primero, que sea el último de todos y el servidor de todos». Y, tomando un niño, lo puso en medio de ellos, lo abrazó y les dijo: «El que acoge a un niño como este en mi nombre me acoge a mí; y el que me acoge a mí no me acoge a mí, sino al que me ha enviado».

Eclesiástico 2, 1-11; *Salmo* 36, 3-4.18-19.27-28.39-40 • **MARCOS 9, 30-37**

ORACIÓN

SEÑOR, mientras hablabas a tus discípulos de lo mucho que –generosamente– ibas a sufrir para salvarnos a todos del pecado y de la muerte, ellos –egoístamente– andaban discutiendo quién era el más importante. **Jesús, bien sabes que yo también me siento tentado a buscar mi propio beneficio, a costa de los demás. Ayúdame a vencer mi egoísmo para seguir fielmente tu camino.** ***Encomienda tu camino al Señor, y él actuará*** *(Salmo 36, 5).*

FEBRERO
22
MIÉRCOLES

Miércoles de Ceniza
La Cátedra de San Pedro, Santos Margarita de Cortona *rl*, Papías *ob*, Maximiano *ob*

Ayuno y abstinencia

TIEMPO DE CUARESMA - *Tomo II de la Liturgia de las Horas*

Papa Francisco: La ceniza se posa sobre nuestras cabezas para que el fuego del amor se encienda en los corazones. Porque somos ciudadanos del cielo y el amor a Dios y al prójimo es el pasaporte al cielo, es nuestro pasaporte. Los bienes terrenos que poseemos no nos servirán, son polvo que se desvanece, pero el amor que damos —en la familia, en el trabajo, en la Iglesia, en el mundo— nos salvará, permanecerá para siempre. (26-02-2020)

PALABRA

Dijo Jesús a sus discípulos: «Cuidad de no practicar vuestra justicia delante de los hombres para ser vistos por ellos; de lo contrario, no tendréis recompensa de vuestro Padre celestial. Por tanto, cuando hagas limosna, no mandes tocar la trompeta ante ti, como hacen los hipócritas en las sinagogas y por las calles para ser honrados por la gente; en verdad os digo que ya han recibido su recompensa. Tú, en cambio, cuando hagas limosna, que no sepa tu mano izquierda lo que hace tu derecha; así tu limosna quedará en secreto, y tu Padre, que ve en lo secreto, te recompensará. Cuando oréis, no seáis como los hipócritas, a quienes les gusta orar de pie en las sinagogas y en las esquinas de las plazas, para que los vean los hombres. En verdad os digo que ya han recibido su recompensa. Tú, en cambio, cuando ores, entra en tu cuarto, cierra la puerta y ora a tu Padre, que está en lo secreto, y tu Padre, que ve en lo secreto, te lo recompensará. Cuando ayunéis, no pongáis cara triste, como los hipócritas que desfiguran sus rostros para hacer ver a los hombres que ayunan. En verdad os digo que ya han recibido su paga. Tú, en cambio, cuando ayunes, perfúmate la cabeza y lávate la cara, para que tu ayuno lo note, no la gente, sino tu Padre, que está en lo escondido; y tu Padre, que ve en lo escondido, te recompensará».

Joel 2,12-18; ***Salmo*** 50,3-6.12-14.17; ***2Corintios*** 5,20 – 6,2 • **MATEO 6, 1-6.16-18**

ORACIÓN

SEÑOR, quieres que durante la Cuaresma emprendamos un secreto camino de conversión. Porque no se trata de que la gente nos alabe por nuestras penitencias, sino de que Tú, en lo secreto, transformes nuestro interior. **Jesús, dame fortaleza para emprender este largo camino de Cuaresma, y así pueda llegar preparado interiormente para vivir la Pascua de Resurrección.** ***Misericordia, Señor, hemos pecado*** *(Salmo 50, 3a).*

---

* El miércoles de ceniza y el viernes santo son días de **ayuno** y **abstinencia.** Los viernes de cuaresma son días de **abstinencia.** Y todos los viernes del año, como toda la cuaresma, son días de **penitencia,** en los que se recomiendan las privaciones voluntarias, la limosna, las obras de caridad y la ayuda a las misiones (Ver **Catecismo Iglesia Cat.,** n. 1438).

Santos POLICARPO *ob mr,* Milburga *ab.*
Beata Rafaela Ybarra *mf rl*

Papa Francisco: El Señor no nos deja solos, nos enseña a adorar a Dios: cumplir los mandamientos es el camino del bien; el camino del mal es el de los falsos dioses. Dios hecho carne: este es el fundamento de las obras de misericordia, las llagas de nuestros hermanos son las llagas de Cristo. Debemos convertirnos no a un Dios abstracto, sino al Dios concreto que se hizo Cristo. «Si alguno quiere venir en pos de mí... tome su cruz cada día y sígame». El único camino seguro es seguir a Cristo crucificado, el escándalo de la cruz (06-03-2017)

PALABRA

Dijo Jesús a sus discípulos: «El Hijo del hombre tiene que padecer mucho, ser desechado por los ancianos, sumos sacerdotes y escribas, ser ejecutado y resucitar al tercer día». Entonces decía a todos: «Si alguno quiere venir en pos de mí, que se niegue a sí mismo, tome su cruz cada día y me siga. Pues el que quiera salvar su vida la perderá; pero el que pierda su vida por mi causa la salvará. ¿De qué le sirve a uno ganar el mundo entero si se pierde o se arruina a sí mismo?».

Deuteronomio 30, 15-20; ***Salmo*** 1, 1-6. • **LUCAS 9, 22-25**

ORACIÓN

SEÑOR, nos invitas a elegir entre nosotros mismos y Tú, es decir, entre nuestro beneficio egoísta y el bien de los demás. **Jesús, ayúdame a comprender y asumir que, si resucitaste, fue porque antes diste tu vida generosamente por el bien de todos. Ese es el camino de la Cruz. Es un camino que todos, de un modo u otro, debemos seguir.** ***Dichoso el hombre que ha puesto su confianza en el Señor*** *(Salmo 39,5ab).*

Viernes después de Ceniza

Tomo II - Salterio 4ª semana

**Santos Etelberto *cf*, Modesto *ob*,
Pedro Palatino *mr*.
Beata Ascensión Nicol *vg***

Abstinencia

Papa Francisco: El ayuno y la abstinencia es, junto a la oración y la limosna, condición y expresión de nuestra conversión. Estas prácticas cuaresmales nos permiten encarnar una fe sincera, una esperanza viva y una caridad operante. (16-02-2021)

PALABRA

Los discípulos de Juan se acercan a Jesús, preguntándole: «¿Por qué nosotros y los fariseos ayunamos a menudo y, en cambio, tus discípulos no ayunan?». Jesús les dijo: «¿Es que pueden guardar luto los amigos del esposo, mientras el esposo está con ellos? Llegarán días en que les arrebatarán al esposo, y entonces ayunarán».

Isaías 58,1-9a; ***Salmo*** 50,3-6.18-19 • **MATEO 9, 14-15**

ORACIÓN

SEÑOR, nos dices que cuando estamos contigo no debemos ayunar, porque ya habrá tiempo de hacerlo cuando no estés. **Jesús, quiero ayunar de todo lo que me aleja de Ti, para poder estar junto a Ti.**
Un corazón quebrantado y humillado, oh Dios, tú no lo desprecias *(Salmo 50,19cd).*

SS. LUIS VERSIGLIA Y CALIXTO

Santos Luis Versiglia y Calixto *mrs,* **Aldetrudis** *vg ab,* **Toribio Romo** *pb mr,* **Cesáreo** *cf,* **Néstor** *ob mr,* **Sebastián A.** *rl.* **Beato Ciriaco M.ª Sancha** *ob*

Papa Francisco: La salvación puede entrar en el corazón cuando nosotros nos abrimos a la verdad y reconocemos nuestras equivocaciones, nuestros pecados; entonces hacemos experiencia, esa bella experiencia de Aquel que ha venido, no para los sanos, sino para los enfermos, no para los justos, sino para los pecadores. Experimentamos su paciencia - ¡tiene mucha! -, su ternura, su voluntad de salvar a todos. Y ¿cuál es la señal? La señal es que nos hemos vuelto "nuevos" y hemos sido transformados por el amor de Dios. (21-06-2015)

PALABRA

Vio Jesús a un publicano llamado Leví, sentado al mostrador de los impuestos, y le dijo: «Sígueme». Él, dejándolo todo, se levantó y lo siguió. Leví ofreció en su honor un gran banquete en su casa, y estaban a la mesa con ellos un gran número de publicanos y otros. Y murmuraban los fariseos y sus escribas diciendo a los discípulos de Jesús: «¿Cómo es que coméis y bebéis con publicanos y pecadores?». Jesús les respondió: «No necesitan médico los sanos, sino los enfermos. No he venido a llamar a los justos, sino a los pecadores a que se conviertan».

Isaías 58,9b-14; *Salmo* 85,1-6 • **LUCAS 5, 27-32**

ORACIÓN

SEÑOR, la Cuaresma es un camino de sanación, porque Tú deseas entrar en nuestro corazón para limpiarlo de todo pecado. Pero eso para nosotros no es nada fácil, porque supone una gran renuncia. **Jesús, te pido que, como Leví, te siga a donde Tú me lleves.** ***Enséñame, Señor, tu camino, para que siga tu verdad*** *(Salmo 85,11ab).*

DOMINGO I DE CUARESMA

Santos Paula Montal *vg*, Alejandro *ob*, Porfirio *ob*, Víctor *er*.
Beata Piedad de la Cruz *vg*

SANTA PAULA MONTAL

Papa Francisco: Durante los cuarenta días de la Cuaresma, como cristianos estamos invitados a seguir las huellas de Jesús y afrontar el combate espiritual contra el maligno con la fuerza de la Palabra de Dios. No con nuestra palabra, no sirve. La Palabra de Dios: esa tiene la fuerza para derrotar a satanás. Por esto es necesario familiarizarse con la Biblia: leerla a menudo, meditarla, asimilarla. La Biblia contiene la Palabra de Dios, que es siempre actual y eficaz. (05-03-2017)

PALABRA

• ***Génesis*** 2, 7-9; 3, 1-7: El Señor Dios modeló al hombre del polvo del suelo e insufló en su nariz aliento de vida; y el hombre se convirtió en ser vivo. Luego el Señor Dios plantó un jardín en Edén, hacia oriente, y colocó en él al hombre que había modelado. El Señor Dios hizo brotar del suelo toda clase de árboles hermosos para la vista y buenos para comer; además, el árbol de la vida, en mitad del jardín, y el árbol del conocimiento del bien y el mal. La serpiente era la más astuta que las demás bestias del campo que el Señor Dios había hecho. Y dijo a la mujer: «¿Conque Dios os ha dicho que no comáis de ningún árbol del jardín?». La mujer contestó a la serpiente: «Podemos comer los frutos de los árboles del jardín; pero del fruto del árbol que está en mitad del jardín nos ha dicho Dios: "No comáis de él ni lo toquéis, de lo contrario moriréis"». La serpiente replicó a la mujer: «No, no moriréis; es que Dios sabe que el día en que comáis de él, se os abrirán los ojos y seréis como Dios en el conocimiento del bien y el mal». Entonces la mujer se dio cuenta de que el árbol era bueno de comer, atrayente a los ojos y deseable para lograr inteligencia; así que tomó de su fruto y comió. Luego se lo dio a su marido, que también comió. Se les abrieron los ojos a los dos y descubrieron que estaban desnudos; entrelazaron hojas de higuera y se las ciñeron.

• ***Salmo*** 50, 3-6. 12-14. 17: ***Misericordia, Señor, hemos pecado.***

• ***Romanos*** 5, 12.17-19: Hermanos: Lo mismo que por un hombre entró el pecado en el mundo, y por el pecado la muerte, y así la muerte se propagó a todos los hombres, porque todos pecaron… Si por el delito de uno solo la muerte inauguró su reinado a través de uno solo, con cuánta más razón los que reciben a raudales el don gratuito de la justificación reinarán en la vida gracias a uno solo, Jesucristo. En resumen, lo mismo que por un solo delito resultó condena para todos, así también por un acto de justicia resultó justificación y vida para todos. Pues, así como por la desobediencia de un solo hombre, todos fueron constituidos pecadores, así también por la obediencia de uno solo, todos serán constituidos justos.

• **MATEO 4, 1-11:** Jesús fue llevado al desierto por el Espíritu para ser tentado por el diablo. Y después de ayunar cuarenta días con sus cuarenta noches, al fin sintió hambre. El tentador se le acercó y le dijo: «Si eres Hijo de Dios, di que estas piedras se conviertan en panes». Pero él le contestó: «Está escrito: "No solo de pan vive el hombre, sino de toda palabra que sale de la boca de Dios"». Entonces el diablo lo llevó a la ciudad santa, lo puso en el alero del templo y le dijo: «Si eres Hijo de Dios, tírate abajo, porque está escrito: "Ha dado órdenes a sus ángeles acerca de ti, y te sostendrán en sus manos, para que tu pie no tropiece con las piedras". Jesús le dijo: «También está escrito: "No tentarás al Señor, tu Dios"». De nuevo el diablo lo llevó a un monte altísimo y le mostró los reinos del mundo y su gloria, y le dijo: «Todo esto te daré, si te postras y me adoras». Entonces le dijo Jesús: «Vete, Satanás, porque está escrito: "Al Señor, tu Dios, adorarás y a él solo darás culto"». Entonces lo dejó el diablo, y he aquí que se acercaron los ángeles y lo servían.

ORACIÓN **SEÑOR,** nos ofreces la Cuaresma para que en ella podamos tener una experiencia de desierto en la que, como Tú, hagamos frente a nuestras tentaciones. **Jesús, humildemente te pido que me ayudes a superar esta dura prueba, porque soy muy débil.**

FEBRERO
27
LUNES

Lunes 1° de Cuaresma Tomo II - Salterio 1ª semana

**Santos Gabriel de la Dolorosa *rl*,
Ana Line *vd mr*,
Baldomero *cf*, Honorina *vg mr***

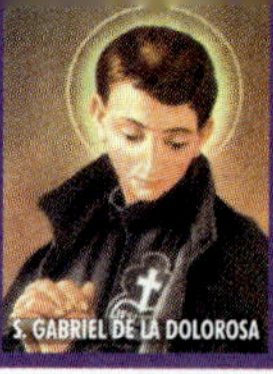

Papa Francisco: Estamos llamados a convertirnos en portadores de Cristo y testigos de su amor, mirando en primer lugar a los que son privilegiados a los ojos de Jesús. Son quienes Él mismo nos indicó: «Tuve hambre y me disteis de comer, tuve sed y me disteis de beber, fui forastero y me hospedasteis, estuve desnudo y me vestisteis, enfermo y me visitasteis, en la cárcel y vinisteis a verme». No se puede entender que un verdadero cristiano no sea misericordioso, como no se puede entender a Dios sin su misericordia. Esa es la palabra-síntesis del Evangelio: misericordia. (8-12-2015)

PALABRA

Dijo Jesús a sus discípulos: «Cuando venga en su gloria el Hijo del hombre, y todos los ángeles con él, se sentará en el trono de su gloria, y serán reunidas ante él todas las naciones. Él separará a unos de otros, como un pastor separa las ovejas de las cabras. Y pondrá las ovejas a su derecha y las cabras a su izquierda. Entonces dirá el rey a los de su derecha: "Venid vosotros, benditos de mi Padre; heredad el reino preparado para vosotros desde la creación del mundo. Porque tuve hambre y me disteis de comer, tuve sed y me disteis de beber, fui forastero y me hospedasteis, estuve desnudo y me vestisteis, enfermo y me visitasteis, en la cárcel y vinisteis a verme". Entonces los justos le contestarán: "Señor, ¿cuándo te vimos con hambre y te alimentamos, o con sed y te dimos de beber?; ¿cuándo te vimos forastero y te hospedamos, o desnudo y te vestimos?; ¿cuándo te vimos enfermo o en la cárcel y fuimos a verte?". Y el rey les dirá: "En verdad os digo que cada vez que lo hicisteis con uno de estos, mis hermanos más pequeños, conmigo lo hicisteis". Entonces dirá a los de su izquierda: "Apartaos de mí, malditos, id al fuego eterno preparado para el diablo y sus ángeles. Porque tuve hambre y no me disteis de comer, tuve sed y no me disteis de beber, fui forastero y no me hospedasteis, estuve desnudo y no me vestisteis, enfermo y en la cárcel y no me visitasteis". Entonces también estos contestarán: "Señor, ¿cuándo te vimos con hambre o con sed, o forastero o desnudo, o enfermo o en la cárcel, y no te asistimos?". Él les replicará: "En verdad os digo: lo que no hicisteis con uno de estos, los más pequeños, tampoco lo hicisteis conmigo". Y estos irán al castigo eterno, y los justos a la vida eterna».

Levítico 19,1-2.11-18; ***Salmo*** 18,8-10.15 • **MATEO 25, 31-46**

ORACIÓN

SEÑOR, todos los días, de un modo u otro, nos colocas a tu derecha o a tu izquierda. Lo haces cada vez que tenemos que elegir entre nuestro egoísmo y tu Evangelio. **Jesús, ayúdame a ser siempre generoso, porque quiero estar siempre contigo.** ***Tus palabras, Señor, son espíritu y vida*** *(Juan 6, 63).*

SANTOS MÁRTIRES DE ALEJANDRÍA

FEBRERO 28 MARTES

Santos Mártires de Alejandría, Román *ab*, Osvaldo *ob*, Marana y Cira *vgs*. Beato Daniel Brottier *pb*

Papa Francisco: Para rezar no hay necesidad de hacer ruido ni creer que es mejor derrochar muchas palabras. No podemos confiarnos al ruido, al alboroto de la mundanidad, que Jesús identifica con «tocar la tromba» o «hacerse ver el día de ayuno». Para rezar no es necesario el ruido de la vanidad: Jesús dijo que esto es un comportamiento propio de los paganos. La oración no es algo mágico; no se hace magia con la oración; esto es pagano. Entonces, ¿cómo se debe orar? Jesús nos lo enseñó: el Padre que está en el Cielo "sabe lo que necesitáis, antes incluso de que se lo pidáis"». Por lo tanto, la primera palabra debe ser "Padre". Esta es la clave de la oración. Sin decir, sin sentir, esta palabra no se puede rezar. (20-06-2013)

PALABRA

Dijo Jesús a sus discípulos: «Cuando recéis, no uséis muchas palabras, como los gentiles, que se imaginan que por hablar mucho les harán caso. No seáis como ellos, pues vuestro Padre sabe lo que os hace falta antes de que lo pidáis. Vosotros orad así: "Padre nuestro que estás en el cielo, santificado sea tu nombre, venga a nosotros tu reino, hágase tu voluntad en la tierra como en el cielo, danos hoy nuestro pan nuestro de cada día, perdona nuestras ofensas, como también nosotros perdonamos a los que nos ofenden, no nos dejes caer en la tentación, y líbranos del mal". Porque si perdonáis a los hombres sus ofensas, también os perdonará vuestro Padre celestial, pero si no perdonáis a los hombres, tampoco vuestro Padre perdonará vuestras ofensas».

Isaías 55, 10-11; *Salmo* 33, 4-7.16-19 • **MATEO 6, 7-15**

ORACIÓN

SEÑOR, nos dices a tus discípulos que, al orar, hemos de cuidar mucho más la calidad que la cantidad de las palabras que te decimos. Porque no se trata de orar por orar, sino de que nuestra oración llegue a tu Sagrado Corazón. **Jesús, te pido que me ayudes a expresarme con un amor silencioso cada vez que no sepa que decirte.** ***Dios libra a los justos de sus angustias*** *(Salmo 33, 18b).*

Charlas cuaresmales en audiolibro

- Hacia la Luz, el Amor y la Vida. *Reflexiones para Cuaresma y Pascua.* M. Olga Mª del Redentor. 260 p. 1 DVD-MP3 (12 horas). 17,50 €
- Mi Cristo roto. Ramón Cué, S.J. Libro+2 CD. 16 €
- Ojos que vieron a Cristo. R. Cué, S.J. Nueve charlas sobre personajes del Evangelio. Libro+2 CD. 12 €
- Yo creo en la alegría. R. Cué, S.J. Ocho charlas. Libro+CD. 9 €
- Buscando su rostro. *Memorial de una vida.* Ignacio Larrañaga, O.F.M. Cap. 15 horas de reflexiones espirituales. 14 CD. 68 €
- Diálogos de Pasión. J. L. Martín Descalzo. Jesús habla con los diversos personajes de sus últimos momentos. Libro+CD. 9 €
- Homilías de san Josemaría Escrivá de Balaguer:
  - -Amigos de Dios. Libro+9 CD. 49,50 €

PROFUNDIZAR LA CUARESMA

- Cuaresma con los Santos Padres. A. González. 100 p. 7 €
- Vivir la Cuaresma. M. Trinitarias de Suesa. 108 p. 7 €
- Festivos de Cuaresma a Pascua. *Evangelio, Comentario. Oración. Reflexión.* J. S. Moranchel. 204 p. 8,75 €
- Pasión y muerte del Señor. Mons. Celso Morga, arzobispo de Mérida-Badajoz. 252 p. 7,50 €

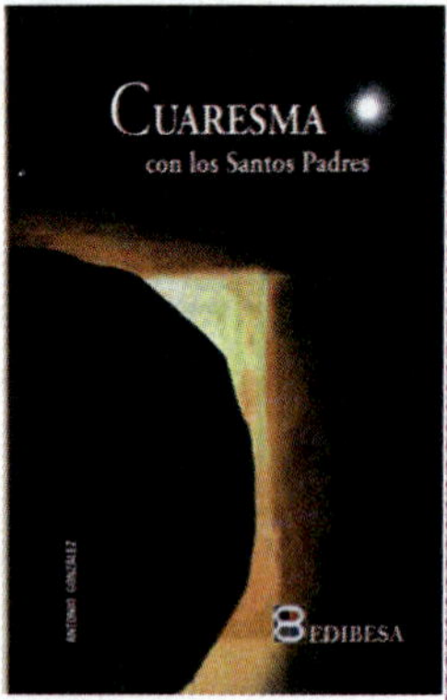

Fray Angélico. Museo del Prado.

MARZO

María es introducida en el misterio de Cristo a través de la Anunciación del ángel. La Encarnación constituye el cumplimiento de la promesa divina, después del pecado original.

(S. Juan Pablo II: "Redemptoris Mater",8.11)

MARZO

1

MIÉRCOLES

Miércoles 1° de Cuaresma Tomo II - Salterio 1ª semana

Santos Félix III *pp*, Rosendo *ob ab*, Albino *ob*, David *ob*, Suitbert *ob*

Papa Francisco: El síndrome de Jonás afecta a quienes tienen confianza sólo en su justicia personal, en sus obras. Y cuando Jesús dice «esta generación perversa», se refiere «a todos aquellos que tienen en sí el síndrome de Jonás». El síndrome de Jonás nos lleva a la hipocresía, a esa suficiencia que creemos alcanzar porque somos cristianos limpios, perfectos, porque realizamos estas obras, observamos los mandamientos, todo. Una grave enfermedad, el síndrome de Jonás. Mientras que el signo de Jonás es la misericordia de Dios en Jesucristo muerto y resucitado por nosotros, por nuestra salvación. El signo de Jonás nos llama. ¿Queremos seguir el síndrome de Jonás o el signo de Jonás? (14-10-2013)

PALABRA

La gente se apiñaba alrededor de Jesús, y él se puso a decirles: «Esta generación es una generación perversa. Pide un signo, pero no se le dará más signo que el signo de Jonás. Pues como Jonás fue un signo para los habitantes de Nínive, lo mismo será el Hijo del hombre para esta generación. La reina del Sur se levantará en el juicio contra los hombres de esta generación y hará que los condenen, porque ella vino desde los confines de la tierra para escuchar la sabiduría de Salomón, y aquí hay uno que es más que Salomón. Los hombres de Nínive se alzarán en el juicio contra esta generación y harán que la condenen; porque ellos se convirtieron con la proclamación de Jonás, y aquí hay uno que es más que Jonás».

Jonás 3,1-10; ***Salmo*** 50,3-4.12-13.18-19 • **LUCAS 11,29-32**

ORACIÓN

SEÑOR, cuando te pedimos que nos des un signo de tu Presencia en nuestra vida, Tú, en respuesta, nos ofreces todos los días tu Palabra. Si la escuchásemos con atención y la interiorizásemos de verdad, no te pediríamos ningún otro signo. **Jesús, que nunca me canse de escuchar y meditar tu Palabra.** ***Un corazón quebrantado y humillado, oh Dios, tú no lo desprecias*** *(Salmo 50,19cd).*

Santos Ceada *ob*, Troadio *mr*

MARZO
2
JUEVES

Papa Francisco: Nosotros los cristianos, discípulos del Señor, pedimos a las familias del mundo que nos ayuden. Somos muchos los que participamos en esta celebración y esto es ya en sí mismo algo profético, una especie de milagro en el mundo de hoy que está cansado de inventar nuevas divisiones, nuevos quebrantos, nuestros desastres. Ojalá todos fuéramos profetas. Ojalá cada uno de nosotros se abriera a los milagros del amor para el bien de su propia familia todas las familias del mundo, y estoy hablando de milagro de amor y poder así superar el escándalo de un amor mezquino y desconfiado, encerrado en sí mismo e impaciente con los demás. (27-09-2015)

PALABRA

Dijo Jesús a sus discípulos: «Pedid y se os dará, buscad y encontraréis, llamad y se os abrirá; porque todo el que pide recibe, quien busca encuentra y al que llama se le abre. Si alguno de vosotros le pide su hijo pan, ¿le va a dar una piedra?; y si le pide pescado, ¿le dará una serpiente? Pues si vosotros, aun siendo malos, sabéis dar cosas buenas a vuestros hijos, ¡cuánto más vuestro Padre que está en los cielos dará cosas buenas a los que le piden! Así, pues, todo lo que deseáis que los demás hagan con vosotros, hacedlo vosotros con ellos; pues esta es la Ley y los Profetas».

Ester 4,17 k.l-z; *Salmo* 137,1-3.7-8 • **MATEO 7, 7-12**

ORACIÓN

SEÑOR, sé que cuando me pongo en tus manos, siempre, de un modo u otro, atiendes mis necesidades, aunque a veces lo haces de un modo que a mí me resulta misterioso, porque tu sabiduría me sobrepasa. **Jesús, te agradezco tu sabia Providencia.** ***Cuando te invoqué, me escuchaste, Señor*** *(Salmo 137, 3a).*

Viernes 1° de Cuaresma — Tomo II - Salterio 1ª semana

Santos Emeterio y Celedonio *mrs,* Catalina Drexel *vg,* Cunegunda *em*

Abstinencia

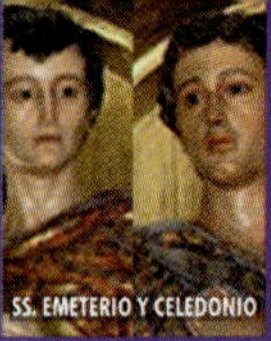

Papa Francisco: Jesús siempre sabe caminar con nosotros, nos da el ideal, nos acompaña hacia el ideal, nos libera de este encarcelamiento de la rigidez de la ley y nos dice: "Haced hasta el punto que podáis". Y Él nos comprende bien. Es este nuestro Señor, es este el que nos enseña a nosotros diciéndonos: "Por favor, no os insultéis y no seáis hipócritas: vais a alabar a Dios con la misma lengua con la que insultáis al hermano, no, esto no se hace, pero haced lo que podáis, al menos evitad la guerra entre vosotros, poniéndoos de acuerdo". (09-06-2016)

PALABRA

Dijo Jesús a sus discípulos: «Si vuestra justicia no es mayor que la de los escribas y fariseos, no entraréis en el reino de los cielos. Habéis oído que se dijo a los antiguos: "No matarás", y el que mate será reo de juicio. Pero yo os digo: todo el que se deja llevar de la cólera contra su hermano será procesado. Y si uno llama a su hermano "imbécil", tendrá que comparecer ante el Sanedrín, y si lo llama "necio", merece la condena de la "gehenna" del fuego. Por tanto, si cuando vas a presentar tu ofrenda sobre el altar, te acuerdas allí mismo de que tu hermano tiene quejas contra ti, deja allí tu ofrenda ante el altar y vete primero a reconciliarte con tu hermano, y entonces vuelve a presentar tu ofrenda. Con el que te pone pleito, procura arreglarte enseguida, mientras vais todavía de camino, no sea que te entregue al juez, y el juez al alguacil, y te metan en la cárcel. En verdad te digo que no saldrás de allí hasta que hayas pagado el último céntimo.

Ezequiel 18,21-28; ***Salmo*** 129,1-8 • **MATEO 5, 20-26**

ORACIÓN

SEÑOR, meditando tu Evangelio, podemos ver la gran importancia que le das a nuestra unidad y concordia. Deseas que hagamos lo posible para estar a bien con todos, porque eso genera una serena y auténtica felicidad. **Jesús, te lo suplico, ayúdame a perdonar.** ***Si llevas cuenta de los delitos, Señor, ¿quién podrá resistir?*** *(Salmo 129,3).*

Santos CASIMIRO *re*, Apiano *rl*, Basino *ob*

Papa Francisco: Jesús nos pide amar a los enemigos. ¿Cómo se puede hacer? Jesús nos dice: rezad, rezad por vuestros enemigos. La oración hace milagros; y esto vale no sólo cuando tenemos enemigos; sino también cuando percibimos alguna antipatía, alguna pequeña enemistad. El amor a los enemigos nos empobrece, nos hace pobres, como Jesús, quien, cuando vino, se abajó hasta hacerse pobre. Tal vez no es un «buen negocio», o al menos no lo es según la lógica del mundo. Sin embargo, es el camino que recorrió Dios, el camino que recorrió Jesús hasta conquistarnos la gracia que nos ha hecho ricos. (18-06-2013)

PALABRA

Dijo Jesús a sus discípulos: «Habéis oído que se dijo: "Amarás a tu prójimo' y aborrecerás a tu enemigo". Pero yo os digo: amad a vuestros enemigos y rezad por los que os persiguen, para que seáis hijos de vuestro Padre celestial, que hace salir su sol sobre malos y buenos, y manda la lluvia a justos e injustos. Porque, si amáis a los que os aman, ¿qué premio tendréis? ¿No hacen lo mismo también los publicanos? Y, si saludáis solo a vuestros hermanos, ¿qué hacéis de extraordinario? ¿No hacen lo mismo también los gentiles? Por tanto, sed perfectos, como vuestro Padre celestial es perfecto».

Deuteronomio 26, 16-19; ***Salmo*** 118, 1-2.4-5.7-8 • **MATEO 5, 43-48**

ORACIÓN

SEÑOR, nos pides que amemos a todos, y que a todos hagamos el bien, incluyendo a aquellos que nos hacen daño. Sólo así alcanzaremos la perfección espiritual. **Jesús, bien sabes que hay en mi corazón profundas heridas que me impiden amar a algunas personas. Te lo pido, sáname, porque quiero ser feliz.** ***Dichoso el que camina en la ley del Señor*** *(Salmo 118, 1b).*

MARZO
5
DOMINGO

DOMINGO II DE CUARESMA

Tomo II - Salterio 2ª semana

Santos Lucio *pp*, Teófilo *ob*, Adrián *mr*, Juan J. de la Cruz *pb*

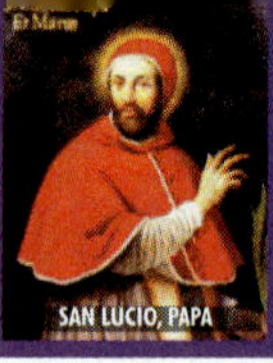

Papa Francisco: La fiesta de la Transfiguración del Señor nos recuerda que estamos llamados a vivir el encuentro con Cristo, para que iluminados por su luz, podamos llevarla y hacerla brillar en todas partes, como pequeñas lámparas del Evangelio que llevan un poco de amor y de esperanza. (06-08-2021)

PALABRA

• ***Génesis*** 12, 1-4a: En aquellos días, el Señor dijo a Abrán: «Sal de tu tierra, de tu patria, y de la casa de tu padre hacia la tierra que te mostraré. Haré de ti una gran nación, te bendeciré, haré famoso tu nombre y serás una bendición. Bendeciré a los que te bendigan, maldeciré a los que te maldigan, y en ti serán benditas todas las familias de la tierra». Abrán marchó, como le había dicho el Señor.

• ***Salmo*** 32, 4-5. 18-22: ***Que tu misericordia, Señor, venga sobre nosotros, como lo esperamos de ti.***

• ***2 Timoteo*** 1, 8b-10: Querido hermano: Toma parte en los padecimientos por el Evangelio, según la fuerza de Dios. Él nos salvó y nos llamó con una vocación santa, no por nuestras obras, sino según su designio y según la gracia que nos dio en Cristo Jesús desde antes de los siglos, la cual se ha manifestado ahora por la aparición de nuestro Salvador, Cristo Jesús, que destruyó la muerte e hizo brillar la vida y la inmortalidad por medio del Evangelio.

• **MATEO 17, 1-9:** Jesús tomó consigo a Pedro, a Santiago y a su hermano Juan, y subió con ellos aparte a un monte alto. Se transfiguró delante de ellos, y su rostro resplandecía como el sol, y sus vestidos se volvieron blancos como la luz. De repente se les aparecieron Moisés y Elías conversando con él. Pedro, entonces, tomó la palabra y dijo a Jesús: «Señor, ¡qué bueno es que estemos aquí! Si quieres, haré tres tiendas: una para ti, otra para Moisés y otra para Elías». Todavía estaba hablando cuando una nube luminosa los cubrió con su sombra, y una voz desde la nube decía: «Este es mi Hijo, el amado, en quien me complazco. Escuchadlo». Al oírlo, los discípulos cayeron de bruces, llenos de espanto. Jesús se acercó y tocándolos les dijo: «Levantaos, no temáis». Al alzar los ojos no vieron a nadie más que a Jesús, solo. Cuando bajaban del monte, Jesús les mandó: «No contéis a nadie la visión hasta que el Hijo del hombre resucite de entre los muertos».

ORACIÓN

SEÑOR, cuando estoy sumido en un profundo recogimiento, a veces siento que me abrazas con un intenso y misterioso Amor que me sobrepasa. Es como una luminosa nube que envuelve y llena mi corazón. **Jesús, que en esos momentos de íntima unión contigo, sepa escuchar y asumir lo que me comunicas en lo más profundo de mi ser.**

Este es mi Hijo, el amado, en quien me complazco. Escuchadlo

MARZO
6
LUNES

Lunes 2° de Cuaresma — **Tomo II - Salterio 2ª semana**

Santos Olegario *ob*, Julián de Toledo *ob*, Coleta Boylet *vg*, Inés de Praga *vg*

SAN OLEGARIO

Papa Francisco: El amor misericordioso es el único camino que hay que recorrer. Cuánta necesidad tenemos todos de ser un poco más misericordiosos, de no hablar mal de los demás, de no juzgar, de no «desplumar» a los demás con las críticas, con las envidias, con los celos. Debemos perdonar, ser misericordiosos, vivir nuestra vida en el amor. (21-09-2016)

PALABRA

Dijo Jesús a sus discípulos: «Sed misericordiosos como vuestro Padre es misericordioso; no juzguéis, y no seréis juzgados; no condenéis, y no seréis condenados; perdonad, y seréis perdonados; dad, y se os dará: os verterán una medida generosa, colmada, remecida, rebosante, pues con la medida con que midiereis se os medirá a vosotros».

Daniel 9, 4b-10; ***Salmo*** 78, 8-9.11.13 • **LUCAS 6, 36-38**

ORACIÓN

SEÑOR, nos dices que la felicidad que obtenemos al darnos a los demás, compensa con creces el esfuerzo y el sufrimiento que a veces ello nos puede suponer. Es el camino de la cruz, es decir, el camino del amor caritativo. **Jesús, te agradezco que me acojas en tu Reino de Amor.** ***Señor, no nos trates como merecen nuestros pecados*** *(Salmo 102, 10a).*

SANTAS PERPETUA Y FELICIDAD

Santos PERPETUA y FELICIDAD *mrs,* Teresa M. Redi *vg,* Simeón Berneux y *co mr*

Papa Francisco: Nosotros, discípulos de Jesús, no debemos buscar título de honor, de autoridad o de supremacía. Yo os digo que a mí personalmente me duele ver a personas que psicológicamente viven corriendo detrás de la vanidad de las condecoraciones. Nosotros, discípulos de Jesús, no debemos hacer esto, ya que entre nosotros debe haber una actitud sencilla y fraterna. (05-11-2017)

PALABRA

Jesús habló a la gente y a los discípulos, diciendo: «En la cátedra de Moisés se han sentado los escribas y los fariseos: haced y cumplid todo lo que os digan; pero no hagáis lo que ellos hacen, porque ellos dicen pero no hacen. Lían fardos pesados y se los cargan a la gente en los hombros, pero ellos no están dispuestos a mover un dedo para empujar. Todo lo que hacen es para que los vea la gente: alargan las filacterias y agrandan las orlas del manto; les gustan los primeros puestos en los banquetes y los asientos de honor en las sinagogas; que les hagan reverencias en las plazas y que la gente los llame "rabbí". Vosotros, en cambio, no os dejéis llamar "rabbí", porque uno solo es vuestro maestro, y todos vosotros sois hermanos. Y no llaméis padre vuestro a nadie en la tierra, porque uno solo es vuestro Padre, el del cielo. No os dejéis llamar maestros, porque uno solo es vuestro maestro, el Mesías. El primero entre vosotros será vuestro servidor. El que se enaltece será humillado, y el que se humilla será enaltecido».

Isaías 1,10.16-20; ***Salmo*** 49,8-9.16bc-17.21.23 • **MATEO 23,1-12**

ORACIÓN

SEÑOR, sabes que yo también caigo en la hipocresía. Porque a veces se me llena la boca diciendo cosas muy bonitas y evangélicas, que después no soy capaz de cumplir. **Jesús, te lo ruego, ayúdame a ser coherente con tu Evangelio.** ***Al que sigue buen camino le haré ver la salvación de Dios*** *(Salmo 49, 23cd).*

Santos JUAN DE DIOS *rl*, Faustino Míguez *pb*, Veremundo *ab*, Félix *pb*, *Beato José Olallo Valdes rl*

SAN JUAN DE DIOS

Papa Francisco: Santiago y Juan querían sentarse a su derecha y a su izquierda en el reino de Dios, reclamando puestos de honor, según su visión jerárquica del reino. El planteamiento con el que se mueven estaba todavía contaminado por sueños de realización terrena... Jesús nos invita a cambiar de mentalidad y a pasar del afán del poder al gozo de desaparecer y servir; a erradicar el instinto de dominio sobre los demás y vivir la virtud de la humildad. (18-10-2015)

PALABRA

Subiendo Jesús a Jerusalén, tomando aparte a los Doce, les dijo por el camino: «Mirad, estamos subiendo a Jerusalén, y el Hijo del hombre va a ser entregado a los sumos sacerdotes y a los escribas, y lo condenarán a muerte y lo entregarán a los gentiles, para que se burlen de él, lo azoten y lo crucifiquen; y al tercer día resucitará». Entonces se le acercó la madre de los hijos de Zebedeo con sus hijos y se postró para hacerle una petición. Él le preguntó: «¿Qué deseas?». Ella contestó: «Ordena que estos dos hijos míos se sienten en tu reino, uno a tu derecha y el otro a tu izquierda». Pero Jesús replicó: «No sabéis lo que pedís. ¿Podéis beber el cáliz que yo he de beber?». Contestaron: «Podemos». Él les dijo: «Mi cáliz lo beberéis; pero sentarse a mi derecha o a mi izquierda no me toca a mí concederlo, es para aquellos para quienes lo tiene reservado mi Padre». Los otros diez, al oír aquello, se indignaron contra los dos hermanos. Y llamándolos, Jesús les dijo: «Sabéis que los jefes de los pueblos los tiranizan y que los grandes los oprimen. No será así entre vosotros: el que quiera ser grande entre vosotros, que sea vuestro servidor, y el que quiera ser primero entre vosotros, que sea vuestro esclavo. Igual que el Hijo del hombre no ha venido a ser servido sino a servir y a dar su vida en rescate por muchos».

Jeremías 18,18-20; **Salmo** 30,5-6.14-16 • **MATEO 20, 17-28**

ORACIÓN

SEÑOR, la tentación de la vanagloria está muy presente en nuestra vida. Cuando nos dan un cargo o un oficio que tiene cierta relevancia, estamos tentados de emplearlo como un pedestal, para ensalzarnos. **Jesús, ayúdame a ponerme humildemente al servicio de los demás. Porque solo así viviré tu Reino de Amor.** ***Sálvame, Señor, por tu misericordia*** *(Salmo 30, 17b).*

SANTA FRANCISCA ROMANA, viuda

Santos FRANCISCA ROMANA *rl*, Paciano *ob*, Bruno *ob*

Papa Francisco: La Cuaresma es el tiempo propicio para renovarse en el encuentro con Cristo vivo en su Palabra, en los sacramentos y en el prójimo. Que el Espíritu Santo nos guíe a realizar un verdadero camino de conversión, para redescubrir el don de la Palabra de Dios, ser purificados del pecado que nos ciega y servir a Cristo presente en los hermanos necesitados. (18-10-2016)

PALABRA

Dijo Jesús a los fariseos: «Había un hombre rico que se vestía de púrpura y de lino y banqueteaba cada día. Y un mendigo llamado Lázaro estaba echado en su portal, cubierto de llagas, y con ganas de saciarse de lo que caía de la mesa del rico. Y hasta los perros venían y le lamían las llagas. Sucedió que se murió el mendigo, y fue llevado por los ángeles al seno de Abrahán. Murió también el rico y fue enterrado. Y, estando en el infierno, en medio de los tormentos, levantó los ojos, vio de lejos a Abrahán, y a Lázaro en su seno, y gritando, dijo: "Padre Abrahán, ten piedad de mí y manda a Lázaro que moje en agua la punta del dedo y me refresque la lengua, porque me torturan estas llamas". Pero Abrahán le contestó: "Hijo, recuerda que recibiste tus bienes en vida, y Lázaro, a su vez, males: por eso ahora él es aquí consolado, mientras que tú eres atormentado. Y, además, entre vosotros y nosotros se abre un abismo inmenso, para que los que quieran cruzar desde aquí hacia vosotros no puedan hacerlo, ni tampoco pasar de ahí hasta nosotros". Él dijo: "Te ruego, entonces, padre, que lo mandes a casa de mi padre, pues tengo cinco hermanos: que les dé testimonio de estas cosas, no sea que también ellos vengan a este lugar de tormento". Abrahán le dice: "Tienen a Moisés y a los profetas; que los escuchen". Pero él le dijo: "No, padre Abrahán. Pero si un muerto va a ellos, se arrepentirán". Abrahán le dijo: "Si no escuchan a Moisés y a los profetas, no se convencerán ni aunque resucite un muerto"».

Jeremías 17, 5-10; ***Salmo*** 1,1-4.6 • **LUCAS 16, 19-31**

ORACIÓN

SEÑOR, a veces, consciente o inconscientemente, humillamos a otros con nuestras palabras o nuestros gestos. Por eso, cuando hacemos examen de conciencia, debemos meditar cómo tratamos a nuestros familiares, a nuestros empleados y a nuestros vecinos. **Jesús, ayúdame a ser consciente de mis momentos de soberbia.** ***Dichoso el hombre que ha puesto su confianza en el Señor*** *(Salmo 39, 5ab).*

MARZO

10

VIERNES

Viernes 2° de Cuaresma Tomo II - Salterio 2ª semana

Santos Cayo y Alejandro ***mrs*****, Macario** ***ob*****, Víctor** ***mr*****, Juan Ogilvie** ***pb mr*****, M.ª Eugenia Milleret** ***vg*****. Beatos Mateo Elías del Socorro Nieves** ***pb mr*****, Juan José Lataste** ***pb***

B. JUAN JOSÉ LATASTE

Abstinencia

Papa Francisco: El camino de nuestra redención es un camino de muchos fracasos. También el último, el de la cruz, es un escándalo. Pero precisamente ahí vence el amor. Y esa historia que comienza con un sueño de amor y continúa con una historia de fracasos, termina en la victoria del amor: la cruz de Jesús. No debemos olvidar este camino, es un camino difícil. (01-06-2015)

PALABRA

Dijo Jesús a los sumos sacerdotes y a los ancianos del pueblo: «Escuchad otra parábola: Había un propietario que plantó una viña, la rodeó con una cerca, cavó en ella un lagar, construyó una torre, la arrendó a unos labradores y se marchó lejos. Llegado el tiempo de los frutos, envió sus criados a los labradores, para percibir los frutos que le correspondían. Pero los labradores, agarrando a los criados, apalearon a uno, mataron a otro, y a otro lo apedrearon. Envió de nuevo otros criados, más que la primera vez, e hicieron con ellos lo mismo. Por último, les mandó a su hijo, diciéndose: "Tendrán respeto a mi hijo". Pero los labradores, al ver al hijo, se dijeron: "Este es el heredero: venid, lo matamos y nos quedamos con su herencia". Y, agarrándolo, lo sacaron fuera de la viña y lo mataron. Cuando vuelva el dueño de la viña, ¿qué hará con aquellos labradores?». Le contestan: «Hará morir de mala muerte a esos malvados y arrendará la viña a otros labradores, que le entreguen los frutos a su tiempo». Y Jesús les dice: «¿No habéis leído nunca en la Escritura: "La piedra que desecharon los arquitectos es ahora la piedra angular. Es el Señor quien lo ha hecho, ha sido un milagro patente"? Por eso os digo que se os quitará a vosotros el reino de Dios y se dará a un pueblo que produzca sus frutos». Los sumos sacerdotes y los fariseos, al oír sus parábolas, comprendieron que hablaba de ellos. Y, aunque intentaban echarle mano, temieron a la gente que lo tenía por profeta.

Génesis 37, 3-4.12-13a.17b-28; ***Salmo*** 104, 16-21 • **MATEO 21, 33-43.45-46**

ORACIÓN

SEÑOR, como los labradores de la parábola de la viña, en ciertas ocasiones nosotros también tenemos la tentación de intentar apoderarnos de tu Reino, en nuestro corazón. Y además, rechazamos a aquellos que nos hacen ver nuestro error. **Jesús, ayúdame a vivir realmente tu Reino.** ***Recordad las maravillas que hizo el Señor*** *(Salmo 104, 5a).*

Santos Vicente de León *ab*, Sofronio *ob*, Domingo Câm *pb mr*

Papa Francisco: Dios camina, y tiene una cierta debilidad de amor hacia aquellos que se han alejado más, que se han perdido. Va y les busca... Dios busca porque piensa: «A este hijo no lo pierdo, ¡es mío! ¡No quiero perderlo!». Él es nuestro Padre. Nos busca siempre. (07-11-2013)

PALABRA

Los fariseos y los escribas murmuraban diciendo: «Ese acoge a los pecadores y come con ellos». Jesús dijo esta parábola: «Un hombre tenía dos hijos; el menor de ellos dijo a su padre: "Padre, dame la parte que me toca de la fortuna". El padre les repartió los bienes. No muchos días después, el hijo menor, juntando todo lo suyo, emigró a un país lejano, y allí derrochó su fortuna viviendo perdidamente. Cuando lo había gastado todo, vino por aquella tierra un hambre terrible, y empezó él a pasar necesidad. Fue entonces y se contrató con uno de los ciudadanos de aquel país que lo mandó a sus campos a apacentar cerdos. Deseaba saciarse de las algarrobas que comían los cerdos; pero nadie le daba nada. Recapacitando entonces, se dijo: "Cuántos jornaleros de mi padre tienen abundancia de pan, mientras yo aquí me muero de hambre. Me levantaré, me pondré en camino adonde está mi padre, y le diré: Padre, he pecado contra el cielo y contra ti; ya no merezco llamarme hijo tuyo: trátame como a uno de tus jornaleros". Se levantó y vino adonde estaba su padre; cuando todavía estaba lejos, su padre lo vio y se le conmovieron las entrañas; y, echando a correr, se le echó al cuello y lo cubrió de besos. Su hijo le dijo: "Padre, he pecado contra el cielo y contra ti; ya no merezco llamarme hijo tuyo". Pero el padre dijo a sus criados: "Sacad enseguida la mejor túnica y vestídsela; ponedle un anillo en la mano y sandalias en los pies; traed el ternero cebado y matadlo; celebremos un banquete, porque este hijo mío estaba muerto y ha revivido; estaba perdido, y lo hemos encontrado". Y empezaron a celebrar el banquete. Su hijo mayor estaba en el campo. Cuando al volver se acercaba a la casa, oyó la música y la danza, y, llamando a uno de los criados, le preguntó qué era aquello. Este le contestó: "Ha vuelto tu hermano; y tu padre ha sacrificado el ternero cebado, porque lo ha recobrado con salud". Él se indignó y no quería entrar; pero su padre salió e intentaba persuadirlo. Entonces él respondió a su padre: "Mira: en tantos años como te sirvo, sin desobedecer nunca una orden tuya, a mí nunca me has dado un cabrito para tener un banquete con mis amigos; en cambio, cuando ha venido ese hijo tuyo que se ha comido tus bienes con malas mujeres, le matas el ternero cebado". El padre le dijo: "Hijo, tú estás siempre conmigo, y todo lo mío es tuyo: pero era preciso celebrar un banquete y alegrarse, porque este hermano tuyo estaba muerto y ha revivido; estaba perdido, y lo hemos encontrado"».

Miqueas 7,14-15.18-20; *Salmo* 102,1bc-4.9-12 • **LUCAS 15, 2-3.11-32**

ORACIÓN

SEÑOR, en la parábola del hijo pródigo nos muestras la alegría del padre que perdona y la infelicidad del hermano rencoroso. **Jesús, ayúdame a perdonar. Quiero ser feliz.** ***El Señor es compasivo y misericordioso*** *(Salmo 102, 8a).*

MARZO

12

DOMINGO

DOMINGO III DE CUARESMA

Tomo II - Salterio 3ª semana

Santos Luis Orione *pb*, Maximiliano *mr*, Inocencio I *pp*

SAN LUIS ORIONE

Papa Francisco: También nosotros, engendrados a una nueva vida a través del Bautismo, estamos llamados a dar testimonio de la vida y la esperanza que hay en nosotros. Si nuestra búsqueda y nuestra sed encuentran en Cristo la satisfacción plena, manifestaremos que la salvación no está en las "cosas" de este mundo, que al final llevan a la sequía, sino en Aquél que nos ha amado y nos ama siempre: Jesús nuestro Salvador, en el agua viva que Él nos ofrece. (15-03-2020)

PALABRA

• ***Éxodo*** 17, 3-7: El pueblo, sediento, murmuró contra Moisés, diciendo: «¿Por qué nos has sacado de Egipto para matarnos de sed a nosotros, a nuestros hijos y a nuestros ganados?». Clamó Moisés al Señor y dijo: «¿Qué puedo hacer con este pueblo? Por poco me apedrean». Respondió el Señor a Moisés: «Pasa al frente del pueblo y toma contigo algunos de los ancianos de Israel; empuña el bastón con el que golpeaste el Nilo y marcha. Yo estaré allí ante ti, junto a la roca de Horeb. Golpea la roca y saldrá agua para que beba el pueblo». Moisés lo hizo así a la vista de los ancianos de Israel. Y llamó a aquel lugar Massá y Meribá, a causa de la querella de los hijos de Israel y porque habían tentado al Señor diciendo: «¿Está el Señor entre nosotros o no?».

• ***Salmo*** 94, 1-2.6-9: ***Ojalá escuchéis hoy la voz del Señor: «No endurezcáis vuestro corazón».***

• ***Romanos*** 5, 1-2.5-8: Hermanos: Habiendo sido justificados en virtud de la fe, estamos en paz con Dios, por medio de nuestro Señor Jesucristo, por el cual hemos obtenido además por la fe el acceso a esta gracia, en la cual nos encontramos; y nos gloriamos en la esperanza de la gloria de Dios. Y la esperanza no defrauda, porque el amor de Dios ha sido derramado en nuestros corazones por el Espíritu Santo que se nos ha dado. En efecto, cuando nosotros estábamos aún sin fuerza, en el tiempo señalado, Cristo murió por los impíos; ciertamente, apenas habrá quien muera por un justo; por una persona buena tal vez se atrevería alguien a morir; pues bien: Dios nos demostró su amor en que, siendo nosotros todavía pecadores, Cristo murió por nosotros.

• **JUAN 4, 5-15.19b-26.39a.40-42:** Llegó Jesús a una ciudad de Samaría llamada Sicar, cerca del campo que dio Jacob a su hijo José. Allí estaba el pozo de Jacob. Jesús, cansado del camino, estaba allí sentado junto al pozo. Era hacia la hora sexta (mediodía). Llega una mujer de Samaría a sacar agua, y Jesús le dice: «Dame de beber». Sus discípulos se habían ido al pueblo a comprar comida. La samaritana le dice: «¿Cómo tú, siendo judío, me pides de beber a mí, que soy samaritana?» (porque los judíos no se tratan con los samaritanos). Jesús le contestó: «Si conocieras el don de Dios, y quién es el que te dice "dame de beber", le pedirías tú, y él te daría agua viva». La mujer le dice: «Si no tienes cubo, y el pozo es hondo, ¿de dónde sacas el agua viva?; ¿eres tú más que nuestro padre Jacob, que nos dio este pozo y de él bebieron él y sus hijos y sus ganados?». Jesús le contestó: «El que bebe de esta agua vuelve a tener sed; pero el que beba del agua que yo le daré nunca más tendrá sed: el agua que yo le daré se convertirá dentro de él en un surtidor de agua que salta hasta la vida eterna». La mujer le dice: «Señor, dame esa agua: así no tendré más sed, ni tendré que venir aquí a sacarla. Veo que tú eres un profeta. Nuestros padres dieron culto en este monte, y vosotros decís que el sitio donde se debe dar culto está en Jerusalén». Jesús le dice: «Créeme, mujer: se acerca la hora en que ni en este monte ni en Jerusalén adoraréis al Padre. Vosotros adoráis a uno que no conocéis; nosotros adoramos a uno que conocemos, porque la salvación viene de los judíos. Pero se acerca la hora, ya está aquí, en que los verdaderos adoradores adorarán al Padre en espíritu y verdad, porque el Padre desea que lo adoren así. Dios es espíritu, y los que adoran deben hacerlo en espíritu y verdad». La mujer le dice: «Sé que va a venir el Mesías, el Cristo; cuando venga él nos lo dirá todo». Jesús le dice: «Soy yo, el que habla contigo». En aquel pueblo muchos creyeron en él. Así, cuando llegaron a verlo los samaritanos, le rogaban que se quedara con ellos. Y se quedó allí dos días. Todavía creyeron muchos más por su predicación, y decían a la mujer: «Ya no creemos por lo que tú dices; nosotros mismos lo hemos oído y sabemos que él es de verdad el Salvador del mundo».

ORACIÓN **SEÑOR,** mostraste a aquella mujer samaritana que en su corazón habita el Espíritu Santo y que de Él brota el agua viva del Amor divino. Y cuando bebió de ese Amor, fue tal su felicidad, que no pudo resistirse a compartirla con sus vecinos. **Jesús, deseo beber de tu agua viva. Abrázame interiormente con tu Amor misericordioso.**

MARZO
13
LUNES

Lunes 3° de Cuaresma — Tomo II - Salterio 3ª semana

Santos Rodrigo y Salomón *mrs*, Macedonio y Patricia *es* e hija, Modesta *mrs*, Sabino *mr*

SAN RODRIGO, SACERDOTE MARTIR

Papa Francisco: Si queremos ser salvados, debemos elegir el camino de la humildad, de la humillación. Testimonio de ello es María, que en su cántico no dice estar contenta porque Dios miró su virginidad, su bondad, su dulzura, las muchas virtudes que ella tenía, sino porque el Señor miró la humildad de su esclava, su pequeñez. Es precisamente la humildad lo que mira el Señor. (24-03-2014)

PALABRA

Habiendo llegado Jesús a Nazaret, le dijo al pueblo en la sinagoga: «En verdad os digo que ningún profeta es aceptado en su pueblo. Puedo aseguraros que en Israel había muchas viudas en los días de Elías, cuando estuvo cerrado el cielo tres años y seis meses, y hubo una gran hambre en todo el país; sin embargo, a ninguna de ellas fue enviado Elías, más que a una viuda de Sarepta, en el territorio de Sidón. Y muchos leprosos había en Israel en tiempos del profeta Eliseo; sin embargo, ninguno de ellos fue curado, sino Naamán, el sirio». Al oír esto, todos en la sinagoga se pusieron furiosos y, levantándose, lo echaron fuera del pueblo y lo llevaron al precipicio del monte sobre el que estaba edificado su pueblo, con intención de despeñarlo. Pero Jesús se abrió paso entre ellos y seguía su camino.

2 Reyes 5,1-15a; ***Salmo*** 41,2.3; 42,3-4 • **LUCAS 4,24-30**

ORACIÓN

SEÑOR, te abriste paso entre las personas de Nazaret que, por no aceptar tu Palabra, querían despeñarte. Sabes que a veces, cuando tu Evangelio me deja en evidencia, yo también estoy tentado de expulsarte de mi corazón. **Jesús, te pido perdón. Ábrete paso entre mis pecados y limpia mi corazón.** ***Mi alma tiene sed del Dios vivo: ¿cuándo veré el rostro de Dios?*** *(Salmo 41, 3).*

SANTA MATILDE, reina

Santos Matilde *re*, Alejandro *mr*, Lázaro *ob*, Paulina *rl*

Papa Francisco: Desde nuestro bautismo Dios nos ha perdonado, perdonándonos una deuda insoluta: el pecado original. Pero, aquella es la primera vez. Después, con una misericordia sin límites, Él nos perdona todos los pecados en cuanto mostramos incluso solo una pequeña señal de arrepentimiento. Dios es así: misericordioso. (17-09-2017)

PALABRA

Acercándose Pedro a Jesús le preguntó: «Señor, si mi hermano me ofende, ¿cuántas veces tengo que perdonarlo? ¿Hasta siete veces?». Jesús le contesta: «No te digo hasta siete veces, sino hasta setenta veces siete. Por esto, se parece el reino de los cielos a un rey que quiso ajustar las cuentas con sus criados. Al empezar a ajustarlas, le presentaron uno que debía diez mil talentos. Como no tenía con qué pagar, el señor mandó que lo vendieran a él con su mujer y sus hijos y todas sus posesiones, y que pagara así. El criado, arrojándose a sus pies, le suplicaba diciendo: "Ten paciencia conmigo, y te lo pagaré todo". Se compadeció el señor de aquel criado y lo dejó marchar, perdonándole la deuda. Pero, al salir, el criado aquel encontró a uno de sus compañeros que le debía cien denarios y, agarrándolo, lo estrangulaba, diciendo: "Págame lo que me debes". El compañero, arrojándose a sus pies, le rogaba, diciendo: "Ten paciencia conmigo, y te lo pagaré". Pero él se negó y fue y lo metió en la cárcel hasta que pagara lo que debía. Sus compañeros, al ver lo ocurrido, quedaron consternados y fueron a contarle a su señor todo lo sucedido. Entonces el señor lo llamó y le dijo: "¡Siervo malvado! Toda aquella deuda te la perdoné porque me lo rogaste. ¿No debías tú también tener compasión de tu compañero, como yo tuve compasión de ti?". Y el señor, indignado, lo entregó a los verdugos hasta que pagara toda la deuda. Lo mismo hará con vosotros mi Padre celestial, si cada cual no perdona de corazón a su hermano».

Daniel 3, 25.34-43; ***Salmo*** 24, 4-9 • **MATEO 18, 21-35**

ORACIÓN

SEÑOR, qué fácil nos resulta pedir misericordia a los demás, pero cuánto nos cuesta ser misericordiosos. **Jesús, te lo ruego, dame de tu Amor para que pueda perdonar misericordiosamente a los demás.** ***Recuerda, Señor, tu ternura*** *(Salmo 24, 6a).*

MARZO
15
MIÉRCOLES

Miércoles 3° de Cuaresma Tomo II - Salterio 3ª semana

Clemente M. Hofbauer ***pb,***
Leocricia ***vg mr,*** **Sisebuto** ***ab***

SAN CLEMENTE M. HOFBAUER

Papa Francisco: La lógica del amor no se basa en el miedo sino en la libertad, en la caridad, en el sano celo y en el deseo salvífico de Dios, Nuestro Salvador quiere que todos se salven y lleguen al conocimiento de la verdad. Misericordia quiero y no sacrificio. (15-02-2015)

PALABRA

Dijo Jesús a sus discípulos: «No creáis que he venido a abolir la Ley y los Profetas: no he venido a abolir, sino a dar plenitud. En verdad os digo que antes pasarán el cielo y la tierra que deje de cumplirse hasta la última letra o tilde de la ley. El que se salte uno solo de los preceptos menos importantes, y se lo enseñe así a los hombres será el menos importante en el reino de los cielos. Pero quien los cumpla y enseñe será grande en el reino de los cielos».

Deuteronomio 4,1.5-9; ***Salmo*** 147,12-16.19-20 • **MATEO 5,17-19**

ORACIÓN

SEÑOR, nos pides que vivamos tu Evangelio y demos testimonio de él a nuestros familiares, amigos y vecinos. Así seremos «el más grande en el Reino de los Cielos». **Jesús, te doy gracias por abrirme, aquí y ahora, las puertas de tu Reino.** ***Glorifica al Señor, Jerusalén*** *(Salmo 147, 12a).*

S. JOSÉ G. DEL ROSARIO BROCHERO

Santos José Gabriel del Rosario Brochero *pb*, Eusebia *ab*, Heriberto *ob*, Julián *mr*

Papa Francisco: Hay que saber discernir las situaciones: es decir, lo que viene de Dios y lo que viene del maligno que siempre trata de engañar, de hacernos elegir un camino equivocado. El cristiano no puede estar tranquilo con que todo va bien, debe discernir las cosas y mirar bien de dónde vienen y cuál es su raíz. (09-10-2015)

PALABRA

Estaba Jesús echando un demonio que era mudo. Sucedió que, apenas salió el demonio, empezó a hablar el mudo. La multitud se quedó admirada, pero algunos de ellos dijeron: «Por arte de Belzebú, el príncipe de los demonios, echa los demonios». Otros, para ponerlo a prueba, le pedían un signo en el cielo. Él, conociendo sus pensamientos, les dijo: «Todo reino dividido contra sí mismo va a la ruina y cae casa sobre casa. Si, pues, también Satanás se ha dividido contra sí mismo, ¿cómo se mantendrá su reino? Pues vosotros decís que yo echo los demonios con el poder de Belzebú. Pero si yo echo los demonios con el poder de Belzebú, vuestros hijos, ¿por arte de quién los echan? Por eso, ellos mismos serán vuestros jueces. Pero, si yo echo los demonios con el dedo de Dios, entonces es que el reino de Dios ha llegado a vosotros. Cuando un hombre fuerte y bien armado guarda su palacio, sus bienes están seguros, pero, cuando otro más fuerte lo asalta y lo vence, le quita las armas de que se fiaba y reparte su botín. El que no está conmigo está contra mí; el que no recoge conmigo desparrama».

Jeremías 7, 23-28; *Salmo* 94, 1-2.6-9 • **LUCAS 11, 14-23**

ORACIÓN

SEÑOR, a veces siento que en mi corazón hay malos sentimientos que se apoderan de mí y me amargan la vida. Y, aún peor, hacen que yo amargue la vida a los demás. **Jesús, te lo suplico, sana con tu Amor mi corazón. Porque quiero estar contigo y deseo ayudarte a construir tu Reino.** ***Ojalá escuchéis hoy la voz del Señor: no endurezcáis vuestro corazón*** *(Salmo 94, 7d-8a).*

MARZO
17
VIERNES

Viernes 3° de Cuaresma Tomo II - Salterio 3ª semana

Santos PATRICIO *ob*, Gertrudis de Brabante *ab*, Juan Sarkander *pb mr*. Beato Juan Nepomuceno Zegrí *pb*

Abstinencia

Papa Francisco: Amar a Dios es vivir de Él y para Él, por aquello que Él es y por lo que Él hace. Y nuestro Dios es donación sin reservas, es perdón sin límites, es relación que promueve y hace crecer. Por eso, amar a Dios quiere decir invertir cada día nuestras energías para ser sus colaboradores en el servicio sin reservas a nuestro prójimo, en buscar perdonar sin límites y en cultivar relaciones de comunión y de fraternidad. (04-11-2018)

PALABRA

Un escriba se acercó a Jesús y le preguntó: «¿Qué mandamiento es el primero de todos?». Respondió Jesús: «El primero es: "Escucha, Israel, el Señor, nuestro Dios, es el único Señor: amarás al Señor, tu Dios, con todo tu corazón, con toda tu alma, con toda tu mente, con todo tu ser". El segundo es este: "Amarás a tu prójimo como a ti mismo". No hay mandamiento mayor que estos». El escriba replicó: «Muy bien, Maestro, tienes razón cuando dices que el Señor es uno solo y no hay otro fuera de él; y que amarlo con todo el corazón, con todo el entendimiento y con todo el ser, y amar al prójimo como a uno mismo vale más que todos los holocaustos y sacrificios». Jesús, viendo que había respondido sensatamente, le dijo: «No estás lejos del reino de Dios». Y nadie se atrevió a hacerle más preguntas.

Oseas 14, 2-10; *Salmo* 80, 6-11.14.17 • **MARCOS 12, 28b-34**

ORACIÓN

SEÑOR, ¿realmente te amo por encima de todo?, ¿amo a los demás como a mí mismo?, ¿vivo realmente tu Evangelio? Tú sabes mejor que yo la respuesta. **Jesús, ten misericordia de mí, ayúdame a convertirme, porque al final de la Cuaresma quiero poder experimentar plenamente la fiesta de la Pascua de tu Resurrección.** ***Yo soy el Señor, Dios tuyo; escucha mi voz*** *(Salmo 80, 11.9a).*

Santos CIRILO DE JERUSALÉN *ob dc*, **Salvador de Horta** *rl*, **Eduardo** *re*

MARZO
18
SÁBADO

Papa Francisco: Los pobres son para nosotros como maestros. Nos enseñan que una persona no es valiosa por lo que posee, por lo que tiene en su cuenta en el banco. Un pobre, una persona que no tiene bienes materiales, mantiene siempre su dignidad. Los pobres pueden enseñarnos mucho, también sobre la humildad y la confianza en Dios. En la parábola del fariseo y el publicano, Jesús presenta a este último como modelo, porque es humilde y se considera pecador (21-01-2014)

PALABRA

Dijo Jesús esta parábola a algunos que confiaban en sí mismos por considerarse justos y despreciaban a los demás: «Dos hombres subieron al templo a orar. Uno era fariseo; el otro, un publicano. El fariseo, erguido, oraba así en su interior: "¡Oh Dios!, te doy gracias, porque no soy como los demás: ladrones, injustos, adúlteros; ni tampoco como ese publicano. Ayuno dos veces por semana y pago el diezmo de todo lo que tengo". El publicano, en cambio, quedándose atrás, no se atrevía ni a levantar los ojos al cielo, sino que se golpeaba el pecho, diciendo: "¡Oh Dios!, ten compasión de este pecador". Os digo que este bajó a su casa justificado, y aquel no. Porque todo el que se enaltece será humillado, y el que se humilla será enaltecido».

Oseas 6,1-6; ***Salmo*** 50,3-4.18-21ab • **LUCAS 18, 9-14**

ORACIÓN

SEÑOR, ¿cuál es mi actitud cuando estoy en Misa?, ¿cómo me dirijo a Ti cuando oro?, ¿qué sentimientos me mueven a estar junto a Ti? **Jesús, me gustaría ser tan humilde como el publicano de la parábola, pero bien sabes que a veces me comporto como el altivo fariseo. Por ello, te pido perdón. Ayúdame a avanzar en mi camino de conversión.** ***Quiero misericordia, y no sacrificio*** *(Oseas 6, 6a).*

DOMINGO LAETARE

DÍA Y COLECTA DEL SEMINARIO

Papa Francisco: El ciego de nacimiento sanado nos representa cuando no nos damos cuenta de que Jesús es la luz, es «la luz del mundo», cuando miramos a otro lado, cuando preferimos confiar en pequeñas luces, cuando nos tambaleamos en la oscuridad. El hecho de que ese ciego no tenga un nombre nos ayuda a reflejarnos con nuestro rostro y nuestro nombre en su historia. También nosotros hemos sido "iluminados" por Cristo en el Bautismo, y por ello estamos llamados a comportarnos como hijos de la luz. (26-03-2017)

PALABRA

• ***1 Samuel*** 16, 1b.6-7.10-13a: El Señor dijo a Samuel: «Llena tu cuerno de aceite y ponte en camino. Te envío a casa de Jesé, el de Belén, porque he visto entre sus hijos un rey para mí». Cuando llegó, vio a Eliab y se dijo: «Seguro que está su ungido ante el Señor». Pero el Señor dijo a Samuel: «No te fijes en su apariencia ni en lo elevado de su estatura, porque lo he descartado. No se trata de lo que vea el hombre. Pues el hombre mira a los ojos, mas el Señor mira el corazón». Jesé presentó a sus siete hijos ante Samuel. Pero Samuel dijo a Jesé: «El Señor no ha elegido a estos». Entonces Samuel preguntó a Jesé: «¿No hay más muchachos?». Y le respondió: «Todavía queda el menor, que está pastoreando el rebaño». Samuel le dijo: «Manda a buscarlo, porque no nos sentaremos a la mesa mientras no venga». Jesé mandó a por él y lo hizo venir. Era rubio, de hermosos ojos y buena presencia. El Señor dijo a Samuel: «Levántate y úngelo de parte del Señor, pues es este». Samuel tomó el cuerno de aceite y lo ungió en medio de sus hermanos. Y el espíritu del Señor vino sobre David desde aquel día en adelante.

• ***Salmo*** 22, 1-6: ***El Señor es mi pastor, nada me falta.***

• ***Efesios*** 5, 8-14: Hermanos: Antes erais tinieblas, pero ahora, sois luz por el Señor. Vivid como hijos de la luz, pues toda bondad, justicia y verdad son frutos de la luz. Buscad lo que agrada al Señor, sin tomar parte en las obras estériles de las tinieblas, sino más bien denunciándolas. Pues da vergüenza decir las cosas que ellos hacen a ocultas. Pero, al denunciarlas, la luz las pone al descubierto, y todo lo descubierto es luz. Por eso dice: «Despierta tú que duermes, levántate de entre los muertos y Cristo te iluminará».

• **JUAN 9, 1.6-9.13-17.34-38:** Al pasar, vio Jesús a un hombre ciego de nacimiento. Entonces, escupió en la tierra, hizo barro con la saliva, se lo untó en los ojos al ciego, y le dijo: «Ve a lavarte a la piscina de Siloé» (que significa Enviado)». Él fue, se lavó, y volvió con vista. Y los vecinos y los que antes solían verlo pedir limosna preguntaban: «¿No es ese el que se sentaba a pedir?». Unos decían: «El mismo». Otros decían: «No es él, pero se le parece». Él respondía: «Soy yo». Llevaron ante los fariseos al que había sido ciego. Era sábado el día que Jesús hizo barro y le abrió los ojos. También los fariseos le preguntaban cómo había adquirido la vista. Él les contestó: «Me puso barro en los ojos, me lavé y veo». Algunos de los fariseos comentaban: «Este hombre no viene de Dios, porque no guarda el sábado». Otros replicaban: «¿Cómo puede un pecador hacer semejantes signos?». Y estaban divididos. Y volvieron a preguntarle al ciego: «Y tú, ¿qué dices del que te ha abierto los ojos?». Él contestó: «Que es un profeta». Le replicaron: «Has nacido completamente empecatado, ¿y nos vas a dar lecciones a nosotros?». Y lo expulsaron. Oyó Jesús que lo habían expulsado, lo encontró y le dijo: «¿Crees tú en el Hijo del hombre?». Él contestó: «¿Y quién es, Señor, para que crea en él?». Jesús le dijo: «Lo estás viendo: el que te está hablando, ese es». Él dijo: «Creo, Señor». Y se postró ante él.

ORACIÓN

SEÑOR, cuando sanaste al ciego, la gente dudó de quién era. Entonces él respondió: «soy yo». Porque Tú le hiciste descubrir quién es realmente: un hijo amado de Dios. **Jesús, te lo pido, sana los ojos de mi corazón, pues deseo saber –y asumir– quién soy.**

MARZO

20

LUNES

SOLEMNIDAD DE SAN JOSÉ, ESPOSO DE LA BIENAVENTURADA VIRGEN MARÍA

SAN JOSÉ. Francisco Salzillo

Papa Francisco: Cada uno de nosotros tiene un papel especial que desempeñar en la preparación de la venida del reino de Dios a nuestro mundo. Así como el don de la Sagrada Familia fue confiado a San José, así a nosotros se nos ha confiado el don de la familia y su lugar en el plan de Dios, que nos llama a reconocer los peligros que amenazan a nuestras familias para protegerlas de cualquier daño. (19-03-2021)

PALABRA

Jacob engendró a José, el esposo de María, de la cual nació Jesús, llamado Cristo. La generación de Jesucristo fue de esta manera: María, su madre, estaba desposada con José y, antes de vivir juntos, resultó que ella esperaba un hijo por obra del Espíritu Santo. José, su esposo, que era justo y no quería difamarla, decidió repudiarla en privado. Pero, apenas había tomado esta resolución, se le apareció en sueños un ángel del Señor que le dijo: «José, hijo de David, no temas acoger a María, tu mujer, porque la criatura que hay en ella viene del Espíritu Santo. Dará a luz un hijo, y tú le pondrás por nombre Jesús, porque él salvará a su pueblo de sus pecados». Cuando José se despertó, hizo lo que le había mandado el ángel del Señor.

2 Samuel 7,4-5a.12-14a.16; ***Salmo*** 88, 2-5.27.29; ***Romanos*** 4, 13.16-18.22

• MATEO 1, 16.18-21. 24a

ORACIÓN

SEÑOR, el Padre os puso a tu Madre y a Ti en manos de un humilde carpintero, sabiendo que él era un hombre creyente, bueno y honesto. Y así formasteis la Sagrada Familia. **Jesús, te doy gracias por el valioso testimonio de san José, el buen esposo de tu Madre.** ***Su linaje será perpetuo*** *(Salmo 88, 37a).*

Santos Nicolás de Flue ***pf er,***
Jacobo el Confesor ***mr***

Papa Francisco: La Iglesia tiene siempre las puertas abiertas. Es la casa de Jesús y Jesús acoge. Pero no solo acoge, va a encontrar a la gente como fue a buscar a este. Y si la gente está herida, ¿qué hace Jesús? ¿Le regaña por estar herida? No, va y lo carga sobre los hombros. Y esto se llama misericordia. Y cuando Dios regaña a su pueblo -Misericordia quiero, no sacrificios- habla de esto. (17-03-2015)

PALABRA

Se celebraba una fiesta de los judíos, y Jesús subió a Jerusalén. Hay en Jerusalén, junto a la Puerta de las Ovejas, una piscina que llaman en hebreo Betesda. Esta tiene cinco soportales, y allí estaban echados muchos enfermos, ciegos, cojos, paralíticos. Estaba también allí un hombre que llevaba treinta y ocho años enfermo. Jesús, al verlo echado, y sabiendo que ya llevaba mucho tiempo, le dice: «¿Quieres quedar sano?». El enfermo le contestó: «Señor, no tengo a nadie que me meta en la piscina cuando se remueve el agua; para cuando llego yo, otro se me ha adelantado». Jesús le dice: «Levántate, toma tu camilla y echa a andar». Y al momento el hombre quedó sano, tomó su camilla y echó a andar. Aquel día era sábado, y los judíos dijeron al hombre que había quedado sano: «Hoy es sábado, y no se puede llevar la camilla». Él les contestó: «El que me ha curado es quien me ha dicho: Toma tu camilla y echa a andar». Ellos le preguntaron: «¿Quién es el que te ha dicho que tomes la camilla y eches a andar?». Pero el que había quedado sano no sabía quién era, porque Jesús, a causa del gentío que había en aquel sitio, se había alejado. Más tarde lo encuentra Jesús en el templo y le dice: «Mira, has quedado sano; no peques más, no sea que te ocurra algo peor». Se marchó aquel hombre y dijo a los judíos que era Jesús quien lo había sanado. Por esto los judíos perseguían a Jesús, porque hacía tales cosas en sábado.

Ezequiel 47, 1-9.12; ***Salmo*** 45, 2-3.5-6.8-9 • **JUAN 5, 1-16**

ORACIÓN

SEÑOR, aquel hombre enfermo de la piscina de Betesda tenía tanta fe en Dios Padre, que llevaba treinta y ocho años esperando su sanación. En lugar de desistir ante la aparente imposibilidad de meterse en la piscina, no perdió la esperanza. Entonces Tú apareciste en su vida y le sanaste. **Jesús, dame la perseverancia de aquel hombre.** ***El Señor del universo está con nosotros, nuestro alcázar es el Dios de Jacob*** *(Salmo 45, 8).*

Santos Epafrodito *NT*, Bienvenido Scotivoli *ob*, Lea *vd*, Calínicas y Basilisa *mrs*

Papa Francisco: Hay que rezar para tener ganas de seguir la voluntad de Dios, rezar para conocer la voluntad de Dios y rezar, una vez conocida esta voluntad, para ir adelante con la voluntad de Dios. (27-01-2015)

PALABRA

Jesús dijo a los judíos: «Mi Padre sigue actuando, y yo también actúo». Por eso los judíos tenían más ganas de matarlo: porque no solo quebrantaba el sábado, sino también llamaba a Dios Padre suyo, haciéndose igual a Dios. Jesús tomó la palabra y les dijo: «En verdad, en verdad os digo: el Hijo no puede hacer nada por su cuenta sino lo que viere hacer al Padre. Lo que hace este, eso mismo hace también el Hijo, pues el Padre ama al Hijo y le muestra todo lo que él hace, y le mostrará obras mayores que esta, para vuestro asombro. Lo mismo que el Padre resucita a los muertos y les da vida, así también el Hijo da vida a los que quiere. Porque el Padre no juzga a nadie, sino que ha confiado al Hijo todo el juicio, para que todos honren al Hijo como honran al Padre. El que no honra al Hijo no honra al Padre que lo envió. En verdad, en verdad os digo: quien escucha mi palabra y cree al que me envió posee la vida eterna y no incurre en juicio, sino que ha pasado ya de la muerte a la vida. En verdad, en verdad os digo: llega la hora, y ya está aquí, en que los muertos oirán la voz del Hijo de Dios, y los que hayan oído vivirán. Porque, igual que el Padre tiene vida en sí mismo, así ha dado también al Hijo tener vida en sí mismo. Y le ha dado potestad de juzgar, porque es el Hijo del hombre. No os sorprenda, porque viene la hora en que los que están en el sepulcro oirán su voz: los que hayan hecho el bien saldrán a una resurrección de vida; los que hayan hecho el mal, a una resurrección de juicio. Yo no puedo hacer nada por mí mismo; según le oigo, juzgo, y mi juicio es justo, porque no busco mi voluntad, sino la voluntad del que me envió».

Isaias 49, 8-15; ***Salmo*** 144, 8-9.13-14.17-18 • **JUAN 5, 17-30**

ORACIÓN

SEÑOR, nos dices que quien te honra a Ti, honra al Padre que te envió. Y quien te escucha a Ti, escucha al Padre. **Señor, quiero honrarte con todo mi corazón. Dame oídos para escucharte y labios para honrarte.** ***El Señor es clemente y misericordioso*** *(Salmo 144, 8a).*

MARZO
23
JUEVES

Santos Toribio de Mogrovejo *ob*, José Oriol *pb*, Rebeca de Himlaya *vg*

Papa Francisco: En Cuaresma, todos debemos preguntarnos: "¿Jesús, confías en mí? ¿Yo tengo una doble cara?". Dentro de cada uno de nosotros se encuentra el pecado, pero del pecado Jesús no se asusta. (...) Si reconocemos que somos pecadores y abrimos la puerta a Jesús, podemos limpiar al alma. (09-03-2015)

PALABRA

Dijo Jesús a los judíos: «Si yo doy testimonio de mí mismo, mi testimonio no es verdadero. Hay otro que da testimonio de mí, y sé que es verdadero el testimonio que da de mí. Vosotros enviasteis mensajeros a Juan, y él ha dado testimonio en favor de la verdad. No es que yo dependa del testimonio de un hombre; si digo esto es para que vosotros os salvéis. Juan era la lámpara que ardía y brillaba, y vosotros quisisteis gozar un instante de su luz. Pero el testimonio que yo tengo es mayor que el de Juan: las obras que el Padre me ha concedido llevar a cabo, esas obras que hago dan testimonio de mí: que el Padre me ha enviado. Y el Padre que me envió, él mismo ha dado testimonio de mí. Nunca habéis escuchado su voz, ni visto su rostro, y su palabra no habita en vosotros, porque al que él envió no lo creéis. Estudiáis las Escrituras pensando encontrar en ellas vida eterna; pues ellas están dando testimonio de mí, ¡y no queréis venir a mí para tener vida! No recibo gloria de los hombres; además, os conozco y sé que el amor de Dios no está en vosotros. Yo he venido en nombre de mi Padre, y no me recibisteis; si otro viene en nombre propio, a ese sí lo recibiréis. ¿Cómo podréis creer vosotros, que aceptáis gloria unos de otros y no buscáis la gloria que viene del único Dios? No penséis que yo os voy a acusar ante el Padre, hay uno que os acusa: Moisés, en quien tenéis vuestra esperanza. Si creyerais a Moisés, me creeríais a mí, porque de mí escribió él. Pero, si no creéis en sus escritos, ¿cómo vais a creer en mis palabras?».

Éxodo 32,7-14; ***Salmo*** 105,19-23 • **JUAN 5, 31-47**

ORACIÓN

SEÑOR, nos dices que las obras que –en nuestra vida– haces en nombre de tu Padre dan testimonio de tu Reino de Amor. Y, además, nos pides que –en nuestra vida– aceptemos la gloria que viene del único Dios. **Jesús, quiero vivir tu Reino, deseo contemplar tu Presencia en mi vida.** ***Acuérdate de mí, Señor, por amor a tu pueblo*** *(Salmo 105, 4ab).*

MARZO
24
VIERNES

Viernes 4° de Cuaresma — **Tomo II - Salterio 4ª semana**

Santos Óscar Arnulfo Romero ***ob mr*****,**
Catalina de Suecia ***vg*****,**
Beato Diego José de Cádiz ***pb*****.**

Abstinencia

Papa Francisco: La palabra del Señor, ayer como hoy, provoca siempre una división: la Palabra de Dios divide, ¡siempre! Provoca una división entre quien la acoge y quien la rechaza. A veces también en nuestro corazón se enciende un contraste interior; esto sucede cuando advertimos la fascinación, la belleza y la verdad de las palabras de Jesús, pero al mismo tiempo las rechazamos porque nos cuestionan, nos ponen en dificultad y nos cuesta demasiado observarlas. (21-03-2015)

PALABRA

Recorría Jesús Galilea, pues no quería andar por Judea porque los judíos trataban de matarlo. Se acercaba la fiesta judía de las Tiendas. Una vez que sus hermanos se hubieron marchado a la fiesta, entonces subió él también, no abiertamente, sino a escondidas. Entonces algunos que eran de Jerusalén dijeron: «¿No es este el que intentan matar? Pues mirad cómo habla abiertamente, y no le dicen nada. ¿Será que los jefes se han convencido de que este es el Mesías? Pero este sabemos de dónde viene, mientras que el Mesías, cuando llegue, nadie sabrá de dónde viene». Entonces Jesús, mientras enseñaba en el templo, gritó: «A mí me conocéis, y conocéis de dónde vengo. Sin embargo, yo no vengo por mi cuenta, sino que el Verdadero es el que me envía; a ese vosotros no lo conocéis; yo lo conozco, porque procedo de él, y él me ha enviado». Entonces intentaban agarrarlo; pero nadie le pudo echar mano, porque todavía no había llegado su hora.

Sabiduría 2, 1a.12-22; ***Salmo*** 33,17-21.23 • **JUAN 7,1-2.10.25-30**

ORACIÓN

SEÑOR, predicabas en el templo de Jerusalén proclamando que eras el enviado del Padre. Y eso escandalizaba a muchos de los que te escuchaban. **Jesús, cuando proclames dentro de mí que eres el Hijo de Dios, quiero acogerte siempre con todo mi amor.** ***El Señor está cerca de los atribulados*** *(Salmo 33, 19a).*

ANUNCIACIÓN DEL SEÑOR

SOLEMNIDAD DE LA ANUNCIACIÓN DEL SEÑOR

Santos Dimas (Buen Ladrón) ***NT*****, Matrona** ***mr*****, Margarita Clitherow** ***mf mr*****, Lucía Filippini** ***rl***

JORNADA PRO-VIDA

MARZO
25
SÁBADO

Papa Francisco: María no se exalta frente a la perspectiva de convertirse incluso en la madre del Mesías, sino que permanece modesta y expresa la propia adhesión al proyecto del Señor. María no presume. Es humilde, modesta. Se queda como siempre. Este contraste es significativo. Nos hace entender que María es verdaderamente humilde y no trata de exponerse. Reconoce ser pequeña delante de Dios, y está contenta de ser así. Al mismo tiempo, es consciente de que de su respuesta depende la realización del proyecto de Dios, y que por tanto Ella está llamada a adherirse con todo su ser. (24-12-2017)

PALABRA

En aquel tiempo, el ángel Gabriel fue enviado por Dios a una ciudad de Galilea llamada Nazaret, a una virgen desposada con un hombre llamado José, de la estirpe de David; el nombre de la virgen era María. El ángel, entrando en su presencia, dijo: «Alégrate, llena de gracia, el Señor está contigo». Ella se turbó grandemente ante estas palabras y se preguntaba qué saludo era aquel. El ángel le dijo: «No temas, María, porque has encontrado gracia ante Dios. Concebirás en tu vientre y darás a luz un hijo, y le pondrás por nombre Jesús. Será grande, se llamará Hijo del Altísimo, el Señor Dios le dará el trono de David, su padre, reinará sobre la casa de Jacob para siempre, y su reino no tendrá fin». Y María dijo al ángel: «¿Cómo será eso, pues no conozco varón?». El ángel le contestó: «El Espíritu Santo vendrá sobre ti, y la fuerza del Altísimo te cubrirá con su sombra; por eso el Santo que va a nacer será llamado Hijo de Dios. También tu pariente Isabel ha concebido un hijo en su vejez, y ya está de seis meses la que llamaban estéril, "porque para Dios nada hay imposible"». María contestó: «He aquí la esclava del Señor; hágase en mí según tu palabra». Y el ángel se retiró.

Isaías 7,10-14; 8,10b; ***Salmo*** 39, 7-11; ***Hebreos*** 10, 4-10 • **LUCAS 1, 26-38**

ORACIÓN

SEÑOR, cuando contemplo la Anunciación y medito este pasaje en el fondo de mi corazón, siento de algún modo el amor, la pureza y la bondad con la que María te acogió en su seno. **Jesús, yo te alabo por haber venido al mundo a salvarnos con tu Amor.** ***Aquí estoy, Señor, para hacer tu voluntad*** *(Salmo 39, 8a.9a).*

MARZO
26
DOMINGO

DOMINGO V DE CUARESMA

Tomo II - Salterio 1ª semana

Santos Braulio *ob*, Cástulo *mr*, Manuel, Sabino, Cuadrado y Teodosio *mrs*

Papa Francisco: Estamos llamados a quitar las piedras de todo lo que sabe a muerte: por ejemplo, la hipocresía con la que vivimos la fe es la muerte; la crítica destructiva hacia los demás es la muerte; la ofensa, la calumnia, son la muerte; la marginación de los pobres es la muerte. El Señor nos pide que quitemos estas piedras de nuestros corazones, y la vida volverá a florecer a nuestro alrededor. Cristo vive, y quien lo acoge y se adhiere a Él entra en contacto con la vida. Sin Cristo, o fuera de Cristo, no sólo no hay vida, sino que se recae en la muerte. (29-03-2020)

PALABRA

• ***Ezequiel*** 37, 12-14: Esto dice el Señor Dios: «Yo mismo abriré vuestros sepulcros, y os sacaré de ellos, pueblo mío, y os llevaré a la tierra de Israel. Y cuando abra vuestros sepulcros, y os saque de ellos, pueblo mío, comprenderéis que soy el Señor. Pondré mi espíritu en vosotros y viviréis; os restableceré en vuestra tierra, y comprenderéis que yo, el Señor, lo digo y lo hago -oráculo del Señor-».

• ***Salmo*** 129, 1-8: ***Del Señor viene la misericordia, la redención copiosa.***

• ***Romanos*** 8, 8-11: Hermanos: Los que están en la carne no pueden agradar a Dios. Pero vosotros no estáis en la carne, sino en el Espíritu, si es que el Espíritu de Dios habita en vosotros; en cambio, si alguien no posee el Espíritu de Cristo no es de Cristo. Pero si Cristo está en vosotros, el cuerpo está muerto por el pecado, pero el espíritu vive por la justicia. Y si el Espíritu del que resucitó a Jesús de entre los muertos habita en vosotros, el que resucitó de entre los muertos a Cristo Jesús también dará vida a vuestros cuerpos mortales, por el mismo Espíritu que habita en vosotros.

• **JUAN 11, 3-7.17.20-27.33b-45:** Las hermanas de Lázaro le mandaron recado a Jesús diciendo: «Señor, el que tú amas está enfermo». Jesús, al oírlo, dijo: «Esta enfermedad no es para la muerte, sino que servirá para la gloria de Dios, para que el Hijo de Dios sea glorificado por ella». Jesús amaba a Marta, a su hermana y a Lázaro. Cuando se enteró de que estaba enfermo se quedó todavía dos días donde estaba. Solo entonces dijo a sus discípulos: «Vamos otra vez a Judea». Cuando Jesús llegó, Lázaro llevaba ya cuatro días enterrado. Cuando Marta se enteró de que llegaba Jesús, salió a su encuentro, mientras María se quedó en casa. Y dijo Marta a Jesús: «Señor, si hubieras estado aquí no habría muerto mi hermano. Pero aún ahora sé que todo lo que pidas a Dios, Dios te lo concederá». Jesús le dijo: «Tu hermano resucitará». Marta respondió: «Sé que resucitará en la resurrección en el último día». Jesús le dijo: «Yo soy la resurrección y la vida: el que cree en mí, aunque haya muerto, vivirá; y el que está vivo y cree en mí, no morirá para siempre. ¿Crees esto?». Ella le contestó: «Sí, Señor: yo creo que tú eres el Cristo, el Hijo de Dios, el que tenía que venir al mundo». Jesús se conmovió en su espíritu, se estremeció y preguntó: «¿Dónde lo habéis enterrado?». Le contestaron: «Señor, ven a verlo». Jesús se echó a llorar. Los judíos comentaban: «¡Cómo lo quería!». Pero algunos dijeron: «Y uno que le ha abierto los ojos a un ciego, ¿no podía haber impedido que este muriera?». Jesús, conmovido de nuevo en su interior, llegó a la tumba. Era una cavidad cubierta con una losa. Dijo Jesús: «Quitad la losa». Marta, la hermana del muerto, le dijo: «Señor, ya huele mal porque lleva cuatro días». Jesús le replicó: «¿No te he dicho que si crees verás la gloria de Dios?». Entonces quitaron la losa. Jesús, levantando los ojos a lo alto, dijo: «Padre, te doy gracias porque me has escuchado; yo sé que tú me escuchas siempre; pero lo digo por la gente que me rodea, para que crean que tú me has enviado». Y dicho esto, gritó con voz potente: «Lázaro, sal afuera». El muerto salió, los pies y las manos atados con vendas, y la cara envuelta en un sudario. Jesús les dijo: «Desatadlo y dejadlo andar». Y muchos judíos que habían venido a casa de María, al ver lo que había hecho Jesús creyeron en él.

ORACIÓN

SEÑOR, te retrasaste para ir a ver a Lázaro y éste murió antes de que llegaras. Pero eso te sirvió para resucitarle y mostrar así que eres el Hijo de Dios, y que Él obra milagros por medio de Ti. **Jesús, te pido perdón por las veces en que me impaciento, pensado que te retrasas en ayudarme. Te lo ruego, dame paciencia y esperanza.**

MARZO
27
LUNES

San Ruperto *ob.*
Beato Francisco Faà de Bruno *pb*

Papa Francisco: En este tiempo de Cuaresma, estamos llamados a reconocernos como pecadores y a pedir perdón a Dios. Y el perdón, a su vez, al reconciliarnos y darnos paz, nos hace comenzar una historia renovada. Toda conversión verdadera está encaminada a un futuro nuevo, a una vida nueva, a una vida hermosa, a una vida libre de pecado, a una vida generosa. No temamos pedir perdón a Jesús porque Él nos abre la puerta a esta vida nueva. ¡Qué la Virgen María nos ayude a testimoniar ante todos amor misericordioso de Dios que, en Jesús, nos perdona y hace nueva nuestra existencia, ofreciéndonos siempre nuevas posibilidades! (07-04-2019)

PALABRA

Jesús se retiró al monte de los Olivos. Al amanecer se presentó de nuevo en el templo, y todo el pueblo acudía a él, y, sentándose, les enseñaba. Los escribas y los fariseos le traen una mujer sorprendida en adulterio, y, colocándola en medio, le dijeron: «Maestro, esta mujer ha sido sorprendida en flagrante adulterio. La ley de Moisés nos manda apedrear a las adúlteras; tú, ¿qué dices?». Le preguntaban esto para comprometerlo y poder acusarlo. Pero Jesús, inclinándose, escribía con el dedo en el suelo. Como insistían en preguntarle, se incorporó y les dijo: «El que esté sin pecado, que le tire la primera piedra». E inclinándose otra vez, siguió escribiendo. Ellos, al oírlo, se fueron escabullendo uno a uno, empezando por los más viejos. Y quedó solo Jesús, con la mujer en medio, que seguía allí delante. Jesús se incorporó y le preguntó: «Mujer, ¿dónde están tus acusadores?; ¿ninguno te ha condenado?». Ella contestó: «Ninguno, Señor». Jesús dijo: «Tampoco yo te condeno. Anda, y en adelante no peques más».

Daniel 13, 1-9.15-17.19-30.33-62; ***Salmo*** 22,1b.3-6 • **JUAN 8, 1-11**

ORACIÓN

SEÑOR, hiciste ver a todos aquellos hombres que querían apedrear a la mujer pecadora que ellos tampoco estaban libres de pecado. Porque nadie es perfecto. Nos gustaría serlo, pero somos humanos. **Jesús, ayúdame a ver a las personas como lo haces Tú: como humildes seres humanos que son hijos de Dios.** ***Aunque camine por cañadas oscuras, nada temo, porque tú vas conmigo*** *(Salmo 22, 4ab).*

Santos Esteban Harding *ab*, Cástor *mr*, Gúntram *re*

MARZO
28
MARTES

Papa Francisco: El cristianismo no es una doctrina filosófica, no es un programa de vida para ser educados, para construir la paz. Estas son las consecuencias. El cristianismo es una persona, una persona elevada en la cruz. Una persona que se anonadó a sí misma para salvarnos. Cargó sobre sí el pecado. Y, así, como en el desierto fue elevado el pecado, aquí fue elevado Dios hecho hombre por nosotros. Y todos nuestros pecados estaban allí. Por ello no se comprende el cristianismo sin comprender esta humillación profunda del hijo de Dios que se humilló a sí mismo haciéndose siervo hasta la muerte de cruz. Para servir. (08-04-2014)

PALABRA

Dijo Jesús a los fariseos: «Yo me voy y me buscaréis, y moriréis por vuestro pecado. Donde yo voy no podéis venir vosotros». Y los judíos comentaban: «¿Será que va a suicidarse, y por eso dice: "Donde yo voy no podéis venir vosotros"?». Y él les dijo: «Vosotros sois de aquí abajo, yo soy de allá arriba: vosotros sois de este mundo, yo no soy de este mundo. Con razón os he dicho que moriréis por vuestros pecados: pues, si no creéis que "Yo soy", moriréis por vuestros pecados». Ellos le decían: «¿Quién eres tú?». Jesús les contestó: «Lo que os estoy diciendo desde el principio. Podría decir y condenar muchas cosas en vosotros; pero el que me ha enviado es veraz, y yo comunico al mundo lo que he aprendido de él». Ellos no comprendieron que les hablaba del Padre. Y entonces dijo Jesús: «Cuando levantéis al Hijo del hombre, sabréis que "Yo soy", y que no hago nada por mi cuenta, sino que hablo como el Padre me ha enseñado. El que me envió está conmigo, no me ha dejado solo; porque yo hago siempre lo que le agrada». Cuando les exponía esto, muchos creyeron en él.

Números 21,4-9; ***Salmo*** 101,2-3.16-18.19-21 • **JUAN 8, 21-30**

ORACIÓN

SEÑOR, decías a algunas personas que no podrían ir a donde Tú vas, porque no eran capaces de reconocerte como Hijo de Dios. **Jesús, deseo reconocerte y estar junto a Ti en este camino de Cuaresma. Porque cuando llegue la Pascua de tu Resurrección quiero escucharte en mi interior diciéndome: «Yo soy».** ***Señor, escucha mi oración, que mi grito llegue hasta ti*** *(Salmo 101, 2).*

Santos Eustasio *ob*,
Guillermo Tempier *ob*, Ludolfo *ob*

Papa Francisco: En el Evangelio de hoy Juan nos recuerda que la verdad os hará libres. Esta verdad es, en definitiva, Cristo mismo, cuya dulce misericordia es el modelo para nuestro modo de anunciar la verdad y condenar la injusticia. Nuestra primordial tarea es afirmar la verdad con amor. Solo palabras pronunciadas con amor y acompañadas de mansedumbre y misericordia tocan los corazones de quienes somos pecadores. (08-05-2016)

PALABRA

Dijo Jesús a los judíos que habían creído en él: «Si permanecéis en mi palabra, seréis de verdad discípulos míos; conoceréis la verdad, y la verdad os hará libres». Le replicaron: «Somos linaje de Abrahán y nunca hemos sido esclavos de nadie. ¿Cómo dices tú: "Seréis libres"?». Jesús les contestó: «En verdad, en verdad os digo: todo el que comete pecado es esclavo. El esclavo no se queda en la casa para siempre, el hijo se queda para siempre. Y si el Hijo os hace libres, seréis realmente libres. Ya sé que sois linaje de Abrahán; sin embargo, tratáis de matarme, porque mi palabra no cala en vosotros. Yo hablo de lo que he visto junto a mi Padre, pero vosotros hacéis lo que le habéis oído a vuestro padre». Ellos replicaron: «Nuestro padre es Abrahán». Jesús les dijo: «Si fuerais hijos de Abrahán, haríais lo que hizo Abrahán. Sin embargo, tratáis de matarme a mí, que os he hablado de la verdad que le escuché a Dios; y eso no lo hizo Abrahán. Vosotros hacéis lo que hace vuestro padre». Le replicaron: «Nosotros no somos hijos de prostitución; tenemos un solo padre: Dios». Jesús les contestó: «Si Dios fuera vuestro padre, me amaríais, porque yo salí de Dios, y he venido. Pues no he venido por mi cuenta, sino que él me envió».

Daniel 3,14-20.91-92.95; ***Salmo: Daniel*** 3, 52a-56a • **JUAN 8, 31-42**

ORACIÓN

SEÑOR, pedías a aquellas personas que permanecieran en tu Palabra, pues sólo así podían conocer la Verdad y ser así realmente libres. **Jesús, quisiera tener todos los días al menos quince minutos de sosegado recogimiento, para poder meditar tu Palabra y permanecer en ella.** ***¡A ti gloria y alabanza por los siglos!*** *(Daniel 3, 52b).*

Santos Juan Clímaco *ab*, Antonio Daveluy *ob mr*, Leonardo Murialdo *pb*, Julio Álvarez *pb mr*, Zósimo *ob*

Papa Francisco: La esperanza es esa virtud humilde, esa virtud que corre bajo el agua de la vida, pero que nos sostiene para no ahogarnos en medio de numerosas dificultades, para no perder ese deseo de encontrar a Dios, de encontrar ese rostro maravilloso que todos, un día, veremos. Y hoy es un bonito día para reflexionar sobre esto: el mismo Dios que llamó a Abraham y lo hizo salir de su tierra sin saber adónde tenía que ir, es el mismo Dios que va a la cruz para realizar la promesa que había hecho. Él es el mismo Dios que en la plenitud de los tiempos hace que esa promesa se haga realidad para todos nosotros. (17-03-2016)

PALABRA

Dijo Jesús a los judíos: «En verdad, en verdad os digo: quien guarda mi palabra no verá la muerte para siempre». Los judíos le dijeron: «Ahora vemos claro que estás endemoniado; Abrahán murió, los profetas también, ¿y tú dices: "Quien guarde mi palabra no gustará la muerte para siempre"? ¿Eres tú más que nuestro padre Abrahán, que murió? También los profetas murieron, ¿por quién te tienes?». Jesús contestó: «Si yo me glorificara a mí mismo, mi gloria no valdría nada. El que me glorifica es mi Padre, de quien vosotros decís: "Es nuestro Dios", aunque no lo conocéis. Yo sí lo conozco, y si dijera: "No lo conozco" sería, como vosotros, un embustero; pero yo lo conozco y guardo su palabra. Abrahán, vuestro padre, saltaba de gozo pensando ver mi día; lo vio, y se llenó de alegría». Los judíos le dijeron: «No tienes todavía cincuenta años, ¿y has visto a Abrahán?». Jesús les dijo: «En verdad, en verdad os digo: antes de que Abrahán existiera, yo soy». Entonces cogieron piedras para tirárselas, pero Jesús se escondió y salió del templo.

Génesis 17, 3-9; *Salmo* 104, 4-9 • **JUAN 8, 51-59**

ORACIÓN

SEÑOR, nos dices que quien escucha tu Palabra y es coherente con ella, no morirá para siempre, sino que resucitará. **Jesús, en este tiempo de Cuaresma que ya está finalizando, te pido que me ayudes a guardar tu Palabra, porque quiero resucitar interiormente junto a Ti.** ***El Señor se acuerda de su alianza eternamente*** *(Salmo 104, 8a).*

Viernes 5° de Cuaresma Tomo II - Salterio 1ª semana

Santos Benjamín *di mr,* Balbina *mr,* Guido *ab*

Abstinencia

Papa Francisco: La fe, que es como una semilla en lo profundo del corazón, florece cuando nos dejamos "atraer" por el Padre hacia Jesús, y "vamos a Él" con ánimo abierto, con corazón abierto, sin prejuicios; entonces reconocemos en su rostro el rostro de Dios y en sus palabras la palabra de Dios, porque el Espíritu Santo nos ha hecho entrar en la relación de amor y de vida que hay entre Jesús y Dios Padre. Y ahí nosotros recibimos el don, el regalo de la fe. (09-08-2015)

PALABRA

Los judíos agarraron piedras para apedrear a Jesús. Él les replicó: «Os he hecho ver muchas obras buenas por encargo de mi Padre: ¿por cuál de ellas me apedreáis?». Los judíos le contestaron: «No te apedreamos por una obra buena, sino por una blasfemia: porque tú, siendo un hombre, te haces Dios». Jesús les replicó: «¿No está escrito en vuestra ley: "Yo os digo: sois dioses"? Si la Escritura llama dioses a aquellos a quienes vino la palabra de Dios, y no puede fallar la Escritura, a quien el Padre consagró y envió al mundo, ¿decís vosotros: "¡Blasfemas!" Porque he dicho: "Soy Hijo de Dios"? Si no hago las obras de mi Padre, no me creáis, pero si las hago, aunque no me creáis a mí, creed a las obras, para que comprendáis y sepáis que el Padre está en mí, y yo en el Padre». Intentaron de nuevo detenerlo, pero se les escabulló de las manos. Se marchó de nuevo al otro lado del Jordán, al lugar donde antes había bautizado Juan, y se quedó allí. Muchos acudieron a él y decían: «Juan no hizo ningún signo; pero todo lo que Juan dijo de este era verdad». Y muchos creyeron en él allí.

Jeremías 20,10-13; ***Salmo*** 17,2-7 • **JUAN 10, 31-42**

ORACIÓN

SEÑOR, bien sabes que, a veces, aun viendo tus grandes obras, tenemos dudas de fe. Porque somos débiles. **Jesús, en este Viernes de Dolores, te pido que aumentes mi fe, porque deseo vivir con devoción esta Semana Santa y celebrar con alegría la Pascua de tu Resurrección.** ***En el peligro invoqué al Señor, y él me escuchó*** *(Salmo 17, 7).*

ABRIL

La Redención, llevada a cabo por medio de la Cruz, ha vuelto a dar al hombre la dignidad y el sentido de su existencia. La Redención se ha cumplido en el misterio pascual, que, a través de la Cruz y la Muerte del Señor, conduce a la Resurrección.

(San Juan Pablo II, "Redemptor hominis", 10)

A B R I L

ABRIL
1
SÁBADO

Sábado 5° de Cuaresma — Tomo II - Salterio 1ª semana

Santos María Egipcíaca ***er,*** **Nuño Alvares** ***rl,*** **Celso** ***ob,*** **Hugo** ***ob,*** **Venancio** ***ob mr.*** **Beatos Juan Bretton** ***pf mr,*** **José Girotti** ***pb mr***

SANTA MARÍA EGIPCIACA

Papa Francisco: He aquí que Jesús es precisamente el modelo, el icono: ha sufrido mucho el Señor, ha sido perseguido; y al actuar así ha asumido todas las persecuciones de su pueblo. Pero aún hoy los cristianos son perseguidos. Y son perseguidos porque a esta sociedad mundana, a esta sociedad tranquila que no quiere problemas, dicen la verdad y anuncian a Jesucristo. De verdad hoy hay mucha persecución [...]. Para los cristianos siempre habrá persecuciones, incomprensiones. Pero hay que afrontarlas con la certeza de que Jesús es el Señor y este es el desafío y la cruz de nuestra fe. (04-04-2014)

PALABRA

Muchos judíos que habían venido a casa de María, al ver lo que había hecho Jesús, creyeron en él. Pero algunos acudieron a los fariseos y les contaron lo que había hecho Jesús. Los sumos sacerdotes y los fariseos convocaron el Sanedrín y dijeron: «¿Qué hacemos? Este hombre hace muchos signos. Si lo dejamos seguir, todos creerán en él, y vendrán los romanos y nos destruirán el lugar santo y la nación». Uno de ellos, Caifás, que era sumo sacerdote aquel año, les dijo: «Vosotros no entendéis ni palabra; no comprendéis que os conviene que uno muera por el pueblo, y que no perezca la nación entera». Esto no lo dijo por propio impulso, sino que, por ser sumo sacerdote aquel año, habló proféticamente, anunciando que Jesús iba a morir por la nación; y no solo por la nación, sino también para reunir a los hijos de Dios dispersos. Y aquel día decidieron darle muerte. Por eso Jesús ya no andaba públicamente entre los judíos, sino que se retiró a la región vecina al desierto, a una ciudad llamada Efraín, y pasaba allí el tiempo con los discípulos. Se acercaba la Pascua de los judíos, y muchos de aquella región subían a Jerusalén, antes de la Pascua, para purificarse. Buscaban a Jesús y, estando en el templo, se preguntaban: «¿Qué os parece? ¿Vendrá a la fiesta?». Los sumos sacerdotes y fariseos habían mandado que el que se enterase de dónde estaba les avisara para prenderlo.

Ezequiel 37, 21-28; ***Salmo: Jeremías*** 31, 10-12ab.13 • **JUAN 11, 45-57**

ORACIÓN

SEÑOR, algunos se preguntaban si ibas a tener valor para subir a Jerusalén, sabiendo que tus enemigos querían matarte. Los Evangelios nos narran cómo afrontaste dicho reto, pero sobre todo nos animan a meditar cómo diste allí tu vida valerosamente por la salvación del género humano. **Jesús, admiro tu infinito coraje. Dame valor para seguir tu camino.** ***El Señor nos guardará como un pastor a su rebaño*** *(Jeremías 31,10d).*

SEMANA SANTA

Tomo II - Salterio 2ª semana   DOMINGO DE RAMOS EN LA PASIÓN DEL SEÑOR

ABRIL
2
DOMINGO

Santos **FRANCISCO DE PAULA** *er*, Domingo Tuóc *pb mr*, Abundio *ob*, Niceto *ob*, Teodora *vg mr*

Papa Francisco: Muy queridos hermanos y hermanas, encaminémonos con fe en la Semana Santa, en la que Jesús sufre, muere y resucita. Invito a las personas y las familias que no pueden participar en las celebraciones litúrgicas a recogerse en casa para rezar, también con la ayuda de los medios tecnológicos. Abracemos espiritualmente a los enfermos, a sus familias y a quienes los cuidan con tanta abnegación; recemos por los difuntos, en la luz de la fe pascual. Cada uno está presente en nuestro corazón, en nuestro recuerdo, en nuestra oración. (05-04-2020)

PROCESIÓN

PALABRA • **MATEO 21, 1-11** Cuando se acercaban a Jerusalén y llegaron a Betfagé, en el monte de los Olivos, Jesús envió a dos discípulos diciéndoles: «Id a la aldea de enfrente, encontraréis enseguida una borrica atada con su pollino, los desatáis y me los traéis. Si alguien os dice algo, contestadle que el Señor los necesita y los devolverá pronto». Esto ocurrió para que se cumpliese lo dicho por medio del profeta: «Decid a la hija de Sion: "Mira a tu rey, que viene a ti, humilde, montado en una borrica, en un pollino, hijo de acémila"». Fueron los discípulos e hicieron lo que les había mandado Jesús: trajeron la borrica y el pollino, echaron encima sus mantos, y Jesús se montó. La multitud alfombró el camino con sus mantos; algunos cortaban ramas de árboles y alfombraban la calzada. Y la gente que iba delante y detrás gritaba: «¡"Hosanna" al Hijo de David! ¡Bendito el que viene en nombre del Señor! ¡"Hosanna" en las alturas!». Al entrar en Jerusalén, toda la ciudad se sobresaltó preguntando: «¿Quién es este?». La multitud contestaba: «Es el profeta Jesús, de Nazaret de Galilea».

• ***Isaías*** 50, 4-7: El Señor Dios me ha dado una lengua de discípulo, para saber decir al abatido una palabra de aliento. Cada mañana me espabila el oído, para que escuche como los discípulos. El Señor Dios me abrió el oído; y yo no me resistí ni me eché atrás. Ofrecí la espalda a los que me golpeaban, las mejillas a los que mesaban mi barba. No escondí el rostro ante ultrajes y salivazos. El Señor Dios me ayuda, por eso no sentía los ultrajes; por eso endurecí el rostro como pedernal, sabiendo que no quedaría defraudado.
• ***Salmo*** 21, 8-9,17-24: ***Dios mío, Dios mío, ¿por qué me has abandonado?***
• ***Filipenses*** 2, 6-11: Cristo Jesús, siendo de condición divina, no retuvo ávidamente el ser igual a Dios; al contrario, se despojó de sí mismo tomando la condición de esclavo, hecho semejante a los hombres. Y así, reconocido como hombre por su presencia, se humilló a sí mismo, hecho obediente hasta la muerte, y una muerte de cruz. Por eso Dios lo exaltó sobre todo, y le concedió el «Nombre-sobre-todo-nombre»; de modo que al nombre de Jesús toda rodilla se doble –en el cielo, en la tierra, en el abismo–, y toda lengua proclame: Jesucristo es Señor, para gloria de Dios Padre.

• MATEO 27, 11-54: PASIÓN DE NUESTRO SEÑOR JESUCRISTO.
Jesús fue llevado ante el gobernador Poncio Pilato, y este le preguntó: «¿Eres tú el rey de los judíos?». Jesús respondió: «Tú lo dices». Y, mientras lo acusaban los sumos sacerdotes y los ancianos, no contestaba nada. Entonces Pilato le preguntó: «¿No oyes cuántos cargos presentan contra ti?». Como no contestaba a ninguna pregunta, el gobernador estaba muy extrañado. Por la fiesta, el gobernador solía liberar un preso, el que la gente quisiera. Tenía entonces un preso famoso, llamado Barrabás. Cuando la gente acudió, dijo Pilato: «¿A quién queréis que os suelte, a Barrabás o a Jesús, a quien llaman el Mesías?». Pues sabía que se lo habían entregado por envidia. Y, mientras estaba sentado en el tribunal, su mujer le mandó a decir: «No te metas con ese justo, porque esta noche he sufrido mucho soñando con él». Pero los sumos sacerdotes y los ancianos convencieron a la gente para que pidieran la libertad de Barrabás y la muerte de Jesús. El gobernador preguntó: «¿A cuál de los dos queréis que os suelte?». Ellos dijeron: «A Barrabás». Pilato les preguntó: «¿Y qué hago con Jesús, llamado el Mesías?». Contestaron todos: «Sea crucificado». Pilato insistió: «Pues, ¿qué mal ha hecho?». Pero ellos gritaban más fuerte: «¡Sea crucificado!». Al ver Pilato que todo era inútil y que, al contrario, se estaba formando un tumulto, tomó agua y se lavó las manos ante la gente, diciendo: «Soy inocente de esta sangre. ¡Allá vosotros!». Todo el pueblo contestó: «¡Caiga su sangre sobre nosotros y sobre nuestros hijos!». Entonces les

soltó a Barrabás; y a Jesús, después de azotarlo, lo entregó para que lo crucificaran. Entonces los soldados del gobernador se llevaron a Jesús al pretorio y reunieron alrededor de él a toda la cohorte: lo desnudaron y le pusieron un manto de color púrpura y, trenzando una corona de espinas, se la ciñeron a la cabeza y le pusieron una caña en la mano derecha. Y, doblando ante él la rodilla, se burlaban de él, diciendo: «¡Salve, rey de los judíos!». Luego le escupían, le quitaban la caña y le golpeaban con ella la cabeza. Y, terminada la burla, le quitaron el manto, le pusieron su ropa y lo llevaron a crucificar. Al salir, encontraron a un hombre de Cirene, llamado Simón, y lo forzaron a llevar su cruz. Cuando llegaron al lugar llamado Gólgota (que quiere decir lugar de «la calavera»), le dieron a beber vino mezclado con hiel; él lo probó, pero no quiso beberlo. Después de crucificarlo, se repartieron su ropa, echándola a suertes, y luego se sentaron a custodiarlo. Encima de la cabeza colocaron un letrero con la acusación: «Este es Jesús, el rey de los judíos». Crucificaron con él a dos bandidos, uno a la derecha y otro a la izquierda. Los que pasaban lo injuriaban y, meneando la cabeza, decían: «Tú que destruyes el templo y lo reconstruyes en tres días, sálvate a ti mismo; si eres Hijo de Dios, baja de la cruz». Igualmente, los sumos sacerdotes con los escribas y los ancianos se burlaban también diciendo: «A otros ha salvado, y él no se puede salvar. ¡Es el rey de Israel!, que baje ahora de la cruz, y le creeremos. Confió en Dios, que lo libre si es que lo ama, pues dijo: "Soy Hijo de Dios"». De la misma manera los bandidos que estaban crucificados con él lo insultaban. Desde la hora sexta hasta la hora nona (de 12 a 3 de la tarde) vinieron tinieblas sobre toda la tierra. A la hora nona, Jesús gritó con voz potente: «Elí, Elí, lemá sabaqtaní». (Es decir: «Dios mío, Dios mío, ¿por qué me has abandonado?»). Al oírlo, algunos de los que estaban allí dijeron: «Está llamando a Elías». Enseguida uno de ellos fue corriendo, tomó una esponja empapada en vinagre y, sujetándola en una caña, le dio de beber. Los demás decían: «Déjalo, a ver si viene Elías a salvarlo». Jesús, gritando de nuevo con voz potente, exhaló el espíritu. tEntonces, el velo del templo se rasgó en dos de arriba abajo; la tierra tembló, las rocas se resquebrajaron, las tumbas se abrieron, y muchos cuerpos de santos que habían muerto resucitaron y, saliendo de las tumbas después que él resucitó, entraron en la ciudad santa y se aparecieron a muchos. El centurión y sus hombres, que custodiaban a Jesús, al ver el terremoto y lo que pasaba, dijeron aterrorizados: «Verdaderamente este era Hijo de Dios».

ORACIÓN

SEÑOR, cuando entraste en Jerusalén montado en un humilde burro, la multitud te alabó como si fueras un poderoso líder. Pero después, cuando vieron que las autoridades te acusaban, esa misma multitud te rechazó y pidió que te crucificaran. **Jesús, contemplando tu crucifixión, alabo el poder de tu divina humildad.**

ABRIL
3
LUNES

LUNES SANTO

Santos Sixto I *pp*, Ricardo Wych *ob*, Luis Scrosoppi *pb*

SAN SIXTO I, PAPA

Papa Francisco: Es una profunda herida para nosotros ver el sufrimiento y la muerte, especialmente de los inocentes. Cuando vemos sufrir a los niños se nos hace una herida en el corazón: es el misterio del mal. Y Jesús carga sobre sí todo este mal, todo este sufrimiento. Esta semana nos hará bien a todos nosotros mirar el crucifijo, besar las llagas de Jesús, besarlas en el crucifijo. Él cargó sobre sí todo el sufrimiento humano, se revistió con este sufrimiento. (16-4-2014)

PALABRA

Seis días antes de la Pascua, fue Jesús a Betania, donde vivía Lázaro, a quien había resucitado de entre los muertos. Allí le ofrecieron una cena; Marta servía, y Lázaro era uno de los que estaban con él a la mesa. María tomó una libra de perfume de nardo, auténtico y costoso, le ungió a Jesús los pies y se los enjugó con su cabellera. Y la casa se llenó de la fragancia del perfume. Judas Iscariote, uno de sus discípulos, el que lo iba a entregar, dice: «¿Por qué no se ha vendido este perfume por trescientos denarios para dárselos a los pobres?». Esto lo dijo, no porque le importasen los pobres, sino porque era un ladrón; y como tenía la bolsa, se llevaba de lo que iban echando. Jesús dijo: «Déjala, lo tenía guardado para el día de mi sepultura; porque a los pobres los tenéis siempre con vosotros, pero a mí no siempre me tenéis». Una muchedumbre de judíos se enteró de que estaba allí y fueron no solo por Jesús, sino también para ver a Lázaro, al que había resucitado de entre los muertos. Los sumos sacerdotes decidieron matar también a Lázaro, porque muchos judíos, por su causa, se les iban y creían en Jesús.

Isaías 42, 1-7; ***Salmo*** 26, 1-3.13-14 • **JUAN 12, 1-11**

ORACIÓN

SEÑOR, tu discípulo Judas criticó a María por haber usado un costoso perfume para honrarte, pero Tú le corregiste, porque quieres que te honremos lo mejor que podamos. **Jesús, deseo poder honrarte todos los días, ungiéndote con el perfume de mi amor.** ***El Señor es mi luz y mi salvación*** *(Salmo 26,1b).*

SAN PLATÓN, ABAD

MARTES SANTO

Santos Platón *ab*, Pedro *ob*.
Beato José Benito Dusmet *ob*

ABRIL
4
MARTES

Papa Francisco: Hoy quiero invitaros a rezar por nosotros, obispos, porque también nosotros somos pecadores, también nosotros tenemos debilidades, también nosotros corremos el peligro de Judas: también él había sido elegido como columna. Sí, también nosotros corremos el peligro de no rezar, de hacer algo que no es anunciar el Evangelio y expulsar los demonios. Por eso hay que rezar para que los obispos sean lo que Jesús quería, y que todos nosotros demos testimonio de la resurrección de Jesús. (22-01-2016)

PALABRA

Estando Jesús a la mesa con sus discípulos, se turbó en su espíritu y dio testimonio diciendo: «En verdad, en verdad os digo: uno de vosotros me va a entregar». Los discípulos se miraron unos a otros perplejos, por no saber de quién lo decía. Uno de ellos, el que Jesús amaba, estaba reclinado a la mesa en el seno de Jesús. Simón Pedro hizo señas para que averiguase por quién lo decía. Entonces él, apoyándose en el pecho de Jesús, le preguntó: «Señor, ¿quién es?». Le contestó Jesús: «Aquel a quien yo le dé este trozo de pan untado». Y, untando el pan, se lo dio a Judas, hijo de Simón el Iscariote. Detrás del pan, entró en él Satanás. Entonces Jesús le dijo: «Lo que vas a hacer, hazlo pronto». Ninguno de los comensales entendió a qué se refería. Como Judas guardaba la bolsa, algunos suponían que Jesús le encargaba comprar lo necesario para la fiesta o dar algo a los pobres. Judas, después de tomar el pan, salió inmediatamente. Era de noche. Cuando salió, dijo Jesús: «Ahora es glorificado el Hijo del hombre, y Dios es glorificado en él. Si Dios es glorificado en él, también Dios lo glorificará en sí mismo: pronto lo glorificará. Hijitos, me queda poco de estar con vosotros. Me buscaréis, pero lo que dije a los judíos os lo digo ahora a vosotros: "Donde yo voy, no podéis venir vosotros"». Simón Pedro le dijo: «Señor, ¿adónde vas?». Jesús le respondió: «Adonde yo voy no me puedes seguir ahora, me seguirás más tarde». Pedro replicó: «Señor, ¿por qué no puedo seguirte ahora? Daré mi vida por ti». Jesús le contestó: «¿Conque darás tu vida por mí? En verdad, en verdad te digo: no cantará el gallo antes de que me hayas negado tres veces».

Isaías 49,1-6; ***Salmo*** 70,1-6ab.15ab.17 • **JUAN 13,21-33.36-38**

ORACIÓN

SEÑOR, como san Pedro, a veces nosotros también –envalentonados– te prometemos cosas que después no podemos cumplir, porque somos débiles. **Jesús, ayúdame a reconocer –humildemente– que no soy nada ante Ti.** ***Mi boca contará tu salvación, Señor*** *(Salmo 70,15ab).*

ABRIL

5

MIÉRCOLES

MIÉRCOLES SANTO

Santos VICENTE FERRER *pb*, Irene *vg mr*, Juliana *vg*

Papa Francisco: Aún hoy - dice el Papa - hay Judas, gente que traiciona, incluso a sus seres queridos, vendiéndolos, por sus propios intereses. También hoy hay gente que quiere servir a Dios y al dinero, explotadores ocultos, aparentemente impecables, pero que comercian con la gente: venden al prójimo. Judas era apegado al dinero: quien ama demasiado el dinero, traiciona. (08-04-2020)

PALABRA

Uno de los Doce, llamado Judas Iscariote, fue a los sumos sacerdotes y les propuso: «¿Qué estáis dispuestos a darme, si os lo entrego?». Ellos se ajustaron con él en treinta monedas de plata. Y desde entonces andaba buscando ocasión propicia para entregarlo. El primer día de los Ácimos se acercaron los discípulos a Jesús y le preguntaron: «¿Dónde quieres que te preparemos la cena de Pascua?». Él contestó: «Id a la ciudad, a casa de quien vosotros sabéis, y decidle: "El Maestro dice: Mi hora está cerca; voy a celebrar la Pascua en tu casa con mis discípulos"». Los discípulos cumplieron las instrucciones de Jesús y prepararon la Pascua. Al atardecer se puso a la mesa con los Doce. Mientras comían dijo: «En verdad os digo que uno de vosotros me va a entregar». Ellos, muy entristecidos, se pusieron a preguntarle uno tras otro: «¿Soy yo acaso, Señor?». Él respondió: «El que ha metido conmigo la mano en la fuente, ese me va a entregar. El Hijo del hombre se va, como está escrito de él; pero, ¡ay de aquel por quien el Hijo del hombre es entregado!; ¡más le valdría a ese hombre no haber nacido!». Entonces preguntó Judas, el que lo iba a entregar: «¿Soy yo acaso, Maestro?». Él respondió: «Tú lo has dicho».

Isaías 50,4-9a; ***Salmo*** 68,8-10.21-22.31.33-34 • MATEO 26, 14-25

ORACIÓN

SEÑOR, tu discípulo Judas te entregó al Sanedrín porque había dejado de confiar en Ti. Te llamaba «Maestro», pero ya no te respetaba. **Jesús, te pido perdón por las ocasiones en las que yo también, de un modo u otro, te falto al respeto.** ***Señor, que me escuche tu gran bondad el día de tu favor*** *(Salmo 68,14cb).*

JUEVES SANTO DE LA CENA DEL SEÑOR

Santos Gala vd, Guillermo ob, Ireneo ob, Eutiquio ob

ABRIL
6
JUEVES

Papa Francisco: Dios ama así: hasta el extremo. Y da la vida por cada uno de nosotros, y se enorgullece de ello y lo quiere así porque Él tiene amor: "Amar hasta el extremo". No es fácil, porque todos nosotros somos pecadores, todos tenemos límites, defectos, tantas cosas. Todos sabemos amar, pero no somos como Dios que ama sin mirar las consecuencias, hasta el extremo. [...] Yo no os digo hoy que os lavéis los pies unos a otros: sería una broma. Pero el símbolo, la figura, sí: os diré que si podéis dar una ayuda, prestar un servicio, aquí en la cárcel, al compañero o a la compañera, lo hagáis. Porque esto es amor, es como lavar los pies. Es ser siervo de los demás. (13-04-2017)

PALABRA

• *Éxodo* 12, 1-8.11-14: En aquellos días, dijo el Señor a Moisés y a Aarón en tierra de Egipto: «Este mes será para vosotros el principal de los meses; será para vosotros el primer mes del año. Decid a toda la asamblea de los hijos de Israel: "El diez de este mes cada uno procurará un animal para su familia, uno por casa. Si la familia es demasiado pequeña para comérselo, que se junte con el vecino más próximo a su casa, hasta completar el número de personas; y cada uno comerá su parte hasta terminarlo. Será un animal sin defecto, macho, de un año; lo escogeréis entre los corderos o los cabritos. Lo guardaréis hasta el catorce del mes y toda la asamblea de los hijos de Israel lo matará al atardecer". Tomaréis la sangre y rociaréis las dos jambas y el dintel de la casa donde lo comáis. Esa noche comeréis la carne, asada a fuego, y comeréis panes sin fermentar y hierbas amargas. Y lo comeréis así: la cintura ceñida, las sandalias en los pies, un bastón en la mano; y os lo comeréis a toda prisa, porque es la Pascua, el Paso del Señor. Yo pasaré esta noche por la tierra de Egipto y heriré a todos los primogénitos de la tierra de Egipto, desde los hombres hasta los ganados, y me tomaré justicia de todos los dioses de Egipto. Yo, el Señor. La sangre será vuestra señal en las casas donde habitáis. Cuando yo vea la sangre, pasaré de largo ante vosotros, y no habrá entre vosotros plaga exterminadora, cuando yo hiera a la tierra de Egipto. Este será un día memorable para vosotros; en él celebraréis fiesta en honor del Señor. De generación en generación, como ley perpetua lo festejaréis».

• *Salmo* 115, 12-18: ***El cáliz de la bendición es comunión de la sangre de Cristo.***

• *1 Corintios* 11, 23-26: Yo he recibido una tradición, que procede del Señor y que a mi vez os he transmitido: que el Señor Jesús, en la noche en que iba a ser entregado, tomó pan y, pronunciando la Acción de Gracias, lo partió y dijo: «Esto es mi cuerpo, que se entrega por vosotros. Haced esto en memoria mía». Lo mismo hizo con el cáliz, después de cenar, diciendo: «Este cáliz es la nueva alianza en mi sangre: haced esto cada vez que lo bebáis, en memoria mía». Por eso, cada vez que coméis este pan y bebéis del cáliz, proclamáis la muerte del Señor, hasta que vuelva.

• **JUAN 13, 1-15:** Antes de la fiesta de la Pascua, sabiendo Jesús que había llegado su hora de pasar de este mundo al Padre, habiendo amado a los suyos que estaban en el mundo, los amó hasta el extremo. Estaban cenando, ya el diablo había suscitado en el corazón de Judas, hijo de Simón Iscariote, la intención de entregarlo; y Jesús, sabiendo que el Padre había puesto todo en sus manos, que venía de Dios y a Dios volvía, se levanta de la cena, se quita el manto y, tomando una toalla, se la ciñe; luego echa agua en la jofaina y se pone a lavarles los pies a los discípulos, secándolos con la toalla que se había ceñido. Llegó a Simón Pedro, y este le dice: «Señor, ¿lavarme los pies tú a mí?». Jesús le replicó: «Lo que yo hago tú no lo entiendes ahora, pero lo comprenderás más tarde». Pedro le dice: «No me lavarás los pies jamás». Jesús le contestó: «Si no te lavo, no tienes parte conmigo». Simón Pedro le dice: «Señor, no solo los pies, sino también las manos y la cabeza». Jesús le dice: «Uno que se ha bañado no necesita lavarse más que los pies, porque todo él está limpio. También vosotros estáis limpios, aunque no todos». Porque sabía quién lo iba a entregar, por eso dijo: «No todos estáis limpios». Cuando acabó de lavarles los pies, tomó el manto, se lo puso otra vez y les dijo: «¿Comprendéis lo que he hecho con vosotros? Vosotros me llamáis "el Maestro" y "el Señor", y decís bien, porque lo soy. Pues si yo, el Maestro y el Señor, os he lavado los pies, también vosotros debéis lavaros los pies unos a otros; os he dado ejemplo para que lo que yo he hecho con vosotros, vosotros también lo hagáis».

ORACIÓN

SEÑOR, el evangelista san Juan comienza el relato de la Última Cena hablando de tu absoluto amor caritativo, el cual Tú mostraste con el lavatorio de pies, que era un preludio de tu muerte en la Cruz, con la que lavaste la suciedad de este mundo. **Jesús, ayúdame a contemplar –e imitar– tu amor caritativo.**

VIERNES SANTO DE LA PASIÓN DEL SEÑOR

Santos Juan B. de la Salle pb, Teodoro ob, Germán José pb, Pedro Nguyên Van Luu pb mr

Ayuno y Abstinencia

COLECTA POR LOS SANTOS LUGARES

Papa Francisco: En la liturgia del Viernes Santo meditamos el misterio de la muerte de Cristo y adoramos la Cruz. Antes de entregar el espíritu al Padre, Jesús dijo: '¡Está cumplido!': la obra de la salvación está cumplida. Jesús, con su sacrificio, ha transformado la más grande iniquidad en el amor más grande. Hoy hay verdaderos mártires que ofrecen su vida con Jesús al confesar la fe. Qué bello será que todos nosotros, al final de nuestra vida, con nuestros errores, pecados, también con nuestras buenas obras, nuestro amor al prójimo, podamos decir al Padre como Jesús: 'Está cumplido'. Adorando la Cruz, mirando a Jesús, pensamos en el amor, en el servicio, en nuestra vida, en los mártires cristianos y también nos hará bien pensar sobre el final de nuestra vida. Ninguno sabe cuándo sucederá esto. Pero podemos pedir la gracia de poder decir: Padre, he hecho lo que he podido. Está cumplido (1-3-2015)

PALABRA

• ***Isaías*** 52, 13-53,12: Mirad, mi siervo tendrá éxito, subirá y crecerá mucho. Como muchos se espantaron de él, porque desfigurado no parecía hombre, ni tenía aspecto humano, así asombrará a muchos pueblos, ante él los reyes cerrarán la boca, al ver algo inenarrable y comprender algo inaudito. ¿Quién creyó nuestro anuncio?; ¿a quién se reveló el brazo del Señor? Creció en su presencia, como brote, como raíz en tierra árida, sin figura, sin belleza. Lo vimos sin aspecto atrayente, despreciado y evitado por los hombres, como un hombre de dolores, acostumbrado a sufrimientos, ante el cual se ocultaban los rostros; despreciado y desestimado. Él soportó nuestros sufrimientos y aguantó nuestros dolores; nosotros lo estimamos leproso, herido de Dios y humillado; pero él fue traspasado por nuestras rebeliones, triturado por nuestros crímenes. Nuestro castigo saludable cayó sobre él, sus cicatrices nos curaron. Todos errábamos como ovejas, cada uno siguiendo su camino; y el Señor cargó sobre él todos nuestros crímenes. Maltratado, voluntariamente se humillaba y no abría la boca; como cordero llevado al matadero, como oveja ante el esquilador, enmudecía y no abría la boca. Sin defensa, sin justicia, se lo llevaron. ¿Quién se preocupará de su estirpe? Lo arrancaron de la tierra de los vivos, por los pecados de mi pueblo lo hirieron. Le dieron sepultura con los malvados y una tumba con los malhechores, aunque no había cometido crímenes, ni hubo engaño en su boca. El Señor quiso triturarlo con el sufrimiento y entregar su vida como expiación: verá su descendencia, prolongará sus años, lo que el Señor quiere prosperará por su mano. Por los trabajos de su alma verá la luz, el justo se saciará de conocimiento. Mi siervo justificará a muchos, porque cargó con los crímenes de ellos. Le daré una multitud como parte y tendrá como despojo una muchedumbre; porque expuso su vida a la muerte y fue contado entre los pecadores, y él tomó el pecado de muchos e intercedió por los pecadores.

• ***Salmo*** 30, 2.6.12-17.25: ***Padre, a tus manos encomiendo mi espíritu.***

• ***Hebreos*** 4, 14-16; 5, 7-9: Hermanos: Ya que tenemos un sumo sacerdote grande que ha atravesado el cielo, Jesús, Hijo de Dios, mantengamos firme la confesión de fe. No tenemos un sumo sacerdote incapaz de compadecerse de nuestras debilidades, sino que ha sido probado en todo, como nosotros, menos en el pecado. Por eso, comparezcamos confiados ante el trono de la gracia, para alcanzar misericordia y encontrar gracia para un auxilio oportuno. Cristo, en efecto, en los días de su vida mortal, a gritos y con lágrimas, presentó oraciones y súplicas al que podía salvarlo de la muerte, siendo escuchado por su piedad filial. Y, aun siendo Hijo, aprendió, sufriendo, a obedecer. Y, llevado a la consumación, se convirtió, para todos los que lo obedecen, en autor de salvación eterna.

JUAN 18, 1-19, 42: PASIÓN DE NUESTRO SEÑOR JESUCRISTO SEGÚN SAN JUAN. Salió Jesús con sus discípulos al otro lado del torrente Cedrón, donde había un huerto, y entraron allí él y sus discípulos. Judas, el que lo iba a entregar, conocía también el sitio, porque Jesús se reunía a menudo allí con sus discípulos. Judas entonces, tomando una cohorte y unos guardias de los sumos sacerdotes y de los fariseos, entró allá con faroles, antorchas y armas. Jesús, sabiendo todo lo que venía sobre él, se adelantó y les dijo: «¿A quién buscáis?». Le contestaron: «A Jesús, el Nazareno». Les dijo Jesús: «Yo soy». Estaba también con ellos Judas, el que lo iba a entregar. Al decirles: «Yo soy», retrocedieron y cayeron a tierra. Les preguntó otra vez: «¿A quién buscáis?». Ellos dijeron: «A Jesús, el Nazareno». Jesús contestó: «Os he dicho que soy yo. Si me buscáis a mí, dejad marchar a estos». Y así se cumplió lo que había dicho: «No he perdido a ninguno de los que me diste». Entonces Simón Pedro, que llevaba una espada, la sacó e hirió al criado del sumo sacerdote, cortándole la oreja derecha. Este criado se llamaba Malco. Dijo entonces Jesús a Pedro: «Mete la espada en la vaina. El cáliz que me ha dado mi Padre, ¿no lo voy a beber?».

Llevaron a Jesús ante Anás y Caifás. Negaciones de Pedro

La cohorte, el tribuno y los guardias de los judíos prendieron a Jesús, lo ataron y lo llevaron primero a Anás, porque era suegro de Caifás, sumo sacerdote aquel año; Caifás era el que había dado a los judíos este consejo: «Conviene que muera un solo hombre por el pueblo». Simón Pedro y otro discípulo seguían a Jesús. Este discípulo era conocido del sumo sacerdote y entró con Jesús en el palacio del sumo sacerdote, mientras Pedro se quedó fuera a la puerta. Salió el otro discípulo, el conocido del sumo sacerdote, habló a la portera e hizo entrar a Pedro. La criada portera dijo entonces a Pedro: «¿No eres tú también de los discípulos de ese hombre?». Él dijo: «No lo soy». Los criados y los guardias habían encendido un brasero, porque hacía frío, y se calentaban. También Pedro estaba con ellos de pie, calentándose. El sumo sacerdote interrogó a Jesús acerca de sus discípulos y de la doctrina. Jesús le contestó: «Yo he hablado abiertamente al mundo; yo he enseñado continuamente en la sinagoga y en el templo, donde se reúnen todos los judíos, y no he dicho nada a escondidas. ¿Por qué me preguntas a mí? Pregunta a los que me han oído de qué les he hablado. Ellos saben lo que yo he dicho». Apenas dijo esto, uno de los guardias que estaba allí le dio una bofetada a Jesús, diciendo: «¿Así contestas al sumo sacerdote?». Jesús respondió: «Si he faltado al hablar, muestra en qué he faltado; pero si he hablado como se debe, ¿por qué me pegas?». Entonces Anás lo envió atado a Caifás, sumo sacerdote. Simón Pedro estaba de pie, calentándose, y le dijeron: «¿No eres tú también de sus discípulos?». Él lo negó, diciendo: «No lo soy». Uno de los criados del sumo sacerdote, pariente de aquel a quien Pedro le cortó la oreja, le dijo: «¿No te he visto yo en el huerto con él?». Pedro volvió a negar, y enseguida cantó un gallo.

Mi reino no es de este mundo

Llevaron a Jesús de casa de Caifás al pretorio. Era el amanecer, y ellos no entraron en el pretorio para no incurrir en impureza y poder así comer la Pascua. Salió Pilato afuera, adonde estaban ellos, y dijo: «¿Qué acusación presentáis contra este hombre?». Le contestaron: «Si este no fuera un malhechor, no te lo entregaríamos». Pilato les dijo: «Lleváoslo vosotros y juzgadlo según vuestra ley». Los judíos le dijeron: «No estamos autorizados para dar muerte a nadie». Y así se cumplió lo que había dicho Jesús, indicando de qué muerte iba a morir. Entró otra vez Pilato en el pretorio, llamó a Jesús y le dijo: «¿Eres tú el rey de los judíos?». Jesús le contestó: «¿Dices eso por tu cuenta o te lo han dicho otros de mí?». Pilato replicó: «¿Acaso soy yo judío? Tu gente y los sumos sacerdotes te han entregado a mí; ¿qué has hecho?». Jesús le contestó: «Mi reino no es de este mundo. Si mi reino fuera de este mundo, mi guardia habría luchado para que no cayera en manos de los judíos. Pero mi reino no es de aquí». Pilato le dijo: «Entonces, ¿tú eres rey?». Jesús le contestó: «Tú lo dices: soy rey. Yo para esto he nacido y para esto he venido al mundo: para dar testimonio de la verdad. Todo el que es de la verdad escucha mi voz». Pilato le dijo: «Y, ¿qué es la verdad?». Dicho esto, salió otra vez a donde estaban los judíos y les dijo: «Yo no encuentro en él ninguna culpa. Es costumbre entre vosotros que por Pascua ponga a uno en libertad. ¿Queréis que os suelte al rey de los judíos?». Volvieron a gritar: «A ese no, a Barrabás». El tal Barrabás era un bandido.

¡Salve, rey de los judíos! ¡Crucifícalo!

Entonces Pilato tomó a Jesús y lo mandó azotar. Y los soldados trenzaron una corona de espinas, se la pusieron en la cabeza y le echaron por encima un manto color púrpura; y, acercándose a él, le decían: «¡Salve, rey de los judíos!». Y le daban bofetadas. Pilato salió otra vez afuera y les dijo: «Mirad, os lo saco afuera, para que sepáis que no encuentro en él ninguna culpa». Y salió Jesús afuera, llevando la corona de espinas y el manto color púrpura. Pilato les dijo: «He aquí al hombre». Cuando lo vieron los sumos sacerdotes y los guardias, gritaron: «¡Crucifícalo, crucifícalo!». Pilato les dijo: «Lleváoslo vosotros y crucificadlo, porque yo no encuentro culpa en él». Los judíos le contestaron: «Nosotros tenemos una ley, y según esa ley tiene que morir, porque se ha hecho Hijo de Dios». Cuando Pilato oyó estas palabras, se asustó aún más. Entró otra vez en el pretorio y dijo a Jesús: «¿De dónde eres tú?». Pero Jesús no le dio respuesta. Y Pilato le dijo: «¿A mí no me hablas? ¿No sabes que tengo autoridad para soltarte y autoridad para crucificarte?». Jesús le contestó: «No tendrías ninguna autoridad sobre mí, si no te la hubieran dado de lo alto. Por eso el que me ha entregado a ti tiene un pecado mayor». Desde este momento Pilato trataba de soltarlo, pero los judíos gritaban: «Si sueltas a ese, no eres amigo del César. Todo el que se hace rey está contra el César». Pilato entonces, al oír estas palabras, sacó afuera a Jesús y lo sentó en el tribunal, en el sitio que llaman «el Enlosado» (en hebreo Gábbata). Era el día de la Preparación de la Pascua, hacia el mediodía. Y dijo Pilato a los judíos: «He aquí a vuestro rey». Ellos gritaron: «¡Fuera, fuera; crucifícalo!». Pilato les dijo: «¿A vuestro rey voy a crucificar?». Contestaron los sumos sacerdotes: «No tenemos más rey que al César». Entonces se lo entregó para que lo crucificaran.

Crucifixión. Ahí tienes a tu madre. "Entregó el espíritu"

Tomaron a Jesús, y, cargando él mismo con la cruz, salió al sitio llamado «de la Calavera» (que en hebreo se dice "Gólgota"), donde lo crucificaron; y con él a otros dos, uno a cada lado, y en medio, Jesús. Y Pilato escribió un letrero y lo puso encima de la cruz; en él estaba escrito: «Jesús, el Nazareno, el rey de los judíos». Leyeron el letrero muchos judíos, porque estaba cerca el lugar donde crucificaron a Jesús, y estaba escrito en hebreo, latín y griego. Entonces los sumos sacerdotes de los judíos dijeron a Pilato: «No escribas: "El rey de los judíos", sino: "Este ha dicho: soy el rey de los judíos"». Pilato les contestó: «Lo escrito, escrito está». Los soldados cuando crucificaron a Jesús, tomaron su ropa, haciendo cuatro partes, una para cada soldado, y apartaron la túnica. Era una túnica sin costura, tejida toda de una pieza de arriba abajo. Y se dijeron: «No la rasguemos, sino echémosla a suerte, a ver a quién le toca». Así se cumplió la Escritura: «Se repartieron mis ropas y echaron a suerte mi túnica». Esto hicieron los soldados. Junto a la cruz de Jesús estaba su madre, la hermana de su madre, María, la de Cleofás, y María, la Magdalena. Jesús, al ver a su madre y junto a ella al discípulo al que amaba, dijo a su madre: «Mujer, ahí tienes a tu hijo». Luego, dijo al discípulo: «Ahí tienes a tu madre». Y desde aquella hora, el discípulo la recibió como algo propio. Después de esto, sabiendo Jesús que ya todo estaba cumplido, para que se cumpliera la Escritura dijo: «Tengo sed». Había allí un jarro lleno de vinagre. Y, sujetando una esponja empapada en vinagre a una caña de hisopo, se la acercaron a la boca. Jesús, cuando tomó el vinagre, dijo: «Está cumplido». E, inclinando la cabeza, entregó el espíritu.

Y al punto salió sangre y agua. Sepultura

Los judíos entonces, como era el día de la Preparación, para que no se quedaran los cuerpos en la cruz el sábado, porque aquel sábado era un día grande, pidieron a Pilato que les quebraran las piernas y que los quitaran. Fueron los soldados, le quebraron las piernas al primero y luego al otro que habían crucificado con él; pero al llegar a Jesús, viendo que ya había muerto, no le quebraron las piernas, sino que uno de los soldados, con la lanza, le traspasó el costado, y al punto salió sangre y agua. El que lo vio da testimonio, y su testimonio es verdadero, y él sabe que dice verdad, para que también vosotros creáis. Esto ocurrió para que se cumpliera la Escritura: «No le quebrarán un hueso»; y en otro lugar la Escritura dice: «Mirarán al que traspasaron». Después de esto, José de Arimatea, que era discípulo de Jesús, aunque oculto por miedo a los judíos, pidió a Pilato que le dejara llevarse el cuerpo de Jesús. Y Pilato lo autorizó. Él fue entonces y se llevó el cuerpo. Llegó también Nicodemo, el que había ido a verlo de noche, y trajo unas cien libras de una mixtura de mirra y áloe. Tomaron el cuerpo de Jesús y lo envolvieron en los lienzos con los aromas, según se acostumbra a enterrar entre los judíos. Había un huerto en el sitio donde lo crucificaron, y en el huerto un sepulcro nuevo donde nadie había sido enterrado todavía. Y como para los judíos era el día de la Preparación, y el sepulcro estaba cerca, pusieron allí a Jesús.

ORACIÓN

SEÑOR, contemplando el relato de tu Pasión, nos sentimos abrumados y desbordados por tu Amor misericordioso. **Jesús, te agradezco profundamente todo el bien que me has hecho. Y te alabo por ello.**

SANTO TRIDUO PASCUAL

ABRIL
8
SÁBADO

SÁBADO SANTO DE LA SEPULTURA DEL SEÑOR

Santos Dionisio de Corinto ob, Julia Billiart vg, Ágabo NT

Papa Francisco: En esta noche conquistamos un derecho fundamental, que no nos será arrebatado: el derecho a la esperanza; es una esperanza nueva, viva, que viene de Dios. No es un mero optimismo, no es una palmadita en la espalda o unas palabras de ánimo de circunstancia, con una sonrisa pasajera. No. Es un don del Cielo, que no podíamos alcanzar por nosotros mismos: Todo irá bien, decimos constantemente estas semanas, aferrándonos a la belleza de nuestra humanidad y haciendo salir del corazón palabras de ánimo. Pero, con el pasar de los días y el crecer de los temores, hasta la esperanza más intrépida puede evaporarse. La esperanza de Jesús es distinta, infunde en el corazón la certeza de que Dios conduce todo hacia el bien, porque incluso hace salir de la tumba la vida. El sepulcro es el lugar donde quien entra no sale. Pero Jesús salió por nosotros, resucitó por nosotros, para llevar vida donde había muerte, para comenzar una nueva historia que había sido clausurada, tapándola con una piedra. Él, que quitó la roca de la entrada de la tumba, puede remover las piedras que sellan el corazón. Por eso, no cedamos a la resignación, no depositemos la esperanza bajo una piedra. Podemos y debemos esperar, porque Dios es fiel, no nos ha dejado solos, nos ha visitado y ha venido en cada situación: en el dolor, en la angustia y en la muerte. Su luz iluminó la oscuridad del sepulcro, y hoy quiere llegar a los rincones más oscuros de la vida. Hermana, hermano, aunque en el corazón hayas sepultado la esperanza, no te rindas: Dios es más grande. La oscuridad y la muerte no tienen la última palabra. Ánimo, con Dios nada está perdido. (11-04-2020)

ORACIÓN

SEÑOR, hoy meditamos e interiorizamos tu estancia en el sepulcro. Desapareciste momentáneamente para después aparecer absolutamente transformado. **Jesús, hoy sufro al meditar tu muerte. Te lo ruego, resucita pronto en mi vida.**

Santos Casilda vg, Hugo ob, Liborio ob, Máximo ob.

DOMINGO DE PASCUA DE LA RESURRECCIÓN DEL SEÑOR

Papa Francisco: El sentimiento dominante que brota de los relatos evangélicos de la Resurrección es la alegría llena de asombro, ¡pero un asombro grande! ¡La alegría que viene de dentro! ¡Jesús ha resucitado! Dejemos que esta experiencia, impresa en el Evangelio, se imprima también en nuestro corazón y se transparente en nuestra vida. Dejemos que el asombro gozoso del Domingo de Pascua se irradie en los pensamientos, en las miradas, en las actitudes, en los gestos y en las palabras... ¡Ojalá fuésemos así de luminosos! Pero esto no es un maquillaje. Viene de dentro, de un corazón inmerso en la fuente de este gozo (21-4-2014).

VIGILIA PASCUAL EN LA NOCHE SANTA

PALABRA

- ***Génesis*** 1,1-2, 2: Vio Dios todo lo que había hecho: y era muy bueno.
- ***Génesis*** 22, 1-18: El sacrificio de Abrahán, nuestro padre en la fe.
- ***Éxodo*** 14, 15-15, 1a: Los hijos de Israel entraron en medio del mar, por lo seco.
- ***Isaías*** 54, 5-14: Con amor eterno te quiere el Señor, tu libertador.
- ***Isaías*** 55, 1-11: Venid a mí y viviréis. Sellaré con vosotros una alianza perpetua.
- ***Baruc*** 3, 9-15.32-4, 4: Camina al resplandor del Señor.
- ***Ezequiel*** 36, 16-28: Derramaré sobre vosotros un agua pura, y os daré un corazón nuevo.
- ***Salmo*** 41, 3.5cdef; 42, 3-4: Como busca la cierva corrientes de agua, así mi alma te busca a ti, Dios mío.
- ***Romanos*** 6, 3-11: Hermanos: Cuantos fuimos bautizados en Cristo Jesús fuimos bautizados en su muerte. Por el bautismo fuimos sepultados con él en la muerte,

para que lo mismo que Cristo resucitó de entre los muertos por la gloria del Padre, así también nosotros andemos en una vida nueva. Pues si hemos sido incorporados a él en una muerte como la suya, lo seremos también en una resurrección como la suya; sabiendo que nuestro hombre viejo fue crucificado con Cristo, para que fuera destruido el cuerpo de pecado, y, de este modo, nosotros dejáramos de servir al pecado; porque quien muere ha quedado libre del pecado. Si hemos muerto con Cristo, creemos que también viviremos con él; pues sabemos que Cristo, una vez resucitado de entre los muertos, ya no muere más; la muerte ya no tiene dominio sobre él. Porque quien ha muerto, ha muerto al pecado de una vez para siempre; y quien vive, vive para Dios. Lo mismo vosotros, consideraos muertos al pecado y vivos para Dios en Cristo Jesús.

• *Salmo* 117, 1-2.16-17.22-23: *ALELUYA, ALELUYA, ALELUYA.*

• **MATEO 28, 1-10:** Pasado el sábado, al alborear el primer día de la semana, fueron María la Magdalena y la otra María a ver el sepulcro. Y de pronto tembló fuertemente la tierra, pues un ángel del Señor, bajando del cielo y acercándose, corrió la piedra y se sentó encima. Su aspecto era de relámpago y su vestido blanco como la nieve; los centinelas temblaron de miedo y quedaron como muertos. El ángel habló a las mujeres: «Vosotras no temáis, ya sé que buscáis a Jesús el crucificado. No está aquí: **¡HA RESUCITADO!,** como había dicho. Venid a ver el sitio donde yacía e id aprisa a decir a sus discípulos: "Ha resucitado de entre los muertos y va por delante de vosotros a Galilea. Allí lo veréis". Mirad, os lo he anunciado». Ellas se marcharon a toda prisa del sepulcro; llenas de miedo y de alegría corrieron a anunciarlo a los discípulos. De pronto, Jesús les salió al encuentro y les dijo: «ALEGRAOS». Ellas se acercaron, le abrazaron los pies y se postraron ante él. Jesús les dijo: «No temáis: id a comunicar a mis hermanos que vayan a Galilea; allí me verán».

MISA DEL DÍA DE PASCUA

• *Hechos* 10, 34a.37-43: En aquellos días, Pedro tomó la palabra y dijo: «Vosotros conocéis lo que sucedió en toda Judea, comenzando por Galilea, después del bautismo que predicó Juan. Me refiero a Jesús de Nazaret, ungido por Dios con la fuerza del Espíritu Santo, que pasó haciendo el bien y curando a todos los oprimidos por el diablo; porque Dios estaba con él. Nosotros somos testigos de todo lo que hizo en la tierra de los judíos y en Jerusalén. A este lo mataron, colgándolo de un madero. Pero Dios lo resucitó al tercer día y le concedió la gracia de manifestarse, no a todo el pueblo, sino a los testigos designados por Dios: a nosotros, que hemos comido y bebido con él después de su resurrección de entre los muertos. Nos encargó predicar al pueblo, dando solemne testimonio de que Dios lo ha constituido juez de vivos y muertos. De él dan testimonio todos los profetas: que todos los que creen en él reciben, por su nombre, el perdón de los pecados».

• ***Salmo*** 117, 1-2.16-17.22-23: ***Este es el día que hizo el Señor: sea nuestra alegría y nuestro gozo.***

• ***Colosenses*** 3, 1-4: Hermanos: Si habéis resucitado con Cristo, buscad los bienes de allá arriba, donde Cristo está sentado a la derecha de Dios; aspirad a los bienes de arriba, no a los de la tierra. Porque habéis muerto; y vuestra vida está con Cristo escondida en Dios. Cuando aparezca Cristo, vida vuestra, entonces también vosotros apareceréis gloriosos, juntamente con él.

• ***SECUENCIA:*** ***Ofrezcan los cristianos / ofrendas de alabanza/***
a gloria de la Víctima / propicia de la Pascua.
-Cordero sin pecado / que a las ovejas salva, /
a Dios y a los culpables / unió con nueva alianza.
-Lucharon vida y muerte / en singular batalla, /
y, muerto el que es la Vida, / triunfante se levanta.
-«¿Qué has visto de camino, / María, en la mañana?»/
«A mi Señor glorioso, / la tumba abandonada,
-los ángeles testigos, / sudarios y mortaja. / Resucitó de veras / mi amor y mi esperanza.
-Venid a Galilea, / allí el Señor aguarda; / allí veréis los suyos / la gloria de la Pascua».
-Primicia de los muertos / sabemos por tu gracia/ que estás resucitado; / la muerte en ti no manda.
-Rey vencedor, apiádate / de la miseria humana/ y da a tus fieles parte / en tu victoria santa.

• **JUAN 20, 1-9:** El primer día de la semana, María la Magdalena fue al sepulcro al amanecer, cuando aún estaba oscuro, y vio la losa quitada del sepulcro. Echó a correr y fue donde estaba Simón Pedro y el otro discípulo, a quien Jesús amaba, y les dijo: «Se han llevado del sepulcro al Señor y no sabemos dónde lo han puesto». Salieron Pedro y el otro discípulo camino del sepulcro. Los dos corrían juntos, pero el otro discípulo corría más que Pedro; se adelantó y llegó primero al sepulcro; e, inclinándose, vio los lienzos tendidos; pero no entró. Llegó también Simón Pedro detrás de él y entró en el sepulcro: vio los lienzos tendidos y el sudario con que le habían cubierto la cabeza, no con los lienzos, sino enrollado en un sitio aparte. Entonces entró también el otro discípulo, el que había llegado primero al sepulcro; vio y creyó. Pues hasta entonces no habían entendido la Escritura: que él había de resucitar de entre los muertos.

ORACIÓN

SEÑOR, el ángel anunció a aquellas tres humildes mujeres tu resurrección. Aunque dicho anuncio parecía imposible, ellas lo creyeron y fueron corriendo a comunicarlo a los discípulos. Y entonces Tú te apareciste, resucitado, ante ellas. **Jesús, deseo compartir la felicidad que siento al experimentar interiormente tu Resurrección.**

SAN MIGUEL DE LOS SANTOS

TIEMPO PASCUAL

LUNES OCTAVA DE PASCUA

ABRIL 10 LUNES

Santos Miguel de los Santos *pb,* Terencio y *co mrs,* Magdalena de Canosa *vg,* Beda *mj*

Papa Francisco: En este lunes de fiesta, llamado «Lunes del Ángel», la liturgia hace resonar el anuncio de la Resurrección proclamado ayer: «Cristo ha resucitado, ¡aleluya!». En el actual pasaje evangélico podemos percibir el eco de las palabras que el ángel dirigió a las mujeres que acudieron al sepulcro: «id enseguida a decir a sus discípulos: "ha resucitado de entre los muertos"» (Mateo 28, 7) [...] La última palabra no es el sepulcro, ¡no es la muerte, es la vida! Por eso repetimos tanto: "Cristo ha resucitado". Porque en Él el sepulcro ha sido derrotado, ha nacido la vida. (17-04-2017)

PALABRA

Las mujeres se marcharon a toda prisa del sepulcro; llenas de miedo y de alegría, corrieron a anunciarlo a los discípulos. De pronto, Jesús les salió al encuentro y les dijo: «Alegraos». Ellas se acercaron, le abrazaron los pies y se postraron ante él. Jesús les dijo: «No temáis: id a comunicar a mis hermanos que vayan a Galilea; allí me verán». Mientras las mujeres iban de camino, algunos de la guardia fueron a la ciudad y comunicaron a los sumos sacerdotes todo lo ocurrido. Ellos, reunidos con los ancianos, llegaron a un acuerdo y dieron a los soldados una fuerte suma, encargándoles: «Decid que sus discípulos fueron de noche y robaron el cuerpo mientras vosotros dormíais. Y si esto llega a oídos del gobernador, nosotros nos lo ganaremos y os sacaremos de apuros». Ellos tomaron el dinero y obraron conforme a las instrucciones. Y esta historia se ha ido difundiendo entre los judíos hasta hoy.

Hechos 2, 14.22-33; ***Salmo*** 15, 1b-2a.5.7-11 • MATEO 28, 8-15

ORACIÓN

SEÑOR, cuando te apareciste a las tres mujeres, les pediste que no temieran y que se alegraran, porque tu Resurrección es la mejor noticia que jamás haya habido en la historia del mundo. **Jesús, ayúdame a ser consciente de lo que significa, en mi vida, tu Resurrección.** ***Protégeme, Dios mío, que me refugio en ti*** *(Salmo 15,1b).*

ABRIL
11
MARTES

MARTES OCTAVA DE PASCUA

Santos ESTANISLAO ***ob mr*****, Isaac** ***mj.***
Beata Elena Guerra ***vg***

SAN ESTANISLAO DE CRACOVIA

Papa Francisco: A veces la oscuridad de la noche parece penetrar en el alma; a veces pensamos: "ya no hay nada que hacer", y el corazón no encuentra la fuerza para amar. Pero precisamente en esa oscuridad Cristo enciende el fuego del amor de Dios: un resplandor rompe la oscuridad y anuncia un nuevo inicio. Algo comienza. En la oscuridad más profunda. Sabemos que la noche es más noche, y es más oscura poco antes de que empiece el día. Pero precisamente en esa oscuridad es Cristo quien vence y quien enciende el fuego del amor. La piedra del dolor se ha volcado dejando espacio a la esperanza. ¡Este es el gran misterio de la Pascua! (01-04-2015)

Estaba María fuera, junto al sepulcro, llorando. Mientras lloraba, se asomó al sepulcro y vio dos ángeles vestidos de blanco, sentados, uno a la cabecera y otro a los pies, donde había estado el cuerpo de Jesús. Ellos le preguntan: «Mujer, ¿por qué lloras?». Ella les contesta: «Porque se han llevado a mi Señor y no sé dónde lo han puesto». Dicho esto, se vuelve y ve a Jesús, de pie, pero no sabía que era Jesús. Jesús le dice: «Mujer, ¿por qué lloras?, ¿a quién buscas?». Ella, tomándolo por el hortelano, le contesta: «Señor, si tú te lo has llevado, dime dónde lo has puesto y yo lo recogeré». Jesús le dice: «¡María!». Ella se vuelve y le dice: «¡Rabbuní!», que significa «¡Maestro!». Jesús le dice: «No me retengas, que todavía no he subido al Padre. Pero anda, ve a mis hermanos y diles: "Subo al Padre mío y Padre vuestro, al Dios mío y Dios vuestro"». María la Magdalena fue y anunció a los discípulos: «He visto al Señor y ha dicho esto».

Hechos 2, 36-41; ***Salmo*** 32, 4-5.18-22 • JUAN 20, 11-18

SEÑOR, cuando contemplo la bella escena en la que te apareces resucitado a María Magdalena en el huerto, en mi corazón puedo sentir, en cierto modo, la alegría y el amor que aquella mujer sintió en ese momento. **Jesús, te doy gracias por iluminar mi vida con tu Resurrección.** ***La misericordia del Señor llena la tierra*** *(Salmo 32, 5b).*

MIÉRCOLES OCTAVA DE PASCUA

Santos David Uribe *pb mr*, Julio I *pp*, José Moscati *cf*, Damián *ob*, Víctor *mr*, Visia y Sofía *mrs*

ABRIL **12** MIÉRCOLES

Papa Francisco: El encuentro con Dios en la oración, mediante la lectura de la Biblia y en la vida fraterna les ayudará a conocer mejor al Señor y a ustedes mismos. Como les sucedió a los discípulos de Emaús, la voz de Jesús hará arder su corazón y les abrirá los ojos para reconocer su presencia en la historia personal de cada uno de ustedes, descubriendo así el proyecto de amor que tiene para sus vidas. (Mensaje para la Jornada Mundial de la Juventud 2015)

PALABRA

Aquel mismo día, el primero de la semana, dos de los discípulos de Jesús iban caminando a una aldea llamada Emaús, distante de Jerusalén unos sesenta estadios (unos once kilómetros); iban conversando entre ellos de todo lo que había sucedido. Mientras conversaban y discutían, Jesús en persona se acercó y se puso a caminar con ellos. Pero sus ojos no eran capaces de reconocerlo. Él les dijo: «¿Qué conversación es esa que traéis mientras vais de camino?». Ellos se detuvieron con aire entristecido. Y uno de ellos, que se llamaba Cleofás, le respondió: «¿Eres tú el único forastero en Jerusalén, que no sabes lo que ha pasado allí estos días?». Él les preguntó: «¿Qué?». Ellos contestaron: «Lo de Jesús el Nazareno, que fue un profeta poderoso en obras y palabras, ante Dios y ante todo el pueblo; cómo lo entregaron a los sumos sacerdotes y nuestros jefes para que lo condenaran a muerte, y lo crucificaron. Nosotros esperábamos que él iba a liberar a Israel, pero, con todo esto, ya estamos en el tercer día desde que esto sucedió. Es verdad que algunas mujeres de nuestro grupo nos han sobresaltado: pues habiendo ido muy de mañana al sepulcro, y no habiendo encontrado su cuerpo, vinieron diciendo que incluso habían visto una aparición de ángeles, que dicen que está vivo. Algunos de los nuestros fueron también al sepulcro y lo encontraron como habían dicho las mujeres; pero a él no lo vieron». Entonces él les dijo: «¡Qué necios y torpes sois para creer lo que anunciaron los profetas! ¿No era necesario que el Mesías padeciera esto y entrara así en su gloria?». Y, comenzando por Moisés y siguiendo por los profetas, les explicó lo que se refería a él en todas las Escrituras. Llegaron cerca de la aldea adonde iban, y él simuló que iba a seguir caminando; pero ellos le apremiaron, diciendo: «Quédate con nosotros, porque atardece y el día va de caída». Y entró para quedarse con ellos. Sentado a la mesa con ellos, tomó el pan, pronunció la bendición, lo partió y se lo iba dando. A ellos se les abrieron los ojos y lo reconocieron. Pero él desapareció de su vista. Y se dijeron el uno al otro: «¿No ardía nuestro corazón mientras nos hablaba por el camino y nos explicaba las Escrituras?». Y, levantándose en aquel momento, se volvieron a Jerusalén, donde encontraron reunidos a los Once con sus compañeros, que estaban diciendo: «Era verdad, ha resucitado el Señor y se ha aparecido a Simón». Y ellos contaron lo que les había pasado por el camino y cómo lo habían reconocido al partir el pan.

Hechos 3,1-10; *Salmo* 104,1-4.6-9 • **LUCAS 24, 13-35**

ORACIÓN

SEÑOR, hoy hemos escuchado la escena de aquellos dos discípulos que regresaban muy tristes a su casa, porque estaban convencidos de que habías fracasado. Entonces te hiciste presente en su vida, transformándola. **Jesús, te lo ruego, ayúdame a sentir tu resucitadora Presencia en mi vida.** ***Que se alegren los que buscan al Señor*** *(Salmo 104, 3b).*

ABRIL
13
JUEVES

JUEVES OCTAVA DE PASCUA

Santos MARTÍN I *pp mr*, HERMENEGILDO *mr*, Sabás Reyes *pb mr*

SAN HERMENEGILDO

Papa Francisco: El miedo a la alegría es una enfermedad del cristiano. También nosotros tenemos miedo a la alegría, y nos decimos a nosotros mismos que es mejor pensar: sí, Dios existe, pero está allá, Jesús ha resucitado, ¡está allá! Como si dijéramos: «Mantengamos las distancias». Y así tenemos miedo a la cercanía de Jesús, porque esto nos da alegría. Esta actitud explica también por qué hay tantos «cristianos de funeral», cuya vida parece un funeral permanente. Cristianos que prefieren la tristeza a la alegría; se mueven mejor en la sombra que en la luz de la alegría. [...] ¡Como los murciélagos! Son "cristianos murciélagos", que prefieren la sombra a la luz de la presencia del Señor. (24-04-2014)

PALABRA

Los discípulos de Jesús contaron lo que les había pasado por el camino y cómo lo habían reconocido al partir el pan. Estaban hablando de estas cosas, cuando él se presentó en medio de ellos y les dice: «Paz a vosotros». Pero ellos, aterrorizados y llenos de miedo, creían ver un espíritu. Él les dijo: «¿Por qué os alarmáis?, ¿por qué surgen dudas en vuestro corazón? Mirad mis manos y mis pies: soy yo en persona. Palpadme y daos cuenta de que un espíritu no tiene carne y huesos, como veis que yo tengo». Dicho esto, les mostró las manos y los pies. Pero como no acababan de creer por la alegría, y seguían atónitos, les dijo: «¿Tenéis ahí algo de comer?». Ellos le ofrecieron un trozo de pez asado. Él lo tomó y comió delante de ellos. Y les dijo: «Esto es lo que os dije mientras estaba con vosotros: que era necesario que se cumpliera todo lo escrito en la Ley de Moisés y en los Profetas y Salmos acerca de mí». Entonces les abrió el entendimiento para comprender las Escrituras. Y les dijo: «Así estaba escrito: el Mesías padecerá, resucitará de entre los muertos al tercer día y en su nombre se proclamará la conversión para el perdón de los pecados a todos los pueblos, comenzando por Jerusalén. Vosotros sois testigos de esto».

Hechos 3,11-26; ***Salmo*** 8, 2a.5-9 • **LUCAS 24, 35-48**

ORACIÓN

SEÑOR, lo mismo que pasó con los discípulos de Emaús, te apareciste a los Once cuando ellos conversaban sobre Ti. **Jesús, ayúdame a dialogar sobre Ti con otros cristianos, porque deseo experimentar comunitariamente la alegría de tu Resurrección.** ***¡Señor, Dios nuestro, qué admirable es tu nombre en toda la tierra!*** *(Salmo 8,2ab).*

VIERNES OCTAVA DE PASCUA

ABRIL
14
VIERNES

Santos Lamberto *ob*, Bernardo *ab*, Ludivina *vg*.
Beato Pedro González (San Telmo) *pb*

Papa Francisco: Anunciar y dar testimonio es posible únicamente si estamos junto a él, justamente como Pedro, Juan y los otros discípulos estaban en torno a Jesús resucitado, como dice el pasaje del Evangelio de hoy; hay una cercanía cotidiana con él, y ellos saben muy bien quién es, lo conocen. [...] Esto es un punto importante para nosotros: vivir una relación intensa con Jesús, una intimidad de diálogo y de vida, de tal manera que lo reconozcamos como el Señor. ¡Adorarlo! (14-04-2013)

PALABRA

Jesús se apareció otra vez a los discípulos junto al lago de Tiberíades. Y se apareció de esta manera. Estaban juntos Simón Pedro, Tomás, apodado el Mellizo; Natanael, el de Caná de Galilea; los Zebedeos y otros dos discípulos suyos. Simón Pedro les dice: «Me voy a pescar». Ellos contestan: «Vamos también nosotros contigo». Salieron y se embarcaron; y aquella noche no pescaron nada. Estaba ya amaneciendo, cuando Jesús se presentó en la orilla; pero los discípulos no sabían que era Jesús. Jesús les dice: «Muchachos, ¿tenéis pescado?». Ellos contestaron: «No». Él les dice: «Echad la red a la derecha de la barca y encontraréis». La echaron, y no podían sacarla, por la multitud de peces. Y aquel discípulo a quien Jesús amaba le dice a Pedro: «Es el Señor». Al oír que era el Señor, Simón Pedro, que estaba desnudo, se ató la túnica y se echó al agua. Los demás discípulos se acercaron en la barca, porque no distaban de tierra más que unos doscientos codos (unos ochenta y cuatro metros), remolcando la red con los peces. Al saltar a tierra, ven unas brasas con un pescado puesto encima y pan. Jesús les dice: «Traed de los peces que acabáis de pescar». Simón Pedro subió a la barca y arrastró hasta la orilla la red repleta de peces grandes: ciento cincuenta y tres. Y aunque eran tantos, no se rompió la red. Jesús les dice: «Vamos, almorzad». Ninguno de los discípulos se atrevía a preguntarle quién era, porque sabían bien que era el Señor. Jesús se acerca, toma el pan y se lo da, y lo mismo el pescado. Esta fue la tercera vez que Jesús se apareció a los discípulos después de resucitar de entre los muertos.

Hechos 4,1-12; *Salmo* 117,1-4.22-27a • **JUAN 21,1-14**

ORACIÓN

SEÑOR, tus discípulos salieron a pescar y fracasaron. Pero entonces Tú te apareciste en la orilla, les ayudaste a tener una buena pesca y, además, compartiste con ellos el fruto de dicha pesca. **Jesús, ayúdame a sentir cómo me acompañas y me auxilias en mi trabajo.** ***La piedra que desecharon los arquitectos es ahora la piedra angular*** *(Salmo 117,22).*

ABRIL
15
SÁBADO

SÁBADO OCTAVA DE PASCUA

Santos Damián de Molokai *pb*, Abundio *cf*, Teodoro y Pausilipo *mrs*

SAN DAMIÁN DE MOLOKAI, LEPROSO

Papa Francisco: La alegría del Evangelio nace del encuentro con Cristo y del compartir con los pobres. Por tanto, animo a las comunidades parroquiales, asociaciones y grupos a vivir una vida fraterna intensa, basada en el amor a Jesús y atenta a las necesidades de los más desfavorecidos. (14-06-2014)

PALABRA

Jesús, resucitado al amanecer del primer día de la semana, se apareció primero a María Magdalena, de la que había echado siete demonios. Ella fue a anunciárselo a sus compañeros, que estaban de duelo y llorando. Ellos, al oírle decir que estaba vivo y que lo había visto, no la creyeron. Después se apareció en figura de otro a dos de ellos que iban caminando al campo. También ellos fueron a anunciarlo a los demás, pero no los creyeron. Por último, se apareció Jesús a los Once, cuando estaban a la mesa, y les echó en cara su incredulidad y dureza de corazón, porque no habían creído a los que lo habían visto resucitado. Y les dijo: «Id al mundo entero y proclamad el Evangelio a toda la creación».

Hechos 4,13-21; ***Salmo*** 117,1.14-21 • **MARCOS 16, 9-15**

ORACIÓN

SEÑOR, al final del Evangelio según san Marcos, nos hablas de lo mucho que a los Once les costó creer en el anuncio de tu resurrección. Y eso a pesar de que les habías hablado de ello varias veces antes de morir en la Cruz. **Jesús, qué débiles somos tus discípulos. ¡Cuánto necesitamos que fortalezcas nuestra fe!** ***Te doy gracias, Señor, porque me escuchaste*** *(Salmo 117, 21a).*

ABRIL
16
DOMINGO

Santos Engracia y co mrs, Bernardita Soubirous vg, Benito José Labre cf, Toribio de Astorga ob.

DOMINGO DE LA DIVINA MISERICORDIA

Papa Francisco: La misericordia a la luz de la Pascua se deja percibir como una verdadera forma de conocimiento. Y esto es importante: la misericordia es una verdadera forma de conocimiento. (...) Se conoce a través de los sentidos, se conoce a través de la intuición, a través de la razón y aún de otras formas. Bien, se puede conocer también a través de la experiencia de la misericordia, porque la misericordia abre la puerta de la mente para comprender mejor el misterio de Dios y de nuestra existencia personal.

PALABRA

• *Hechos* 2, 42-47: Los hermanos perseveraban en la enseñanza de los apóstoles, en la comunión, en la fracción del pan y en las oraciones. Todo el mundo estaba impresionado, y los apóstoles hacían muchos prodigios y signos. Los creyentes vivían todos unidos y tenían todo en común; vendían posesiones y bienes y los repartían entre todos, según la necesidad de cada uno. Con perseverancia acudían a diario al templo con un mismo espíritu, partían el pan en las casas y tomaban el alimento con alegría y sencillez de corazón; alababan a Dios y eran bien vistos de todo el pueblo; y día tras día el Señor iba agregando al grupo los que se iban salvando.

• *Salmo* 117, 2-4.13-15.22-24: ***Dad gracias al Señor porque es bueno, porque es eterna su misericordia.***

• *1 Pedro* 1, 3-9: Bendito sea Dios, Padre de nuestro Señor Jesucristo, que por su gran misericordia, mediante la resurrección de Jesucristo de entre los muertos, nos ha regenerado para una esperanza viva; para una herencia incorruptible, intachable e inmarcesible, reservada en el cielo a vosotros, que, mediante la fe, estáis protegidos con la fuerza de Dios; para una salvación dispuesta a revelarse en el momento final. Por ello os alegráis, aunque ahora sea preciso padecer un poco en pruebas diversas: así la autenticidad de vuestra fe, más preciosa que el oro, que, aunque es perecedero, se aquilata a fuego, merecerá premio, gloria y honor en la revelación de Jesucristo; sin haberlo visto lo amáis y, sin contemplarlo todavía, creéis en él y así os alegráis con un gozo inefable y radiante, alcanzando así la meta de vuestra fe: la salvación de vuestras almas.

• **JUAN 20, 19-31:** Al anochecer de aquel día, el primero de la semana, estaban los discípulos en una casa, con las puertas cerradas por miedo a los judíos. Y en esto entró Jesús, se puso en medio y les dijo: «Paz a vosotros». Y, diciendo esto, les enseñó las manos y el costado. Y los discípulos se llenaron de alegría al ver al Señor. Jesús repitió: «Paz a vosotros. Como el Padre me ha enviado, así también os envío yo». Y, dicho esto, sopló sobre ellos y les dijo: «Recibid el Espíritu Santo; a quienes les perdonéis los pecados, les quedan perdonados; a quienes se los retengáis, les quedan retenidos». Tomás, uno de los Doce, llamado el Mellizo, no estaba con ellos cuando vino Jesús. Y los otros discípulos le decían: «Hemos visto al Señor». Pero él les contestó: «Si no veo en sus manos la señal de los clavos, si no meto el dedo en el agujero de los clavos y no meto la mano en su costado, no lo creo». A los ocho días, estaban otra vez dentro los discípulos y Tomás con ellos. Llegó Jesús, estando cerradas las puertas, se puso en medio y dijo: «Paz a vosotros». Luego dijo a Tomás: «Trae tu dedo, aquí tienes mis manos; trae tu mano y métela en mi costado; y no seas incrédulo, sino creyente». Contestó Tomás: «¡Señor mío y Dios mío!». Jesús le dijo: «¿Porque me has visto has creído? Bienaventurados los que crean sin haber visto». Muchos otros signos, que no están escritos en este libro, hizo Jesús a la vista de los discípulos. Estos han sido escritos para que creáis que Jesús es el Mesías, el Hijo de Dios, y para que, creyendo, tengáis vida en su nombre.

ORACIÓN

SEÑOR, estando tus discípulos escondidos por temor a los perseguidores de tu Evangelio, te apareciste a ellos resucitado, les transmitiste tu Paz y les insuflaste tu Santo Espíritu. **Jesús, te pido que siempre que me atenace el temor, pueda sentir tu tranquilizadora Presencia en mi corazón.**

Santos Roberto *ab,* Elías, Pablo e Isidoro de Córdoba *mrs,* Pablo y Hermógenes *mrs*

Papa Francisco: La valentía de anunciar a Jesucristo nos distingue del simple proselitismo. El verdadero protagonista es el Espíritu Santo. Cuando Jesús habla de "nacer de nuevo", nos hace entender que es el Espíritu el que nos cambia, el que viene de cualquier parte, como el viento: escuchemos su voz. ¡Pero mira qué valiente, la decisión que tomó! Y mira este, mira como hizo bien este plan, como organizó las cosas, ¡qué bueno!'. Esto ayuda, pero es un instrumento de otra cosa más grande: el Espíritu. Si no está el Espíritu, podemos hacer muchas cosas, mucho trabajo, pero no sirve de nada. La Iglesia nos prepara para recibir al Espíritu Santo (S.M. 13-4-2015).

PALABRA

Había un hombre del grupo de los fariseos llamado Nicodemo, jefe judío. Este fue a ver a Jesús de noche y le dijo: «Rabí, sabemos que has venido de parte de Dios, como maestro; porque nadie puede hacer los signos que tú haces si Dios no está con él». Jesús le contestó: «En verdad, en verdad te digo: el que no nazca de nuevo no puede ver el reino de Dios». Nicodemo le pregunta: «¿Cómo puede nacer un hombre, siendo viejo? ¿Acaso puede por segunda vez entrar en el vientre de su madre y nacer?». Jesús le contestó: «En verdad, en verdad te digo: el que no nazca de agua y de Espíritu no puede entrar en el reino de Dios. Lo que nace de la carne es carne, lo que nace del Espíritu es espíritu. No te extrañes de que te haya dicho: "Tenéis que nacer de nuevo"; el viento sopla donde quiere y oyes su ruido, pero no sabes de dónde viene ni adónde va. Así es todo el que ha nacido del Espíritu».

Hechos 4, 23-31; ***Salmo*** 2, 1-9 • **JUAN 3, 1-8**

ORACIÓN

SEÑOR, al bueno de Nicodemo le costaba entender que debía «nacer de nuevo» si quería caminar hacia la salvación. Pero Tú, pacientemente, se lo explicaste. **Jesús, te lo ruego, dame paciencia con aquellos que les cuesta entender tu Palabra.** ***Dichosos los que se refugian en ti, Señor*** *(Salmo 2, 12e).*

ABRIL
18
MARTES

Martes 2º de Pascua

Tomo II - Salterio 2ª semana

Santos Eusebio *ob*, Anastasia *vd*, Perfecto *pb mr.* María de la Encarnación *mf rl.* Beato Andrés Hibernón *rl.*

Papa Francisco: ¿Qué significa vivir verdaderamente la Pascua, el espíritu pascual? pregunta necesaria, porque para el cristiano existe el riesgo de la idealización y de olvidar que nuestra fe es concreta. Ir por los caminos del Espíritu, sin compromisos, testimoniando con valor y franqueza la verdad. Para comprender este programa de vida es necesario un cambio de mentalidad, liberarse de los lazos del racionalismo y adherirse a la libertad del Espíritu. Y es lo que Jesús explicaba a Nicodemo. (...) Pero ¿qué significa "nacer del Espíritu"? ¿Qué significa "debéis nacer de lo alto?: el viento sopla donde quiere y oyes su voz, pero no sabes de dónde viene ni a dónde va. Así es cualquiera nacido del Espíritu". En este mensaje se percibe un aire de libertad. Se trata precisamente de ese sentimiento —más que un sentimiento: ese estado de ánimo— que obra en nosotros la presencia del Señor. El estupor. El encuentro con el Señor lleva al estupor». (24-4-2017)

PALABRA

Dijo Jesús a Nicodemo: «Tenéis que nacer de nuevo; el viento sopla donde quiere y oyes su ruido, pero no sabes de dónde viene ni adónde va. Así es todo el que ha nacido del Espíritu». Nicodemo le preguntó: «¿Cómo puede suceder eso?». Le contestó Jesús: «¿Tú eres maestro en Israel, y no lo entiendes? En verdad en verdad te digo: hablamos de lo que sabemos y damos testimonio de lo que hemos visto, pero no recibís nuestro testimonio. Si os hablo de las cosas terrenas y no me creéis, ¿cómo creeréis si os hablo de las cosas celestiales? Nadie ha subido al cielo, sino el que bajó del cielo, el Hijo del hombre. Lo mismo que Moisés elevó la serpiente en el desierto, así tiene que ser elevado el Hijo del hombre, para que todo el que cree en él tenga vida eterna».

Hechos 4,32-37; ***Salmo*** 92,1-2.5 • JUAN 3,7b-15

ORACIÓN

SEÑOR, con tu Palabra nos trasmites la Sabiduría que viene del Cielo. Es una Sabiduría infinitamente superior a la humana y terrena. Por eso necesitamos creer en Ti para poder meditarla y asumirla en nuestra vida. **Jesús, te lo ruego, aumenta mi fe, porque deseo vivir fielmente tu Evangelio.** ***El Señor reina, vestido de majestad*** *(Salmo 92, 1a).*

**Santos León IX *pp*,
Jorge de Antioquía *ob*, Marta *vg mr***

Papa Francisco: Dejemos que el amor de Dios, que envió a Jesús para salvarnos, entre en nosotros y "la luz que trae Jesús" (cf. v. 19), la luz del Espíritu entre en nosotros y nos ayude a ver las cosas con la luz de Dios, con la verdadera luz y no con la oscuridad que nos da el señor de las tinieblas. Dos cosas, hoy: el amor de Dios en Cristo, en el crucificado; en lo cotidiano. Y la pregunta diaria que podemos hacernos: "¿Camino en la luz o camino en la oscuridad? (22-04-2020)

PALABRA

Tanto amó Dios al mundo que entregó a su Unigénito para que todo el que cree en él no perezca, sino que tenga vida eterna. Porque Dios no envió a su Hijo al mundo para juzgar al mundo, sino para que el mundo se salve por él. El que cree en él no será juzgado; el que no cree ya está juzgado, porque no ha creído en el nombre del Unigénito de Dios. Este es el juicio: que la luz vino al mundo, y los hombres prefirieron la tiniebla a la luz, porque sus obras eran malas. Pues todo el que obra mal detesta la luz y no se acerca a la luz, para no verse acusado por sus obras. En cambio, el que obra la verdad se acerca a la luz, para que se vea que sus obras están hechas según Dios.

Hechos 5,17-26; ***Salmo*** 33, 2-9 • **JUAN 3, 16-21**

ORACIÓN

SEÑOR, viniste al mundo para iluminarlo con la Luz de tu Evangelio, pero muchos eligen la oscuridad, porque les resulta muy agradable y atrayente. Muchos prefieren vivir en una cómoda mentira a asumir la Verdad. **Jesús, te doy gracias porque, meditando tu Evangelio, me ayudas a vencer mi comodidad egoísta.** ***El afligido invocó al Señor, y él lo escuchó*** *(Salmo 33,7ab).*

ABRIL
20
JUEVES

Jueves 2º de Pascua Tomo II - Salterio 2º semana

Santos Inés de Montepulciano *vg*, Aniceto *pp*, Secundino *mr*, Marcelino *ob*

SANTA INÉS DE MONTEPULCIANO

Papa Francisco: Al elegir obedecer a Dios y no al mundo, al no ceder a los compromisos, el cristiano no está solo. ¿Dónde podemos encontrar ayuda para encontrar el camino para escuchar a Jesús? En el Espíritu Santo. Nosotros mismos somos testigos de ello. Dios da el Espíritu Santo a los que le obedecen. Es el Espíritu Santo dentro de nosotros quien nos da la fuerza para seguir adelante. (11-04-2013)

PALABRA

El que viene de lo alto está por encima de todos. El que es de la tierra es de la tierra y habla de la tierra. El que viene del cielo está por encima de todos. De lo que ha visto y ha oído da testimonio, y nadie acepta su testimonio. El que acepta su testimonio certifica que Dios es veraz. El que Dios envió habla las palabras de Dios, porque no da el Espíritu con medida. El Padre ama al Hijo y todo lo ha puesto en su mano. El que cree en el Hijo posee la vida eterna; el que no crea al Hijo no verá la vida, sino que la ira de Dios pesa sobre él.

Hechos 5,27-33; ***Salmo*** 33, 2.9.17-20 • JUAN 3,31-36

ORACIÓN

SEÑOR, escuchamos continuamente palabras terrenas que son muy bonitas y atrayentes. Y aunque sólo hablan de lo mundano, a veces nos distraen de tu Palabra, que da testimonio de la Verdad. **Jesús, dame sabiduría para distinguir tu Palabra entre el «ruido» del mundo.** ***El afligido invocó al Señor, y él lo escuchó*** *(Salmo 33,7ab).*

Santos ANSELMO *ob dc*, Anastasio *ab*, Conrado de Parzham *rl*, Román Adame *pr mr*

ABRIL 21 VIERNES

Papa Francisco: ¿Quién de nosotros no tiene sus «cinco panes y dos peces»? ¡Todos los tenemos! Si estamos dispuestos a ponerlos en las manos del Señor, bastarían para que en el mundo haya un poco más de amor, de paz, de justicia y, sobre todo, de alegría. ¡Cuán necesaria es la alegría en el mundo! Dios es capaz de multiplicar nuestros pequeños gestos de solidaridad y hacernos partícipes de su don. (26-07-2015)

PALABRA

Jesús se marchó a la otra parte del mar de Galilea, o de Tiberíades. Lo seguía mucha gente, porque habían visto los signos que hacía con los enfermos. Subió Jesús entonces a la montaña y se sentó allí con sus discípulos. Estaba cerca la Pascua, la fiesta de los judíos. Jesús entonces levantó los ojos, y al ver que acudía mucha gente, dice a Felipe: «¿Con qué compraremos panes para que coman estos?». Lo decía para probarlo, pues bien sabía él lo que iba a hacer. Felipe le contestó: «Doscientos denarios de pan no bastan para que a cada uno le toque un pedazo». Uno de sus discípulos, Andrés, el hermano de Simón Pedro, le dice: «Aquí hay un muchacho que tiene cinco panes de cebada y dos peces; pero, ¿qué es eso para tantos?». Jesús dijo: «Decid a la gente que se siente en el suelo». Había mucha hierba en aquel sitio. Se sentaron; solo los hombres eran unos cinco mil. Jesús tomó los panes, dijo la acción de gracias y los repartió a los que estaban sentados, y lo mismo todo lo que quisieron del pescado. Cuando se saciaron, dice a sus discípulos: «Recoged los pedazos que han sobrado; que nada se pierda». Los recogieron y llenaron doce canastos con los pedazos de los cinco panes de cebada que sobraron a los que habían comido. La gente entonces, al ver el signo que había hecho, decía: «Este es verdaderamente el Profeta que va a venir al mundo». Jesús, sabiendo que iban a llevárselo para proclamarlo rey, se retiró otra vez a la montaña él solo.

Hechos 5, 34-42; *Salmo* 26, 1.4.13-14 • **JUAN 6, 1-15**

ORACIÓN

SEÑOR, después de que la multitud se sació con el banquete que les ofreciste, pediste a tus discípulos que recogieran todo lo que había sobrado, porque no querías que se perdiera nada de lo que Tú les habías dado. **Jesús, te lo ruego, ayúdame a no perder nada de lo que me das con tu Palabra.** ***Una cosa pido al Señor: habitar en su casa*** *(Salmo 26, 4ac).*

ABRIL
22
SÁBADO

Sábado 2º de Pascua Tomo II - Salterio 2ª semana

Santos Sotero y Cayo pps; Leonidas mr.; Oportuna ab.; Teodoro ob

SS. SOTERO Y CAYO, PAPAS

Papa Francisco: Este amor misericordioso de Dios es lo que Simón Pedro reconoce en el rostro de Jesús. El mismo rostro que nosotros estamos llamados a reconocer en las formas en las que el Señor nos ha asegurado su presencia en medio de nosotros: en su Palabra, que ilumina las oscuridades de nuestra mente y de nuestro corazón; en sus Sacramentos, que, de cada una de nuestras muertes, nos vuelven a engendrar a una vida nueva; en la comunión fraterna, que el Espíritu Santo da vida entre sus discípulos; en el amor sin límites, que se hace servicio generoso y atento hacia todos; en el pobre, que nos recuerda cómo Jesús quiso que su suprema revelación de sí y del Padre tuviese la imagen del humillado y crucificado. (10-11-2015)

PALABRA

Al oscurecer, los discípulos de Jesús bajaron al mar, embarcaron y empezaron la travesía hacia Cafarnaún. Era ya noche cerrada, y todavía Jesús no los había alcanzado; soplaba un viento fuerte, y el lago se iba encrespando. Habían remado unos veinticinco o treinta estadios, cuando vieron a Jesús que se acercaba a la barca, caminando sobre el mar, y se asustaron. Pero él les dijo: "Soy yo, no temáis". Querían recogerlo a bordo, pero la barca tocó tierra en seguida, en el sitio adónde iban.

Hechos 6, 1-7; *Salmo* 32, 1-2.4-5.18-19 • JUAN 6, 16-21

ORACIÓN

SEÑOR, sabes que, en ocasiones, nuestro interior se convierte en una mar embravecida y agitada por nuestros malos sentimientos. **Jesús, ayúdame a ponerme en tus manos cuando pierda el control de mi corazón. En los peores momentos de mi vida, deseo confiar plenamente en Ti.** ***Que tu misericordia, Señor, venga sobre nosotros, como lo esperamos de ti.*** *(Salmo 32,22).*

Santos JORGE ***mr*,**
Adalberto ***ob mr*, Gerardo** ***ob*.**
Beato Gil de Asís ***rl***

Papa Francisco: Este cambio de paso, del yo a Dios, del si al sí, ¿cómo ocurrió en los discípulos? Encontrándose con Jesús: los dos de Emaús primero le abren su corazón; luego le escuchan explicar las Escrituras; luego le invitan a su casa. Son tres pasos que también nosotros podemos dar en nuestras casas: primero, abrir el corazón a Jesús, confiándole las cargas, las dificultades, las desilusiones de la vida, confiándole los "si"; y luego, segundo paso, escuchar a Jesús, tomar el Evangelio en mano, leyendo hoy mismo este pasaje, en el capítulo veinticuatro del Evangelio de Lucas; tercero, rezar a Jesús, con las mismas palabras de aquellos discípulos: "Señor, «quédate con nosotros». (v. 29). Señor, quédate conmigo. Señor, quédate con todos nosotros, porque te necesitamos para encontrar el camino. Y sin ti es de noche". (23-04-2020)

PALABRA

• ***Hechos*** **2, 14.22-33:** El día de Pentecostés, Pedro, poniéndose en pie junto a los Once, levantó su voz y con toda solemnidad declaró: «Judíos y vecinos todos de Jerusalén, enteraos bien y escuchad atentamente mis palabras. A Jesús el Nazareno, varón acreditado por Dios ante vosotros con los milagros, prodigios y signos que Dios realizó por medio de él, como vosotros mismos sabéis, a este, entregado conforme al plan que Dios tenía establecido y previsto, lo matasteis, clavándolo a una cruz por manos de hombres inicuos. Pero Dios lo resucitó, librándolo de los dolores de la muerte, por cuanto no era posible que esta lo retuviera bajo su dominio, pues David dice, refiriéndose a él: "Veía siempre al Señor delante de mí, pues está a mi derecha para que no vacile. Por eso se me alegró el corazón, exultó mi lengua, y hasta mi carne descansará esperanzada. Porque no me abandonarás en el lugar de los muertos, ni dejarás que tu Santo experimente la corrupción. Me has enseñado senderos de vida, me saciarás de gozo con tu rostro". Hermanos, permitidme hablaros con franqueza: el patriarca David murió y lo enterraron, y su sepulcro está entre nosotros hasta el día de hoy. Pero como era profeta y sabía que Dios "le había jurado con juramento sentar en su trono a un descendiente suyo", previéndolo, habló de la resurrección del Mesías cuando dijo que "no lo abandonará en el lugar de los muertos" y que "su carne no experimentará corrupción". A este Jesús lo resucitó Dios, de lo cual todos nosotros somos testigos. Exaltado, pues, por la diestra de Dios y habiendo recibido del Padre la promesa del Espíritu Santo, lo ha derramado. Esto es lo que estáis viendo y oyendo».

• ***Salmo*** **15, 1-11:** ***Señor, me enseñarás el sendero de la vida.***

• ***1 Pedro*** **1, 17-21:** Queridos Hermanos: Puesto que podéis llamar Padre al que juzga imparcialmente según las obras de cada uno, comportaos con temor durante el tiempo de vuestra peregrinación, pues ya sabéis que fuisteis liberados de vuestra conducta inútil, heredada de vuestros padres, pero no con algo corruptible, con oro o plata, sino con una sangre preciosa, como la de un cordero sin defecto y sin mancha, Cristo, previsto ya antes de la creación del mundo y manifestado en los últimos tiempos por vosotros, que, por medio de él, creéis en Dios, que lo resucitó de entre los muertos y le dio gloria, de manera que vuestra fe y vuestra esperanza estén puestas en Dios.

• **LUCAS 24, 13-35:** Aquel mismo día (el primero de la semana) dos de los discípulos de Jesús iban caminando a una aldea llamada Emaús, distante de Jerusalén unos sesenta estadios (unos once kilómetros) Mientras conversaban y discutían, Jesús en persona se acercó y se puso a caminar con ellos. Pero sus ojos no eran capaces de reconocerlo. Él les dijo: «¿Qué conversación es esa que traéis mientras vais de camino?». Ellos se detuvieron con aire entristecido. Y uno de ellos, que se llamaba Cleofás, le respondió: «¿Eres el único forastero en Jerusalén que no sabes lo que ha pasado allí estos días?». Él le dijo: «¿Qué?». Ellos contestaron: «Lo de Jesús el Nazareno, que fue un profeta poderoso en obras y palabras, ante Dios y ante todo el pueblo; cómo lo entregaron los sumos sacerdotes y nuestros jefes para que lo condenaran a muerte, y lo crucificaron. Nosotros esperábamos que él iba a liberar a Israel, pero, con todo esto, ya estamos en el tercer día desde que esto sucedió. Es verdad que algunas mujeres de nuestro grupo nos han sobresaltado, pues habiendo ido muy de mañana al sepulcro y no habiendo encontrado su cuerpo, vinieron diciendo que incluso habían visto una aparición de ángeles, que dicen que está vivo. Algunos de los nuestros fueron también al sepulcro y lo encontraron como habían dicho las mujeres; pero a él no lo vieron». Entonces él les dijo: «¡Qué necios y torpes sois para creer lo que dijeron los profetas! ¿No era necesario que el Mesías padeciera esto y entrara así en su gloria?». Y, comenzando por Moisés y siguiendo por todos los profetas, les explicó lo que se refería a él en todas las Escrituras. Llegaron cerca de la aldea adonde iban, y él simuló que iba a seguir caminando; pero ellos lo apremiaron, diciendo: «Quédate con nosotros, porque atardece y el día va de caída». Y entró para quedarse con ellos. Sentado a la mesa con ellos, tomó el pan, pronunció la bendición, lo partió y se lo iba dando. A ellos se les abrieron los ojos y lo reconocieron. Pero él desapareció de su vista. Y se dijeron el uno al otro: «¿No ardía nuestro corazón mientras nos hablaba por el camino y nos explicaba las Escrituras?». Y, levantándose en aquel momento, se volvieron a Jerusalén, donde encontraron reunidos a los Once con sus compañeros, que estaban diciendo: «Era verdad, ha resucitado el Señor y se ha aparecido a Simón». Y ellos contaron lo que les había pasado por el camino y cómo lo habían reconocido al partir el pan.

ORACIÓN

SEÑOR, te acercaste discretamente a tus discípulos de Emaús para consolarles y hacerles ver que habías resucitado. En lugar de decirles directamente quién eras, les ayudaste a experimentar tu Presencia por medio de la meditación de tu Palabra y la participación en tu Eucaristía. **Jesús, ayúdame a mí también a sentir tu Presencia en mi vida.**

SAN FIDEL DE SIGMARINGA

Santos FIDEL DE SIGMARINGA *pb mr*, M.ª Cleofé y M.ª Salomé *NT*, Gregorio de Elvira *ob*, Benito Menni *pb*, M.ª Eufrasia Pelletier *vg*

Papa Francisco: Nosotros podemos preguntarnos: "¿qué ha hecho Jesús por mí?", pensando sobre todo y concretamente en nuestra vida. Entonces encontraremos muchas cosas grandes que Jesús nos ha dado gratuitamente, porque nos ama: a cada uno de nosotros. Una vez que yo veo las cosas que Jesús ha hecho por mí, me hago la segunda pregunta: "y yo, ¿qué debo hacer por Jesús?". Y así, con estas dos preguntas, quizá conseguimos purificarnos de todo tipo de fe interesada. De hecho, cuando veo todo lo que Jesús me ha dado, la generosidad del corazón va a: "¡Sí Señor, doy todo! Y no cometeré más estos errores, estos pecados". (16-04-2018)

PALABRA

Después de que Jesús hubo saciado a cinco mil hombres, sus discípulos lo vieron caminando sobre el mar. Al día siguiente, la gente que se había quedado al otro lado del mar notó que allí no había habido más que una barca y que Jesús no había embarcado con sus discípulos, sino que sus discípulos se habían marchado solos. Entretanto, unas barcas de Tiberíades llegaron cerca del sitio donde habían comido el pan después que el Señor había dado gracias. Cuando la gente vio que ni Jesús ni sus discípulos estaban allí, se embarcaron y fueron a Cafarnaún en busca de Jesús. Al encontrarlo en la otra orilla del lago, le preguntaron: «Maestro, ¿cuándo has venido aquí?». Jesús les contestó: «En verdad, en verdad os digo: me buscáis, no porque habéis visto signos, sino porque comisteis pan hasta saciaros. Trabajad no por el alimento que perece, sino por el alimento que perdura para la vida eterna, el que os dará el Hijo del hombre; pues a este lo ha sellado el Padre, Dios». Ellos le preguntaron: «Y, ¿qué tenemos que hacer para realizar las obras de Dios?». Respondió Jesús: «La obra de Dios es esta: que creáis en el que él ha enviado».

Hechos 6,8-15; *Salmo* 118,23-24.26-27.29-30 • **JUAN 6,22-29**

ORACIÓN

SEÑOR, algunas personas que participaron de la multiplicación de los panes y los peces, hicieron un gran esfuerzo para encontrarte de nuevo, pues –egoístamente– querían más hogazas de pan. **Jesús, te pido perdón por las veces en que, como ellos, desperdicio mis fuerzas buscando en Ti –egoístamente– mi propio bien. *Dichoso el que camina en la ley del Señor*** *(Salmo 118,1b).*

ABRIL

25

MARTES

Santos Marcos *ev*, Pedro de Betancur *rl*, Aniano *ob*, Franca *ab*

FIESTA DE SAN MARCOS, EVANGELISTA

Papa Francisco: Evangelizar es hacer ver la revelación para que el Espíritu Santo pueda actuar en la gente mediante el testimonio. ¿Y cómo testimonio la revelación?: Con servicio. El servicio es un modo de vivir. Si yo digo que soy cristiano y vivió como un pagano, no funciona. Eso no convence a nadie. Si yo digo que soy cristiano y vivo como un cristiano, esto sí funciona. (25-04-2020)

PALABRA

Se apareció Jesús a los Once y les dijo: «Id al mundo entero y proclamad el Evangelio a toda la creación. El que crea y sea bautizado se salvará; el que no crea será condenado. A los que crean, les acompañarán estos signos: echarán demonios en mi nombre, hablarán lenguas nuevas, agarrarán serpientes en sus manos y, si beben un veneno mortal, no les hará daño. Impondrán las manos a los enfermos, y quedarán sanos». Después de hablarles, el Señor Jesús fue llevado al cielo y se sentó a la derecha de Dios. Ellos se fueron a predicar por todas partes, y el Señor cooperaba confirmando la palabra con las señales que los acompañaban.

1 Pedro 5,5b-14; ***Salmo*** 88,2-3.6-7.16-17 • **MARCOS 16,15-20**

ORACIÓN

SEÑOR, nos dicen los biblistas que san Marcos fue el primer evangelista que, inspirado por el Espíritu Santo, se animó a recopilar los dichos y acontecimientos más importantes de tu vida, poniendo así por escrito tu Evangelio, es decir, tu Buena Noticia. **Jesús, ayúdame a meditar y contemplar tu Evangelio, pues deseo interiorizar tu mensaje de salvación.** ***Cantaré eternamente tus misericordias, Señor*** *(Salmo 88, 2a)*

Santos ISIDORO *ob dc*, Cleto *pp.*
Beatos Domingo y Gregorio *pbs*

FIESTA DE SAN ISIDORO
Obispo y Doctor de la Iglesia

Papa Francisco: Jesús nos invita a ser un reflejo de su luz, a través del testimonio de las buenas obras. Y dice: «Brille así vuestra luz delante de los hombres, para que vean vuestras buenas obras y glorifiquen a vuestro Padre que está en los cielos» (Mateo 5, 16). [...] Tenemos por tanto una tarea y una responsabilidad por el don recibido: la luz de la fe, que está en nosotros por medio de Cristo y de la acción del Espíritu Santo, no debemos retenerla como si fuera nuestra propiedad. Sin embargo, estamos llamados a hacerla resplandecer en el mundo, a donarla a los otros mediante las buenas obras. ¡Y cuánto necesita el mundo de la luz del Evangelio que transforma, sana y garantiza la salvación a quien lo acoge! Esta luz debemos llevarla con nuestras buenas obras. (05-02-2017)

PALABRA

Dijo Jesús a sus discípulos: «Vosotros sois la sal de la tierra. Pero si la sal se vuelve sosa, ¿con qué la salarán? No sirve más que para tirarla fuera y que la pise la gente. Vosotros sois la luz del mundo. No se puede ocultar una ciudad puesta en lo alto de un monte. Tampoco se enciende una lámpara para meterla debajo del celemín, sino para ponerla en el candelero y que alumbre a todos los de casa. Brille así vuestra luz ante los hombres, para que vean vuestras buenas obras y den gloria a vuestro Padre que está en los cielos».

1Corintios **2, 1-10; *Salmo* 118, 99-104 • MATEO 5,13-16**

ORACIÓN

SEÑOR, nos pides que no escondamos la Luz de tu Evangelio a las personas que conviven con nosotros. Quieres que demos testimonio de Ti por medio de nuestras palabras y nuestras obras. **Jesús, te pido perdón por las veces en las que, por comodidad o temor, escondo tu Luz a los demás.** ***Lámpara es tu palabra para mis pasos, luz en mi sendero.*** *(Salmo 118, 105).*

Jueves 3° de Pascua — Tomo II - Salterio 3ª semana

**Santos Rafael Arnaiz *mj*,
Zita *vg*, Simeón *ob mr.*
Ntra. Sra. de Montserrat**

Papa Francisco: A través de la Eucaristía, Cristo quiere entrar en nuestra existencia y permearla de su gracia, para que en cada comunidad cristiana haya coherencia entre liturgia y vida. El corazón se llena de confianza y de esperanza pensando en las palabras de Jesús recogidas en el evangelio: "El que come mi carne y bebe mi sangre tiene vida eterna y yo lo resucitaré en el último día". (12-02-2014)

PALABRA

Dijo Jesús al gentío «Nadie puede venir a mí, si no lo atrae el Padre que me ha enviado. Y yo lo resucitaré en el último día. Está escrito en los profetas: "Serán todos discípulos de Dios". Todo el que escucha al Padre y aprende, viene a mí. No es que nadie haya visto al Padre, a no ser el que procede de Dios: ese ha visto al Padre. En verdad, en verdad os digo: el que cree tiene vida eterna. Yo soy el pan de la vida. Vuestros padres comieron en el desierto el maná y murieron: este es el pan que baja del cielo, para que el hombre coma de él y no muera. Yo soy el pan vivo que ha bajado del cielo; el que coma de este pan vivirá para siempre. Y el pan que yo daré es mi carne por la vida del mundo».

Hechos 8,26-40; ***Salmo*** 65,8-9.16-17.20 • JUAN 6, 44-51

ORACIÓN

SEÑOR, nos dices que aquellos que escuchamos al Padre, y aprendemos de Él, nos unimos a Ti. **Jesús, te lo ruego, que nunca me desentienda de la Palabra que el Padre pronuncia en el fondo de mi alma, porque deseo estar siempre unido a Ti.** ***Aclamad al Señor, tierra entera*** *(Salmo 65,1b).*

Santos PEDRO CHANEL *pb mr*, LUIS M.ª G. DE MONTFORT *pb*, Vital *mr*, Prudencio *ob*, Juana Beretta Molla *mf*. Beato José Cebula *pb mr*

Papa Francisco: Jesús se identifica con ese pan partido y compartido, y eso se convierte para Él en "signo" del Sacrificio que le espera. Este proceso tiene su culmen en la Última Cena, donde el pan y el vino se convierten realmente en su Cuerpo y su Sangre. Y la eucaristía, que Jesús nos deja con un fin preciso: que nosotros podamos convertirnos en una sola cosa con Él. (16-08-2015)

PALABRA

Disputaban los judíos entre sí: «¿Cómo puede este darnos a comer su carne?». Entonces Jesús les dijo: «En verdad os digo: si no coméis la carne del Hijo del hombre y no bebéis su sangre no tenéis vida en vosotros. El que come mi carne y bebe mi sangre tiene vida eterna, y yo lo resucitaré en el último día. Mi carne es verdadera comida, y mi sangre es verdadera bebida. El que come mi carne y bebe mi sangre habita en mí y yo en él. El Padre que vive me ha enviado y yo vivo por el Padre, del mismo modo, el que me come vivirá por mí. Este es el pan que ha bajado del cielo; no como el de vuestros padres, que lo comieron y murieron. El que come este pan vivirá para siempre». Esto lo dijo Jesús en la sinagoga, cuando enseñaba en Cafarnaún.

Hechos 9, 1-20; ***Salmo*** 116, 1-2 • JUAN 6, 42-52

ORACIÓN

SEÑOR, cuando hablaste de «comer tu carne y beber tu sangre» en la sinagoga de Cafarnaúm, a muchos les resultó repulsivo, pues no tenían fe. **Jesús, te lo ruego, ayúdame a comprender correctamente todo lo que me comunicas por medio de tu Palabra. ¡Aumenta mi fe!** *Id a todo el mundo y proclamad el Evangelio* (Marcos 16, 15).

Santos CATALINA DE SIENA *vg dc*, Tíquico *NT*, Hugo *ab*

FIESTA DE SANTA CATALINA DE SIENA, VIRGEN Y DOCTORA DE LA IGLESIA, PATRONA DE EUROPA

Papa Francisco: En la festividad de Santa Catalina de Siena recemos por Europa, por la unidad de Europa, por la unidad de la Unión Europea: para que todos juntos podamos seguir adelante como hermanos. (29-04-2020)

PALABRA

Tomó la palabra Jesús y dijo: «Te doy gracias, Padre, Señor del cielo y de la tierra, porque has escondido estas cosas a los sabios y entendidos y se las has revelado a los pequeños. Sí, Padre, así te ha parecido bien. Todo me ha sido entregado por mi Padre, y nadie conoce al Hijo más que el Padre, y nadie conoce al Padre sino el Hijo y aquel a quien el Hijo se lo quiera revelar. Venid a mí todos los que estáis cansados y agobiados y yo os aliviaré. Tomad mi yugo sobre vosotros y aprended de mí, que soy manso y humilde de corazón, y encontraréis descanso para vuestras almas. Porque mi yugo es llevadero y mi carga ligera».

1 Juan 1,5-2,2; ***Salmo*** 102,1b-2.8-9.13-14.17-18 • **MATEO 11,25-30**

ORACIÓN

SEÑOR, santa Catalina de Siena salía de su hogar para visitar a personas pobres, encarceladas o enfermas. A todas ellas supo transmitirles tu Amor, pues te tenía muy presente en su «celda interior». **Señor, deseo sentir tu Presencia en mi corazón, pues, como santa Catalina, quiero transmitir tu Amor a los más necesitados.** ***Bendice, alma mía, al Señor*** *(Salmo 102,1b).*

Santos PÍO V *pp*, José Benito Cottolengo *pb*, Amador y *co mrs*, M.ªde la Encarnación Guyart *vd rl*

JORNADA DE ORACIÓN POR LAS VOCACIONES

Papa Francisco: La voz de Dios y la del tentador, en definitiva, hablan en diferentes “ambientes”: el enemigo prefiere la oscuridad, la falsedad, el chismorreo; por el contrario, el Señor ama la luz del sol, la verdad, la transparencia sincera. El enemigo nos dirá: “Enciérrate en ti mismo, porque nadie te entiende ni te escucha, ¡no te fíes!”. El bien, contrariamente, nos invita a abrirnos, a ser claros y a confiar en Dios y en los demás. Queridos hermanos y hermanas: en este tiempo, muchos pensamientos y preocupaciones nos llevan a volver a adentrarnos en nosotros mismos. Prestemos atención a las voces que llegan a nuestros corazones. Preguntémonos de dónde vienen. Pidamos la gracia de reconocer y seguir la voz del buen Pastor, que nos saca del redil del egoísmo y nos guía hacia los pastos de la verdadera libertad. (03-05-2020)

PALABRA

• ***Hechos*** 2, 14a.36-41: El día de Pentecostés Pedro, poniéndose en pie junto con los Once, levantó la voz y declaró: «Con toda seguridad conozca toda la casa de Israel que al mismo Jesús, a quien vosotros crucificasteis, Dios lo ha constituido Señor y Mesías». Al oír esto se les traspasó el corazón, y preguntaron a Pedro y a los demás apóstoles: «¿Qué tenemos que hacer, hermanos?». Pedro les contestó: «Convertíos y sea bautizado cada uno de vosotros en el nombre de Jesús, el Mesías, para perdón de vuestros pecados, y recibiréis el don del Espíritu Santo. Porque la promesa vale para vosotros y para vuestros hijos, y para los que están lejos, para cuantos llamare a sí el Señor Dios nuestro». Con estas y otras muchas razones dio testimonio y los exhortaba diciendo: «Salvaos de esta generación perversa». Los que aceptaron sus palabras se bautizaron, y aquel día fueron agregadas unas tres mil personas.

• ***Salmo*** 22, 1-6: ***El Señor es mi pastor, nada me falta.***

• ***1 Pedro*** 2, 20b-25: Queridos hermanos: Que aguantéis cuando sufrís por hacer el bien, eso es una gracia de parte de Dios. Pues para esto habéis sido llamados, porque también Cristo padeció por vosotros, dejándoos un ejemplo para que sigáis sus huellas. Él no cometió pecado ni encontraron engaño en su boca. Él no devolvía el insulto cuando lo insultaban; sufriendo no profería amenazas; sino que se entregaba al que juzga rectamente. Él llevó nuestros pecados en su cuerpo hasta el leño, para que, muertos a los pecados, vivamos para la justicia. Con sus heridas fuisteis curados. Pues andabais errantes como ovejas, pero ahora os habéis convertido al pastor y guardián de vuestras almas.

• **JUAN 10, 1-10:** Dijo Jesús: «En verdad, en verdad os digo: el que no entra por la puerta en el aprisco de las ovejas, sino que salta por otra parte, ese es ladrón y bandido; pero el que entra por la puerta es pastor de las ovejas. A este le abre el guarda y las ovejas atienden a su voz, y él va llamando por el nombre a sus ovejas y las saca fuera. Cuando ha sacado todas las suyas, camina delante de ellas, y las ovejas lo siguen, porque conocen su voz: a un extraño no lo seguirán, sino que huirán de él, porque no conocen la voz de los extraños». Jesús les puso esta comparación, pero ellos no entendieron de qué les hablaba. Por eso añadió Jesús: «En verdad, en verdad os digo: yo soy la puerta de las ovejas. Todos los que han venido antes de mí son ladrones y bandidos; pero las ovejas no los escucharon. Yo soy la puerta: quien entre por mí se salvará y podrá entrar y salir, y encontrará pastos. El ladrón no entra sino para robar y matar y hacer estragos; yo he venido para que tengan vida y la tengan abundante».

ORACIÓN

SEÑOR, a cada uno nos llamas por nuestro nombre para que sigamos el camino que Tú nos has asignado. Todos tenemos un lugar específico en tu Reino de Amor, para que, dándonos caritativamente a los demás, seamos auténticamente felices. **Jesús, ayúdame a no dejarme seducir por los «ladrones» que me conducen por el triste camino de mi egoísmo.**

MAYO

SAN JUAN PABLO II DIJO EN FÁTIMA:
Hoy he venido a Fátima porque en
este mismo día del año pasado,
en la Plaza de San Pedro en Roma,
tuvo lugar el atentado contra la vida del Papa,
misteriosamente coincidiendo con el aniversario
de la primera aparición en Fátima,
que ocurrió el 13 de mayo
de 1917 (Fátima, 13 mayo 1982).
(En otro momento de la celebración,
san Juan Pablo II no dudó en afirmar:
"Fue la Virgen quien me salvó la Vida")

MAYO
1
LUNES

Lunes 4º de Pascua **Tomo II - Salterio 4ª semana**

Santos JOSÉ OBRERO, Jeremías *prof*, Ricardo Pampuri *rl*, Segundo *ob*, Segismundo *re*. Beata Mafalda *vg*

Papa Francisco: Para Jesús no somos masa ni multitud. Somos personas únicas, cada uno con la propia historia, cada uno con el propio valor, tanto como criatura como redimido por Cristo. Cada uno de nosotros puede decir: ¡Jesús me conoce! Es verdad, es así: Él nos conoce como nadie más. Solo Él sabe qué hay en nuestro corazón, las intenciones, los sentimientos más escondidos, Jesús conoce nuestras fortalezas y nuestras debilidades, y está siempre listo para cuidar de nosotros, para sanar las llagas de nuestros errores con la abundancia de su gracia. (25-04-2021)

PALABRA

Dijo Jesús: «Yo soy el Buen Pastor. El buen pastor da su vida por las ovejas; el asalariado, que no es pastor ni dueño de las ovejas, ve venir al lobo, abandona las ovejas y huye; y el lobo las roba y las dispersa; y es que a un asalariado no le importan las ovejas. Yo soy el Buen Pastor, que conozco a las mías, y las mías me conocen, igual que el Padre me conoce, y yo conozco al Padre; yo doy mi vida por las ovejas. Tengo, además, otras ovejas que no son de este redil; también a esas las tengo que traer, y escucharán mi voz, y habrá un solo rebaño y un solo Pastor. Por esto me ama el Padre, porque yo entrego mi vida para poder recuperarla. Nadie me la quita, sino que yo la entrego libremente. Tengo poder para entregarla y tengo poder para recuperarla: este mandato he recibido de mi Padre».

Hechos 11, 1-18; ***Salmo*** 41, 2-3-42, 3-4 • JUAN 10, 11-18

ORACIÓN

SEÑOR, en este mundo en el que vivimos, necesitamos a Alguien que nos guíe por un camino seguro, hacia un lugar tranquilo donde nuestra alma pueda reponerse y descansar. **Jesús, te agradezco que seas el Buen Pastor de mi alma.** ***Mi alma tiene sed de ti, Dios vivo*** *(Salmo 41, 3a).*

Santos ATANASIO *ob dc*,
Félix de Sevilla *di mr*,
Hesperio y Zoes *es* e hijos *mrs*.

Papa Francisco: Para salvar a las ovejas perdidas que somos todos nosotros, el Pastor se hizo cordero y se dejó inmolar para tomar sobre él y sacar el pecado del mundo. ¡En este modo Él nos ha donado la vida, pero la vida en abundancia! (27-04-2021)

PALABRA

Se celebraba en Jerusalén la fiesta de la Dedicación del templo. Era invierno, y Jesús se paseaba en el templo por el pórtico de Salomón. Los judíos, rodeándolo, le preguntaban: «¿Hasta cuándo nos vas a tener en suspenso? Si tú eres el Mesías, dínoslo francamente». Jesús les respondió: «Os lo he dicho, y no creéis; las obras que yo hago en nombre de mi Padre, esas dan testimonio de mí. Pero vosotros no creéis, porque no sois de mis ovejas. Mis ovejas escuchan mi voz, y yo las conozco, y ellas me siguen, y yo les doy la vida eterna; no perecerán para siempre, y nadie las arrebatará de mi mano. Lo que mi Padre me ha dado es más que todas las cosas, y nadie puede arrebatar nada de la mano de mi Padre. Yo y el Padre somos uno».

Hechos 11,19-26; ***Salmo*** 86, 1-7 • **JUAN 10, 22-30**

ORACIÓN

SEÑOR, a las personas que no creían en tu Palabra las animabas a contemplar tus obras, pues pasaste haciendo el bien por este mundo. **Jesús, cuando tenga dudas de fe, ayúdame a hacer memoria de todo el bien que has hecho a lo largo de mi vida. *Alabad al Señor todas las naciones*** *(Salmo 116, 1a).*

MAYO

3

MIÉRCOLES

FIESTA DE SAN FELIPE y SANTIAGO, APÓSTOLES

Santos Timoteo y Maura *mrs,* Juvenal *ob*

Papa Francisco: Miremos a Jesús que nos lava los pies, Él es el «camino, la verdad y la vida», que viene a sacarnos de la mentira de creer que nadie puede cambiar, la mentira de creer que nadie puede cambiar. Jesús que nos ayuda a caminar por senderos de vida y de plenitud. Que la fuerza de su amor y de su Resurrección sea siempre camino de vida nueva. (27-09-2015)

PALABRA

Dijo Jesús a Tomás: «Yo soy el camino, y la verdad, y la vida. Nadie va al Padre, sino por mí. Si me conocierais a mí, conoceríais también a mi Padre. Ahora ya lo conocéis y lo habéis visto». Felipe le dice: «Señor, muéstranos al Padre y nos basta». Jesús le replica: «Hace tanto que estoy con vosotros, ¿y no me conoces, Felipe? Quien me ha visto a mí ha visto al Padre. ¿Cómo dices tú: "Muéstranos al Padre"? ¿No crees que yo estoy en el Padre, y el Padre en mí? Lo que yo os digo no lo hablo por cuenta propia. El Padre, que permanece en mí, él mismo hace las obras. Creedme: yo estoy en el Padre, y el Padre en mí. Si no, creed a las obras. En verdad, en verdad os digo: el que cree en mí, también él hará las obras que yo hago, y aún mayores. Porque yo me voy al Padre. Y lo que pidáis en mi nombre, yo lo haré, para que el Padre sea glorificado en el Hijo. Si me pedís algo en mi nombre, yo lo haré».

1Cor 15,1-8; ***Sal*** 18,2-5 • **JUAN 14, 6-14**

ORACIÓN

SEÑOR, nos dices que quien pide al Padre en tu Nombre, Él le atenderá. Porque Tú eres el Mediador entre nosotros y el Padre. **Jesús, te lo ruego, enséñame a pedir lo que Tú pedirías, y a hacerlo como Tú lo harías.** ***A toda la tierra alcanza su pregón*** *(Salmo 18, 5a).*

Santos José M.ª Rubio *pb*, Florián *mr*, Silvano y *co mrs*, Antonina *mr*. Beato Ceferino Jiménez *mr*

Papa Francisco: Jesús lava los pies a los discípulos invitándonos a hacer como él: servir. –"Pero, Padre, todos somos egoístas". - ¿Ah, sí? Es un pecado, es una costumbre de la cual debemos separarnos. Pedir perdón, que el Señor nos convierta. Somos llamados al servicio. Ser cristianos no es una pertenencia o una conducta social, no es maquillarse un poco el alma, para que sea más bonita. En mi corazón ¿qué hago más? ¿Hago que me sirvan los otros, o me sirvo de los otros, de la comunidad, de la parroquia, de mi familia, de mis amigos: sirvo, estoy al servicio de...? (30-4-2015)

PALABRA

Cuando Jesús terminó de lavar los pies a sus discípulos, les dijo: «En verdad, en verdad os digo: el criado no es más que su amo, ni el enviado es más que el que lo envía. Puesto que sabéis esto, dichosos vosotros si lo ponéis en práctica. No lo digo por todos vosotros; yo sé bien a quiénes he elegido, pero tiene que cumplirse la Escritura: "El que compartía mi pan me ha traicionado". Os lo digo ahora, antes de que suceda, para que cuando suceda creáis que yo soy. En verdad, en verdad os digo: el que recibe a quien yo envíe me recibe a mí; y el que me recibe a mí recibe al que me ha enviado».

Hechos 13,13-25; ***Salmo*** 88, 2-3.21-22.25.27 • JUAN 13, 16-20

ORACIÓN

SEÑOR, sé que a veces, de un modo misterioso, me hablas a través de alguna persona de confianza que Tú me envías. Puede ser, por ejemplo, un familiar, un amigo o un sacerdote. Así me haces ver mis errores o me das buenos consejos. **Jesús, te doy gracias por velar siempre por mí.** ***Cantaré eternamente tus misericordias, Señor*** *(Salmo 88, 2a).*

MAYO

5

VIERNES

Viernes 4° de Pascua Tomo II - Salterio 4ª semana

Santos Ángel de Sicilia *pb mr*, Francisco Laval *ob*, Máximo *ob*, Niceto *ob*.

Papa Francisco: Comunicar el amor misericordioso del Señor. ¡Esta es nuestra misión! También a nosotros nos han dado la "lengua" del Evangelio y el "fuego" del Espíritu Santo, porque mientras anunciamos a Cristo resucitado, vivo y presente en medio de nosotros, calentamos el corazón de los pueblos acercándoles a Él, camino, verdad y vida. (24-05-2015)

PALABRA

Dijo Jesús a sus discípulos: «No se turbe vuestro corazón, creed en Dios y creed también en mí. En la casa de mi Padre hay muchas moradas; si no, os lo habría dicho, porque me voy a prepararos un lugar. Cuando vaya y os prepare un lugar, volveré y os llevaré conmigo, para que donde estoy yo, estéis también vosotros. Y adonde yo voy, ya sabéis el camino». Tomás le dice: «Señor, no sabemos adónde vas, ¿cómo podemos saber el camino?». Jesús le responde: «Yo soy el camino, y la verdad, y la vida. Nadie va al Padre sino por mí».

Hechos 13, 26-33; *Salmo* 2,6-12 • **JUAN 14, 1-6**

ORACIÓN

SEÑOR, en los momentos de tristeza y turbación, nos animas a afianzar nuestra fe. Porque, unidos a Ti, podremos disfrutar del lugar que nos tienes reservado en tu Reino de Amor. **Jesús, gracias por ser mi Camino, mi Verdad y mi Vida.** ***Tú eres mi hijo: yo te he engendrado hoy*** *(Salmo 2, 7bc).*

Sábado 4º de Pascua

MAYO
6
SÁBADO

Santos Domingo Savio *cf*, Pedro Nolasco *rl*, Benita *vg*, Mariano y Santiago *mrs*, Lucio Cireneo *NT*

Papa Francisco: La verdadera autoridad de la Iglesia de Roma es la caridad de Cristo, no hay otra. Esta es la única fuerza que la hace universal y creíble para los hombres y el mundo; esta es el corazón de su verdad, que no erige muros de división y exclusión, sino que se transforma en puente que construye la comunión y llama a la unidad del género humano. No se puede representar a alguien sin reflejar sus rasgos, sin evocar su rostro. Jesús dice: «Quien me ha visto a mí, ha visto al Padre». Es importante no consentir que se desvanezca el rostro de Aquel que está en la raíz del propio itinerario, o que se confunda la voz que ha dado origen al propio camino. «Acuérdate de Jesucristo», decía Pablo a su discípulo. No perder la memoria de Jesucristo (25-6-2015)

PALABRA

Dijo Jesús a sus discípulos: «Si me conocierais a mí, conoceríais también a mi Padre. Ahora ya lo conocéis y lo habéis visto». Felipe le dice: «Señor, muéstranos al Padre y nos basta». Jesús le replica: «Hace tanto que estoy con vosotros, ¿y no me conoces, Felipe? Quien me ha visto a mí ha visto al Padre. ¿Cómo dices tú: "Muéstranos al Padre"? ¿No crees que yo estoy en el Padre, y el Padre en mí? Lo que yo os digo no lo hablo por cuenta propia. El Padre, que permanece en mí, él mismo hace las obras. Creedme: yo estoy en el Padre, y el Padre en mí. Si no, creed a las obras. En verdad, en verdad os digo: el que cree en mí, también él hará las obras que yo hago, y aún mayores, porque yo me voy al Padre. Y lo que pidáis en mi nombre, yo lo haré, para que el Padre sea glorificado en el Hijo. Si me pedís algo en mi nombre, yo lo haré».

Hechos 13,44-52; ***Salmo*** 97,1b-4 • **JUAN 14,7-14**

ORACIÓN

SEÑOR, nos dices que quien te conoce a Ti, conoce también al Padre, ya que –junto al Espíritu Santo– sois un solo Dios, una Trinidad. Pero sabes que, a veces, dudamos de quién eres, porque somos débiles. **Jesús, te lo ruego, aumenta mi fe.** ***Los confines de la tierra han contemplado la salvación de nuestro Dios*** *(Salmo 97,3cd).*

MAYO

7

DOMINGO

DOMINGO V DE PASCUA Tomo II - Salterio 1ª semana

Santos Flavia Domitila *mr*, Agustín Roscelli *pb*, Flavio *mr*. Beata Gisela *vd rl*

SANTA FLAVIA DOMITILA

Papa Francisco: Hay caminos que no llevan al Cielo: los caminos de la mundanidad, los caminos para autoafirmarse, los caminos del poder egoísta. Y está el camino de Jesús, el camino del amor humilde, de la oración, de la mansedumbre, de la confianza, del servicio a los demás. No es el camino de mi protagonismo, es el camino de Jesús como protagonista de mi vida. (10-05-2020)

PALABRA

• *Hechos* 6, 1-7: Al crecer el número de los discípulos, los de lengua griega se quejaron contra los de lengua hebrea, porque en el servicio diario no se atendían a sus viudas. Los Doce, convocando a la asamblea de los discípulos, dijeron: «No nos parece bien descuidar la palabra de Dios para ocuparnos del servicio de las mesas. Por tanto, hermanos, escoged a siete de vosotros, hombres de buena fama, llenos de espíritu y de sabiduría, y los encargaremos de esta tarea; nosotros nos dedicaremos a la oración y al servicio de la palabra». La propuesta les pareció bien a todos y eligieron a Esteban, hombre lleno de fe y de Espíritu Santo; a Felipe, Prócoro, Nicanor, Timón, Parmenas y Nicolás, prosélito de Antioquía. Se los presentaron a los apóstoles y ellos les impusieron las manos orando. La palabra de Dios iba creciendo y en Jerusalén se multiplicaba el número de discípulos; incluso muchos sacerdotes aceptaban la fe.

• *Salmo* 32, 1-5.18-19: ***Que tu misericordia, Señor, venga sobre nosotros, como lo esperamos de ti.***

• *1 Pedro* 2, 4-9: Acercándoos al Señor, piedra viva rechazada por los hombres, pero elegida y preciosa para Dios, también vosotros, como piedras vivas, entráis en la construcción de una casa espiritual para un sacerdocio santo, a fin de ofrecer sacrificios espirituales agradables a Dios por medio de Jesucristo. Por eso se dice en la Escritura: «Mira, pongo en Sion una piedra angular, elegida y preciosa; el que cree en ella no queda defraudado». Para vosotros, pues, los creyentes, ella es el honor, pero para los incrédulos "la piedra que desecharon los arquitectos es ahora la piedra angular", y también "piedra de choque y roca de estrellarse"; y ellos chocan al despreciar la palabra. A eso precisamente estaban expuestos. Vosotros, en cambio, sois un linaje elegido, un sacerdocio real, una nación santa, un pueblo adquirido por Dios para que anunciéis las proezas del que os llamó de las tinieblas a su luz maravillosa.

• **JUAN 14, 1-12:** Dijo Jesús a sus discípulos: «No se turbe vuestro corazón, creed en Dios y creed también en mí. En la casa de mi Padre hay muchas moradas; si no, os lo habría dicho, porque me voy a prepararos un lugar. Cuando vaya y os prepare un lugar, volveré y os llevaré conmigo, para que donde estoy yo, estéis también vosotros. Y adonde yo voy, ya sabéis el camino». Tomás le dice: «Señor, no sabemos adónde vas, ¿cómo podemos saber el camino?». Jesús le responde: «Yo soy el camino y la verdad y la vida. Nadie va al Padre, sino por mí. Si me conocierais a mí, conoceríais también a mi Padre. Ahora ya lo conocéis y lo habéis visto». Felipe le dice: «Señor, muéstranos al Padre y nos basta». Jesús le replica: «Hace tanto que estoy con vosotros, ¿y no me conoces, Felipe? Quien me ha visto a mí ha visto al Padre. ¿Cómo dices tú: "Muéstranos al Padre"? ¿No crees que yo estoy en el Padre, y el Padre en mí? Lo que yo os digo no lo hablo por cuenta propia. El Padre, que permanece en mí, él mismo hace las obras. Creedme: yo estoy en el Padre y el Padre en mí. Si no, creed a las obras. En verdad, en verdad os digo: el que cree en mí, también él hará las obras que yo hago, y aún mayores, porque yo me voy al Padre».

ORACIÓN

SEÑOR, nos dices que sólo podemos caminar hacia el Padre por medio de Ti: escuchando y viviendo tu Palabra. **Jesús, deseo unirme a Ti. Te lo suplico, ayúdame a acoger tu Palabra en mi corazón.**

Lunes 5º de Pascua Tomo II - Salterio 1ª semana

**Ntra. Sra. de los Desamparados,
Patrona de Valencia; de Luján,
Patrona de Argentina.
Santos Eladio *ob*, Víctor *mr*, Arsenio *di*.**

Papa Francisco: La fe no es una cosa estática. La doctrina no es una cosa estática. Crece. Crece como crecen los árboles. Siempre es el mismo, pero cada vez más grande, con más fruto. Pero siempre es el mismo y crece en la misma dirección. El Espíritu Santo nos enseñará las cosas que Jesús nos ha enseñado. Desarrollará en nosotros la comprensión de aquello que Jesús nos ha enseñado. Hará crecer en nosotros, hasta la madurez, la doctrina del Señor. (11-05-2020)

PALABRA

Dijo Jesús a sus discípulos: «El que acepta mis mandamientos y los guarda, ese me ama; y el que me ama, será amado por mi Padre, y yo también lo amaré y me manifestaré a él». Le dijo Judas, no el Iscariote: «Señor, ¿qué ha sucedido para que te reveles a nosotros y no al mundo?». Respondió Jesús y le dijo: «El que me ama guardará mi palabra, y mi Padre lo amará, y vendremos a él y haremos morada en él. El que no me ama, no guarda mis palabras. Y la palabra que estáis oyendo no es mía, sino del Padre que me envió. Os he hablado de esto ahora que estoy a vuestro lado, pero el Paráclito, el Espíritu Santo, que enviará el Padre en mi nombre, será quien os lo enseñe todo y os vaya recordando todo lo que os he dicho».

Hechos 14, 5-18; ***Salmo*** 113b, 1-4.15-16 • **JUAN 14, 21-26**

ORACIÓN

SEÑOR, nos dices que nuestro amor a Ti debe ser mucho más que un mero sentimiento, pues nos pides que hablemos y actuemos de un modo coherente con tu Evangelio. Y para ello debemos meditarlo, aceptarlo y vivirlo, aunque a veces cueste hacerlo. **Jesús, te lo ruego, ayúdame a amarte de todo corazón, quiero formar parte de tu Reino.** ***No a nosotros, Señor, sino a tu nombre da la gloria*** *(Salmo 113b, 1ab).*

SANTA LUISA DE MARILLAC

Santos Luisa de Marillac ***rl*****, Isaías** ***prof*****, Hermes** ***NT*****, Pacomio** ***ab*****, Catalina de Bolonia** ***vg*****.**

Papa Francisco: La paz de Dios es una paz real, que va en la realidad de la vida, que no niega la vida. Porque la vida es así: hay sufrimiento, hay enfermos, hay muchas cosas feas, hay guerras, pero esa paz de dentro, que es un regalo, no se pierde, sino que se sigue adelante llevando la cruz y el sufrimiento. Una paz sin cruz no es la paz de Jesús: es una paz que se puede comprar. Quizás podemos fabricarla nosotros, pero no es duradera: termina. (16-05-2017)

PALABRA

Dijo Jesús a sus discípulos: «La paz os dejo, mi paz os doy; no os la doy yo como la da el mundo. Que no se turbe vuestro corazón ni se acobarde. Me habéis oído decir: "Me voy y vuelvo a vuestro lado". Si me amarais, os alegraríais de que vaya al Padre, porque el Padre es mayor que yo. Os lo he dicho ahora, antes de que suceda, para que cuando suceda creáis. Ya no hablaré mucho con vosotros, pues se acerca el príncipe de este mundo; no es que él tenga poder sobre mí, pero es necesario que el mundo comprenda que yo amo al Padre, y que, como el Padre me ha ordenado, así actúo».

Hechos 14, 19-28; *Salmo* 144, 10-13.21 • **JUAN 14, 27-31a**

ORACIÓN

SEÑOR, tus discípulos sufrieron tu pérdida cuando subiste al Padre, pero después les enviaste al Espíritu Santo y Él les iluminó, enseñándoles a amarte y a vivir en tu Paz. **Jesús, deseo experimentar la Presencia del Espíritu Santo dentro de mí. Ayúdame a vivir en tu Paz.** ***Tus amigos, Señor, proclaman la gloria de tu reinado*** *(Salmo 144, 12).*

MAYO

10

MIÉRCOLES

SAN JUAN DE ÁVILA
Patrono de los sacerdotes españoles
Santos Antonino de Florencia *ob*, Job *AT*, Solongia *vg mr*

Papa Francisco: Es necesario permanecer en Cristo resucitado y en su amor. Jesús lo había repetido con insistencia a sus discípulos: «Permaneced en mí... Permaneced en mi amor» (Jn 15, 4. 9). Este es el secreto de los santos: permanecer en Cristo, unidos a Él como los sarmientos a la vid, para dar mucho fruto (cf. Jn 15, 1-8). Y este fruto no es otra cosa que el amor (17-5-2015).

PALABRA

Dijo Jesús a sus discípulos: «Yo soy la verdadera vid, y mi Padre es el labrador. A todo sarmiento mío que no da fruto en mí lo arranca, y a todo el que da fruto lo poda, para que dé más fruto. Vosotros ya estáis limpios por la palabra que os he hablado; permaneced en mí, y yo en vosotros. Como el sarmiento no puede dar fruto por sí, si no permanece en la vid, así tampoco vosotros, si no permanecéis en mí. Yo soy la vid, vosotros los sarmientos; el que permanece en mí y yo en él, ese da fruto abundante; porque sin mí no podéis hacer nada. Al que no permanece en mí lo tiran fuera, como el sarmiento, y se seca; luego los recogen y los echan al fuego, y arden. Si permanecéis en mí, y mis palabras permanecen en vosotros, pedid lo que deseáis, y se realizará. Con esto recibe gloria mi Padre, con que deis fruto abundante; así seréis discípulos míos».

Hechos 15,1-6; ***Salmo*** 121,1-5 • JUAN 15,1-8

ORACIÓN

SEÑOR, sabes que a veces busco y no encuentro porque me fijo en la apariencia de un mundo que va deprisa. Me olvido de que, permaneciendo en tu palabra, tengo una fuente inagotable de vida plena. **Jesús, ayúdame a permanecer en ella para poder darte gloria con mi existencia.** ***Vamos alegres a la casa del Señor.*** *(Salmo 121, 1bc).*

MAYO
11
JUEVES

Santos Francisco de Jerónimo *pb*, Mamerto *ob.* Beato Ceferino Namuncurá

Papa Francisco: La paz, el amor y la alegría no vienen, de hecho, «del mundo» sino del Padre. Es el Espíritu Santo quien realiza esta paz; quien realiza este amor que viene del Padre; quien lleva a cabo el amor entre el Padre y el Hijo y que luego llega a nosotros; que nos da la alegría. Sí, es el Espíritu Santo, siempre el mismo; ¡el gran olvidado de nuestra vida! [...] El Espíritu Santo es verdaderamente ¡el gran olvidado! Pero es Él el don que nos da la paz, que nos enseña a amar y nos colma de alegría. (22-05-2014)

PALABRA

Dijo Jesús a sus discípulos: «Como el Padre me ha amado, así os he amado yo; permaneced en mi amor. Si guardáis mis mandamientos, permaneceréis en mi amor; lo mismo que yo he guardado los mandamientos de mi Padre y permanezco en su amor. Os he hablado de esto para que mi alegría esté en vosotros, y vuestra alegría llegue a plenitud».

Hechos 15,7-21; *Salmo* 95,1-3.10 • **JUAN 15,9-11**

ORACIÓN

SEÑOR, durante tu vida pública hiciste siempre la voluntad del Padre, y eso te llevó a morir por nosotros en la Cruz. Y a resucitar. **Jesús, deseo vivir plenamente tu Alegría. Ayúdame a hacer siempre la voluntad del Padre.** ***Contad las maravillas del Señor a todas las naciones*** *(Salmo 95,3).*

MAYO

12

VIERNES

Viernes 5° de Pascua Tomo II - Salterio 1ª semana

Santos NEREO Y AQUILES *mrs,*
PANCRACIO *mr,*
Domingo de la Calzada *pb,* **Germán** *ob.*
BB. Imelda Lambertini *vg,*
Juana de Portugal *mj,* **Álvaro del Portillo** *ob.*

Papa Francisco: Jesús nos muestra el camino para seguirle, el camino del amor. Su mandamiento no es un simple precepto, que siempre es algo abstracto o ajeno a la vida. El mandamiento de Cristo es nuevo porque Él fue el primero en realizarlo, le dio carne, y así la ley del amor se escribe una vez y para siempre en el corazón del hombre. (10-05-2015)

PALABRA

Dijo Jesús a sus discípulos: «Este es mi mandamiento: Que os améis unos a otros como yo os he amado. Nadie tiene amor más grande que el que da la vida por sus amigos. Vosotros sois mis amigos si hacéis lo que yo os mando. Ya no os llamo siervos, porque el siervo no sabe lo que hace su señor: a vosotros os llamo amigos, porque todo lo que he oído a mi Padre os lo he dado a conocer. No sois vosotros los que me habéis elegido, soy yo quien os he elegido; y os he destinado para que vayáis y deis fruto, y vuestro fruto permanezca. De modo que lo que pidáis al Padre en mi nombre, os lo dé. Esto os mando: que os améis unos a otros».

Hechos 15, 22-31; *Salmo* 56, 8-12 • **JUAN 15, 12-17**

ORACIÓN

SEÑOR, nos das a conocer tu Palabra porque deseas que seamos tus amigos, viviendo en sintonía con la voluntad del Padre, es decir, viviendo según su Amor misericordioso. **Jesús, te doy gracias por la amistad que me ofreces y por la felicidad que siento al estar junto a Ti.** ***Te daré gracias ante todos los pueblos, Señor*** *(Salmo 56, 10a).*

NTRA. SRA. DE FÁTIMA.
Santos Pedro Regalado *pb*,
Inés de Poitiers *ab*

MAYO
13
SÁBADO

Papa Francisco: La mundanidad es una cultura; es una cultura de lo efímero, una cultura de la apariencia, del maquillaje, una cultura de "hoy sí, mañana no, mañana sí y hoy no". Tiene valores superficiales. Una cultura que no conoce la fidelidad, porque cambia según las circunstancias, lo negocia todo. Esta es la cultura mundana, la cultura de la mundanidad. Y Jesús insiste en defendernos de esto y reza para que el Padre nos defienda de esta cultura de la mundanidad. Es una cultura de usar y tirar, según la conveniencia. Es una cultura sin lealtad, no tiene raíces. (16-05-2020)

PALABRA

Dijo Jesús a sus discípulos: «Si el mundo os odia, sabed que me ha odiado a mí antes que a vosotros. Si fuerais del mundo, el mundo os amaría como cosa suya, pero como no sois del mundo, sino que yo os he escogido sacándoos del mundo, por eso el mundo os odia. Recordad lo que os dije: "No es el siervo más que su amo". Si a mí me han perseguido, también a vosotros os perseguirán; si han guardado mi palabra, también guardarán la vuestra. Y todo eso lo harán con vosotros a causa de mi nombre, porque no conocen al que me envió».

Hechos 16,1-10; ***Salmo*** 99,1-5 • **JUAN 15,18-21**

ORACIÓN

SEÑOR, quieres que formemos parte de tu Reino de Amor, y que rechacemos el reino del mal. Pero sabes muy bien que, cuando lo hacemos, el mal se revuelve contra nosotros y entonces sufrimos, por amor a Ti. **Jesús, dame fortaleza para permanecer en tu Reino. Que nunca deje de amarte.** ***Aclama al Señor, tierra entera*** *(Salmo 99,1).*

MAYO
14
DOMINGO

DOMINGO VI DE PASCUA

Tomo II - Salterio 2ª semana

San Matías Apostol
Santas María Dominica Mazzarello *rl*,
Justa y Enedina *mrs*

SAN MATÍAS, APOSTOL

Papa Francisco: Cuántas personas se han alejado, por ejemplo, de alguna parroquia o comunidad por el ambiente de habladurías, de celos, de envidias que han encontrado. También para un cristiano el saber amar no es un dato adquirido una vez para siempre; hay que volver a empezar cada día, hay que ejercitarse para que nuestro amor hacia los hermanos y las hermanas que encontramos se vuelva maduro y purificado de aquellos límites o pecados que lo hacen parcial, egoísta, estéril e infiel. Cada día se debe aprender el arte de amar. (21-05-2017)

PALABRA

• ***Hechos*** 8, 5-8.14-17: Felipe bajó a la ciudad de Samaría y les predicaba a Cristo. El gentío unánimemente escuchaba con atención lo que decía Felipe, porque habían oído hablar de los signos que hacía y los estaban viendo: de muchos poseídos salían los espíritus inmundos lanzando gritos, y muchos paralíticos y lisiados se curaban. La ciudad se llenó de alegría. Cuando los apóstoles, que estaban en Jerusalén, se enteraron de que Samaría había recibido la palabra de Dios, enviaron a Pedro y a Juan; ellos bajaron hasta allí y oraron por ellos, para que recibieran el Espíritu Santo; pues aún no había bajado sobre ninguno; estaban solo bautizados en el nombre del Señor Jesús. Entonces les imponían las manos y recibían el Espíritu Santo.

• ***Salmo*** 65, 1-7.16.20: ***Aclamad al Señor, tierra entera.***

• ***1 Pedro*** 3, 15-18: Glorificad a Cristo el Señor en vuestros corazones, dispuestos siempre para dar explicación a todo el que os pida una razón de vuestra esperanza, pero con delicadeza y con respeto, teniendo buena conciencia, para que, cuando os calumnien, queden en ridículo los que atentan contra vuestra buena conducta en Cristo. Pues es mejor sufrir haciendo el bien, si así lo quiere Dios, que sufrir haciendo el mal. Porque también Cristo sufrió su pasión, de una vez para siempre, por los pecados, el justo por los injustos, para conduciros a Dios. Muerto en la carne, pero vivificado en el Espíritu.

• **JUAN 14, 15-21:** Dijo Jesús a sus discípulos: «Si me amáis, guardaréis mis mandamientos. Y yo le pediré al Padre que os dé otro Paráclito que esté siempre con vosotros, el Espíritu de la verdad. El mundo no puede recibirlo porque no lo ve ni lo conoce; vosotros, en cambio, lo conocéis porque mora con vosotros y está en vosotros. No os dejaré huérfanos, volveré a vosotros. Dentro de poco el mundo no me verá, pero vosotros me veréis, y viviréis, porque yo sigo viviendo. Entonces sabréis que yo estoy en mi Padre, y vosotros en mí y yo en vosotros. El que acepta mis mandamientos y los guarda, ese me ama; y el que me ama será amado por mi Padre, y yo también lo amaré y me manifestaré a él».

ORACIÓN

SEÑOR, deseas que te amemos guardando tus mandamientos, es decir, viviendo según tu Evangelio: con un verdadero amor caritativo, generoso y misericordioso. **Jesús, te pido perdón por las veces en que me dejo llevar por mi amor egoísta. Ayúdame a guardar tus mandamientos.**

Pediré al Padre que os conceda el Espíritu de la verdad

MAYO **15** LUNES

Lunes 6° de Pascua — **Tomo II - Salterio 2ª semana**

San Isidro Labrador
Santos Juana de Lestonnac *rl*,
Indalecio, Torcuato y Eufrasio *obs mrs*

Papa Francisco: El Espíritu Santo ha ungido interiormente a Jesús, y unge a los discípulos, para que tengan los mismos sentimientos de Jesús. Con la unción del Espíritu, la santidad de Jesucristo se imprime en nuestra humanidad y nos hace capaces de amar a los hermanos con el mismo amor con que Dios nos ama. Por tanto, es necesario realizar gestos de humildad, de fraternidad, de perdón, de reconciliación. Pidamos al Padre que nos unja para que seamos plenamente hijos suyos, cada vez más conformados con Cristo, para sentirnos todos hermanos y así alejar de nosotros rencores y divisiones (24-5-2014).

PALABRA

Dijo Jesús a sus discípulos: «Cuando venga el Paráclito, que os enviaré desde el Padre, el Espíritu de la verdad, que procede del Padre, él dará testimonio de mí; y también vosotros daréis testimonio, porque desde el principio estáis conmigo. Os he hablado de esto, para que no os escandalicéis. Os excomulgarán de la sinagoga; más aún, llegará incluso una hora cuando el que os dé muerte pensará que da culto a Dios. Y esto lo harán porque no han conocido ni al Padre ni a mí. Os he hablado de esto para que, cuando llegue la hora, os acordéis de que yo os lo había dicho».

Hechos 16,11-15; ***Salmo*** 149,1-6.9 • JUAN 15, 26-16,4a

ORACIÓN

SEÑOR, concédenos que tu Espíritu renueve y rejuvenezca nuestro ser para seamos capaces de vivir la esperanza de resucitar y que ésta nos aliente para luchar en la vida presente. ***El Señor ama a su pueblo*** *(Salmo 149, 4a).*

Santos Simón Stock *pb*, Gema Galgani *vg*, Andrés Bobola *pb mr*, Alipio y Posidio *obs*. Beato Gil de Santarem *pb*

Papa Francisco: Estad atentos. Debemos estar atentos al diablo. "¿Qué debo hacer, padre?". Siempre viene esta pregunta: "Padre, ¿qué hago ante este diablo derrotado, pero astuto, mentiroso, seductor que quiere tomarme para sí? ¿Qué debo hacer?". Jesús nos dice, lo dice a los apóstoles, qué hacer: vigilar y rezar. "Vigilad y rezad": primera cosa. Y cuando rezamos el Padre Nuestro pedimos la gracia de no caer en tentación, que nos proteja para no resbalar en la tentación. (08-05-2018)

PALABRA

Dijo Jesús a sus discípulos: «Ahora me voy al que me envió, y ninguno de vosotros me pregunta: "¿Adónde vas?". Sino que, por haberos dicho esto, la tristeza os ha llenado el corazón. Sin embargo, os digo la verdad: os conviene que yo me vaya; porque si no me voy, no vendrá a vosotros el Paráclito. En cambio, si me voy, os lo enviaré. Y cuando venga, dejará convicto al mundo acerca de un pecado, de una justicia y de una condena. De un pecado, porque no creen en mí; de una justicia, porque me voy al Padre, y no me veréis; de una condena, porque el príncipe de este mundo está condenado».

Hechos 16, 22-34; ***Salmo*** 137, 1-3.7-8 • **JUAN 16, 5-11**

ORACIÓN

SEÑOR, tus discípulos se entristecieron cuando les anunciaste que te ibas. Pero Tú les animaste a contemplar tu partida con optimismo, pues, junto al Padre, les ibais a enviar al Espíritu Santo. **Jesús, en los momentos de crisis espiritual, en los que te siento muy lejos de mí, ayúdame a recordar que soy templo del Espíritu Santo.** ***Tu derecha me salva, Señor*** *(Salmo 137, 7c).*

Miércoles 6° de Pascua Tomo II - Salterio 2ª semana

Santos PASCUAL BAILÓN *rl*, **Víctor** *mr*, **Heraclio y Pablo** *mrs*

Papa Francisco: El Espíritu Santo unge. Ha ungido interiormente a Jesús, y unge a los discípulos, para que tengan los mismos sentimientos de Jesús y puedan así asumir en su vida las actitudes que favorecen la paz y la comunión. Con la unción del Espíritu, la santidad de Jesucristo se imprime en nuestra humanidad y nos hace capaces de amar a los hermanos con el mismo amor con que Dios nos ama. Por tanto, es necesario realizar gestos de humildad, de fraternidad, de perdón, de reconciliación. (24-05-2014)

PALABRA

Dijo Jesús a sus discípulos: «Muchas cosas me quedan por deciros, pero no podéis cargar con ellas por ahora; cuando venga él, el Espíritu de la verdad, os guiará hasta la verdad plena. Pues no hablará por cuenta propia, sino que hablará de lo que oye y os comunicará lo que está por venir. Él me glorificará, porque recibirá de lo mío y os lo anunciará. Todo lo que tiene el Padre es mío. Por eso os he dicho que recibirá y tomará de lo mío y os lo anunciará».

Hechos 17,15.22-18,1; ***Salmo*** 148,1-2.11-14 • **JUAN 16,12-15**

ORACIÓN

SEÑOR, anunciaste a tus discípulos que el Espíritu Santo iba a continuar tu labor en este mundo, pues es el Espíritu del Padre y el tuyo, que habita en nosotros y nos une a vosotros. **Jesús, deseo sentir cómo el Espíritu Santo te glorifica dentro de mí. Unido a Él, yo también te glorifico.** ***Llenos están el cielo y la tierra de tu gloria*** *(Isaías 6,3c).*

SANTA MARÍA JOSEFA C. J.

Santos JUAN I *pp mr*, Rafaela M.ª *vg*, M.ª Josefa del Corazón de Jesús *vg*, Félix de Cantalice *rl*, Eric *re*

Papa Francisco: Tampoco nosotros encontraremos la vida si permanecemos tristes y sin esperanza y encerrados en nosotros mismos. Abramos en cambio al Señor nuestros sepulcros sellados —cada uno de nosotros los conoce—, para que Jesús entre y lo llene de vida; llevémosle las piedras del rencor y las losas del pasado, las rocas pesadas de las debilidades y de las caídas. Él desea venir y tomarnos de la mano, para sacarnos de la angustia. (26-03-2016)

PALABRA

Dijo Jesús a sus discípulos: «Dentro de poco ya no me veréis, pero dentro de otro poco me volveréis a ver». Comentaron entonces algunos discípulos: «¿Qué significa eso de "dentro de poco ya no me veréis, pero dentro de otro poco me volveréis a ver", y eso de "me voy al Padre"?». Y se preguntaban: «¿Qué significa ese "poco"? No entendemos lo que dice». Comprendió Jesús que querían preguntarle y les dijo: «¿Estáis discutiendo de eso que os he dicho: "Dentro de poco ya no me veréis, y dentro de otro poco me volveréis a ver"? En verdad, en verdad os digo: vosotros lloraréis y os lamentaréis, mientras el mundo estará alegre; vosotros estaréis tristes, pero vuestra tristeza se convertirá en alegría».

Hechos 18,1-8; ***Salmo*** 97,1bcde-4 • **JUAN 16,16-20**

ORACIÓN

SEÑOR, mientras tus discípulos se preocupaban por lo que te iba a pasar, Tú les animabas a contemplar el futuro con optimismo y amplitud de miras, porque su momentánea tristeza se iba a transformar en una eterna alegría. **Jesús, te pido perdón por las veces en las que, preocupado con mis problemas actuales, no contemplo el futuro con esperanza.** ***El Señor revela a las naciones su salvación*** *(Salmo 97,2b).*

MAYO

19

VIERNES

Viernes 6° de Pascua Tomo II - Salterio 2ª semana

Santos Francisco Coll *pb*, Urbano I *pp*, Celestino V *pp*, Ivón *pb*

Papa Francisco: Para comprender la tristeza que se transforma en alegría, Jesús toma el ejemplo de la mujer que da a luz: Es verdad, en el parto la mujer sufre tanto, pero después, cuando el niño está con ella, se olvida. Lo que queda, por tanto, es la alegría de Jesús, una alegría purificada. Esa es la alegría que queda. Una alegría escondida en algunos momentos de la vida, que no se siente en los momentos feos, pero que viene después, una alegría en la esperanza. (30-05-2014)

Dijo Jesús a sus discípulos: «En verdad, en verdad os digo: vosotros lloraréis y os lamentaréis, mientras el mundo estará alegre; vosotros estaréis tristes, pero vuestra tristeza se convertirá en alegría. La mujer, cuando va a dar a luz, siente tristeza, porque ha llegado su hora; pero, en cuanto da a luz al niño, ni se acuerda del apuro, por la alegría de que al mundo le ha nacido un hombre. También vosotros ahora sentís tristeza; pero volveré a veros, y se alegrará vuestro corazón, y nadie os quitará vuestra alegría. Ese día no me preguntaréis nada».

Hechos 18,9-18; ***Salmo*** 46,2-7 • **JUAN 16,20-23a**

SEÑOR, de diversos modos nos dices que el camino de la salvación requiere pasar por momentos de tristeza y sufrimiento, para después disfrutar de la alegría y la felicidad de tu Reino. **Jesús, te lo suplico, dame fortaleza y esperanza para superar las dificultades que se me presentan en la vida.** ***Dios es el rey del mundo*** *(Salmo 46, 8a).*

Santos BERNARDINO DE SIENA ***pb*****,**
Lidia ***NT*****, Áurea** ***mr***

Papa Francisco: La fe es un don y no se aprende en los libros. Un don del Señor que se debe pedir. "Dame la fe. Creo, Señor, ayuda mi poca fe". Por ello, debemos pedir al Señor la gracia de rezar con fe, de estar seguros que cada cosa que pedimos a Él nos será dada, con esa seguridad que nos da la fe. Y esta es nuestra victoria: nuestra fe. (14-01-2016)

PALABRA

Dijo Jesús a sus discípulos: «En verdad, en verdad os digo: si pedís algo al Padre en mi nombre, os lo dará. Hasta ahora no habéis pedido nada en mi nombre; pedid, y recibiréis, para que vuestra alegría sea completa. Os he hablado de esto en comparaciones; viene la hora en que ya no hablaré en comparaciones, sino que os hablaré del Padre claramente. Aquel día pediréis en mi nombre, y no os digo que yo rogaré al Padre por vosotros, pues el mismo Padre os quiere, porque vosotros me queréis y creéis que yo salí de Dios. Salí del Padre y he venido al mundo, otra vez dejo el mundo y me voy al Padre».

Hechos 18,23-28; **Salmo** 46,2-3.8-10 • **JUAN 16, 23b-28**

ORACIÓN

SEÑOR, decías a tus discípulos que llegaría el día en que, llenos del Espíritu Santo, comprenderían que el Padre y Tú estáis unidos. **Jesús, deseo estar unido a Ti, como Tú estás unido al Padre, en el Amor del Espíritu Santo.** ***Dios es el rey del mundo*** *(Salmo 46, 8a).*

MAYO
21
DOMINGO

DOMINGO VII DE PASCUA Tomo II - Salterio 3ª semana

Santos CRISTÓBAL MAGALLANES y *co mrs,* Eugenio de Mazenod *ob.* Beato Jacinto M.ª Cormier *pb*

JORNADA MUNDIAL DE LAS COMUNICACIONES SOCIALES

SAN CRISTÓBAL MAGALLANES

SOLEMNIDAD DE LA ASCENSIÓN DEL SEÑOR

Papa Francisco: Con la promesa de permanecer con nosotros hasta el fin de los tiempos, Jesús inaugura el estilo de su presencia en el mundo como el Resucitado. Jesús está presente en el mundo pero con otro estilo, el estilo del Resucitado, es decir, una presencia que se revela en la Palabra, en los sacramentos, en la acción constante e interior del Espíritu Santo. La fiesta de la Ascensión nos dice que Jesús, aunque ascendió al cielo para morar gloriosamente a la derecha del Padre, está todavía y siempre entre nosotros: de ahí viene nuestra fuerza, nuestra perseverancia y nuestra alegría, precisamente de la presencia de Jesús entre nosotros con el poder del Espíritu Santo. (24-05-2020)

PALABRA

• ***Hechos* 1, 1-11:** En mi primer libro, Teófilo, escribí de todo lo que Jesús hizo y enseñó desde el comienzo hasta el día en que fue llevado al cielo, después de haber dado instrucciones a los apóstoles que había escogido, movido por el Espíritu Santo. Se les presentó él mismo después de su pasión, dándoles numerosas pruebas de que estaba vivo, apareciéndoseles durante cuarenta días y hablándoles del reino de Dios. Una vez que comían juntos les recomendó que no se alejaran de Jerusalén, sino: «aguardad que se cumpla la promesa del Padre, de la que me habéis oído hablar, porque Juan bautizó con agua, pero vosotros seréis bautizados con Espíritu Santo dentro de no muchos días». Los que se habían reunido le preguntaron, diciendo: «Señor, ¿es ahora cuando vas a restaurar el reino de Israel?». Les dijo: «No os toca a vosotros conocer los tiempos o momentos que el Padre ha establecido con su propia autoridad; en cambio, recibiréis la fuerza del Espíritu Santo que va a venir sobre vosotros y seréis mis testigos en Jerusalén, en toda Judea y Samaría y "hasta el confín de la tierra"». Dicho esto, a la vista de ellos, fue elevado al cielo, hasta que una nube se lo quitó de la vista. Cuando miraban fijos al cielo, mientras él se iba marchando, se les presentaron dos hombres vestidos de blanco, que les dijeron: «Galileos, ¿qué hacéis ahí plantados mirando al cielo? El mismo Jesús que ha sido tomado de entre vosotros y llevado al cielo, volverá como lo habéis visto marcharse al cielo».

• *Salmo* 46, 2-3.6-9: ***Dios asciende entre aclamaciones; el Señor, al son de trompetas.***

• *Efesios* 1, 17-23: El Dios de nuestro Señor Jesucristo, el Padre de la gloria, os dé espíritu de sabiduría y revelación para conocerlo, e ilumine los ojos de vuestro corazón para que comprendáis cuál es la esperanza a la que os llama, cuál la riqueza de gloria que da en herencia a los santos, y cuál la extraordinaria grandeza de su poder en favor de nosotros, los creyentes, según la eficacia de su fuerza poderosa, que desplegó en Cristo, resucitándolo de entre los muertos y sentándolo a su derecha en el cielo, por encima de todo principado, poder, fuerza y dominación, y por encima de todo nombre conocido, no solo en este mundo, sino en el futuro. Y «todo lo puso bajo sus pies», y lo dio a la Iglesia, como Cabeza, sobre todo. Ella es su cuerpo, plenitud del que llena todo en todos.

• **MATEO 28, 16-20:** Los once discípulos se fueron a Galilea, al monte que Jesús les había indicado. Al verlo, ellos se postraron, pero algunos dudaron. Acercándose a ellos, Jesús les dijo: «Se me ha dado todo poder en el cielo y en la tierra. Id, pues, y haced discípulos a todos los pueblos, bautizándolos en el nombre del Padre, y del Hijo y del Espíritu Santo; enseñándoles a guardar todo lo que os he mandado. Y sabed que yo estoy con vosotros todos los días, hasta el final de los tiempos».

ORACIÓN

SEÑOR, al ascender desde el reino terrenal al Reino Celestial, nos muestras que ambos reinos, aunque estén infinitamente distantes, están unidos por Ti. Por eso, aunque tu Reino no es de este mundo, está presente –aquí y ahora– en nuestro corazón. **Jesús, gracias por tu infinita cercanía.**

MAYO
22
LUNES

Lunes 7º de Pascua — **Tomo II - Salterio 3ª semana**

Santos JOAQUINA DE VEDRUNA *rl*, RITA DE CASIA *vl rl*, Quiteria *vg*, Domingo Ngôn *pf mr*

Papa Francisco: Jesús nos alienta a ser valientes: «Yo he vencido al mundo». Él está precisamente por encima de las tribulaciones, Él nos ayuda a seguir adelante. [...] En la vida debemos ir por los caminos de la tribulación, porque es la ley de la vida; pero se debe siempre recordar, confiarse al Señor. Y Él nos responde con la paz. El Señor es Padre, nos ama mucho y nunca defrauda. Que Dios refuerce nuestra fe y esperanza, dándonos la confianza de vencer las tribulaciones, porque él venció al mundo, donando a todos su paz. (05-05-2015)

PALABRA

Los discípulos dijeron a Jesús: «Ahora sí que hablas claro y no usas comparaciones. Ahora vemos que lo sabes todo y no necesitas que te pregunten; por ello creemos que has salido de Dios». Les contestó Jesús: «¿Ahora creéis? Pues mirad: está para llegar la hora, mejor, ya ha llegado, en que os disperséis cada cual por su lado y a mí me dejéis solo. Pero no estoy solo, porque está conmigo el Padre. Os he hablado de esto, para que encontréis la paz en mí. En el mundo tendréis luchas; pero tened valor: yo he vencido al mundo».

Hechos 19,1-8; ***Salmo*** 67, 2-5ac.6-7ab • **JUAN 16,29-33**

ORACIÓN

SEÑOR, dijiste a tus discípulos que iban a pasar por momentos muy malos en los que sufrirían mucho. Pero les pediste que contemplaran su situación con esperanza, sabiendo que Tú eres Dios todopoderoso y misericordioso. **Jesús, te lo ruego, ayúdame a no olvidar que estás siempre conmigo, con tu infinito poder y misericordia.** ***Reyes de la tierra, cantad a Dios*** *(Salmo 67, 33a).*

Santos Eutiquio *ab,* Lucio y *co mrs,* Desiderio *ob.*

Papa Francisco: Jesús reza, pide para que la tristeza y el aislamiento no nos gane el corazón. Nosotros queremos hacer lo mismo, queremos unirnos a la oración de Jesús, a sus palabras para decir juntos: "Padre santo, cuídalos con el poder de tu nombre... para que estén completamente unidos, como tú y yo", "y su gozo sea completo". Jesús reza y nos invita a rezar porque sabe que hay cosas que solo las podemos recibir como don, hay cosas que solo podemos vivir como regalo. (20-09-2015)

PALABRA

Levantando los ojos al cielo, dijo Jesús: «Padre, ha llegado la hora, glorifica a tu Hijo, para que tu Hijo te glorifique a ti y, por el poder que tú le has dado sobre toda carne, dé la vida eterna a todos los que le has dado. Esta es la vida eterna: que te conozcan a ti, único Dios verdadero, y a tu enviado, Jesucristo. Yo te he glorificado sobre la tierra, he llevado a cabo la obra que me encomendaste. Y ahora, Padre, glorifícame junto ti, con la gloria que yo tenía junto a ti antes que el mundo existiese. He manifestado tu nombre a los que me diste de en medio del mundo. Tuyos eran, y tú me los diste, y ellos han guardado tu palabra. Ahora han conocido que todo lo que me diste procede de ti, porque yo les he comunicado las palabras que tú me diste, y ellos las han recibido, y han conocido verdaderamente que yo salí de ti, y han creído que tú me has enviado. Te ruego por ellos; no ruego por el mundo, sino por estos que tú me diste, porque son tuyos. Y todo lo mío es tuyo, y lo tuyo mío; y en ellos he sido glorificado. Ya no voy a estar en el mundo, pero ellos están en el mundo, mientras yo voy a ti».

Hechos 20,17-27; *Salmo* 67,10-11.20-21 • **JUAN 17,1-11a**

ORACIÓN

SEÑOR, nos dices que la vida eterna consiste en conocer que el Padre es el único Dios verdadero y que Tú procedes de Él. No se trata de un mero conocimiento intelectual, sino, sobre todo, de una experiencia interior. **Jesús, ayúdame a participar –aquí y ahora– de la vida eterna, experimentando tu Presencia en mi corazón y dejándome guiar por Ti.**
Reyes de la tierra, cantad a Dios *(Salmo 67, 33a).*

MAYO
24
MIÉRCOLES

Miércoles 7º de Pascua **Tomo II - Salterio 3ª semana**

María Auxiliadora. Santos Vicente de Lérins *pb mj*, Simeón Estilita *pb er*, Juana mujer de Cusa *NT*, Traslación de Santo Domingo

Papa Francisco: En nuestros días, muchas veces vemos cómo el mundo cuestiona nuestra fe, y de múltiples maneras se nos pide entrar en componendas con la fe, diluir las exigencias radicales del Evangelio y acomodarnos al espíritu de nuestro tiempo. Sin embargo, los mártires nos invitan a poner a Cristo por encima de todo y a ver todo lo demás en relación con él y con su Reino eterno. Nos hacen preguntarnos si hay algo por lo que estaríamos dispuestos a morir. (16-08-2014)

PALABRA

Levantando los ojos al cielo, oró Jesús diciendo: «Padre santo, guárdalos en tu nombre, a los que me has dado, para que sean uno, como nosotros. Cuando estaba con ellos, yo guardaba en tu nombre a los que me diste, y los custodiaba, y ninguno se perdió, sino el hijo de la perdición, para que se cumpliera la Escritura. Ahora voy a ti, y digo esto en el mundo para que tengan en sí mismos mi alegría cumplida. Yo les he dado tu palabra, y el mundo los ha odiado porque no son del mundo, como tampoco yo soy del mundo. No ruego que los retires del mundo, sino que los guardes del maligno. No son del mundo, como tampoco yo soy del mundo. Santifícalos en la verdad: tu palabra es verdad. Como tú me enviaste al mundo, así yo los envío también al mundo. Y por ellos yo me santifico a mí mismo, para que también ellos sean santificados en la verdad».

Hechos 20, 28-38; ***Salmo*** 67, 29-30.33-36 • **JUAN 17, 11b-19**

ORACIÓN

SEÑOR, deseas que tus discípulos seamos uno, como el Padre y Tú sois uno. Pero a veces reina entre nosotros la división y la discordia. **Jesús, perdóname por dejarme guiar a veces por el maligno, que todo lo divide, todo lo enfrenta y todo lo pudre.** ***Reyes de la tierra, cantad a Dios*** *(Salmo 67, 33a).*

SANTA MAGDALENA SOFÍA

Santos BEDA *pb dc*, **GREGORIO VII** *pp*, **M.ª MAGDALENA DE PAZZI** *vg*, **Magdalena Sofía** *vg*, **Vicenta M.ª López Vicuña** *vg*

Papa Francisco: Jesús ora por sus discípulos; ora por todos los que vendrán, que vendrán por la predicación de los apóstoles; ora por la Iglesia. Y ¿qué pide el Señor al Padre? La unidad de la Iglesia: que la Iglesia sea una, que no haya divisiones, que no haya altercados. Para esto es necesaria la oración del Señor, porque la unidad en la Iglesia no es fácil. (05-06-2014)

PALABRA

Jesús, levantando los ojos al cielo, oró diciendo: «no solo por ellos ruego, sino también por los que crean en mí por la palabra de ellos, para que todos sean uno, como tú, Padre, en mí, y yo en ti, que ellos también sean uno en nosotros, para que el mundo crea que tú me has enviado. Yo les he dado la gloria que tú me diste, para que sean uno, como nosotros somos uno: yo en ellos y tú en mí, para que sean completamente uno, de modo que el mundo sepa que tú me has enviado y los has amado como me has amado a mí. Padre, este es mi deseo: que los que me has dado estén conmigo, donde yo estoy, y contemplen mi gloria, la que me diste, porque me amabas, antes de la fundación del mundo. Padre justo, si el mundo no te ha conocido, yo te he conocido, y estos han conocido que tú me enviaste. Les he dado a conocer y les daré a conocer tu nombre, para que el amor que me tenías esté en ellos y yo en ellos».

Hechos 22,30; 23,6-11; *Salmo* 15,1b-2a.5.7-11 • **JUAN 17, 20-26**

ORACIÓN

SEÑOR, nos dices que la unión que vivimos tus discípulos ayuda al mundo a creer en Ti, porque dicha unión sólo puede ser fruto del vínculo que hay entre el Padre y Tú, esto es: vuestro Espíritu de Amor, el Espíritu Santo. **Jesús, te doy gracias por mantenerme unido –con tu Amor– a la Iglesia.** ***Protégeme, Dios mío, que me refugio en ti*** *(Salmo 15,1b).*

Viernes 7º de Pascua Tomo II - Salterio 3ª semana

**Santos FELIPE NERI *pb*,
Mariana de Jesús Paredes *vg*,
Pedro Mártir Sans *ob mr*, Felicísima *mr***

Papa Francisco: ¿Cómo me mira hoy Jesús? Hoy en la oración encontré tres miradas diferentes de Jesús hacia Pedro. [...] La primera, la mirada de la elección, con el entusiasmo de seguir a Jesús; la segunda, la mirada del arrepentimiento en el momento del pecado tan grave de haber renegado a Jesús; la tercera es la mirada de la misión: "Pastorea mis ovejas"». Pero no termina ahí. Jesús va más allá: tú haces todo esto por amor y después, ¿serás coronado rey? No. Es más, el Señor afirma con claridad: «Te digo: cuando eras joven, tú mismo te ceñías e ibas adonde querías; pero cuando seas viejo, extenderás las manos, otro te ceñirá y te llevará adonde no quieres». Como diciendo: También tú, como yo, estarás en aquel patio en el cual yo fijé mi mirada sobre ti: cerca de la cruz. (22-05-2015)

PALABRA

Habiéndose aparecido Jesús a sus discípulos, después de comer, le dice a Simón Pedro: «Simón, hijo de Juan, ¿me amas más que estos?». Él le contestó: «Sí, Señor, tú sabes que te quiero». Jesús le dice: «Apacienta mis corderos». Por segunda vez le pregunta: «Simón, hijo de Juan, ¿me amas?». Él le contesta: «Sí, Señor, tú sabes que te quiero». Él le dice: «Pastorea mis ovejas». Por tercera vez le pregunta: «Simón, hijo de Juan, ¿me quieres?». Se entristeció Pedro de que le preguntara por tercera vez: "¿Me quieres?", y le contestó: «Señor, tú conoces todo, tú sabes que te quiero». Jesús le dice: «Apacienta mis ovejas. En verdad, en verdad te digo: cuando eras joven, tú mismo te ceñías e ibas adonde querías; pero, cuando seas viejo, extenderás las manos, otro te ceñirá y te llevará adonde no quieras». Esto dijo aludiendo a la muerte con que iba a dar gloria a Dios. Dicho esto, añadió: «Sígueme».

Hechos 25,13b-21; ***Salmo*** 102,1bc-2.11-12.19-20ab • **JUAN 21,15-19**

ORACIÓN

SEÑOR, ¿cuánto te deseo?, ¿cuánto te quiero?, ¿cuánto te amo? Bien sabes que, cuando me hago esta pregunta, mi respuesta no es siempre la misma, porque en mi corazón a veces hay amores egoístas que me separan de Ti. **Jesús, dame de tu Amor, para que siempre te pueda amar con todo mi ser.** ***El Señor puso en el cielo su trono*** *(Salmo 102, 19a).*

Santos AGUSTÍN DE CANTERBURY *ob*, Bruno *ob*, Bárbara Kim y Bárbara Yi *mrs*

Papa Francisco: Tenemos este gran don, que es el Espíritu de Dios, pero somos frágiles, somos pecadores y tenemos también la tentación del espíritu del mundo. Y en este combate espiritual, en esta guerra del espíritu, hay que ser vencedores como Jesús. Por esto es muy útil el examen de conciencia, por la noche ver de nuevo la jornada y decir: "Sí, hoy he sido tentado aquí, he ganado aquí, el Espíritu Santo me ha dado esta inspiración", para conocer qué sucede en el corazón. Necesitamos al Espíritu Santo para este camino cristiano. Nosotros no hemos recibido el espíritu del mundo, sino el Espíritu de Dios. (04-09-2018)

PALABRA

"En aquel tiempo, dijo Jesús a Pedro: Sígueme", volviéndose, vio que los seguía el discípulo a quien Jesús amaba, el mismo que en la cena se había apoyado en su pecho y le había preguntado: «Señor, ¿quién es el que te va a entregar?». Al verlo, Pedro dice a Jesús: «Señor, y este ¿qué?». Jesús le contesta: «Si quiero que se quede hasta que yo venga, ¿a ti qué? Tú sígueme». Entonces se empezó a correr entre los hermanos el rumor de que ese discípulo no moriría. Pero no le dijo Jesús que no moriría, sino: «Si quiero que se quede hasta que yo venga, ¿a ti qué?». Este es el discípulo que da testimonio de todo esto y lo ha escrito; y nosotros sabemos que su testimonio es verdadero. Muchas otras cosas hizo Jesús. Si se escribieran una por una, pienso que ni el mundo entero podría contener los libros que habría que escribir».

Hechos 28, 16-20.30-31; *Salmo* 10, 4.5.7 • **JUAN 21, 20-25**

ORACIÓN

SEÑOR, cada uno de los que nos ponemos en tus manos tenemos un destino diferente, porque eso depende de tu sabia –y misteriosa– voluntad. Aunque no sabemos por dónde nos llevará nuestro camino de salvación, sí sabemos que tendremos sufrimientos y también muchas alegrías. **Jesús, me pase lo que me pase, que nunca me separe de Ti.** ***Los buenos verán tu rostro, Señor*** *(Salmo 10,7b).*

MAYO

28

DOMINGO

Santos Justo de Urgel *ob*, Germán de París *ob*, Guillermo *mj*

DÍA DEL APOSTOLADO SEGLAR Y DE LA ACCIÓN CATÓLICA

SAN JUSTO DE URGEL

SOLEMNIDAD DE PENTECOSTÉS

Papa Francisco: Después de cincuenta días de incertidumbre para los discípulos, llegó Pentecostés. Por una parte, Jesús había resucitado, lo habían visto y escuchado llenos de alegría, y también habían comido con Él. Por otro lado, aún no habían superado las dudas y los temores: estaban con las puertas cerradas (cf. Jn 20,19.26), con pocas perspectivas, incapaces de anunciar al que está Vivo. Luego, llega el Espíritu Santo y las preocupaciones se desvanecen: ahora los apóstoles ya no tienen miedo ni siquiera ante quien los arresta; antes estaban preocupados por salvar sus vidas, ahora ya no tienen miedo de morir; antes permanecían encerrados en el Cenáculo, ahora salen a anunciar a todas las gentes. Hasta la Ascensión de Jesús, esperaban un Reino de Dios para ellos (cf. Hch 1,6), ahora están ansiosos por llegar hasta los confines desconocidos. Antes no habían hablado casi nunca en público y, cuando lo habían hecho, a menudo habían causado problemas, como Pedro negando a Jesús; ahora hablan con parresia a todos. La historia de los discípulos, que parecía haber llegado a su final, es en definitiva renovada por la juventud del Espíritu: aquellos jóvenes que poseídos por la incertidumbre pensaban que habían llegado al final, fueron transformados por una alegría que los hizo renacer. El Espíritu Santo hizo esto. El Espíritu no es, como podría parecer, algo abstracto; es la persona más concreta, más cercana, que nos cambia la vida. ¿Cómo lo hace? Fijémonos en los apóstoles. El Espíritu no les facilitó la vida, no realizó milagros espectaculares, no eliminó problemas y adversarios, pero el Espíritu trajo a la vida de los discípulos una armonía que les faltaba, porque Él es armonía. (9-6-2019)

VIGILIA DE PENTECOSTÉS

PALABRA

- ***Génesis*** 11,1-9: Se llama Babel porque allí confundió el Señor la lengua de toda la tierra.
- ***Éxodo*** 19,3-8.16-20b: El Señor descendió al monte Sinaí a la vista del pueblo.
- ***Ezequiel*** 37,1-14: Huesos secos, infundiré espíritu sobre vosotros y viviréis.
- ***Joel*** 3,1-5: Sobre mis siervos y siervas derramaré mi Espíritu.
- ***Salmo*** 103, 1-2a. 24. 35c. 27-30: ***Envía tu Espíritu, Señor, y repuebla la faz de la tierra.***
- **Romanos** 8,22-27: Sabemos que hasta hoy toda la creación está gimiendo y sufre dolores de parto.Y no solo eso, sino que también nosotros,

que poseemos las primicias del Espíritu, gemimos en nuestro interior, aguardando la adopción filial, la redención de nuestro cuerpo. Pues hemos sido salvados en esperanza. Y una esperanza que se ve, no es esperanza; efectivamente, ¿cómo va a esperar uno algo que ve? Pero si esperamos lo que no vemos, aguardamos con perseverancia. Del mismo modo, el Espíritu acude en ayuda de nuestra debilidad, pues nosotros no sabemos pedir como conviene; pero el Espíritu mismo intercede por nosotros con gemidos inefables. Y el que escruta los corazones sabe cuál es el deseo del Espíritu, y que su intercesión por los santos es según Dios.

• **JUAN 7, 37-39:** El último día, el más solemne de la fiesta, Jesús en pie gritó: «El que tenga sed, que venga a mí y beba el que cree en mí; como dice la Escritura: "de sus entrañas manarán ríos de agua viva"». Dijo esto refiriéndose al Espíritu, que habían de recibir los que creyeran en él. Todavía no se había dado el Espíritu, porque Jesús no había sido glorificado.

MISA DEL DÍA

• ***Hechos*** 2,1-11: Al cumplirse el día de Pentecostés, estaban todos juntos en el mismo lugar. De repente, se produjo desde el cielo un estruendo, como de viento que soplaba fuertemente, y llenó toda la casa donde se encontraban sentados. Vieron aparecer unas lenguas, como llamaradas, que se dividían, posándose encima de cada uno de ellos. Se llenaron todos de Espíritu Santo y empezaron a hablar en otras lenguas, según el Espíritu les concedía manifestarse. Residían entonces en Jerusalén judíos devotos venidos de todos los pueblos que hay bajo el cielo. Al oírse este ruido, acudió la multitud y quedaron desconcertados, porque cada uno los oía hablar en su propia lengua. Estaban todos estupefactos y admirados, diciendo: «¿No son galileos todos esos que están hablando? Entonces, ¿cómo es que cada uno de nosotros los oímos hablar en nuestra lengua nativa? Entre nosotros hay partos, medos, elamitas y habitantes de Mesopotamia, de Judea y Capadocia, del Ponto y Asia, de Frigia y Panfilia, de Egipto y de la zona de Libia, que limita con Cirene; hay ciudadanos romanos forasteros, tanto judíos como prosélitos; también hay cretenses y árabes; y cada uno los oímos hablar de las grandezas de Dios en nuestra propia lengua».

• ***Salmo*** 103,1ab.24ac.29bc-31.34: ***Envía tu Espíritu, Señor, y repuebla la faz de la tierra.***

• ***1 Corintios*** 12, 3b-7.12-13: Nadie puede decir «Jesús es Señor», sino por el

Espíritu Santo. Y hay diversidad de carismas, pero un mismo Espíritu; hay diversidad de ministerios, pero un mismo Señor; y hay diversidad de actuaciones, pero un mismo Dios que obra todo en todos. Pero a cada cual se le otorga la manifestación del Espíritu para el bien común. Pues, lo mismo que el cuerpo es uno y tiene muchos miembros, y todos los miembros del cuerpo, a pesar de ser muchos, son un solo cuerpo, así es también Cristo. Pues todos nosotros, judíos y griegos, esclavos y libres, hemos sido bautizados en un mismo Espíritu, para formar un solo cuerpo. Y todos hemos bebido de un solo Espíritu.

SECUENCIA: ***Ven, Espíritu divino, / manda tu luz desde el cielo. / Padre amoroso del pobre, / don, en tus dones espléndido; / luz que penetra las almas; / fuente del mayor consuelo. •Ven, dulce huésped del alma, / descanso en nuestro esfuerzo, / tregua en el duro trabajo, / brisa en las horas de fuego, / gozo que enjuga las lágrimas / y reconforta en los duelos. •Entra hasta el fondo del alma, / divina luz y enriquécenos. / Mira el vacío del hombre, / si tú le faltas por dentro; / mira el poder del pecado, / cuando no envías tu aliento. • Riega la tierra en sequía, / sana el corazón enfermo, / lava las manchas, infunde / calor de vida en el hielo, / doma el espíritu indómito, / guía al que tuerce el sendero. • Reparte tus siete dones, / según la fe de tus siervos; / por tu bondad y tu gracia, / dale al esfuerzo su mérito; / salva al que busca salvarse / y danos tu gozo eterno.***

• JUAN 20, 19-23: Al anochecer de aquel día, el primero de la semana, estaban los discípulos en una casa, con las puertas cerradas por miedo a los judíos. Y en esto entró Jesús, se puso en medio y les dijo: «Paz a vosotros». Y, diciendo esto, les enseñó las manos y el costado. Y los discípulos se llenaron de alegría al ver al Señor. Jesús repitió: «Paz a vosotros. Como el Padre me ha enviado, así también os envío yo». Y, dicho esto, sopló sobre ellos y les dijo: «Recibid el Espíritu Santo; a quienes les perdonéis los pecados, les quedan perdonados; a quienes se los retengáis, les quedan retenidos».

ORACIÓN

SEÑOR, en la fiesta de Pentecostés celebramos que el Padre y Tú enviasteis al Espíritu Santo a la comunidad eclesial, para que nos condujera a la salvación. Se trata de una vivencia común, de una experiencia que se comparte. **Jesús, te doy gracias por dejarnos en manos del Espíritu Santo.**

Santos Pablo VI pp, Maximino de Tréveris ob, Bona vg, Gerardo ob, Beato José

BIENAVENTURADA VIRGEN MARÍA, MADRE DE LA IGLESIA

TIEMPO ORDINARIO

TOMO III de *la Liturgia de las Horas*

Papa Francisco: El joven se queda triste cuando Jesús le pide que venda sus riquezas. De golpe, la alegría y la esperanza en ese joven rico desaparecen, porque no quiere renunciar a su riqueza. El apego a las riquezas está en el inicio de todo tipo de corrupción, por todas partes: corrupción personal, corrupción en los negocios, también en la pequeña corrupción comercial, de esa que quita 50 gramos al peso exacto, corrupción política, corrupción de la educación... Los que viven apegados a los propios poderes, a las propias riquezas, se creen en el paraíso. Están cerrados, no tienen horizonte, no tienen esperanza. Al final tendrán que dejarlo todo (S. M. 25-5-2015).

PALABRA

Cuando salía Jesús al camino, se le acercó uno corriendo, se arrodilló ante él y le preguntó: «Maestro bueno, ¿qué haré para heredar la vida eterna?». Jesús le contestó: «¿Por qué me llamas bueno? No hay nadie bueno más que Dios. Ya sabes los mandamientos: no matarás, no cometerás adulterio, no robarás, no darás falso testimonio, no estafarás, honra a tu padre y a tu madre». Él replicó: «Maestro, todo eso lo he cumplido desde mi juventud». Jesús se lo quedó mirando, lo amó y le dijo: «Una cosa te falta: anda, vende lo que tienes, dáselo a los pobres, así tendrás un tesoro en el cielo, y luego ven y sígueme». A estas palabras, él frunció el ceño y se marchó triste, porque era muy rico. Jesús, mirando alrededor, dijo a sus discípulos: «¡Qué difícil les será entrar en el reino de Dios a los que tienen riquezas!». Los discípulos quedaron sorprendidos de estas palabras. Pero Jesús añadió: «Hijos, ¡qué difícil es entrar en el reino de Dios! Más fácil le es a un camello pasar por el ojo de una aguja, que a un rico entrar en el reino de Dios». Ellos se espantaron y comentaban: «Entonces, ¿quién puede salvarse?». Jesús se les quedó mirando y les dijo: «Es imposible para los hombres, no para Dios. Dios lo puede todo».

Eclesiástico 17,24-29; ***Salmo*** 31, 1-2.5-7 • **MARCOS 10, 17-27**

ORACIÓN

SEÑOR, que en el camino de la Iglesia has puesto a la Virgen María como signo luminoso, aumenta por su intercesión nuestra fe. ***Alegraos, justos, y gozad con el Señor*** *(Salmo 31, 11a).*

Santos FERNANDO III *re*,
Juana de Arco *vg*,
Matías Mulumba *mr*, Gabino *mr*.
Beata Matilde Téllez

SANTÍSIMA TRINIDAD

Papa Francisco: A Jesús este trabajo de catequesis a los discípulos le costó mucho, mucho tiempo porque no entendían bien. Así hoy también nosotros tenemos que pedir a Él que nos enseñe este camino, esta ciencia del servicio, esta ciencia de la humildad, esta ciencia de ser los últimos para servir a los hermanos y a las hermanas de la Iglesia. (26-05-2015)

PALABRA

Pedro se puso a decir a Jesús: «Ya ves que nosotros lo hemos dejado todo y te hemos seguido». Jesús dijo: «En verdad os digo que no hay nadie que haya dejado casa, o hermanos o hermanas, o madre o padre, o hijos o tierras, por mí y por el Evangelio, que no reciba ahora, en este tiempo, cien veces más –casas y hermanos y hermanas y madres e hijos y tierras, con persecuciones–, y en la edad futura, vida eterna. Muchos primeros serán últimos, y muchos últimos primeros».

Eclesiástico 35, 1-15; ***Salmo*** 49, 5-8.14.23 • **MARCOS 10, 28-31**

ORACIÓN

SEÑOR, eras muy consciente de que tus discípulos habían dejado su antigua vida para seguirte a Ti, y sabías que eso no era nada fácil. Por eso les anunciaste que esa pérdida se iba a ver ampliamente recompensada con la nueva vida que iban a tener junto a Ti. **Jesús, deseo renacer en tu Reino de Amor.** ***Al que sigue buen camino le haré ver la salvación de Dios*** *(Salmo 49).*

VISITACIÓN DE MARÍA

FIESTA DE LA VISITACIÓN DE LA VIRGEN MARÍA
Santos Noé Mawaggali *mr*, Petronila *vg mr*, Silvio *ob*

MAYO
31
MIÉRCOLES

Papa Francisco: En el Evangelio de hoy todo es alegría. Y es el Espíritu Santo quien nos da la alegría. Debemos rezar a la Virgen para que Jesús nos dé la gracia de la alegría. (01-06-2013)

PALABRA

María se levantó y se puso en camino de prisa hacia la montaña, a una ciudad de Judá; entró en casa de Zacarías y saludó a Isabel. Aconteció que, en cuanto Isabel oyó el saludo de María, saltó la criatura en su vientre. Se llenó Isabel de Espíritu Santo y, levantando la voz, exclamó: «¡Bendita tú entre las mujeres, y bendito el fruto de tu vientre! ¿Quién soy yo para que me visite la madre de mi Señor? Pues, en cuanto tu saludo llegó a mis oídos, la criatura saltó de alegría en mi vientre. Bienaventurada la que ha creído, porque lo que le ha dicho el Señor se cumplirá». María dijo: «Proclama mi alma la grandeza del Señor, "se alegra mi espíritu en Dios, mi salvador; porque ha mirado la humildad de su esclava". Desde ahora me felicitarán todas las generaciones, porque el Poderoso ha hecho obras grandes en mí: "su nombre es santo, y su misericordia llega a sus fieles de generación en generación". Él hace proezas con su brazo: dispersa a los soberbios de corazón, "derriba del trono a los poderosos y enaltece a los humildes, a los hambrientos los colma de bienes y a los ricos los despide vacíos. Auxilia a Israel, su siervo, acordándose de la misericordia" –como lo había prometido a nuestros padres– en favor de Abrahán y su descendencia por siempre». María se quedó con Isabel unos tres meses y volvió a su casa.

Sofonías 3, 14-18; ***Salmo: Isaías*** 12, 2-6 • **LUCAS 1, 39-56**

ORACIÓN

SEÑOR, tu Madre se puso en camino para ir a visitar a su anciana prima Isabel, pues estaba embarazada gracias a la acción de Dios Padre. Además de ayudarla en sus últimos meses de embarazo, también quería compartir con ella su experiencia espiritual. **Jesús, contemplando esta escena, no puedo resistirme a proclamar –con María– la grandeza de Dios Padre.** ***Es grande en medio de ti el Santo de Israel*** *(Isaías 12,6b).*

SAN PEDRO Y SAN PABLO (El Greco)

JUNIO

Durante el mes de junio la piedad popular
cristiana orienta nuestro espíritu hacia
el misterio del Corazón de Jesús.
Rico en misericordia hacia todos
los que están oprimidos por el pecado,
el Sagrado Corazón es principio y
fundamento de paz y de verdadera esperanza.
Jesús devuelve a todo hombre a la comunión
con el Padre, atrayendo hacia sí mismo,
desde la cruz, la mirada de
cuantos buscan la salvación.
Su corazón traspasado es la fuente inagotable
de la caridad divina que perdona,
regenera y devuelve la vida.
(San Juan Pablo II, 16-6-1991)

JUNIO

1

JUEVES

Santos JUSTINO *mr,* Fortunato *pb,* Íñigo *ab,* Próculo *mr.* Ntra. Sra. de la Luz

FIESTA DE JESUCRISTO SUMO Y ETERNO SACERDOTE

Papa Francisco: Como vosotros bien sabéis, el Señor Jesús es el único Sumo Sacerdote del Nuevo Testamento, pero en Él también todo el pueblo santo de Dios fue constituido pueblo sacerdotal. Sin embargo, entre todos sus discípulos, el Señor Jesús quiere elegir a algunos en particular, para que ejerciendo públicamente en la Iglesia en su nombre el oficio sacerdotal a favor de todos los hombres, continuara su misión personal de maestro, sacerdote y pastor. Como, de hecho, por esto Él había sido enviado por el Padre, así Él envió a su vez en el mundo primero a los apóstoles y después a los obispos y a sus sucesores, a los que finalmente fueron dados como colaboradores los presbíteros que, a ellos unidos en el ministerio sacerdotal, están llamados al servicio del Pueblo de Dios. (22-4-2018)

PALABRA

Cuando llegó la hora, se sentó Jesús a la mesa y los apóstoles con él y les dijo: «Ardientemente he deseado comer esta pascua con vosotros, antes de padecer, porque os digo que ya no la volveré a comer, hasta que se cumpla en el reino de Dios». Y, tomando un cáliz, después de pronunciar la acción de gracias, dijo: «Tomad esto, repartidlo entre vosotros; porque os digo que no beberé desde ahora del fruto de la vid, hasta que venga el reino de Dios». Y, tomando pan, pronunció la acción de gracias, lo partió y se lo dio, diciendo: «Esto es mi cuerpo, que se entrega por vosotros; haced esto en memoria mía». Después de cenar, hizo lo mismo con el cáliz, diciendo: «Este cáliz es la nueva alianza, sellada en mi sangre, que es derramada por vosotros».

Isaías 52,13 - 53,12; *Salmo* 39,6-11 • **LUCAS 22,14-20**

ORACIÓN

SEÑOR, deseabas ardientemente despedirte de tus discípulos en la Última Cena, antes de tu Pasión. Fue entonces cuando instituiste la Eucaristía, por medio de la cual te haces ahora presente en nuestra vida. **Jesús, te doy gracias por el santo Sacramento del altar.** ***Aquí estoy, Señor, para hacer tu voluntad*** *(Salmo 39, 8a. 9a).*

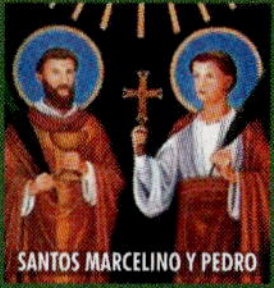

JUNIO 2 VIERNES

Santos MARCELINO Y PEDRO ***mrs,*** **Eugenio I** ***pp,*** **Erasmo** ***ob mr,*** **Guido** ***ob.*** **Beato Sadoc y** ***co mrs***

Papa Francisco: Hay tres modos de vivir la vida, tres actitudes: la de la higuera, la de los especuladores del templo y la del hombre de fe. [...] El primero es el de la persona que vive la vida cómoda, tranquila, sin problemas y se marcha: el estilo de quien no se preocupa por hacer el bien. Los que explotan a los demás, incluso en la casa de Dios son los explotadores, los especuladores del templo, a quienes Jesús «expulsa» con el látigo. Por último, el estilo de quien tiene confianza en Dios y sabe que lo que pide al Señor con fe, sucederá. Esto es lo que nos aconseja Jesús: el camino de Jesús, que se puede recorrer con una sola condición: perdonad, perdonad a los demás, para que vuestro Padre os perdone a vosotros por tantas cosas. (29-05-2015)

PALABRA

Después que el gentío lo hubo aclamado, entró Jesús en Jerusalén, en el templo, lo estuvo observando todo y, como era ya tarde, salió hacia Betania con los Doce. Al día siguiente, cuando salían de Betania, sintió hambre. Vio de lejos una higuera con hojas y se acercó para ver si encontraba algo; al llegar no encontró más que hojas, porque no era tiempo de higos. Entonces le dijo: "Nunca jamás coma nadie frutos de ti." Los discípulos lo oyeron. Llegaron a Jerusalén, entrando en el templo y se puso a echar a los que vendían y compraban en el templo, volcando las mesas de los cambistas y los puestos de los que vendían palomas. Y no consentía a nadie transportar objetos por el templo. Y los instruía, diciendo: «¿No está escrito: "Mi casa será casa de oración para todos los pueblos"? Vosotros, en cambio, la habéis convertido en cueva de bandidos.» Se enteraron los sumos sacerdotes y los escribas y, como le tenían miedo, porque todo el mundo admiraba su enseñanza, buscaban una manera de acabar con él. Cuando atardeció, salieron de la ciudad. A la mañana siguiente, al pasar, vieron la higuera seca de raíz. Pedro cayó en la cuenta y dijo a Jesús: «Maestro, mira, la higuera que maldijiste se ha secado.» Jesús contestó: «Tened fe en Dios. En verdad os digo que si uno dice a este monte: "Quítate y arrójate al mar", y no duda en su corazón, sino que cree en que sucederá lo que dice, lo obtendrá. Por eso os digo: todo cuanto pidáis en la oración, creed que os la han concedido, y la obtendréis. Y cuando os pongáis a orar, perdonad lo que tengáis contra otros, para que también vuestro Padre del cielo os perdone vuestras culpas».

Eclesiástico 44, 1.9-13; *Salmo* 149, 1bc-6a.9b • **MARCOS 11, 11-25**

ORACIÓN

SEÑOR, ciertamente, nosotros no usamos las iglesias para comerciar, pero a veces entramos en algunas por mero interés turístico, para admirar su belleza, sin acordarnos de que son un lugar de oración. **Jesús, te pido perdón por las veces en las que, al entrar en una iglesia, no te dirijo ni una palabra.** ***El Señor ama a su pueblo*** *(Salmo 149, 4a).*

Santos CARLOS LUANGA y *co mrs,*
Juan Grande *rl,*
Clotilde *re,* Olivia *vg*

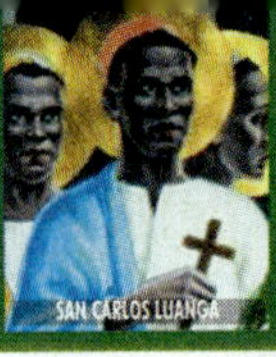

Papa Francisco: ¿Por qué Jesús constituía un problema? No es porque hiciera milagros». Ni porque predicara y hablara de la libertad del pueblo. El problema que escandalizaba a esta gente era aquello que los demonios gritaban a Jesús: "Tú eres el Hijo de Dios, tú eres el santo". Esto, esto es el centro. Lo que escandaliza de Jesús es su naturaleza de Dios encarnado. Y como a Él, también a nosotros nos tienden trampas en la vida; lo que escandaliza de la Iglesia es el misterio de la encarnación del Verbo. [...] La encarnación del Verbo es el escándalo. (01-06-2013)

PALABRA

Jesús y los discípulos volvieron a Jerusalén y, mientras este paseaba por el templo, se le acercaron los sumos sacerdotes, los escribas y los ancianos, y le decían: «¿Con qué autoridad haces esto? ¿Quién te ha dado semejante autoridad para hacer esto?». Jesús les replicó: «os voy a hacer una pregunta y, si me contestáis, os diré con qué autoridad hago esto. El bautismo de Juan. ¿era del cielo o de los hombres? Contestadme». Se pusieron a deliberar: «Si decimos que es del cielo, dirá: "¿y por qué no le habéis creído?". ¿Pero cómo vamos a decir que es de los hombres?». (temían a la gente, porque todo el mundo estaba convencido de que Juan era un profeta). Y respondieron a Jesús: «No sabemos». Jesús les replicó: «Pues tampoco yo os digo con qué autoridad hago esto».

Eclesiástico 51, 12-20; ***Salmo*** 18, 8-11 • **MARCOS 11, 27-33**

ORACIÓN

SEÑOR, por medio de tu Palabra, también a nosotros nos haces preguntas comprometedoras que nos cuesta contestar. Nos pides una postura clara, pero nosotros respondemos a veces tibiamente, con evasivas. **Jesús, deseo seguir claramente tu Evangelio. Ayúdame a ser siempre coherente contigo.** ***Los mandamientos de Señor son rectos y alegran el corazón*** *(Salmo 18, 9ab).*

Santos Pedro de Verona *pb mr*,
Francisco Caracciolo *pb*,
Walter *ab*

DÍA PRO ORANTIBUS (monjes y monjas)

JUNIO
4
DOMINGO

SOLEMNIDAD DE LA SANTÍSIMA TRINIDAD

Papa Francisco: Dios creó el mundo bueno, bello, pero después del pecado el mundo está marcado por la maldad y la corrupción. Nosotros, hombres y mujeres, somos pecadores, todos; por lo tanto, Dios podría intervenir para juzgar el mundo, para destruir el mal y castigar a los pecadores. En cambio, Él ama al mundo, a pesar de sus pecados; Dios nos ama a cada uno de nosotros incluso cuando cometemos errores y nos distanciamos de Él. Dios Padre ama tanto al mundo que, para salvarlo, da lo más precioso que tiene: su único Hijo, que da su vida por la humanidad, resucita, vuelve al Padre y, junto con Él, envía el Espíritu Santo. (07-06-2020)

PALABRA

• ***Éxodo*** 34, 4b-6.8-9: Moisés madrugó y subió a la montaña del Sinaí, como le había mandado el Señor, llevando en la mano las dos tablas de piedra. El Señor bajó en la nube y se quedó con él allí, y Moisés pronunció el nombre del Señor. El Señor pasó ante él proclamando: «Señor, Señor, Dios compasivo y misericordioso, lento a la ira y rico en clemencia y lealtad». Moisés al momento se inclinó y se postró en tierra. Y le dijo: «Si he obtenido tu favor, que mi Señor vaya con nosotros, aunque es un pueblo de dura cerviz; perdona nuestras culpas y pecados y tómanos como heredad tuya».

• ***Salmo: Daniel*** 3, 52-56: ***¡A ti gloria y alabanza por los siglos!***

• ***2 Corintios*** 13, 11-13: Alegraos, trabajad por vuestra perfección, animaos; tened un mismo sentir y vivid en paz. Y el Dios del amor y de la paz estará con vosotros. Saludaos mutuamente en el beso santo. Os saludan todos los santos. La gracia del Señor Jesucristo, el amor de Dios y la comunión del Espíritu Santo estén siempre con todos vosotros.

• **JUAN 3, 16-18:** Tanto amó Dios al mundo, que entregó a su Unigénito, para que todo el que crea en él no perezca, sino que tenga vida eterna. Porque Dios no envió a su Hijo al mundo para juzgar al mundo, sino para que el mundo se salve por él. El que cree en él no será juzgado; el que no cree ya está juzgado, porque no ha creído en el nombre del Unigénito de Dios.

ORACIÓN

SEÑOR, te encarnaste en este mundo y diste tu vida en la Cruz para abrirnos las puertas de la resurrección. Y nos dices que todo aquel que cree en Ti, con una fe coherente, resucitará a la vida eterna. **Jesús, te lo pido, ayúdame a creer en Ti.**

Gloria al Padre,
Gloria al Hijo y
Gloria al Espíritu Santo

STA. BONIFACIA RODRÍGUEZ

Santos BONIFACIO *ob mr*, Doroteo *ob mr*, Franco *er*, Sancho *mr*

Papa Francisco: Mucha gente sigue a Jesús, siempre, aquí no había sitio para nadie, hasta la puerta. Pero se puede pensar que la gente seguía a Jesús por el propio interés, para tener algo; y puede darse: la salud, una palabra de consuelo. Quizá la pureza de intención no era total, no era precisamente perfecta, está siempre mezclada, también en nosotros. Cuántas veces también nosotros seguimos a Jesús por cualquier interés, por cualquier cosa, porque es conveniente. La pureza de intención es una gracia que se encuentra en el camino: lo importante es seguir a Jesús, caminar detrás de Jesús. (13-01-2017)

PALABRA

Jesús se puso a hablar en parábolas a los sumos sacerdotes, a los escribas y a los ancianos: «Un hombre plantó una viña, la rodeó con una cerca, cavó un lagar, construyó una torre, la arrendó a unos labradores y se marchó lejos. A su tiempo, envió un criado a los labradores, para percibir su tanto del fruto de la viña. Ellos lo agarraron, lo azotaron y lo despidieron con las manos vacías. Les envió de nuevo otro criado; a este lo descalabraron e insultaron. Envió a otro y lo mataron; y a otros muchos los azotaron o los mataron. Le quedaba uno, su hijo amado. Y lo envió el último, pensando: "Respetarán a mi hijo". Pero los labradores se dijeron: "Este es el heredero. Venga, lo matamos, y será nuestra la herencia". Y, agarrándolo, lo mataron y lo arrojaron fuera de la viña. ¿Qué hará el dueño de la viña? Vendrá, hará perecer a los labradores y arrendará la viña a otros. ¿No habéis leído aquel texto de la Escritura: "La piedra que desecharon los arquitectos es ahora la piedra angular. Es el Señor quien lo ha hecho, ha sido un milagro patente"?». Intentaron echarle mano, porque comprendieron que había dicho la parábola por ellos; pero temieron a la gente, y, dejándolo allí, se marcharon.

Tobías 1,3-2,1b-8; *Salmo* 111, 1-6 • **MARCOS 12,1-12**

ORACIÓN

SEÑOR, algunos de los que se sentían aludidos o cuestionados por tu Palabra, en lugar de aceptarla y emprender el camino de la conversión, te rechazaban o, incluso, te atacaban. Eran personas orgullosas, como a veces también lo somos nosotros. **Jesús, te lo suplico, dame humildad.**

Dichoso quien teme al Señor *(Salmo 111, 1b).*

JUNIO
6
MARTES

Santos NORBERTO *ob*, Bonifacia Rodríguez *vg*, Rafael Guízar *ob*, Marcelino Champagnat *pb*, Artemio y Paulina *mrs*

Papa Francisco: En el pasaje del Evangelio hay una palabra que Jesús usa mucho para calificar a los doctores de la ley: "hipócritas" es la palabra que más usa para calificarles. Estos son hipócritas porque hacen ver una cosa, pero piensan otra: ellos, en efecto hablan, juzgan, pero hay otra cosa por debajo. Nada más distante de Jesús: la hipocresía, en efecto, no es el lenguaje de Jesús. La hipocresía no es el lenguaje de los cristianos. (06-06-2017)

PALABRA

Enviaron a Jesús algunos de los fariseos y de los herodianos, para cazarlo con una pregunta. Se acercaron y le dijeron: «Maestro, sabemos que eres veraz y no te preocupa lo que digan; porque no te fijas en apariencias, sino que enseñas el camino de Dios conforme a la verdad. ¿Es lícito pagar impuesto al César o no? ¿Pagamos o no pagamos?». Jesús, adivinando su hipocresía, les replicó: «¿Por qué me tentáis? Traedme un denario, que lo vea». Se lo trajeron. Y él les preguntó: «¿De quién es esta imagen y esta inscripción?». Le contestaron: «Del César». Les replicó: «Dad al César lo que es del César y a Dios lo que es de Dios». Y se quedaron admirados.

Tobías 2, 9b-14; *Salmo* 111, 1-2.7-9 • **MARCOS 12, 13-17**

ORACIÓN

SEÑOR, sabías responder sabiamente a los que querían ponerte a prueba, porque siempre decías la Verdad. **Jesús, deseo meditar e interiorizar tu Palabra, porque quiero vivir sabiamente. Te lo ruego, ilumíname con tu Verdad.** ***El corazón del justo está firme en el Señor*** *(Salmo 111, 7b).*

Santos Antonio M.ª Gianelli *ob*, Roberto *ab*, Pedro y *co mrs*. Beata Ana de San Bartolomé *vg*

JUNIO
7
MIÉRCOLES

Papa Francisco: En Jesús Dios nos dona la vida eterna, la dona a todos, y todos gracias a Él tienen la esperanza de una vida más verdadera que esta. La vida que Dios nos prepara no es un simple embellecimiento de la actual: ella supera nuestra imaginación, porque Dios nos sorprende continuamente con su amor y con su misericordia. (11-11-2013)

PALABRA

Se acercaron a Jesús unos saduceos, los cuales dicen que no hay resurrección, y le preguntan: «Maestro, Moisés nos dejó escrito: "Si a uno se le muere su hermano, dejando mujer, pero no hijos, que se case con la viuda y dé descendencia a su hermano". Pues bien, había siete hermanos: el primero se casó y murió sin hijos; el segundo se casó con la viuda y murió también sin hijos; lo mismo el tercero; y ninguno de los siete dejó hijos. Por último, murió la mujer. Cuando llegue la resurrección y resuciten, ¿de cuál de ellos será mujer? Porque los siete han estado casados con ella». Jesús les respondió: «¿No estáis equivocados, por no entender la Escritura ni el poder de Dios? Pues cuando resuciten, ni los hombres se casarán ni las mujeres serán dadas en matrimonio, serán como ángeles del cielo. Y a propósito de que los muertos resucitan, ¿no habéis leído en el libro de Moisés, en el episodio de la zarza, lo que le dijo Dios: "Yo soy el Dios de Abrahán, el Dios de Isaac, el Dios de Jacob"? No es Dios de muertos, sino de vivos. Estáis muy equivocados».

Tobías 3,1-11a.16-17a; *Salmo* 24, 2-9 • **MARCOS 12, 18-27**

ORACIÓN

SEÑOR, nos dices que, cuando resucitemos, seremos como ángeles en el Cielo, porque viviremos plena y eternamente unidos a Ti, en tu Amor divino, que es infinitamente más puro e intenso que nuestro amor humano. **Jesús, te doy gracias por haberme reservado una morada en el Reino Celestial. Anhelo vivir eternamente unido a Ti, en tu Amor. *A ti, Señor, levanto mi alma*** *(Salmo 24, 1b)*

JUNIO
8
JUEVES

Jueves 9° Tiempo Ordinario **Tomo III - Salterio 1ª semana**

Santos Maximino de AIX *ob*, Guillermo *ob*, Medardo *ob*. Beatas Diana y Cecilia *vgs*

SAN MEDARDO, OBISPO

Papa Francisco: Amar a Dios es vivir de Él y para Él, por aquello que Él es y por lo que Él hace. Y nuestro Dios es donación sin reservas, es perdón sin límites, es relación que promueve y hace crecer. Por eso, amar a Dios quiere decir invertir cada día nuestras energías para ser sus colaboradores en el servicio sin reservas a nuestro prójimo, en buscar perdonar sin límites y en cultivar relaciones de comunión y de fraternidad. (04-11-2018)

PALABRA

Un escriba se acercó a Jesús y le preguntó: "¿Qué mandamiento es el primero de todos? "Jesús respondió: "El primero es: «Escucha, Israel: el Señor nuestro Dios es el único Señor; amarás al Señor, tu Dios, con todo tu corazón y con toda tu alma, con toda tu mente, con todo tu ser». El segundo es este: «Amarás a tu prójimo como a ti mismo». No hay otro mandamiento más grande que éstos". El escriba replicó: "Muy bien, Maestro, sin duda tienes razón cuando dices que el Señor es uno y no hay otro fuera de Él; y que amarlo con todo el corazón, con todo el entendimiento y con todo el ser, y amar al prójimo como a uno mismo, vale más que todos los holocaustos y sacrificios". Jesús, viendo que había respondido sensatamente, le dijo:"No estás lejos del reino de Dios".Y nadie se atrevió a hacerle más preguntas.

Tobías 6, 10-11; 7, 1.8-17; 8, 4-9a; ***Salmo*** 127, 1bc-5

• MARCOS 12, 28b-34

ORACIÓN

SEÑOR, por encima de todo, priorizas el amor pleno y universal. Deseas que amemos a la naturaleza, a las personas, a nosotros mismos y, sobre todo a Ti, Dios nuestro, que eres la fuente del Amor verdadero. **Jesús, deseo vivir en tu Reino de Amor.** ***Dichosos los que temen al Señor*** *(Salmo 127, 1b).*

Santos EFRÉN *di dc*, José de Anchieta *pb*, Ricardo *ob*, Columba *ab*. Beata Ana M.ª Taigi *mf*

Papa Francisco: El Espíritu Santo actúa en las personas y en las comunidades que están colmadas de él: las hace capaces de recibir a Dios: "Capax Dei", dicen los Santos Padres. Y ¿qué es lo que hace el Espíritu Santo mediante esta nueva capacidad que nos da? Guía hasta la verdad plena (Jn 16, 13), renueva la tierra (Sal 103) y da sus frutos (Gál 5, 22-23). Guía, renueva y fructifica. (24-5-2015)

PALABRA

Mientras enseñaba en el templo, Jesús preguntó: «¿Cómo dicen los escribas que el Mesías es hijo de David? El mismo David, movido por el Espíritu Santo, dice: "Dijo el Señor a mi Señor: Siéntate a mi derecha, y haré de tus enemigos estrado de tus pies". Si el mismo David lo llama Señor, ¿cómo puede ser hijo suyo?». Una muchedumbre numerosa le escuchaba a gusto.

Tobías 11, 5-17 ***Salmo*** 145, 1-2.6-10 • **MARCOS 12, 35-37**

ORACIÓN

SEÑOR, la muchedumbre escuchaba con gusto tu Palabra, porque les enseñabas la Verdad, que es siempre buena y bella. **Jesús, yo también disfruto cuando, al meditar tu Palabra, llenas de sentido mi vida. Por ello, te alabo con todo mi corazón.** *Alaba, alma mía, al Señor (Salmo 145, 1b).*

JUNIO
10
SÁBADO

Sábado 9º Tiempo Ordinario — Tomo III - Salterio 1ª semana

Santos Landerico *ob*, Itamar *ob*.
Beato Juan Dominici *ob*

Papa Francisco: Jesús, hoy, nos dice también a nosotros que el metro para juzgar no es la cantidad, sino la plenitud. Hay una diferencia entre cantidad y plenitud. Tú puedes tener tanto dinero, pero ser una persona vacía. No hay plenitud en tu corazón. Pensad esta semana en la diferencia que hay entre cantidad y plenitud. No es cosa de billetera, sino de corazón. Hay diferencia entre billetera y corazón... Hay enfermedades cardíacas que hacen que el corazón se baje hasta la billetera... ¡Y esto no va bien! Amar a Dios «con todo el corazón» significa confiar en Él, en su providencia, y servirlo en los hermanos más pobres, sin esperar nada a cambio. (08-11-2015)

PALABRA

Jesús, instruyendo al gentío, les decía: «¡Cuidado con los escribas! Les encanta pasearse con amplio ropaje y que les hagan reverencias en las plazas, buscan los asientos de honor en las sinagogas y los primeros puestos en los banquetes; y devoran los bienes de las viudas y aparentan hacer largas oraciones. Esos recibirán una condenación más rigurosa». Estando Jesús sentado enfrente del tesoro del templo, observaba a la gente que iba echando dinero: muchos ricos echaban mucho; se acercó una viuda pobre y echó dos moneditas, es decir, un cuadrante. Llamando a sus discípulos, les dijo: «En verdad os digo que esta viuda pobre ha echado en el arca de las ofrendas más que nadie. Porque los demás han echado de lo que les sobra, pero esta, que pasa necesidad, ha echado todo lo que tenía para vivir».

Tobías 12, 1.5-15.20; ***Salmo: Tobías*** 13, 2.7-8 • **MARCOS 12, 38-44**

ORACIÓN

SEÑOR, ¿cuánto echo yo en el «arca de las ofrendas» ?, ¿echo lo que me sobra o echo lo mejor de mí? **Jesús, dame de tu Amor misericordioso, porque deseo poder entregar lo mejor de mí, por el bien de las personas que me necesitan.** ***Bendito sea Dios, que vive eternamente*** *(Tobías, 13, 1b)*

SAN BERNABÉ, APÓSTOL

Santas M.ª Rosa Molas *vg*, Alicia (Aleida) *vg*, Paula Frassinetti *vg*

DÍA Y COLECTA DE LA CARIDAD

JUNIO

11

DOMINGO

SOLEMNIDAD DEL SANTÍSIMO CUERPO Y SANGRE DE CRISTO

Papa Francisco: Partir el pan. Es el gesto eucarístico por excelencia, el gesto que identifica nuestra fe, el lugar de nuestro encuentro con el Señor que se ofrece para hacernos renacer a una vida nueva. También este gesto es sorprendente. Hasta ese momento se inmolaban corderos y se ofrecían en sacrificio a Dios, ahora es Jesús el que se hace cordero y se inmola para darnos la vida. En la Eucaristía contemplamos y adoramos al Dios del amor. Es el Señor, que no quebranta a nadie, sino que se parte a sí mismo. Es el Señor, que no exige sacrificios, sino que se sacrifica él mismo. Es el Señor, que no pide nada, sino que entrega todo. Para celebrar y vivir la Eucaristía, también nosotros estamos llamados a vivir este amor. Porque no puedes partir el Pan del domingo si tu corazón está cerrado a los hermanos. No puedes comer de este Pan si no compartes los sufrimientos del que está pasando necesidad. Al final de todo, incluso de nuestras solemnes liturgias eucarísticas, sólo quedará el amor. Y ya desde ahora nuestras Eucaristías transforman el mundo en la medida en que nosotros nos dejamos transformar y nos convertimos en pan partido para los demás. (6-6-2021)

PALABRA

• ***Deuteronomio*** 8, 2-3.14b-16a: Habló Moisés al pueblo diciendo: «Recuerda todo el camino que el Señor tu Dios te ha hecho recorrer estos cuarenta años por el desierto, para afligirte, para probarte y conocer lo que hay en tu corazón: si observas sus preceptos o no. Él te afligió haciéndote pasar hambre y después te alimentó con el maná –que tú no conocías ni conocieron tus padres– para hacerte reconocer que no solo de pan vive el hombre, sino que vive de todo cuanto sale de la boca de Dios. No olvides al Señor tu Dios que te sacó de la tierra de Egipto, de la casa de esclavitud, que te hizo recorrer aquel desierto inmenso y terrible, con serpientes abrasadoras y alacranes, un sequedal sin una gota de agua, que saco agua para ti de una roca de pedernal; que te alimentó en el desierto con un maná que no conocían tus padres».

• ***Salmo*** 147, 12-15. 19-20: ***Glorifica al Señor, Jerusalén.***

• *1Corintios* 10, 16-17: Hermanos: El cáliz de la bendición que bendecimos, ¿no es comunión de la sangre de Cristo? Y el pan que partimos, ¿no es comunión del cuerpo de Cristo? Porque el pan es uno, nosotros, siendo muchos, formamos un solo cuerpo, pues todos comemos del mismo pan.

• **JUAN 6, 51-58:** Dijo Jesús: «Yo soy el pan vivo que ha bajado del cielo: el que coma de este pan vivirá para siempre. Y el pan que yo daré es mi carne por la vida del mundo». Disputaban los judíos entre sí: «¿Cómo puede este darnos a comer su carne?». Entonces Jesús les dijo: «En verdad, en verdad os digo: si no coméis la carne del Hijo del hombre y no bebéis su sangre no tenéis vida en vosotros. El que come mi carne y bebe mi sangre tiene vida eterna, y yo lo resucitaré en el último día. Mi carne es verdadera comida, y mi sangre es verdadera bebida. El que come mi carne y bebe mi sangre habita en mí y yo en él. Como el Padre que vive me ha enviado, y yo vivo por el Padre, así, del mismo modo, el que me come vivirá por mí. Este es el pan que ha bajado del cielo: no como el de vuestros padres, que lo comieron y murieron. El que come este pan vivirá para siempre».

ORACIÓN

SEÑOR, nos dices que, si comulgamos tu santísimo Cuerpo con fe y devoción, habitamos en Ti y Tú en nosotros. **Jesús, yo te alabo con todo mi amor, por invitarme a participar en la sagrada Eucaristía.**

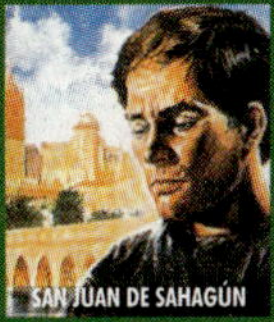

Santos León III *pp*, Onofre *er*, Juan de Sahagún *pb*. Beata Mercedes de Jesús *vg*

JUNIO 12 LUNES

Papa Francisco: Las Bienaventuranzas de Jesús son portadoras de una novedad revolucionaria, de un modelo de felicidad opuesto al que habitualmente nos comunican los *medios de comunicación,* la opinión dominante. Para la mentalidad mundana, es un escándalo que Dios haya venido para hacerse uno de nosotros, que haya muerto en una cruz. En la lógica de este mundo, los que Jesús proclama bienaventurados son considerados "perdedores", débiles. En cambio, son exaltados el éxito a toda costa, el bienestar, la arrogancia del poder, la afirmación de sí mismo en perjuicio de los demás. (21-01-2014)

PALABRA

Al ver Jesús el gentío, subió al monte, se sentó y se acercaron sus discípulos; y, abriendo su boca, les enseñaba diciendo: «Bienaventurados los pobres en el espíritu, porque de ellos es el reino de los cielos. Bienaventurados los mansos, porque ellos heredarán la tierra. Bienaventurados los que lloran, porque ellos serán consolados. Bienaventurados los que tienen hambre y sed de la justicia, porque ellos quedarán saciados. Bienaventurados los misericordiosos, porque ellos alcanzarán misericordia. Bienaventurados los limpios de corazón, porque ellos verán a Dios. Bienaventurados los que trabajan por la paz, porque ellos serán llamados hijos de Dios. Bienaventurados los perseguidos por causa de la justicia, porque de ellos es el reino de los cielos. Bienaventurados vosotros cuando os insulten y os persigan y os calumnien de cualquier modo por mi causa. Alegraos y regocijaos, porque vuestra recompensa será grande en el cielo, que de la misma manera persiguieron a los profetas anteriores a vosotros.

2Corintios 1,1-7; *Salmo* 33,2-9 • **MATEO 5, 1-12**

ORACIÓN

SEÑOR, nos enseñas a tus discípulos a ser bienaventurados, es decir, a ser auténticamente felices. No nos ofreces la felicidad mundana, imperfecta y perecedera, sino la felicidad auténtica, la que se alcanza siguiendo el camino de la cruz. **Jesús, te lo pido, ayúdame a seguir tu camino.** ***Gustad y ved qué bueno es el Señor*** *(Salmo 33, 9a).*

JUNIO
13
MARTES

Martes 10° Tiempo Ordinario Tomo III - Salterio 2° semana

San ANTONIO DE PADUA *pb dc*, Eulogio *ob*, Aquileo *ob*

Papa Francisco: La misión de los cristianos en la sociedad es la de dar "sabor" a la vida con la fe y el amor que Cristo nos ha donado, y al mismo tiempo tiene lejos los gérmenes contaminantes del egoísmo, de la envidia, de la maledicencia, etc. Estos gérmenes arruinan el tejido de nuestras comunidades, que deben, sin embargo, resplandecer como lugares de acogida, de solidaridad, de reconciliación. Para unirse a esta misión, es necesario que nosotros mismos seamos los primeros liberados de la degeneración que corrompe de las influencias mundanas, contrarias a Cristo y al Evangelio; y esta purificación no termina nunca, se hace continuamente, ¡se hace cada día! (05-02-2017)

Dijo Jesús a sus discípulos: «Vosotros sois la sal de la tierra. Pero si la sal se vuelve sosa, ¿con qué la salarán? No sirve más que para tirarla fuera y que la pise la gente. Vosotros sois la luz del mundo. No se puede ocultar una ciudad puesta en lo alto de un monte. Tampoco se enciende una lámpara para meterla debajo del celemín, sino para ponerla en el candelero y que alumbre a todos los de casa. Brille así vuestra luz ante los hombres, para que vean vuestras buenas obras y den gloria a vuestro Padre que está en los cielos».

2Corintios 1,18-22; ***Salmo*** 118,129-133.135 • **MATEO 5, 13-16**

SEÑOR, nos dices que tus discípulos debemos trabajar por el bien común, evitando disfrutar egoístamente de Ti, porque quieres que compartamos lo que Tú nos das. **Jesús, deseo ser auténticamente feliz, haciendo felices a los demás. Ayúdame a ser generoso.** ***Haz brillar, Señor, tu rostro sobre tu siervo*** *(Salmo 118, 135a).*

Santos Eliseo *prof,* Anastasio y *co mrs,* Fortunato *ob,* Metodio *ob*

Papa Francisco: Jesús afirma: «No creáis que he venido a abolir la Ley y los Profetas; no he venido a abolir, sino a dar plenitud» (Mt 5, 17). Jesús, sin embargo, no quiere cancelar los mandamientos que dio el Señor por medio de Moisés, sino que quiere darles plenitud. E inmediatamente después añade que esta «plenitud» de la Ley requiere una justicia mayor, una observancia más auténtica. (16-2-2014)

PALABRA

Dijo Jesús a sus discípulos: «No creáis que he venido a abolir la Ley y los Profetas: no he venido a abolir, sino a dar plenitud. En verdad os digo que antes pasarán el cielo y la tierra que deje de cumplirse hasta la última letra o tilde de la ley. El que se salte uno solo de los preceptos menos importantes, y se lo enseñe así a los hombres, será el menos importante en el reino de los cielos. Pero quien los cumpla y enseñe será grande en el reino de los cielos».

2Corintios 3,4-11; ***Salmo*** 98, 5-9 • **MATEO 5, 17-19**

ORACIÓN

SEÑOR, nos dices que has venido a dar plenitud a la Ley y los Profetas, porque tu Amor es perfecto e infinito. Al dar tu vida por Amor, venciste a la muerte y al mal. **Jesús, lléname de tu Amor, porque, siguiendo el camino de la cruz, deseo vivir en plenitud.** ***Santo eres, Señor, nuestro Dios*** *(Salmo 98, 9c).*

JUNIO
15
JUEVES

Jueves 10° Tiempo Ordinario   Tomo III - Salterio 2ª semana

Santos M.ª MICAELA *vg,* Amós *prof,* Germana *vg,* Benilde *mr,* Vito *mr*

SANTA MARÍA MICAELA DEL S.S.

Papa Francisco: Jesús nos conoce muy bien y conoce cómo estamos hechos porque Él es el creador, conoce nuestra naturaleza. Y he aquí que nos sugiere: Si tú tienes un problema con un hermano —dice la palabra “adversario”— ponte enseguida a buenas. Así el Señor nos enseña también un sano realismo: muchas veces no se puede llegar a la perfección, pero al menos haced aquello que podáis, poneos de acuerdo para no llegar al juicio. (09-06-2016)

PALABRA

Dijo Jesús a sus discípulos: «Si vuestra justicia no es mayor que la de los escribas y fariseos, no entraréis en el reino de los cielos. Habéis oído que se dijo a los antiguos: “No matarás”, y el que mate será reo de juicio. Pero yo os digo: todo el que se deja llevar de la cólera contra su hermano será procesado. Y si uno llama a su hermano «imbécil», tendrá que comparecer ante el Sanedrín, y si lo llama «necio», merece la condena de la “gehenna” del fuego. Por tanto, si cuando vas a presentar tu ofrenda sobre el altar, te acuerdas allí mismo de que tu hermano tiene quejas contra ti, deja allí tu ofrenda ante el altar y vete primero a reconciliarte con tu hermano, y entonces vuelve a presentar tu ofrenda. Con el que te pone pleito procura arreglarte enseguida, mientras vais todavía de camino, no sea que te entregue al juez, y el juez al alguacil, y te metan en la cárcel. En verdad te digo que no saldrás de allí hasta que hayas pagado el último céntimo».

2Corintios 3,15-4,1.3-6; ***Salmo*** 84, 9-14 • **MATEO 5, 20-26**

ORACIÓN

SEÑOR, nos dices que, si actuamos como «justicieros» contra los que nos han hecho algo malo, no viviremos tu Reino de Amor. Pero sabes que hay ocasiones en las que nos es muy difícil perdonar. **Jesús, sana las heridas que hay en mi corazón. Dame de tu Amor misericordioso.** ***La gloria del Señor habitará en nuestra tierra*** *(Salmo 84, 10b).*

Santos Quirico y Julita ***mrs,***
Lutgarda ***vg,*** **Aureliano** ***ob***

JUNIO
16
VIERNES

SOLEMNIDAD DEL SAGRADO CORAZÓN DE JESÚS

Papa Francisco: El amor está más en dar que en recibir. El amor está más en las obras que en las palabras. Cuando decimos que está más en dar que en recibir es porque el amor siempre se contagia, siempre contagia, y es recibido por el amado. Y cuando decimos que está más en las obras que en las palabras es porque el amor siempre da vida, hace crecer. (04-07-2014)

PALABRA

Tomó la palabra Jesús y dijo: «Te doy gracias, Padre, Señor del cielo y de la tierra, porque has escondido estas cosas a los sabios y entendidos y se las has revelado a los pequeños. Sí, Padre, así te ha parecido bien. Todo me ha sido entregado por mi Padre, y nadie conoce al Hijo más que el Padre, y nadie conoce al Padre sino el Hijo y aquel a quien el Hijo se lo quiera revelar. Venid a mí todos los que estáis cansados y agobiados, y yo os aliviaré. Tomad mi yugo sobre vosotros y aprended de mí, que soy manso y humilde de corazón, y encontraréis descanso para vuestras almas. Porque mi yugo es llevadero y mi carga ligera».

Deuteronomio 7,6-11; ***Salmo*** 102, 1-8.10; ***1Juan*** 4, 7-16 • **MATEO 11, 25-30**

ORACIÓN

SEÑOR, nos pides que llevemos el yugo de tu Evangelio. Ciertamente, a veces nos parece muy pesado, porque nos exige vivir algunos valores y actitudes que nos resultan difíciles de asumir. Pero, cuando nos ponemos en tus poderosas manos, descubrimos que es bastante fácil. **Jesús, te agradezco que pongas sobre mi corazón el ligero yugo de tu Evangelio.** ***La misericordia del Señor dura siempre, para aquellos que lo temen*** *(Salmo 102, 17).*

Santos Teresa de Portugal *re,* Avito *ab,* Domingo Nguyên y *co mrs*

Inmaculado Corazón de la Bienaventurada Virgen María

Papa Francisco: La fe sin el fruto en la vida, una fe que no da fruto en las obras, no es fe. También nosotros nos equivocamos a veces sobre esto: 'Pero yo tengo mucha fe', escuchamos decir. 'Yo creo todo, todo...' Y quizá esta persona que dice eso tiene una vida tibia, débil. Su fe es como una teoría, pero no está viva en su vida. (21-02-2014)

PALABRA

Los padres de Jesús solían ir cada año a Jerusalén por las fiestas de Pascua. Cuando Jesús cumplió doce años, subieron a la fiesta según la costumbre y, cuando terminó, se volvieron; pero el niño Jesús se quedo en Jerusalén, sin que lo supieran sus padres. Estos, creyendo que estaba en la caravana, anduvieron el camino de un día y se pusieron a buscarlo entre los parientes y conocidos; al no encontrarlo, se volvieron a Jerusalén buscándolo. Y sucedió que, a los tres días, lo encontraron en el templo, sentado en medio de los maestros, escuchándolos y haciéndoles preguntas. Todos los que le oían quedaban asombrados de su talento y de las respuestas que daba. Al verlo, se quedaron atónitos, y le dijo su madre: «Hijo, ¿por qué nos has tratado así? Tu padre y yo te buscábamos angustiados». Él les contestó: «¿Por qué me buscabais? ¿No sabíais que yo debía estar en la cosas de mi Padre?». Pero ellos no comprendieron lo que le dijo. Él bajó con ellos y fue a Nazaret y estaba sujeto a ellos. Su madre conservaba todo esto en su corazón.

2Corintios 5, 14-21; ***Salmo*** 102, 1b-4.8-9.11-12 • LUCAS 2, 41-51

ORACIÓN

SEÑOR, cuando oramos con devoción junto a María, ella nos transmite la pureza de su inmaculado corazón. Suavemente, sentimos cómo ella nos ayuda a limpiar nuestro interior de aquello que nos impide unirnos a Ti. **Jesús, gracias por darme a María como Madre.** ***El Señor es compasivo y misericordioso*** *(Salmo 102, 8a)*

Santos Marcos y Marcelino *mrs*, Ciriaco y Paula *mrs*, Gregorio Barbarigo *ob*

Papa Francisco: Siempre debemos orar al "dueño de la mies", que es Dios Padre, para que envíe obreros a trabajar en su campo, que es el mundo. Y cada uno de nosotros lo debe hacer con un corazón abierto, con una actitud misionera; nuestra oración no debe limitarse solo a nuestras peticiones, a nuestras necesidades: una oración es verdaderamente cristiana si también tiene una dimensión universal. (07-07-2019)

• ***Éxodo*** 19,2 - 6a: En aquellos días, llegaron los hijos de Israel al desierto del Sinaí y acamparon allí, frente a la montaña. Moisés subió hacia Dios. El Señor lo llamó desde la montaña diciendo: «Así dirás a la casa de Jacob, y esto anunciarás a los hijos de Israel: "Vosotros habéis visto lo que he hecho con los egipcios, y cómo os he llevado sobre alas de águila y os he traído a mí. Ahora, pues, si de veras me obedecéis y guardáis mi alianza, seréis mi propiedad personal entre todos los pueblos, porque mía es toda la tierra. Seréis para mí un reino de sacerdotes y una nación santa"».

• ***Salmo*** 99, 1b -3.5: ***Nosotros somos su pueblo y ovejas de su rebaño.***

• ***Romanos*** 5, 6-11: Hermanos: Cuando nosotros estábamos aún sin fuerza, en el tiempo señalado, Cristo murió por los impíos; ciertamente, apenas habrá quien muera por un justo; por una persona buena tal vez se atrevería alguien a morir; pues bien: Dios nos demostró su amor en que, siendo nosotros todavía pecadores, Cristo murió por nosotros. ¡Con cuánta más razón, pues, justificados ahora por su sangre, seremos por él salvos del castigo! Si, cuando éramos enemigos, fuimos reconciliados con Dios por la muerte de su Hijo, ¡con cuánta más razón, estando ya reconciliados, seremos salvados por su vida! Y no sólo eso, sino que también nos gloriamos en Dios, por nuestro Señor Jesucristo, por quien hemos obtenido ahora la reconciliación.

• **MATEO 9, 36-10, 8:** En aquel tiempo, al ver Jesús a las muchedumbres, se compadecía de ellas, porque estaban extenuadas y abandonadas, "como ovejas que no tienen pastor". Entonces dice a sus discípulos: «La mies es abundante, pero los trabajadores son pocos; rogad, pues, al Señor de la mies que mande trabajadores a su mies». Llamó a sus doce discípulos, y les dio autoridad para expulsar espíritus inmundos y curar toda enfermedad y toda dolencia. Éstos son los nombres de los doce apóstoles: el primero, Simón, llamado Pedro, y Andrés, su hermano; Santiago, el de Zebedeo, y Juan, su hermano; Felipe y Bartolomé, Tomás y Mateo el publicano; Santiago el Alfeo, y Tadeo; Simón el de Caná, y Judas Iscariote, el que lo entregó. A estos doce los envió Jesús con estas instrucciones: «No vayáis a tierra de pagano ni entréis en las ciudades de Samaría, sino id a las ovejas descarriadas de Israel. Id y proclamad que ha llegado el reino de los cielos. Curad enfermos, resucitad muertos, limpiad leprosos, arrojad demonios. Gratis habéis recibido, dad gratis».

ORACIÓN **SEÑOR,** también ahora son pocos los que dan testimonio de tu Evangelio en medio del mundo. Se necesitan ahora buenas personas que anuncien tu Palabra. **Jesús, yo sí quiero trabajar en tu mies. Ayúdame a dar un buen testimonio de Ti a las personas de mi entorno.**

Lo que habéis recibido gratis, dadlo gratis.

Santos ROMUALDO *ab,*
Gervasio y Protasio *mrs,* **Lamberto** *mr,*
Juliana de Falconieri *vg*

JUNIO
19
LUNES

Papa Francisco: ¡Cuántas enemistadas en las familias, cuántas! Pensemos esto. Enemigos son también aquellos que hablan mal de nosotros, que nos calumnian y nos tratan injustamente. Y no es fácil digerir esto. A todos ellos estamos llamados a responder con el bien, que también tiene sus estrategias, inspiradas en el amor. (19-02-2017)

PALABRA

Dijo Jesús a sus discípulos: «Habéis oído que se dijo: «Ojo por ojo, diente por diente». Pero yo os digo: no hagáis frente al que os agravia. Al contrario, si uno te abofetea en la mejilla derecha, preséntale la otra; al que quiera ponerte pleito para quitarte la túnica, dale también la capa; a quien te requiera para caminar una milla, acompáñale dos; a quien te pide, dale, y al que te pide prestado, no lo rehúyas».

2Corintios 6, 1-10; *Salmo* 97, 1-4 • **MATEO 5, 38-42**

ORACIÓN

SEÑOR, ayudar a quien antes me ha ayudado a mí, es un acto de justicia, pues hago al otro el bien que se merece. Pero Tú no quieres justicia, sino mucho más: Tú quieres misericordia, esto es, hacerle al otro el bien que no se merece. **Jesús, ayúdame a ser misericordioso.** ***El Señor da a conocer su salvación*** *(Salmo 97, 2a).*

JUNIO
20
MARTES

Martes 11° Tiempo Ordinario Tomo III - Salterio 3ª semana

Santos Florentina de Cartagena *vg ab*, Metodio *ob*, Juan de Mateola *ab*

Papa Francisco: Jesús nos pide amar a los enemigos. ¿Cómo se puede hacer? Jesús nos dice: rezad, rezad por vuestros enemigos. La oración hace milagros; y esto vale no sólo cuando tenemos enemigos; sino también cuando percibimos alguna antipatía, alguna pequeña enemistad. El amor a los enemigos nos empobrece, nos hace pobres, como Jesús, quien, cuando vino, se abajó hasta hacerse pobre. Tal vez no es un «buen negocio», o al menos no lo es según la lógica del mundo. Sin embargo, es el camino que recorrió Dios, el camino que recorrió Jesús hasta conquistarnos la gracia que nos ha hecho ricos. (18-06-2013)

PALABRA

Dijo Jesús a sus discípulos: «Habéis oído que se dijo: "Amarás a tu prójimo" y aborrecerás a tu enemigo. Pero yo os digo: Amad a vuestros enemigos y rezad por los que os persiguen, para que seáis hijos de vuestro Padre celestial, que hace salir su sol sobre malos y buenos y manda la lluvia a justos e injustos. Porque si amáis a los que os aman, ¿qué premio tendréis? ¿No hacen lo mismo también los publicanos? Y, si saludáis solo a vuestros hermanos, ¿qué hacéis de extraordinario? ¿No hacen lo mismo también los gentiles? Por tanto, sed perfectos, como vuestro Padre celestial es perfecto».

2Corintios 8, 1-9; ***Salmo*** 145, 1b-2.5-9a • **MATEO 5, 43-48**

ORACIÓN

SEÑOR, nos pides que seamos misericordiosos sobre todo en la oración: rezando por el bien de los que nos hacen mal. Así alcanzamos la perfección espiritual. **Jesús, sana el rencor de mi corazón, para que pueda orar por aquellos a los que me cuesta amar.** ***Alaba, alma mía, al Señor*** *(Salmo 145, 1b).*

Santos LUIS GONZAGA *rl*, **Ramón de Roda** *ob*, **José Isabel Flores** *pb mr*, **Radolfo** *ob*

Papa Francisco: La reconciliación entre nosotros y Dios es posible gracias a la misericordia del Padre que, por amor a nosotros, no dudó en sacrificar a su Hijo unigénito. En efecto, Cristo, que era justo y sin pecado, fue hecho pecado por nosotros cuando cargó con nuestros pecados en la cruz, y así nos ha rescatado y justificando ante Dios. "En Él" podemos llegar a ser justos, en Él podemos cambiar, si acogemos la gracia de Dios y no dejamos pasar en vano este "tiempo favorable". Por favor, detengámonos, detengámonos un poco y dejémonos reconciliar con Dios. (18-02-2015)

PALABRA

Dijo Jesús a sus discípulos: «Cuidad de no practicar vuestra justicia delante de los hombres para ser vistos por ellos, de lo contrario, no tenéis recompensa de vuestro Padre celestial. Por tanto, cuando hagas limosna, no mandes tocar la trompeta ante ti, como hacen los hipócritas en las sinagogas y por las calles para ser honrados por la gente; en verdad os digo que ya han recibido su recompensa. Tú, en cambio, cuando hagas limosna, que no sepa tu mano izquierda lo que hace tu derecha; así tu limosna quedará en secreto, y tu Padre, que ve en lo secreto, te recompensará. Cuando oréis, no seáis como los hipócritas, a quienes les gusta orar de pie en las sinagogas y en las esquinas de las plazas, para que los vean los hombres. En verdad os digo que ya han recibido su recompensa. Tú, en cambio, cuando ores, entra en tu cuarto, cierra la puerta y ora a tu Padre, que está en lo secreto, y tu Padre, que ve en lo secreto, te lo recompensará. Cuando ayunéis, no andéis cabizbajos, como los hipócritas, que desfiguran sus rostros para hacer ver a los hombres que ayunan. En verdad os digo que ya han recibido su paga. Tú, en cambio, cuando ayunes, perfúmate la cabeza y lávate la cara, para que tu ayuno lo note, no los hombres, sino tu Padre, que está en lo escondido; y tu Padre, que ve en lo escondido, te recompensará».

2Corintios 9, 6-11; *Salmo* 111, 1b-4.9 • **MATEO 6, 1-6.16-18**

ORACIÓN

SEÑOR, así como nos pides que oremos al Padre en el secreto de nuestra habitación, también deseas que hagamos el bien en secreto, sin buscar el premio de la fama. Porque el amor es realmente caritativo cuando es gratuito. **Jesús, dame de tu Amor misericordioso.** ***Dichoso quien teme al Señor*** *(Salmo 111, 1b).*

Santos PAULINO DE NOLA *ob*, JUAN FISHER *ob* y TOMÁS MORO *pf mrs*

Papa Francisco: No hay necesidad de emplear tantas palabras para rezar: el Señor sabe lo que queremos decirle. Lo importante es que la primera palabra de nuestra oración sea «Padre». Es el consejo de Jesús a los apóstoles. (20-06-2013)

PALABRA

Dijo Jesús a sus discípulos: «Cuando recéis, no uséis muchas palabras, como los gentiles, que se imaginan que por hablar mucho les harán caso. No seáis como ellos, pues vuestro Padre sabe lo que os hace falta antes de que lo pidáis. Vosotros orad así: "Padre nuestro que estás en el cielo, santificado sea tu nombre, venga a nosotros tu reino, hágase tu voluntad en la tierra como en el cielo, danos hoy nuestro pan de cada día, perdona nuestras ofensas, como también nosotros perdonamos a los que nos ofenden, no nos dejes caer en la tentación, y líbranos del mal". Porque si perdonáis a los hombres sus ofensas, también os perdonará vuestro Padre celestial, pero si no perdonáis a los hombres, tampoco vuestro Padre perdonará vuestras ofensas».

2Corintios 11, 1-11; *Salmo* 110,1b-4.7-8 • **MATEO 6,7-15**

ORACIÓN

SEÑOR, nos dices a tus discípulos que oremos con el corazón y la inteligencia, expresando al Padre lo que sentimos y lo que pensamos. **Jesús, ayúdame a orar en espíritu y en verdad.** ***Justicia y verdad son las obras de tus manos, Señor*** *(Salmo 110, 7a).*

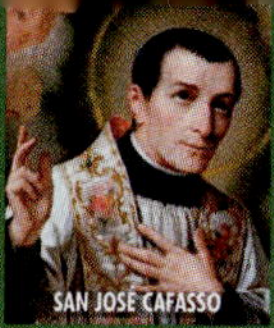

Santos José Cafasso *pb*, Edeltrudis *ab*, Tomás Garnet *pb mr.* Beato Inocencio V

Papa Francisco: No acumulen, para ustedes, tesoros en la tierra. Este es un consejo de prudencia, porque los tesoros sobre la tierra no son seguros: se estropean, vienen los ladrones y se los llevan. Y, ¿en qué tesoros piensa Jesús? Principalmente en tres y siempre vuelve sobre el mismo argumento: el oro, la vanidad y el orgullo. Estos tesoros no sirven. (20-06-2014)

PALABRA

En aquel tiempo, dijo Jesús a sus discípulos: «No atesoréis para vosotros tesoros en la tierra, donde la polilla y la carcoma los roen, donde los ladrones abren boquetes y los roban. Haceos tesoros en el cielo, donde no hay polilla ni carcoma que se los roen, ni ladrones que abren boquetes y roban. Porque donde está tu tesoro, allí estará tu corazón. La lámpara del cuerpo es el ojo. Si tu ojo está sano, tu cuerpo entero tendrá luz; pero si tu ojo está enfermo, tu cuerpo entero estará a oscuras. Si, pues, la luz que hay en ti está oscura, ¡cuánta será la oscuridad!».

2Corintios 11, 18. 21b-30; ***Salmo*** 33, 2- 7 • **MATEO 6, 19 - 23**

ORACIÓN

SEÑOR, nos pides que cuidemos el ojo de nuestro corazón, con el que vemos y valoramos la realidad que nos rodea. Porque no es lo mismo ver el mundo amargamente: con rencor, que verlo dulcemente: con amor. **Jesús, deseo ser feliz, sana el ojo de mi corazón.** ***Dios libra a los justos de sus angustias*** *(Salmo 33, 18b).*

JUNIO
24
SÁBADO

Santos **JUAN BAUTISTA** prof,
María Guadalupe García Zavala *vg*,
Simplicio *pf ob*, Rumoldo *er mr*. Beata, *vg*

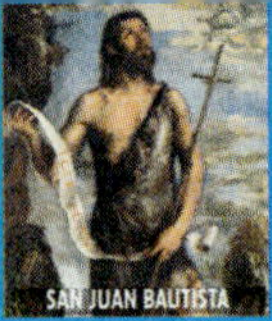

SOLEMNIDAD DE LA NATIVIDAD DE SAN JUAN BAUTISTA

Papa Francisco: El pueblo fiel de Dios es capaz de vivir la fe con alegría, con sentido de asombro, de sorpresa y de gratitud. Vemos a aquella gente que hablaba bien de esta cosa maravillosa, de este milagro del nacimiento de Juan, y lo hacía con alegría, estaba contenta, con sentido de asombro, de sorpresa y de gratitud. Y viendo esto preguntémonos: ¿cómo es mi fe? ¿Es una fe alegre o una fe siempre igual, una fe «plana»? (24-06-2018)

PALABRA

A Isabel se le cumplió el tiempo del parto y dio a luz un hijo. Se enteraron sus vecinos y parientes de que el Señor le había hecho una gran misericordia, y se alegraban con ella. A los ocho días vinieron a circuncidar al niño, y querían llamarlo Zacarías, como su padre; pero la madre intervino diciendo: «¡No! Se va a llamar Juan». Y le dijeron: «Ninguno de tus parientes se llama así». Entonces preguntaban por señas al padre cómo quería que se llamase. Él pidió una tablilla y escribió: «Juan es su nombre». Y todos se quedaron maravillados. Inmediatamente se le soltó la boca y la lengua, y empezó a hablar bendiciendo a Dios. Los vecinos quedaron sobrecogidos, y se comentaban todos estos hechos por toda la montaña de Judea. Y todos los que los oían reflexionaban diciendo: «Pues ¿qué será este niño?». Porque la mano del Señor estaba con él. El niño iba creciendo y se fortalecía en el espíritu, y vivía en lugares desiertos hasta los días de su manifestación a Israel.

Is 49, 1-6; ***Salmo*** 138, 1b-3.13-15; ***Hch*** 13, 22-26 • **LUCAS 1, 57-66.80**

ORACIÓN

SEÑOR, santa Isabel quiso llamar «Juan» a su hijo, porque había nacido gracias a la misericordia de Dios. En el fondo, todos tenemos mucho de «Juan», porque todos hemos recibido la misericordia divina. **Jesús, dame un corazón agradecido, como el de santa Isabel.** ***Te doy gracias, porque me has escogido portentosamente*** *(Salmo 138, 14a).*

Santos Domingo Henares *ob mr*, Máximo de Turín *ob*, Próspero de Aquitania *es mj*, Orosia *vg mr*

Papa Francisco: El pasaje de hoy forma parte del discurso misionero con el que el Maestro prepara a los Apóstoles para la primera experiencia de proclamar el Reino de Dios. Jesús les exhorta con insistencia a "no tener miedo". El miedo es uno de los enemigos peores de nuestra vida cristiana, y Jesús exhorta: "No tengáis miedo", "no tengáis miedo". (21-06-2020)

• ***Jeremías* 20,10-13:** Dijo Jeremías: «Oía la acusación de la gente: "pavor en torno". Delatadlo, vamos a delatarlo, mis amigos acechaban mis traspiés. "A ver si engañado lo sometemos, y podemos vengarnos de él". Pero el Señor es mi fuerte defensor: me persiguen, pero tropiezan impotentes. Acabarán avergonzados de su fracaso, con sonrojo eterno que no se olvidará. El Señor del universo, que examinas al honrado y sondeas las entrañas y el corazón, ¡que yo vea tu venganza sobre ellos, pues te he encomendado mi causa! Cantad al Señor, alabad al Señor, que libera la vida del pobre de las manos de gente perversa».

• ***Salmo* 68, 8-10.14.17.33-35:** ***Señor, que me escuche tu gran bondad.***

• ***Romanos* 5, 12-15:** Hermanos: Lo mismo que por un hombre entró el pecado en el mundo y por el pecado la muerte, y así la muerte se propagó a todos los hombres porque todos pecaron… Pues, hasta que llegó la ley había pecado en el mundo, pero el pecado no se imputaba porque no había ley. Pese a todo, la muerte reinó desde Adán hasta Moisés, incluso sobre los que no habían pecado con una transgresión como el de Adán, que era figura del que tenía que venir. Sin embargo, no hay proporción entre el delito y el don: si por el delito de uno solo murieron todos, con mayor razón la gracia de Dios y el don otorgado en virtud de un hombre, Jesucristo, se han desbordado sobre todos.

• **MATEO 10, 26-33:** Dijo Jesús a sus apóstoles: «No tengáis miedo a los hombres, porque nada hay encubierto que no llegue a descubrirse; ni nada hay escondido que no llegue a saberse. Lo que os digo en la oscuridad, decidlo a la luz, y lo que os digo al oído pregonadlo desde la azotea. No tengáis miedo a los que matan el cuerpo, pero no pueden matar el alma. No; temed al que puede llevar a la perdición alma y cuerpo en la gehenna. ¿No se venden un par de gorriones por un céntimo? Y, sin embargo, ni uno solo cae al suelo sin que lo disponga vuestro Padre. Pues vosotros hasta los cabellos de la cabeza tenéis contados. Por eso, no tengáis miedo: valéis más vosotros que muchos gorriones. A quien se declare por mí ante los hombres, yo también me declararé por él ante mi Padre que está en los cielos. Y si uno me niega ante los hombres, yo también lo negaré ante mi Padre que está en los cielos».

ORACIÓN

SEÑOR, sabes bien que lo que nos da más inseguridad es lo desconocido, lo misterioso, porque no lo podemos conocer ni controlar, y pensamos que quizás podría volverse contra nosotros. Pero nos animas a tener confianza en el misterio divino, porque en él está el Padre, que es misericordioso. **Jesús, te lo ruego, ayúdame a confiar en la divina Providencia.**

No tengáis miedo

JUNIO 26 LUNES

Santos PELAYO *mr*, Josemaría Escrivá *pb*, Juan y Pablo *mrs*, José María Robles *pb mr*

Papa Francisco: Quien juzga se pone en el lugar de Dios y haciendo esto se encamina a una derrota segura en la vida porque será correspondido con la misma moneda. Y vivirá en la confusión, cambiando «la paja» en el ojo del hermano por la «viga» que le obstruye la vista. (23-06-2014)

PALABRA

Dijo Jesús a sus discípulos: «No juzguéis, para que no seáis juzgados. Porque seréis juzgados como juzguéis vosotros, y la medida que uséis, la usarán con vosotros. ¿Por qué te fijas en la mota que tiene tu hermano en el ojo y no reparas en la viga que llevas en el tuyo? ¿Cómo puedes decirle a tu hermano: "Déjame que te saque la mota del ojo", teniendo una viga en el tuyo? Hipócrita; sácate primero la viga del ojo; entonces verás claro y podrás sacar la mota del ojo de tu hermano».

Génesis 12, 1-9; *Salmo* 32, 12-13.18-20.22 • **MATEO 7, 1-5**

ORACIÓN

SEÑOR, cuando nos pides que no juzguemos, te refieres a que no valoremos con dureza lo que hacen o dicen otras personas. Por el contrario, deseas que lo hagamos con misericordia. **Jesús, te pido perdón por las ocasiones en las que no soy bondadoso con mis comentarios.** ***Dichoso el pueblo que el Señor se escogió como heredad*** *(Salmo 32, 12).*

JUNIO

27

MARTES

Martes 12° Tiempo Ordinario Tomo III - Salterio 4ª semana

Santos CIRILO DE ALEJANDRÍA *ob dc*,
Zoilo *mr*, Gudena *mr*.
Ntra. Sra. del Perpetuo Socorro

Papa Francisco: Jesús en el Evangelio nos dice que ser cristianos no es tener una "etiqueta". Yo les pregunto: ustedes, ¿son cristianos de etiqueta o de verdad? Y cada uno responda dentro de sí. Nunca cristianos de etiqueta. Cristianos de verdad, de corazón. Ser cristianos es vivir y testimoniar la fe en la oración, en las obras de caridad, en la promoción de la justicia, en hacer el bien. Por la puerta estrecha que es Cristo debe pasar toda nuestra vida. (25-08-2013)

PALABRA

Dijo Jesús a sus discípulos: «No deis lo santo a los perros, ni les echéis vuestras perlas a los cerdos; no sea que las pisoteen con sus patas y después se revuelvan para destrozaros. Así, pues, todo lo que deseáis que los demás hagan con vosotros, hacedlo vosotros con ellos; pues esta es la Ley y los Profetas. Entrad por la puerta estrecha. Porque ancha es la puerta y espacioso el camino que lleva a la perdición, y muchos entran por ellos. ¡Qué estrecha es la puerta y qué angosto el camino que lleva a la vida! Y pocos dan con ellos».

Génesis 13, 2.5-18; ***Salmo*** 14, 2-5 • **MATEO 7, 6.12-14**

ORACIÓN

SEÑOR, nos pides que tengamos precaución con lo que decimos sobre Ti a la gente mundana, porque debemos evitar que malinterpreten o se burlen de tu Palabra. **Jesús, te lo suplico, dame sabiduría para hablar correctamente de Ti a los más alejados.** ***Señor, ¿quién puede hospedarse en tu tienda?*** *(Salmo 14. 1b).*

Santos IRENEO DE LYON ***ob mr,***
Argimiro ***mj mr,*** **Pablo I** ***pp,***
Lucía Wang-Cheng y ***co mrs***

Papa Francisco: Decía Jesús que todo árbol bueno da frutos buenos y todo árbol malo da frutos malos (cf. Mt 7, 17). La gran familia humana es como un bosque, donde los árboles buenos aportan solidaridad, comunión, confianza, apoyo, seguridad, sobriedad feliz, amistad. La presencia de las familias numerosas es una esperanza para la sociedad. Y por ello es muy importante la presencia de los abuelos: una presencia preciosa tanto por la ayuda práctica como, sobre todo, por la colaboración educativa. Los abuelos custodian en sí los valores de un pueblo, de una familia, y ayudan a los padres a transmitirlos a los hijos. En el siglo pasado, en muchos países de Europa, fueron los abuelos quienes transmitieron la fe: ellos llevaban a escondidas al niño a recibir el Bautismo y transmitían la fe. (28-12-2014)

PALABRA

Dijo Jesús a sus discípulos: «Cuidado con los falsos profetas; se acercan con piel de oveja, pero por dentro son lobos rapaces. Por sus frutos los conoceréis. ¿Acaso se cosechan uvas de las zarzas o higos de los cardos? Así, todo árbol sano da frutos buenos; pero el árbol dañado da frutos malos. Un árbol sano no puede dar frutos malos, ni un árbol dañado dar frutos buenos. El árbol que no da fruto bueno se tala y se echa al fuego. Es decir, que por sus frutos los conoceréis».

Génesis 15, 1-12. 17-18; ***Salmo*** 104, 1-4.6-9 • **MATEO 7, 15-20**

ORACIÓN

SEÑOR, nos animas a hacer el bien a los demás, porque así conocerán que Tú habitas en nosotros, y entonces te escucharán y te aceptarán. Porque la coherencia es la clave de la buena predicación. **Jesús, te pido perdón por las veces en las que no soy coherente con tu Evangelio.**
El Señor se acuerda de su alianza eternamente *(Salmo 104, 8a).*

JUNIO

29

JUEVES

Santos PEDRO Y PABLO *aps,*
Emma *vd,* Siro *ob*

COLECTA DEL ÓBOLO DE SAN PEDRO

SANTOS PEDRO Y PABLO

SOLEMNIDAD DE LOS APÓSTOLES SAN PEDRO Y SAN PABLO

Papa Francisco: La Iglesia siempre necesita ser reformada, reparada. Nosotros ciertamente no nos sentimos rocas, sino solo pequeñas piedras. Aun así, ninguna pequeña piedra es inútil, es más, en las manos de Jesús la piedra más pequeña se convierte en preciosa, porque Él la recoge, la mira con gran ternura, la trabaja con su Espíritu, y la coloca en el lugar justo, que Él desde siempre ha pensado y donde puede ser más útil a toda la construcción. Cada uno de nosotros es una pequeña piedra, pero en las manos de Jesús participa en la construcción de la Iglesia. (27-08-2017)

PALABRA

Al llegar a la región de Cesarea de Filipo, Jesús preguntó a sus discípulos: «¿Quién dice la gente que es el Hijo del hombre?». Ellos contestaron: «Unos que Juan el Bautista, otros que Elías, otros que Jeremías o uno de los profetas». Él les preguntó: «Y vosotros, ¿quién decís que soy yo?». Simón Pedro tomó la palabra y dijo: «Tú eres el Mesías, el Hijo del Dios vivo». Jesús le respondió: «¡Bienaventurado tú, Simón, hijo de Jonás!, porque eso no te lo ha revelado ni la carne ni la sangre, sino mi Padre que está en los cielos. Ahora yo te digo: tú eres Pedro, y sobre esta piedra edificaré mi Iglesia, y el poder del infierno no la derrotará. Te daré las llaves del reino de los cielos; lo que ates en la tierra quedará atado en los cielos, y lo que desates en la tierra, quedará desatado en los cielos».

Hechos 12,1-11; ***Salmo*** 33,2-9; ***2Tim*** 4,6-8.17-18 • **MATEO 16, 13-19**

ORACIÓN

SEÑOR, Simón Pedro, en lugar de dejarse llevar por las apariencias o por lo que decía la gente, supo escuchar al Padre en su corazón. Por eso le nombraste «Piedra de la Iglesia». **Jesús, te pido perdón por las ocasiones en las que no escucho con suficiente atención lo que me dices en el fondo de mi corazón.** ***El Señor me libró de todas mis ansias*** *(Salmo 33, 5b).*

SS. PROTOMÁRTIRES DE ROMA

Santos PROTOMÁRTIRES DE ROMA,
Marcial *ob*, Ladislao *re*, Adolfo *ob*

Papa Francisco: Acercarse a las personas marginadas, acortar las distancias hasta tocarlas sin miedo de ensuciarse: Esta es la «cercanía cristiana» que nos mostró Jesús liberando al leproso de la impureza de la enfermedad y también de la exclusión social. (03-06-2015)

PALABRA

Al bajar Jesús del monte, lo siguió mucha gente. En esto, se le acercó un leproso, se arrodilló y le dijo: «Señor, si quieres, puedes limpiarme». Extendió la mano y lo tocó diciendo: «Quiero, queda limpio». Y enseguida quedó limpio de la lepra. Jesús le dijo: «No se lo digas a nadie, pero ve a presentarte al sacerdote y entrega la ofrenda que mandó Moisés, para que les sirva de testimonio».

Génesis 17, 1.9-10.15-22; ***Salmo*** 127, 1-5 • **MATEO 8,1-4**

ORACIÓN

SEÑOR, el leproso se arrodilló humildemente ante Ti, reconoció tu absoluto poder y te suplicó que le sanaras. Y entonces Tú le sanaste. **Jesús, te alabo por tu gran misericordia. *Esta es la bendición del hombre que teme al Señor*** *(Salmo 127, 4).*

JULIO

Al celebrar tu memoria, santo Apóstol peregrino,
guíanos por el camino al Pórtico de la gloria.
Camino de Compostela, va un romero caminando,
y es el camino de estrellas polvareda de sus pasos.
En el pecho las vieiras, y alto bordón en la mano,
sembrando por la vereda las canciones y los salmos.
Llegó al corazón de España por el monte y por el llano:
en los anchos horizontes cielo y tierra se abrazaron.
Sube hasta el monte del Gozo y allí, de hinojos postrado,
las altas torres de ensueño casi toca con las mano.
(Bernardo Velayo)

Santos Aarón *AT*, Nicasio *mr*, Teodorico *pb*, Justino Orona y Atilano Cruz *pbs mrs*

Papa Francisco: El Señor, en la palabra que hemos escuchado, se maravilló de este centurión. Se maravilló de la fe que tenía. Había hecho un camino para encontrar al Señor. Pero lo había hecho con fe. Por ello no sólo encontró al Señor, sino que sintió la alegría de haber sido encontrado por el Señor. Y éste es precisamente el encuentro que nosotros queremos, el encuentro de la fe. Encontrar al Señor, pero dejarnos encontrar por Él. ¡Es muy importante! (06-12-2013)

PALABRA

Al entrar Jesús en Cafarnaún, un centurión se le acercó rogándole: «Señor, tengo en casa un criado que está en cama paralítico y sufre mucho». le contestó: «Voy yo a curarlo». Pero el centurión le replicó: «Señor, no soy digno de que entres bajo mi techo. Basta que lo digas de palabra, y mi criado quedará sano. Porque yo también vivo bajo disciplina y tengo soldados a mis órdenes; y le digo a uno: "Ve" y va; al otro: "Ven", y viene; a mi criado: "Haz esto", y lo hace». Al oírlo, Jesús quedó admirado y dijo a los que le seguían: «En verdad os digo que en Israel no he encontrado en nadie tanta fe. Os digo que vendrán muchos de oriente y occidente y se sentarán con Abrahán, Isaac y Jacob en el reino de los cielos; en cambio, a los hijos del reino los echarán fuera, a las tinieblas. Allí será el llanto y el rechinar de dientes». Y dijo Jesús al centurión: «Vete; que te suceda según has creído». Y en aquel momento se puso bueno el criado. Al llegar Jesús a casa de Pedro, vio a su suegra en cama con fiebre; le tocó la mano, y se le pasó la fiebre; se levantó y se puso a servirle. Al anochecer, le llevaron muchos endemoniados; él, con su palabra, expulsó a los espíritus y curó a todos los enfermos, para que se cumpliera lo dicho por el profeta Isaías: «Él tomó nuestras dolencias y cargó con nuestras enfermedades».

***Génesis* 18, 1-15; *Salmo: Lucas* 1, 46-50.53-55 • MATEO 8, 5-17**

ORACIÓN

SEÑOR, el centurión no se sentía digno de que entrases en su casa porque era un pagano. Pero, lleno de fe, acudió a Ti para que sanaras a su criado, y Tú le sanaste. **Jesús, aunque no soy digno de que entres en mi corazón, te lo pido, sáname.** ***El Señor se acuerda de su misericordia.*** *(Lucas 1, 54b).*

SAN BERNARDINO REALINO

Santos Bernardino Realino ***pb,***
Liberato y co ***mrs,*** **Monegunda** ***er***

JULIO
2
DOMINGO

JORNADA DE RESPONSABILIDAD DEL TRÁFICO

Papa Francisco: El verdadero amor a Jesús requiere verdadero amor a los padres, a los hijos, pero si primero buscamos el interés familiar, esto siempre nos lleva por el camino equivocado. (28-06-2020)

PALABRA

• ***2Reyes*** 4,8-11.14-16a: Pasó Eliseo un día por Sunén. Vivía allí una mujer principal que le insistió en que se quedase a comer; y, desde entonces, se detenía allí a comer cada vez que pasaba. Ella dijo a su marido: «Estoy segura de que es un hombre santo de Dios el que viene siempre a vernos. Construyamos en la terraza una pequeña habitación y pongámosle arriba una cama, una mesa, una silla y una lámpara, para que cuando venga pueda retirarse». Llegó el día en que Eliseo se acercó por allí y se retiró a la habitación de arriba, donde se acostó. Entonces se preguntó Eliseo: «¿Qué podemos hacer por ella?». Respondió Guejazí, su criado: «Por desgracia no tiene hijos y su marido es ya anciano». Eliseo ordenó que la llamase. La llamó y ella se detuvo a la entrada. Eliseo le dijo: «El año próximo, por esta época, tú estarás abrazando un hijo».

• ***Salmo*** 88,2-3.16-19: ***Cantaré eternamente las misericordias del Señor.***

• ***Romanos*** 6,3-4.8-11: Hermanos: Cuantos fuimos bautizados en Cristo Jesús fuimos bautizados en su muerte. Por el bautismo fuimos sepultados con él en la muerte, para que, lo mismo que Cristo resucitó de entre los muertos por la gloria del Padre, así también nosotros andamos en la vida nueva. Si hemos muerto con Cristo, creemos que también viviremos con él; pues sabemos que Cristo, una vez resucitado de entre los muertos, ya no muere más; la muerte ya no tiene dominio sobre él. Porque quien ha muerto, ha muerto al pecado una vez para siempre; y quien vive, vive para Dios. Lo mismo vosotros, consideraos muertos al pecado y vivo para Dios en Cristo Jesús.

• **MATEO 10, 37-42:** Jesús dijo a sus apóstoles: «El que quiere a su padre o a su madre más que a mí, no es digno de mí; el que quiere a su hijo o a su hija más que a mí, no es digno de mí; y el que no carga con su cruz y me sigue, no es digno de mí. El que encuentre su vida la perderá, y el que pierda su vida por mí, la encontrará. El que os recibe a vosotros, me recibe a mí, y el que me recibe, recibe al que me ha enviado. El que recibe a un profeta porque es profeta, tendrá recompensa de profeta; y el que recibe a un justo porque es justo, tendrá recompensa de justo. El que dé a beber, aunque no sea más que un vaso de agua fresca, a uno de estos pequeños, solo porque es mi discípulo, en verdad os digo que no perderá su recompensa».

ORACIÓN

SEÑOR, ¿te amo más que a mis familiares más cercanos?, ¿realmente te amo por encima de todas las cosas? **Jesús, reconozco que me es muy difícil responder a esto. Te lo suplico, lléname con tu Amor.**

El que me recibe, recibe al que me ha enviado

SANTO TOMÁS, APÓSTOL

FIESTA DE SANTO TOMÁS, APÓSTOL.

Santos Heliodoro *ob*, León II *pp*, Raimundo Gayrard *es*

Papa Francisco: El Señor sabe cuándo y por qué hace las cosas. A cada uno da el tiempo que Él cree más oportuno. A Tomás le concedió ocho días. ¡Era un testarudo! Pero el Señor quiso precisamente a un testarudo para hacernos entender algo más grande. Tomás, al ver al Señor, no dijo: "Es verdad, el Señor resucitó". No. Fue más allá, y dijo: "Señor mío y Dios mío". Es el primero de los discípulos en confesar la divinidad de Cristo tras la resurrección. (03-07-2013)

PALABRA

Tomás, uno de los Doce, llamado el Mellizo, no estaba con ellos cuando vino Jesús. Y los otros discípulos le decían: «Hemos visto al Señor». Pero él les contestó: «Si no veo en sus manos la señal de los clavos, si no meto el dedo en el agujero de los clavos y no meto la mano en su costado, no lo creo». A los ocho días, estaban otra vez dentro los discípulos y Tomás con ellos. Llegó Jesús, estando cerradas las puertas, se puso en medio y dijo: «Paz a vosotros». Luego dijo a Tomás: «Trae tu dedo, aquí tienes mis manos; trae tu mano y métela en mi costado; y no seas incrédulo, sino creyente». Contestó Tomás: «¡Señor mío y Dios mío!». Jesús le dijo: «¿Porque me has visto has creído? Bienaventurados los que crean sin haber visto».

Efesios 2,19-22; *Salmo* 116, 1-2 • **JUAN 20,24-29**

ORACIÓN

SEÑOR, a santo Tomás le costaba creer en tu resurrección, porque no había estado con los otros discípulos cuando Tú te apareciste. Nosotros, como él, también podemos tener crisis de fe, si nos alejamos de la comunidad eclesial. **Jesús, ayúdame a compartir mi fe con otros creyentes.** ***Id al mundo entero y proclamad el Evangelio*** *(Marcos 16, 15).*

JULIO

4

MARTES

Martes 13° Tiempo Ordinario Tomo III - Salterio 1ª semana

Santos ISABEL DE PORTUGAL *re*, Valentín de Berriochoa *ob mr*, Berta *ab*. Beato Pedro Jorge Frassati *la*

B. PEDRO JORGE FRASSATI

Papa Francisco: Si tú quieres encontrar a Dios, búscalo en la humildad, en la pobreza, es donde él está escondido, en los más necesitados… Y Jesús, cuando nos predica la vida, nos dice cómo será nuestro juicio. No dirá: "ven conmigo porque hiciste tantas ofrendas a la Iglesia". La entrada al cielo no se paga con dinero. No dirá: Tú eres muy importante, has estudiado mucho… Los honores no nos abren la puerta del cielo. (08-12- 2015)

PALABRA

Subió Jesús a la barca y sus discípulos lo siguieron. En esto se produjo una tempestad tan fuerte, que la barca desaparecía entre las olas; él dormía. Se acercaron los discípulos y lo despertaron, gritándole: «¡Señor, sálvanos, que perecemos!». Él les dice: «¿Por qué tenéis miedo, hombres de poca fe?». Se puso en pie, increpó a los vientos y al mar, y vino una gran calma. Los hombres se decían asombrados: «¿Quién es este, que hasta el viento y el mar lo obedecen?».

Génesis **19, 15-29;** ***Salmo*** **25, 2-3.9-12 • MATEO 8, 23-27**

ORACIÓN

SEÑOR, en tu vida terrena, tu poder en este mundo era tan grande, que hasta el viento y el mar te obedecían. Y muriendo humildemente en la Cruz, dando tu vida por el bien de la humanidad, mostraste tu poder de Hijo de Dios. **Jesús, ayúdame a mostrar mi humilde poder, sirviendo a los demás.** ***Tengo ante los ojos, tu bondad, Señor*** *(Salmo 25, 3a).*

Santos ANTONIO M.ª ZACCARIA *pb*, Marta *mf*

Papa Francisco: Cuando el mal espíritu logra anestesiar la conciencia se puede hablar de su verdadera victoria: se convierte en el dueño de esa conciencia. Y de poco sirve decir como hacen algunos: ¡Esto sucede en todas partes! Todos tenemos problemas, todos somos pecadores. Porque en ese "todos" está el "ninguno". Todos, pero yo no. Y de ese modo se acaba viviendo esa mundanidad que es hija del mal espíritu. (09-10-2015)

PALABRA

Llegó Jesús a la otra orilla, a la región de los gerasenos. Desde los sepulcros, dos endemoniados salieron a su encuentro; eran tan furiosos que nadie se atrevía a transitar por aquel camino. Y le dijeron a gritos: «¿Qué tenemos que ver nosotros contigo, Hijo de Dios? ¿Has venido a atormentarnos antes de tiempo?». A cierta distancia, una gran piara de cerdos estaba paciendo. Los demonios le rogaron: «Si nos echas, mándanos a la piara». Jesús les dijo: «Id». Salieron y se metieron en los cerdos. Y la piara entera se abalanzó acantilado abajo y murieron en las aguas. Los porquerizos huyeron al pueblo y lo contaron todo, incluyendo lo de los endemoniados. Entonces el pueblo entero salió a donde estaba Jesús y, al verlo, le rogaron que se marchara de su país.

Génesis 21, 5.8-20; *Salmo* 33, 7-8.10-13 • **MATEO 8, 28-34**

ORACIÓN

SEÑOR, liberaste de sus «demonios» a dos personas que vivían fuera de la sociedad, entre los muertos. También ahora hay muchos que viven excluidos. Los vemos pidiendo por la calle y durmiendo dentro de cajas de cartón. Ante esa terrible realidad, sentimos pena e impotencia. **Jesús, te pido por todas las personas que viven excluidas de la sociedad.**
El afligido invocó al Señor, y él lo escuchó *(Salmo 33, 7ab).*

JULIO
6
JUEVES

Jueves 13° Tiempo Ordinario Tomo III - Salterio 1ª semana

**Santos MARÍA GORETTI *vg mr*,
Nazaria Ignacia March *vg*,
Rómulo *ob*, Paladio *ob***

Papa Francisco: Jesús, cuando curaba a un enfermo no era sólo alguien que curaba. Cuando enseñaba a la gente, pensemos en las Bienaventuranzas, no era sólo un catequista, un predicador de moral... No, estas cosas que hacía Jesús —la curación, la enseñanza— eran sólo un signo, un signo de algo más que Jesús estaba haciendo: perdonar los pecados. Reconciliar el mundo en Cristo en nombre del Padre es la misión de Jesús. (04-07-2013)

PALABRA

Subió Jesús a una barca, cruzó a la otra orilla y fue a su ciudad. En esto le presentaron un paralítico, acostado en una camilla. Viendo la fe que tenían, dijo al paralítico: «¡Ánimo, hijo!, tus pecados te son perdonados». Algunos de los escribas se dijeron: «Este blasfema». Jesús, sabiendo lo que pensaban, les dijo: «¿Por qué pensáis mal en vuestros corazones? ¿Qué es más fácil, decir: "Tus pecados te son perdonados", o decir: "Levántate y echa a andar"? Pues, para que veáis que el Hijo del hombre tiene potestad en la tierra para perdonar pecados –entonces dice al paralítico–: "Ponte en pie, toma tu camilla y vete a tu casa"». Se puso en pie, y se fue a su casa. Al ver esto, la gente quedó sobrecogida y alababa a Dios, que da a los hombres tal potestad.

Génesis 22, 1-19; *Salmo* 114, 1-6.8-9 • **MATEO 9, 1-8**

ORACIÓN

SEÑOR, tuviste que sanar a un lisiado para mostrar a unos incrédulos tu potestad para perdonar los pecados. También ahora son muchos los que necesitan ser perdonados por Ti. **Jesús, te doy gracias por el sacramento de la Reconciliación, con el que sanas mi corazón.** ***Caminaré en presencia del Señor, en el país de los vivos*** *(Salmo 114, 9).*

Santos Fermín *ob*, Odón *ob*, Edilburga *ab.* Beato Benedicto XI *pp*

Papa Francisco: Ser cristiano es una gran cosa, hermosa. Nosotros somos quienes nos alejamos de nosotros y queremos permanecer a medio camino, porque eso es muy difícil; y negociar con el Señor diciendo: «Señor, no, solo hasta aquí». Pero el Señor es paciente, el Señor sabe cómo tolerar las cosas: es paciente, nos espera. Pero nos falta generosidad: no a Él. Él siempre te lleva de lo más bajo a lo más alto. Así lo hizo con Mateo y lo hizo con todos nosotros y lo seguirá haciendo. (21-09-2018)

PALABRA

Al pasar vio Jesús a un hombre llamado Mateo sentado al mostrador de los impuestos, y le dijo: «Sígueme». Él se levantó y lo siguió. Y, estando en la casa, sentado a la mesa, muchos publicanos y pecadores, que habían acudido, se sentaban con Jesús y sus discípulos. Los fariseos, al verlo, preguntaron a los discípulos: «¿Cómo es que vuestro maestro come con publicanos y pecadores?». Jesús lo oyó y dijo: «No tienen necesidad de médico los sanos, sino los enfermos. Andad, aprended lo que significa "Misericordia quiero y no sacrificios": que no he venido a llamar a los justos, sino a los pecadores».

Génesis 23, 1-4. 19 – 24, 1-8. 62-67; ***Salmo*** 105, 1-5 • **MATEO 9, 9-13**

ORACIÓN

SEÑOR, no viniste a llamar a los que se tienen por «justos» o por «santos», sino a los humildes que se reconocen imperfectos y pecadores. **Jesús, te lo ruego, ayúdame a ser auténticamente humilde.** ***Dad gracias al Señor, porque es bueno*** *(Salmo 105, 1b).*

JULIO
8
SÁBADO

Sábado 13° Tiempo Ordinario Tomo III - Salterio 1ª semana

Santos Áquila y Priscila ***NT es,*** **Adrián** ***pp,***
Pancracio ***ob mr,*** **Landrada** ***ab***

SS. AQUILA Y PRISCILA, esposos

Papa Francisco: La ley está al servicio del hombre, que está al servicio de Dios, y para esto el hombre tiene que tener el corazón abierto. La actitud de los que dicen: «Siempre se ha hecho así...» en realidad nace de «un corazón cerrado». (18-01-2016)

PALABRA

Los discípulos de Juan se acercan a Jesús, preguntándole: «¿Por qué nosotros y los fariseos ayunamos a menudo y, en cambio, tus discípulos no ayunan?». Jesús les dijo: «¿Es que pueden guardar luto los amigos del esposo, mientras el esposo está con ellos? Llegará un día en que les arrebatarán al esposo, y entonces ayunarán. Nadie echa un remiendo de paño sin remojar a un manto pasado; porque la pieza tira del manto y deja un roto peor. Tampoco se echa vino nuevo en odres viejos; porque revientan los odres; se derrama el vino, y los odres se estropean; el vino nuevo se echa en odres nuevos, y así las dos cosas se conservan».

Génesis 27, 1-5. 15-29; ***Salmo*** 134, 1b-6 • **MATEO 9, 14-17**

ORACIÓN

SEÑOR, sabes que a veces pretendemos seguir tu camino sin antes cambiar nuestro modo de pensar y sin limpiar nuestro corazón. Y entonces sentimos cómo nuestro interior se rompe, como un odre viejo. **Jesús, ayúdame a convertirme realmente a tu Evangelio.** ***Alabad al Señor, porque es bueno*** *(Salmo 134, 3a).*

SAN AGUSTÍN ZHAO RONG

Santos AGUSTÍN ZHAO RONG ***pb y co mars,*** **Juan de Colonia** ***pb y co mars,*** **Verónica Giuliani** ***ab,*** **N.ª S.ª del Rosario de Chiquinquirá**

Papa Francisco: El mundo exalta al rico y poderoso, no importa con qué medios, y a veces pisando a la persona humana y su dignidad. Y esto lo vemos todos los días, los pobres pisados. Y es un mensaje para la Iglesia, llamada a vivir las obras de misericordia y a evangelizar a los pobres, a ser mansos, humildes. Así el Señor quiere que sea su Iglesia, es decir nosotros. (05-07-2020)

PALABRA

• ***Zacarías*** 9,9-10: Esto dice el Señor: «¡Salta de gozo, Sion; alégrate, Jerusalén! Mira que viene tu rey, justo y triunfador, pobre y montando en un borrico, en un pollino de asna. Suprimirá los carros de Efraín y los caballos de Jerusalén; romperá el arco guerrero y proclamará la paz a los pueblos. Su dominio irá de mar a mar, desde el Rio hasta los extremos del país.

• ***Salmo*** 144, 1bc-2.8-14: ***Bendeciré tu nombre por siempre, Dios mío, mi rey.***

• ***Romanos*** 8, 9.11-13: Hermanos: Vosotros no estáis en la carne, sino en el Espíritu, si es que el Espíritu de Dios habita en vosotros; en cambio, si alguien no posee el Espíritu de Cristo no es de Cristo. Y si el Espíritu del que resucitó a Jesús de entre los muertos habita en vosotros, el que resucitó de entre los muertos a Cristo Jesús también dará vida a vuestros cuerpos mortales, por el mismo Espíritu que habita en vosotros. Así pues, hermanos, somos deudores, pero no de la carne para vivir según la carne. Pues si vivís según la carne, moriréis; pero si con el Espíritu dais muerte a las obras del cuerpo, viviréis.

• **MATEO 11, 25-30:** Tomó la palabra Jesús y dijo: «Te doy gracias, Padre, Señor del cielo y de la tierra, porque has escondido estas cosas a los sabios y entendidos y se las has revelado a los pequeños. Sí, Padre, así te ha parecido bien. Todo me ha sido entregado por mi Padre, y nadie conoce al Hijo más que el Padre, y nadie conoce al Padre sino el Hijo y aquel a quien el Hijo se lo quiera revelar. Venid a mí todos los que estáis cansados y agobiados y yo os aliviaré. Tomad mi yugo sobre vosotros y aprended de mí, que soy manso y humilde de corazón, y encontraréis descanso para vuestras almas. Porque mi yugo es llevadero y mi carga ligera».

ORACIÓN

SEÑOR, nos animas a ser mansos y humildes como Tú, para que podamos descansar en Ti. Porque los orgullosos y los autosuficientes están excluidos de tu Reino de Amor. **Jesús, te doy gracias por invitarme a recorrer el sereno camino de la humildad.**

Mi yugo es llevadero
y mi carga ligera

SANTA RUFINA Y SEGUNDA

Santos Félix y Felipe *mrs,* Rufina y Segunda *mrs,* Anatolia y Victoria *mrs,* Bianor y Silvano *mrs.*

Papa Francisco: En el camino del Señor están admitidos todos: ninguno debe sentirse un intruso o uno que no tiene derecho. Para tener acceso a su corazón, al corazón de Jesús hay un solo requisito: sentirse necesitado de curación y confiarse a Él. Yo os pregunto: ¿Cada uno de vosotros se siente necesitado de curación? ¿De cualquier cosa, de cualquier pecado, de cualquier problema? Y, si siente esto, ¿tiene fe en Jesús? (01-07-2018)

PALABRA

Mientras Jesús hablaba, se acercó un jefe de los judíos que se arrodilló ante él y le dijo: «Mi hija acaba de morir. Pero ven tú, impón tu mano sobre ella y vivirá». Jesús se levantó y lo siguió con sus discípulos. Entre tanto, una mujer que sufría flujos de sangre desde hacía doce años, se le acercó por detrás y le tocó el borde del manto, pensando que con solo tocarle el manto se curaría. Jesús se volvió y, al verla, le dijo: «¡Ánimo, hija! Tu fe te ha salvado». Y en aquel momento quedó curada la mujer. Jesús llegó a casa de aquel jefe y, al ver a los flautistas y el alboroto de la gente, dijo: «¡Retiraos! La niña no está muerta, está dormida». Se reían de él. Cuando echaron a la gente, entró él, cogió a la niña de la mano, y ella se levantó. La noticia se divulgó por toda aquella comarca.

Génesis 28, 10-22a; ***Salmo*** 90, 1-4.14-15ab • **MATEO 9, 18-26**

ORACIÓN

SEÑOR, se reían de Ti los que no creían en tu poder sanador, pero Tú afrontaste con entereza aquellas burlas, porque tu Amor está infinitamente por encima de todo eso. **Jesús, te pido por los que ahora se burlan de Ti y de tu Evangelio.** ***Dios mío, confío en ti*** *(Salmo 90, 2b).*

Santos BENITO ABAD,
PATRONO DE EUROPA, Pío I *pp*,
Olga *mf*, Marciana *vg mr*, Abundio *pb mr*

FIESTA DE SAN BENITO, PATRÓN DE EUROPA

Papa Francisco: Seguir a Jesús desde el punto de vista humano no es un buen negocio: es servir. Lo ha hecho Él, y si el Señor te da la posibilidad de ser el primero, tú tienes que comportarte como el último, o sea, servir. Y si el Señor te da la posibilidad de tener bienes, tú debes emplearte en servir a los otros. Son tres cosas, tres escalones, los que te alejan de Jesús: las riquezas, la vanidad y el orgullo. (26-05-2015)

PALABRA

Dijo Pedro a Jesús: «Ya ves, nosotros lo hemos dejado todo y te hemos seguido; ¿qué nos va a tocar?». Jesús les dijo: «En verdad os digo: cuando llegue la renovación, y el Hijo del hombre se siente en el trono de su gloria, también vosotros, los que me habéis seguido, os sentaréis en doce tronos para juzgar a las doce tribus de Israel. Todo el que por mí deja casa, hermanos o hermanas, padre o madre, hijos o tierras, recibirá cien veces más, y heredará la vida eterna».

Proverbios 2,1-9; *Salmo* 33,2-11 • **MATEO 19, 27-29**

ORACIÓN

SEÑOR, nos animas a rechazar la vanagloria humana y, a cambio, nos ofreces la Gloria divina, la que se goza viviendo humildemente tu Reino de Amor. **Jesús, yo te alabo y te bendigo por haberme llamado a seguir tu camino.** ***Bendigo al Señor en todo momento*** *(Salmo 33, 2a. 9a).*

SS. LUIS Y CELIA, padres Sª. Teresita

Santos Luis y Celia Martin *es pf*,
Ignacio Clemente Delgado *ob mr*,
Juan Gualberto *ab*,
Juan Jones y Juan Wall *pbs mrs*

JULIO
12
MIÉRCOLES

Papa Francisco: La búsqueda del rostro de Dios está motivada por el anhelo de un encuentro con el Señor, encuentro personal, un encuentro con su inmenso amor, con su poder que salva. Los doce apóstoles tuvieron la gracia de encontrarlo físicamente en Jesucristo, Hijo de Dios encarnado. Él los llamó por su nombre, uno a uno, mirándolos a los ojos; y ellos contemplaron su rostro, escucharon su voz, vieron sus prodigios. El encuentro personal con el Señor, un tiempo de gracia y salvación, lleva a la misión. (08-07-2020)

PALABRA

Jesús, llamó a sus doce discípulos y les dio autoridad para expulsar espíritus inmundos y curar toda enfermedad y toda dolencia. Estos son los nombres de los doce apóstoles: el primero, Simón, llamado Pedro, y Andrés, su hermano; Santiago el de Zebedeo, y Juan, su hermano; Felipe y Bartolomé, Tomás y Mateo el publicano; Santiago el de Alfeo, y Tadeo; Simón el de Caná, y Judas Iscariote, el que lo entregó. A estos doce los envió Jesús con estas instrucciones: «No vayáis a tierra de paganos, ni entréis en las ciudades de Samaría, sino id a las ovejas descarriadas de Israel. Id y proclamad que ha llegado el reino de los cielos».

Génesis 41, 55-57 – 42, 5-7a. 17-24a; ***Salmo*** 32, 2-3.10-11.18-19
• MATEO 10, 1-7

ORACIÓN

SEÑOR, llamaste a tus discípulos para que, por medio de tu Palabra, expulsaran los «malos espíritus» y sanaran las «dolencias». Porque tu Evangelio sana el corazón de los que lo escuchan con atención, lo meditan y lo interiorizan. **Jesús, deseo vivir en tu Reino. Ayúdame a acoger tu Palabra.** ***Que tu misericordia, Señor, venga sobre nosotros, como lo esperamos de ti*** *(Salmo 32, 22)*.

JULIO
13
JUEVES

Jueves 14° Tiempo Ordinario — Tomo III - Salterio 2ª semana

Santos ENRIQUE *em*, Teresa de J. de los Andes *vg*, Silas *NT*, Esdras *AT*. Beato Jacobo de Varazze *ob*

Papa Francisco: Enviando en misión a sus discípulos, Jesús les confiere un doble mandato: anunciar el Evangelio de la salvación y curar a los enfermos. Fiel a esta enseñanza, la Iglesia ha considerado siempre la asistencia a los enfermos parte integrante de su misión. La Iglesia los encuentra continuamente en su camino, y considera a las personas enfermas una vía privilegiada para encontrar a Cristo, acogerlo y servirlo. Curar a un enfermo, acogerlo, servirlo, es servir a Cristo: el enfermo es la carne de Cristo. (08-02-2015)

PALABRA

Dijo Jesús a sus apóstoles: «Id y proclamad que ha llegado el reino de los cielos. Curad enfermos, resucitad muertos, limpiad leprosos, arrojad demonios. Gratis habéis recibido, dad gratis. No os procuréis en la faja oro, plata ni cobre; ni tampoco alforja para el camino, ni dos túnicas, ni sandalias, ni bastón; bien merece el obrero su sustento. Cuando entréis en una ciudad o aldea, averiguad quién hay allí de confianza y quedaos en su casa hasta que os vayáis. Al entrar en una casa, saludadla con la paz; si la casa se lo merece, vuestra paz vendrá a ella. Si no se lo merece, la paz volverá a vosotros. Si alguno no os recibe o no escucha vuestras palabras, al salir de su casa o de la ciudad, sacudid el polvo de los pies. En verdad os digo que el día del juicio les será más llevadero a Sodoma y Gomorra que a aquella ciudad».

Génesis 44, 18-21.23b-29; 45, 1-5; ***Salmo*** 104, 16-21 • **MATEO 10, 7-15**

ORACIÓN

SEÑOR, hemos recibido gratuitamente tu Palabra y nos pides que demos testimonio de ella gratuitamente. Porque tu Palabra no tiene precio. **Jesús, te doy gracias por tu Palabra salvadora.** ***Recordad las maravillas que hizo el Señor*** *(Salmo 104, 5a).*

Santos CAMILO *pb*, Francisco Solano *pb*, Tuscana *vd rl*. Beato Mariano de Euse *pb*

Papa Francisco: El Evangelio nos ofrece una parte del discurso de Jesús a sus discípulos en el momento en que los envía en misión. Dice entre otras cosas: «Seréis odiados por todos a causa de mi nombre; pero el que persevere hasta el final, se salvará». Estas palabras del Señor nos hacen comprender que en las pruebas aceptadas a causa de la fe, la violencia es derrotada por el amor, la muerte por la vida. Y para acoger de verdad a Jesús en nuestra existencia, el camino es precisamente el indicado por el Evangelio, es decir, dar testimonio de Jesús en la humildad, en el servicio silencioso, sin miedo de ir a contracorriente. (26-12-2014)

PALABRA

Dijo Jesús a sus apóstoles: «Mirad que yo os envío como ovejas entre lobos; por eso, sed sagaces como serpientes y sencillos como palomas. Pero ¡cuidado con la gente!, porque os entregarán a los tribunales, os azotarán en las sinagogas y os harán comparecer ante gobernadores y reyes, por mi causa; para dar testimonio ante ellos y ante los gentiles. Cuando os entreguen, no os preocupéis de lo que vais a decir o de cómo lo diréis: en aquel momento se os sugerirá lo que tenéis que decir, porque no seréis vosotros los que habléis, sino que el Espíritu de vuestro Padre hablará por vosotros. El hermano entregará al hermano a la muerte, el padre al hijo; se rebelarán los hijos contra sus padres, y los matarán. Y seréis odiados por todos a causa de mi nombre; pero el que persevere hasta el final, se salvará. Cuando os persigan en una ciudad, huid a otra. En verdad os digo que no terminaréis con las ciudades de Israel antes de que vuelva el Hijo del hombre».

Génesis 46, 1-7.28-30; ***Salmo*** 36, 3-4.18-19.27-28.39-40 • **MATEO 10, 16-23**

ORACIÓN

SEÑOR, nos aseguras que, si nos ponemos totalmente en tus manos, el Espíritu Santo hablará por nosotros para dar testimonio de Ti. Él infundirá en nuestro corazón tu Valor, tu Sabiduría y tu Amor. **Jesús, te doy gracias por acogerme en tu Reino, y alabo al Espíritu Santo, por todo el bien que –aquí y ahora– realiza en mi corazón.** ***El Señor es quien salva a los justos*** *(Salmo 36, 39a).*

JULIO

15

SÁBADO

Sábado 14° Tiempo Ordinario **Tomo III - Salterio 2ª semana**

Santos BUENAVENTURA ***pb dc,***
Pompilio M. Pirrotti ***pb,*** **Vladimiro** ***re.***
Beata Ana Mª Javouhey

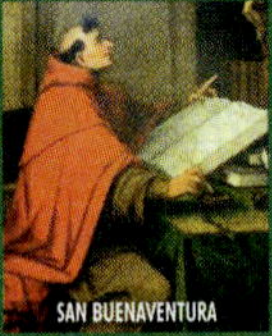
SAN BUENAVENTURA

Papa Francisco: Las dificultades y las tribulaciones forman parte de la obra de evangelización y nosotros estamos llamados a encontrar en ellas la ocasión para verificar la autenticidad de nuestra fe y de nuestra relación con Jesús. Debemos considerar estas dificultades como la posibilidad para ser aún más misioneros y para crecer en la confianza en Dios, nuestro Padre, que no abandona a sus hijos en la hora de la tempestad. En las dificultades del testimonio cristiano en el mundo, nunca somos olvidados: siempre estamos asistidos por la solicitud atenta del Padre. (25-06-2017)

PALABRA

Dijo Jesús a sus apóstoles: «Un discípulo no es más que su maestro, ni un esclavo más que su amo; ya le basta al discípulo con ser como su maestro, y al esclavo como su amo. Si al dueño de la casa lo han llamado Belzebú, ¡cuánto más a los criados! No les tengáis miedo, porque nada hay encubierto que no llegue a descubrirse; nada hay escondido que no llegue a saberse. Lo que os digo en la oscuridad, decidlo a la luz, y lo que os digo al oído, pregonadlo desde la azotea. No tengáis miedo a los que matan el cuerpo, pero no pueden matar el alma. No, temed al que puede llevar a la perdición alma y cuerpo en la "gehenna". ¿No se venden un par de gorriones por un céntimo? Y, sin embargo, ni uno solo cae al suelo sin que lo disponga vuestro Padre. Pues vosotros hasta los cabellos de la cabeza tenéis contados. Por eso, no tengáis miedo; valéis más vosotros que muchos gorriones. A quien se declare por mí ante los hombres, yo también me declararé por él ante mi Padre que está en los cielos. Y si uno me niega ante los hombres, yo también lo negaré ante mi Padre que está en los cielos».

Génesis 49, 29-32; 50, 15-26a; *Salmo* 104, 1-7 • **MATEO 10, 24-33**

ORACIÓN

SEÑOR, cuando se burlan de nosotros, nos insultan o nos persiguen por dar testimonio de Ti, nos animas a recordar que a Ti te hicieron algo mucho peor: te crucificaron. Y resucitaste. **Jesús, ayúdame a seguir el camino de la cruz, que me lleva a la auténtica felicidad.** ***Los humildes, buscad al Señor, y revivirá vuestro corazón*** *(Salmo 68, 33).*

NTRA. SRA. DEL CARMEN.
Santos Reinilda, Grimoaldo y Gondulfo *mrs.*
B. Guadalupe Ortiz de Landázuri *la*

Papa Francisco: La parábola del sembrador es un poco la "madre" de todas las parábolas, porque habla de la escucha de la Palabra. Nos recuerda que la Palabra de Dios es una semilla que en sí misma es fecunda y eficaz; y Dios la esparce por todos lados con generosidad, sin importar el desperdicio. ¡Así es el corazón de Dios! Cada uno de nosotros es un terreno sobre el que cae la semilla de la Palabra, ¡sin excluir a nadie! La Palabra es dada a cada uno de nosotros. (12-07-2020)

PALABRA

• ***Isaías*** 55,10-11: Esto dice el Señor: «Como bajan la lluvia y la nieve desde el cielo, y no vuelven allá sino después de empapar la tierra, de fecundarla y hacerla germinar, para que dé semilla al sembrador y pan al que come, así será mi palabra que sale de mi boca: no volverá a mí vacía, sino que cumplirá mi deseo y llevará a cabo mi encargo».

• ***Salmo*** 64, 10-14: ***La semilla cayó en tierra buena y dio fruto.***

• ***Romanos*** 8, 18-23: Hermanos: Considero que los frutos de ahora no se pueden comparar con la gloria que un día se nos manifestará. Porque la creación, expectante, está aguardando la manifestación de los hijos de Dios; en efecto, la creación fue sometida a la frustración, no por su voluntad, sino por aquel que la sometió, con la esperanza de que la creación misma sería liberada de la esclavitud de la corrupción, para entrar en la gloriosa libertad de los hijos de Dios. Porque sabemos que hasta hoy toda la creación está gimiendo y sufre dolores de parto. Y no solo eso, sino que también nosotros, que poseemos las primicias del Espíritu, gemimos en nuestro interior, aguardando la adopción filial, la redención de nuestro cuerpo.

• **MATEO 13, 1-23:** Aquel día, salió Jesús de casa y se sentó junto al mar. Y acudió a él tanta gente que tuvo que subirse a una barca; se sentó, y toda la gente se quedó de pie en la orilla. Les habló muchas cosas en parábolas: «Salió el sembrador a sembrar. Al sembrar, una parte cayó al borde del camino; vinieron los pájaros y se la comieron. Otra parte cayó en terreno pedregoso, donde apenas tenía tierra, y, como la tierra no era profunda brotó enseguida; pero en cuanto salió el sol, se abrasó y por falta de raíz se secó. Otra cayó entre abrojos, que crecieron y la ahogaron. Otra cayó en tierra buena y dio fruto: una, ciento; otra, sesenta; otra, treinta. El que tenga oídos que oiga». Se acercaron los discípulos y le preguntaron: «¿Por qué les hablas en parábolas?». Él les contestó: «A vosotros se os han dado a conocer los secretos del reino de los cielos y a ellos no. Porque al que tiene se le dará y tendrá de sobra, y al que no tiene se le quitará hasta lo que tiene. Por eso les hablo en parábolas, porque miran sin ver y escuchan sin oír ni entender. Así se cumple en ellos la profecía de Isaías: "Oiréis con los oídos sin entender; miraréis con los ojos sin ver; porque está embotado el corazón de este pueblo, son duros de oído, han cerrado los ojos; para no ver con los ojos, ni oír con los oídos, ni entender con el corazón, ni convertirse para que yo los cure". Pero bienaventurados vuestros ojos, porque ven y vuestros oídos porque oyen. En verdad os digo que muchos profetas y justos desearon ver lo que veis y no lo vieron, y oír lo que oís y no lo oyeron. Vosotros, pues, oíd lo que significa la parábola del sembrador: si uno escucha la palabra del reino sin entenderla, viene el Maligno y roba lo sembrado en su corazón. Esto significa lo sembrado al borde del camino. Lo sembrado en terreno pedregoso significa el que escucha la palabra y la acepta enseguida con alegría; pero no tiene raíces, es inconstante, y, en cuanto viene una dificultad o persecución por la palabra, enseguida sucumbe. Lo sembrado entre abrojos significa el que escucha la palabra; pero los afanes de la vida y la seducción de las riquezas ahogan la palabra y se queda estéril. Lo sembrado en tierra buena significa el que escucha la palabra y la entiende; ese da fruto y produce ciento o sesenta o treinta por uno».

ORACIÓN

SEÑOR, qué bello debía ser escucharte predicar con sencillas parábolas, en la orilla del mar. Por desgracia, tu Palabra no fructificaba en el corazón de todos los que te escuchaban, como tampoco lo hace ahora. **Jesús, deseo tener un corazón fértil. Ayúdame a vivir tu Palabra.**

SANTAS JUSTA Y RUFINA

Santos Justa y Rufina *vgs mrs,* **Marcelina** *vg,* **Alejo** *cf,* **Jacinto** *mr*

JULIO **17** LUNES

Papa Francisco: Seguir a Jesús comporta renunciar al mal, al egoísmo y elegir el bien, la verdad, la justicia, incluso cuando esto requiere sacrificio y renuncia a los propios intereses. Y esto sí, divide; lo sabemos, divide incluso las relaciones más cercanas. Pero atención: no es Jesús quien divide. Él pone el criterio: vivir para sí mismos, o vivir para Dios y para los demás; hacerse servir, o servir; obedecer al propio yo, u obedecer a Dios. He aquí en qué sentido Jesús es "signo de contradicción". (18-08-2013)

PALABRA

Jesús dijo a sus apóstoles: «No penséis que he venido a la tierra a sembrar paz: no he venido a sembrar paz, sino espada. He venido a enemistar al hombre con su padre, a la hija con su madre, a la nuera con su suegra; los enemigos de cada uno serán los de su propia casa. El que quiere a su padre o a su madre más que a mí, no es digno de mí; y el que quiere a su hijo o a su hija más que a mí, no es digno de mí; y el que no carga con su cruz y me sigue, no es digno de mí. El que encuentre su vida la perderá, y el que pierda su vida por mí, la encontrará. El que os recibe a vosotros, me recibe a mí, y el que me recibe, recibe al que me ha enviado. El que recibe a un profeta porque es profeta, tendrá recompensa de profeta; y el que recibe a un justo porque es justo, tendrá recompensa de justo. El que dé a beber, aunque no sea más que un vaso de agua fresca, a uno de estos pequeños, solo porque es mi discípulo, en verdad os digo que no perderá su recompensa». Cuando Jesús acabó de dar instrucciones a sus doce discípulos, partió de allí para enseñar y predicar en sus ciudades.

Éxodo 1, 8-14.22; **Salmo** 123, 1b-8 • **MATEO 10, 34 – 11, 1**

ORACIÓN

SEÑOR, nos pides que no caigamos en la tentación de vivir en una paz egoísta y acomodada, que rehúye de los conflictos y los problemas que se producen al vivir tu Evangelio. **Jesús, ayúdame a madurar interiormente.** ***Nuestro auxilio es el nombre del Señor*** *(Salmo 123, 8a).*

JULIO

18

MARTES

Martes 15° Tiempo Ordinario Tomo III - Salterio 3ª semana

Santos Bartolomé de los Mártires *ob*, Federico *ob*, Arnulfo *ob*, Teodosia *mj mr*, Bruno *ob*

S. BARTOLOMÉ MÁRTIRES

Papa Francisco: La Iglesia, en nombre de Dios, renueva la llamada a la conversión. Es la llamada a cambiar de vida. Convertirse no es cuestión de un momento o de un período del año, es un compromiso que dura toda la vida. ¿Quién puede presumir de no ser pecador? Nadie. Todos lo somos. (28-03-2014)

PALABRA

Se puso Jesús a recriminar a las ciudades donde había hecho la mayor parte de sus milagros, porque no se habían convertido: «¡Ay de ti, Corozaín, ay de ti, Betsaida! Si en Tiro y en Sidón se hubieran hecho los milagros que en vosotras, hace tiempo que se habrían convertido, cubiertas de sayal y ceniza. Pues os digo que el día del juicio les será más llevadero a Tiro y Sidón que a vosotras. Y tú, Cafarnaún, ¿piensas escalar el cielo? Bajarás al abismo. Porque si en Sodoma se hubieran hecho los milagros que en ti, habría durado hasta hoy. Pues os digo que el día del juicio le será más llevadero a Sodoma que a ti».

Éxodo 2, 1-15a; ***Salmo*** 68, 3.14.30-34 • **MATEO 11, 20-24**

ORACIÓN

SEÑOR, predicabas tu Evangelio y mostrabas físicamente que tu Reino ya estaba en medio del mundo. Pero muchos no te creían, porque tenían el corazón embotado con otras creencias. Ahora pasa lo mismo. A veces los medios de comunicación llenan nuestro corazón de ideas que de algún modo, nos impiden vivir plenamente tu Reino. **Jesús, te lo pido, dame sabiduría.** ***Los humildes, buscad al Señor, y revivirá vuestro corazón*** *(Salmo 68, 33).*

SANTA ÁUREA DE CÓRDOBA

Santos Áurea de Córdoba *vg mr*, Bernoldo *ob*, Epafras *NT*, Macrina *vg*

Papa Francisco: Para entender el amor de Dios es necesaria esta pequeñez de corazón. Jesús lo dice claramente: si no os hacéis como niños, no entraréis en el Reino de los cielos. He aquí, entonces, el camino justo: Hacerse niños, hacerse pequeños, porque solamente en esa pequeñez, en ese abajarse se puede recibir el amor de Dios. (27-06-2014)

PALABRA

Tomó la palabra Jesús y dijo: «Te doy gracias, Padre, Señor del cielo y de la tierra, porque has escondido estas cosas a los sabios y entendidos y se las has revelado a los pequeños. Sí, Padre, así te ha parecido bien. Todo me ha sido entregado por mi Padre, y nadie conoce al Hijo más que el Padre, y nadie conoce al Padre sino el Hijo y aquel a quien el Hijo se lo quiera revelar».

Éxodo 3, 1-6.9-12; ***Salmo*** 102, 1b-7 • **MATEO 11, 25-27**

ORACIÓN

SEÑOR, nos dices que sólo conocen al Padre aquellos a los que Tú se lo quieres revelar. **Jesús, te doy gracias por haberme mostrado, sin yo merecerlo, que tengo un Padre todopoderoso y misericordioso.** ***El Señor es compasivo y misericordioso*** *(Salmo 102, 8).*

JULIO
20
JUEVES

Jueves 15° Tiempo Ordinario Tomo III • Salterio 3ª semana

Santos APOLINAR *ob mr,* **Elías** *prof,* **José M.ª Díaz Sanjurjo** *ob mr,* **Marina** *vg mr,* **Aurelio** *ob.* **Beatas Rita, Dolores y Francisca** *vgs mrs*

Papa Francisco: Que el Señor nos enseñe a no tener miedo de seguirle, para que la esperanza que ponemos en Él no sea defraudada. Estamos llamados a aprender de Él qué significa vivir de misericordia para ser instrumentos de misericordia. Vivir de misericordia para ser instrumentos de misericordia: vivir de misericordia es sentirse necesitado de la misericordia de Jesús, y cuando nosotros nos sentimos necesitados de perdón, de consolación, aprendemos a ser misericordiosos con los demás. Tener la mirada fija en el Hijo de Dios nos hace entender cuánto camino debemos recorrer aún; pero al mismo tiempo nos infunde la alegría de saber que estamos caminando con Él y que no estamos nunca solos. (14-09-2016)

PALABRA

Tomó la palabra Jesús y dijo: «Venid a mí todos los que estáis cansados y agobiados y yo os aliviaré. Tomad mi yugo sobre vosotros y aprended de mí, que soy manso y humilde de corazón, y encontraréis descanso para vuestras almas. Porque mi yugo es llevadero y mi carga ligera».

Éxodo 3, 13-20; ***Salmo*** 104, 1.5.8-9.24-27 • **MATEO 11, 28-30**

ORACIÓN

SEÑOR, sabes bien que nuestra vida es cansada y ajetreada. Nuestro interior se siente agobiado con multitud de preocupaciones, responsabilidades y problemas. Por eso nos ofreces tu Amor. **Jesús, ayúdame a que, al menos durante quince minutos cada día, pueda recogerme y descansar sosegadamente en Ti.** ***El Señor se acuerda de su alianza eternamente*** *(Salmo 104, 8a).*

Santos LORENZO DE BRINDIS *pb dc*, **Práxedes** *vg mr*, **Víctor** *mr*, **Alberico** *pb mr*

Papa Francisco: Jesús no piensa en las personas obtusas que se escandalizan incluso de una curación, que se escandalizan de cualquier apertura, a cualquier paso que no entre en sus esquemas mentales o espirituales, a cualquier caricia o ternura que no corresponda a su forma de pensar y a su pureza ritualista. Él ha querido integrar a los marginados, salvar a los que están fuera del campamento. (15-02-2015)

PALABRA

Atravesó Jesús en sábado un sembrado; los discípulos, que tenían hambre, empezaron a arrancar espigas y a comérselas. Los fariseos, al verlo, le dijeron: «Mira, tus discípulos están haciendo una cosa que no está permitida en sábado». Les replicó: «¿No habéis leído lo que hizo David, cuando él y sus hombres sintieron hambre? Entró en la casa de Dios y comieron de los panes de la proposición, cosa que no les estaba permitida ni a él ni a sus compañeros, sino solo a los sacerdotes. ¿Y no habéis leído en la Ley que los sacerdotes pueden violar el sábado en el templo sin incurrir en culpa? Pues os digo que aquí hay uno que es más que el templo. Si comprendierais lo que significa "quiero misericordia y no sacrificios", no condenaríais a los inocentes. Porque el Hijo del hombre es señor del sábado».

Éxodo 11, 10–12,14; ***Salmo*** 115, 12-18 • **MATEO 12, 1-8**

ORACIÓN

SEÑOR, prefieres que te demos gloria actuando misericordiosamente con los más necesitados. Porque la misericordia, que es gratuita y generosa, forma parte de la esencia de tu Reino. **Jesús, dame de tu Amor misericordioso.** ***Alzaré la copa de la salvación, invocando el nombre del Señor*** *(Salmo 115, 13).*

JULIO

22

SÁBADO

Santos MARÍA MAGDALENA *NT*, Anastasio *mj*, Cirilo *ob*, Gualterio (Walter) *cf*

FIESTA DE SANTA MARÍA MAGDALENA

Papa Francisco: María Magdalena llora porque a veces en nuestra vida los anteojos para ver a Jesús son las lágrimas. Todos nosotros en nuestra vida, hemos sentido la alegría, la tristeza, el dolor, pero en los momentos más oscuros, ¿hemos llorado? ¿Hemos tenido esa bondad de las lágrimas que preparan los ojos para mirar, para ver al Señor? Viendo a esta mujer que llora, también nosotros podemos pedir al Señor la gracia de las lágrimas. Ésta es una bella gracia. Llorar por todo: por el bien, por nuestros pecados, por las gracias.... El llanto nos prepara para ver a Jesús. (22-07-2018)

PALABRA

El primer día de la semana, María la Magdalena fue al sepulcro al amanecer, cuando aún estaba oscuro, y vio la losa quitada del sepulcro. Echo a correr y fue donde estaban Simón Pedro y el otro discípulo, a quien Jesús amaba, y le dijo: «Se han llevado del sepulcro al Señor y no sabemos dónde lo han puesto». Estaba María fuera, junto al sepulcro, llorando. Mientras lloraba, se asomó al sepulcro y vio dos ángeles vestidos de blanco, sentados, uno a la cabecera y otro a los pies, donde había estado el cuerpo de Jesús. Ellos le preguntaban: «Mujer, ¿por qué lloras?». Ella les contesta: «Porque se han llevado a mi Señor y no sé dónde lo han puesto». Dicho esto, se vuelve y ve a Jesús, de pie, pero no sabía que era Jesús. Jesús le dice: «Mujer, ¿por qué lloras?, ¿a quién buscas?». Ella, tomándolo por el hortelano, le contesta: «Señor, si tú te lo has llevado, dime dónde lo has puesto y yo lo recogeré». Jesús le dice: «¡María!». Ella se vuelve y le dice: «¡Rabbuní!», que significa «¡Maestro!». Jesús le dice: «No me retengas, que todavía no he subido al Padre. Pero anda, ve a mis hermanos y diles: "Subo al Padre mío y Padre vuestro, al Dios mío y Dios vuestro"». María la Magdalena fue y anunció a los discípulos: «He visto al Señor y ha dicho esto».

Cantares 3, 1-4b; ***Salmo*** 62, 2-9 • **JUAN 20, 1-2.11-18**

ORACIÓN

SEÑOR, tras liberar a santa María Magdalena de «siete demonios», se convirtió a tu Evangelio y te siguió hasta la Cruz. Ella te amaba con todo su corazón. Y cuando Tú te apareciste ante ella, resucitado, te reconoció cuando con cariño la llamaste por su nombre. **Jesús, libérame de mis «demonios». Quiero amarte con todo mi corazón.** ***Mi alma está sedienta de ti, Señor, Dios mío*** *(Salmo 62, 2b).*

Santos BRÍGIDA *vd rl*, Ezequiel *prof*, Juan Casiano *pb*, Beata Margarita M. L. de Maturana

Papa Francisco: El Evangelio de hoy presenta dos modos de actuar y de vivir la historia: por un lado, la mirada del amo, que ve lejos; por otro, la mirada de los siervos, que ven el problema. Los criados se preocupan por un campo sin malezas, el amo se preocupa por el buen trigo. El Señor nos invita a asumir su misma mirada, la que mira al buen trigo, que sabe custodiarlo también en las malas hierbas. (19-07-2020)

PALABRA

• ***Sabiduría*** 12, 13.16-19: Fuera de ti no hay otro dios que cuide de todo, a quien tengas que demostrar que no juzgas injustamente. Porque tu fuerza es el principio de la justicia y tu señorío sobre todo te hace ser indulgente con todos. Despliegas tu fuerza ante el que no cree en tu poder perfecto y confundes la osadía de los que lo conocen. Pero tú, dueño del poder, juzgas con moderación y nos gobiernas con mucha indulgencia, porque haces uso de tu poder cuando quieres. Actuando así, enseñaste a tu pueblo que el justo debe ser humano y diste a tus hijos una buena esperanza, pues concedes el arrepentimiento a los pecadores.

• ***Salmo*** 85, 5-6.9-10.15-16a: ***Tú, Señor, eres bueno y clemente.***

• ***Romanos*** 8, 26-27: Hermanos: El Espíritu acude en ayuda de nuestra debilidad, pues nosotros no sabemos pedir como conviene; pero el Espíritu mismo intercede por nosotros con gemidos inefables. Y el que escruta los corazones sabe cuál es el deseo del Espíritu, y que su intercesión por los santos es según Dios.

• **MATEO 13, 24-43:** Jesús propuso otra parábola a la gente diciendo: «El reino de los cielos se parece a un hombre que sembró buena semilla en su campo; pero, mientras los hombres dormían, un enemigo fue y sembró cizaña en medio del trigo y se marchó. Cuando empezaba a verdear y se formaba la espiga apareció también la cizaña. Entonces fueron los criados a decirle al amo: "Señor, ¿no sembraste buena semilla en tu campo? ¿De dónde sale la cizaña?". Él les dijo: "Un enemigo lo ha hecho". Los criados le preguntan: "¿Quieres que vayamos a arrancarla?". Pero él les respondió: "No, que al recoger la cizaña podéis arrancar también el trigo. Dejadlos crecer juntos hasta la siega, y cuando llegue la siega diré a los segadores: Arrancad primero la cizaña y atadla en gavillas para quemarla, y el trigo almacenadlo en mi granero"». Les propuso otra parábola: «El reino de los cielos se parece a un grano de mostaza que uno toma y siembra en su campo; aunque es la más pequeña de las semillas, cuando crece es más alta que las hortalizas; se hace un árbol hasta el punto de que vienen los pájaros del cielo a anidar en sus ramas». Les dijo otra parábola: «El reino de los cielos se parece a la levadura; una mujer la amasa con tres medidas de harina, hasta que todo fermenta». Jesús dijo todo esto a la gente en parábolas y sin parábolas no les hablaba nada, para que se cumpliera lo dicho por medio del profeta: «Abriré mi boca diciendo parábolas; anunciaré lo secreto desde la fundación del mundo». Luego dejó a la gente y se fue a casa. Los discípulos se le acercaron a decirle: «Explícanos la parábola de la cizaña en el campo». Él les contestó: «El que siembra la buena semilla es el Hijo del hombre; el campo es el mundo; la buena semilla son los ciudadanos del reino; la cizaña son los partidarios del Maligno; el enemigo que la siembra es el diablo; la cosecha es el final de los tiempos, y los segadores los ángeles. Lo mismo que se arranca la cizaña y se echa al fuego, así será al final de los tiempos: el Hijo del hombre enviará a sus ángeles, y arrancarán de su reino todos los escándalos y a todos los que obran iniquidad, y los arrojarán al horno de fuego; allí será el llanto y el rechinar de dientes. Entonces los justos brillarán como el sol en el reino de su Padre. El que tenga oídos, que oiga».

ORACIÓN

SEÑOR, Tú siembras buenas semillas en nuestro corazón cuando asistimos a Misa o cuando leemos las Sagradas Escrituras. Pero después vemos la televisión, nos metemos en Internet o charlamos con nuestros vecinos y, así, a veces otros siembran cizaña dentro de nosotros. **Jesús, te lo ruego, dame sabiduría para rechazar las malas semillas que llegan a mi corazón.**

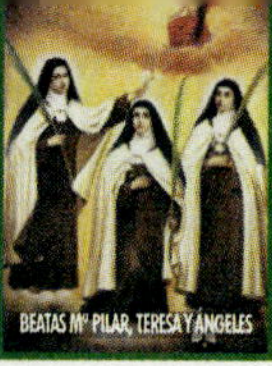

Santos SARBELIO MAKHLÛF *pb*, Cristina *vg mr*, Balduino *ab*, Boris y Gleb *mrs*, José Fernández *pb mr*. Beatas Mª Pilar, Teresa y Ángeles mjs y mrs

JULIO
24
LUNES

Papa Francisco: La vida es un camino hacia la plenitud de Jesucristo, cuando vendrá por segunda vez. Esta generación busca un signo, pero, dice el Señor, no se le dará ningún signo, como no sea el signo de Jonás, es decir, el signo de la Resurrección, de la Gloria, de esa escatología hacia la que nos dirigimos. (13-10-2014)

PALABRA

Algunos de los escribas y fariseos dijeron a Jesús: «Maestro, queremos ver un milagro tuyo». Él les contestó: «Esta generación perversa y adúltera exige una señal; pues no se le dará más signo que el del profeta Jonás. Tres días y tres noches estuvo Jonás en el vientre del cetáceo; pues tres días y tres noches estará el Hijo del hombre en el seno de la tierra. Los hombres de Nínive se alzarán en el juicio contra esta generación y harán que la condenen, porque ellos se convirtieron con la predicación de Jonás, y aquí hay uno que es más que Jonás. Cuando juzguen a esta generación, la reina del Sur se levantará y hará que la condenen, porque ella vino desde los confines de la tierra, para escuchar la sabiduría de Salomón, y aquí hay uno que es más que Salomón».

Éxodo 14, 5-18; ***Salmo: Éxodo*** 15, 1b-6 • **MATEO 12, 38-42**

ORACIÓN

SEÑOR, a veces nos contentamos con las cosas buenas que escuchamos en la radio o vemos por televisión, sin darnos cuenta de que tenemos tu Palabra, que es el Bien infinito. **Jesús, ayúdame a meditar todos los días tu Evangelio.** ***Cantaré al Señor, gloriosa es su victoria*** *(Éxodo 15, 1b).*

JULIO

25

MARTES

Santos SANTIAGO EL MAYOR *ap*, Cucufate *mr*, Cristóbal *mr*, Olimpia *vd mr*

SANTIAGO EL MAYOR

SANTIAGO EL MAYOR, APÓSTOL, PATRÓN DE ESPAÑA

Papa Francisco: Ser cristiano entraña servir la dignidad de sus hermanos, luchar por la dignidad de sus hermanos y vivir para la dignidad de sus hermanos. Por eso, el cristiano es invitado siempre a dejar de lado sus búsquedas, afanes, deseos de omnipotencia ante la mirada concreta de los más frágiles. (24-07-2019)

PALABRA

Se acercó a Jesús la madre de los hijos de Zebedeo con sus hijos y se postró para hacerle una petición. Él le preguntó: «¿Qué deseas?». Ella contestó: «Ordena que estos dos hijos míos se sienten en tu reino, uno a tu derecha y el otro a tu izquierda». Pero Jesús replicó: «No sabéis lo que pedís. ¿Sois capaces de beber el cáliz que yo he de beber?». Contestaron: «Podemos». Él les dijo: «Mi cáliz lo beberéis; pero sentarse a mi derecha o a mi izquierda no me toca a mí concederlo, es para aquellos para quienes lo tiene reservado mi Padre». Los otros diez, al oír aquello, se indignaron contra los dos hermanos. Y llamándolos, Jesús les dijo: «Sabéis que los jefes de los pueblos los tiranizan y que los grandes los oprimen. No será así entre vosotros: el que quiera ser grande entre vosotros, que sea vuestro servidor, y el que quiera ser primero entre vosotros, que sea vuestro esclavo. Igual que el Hijo del hombre no ha venido a ser servido sino a servir y a dar su vida en rescate por muchos».

Hechos 4, 33–5, 12.27b-33–12, 2; ***Salmo*** 66, 2-3.5-8; ***2Corintios*** 4, 7-15

• MATEO 20, 20-28

ORACIÓN

SEÑOR, Santiago y su hermano Juan se comprometieron a beber el «cáliz» que Tú ibas a beber y, pasado un tiempo, cumplieron su promesa, dando su vida por el Evangelio. ¿Y yo?, ¿me comprometería a beber tu «cáliz» si Tú me lo pidieses? **Jesús, te doy gracias por la infinita misericordia y comprensión que derrochas conmigo, pues sabes que soy débil.** ***Oh Dios, que te alaben los pueblos, que todos los pueblos te alaben*** *(Salmo 66, 4).*

SAN JOAQUÍN Y SANTA ANA

Santos JOAQUÍN Y ANA *es*,
Jorge Preca *pb.* Beato Vicente *pb* y *co mrs*

DÍA DE LOS ABUELOS

Papa Francisco: Hermanos y hermanas, los abuelos y los mayores son el pan que alimenta nuestras vidas. Estemos agradecidos por sus ojos atentos, que se fijaron en nosotros, por sus rodillas, que nos acunaron, por sus manos, que nos acompañaron y alzaron, por haber jugado con nosotros y por las caricias con las que nos consolaron. Por favor, no nos olvidemos de ellos. Aliémonos con ellos. Aprendamos a detenernos, a reconocerlos, a escucharlos. No los descartemos nunca. Custodiémoslos con amor. Y aprendamos a compartir el tiempo con ellos. Saldremos mejores. Y, juntos, jóvenes y ancianos, nos saciaremos en la mesa del compartir, bendecida por Dios. (25-7-2021)

PALABRA

Salió Jesús de casa y se sentó junto al mar. Y acudió a él tanta gente que tuvo que subirse a una barca; se sentó, y la gente se quedó de pie en la orilla. Les habló mucho rato en parábolas: «Salió el sembrador a sembrar. Al sembrar, una parte cayó al borde del camino; vinieron los pájaros y se la comieron. Otra parte cayó en terreno pedregoso, donde apenas tenía tierra, y, como la tierra no era profunda brotó enseguida; pero en cuanto salió el sol, se abrasó y por falta de raíz se secó. Otra cayó entre abrojos, que crecieron y la ahogaron. Otra cayó en tierra buena y dio fruto: una, ciento; otra, sesenta; otra, treinta. El que tenga oídos que oiga».

Éxodo 16,1-5. 9-15; ***Salmo*** 77, 18-19. 23-28 • **MATEO 13, 1-9**

ORACIÓN

SEÑOR, Tú siembras animosamente tu Palabra en mi corazón, pero ¿germinará ella dentro de mí? **Jesús, ayúdame a hacer todos los días un buen examen de conciencia, para eliminar las piedras y los abrojos que hay en mí.** ***El Señor les dio pan del cielo*** *(Salmo 77, 24b).*

JULIO

27

JUEVES

Jueves 16° Tiempo Ordinario — Tomo III - Salterio 4ª semana

Santos Pantaleón *mr*, Celestino I *pp*,
Beatos Tito Brandsma pb mr.,
Mª Pilar Izquierdo vg.

Papa Francisco: En el fondo, la verdadera "Parábola" de Dios es Jesús mismo, su Persona, que, en el signo de la humanidad, oculta y al mismo tiempo revela la divinidad. De esta manera Dios no nos obliga a creer en él, sino que nos atrae hacia sí con la verdad y la bondad de su Hijo encarnado: de hecho, el amor respeta siempre la libertad. (10-07-2014)

PALABRA

Se acercaron los discípulos a Jesús y le preguntaron: «¿Por qué les hablas en parábolas?». Él les contestó: «A vosotros se os han dado conocer los secretos del reino de los cielos y a ellos no. Porque al que tiene se le dará y tendrá de sobra, y al que no tiene se le quitará hasta lo que tiene. Por eso les hablo en parábolas, porque miran sin ver y escuchan sin oír ni entender. Así se cumple en ellos la profecía de Isaías: "Oiréis con los oídos sin entender; miraréis con los ojos sin ver; porque está embotado el corazón de este pueblo, son duros de oído, han cerrado los ojos; para no ver con los ojos, ni oír con los oídos, ni entender con el corazón, ni convertirse para que yo los cure". ¡Bienaventurados vuestros ojos, porque ven y vuestros oídos porque oyen! En verdad os digo que muchos profetas y justos desearon ver lo que veis y no lo vieron, y oír lo que oís y no lo oyeron».

Éxodo 19, 1-2.9-11.16-20b; ***Salmo: Daniel*** 3, 52-56 • **MATEO 13, 10-17**

ORACIÓN

SEÑOR, a veces, cuando voy a Misa, aunque oigo todo lo que en ella se dice, hay algunas cosas que no las comprendo bien, porque no las vivo ni las asumo dentro de mí. **Jesús, te lo ruego, ayúdame a desembotar mi corazón.** ***A ti gloria y alabanza por los siglos*** *(Daniel 3, 52b).*

Santos Catalina Thomas, Víctor I *pp*, Melchor de Quirós *ob mr*, Nazario y Celso *mrs*

Papa Francisco: : Jesús, cuando hablaba, usaba un lenguaje simple y usaba también imágenes, que eran ejemplos tomados de la vida cotidiana, para poder ser comprendidos fácilmente por todos. Por esto le escuchaban encantados y apreciaban su mensaje que llegaba directo a su corazón; y no era ese lenguaje complicado de entender, el que usaban los doctores de la ley de la época, que no se entendía bien pero que estaba lleno de rigidez y alejaba a la gente. Y con este lenguaje Jesús hacía entender el misterio del Reino de Dios; no era una teología complicada. (16-07-2017)

PALABRA

En aquel tiempo dijo Jesús a sus discípulos: «Vosotros, pues, oíd lo que significa la parábola del sembrador: Si uno escucha la palabra del reino sin entenderla, viene el Maligno y roba lo sembrado en su corazón. Esto significa lo sembrado al borde del camino. Lo sembrado en terreno pedregoso significa el que la escucha y la acepta enseguida con alegría; pero no tiene raíces, es inconstante, y, en cuanto viene una dificultad o persecución por la palabra, enseguida sucumbe. Lo sembrado entre abrojos significa el que escucha la palabra; pero los afanes de la vida y la seducción de las riquezas ahogan la palabra y se queda estéril. Lo sembrado en tierra buena significa el que escucha la palabra y la entiende; ese da fruto y produce ciento o sesenta o treinta por uno».

Éxodo 20, 1-17; *Salmo* 18, 8-11 • **MATEO 13, 18-23**

ORACIÓN

SEÑOR, Tú has puesto tierra fértil en el corazón de todas las personas. Todos nacimos con un corazón fecundo. Pero después, debido a los avatares de nuestra vida, se ha ido llenando de orgullo, envidia, egoísmo y otras «piedras». Pero sigue estando ahí la tierra fértil que Tú pusiste. **Jesús, ayúdame a escuchar tu Palabra en el fértil fondo de mi corazón.** ***Señor, tú tienes palabras de vida eterna*** *(Juan 6, 68c).*

JULIO

29

SÁBADO

Santa MARTA *NT*,
Urbano II *pp*, Félix *mr*, Próspero *mr*

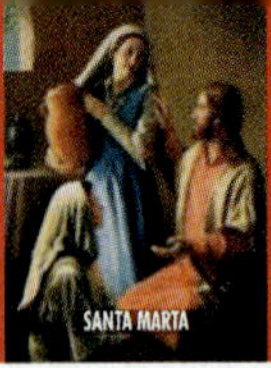

SANTA MARTA

Papa Francisco: Estamos llamados a quitar las piedras de todo lo que sabe a muerte: por ejemplo, la hipocresía con la que vivimos la fe es la muerte; la crítica destructiva hacia los demás es la muerte; la ofensa, la calumnia, son la muerte; la marginación de los pobres es la muerte. El Señor nos pide que quitemos estas piedras de nuestros corazones, y la vida volverá a florecer a nuestro alrededor. Cristo vive, y quien lo acoge y se adhiere a Él entra en contacto con la vida. Sin Cristo, o fuera de Cristo, no sólo no hay vida, sino que se recae en la muerte. (29-03-2020)

PALABRA

Muchos judíos habían ido a ver a Marta y a María, para darles el pésame por su hermano. Cuando Marta se enteró de que llegaba Jesús, salió a su encuentro, mientras María se quedó en casa. Y dijo Marta a Jesús: «Señor, si hubieras estado aquí no habría muerto mi hermano. Pero aún ahora sé que todo lo que pidas a Dios, Dios te lo concederá». Jesús le dijo: «Tu hermano resucitará». Marta respondió: «Sé que resucitará en la resurrección en el último día». Jesús le dijo: «Yo soy la resurrección y la vida: el que cree en mí, aunque haya muerto, vivirá; y el que está vivo y cree en mí, no morirá para siempre. ¿Crees esto?». Ella le contestó: «Sí, Señor, yo creo que tú eres el Cristo, el Hijo de Dios, el que tenía que venir al mundo».

Éxodo 24, 3-8; ***Salmo*** 49, 1b-2.5-6.14-15 • **JUAN 11, 19-27**

ORACIÓN

SEÑOR, junto a la tumba de Lázaro, le dijiste a santa Marta que Tú eres la resurrección y la vida, y ella, sin dudarlo, te creyó. Y Lázaro recobró la vida. **Jesús, te lo suplico, aumenta mi fe.** ***Ofrece a Dios un sacrificio de alabanza*** *(Salmo 49, 14a).*

SAN PEDRO CRISÓLOGO

Santos PEDRO CRISÓLOGO *ob* y *dc*,
Abdón y Senén *mrs*, Julita *mr*.
Beatos Braulio y *co mrs*, José M.ª Muro y *co mrs*

JULIO **30** DOMINGO

Papa Francisco: El Reino de los cielos es lo contrario de las cosas superfluas que ofrece el mundo, es lo contrario de una vida banal: es un tesoro que renueva la vida todos los días y la expande hacia horizontes más amplios. De hecho, quien ha encontrado este tesoro tiene un corazón creativo y buscador, que no repite sino que inventa, trazando y recorriendo caminos nuevos, que nos llevan a amar a Dios, a amar a los otros, a amarnos verdaderamente a nosotros mismos. (26-07-2020)

PALABRA

• ***1Reyes*** 3, 5.7-12: En aquellos días, el Señor se apareció de noche en sueños a Salomón y le dijo: «Pídeme lo que deseas que te dé». Respondió Salomón: «Señor me Dios: Tú has hecho rey a tu siervo en lugar de David, mi padre, pero yo soy un muchacho joven y no sé por dónde empezar o terminar. Tu siervo está en medio de tu pueblo, el que tú te elegiste, un pueblo tan numeroso que no se puede contar ni calcular. Concede, pues, a tu siervo, un corazón atento para juzgar a tu pueblo y discernir entre el bien y el mal, pues, cierto, ¿quién podrá hacer justicia a este pueblo tuyo tan inmenso?». Agradó al Señor esta súplica de Salomón. Entonces le dijo Dios: «Por haberme pedido esto y no una vida larga o riquezas para ti, por no haberme pedido la vida de tus enemigos sino inteligencia para atender a la justicia, yo obraré según tu palabra: te concedo, pues, un corazón sabio e inteligente, como no ha habido antes de ti ni surgirá otro igual después de ti».

• ***Salmo*** 118, 57.72.76-77.127-130: ***¡Cuánto amo tu ley, Señor!***

• ***Romanos*** 8, 28-30: Hermanos: Sabemos que a los que aman a Dios todo les sirve para el bien; a los cuales ha llamado conforme a su designio. Porque a los que había conocido de antemano los predestinó a reproducir la imagen de su Hijo, para que él fuera el primogénito entre muchos hermanos. Y a los que predestinó, los llamó; a los que llamó, los justificó; a los que justificó, los glorificó.

• **MATEO 13, 44-52:** Dijo Jesús a la gente: «El reino de los cielos se parece a un tesoro escondido en el campo: el que lo encuentra, lo vuelve a esconder y, lleno de alegría, va a vender todo lo que tiene y compra el campo. El reino de los cielos se parece también a un comerciante de perlas finas, que al encontrar una de gran valor se va a vender todo lo que tiene y la compra. El reino de los cielos se parece también a la red que echan en el mar y recoge toda clase de peces: cuando está llena, la arrastran a la orilla, se sientan, y reúnen los buenos en cestos y los malos los tiran. Lo mismo sucederá al final de los tiempos: saldrán los ángeles, separarán a los malos de los buenos y los echarán al horno de fuego. Allí será el llanto y el rechinar de dientes. «¿Habéis entendido todo esto?». Ellos le responden: «Sí». Él les dijo: «Pues bien, un escriba que se ha hecho discípulo del reino de los cielos es como un padre de familia que va sacando de su tesoro lo nuevo y lo antiguo».

ORACIÓN **SEÑOR,** nos dices que en el fondo de nuestra alma está el Tesoro de tu Amor. Y nos animas a recogernos dentro de nosotros, para que podamos encontrar dicho Tesoro. **Jesús, dame generosidad para compartir con todos el Tesoro que hay en mí.**

Estamos llamados a construir tu Reino

San IGNACIO DE LOYOLA *pb*,
Fabio *mr*, **Elena** *vd*

Papa Francisco: Así es el reino de Dios: una realidad humanamente pequeña y aparentemente irrelevante. Para entrar a ser parte es necesario ser pobres en el corazón; no confiarse en las propias capacidades sino en la potencia del amor de Dios; no actuar para ser importantes a los ojos de mundo, sino preciosos a los ojos de Dios, que tiene predilección por simples y los humildes. (14-06-2015)

PALABRA

Jesús propuso otra parábola al gentío: «El reino de los cielos se parece a un grano de mostaza que uno toma y siembra en su campo; aunque es la más pequeña de las semillas, cuando crece es más alta que las hortalizas; se hace un árbol hasta el punto de que vienen los pájaros del cielo a anidar en sus ramas». Les dijo otra parábola: «El reino de los cielos se parece a la levadura; una mujer la amasa con tres medidas de harina, hasta que todo fermenta». Jesús dijo todo esto a la gente en parábolas y sin parábolas no les hablaba nada, para que se cumpliera lo dicho por medio del profeta: «Abriré mi boca diciendo parábolas, anunciaré lo secreto desde la fundación del mundo».

Éxodo 32, 15-24.30-34; ***Salmo*** 105, 19-23 • **MATEO 13, 31-35**

ORACIÓN

SEÑOR, comiste el delicioso pan que tu Madre hacía y también le viste sembrar mostaza en la huerta. Esas sencillas vivencias de tu hogar de Nazaret te sirvieron después para predicar tu Reino. **Jesús, te doy gracias por la sencillez con la que me hablas en el fondo de mi alma.** ***Dad gracias al Señor porque es bueno*** *(Salmo 105, 1b).*

DOCE VIDAS DE JESÚS

Colección de obras clásicas de la exégesis y de la teología sobre Jesucristo. Formato 13,50 x 20,50 cm.

Vida de Jesucristo según el Evangelio (2ª ed.). Obra clásica de la exégesis. Joseph Mª. Lagrange, O.P. XII + 544 p. 17,45 €

La más antigua vida de Jesús: Diatessaron (2ª ed.). Los cuatro Evangelios en un solo relato del siglo II. Taciano. 270 p. 10,50 €

Vida de Cristo (2ª ed.). Fray Luis de Granada, O.P. 366 p. 13,25 €

Jesucristo (2ª ed.). Léonce de Grandmaison, S.J. 644 p. Cristología clásica. 21 €

Vida de Jesús según los Evangelios sinópticos (2ª ed.). José Salguero, O.P. 356 p. 13,85 €

Nuestro Señor Jesucristo según los Evangelios (2ª ed.). Louis Claude Fillion. 448 p. 14,45 €

Memorias de un reportero de los tiempos de Cristo (2ª ed.). Carlos Mª de Heredia, S.J. 1.010 p. 23,45 €.Texto novelado, fiel al Evangelio.

Vida de Nuestro Señor Jesucristo (2ª ed.) Remigio Vilariño Ugarte, S.J. 654 p. 21 €

La vida de Jesús en el país y pueblo de Israel (2ª ed.). Franz Michel William. 494 p. 17,45 €

Vida de Jesús. François Mauriac. 224 p. 10,50 € Joya literaria del novelista francés.

Historia de Cristo (3ª ed.). Giovanni Papini. 384 p. Su obra cumbre. 14,45 €

Vida de Jesucristo (2ª ed.). Giuseppe Ricciotti. 596 p. 19,25 €

Colección completa: 179 €

AGOSTO

¿A dónde va, cuando se va, la llama?
¿A dónde va, cuando se va la rosa?
¿Qué regazo, qué esfera deleitosa,
qué amor de Padre la alza y la reclama?
Esta vez como aquella, aunque distinto;
el Hijo ascendió al Padre pura flecha.
Hoy va la Madre al Hijo, va derecha
al Uno y Trino, al trono en su recinto.

AGOSTO
1
MARTES

Martes 17º Tiempo Ordinario Tomo III - Salterio 1ª semana

Santos ALFONSO M.ª DE LIGORIO *ob dc*, **Félix** *mr*,
B. Pedro Claverie *ob y co mrs*

Papa Francisco: Estamos llamados a aprender los tiempos de Dios —que no son nuestros tiempos— y también la «mirada» de Dios: gracias al influjo benéfico de una trepidante espera, lo que era cizaña o parecía cizaña, puede convertirse en un producto bueno. Es la realidad de la conversión. ¡Es la perspectiva de la esperanza! (23-07-2017)

PALABRA

Jesús dejó a la gente y se fue a casa. Los discípulos se le acercaron a decirle: «Explícanos la parábola de la cizaña en el campo». Él les contestó: «El que siembra la buena semilla es el Hijo del hombre; el campo es el mundo; la buena semilla son los ciudadanos del reino; la cizaña son los partidarios del Maligno; el enemigo que la siembra es el diablo; la cosecha es el final de los tiempos, y los segadores los ángeles. Lo mismo que se arranca la cizaña y se echa al fuego, así será al final de los tiempos: el Hijo del hombre enviará a sus ángeles, y arrancarán de su reino todos los escándalos y a todos los que obran iniquidad, y los arrojarán al horno de fuego; allí será el llanto y el rechinar de dientes. Entonces los justos brillarán como el sol en el reino de su Padre. El que tenga oídos, que oiga».

Éxodo 33, 7-11; 34, 5b-9.28; ***Salmo*** 102, 6-13 • **MATEO 13, 36-43**

ORACIÓN

SEÑOR, sabes bien que a veces en nuestro corazón brota la «cizaña», que envenena nuestros pensamientos y nuestros sentimientos. **Jesús, envíame a tus ángeles para que arranquen el mal de mi corazón, pues deseo vivir en tu Reino de Amor.** ***El Señor es compasivo y misericordioso*** *(Salmo 102, 8a).*

Santos EUSEBIO *ob*, PEDRO J. EYMARD *pb*, Pedro Fabro *pb*, Pedro de Osma *ob*. Beata Juana de Aza *mf*. Ntra. Sra. de los Ángeles

Papa Francisco: Queridos hermanos y hermanas, la alegría de haber encontrado el tesoro del reino de Dios se transparenta, se ve. El cristiano no puede mantener oculta su fe, porque se transparenta en cada palabra, en cada gesto, incluso en los más sencillos y cotidianos: se trasluce el amor que Dios nos ha donado a través de Jesús. Oremos, por intercesión de la Virgen María, para que venga a nosotros y a todo el mundo su reino de amor, justicia y paz. (27-07-2014)

PALABRA

Dijo Jesús al gentío: «El reino de los cielos se parece a un tesoro escondido en el campo: el que lo encuentra, lo vuelve a esconder, y, lleno de alegría, va a vender todo lo que tiene y compra el campo. El reino de los cielos se parece también a un comerciante de perlas finas, que al encontrar una de gran valor se va a vender todo lo que tiene y la compra».

Éxodo 34, 29-35; ***Salmo*** 98, 5-9 • **MATEO 13, 44-46**

ORACIÓN

SEÑOR, tu Reino es un tesoro que está escondido en nuestro corazón. Y para conseguirlo debemos vender todo lo que tenemos, es decir, debemos desprendernos de todo aquello que, dentro de nuestro corazón, nos impide vivir tu Reino. **Jesús, te lo suplico, ayúdame a convertirme a tu Evangelio.** ***Santo eres, Señor, Dios nuestro*** *(Salmo 98, 9c).*

Jueves 17° Tiempo Ordinario   Tomo III · Salterio 1ª semana

Santos Eufronio *ob*, Martín *er*, Pedro *ob*.
Beato Agustín Kazotic *ob*

B. AGUSTÍN KAZOTIC

Papa Francisco: Un buen padre sabe esperar y sabe perdonar, desde lo profundo del corazón. Cierto, sabe también corregir con firmeza: no es un padre débil, sumiso, sentimental. El padre que sabe corregir sin degradarse es el mismo que sabe proteger sin descanso. (04-02-2015)

PALABRA

Dijo Jesús al gentío: El reino de los cielos se parece también a la red que echan en el mar y recoge toda clase de peces: cuando está llena, la arrastran a la orilla, se sientan, y reúnen los buenos en cestos y los malos los tiran. Lo mismo sucederá al final de los tiempos: saldrán los ángeles, separarán a los malos de los buenos y los echarán al horno de fuego. Allí será el llanto y el rechinar de dientes. «¿Habéis entendido esto?». Ellos le responden: «Sí». Él les dijo: «Pues bien, un escriba que se ha hecho discípulo del reino de los cielos es como un padre de familia que va sacando de su tesoro lo nuevo y lo antiguo». Cuando Jesús acabó estas parábolas, partió de allí.

Éxodo 40, 16-21.34-38; ***Salmo*** 83, 3-8.11 • **MATEO 13, 47-53**

ORACIÓN

SEÑOR, nos dices que para formar parte de tu Reino debemos aprovechar lo antiguo y lo nuevo. Porque sólo podremos vivir evangélicamente lo nuevo, si antes hemos asumido evangélicamente lo antiguo. **Jesús, dame sabiduría para que pueda vivir en tu Reino. *Qué deseables son tus moradas, Señor del universo*** *(Salmo 83, 2).*

Santos JUAN Mª. VIANNEY *pb*, Jacinto *mr*, Rainiero *ob mr*, Aristarco *NT*

Papa Francisco: El diablo casi habla como si fuera un maestro espiritual. Y cuando es rechazado, entonces crece: crece y se vuelve más fuerte. Jesús lo dice, cuando el demonio es rechazado, gira y busca algunos compañeros y con esta banda, vuelve. Crece involucrando a otros. (11-04-2014)

PALABRA

Jesús fue a su ciudad y se puso a enseñar en su sinagoga. La gente decía admirada: «¿De dónde saca este esa sabiduría y esos milagros? ¿No es el hijo del carpintero? ¿No es su Madre María, y sus hermanos Santiago, José, Simón y Judas? ¿No viven aquí todas sus hermanas? Entonces, ¿de dónde saca todo eso?». Y se escandalizaban a causa de él. Jesús les dijo: «Solo en su tierra y en su casa desprecian a un profeta». Y no hizo allí muchos milagros, por su falta de fe.

Levítico 23 ,1.4-11.15-16.27.34b-37; *Salmo* 80, 3-6.10-11
• MATEO 13, 54-58

ORACIÓN

SEÑOR, la gente de Nazaret se escandalizaba al escuchar tu Palabra. Te habían visto crecer desde niño, «actuando como un hombre cualquiera» (Fil 2,7), pero después, cuando les hablaste como alguien enviado por Dios, te rechazaron. Y es que tus antiguos vecinos eran personas que, como nosotros, tenían prejuicios. **Jesús, te lo ruego, limpia los ojos de mi corazón.** ***Aclamad a Dios, nuestra fuerza*** *(Salmo 80, 2a).*

Sábado 17° Tiempo Ordinario — Tomo III - Salterio 1ª semana

DEDICACIÓN DE LA BASÍLICA DE SANTA MARÍA LA MAYOR, Ntra. Sra. de las Nieves, Virgen Blanca. Santos Casiano *ob*, Viator *er*, Margarita *vd*

Papa Francisco: No tengáis miedo de ir a contracorriente, cuando nos quieren robar la esperanza, cuando nos proponen estos valores que están pervertidos, valores como el alimento en mal estado, y cuando el alimento está en mal estado, nos hace mal. Estos valores nos hacen mal. ¡Debemos ir a contracorriente! (23-06-2013)

PALABRA

Oyó el tetrarca Herodes lo que se contaba de Jesús y dijo a sus cortesanos: «Ese es Juan el Bautista, que ha resucitado de entre los muertos, y por eso las fuerzas milagrosas actúan en él». Es que Herodes había mandado prender a Juan y lo había metido en la cárcel encadenado, por motivo de Herodías, mujer de su hermano Filipo; porque Juan le decía que no le era lícito vivir con ella. Quería mandarlo matar, pero tuvo miedo de la gente, que lo tenía por profeta. El día del cumpleaños de Herodes, la hija de Herodías danzó delante de todos, y le gustó tanto a Herodes que juró darle lo que pidiera. Ella, instigada por su madre, le dijo: «Dame ahora mismo en una bandeja la cabeza de Juan Bautista. El rey lo sintió; pero, por el juramento y los invitados, ordenó que se la dieran; y mandó decapitar a Juan en la cárcel. Trajeron la cabeza en una bandeja, se la entregaron a la joven, y ella se la llevó a su madre. Sus discípulos recogieron el cadáver, lo enterraron, y fueron a contárselo a Jesús.

Levítico 25, 1.8-17; ***Salmo*** 66, 2-3.5.7-8 • **MATEO 14, 1-12**

ORACIÓN

SEÑOR, a Herodes le remordía la conciencia porque había sido muy injusto con san Juan Bautista. En lugar de tratarle sabiamente como a un profeta, le había mandado cortar la cabeza, dejándose llevar por sus bajas pasiones. **Jesús, reconozco que a veces yo también actúo movido por malos instintos. Te lo suplico, perdóname.** ***Oh Dios, que te alaben los pueblos, que todos los pueblos te alaben*** *(Salmo 66, 4).*

FIESTA DE LA TRANSFIGURACIÓN DEL SEÑOR
Santos Justo y Pastor *mrs*, Hormisdas *pp*

TOMO IV DE LA LITURGIA DE LAS HORAS

Papa Francisco: La Transfiguración ayuda a comprender que la Pasión de Cristo es un misterio de sufrimiento, pero, sobre todo, un regalo de amor infinito por parte de Jesús. Nos hace comprender mejor también su Resurrección. Si antes de la Pasión no se nos hubiera mostrado la transfiguración con la declaración por parte de Dios, 'Este es mi hijo amado', la Resurrección y el misterio pascual de Jesús no habría sido fácilmente comprensible en toda su profundidad. De hecho, para comprenderlo, es necesario saber con anterioridad que aquel que sufre y que es glorificado no es solamente un hombre, sino que es el Hijo de Dios, que, con su amor fiel hasta la muerte, nos ha salvado. (06-08-2020)

PALABRA

• ***Daniel*** 7, 9-10.13-14: Miré y vi que colocaban unos tronos. Un anciano se sentó. Su vestido era blanco como nieve, su cabellera como lana limpísima; su trono, llamas de fuego; sus ruedas, llamaradas; un río impetuoso de fuego brotaba y corría ante él. Miles y miles lo servían, millones estaban a sus órdenes. Comenzó la sesión y se abrieron los libros. Seguí mirando. Y en mi visión nocturna vi venir una especie de hijo de hombre entre las nubes del cielo. Avanzó hacia el anciano y llegó hasta su presencia. A él se le dio poder, honor y reino. Y todos los pueblos, naciones y lenguas lo sirvieron. Su poder es un poder eterno, no cesará. Su reino no acabará.

• ***Salmo*** 96, 1-2.5-6.9: ***El Señor reina, altísimo sobre toda la tierra.***

• ***2Pedro*** 1, 16-19: Queridos hermanos: No nos fundábamos en fábulas fantasiosas, cuando os dimos a conocer el poder y la venida de nuestro Señor Jesucristo, sino en que habíamos sido testigos oculares de su grandeza. Porque él recibió de Dios Padre honor y gloria cuando desde la sublime Gloria se le transmitió aquella voz: «Este es mi Hijo amado, en quien me he complacido». Y esta misma voz, transmitida desde el cielo, es la que nosotros oímos estando con él en la montaña sagrada. Así tenemos más confirmada la palabra profética y hacéis muy bien en prestarle atención como a una lámpara que brilla en un lugar oscuro hasta que despunte el día y el lucero amanezca en vuestros corazones.

• **MATEO 17, 1-9:** Jesús tomó consigo a Pedro, a Santiago y a su hermano Juan, y subió con ellos aparte a un monte alto. Se transfiguró delante de ellos, y su rostro resplandecía como el sol, y sus vestidos se volvieron blancos como la luz. De repente se les aparecieron Moisés y Elías conversando con él. Pedro, entonces, tomó la palabra y dijo a Jesús: «Señor, ¡qué bueno es que estemos aquí! Si quieres, haré tres tiendas: una para ti, otra para Moisés y otra para Elías». Todavía estaba hablando cuando una nube luminosa los cubrió con su sombra, y una voz desde la nube decía: «Este es mi Hijo, el amado, en quien me complazco. Escuchadlo». Al oírlo, los discípulos cayeron de bruces, llenos de espanto. Jesús se acercó y tocándolos les dijo: «Levantaos, no temáis». Al alzar los ojos no vieron a nadie más que a Jesús, solo. Cuando bajaban del monte, Jesús les mandó: «No contéis a nadie la visión hasta que el Hijo del hombre resucite de entre los muertos».

ORACIÓN

SEÑOR, ofreciste a tres discípulos tuyos un momento especial de oración, en el que ellos pudieron contemplarte transfigurado. También a nosotros nos ofreces momentos íntimos de oración, aunque a veces no los aprovechamos. **Jesús, te pido perdón por no estar a veces bien atento a tu Presencia en mi vida.**

Levantaos, no temáis

Santos SIXTO II *pp*, CAYETANO *pb*, Alberto *pb*, Donato *ob*, Afra *mr*, Miguel de la Mora *pb mr*

AGOSTO
7
LUNES

Papa Francisco: Vivir la comunión con Cristo es otra cosa distinta a permanecer pasivos y ajenos a la vida cotidiana; por el contrario, nos introduce cada vez más en la relación con los hombres y las mujeres de nuestro tiempo, para ofrecerles la señal concreta de la misericordia y de la atención de Cristo. Mientras nos nutre de Cristo, la Eucaristía que celebramos nos transforma poco a poco también a nosotros en cuerpo de Cristo y nutrimento espiritual para los hermanos. Jesús quiere llegar a todos, para llevar a todos el amor de Dios. (17-08-2016)

PALABRA

Al enterarse Jesús de la muerte de Juan, el Bautista, se marchó de allí en barca, a solas, a un lugar desierto. Cuando la gente lo supo, lo siguió por tierra desde los poblados. Al desembarcar, vio Jesús una multitud, se compadeció de ella y curó a los enfermos. Como se hizo tarde, se acercaron los discípulos a decirle: «Estamos en despoblado y es muy tarde, despide a la multitud para que vayan a las aldeas y se compren comida». Jesús les replicó: «No hace falta que vayan, dadles vosotros de comer». Ellos le replicaron: «Si aquí no tenemos más que cinco panes y dos peces». Les dijo: «Traédmelos». Mandó a la gente que se recostara en la hierba y, tomando los cinco panes y los dos peces, alzando la mirada al cielo, pronunció la bendición, partió los panes y se los dio a los discípulos; los discípulos se los dieron a la gente. Comieron todos y se saciaron y recogieron doce cestos llenos de sobras. Comieron unos cinco mil hombres, sin contar mujeres y niños.

Números 11, 4b-15; ***Salmo*** 80, 12-17 • **MATEO 14, 13-21**

ORACIÓN

SEÑOR, al enterarte de que san Juan Bautista había sido injustamente ejecutado, sentiste un gran dolor y decidiste ir a llorar su pérdida a un lugar solitario. Y allí atendiste a las personas que te necesitaban. **Jesús, ayúdame a asimilar correctamente la muerte de mis seres queridos. Que mi dolor no me separe de la gente que me necesita.** ***Aclamad a Dios, nuestra fuerza*** *(Salmo 80, 2a).*

Santos DOMINGO DE GUZMÁN *pb*, Ciriaco y *co mrs*, Pablo Ke Tingzhu *mr*

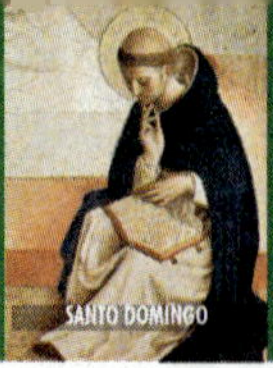

Papa Francisco: Al igual que Pedro, no basta nuestra experiencia y autosuficiencia. En ocasiones también nosotros atravesamos tempestades que nos revelan nuestra fragilidad, nuestra falta de fe. Pero saben algo; no estamos solos porque Dios no nos abandona. El Evangelio nos invita a ser hombres y mujeres de mucha fe, no de poca fe, y a tener certeza de la presencia de la presencia de Dios en nuestras vidas. Te invito a que tu oración de estos días sea: Señor, aumenta mi fe. (09-08-2020)

PALABRA

Después que la gente se hubo saciado, enseguida Jesús apremió a sus discípulos a que subieran a la barca y se le adelantaran a la otra orilla mientras él despedía a la gente. Y después de despedir a la gente subió al monte a solas para orar. Llegada la noche estaba allí solo. Mientras tanto la barca iba ya muy lejos de la tierra, sacudida por las olas, porque el viento era contrario. A la cuarta vela de la noche se les acercó Jesús andando sobre el mar. Los discípulos, viéndole andar sobre el agua, se asustaron y gritaron de miedo, diciendo que era un fantasma. Jesús les dijo enseguida: «¡Ánimo, soy yo, no tengáis miedo!» Pedro le contestó: «Señor, si eres tú, mándame ir a ti sobre el agua». Él le dijo: «Ven». Pedro bajó de la barca y echó a andar sobre el agua acercándose a Jesús; pero, al sentir la fuerza del viento, le entró miedo, empezó a hundirse y gritó: «Señor, sálvame». Enseguida Jesús extendió la mano, lo agarró y le dijo: «¡Hombre de poca fe! ¿Por qué has dudado?». En cuanto subieron a la barca amainó el viento. Los de la barca se postraron ante él diciendo: «Realmente eres Hijo de Dios». Terminada la travesía, llegaron a tierra en Genesaret. Y los hombres de aquel lugar, apenas lo reconocieron, pregonaron la noticia por toda aquella comarca y le trajeron a todos los enfermos. Le pedían tocar siquiera la orla de su manto. Y cuantos la tocaban quedaban curados.

Números 12,1-13; *Salmo* 50,3-7.12-13 • **MATEO 14, 22-36**

ORACIÓN

SEÑOR, pusiste a prueba la fe de san Pedro, y éste, cuando sopló el viento, se hundió en las aguas. Pero Tú le echaste una mano, y su fe se fortaleció. Sabes bien que nosotros también necesitamos tu ayuda para mantener a flote nuestra confianza en Ti. **Jesús, te lo suplico, fortalece mi fe.** ***Misericordia, Señor, hemos pecado*** *(Salmo 50, 3a).*

FIESTA DE SANTA TERESA B. DE LA CRUZ, VIRGEN Y MÁRTIR, PATRONA DE EUROPA

Santos Cándida M.ª de J. *vg*, Román *mr.*
Beatos Florentino Asensio *ob mr*

AGOSTO
9
MIÉRCOLES

Papa Francisco: La lámpara es el símbolo de la fe que ilumina nuestra vida, mientras que el aceite es el símbolo de la caridad que alimenta y hace fecunda y creíble la luz de la fe. La condición para estar listos para el encuentro con el Señor no es solo la fe, sino una vida cristiana rica en amor y caridad hacia el prójimo. (12-11-2017)

PALABRA

Dijo Jesús a sus discípulos esta parábola: «El reino de los cielos se parece a diez vírgenes que tomaron sus lámparas y salieron al encuentro del esposo. Cinco de ellas eran necias y cinco eran prudentes. Las necias, al tomar las lámparas, no se proveyeron de aceite; en cambio, las prudentes se llevaron alcuzas de aceite con las lámparas. El esposo tardaba, les entró sueño a todas y se durmieron. A medianoche se oyó una voz: "¡Que llega el esposo, salid a su encuentro!". Entonces se despertaron todas aquellas vírgenes y se pusieron a preparar sus lámparas. Y las necias dijeron a las prudentes: "Dadnos de vuestro aceite, que se nos apagan las lámparas". Pero las prudentes contestaron: "Por si acaso no hay bastante para vosotras y nosotras, mejor es que vayáis a la tienda y os lo compréis". Mientras iban a comprarlo, llegó el esposo, y las que estaban preparadas entraron con él al banquete de bodas, y se cerró la puerta. Más tarde llegaron también las otras vírgenes, diciendo: "Señor, señor, ábrenos". Pero él respondió: "En verdad os digo que no os conozco". Por tanto, velad, porque no sabéis el día ni la hora».

Oseas 2,16b.17de.21-22; ***Salmo*** 44,11-17 • **MATEO 25, 1-13**

ORACIÓN

SEÑOR, en la parábola de las diez vírgenes, aunque todas deseaban disfrutar de la fiesta del esposo, sólo las prudentes pudieron hacerlo. Y esto es así porque, en toda experiencia espiritual, además del deseo, es importante hacer un buen uso del intelecto. **Jesús, te lo ruego, dame sabiduría, porque quiero gozar de tu Presencia.** ***Escucha, hija, mira: inclina el oído.*** *(Salmo 44, 11a)*

AGOSTO
10
JUEVES

FIESTA DE SAN LORENZO, DIÁCONO Y MÁRTIR

San Blano *ob*

Papa Francisco: Jesús usa una imagen sencilla y sugestiva, la del "grano de trigo" que, al caer en la tierra, muere para dar fruto. En esta imagen encontramos otro aspecto de la Cruz de Cristo: el de la fecundidad. La cruz de Cristo es fecunda. La muerte de Jesús, de hecho, es una fuente inagotable de vida nueva, porque lleva en sí la fuerza regeneradora del amor de Dios. (22-03-2015)

PALABRA

Dijo Jesús a sus discípulos: «En verdad, en verdad os digo: si el grano de trigo no cae en tierra y muere, queda infecundo; pero si muere, da mucho fruto. El que se ama a sí mismo se pierde, y el que se aborrece a sí mismo en este mundo, se guardará para la vida eterna. El que quiera servirme, que me siga, y donde esté yo, allí también estará mi servidor; a quien me sirve, el Padre lo honrará».

2 Corintios 9,6-10; ***Salmo*** 111,1b-2.5-9 • **JUAN 12, 24-26**

ORACIÓN

SEÑOR, nos pides que renunciemos a los caprichos mundanos para que así podamos gozar –aquí y ahora– de la felicidad de tu Reino de Amor. **Jesús, te pido perdón por las veces en las que, equivocadamente, elijo lo mundano.** ***Dichoso el que se apiada y presta*** *(Salmo 111, 5a).*

Santos CLARA *vg,* Juan E. Newmann *ob,* Susana *mr,* Rufino *ob,* Alejandro *ob*

Papa Francisco: El camino de Jesús nos lleva siempre a la felicidad. Habrá siempre una cruz en medio, pruebas, pero al final nos lleva siempre a la felicidad. (1-3-2013)

PALABRA

Dijo Jesús a sus discípulos: «Si alguno quiere venir en pos de mí, que se niegue a sí mismo, tome su cruz y me siga. Porque quien quiera salvar su vida, la perderá; pero el que la pierda por mí, la encontrará. ¿Pues de qué le servirá a un hombre ganar el mundo entero, si pierde su alma? ¿O qué podrá dar para recobrarla? Porque el Hijo del hombre vendrá, con la gloria de su Padre, entre sus ángeles, y entonces pagará a cada uno según su conducta. En verdad os digo que algunos de los aquí presentes no gustarán la muerte hasta que vean al Hijo del hombre en su reino».

Deuteronomio 4, 32-40; ***Salmo*** 76, 12-16.21 • **MATEO 16, 24-28**

ORACIÓN

SEÑOR, nos animas a seguirte por el camino de la cruz para poder gozar de tu Reino. Y nos dices que cuanto más grande sea aquello a lo que renunciemos para estar junto a Ti, mayor será la alegría que experimentaremos en tu Reino. **Jesús, te doy gracias por invitarme a seguir tu camino.** ***Recuerdo las proezas del Señor*** *(Salmo 76, 12a).*

AGOSTO
12
SÁBADO

Sábado 18° Tiempo Ordinario Tomo IV • Salterio 2ª semana

Santos JUANA F. DE CHANTAL *rl*, Aniceto y Focio *mrs*. Beatos Inocencio XI *pp*, Victoria Díez *vg mr*, Sebastián Calvo y *co mrs*

SANTA FRANCISCA F. DE CHANTAL

Papa Francisco: Todos nosotros tenemos un poco de incredulidad en el interior. Es necesaria una oración fuerte, y esta oración humilde y fuerte hace que Jesús pueda hacer el milagro. La oración para pedir un milagro, para pedir una acción extraordinaria, debe ser una oración que involucre, que nos involucre a todos. (20-05-2014)

PALABRA

Se acercó a Jesús un hombre, que, de rodillas, le dijo: «Señor, ten compasión de mi hijo que es lunático y sufre mucho; muchas veces se cae en el fuego o en el agua. Se lo he traído a tus discípulos, y no han sido capaces de curarlo». Jesús tomó la palabra y dijo: «¡Generación incrédula y perversa! ¿Hasta cuándo tendré que estar con vosotros? ¿Hasta cuándo tendré que soportaros? Traédmelo». Jesús increpó al demonio, y salió; en aquel momento se curó el niño. Los discípulos se acercaron a Jesús y le preguntaron aparte: «¿Y por qué no pudimos echarlo nosotros?». Les contestó: «Por vuestra poca fe. En verdad os digo que, si tuvierais fe como un grano de mostaza, le diríais a aquel monte: "Trasládate desde ahí hasta aquí", y se trasladaría. Nada os sería imposible».

Deuteronomio 6, 4-13; ***Salmo*** 17, 2-4. 47.51ab • **MATEO 17, 14-20**

ORACIÓN

SEÑOR, bien sabes que, cuando creemos en Ti, somos muy felices. Sin embargo, a veces nuestra fe no es tan grande como debería, y entonces nos sentimos tristes, solos y perdidos. **Jesús, te doy gracias por el don de la fe. Ayúdame a acrecentarla.** ***Yo te amo, Señor, tú eres mi fortaleza*** *(Salmo 17, 2).*

Santos PONCIANO e HIPÓLITO *mrs,* Máximo el Confesor *ab,* Radegunda *re,* Benildo *rl.* Beatos Secundino M.ª y *co mrs,* Santiago Gapp *pb mr*

AGOSTO
13
DOMINGO

Papa Francisco: La barca a merced de la tormenta es la imagen de la Iglesia, que en todas las épocas encuentra vientos contrarios, a veces pruebas muy duras: pensemos en ciertas persecuciones largas y amargas del siglo pasado, y también hoy, en algunas partes. En esas situaciones, puede tener la tentación de pensar que Dios la ha abandonado. Pero en realidad es precisamente en esos momentos que resplandece más el testimonio de la fe, el testimonio del amor, el testimonio de la esperanza. Es la presencia de Cristo resucitado en su Iglesia que dona la gracia del testimonio hasta el martirio, del que brotan nuevos cristianos y frutos de reconciliación y de paz por el mundo entero. (09-08-2020)

• ***1Reyes*** 19, 9a.11-13a: En aquellos días, cuando Elías llegó hasta el Horeb, el monte de Dios, se introdujo en la cueva y pasó la noche. Le llegó la palabra del Señor, que le dijo: «Sal y permanece de pie en el monte ante el Señor». Entonces pasó el Señor y hubo un huracán tan violento que hendía las montañas y quebraba las rocas ante el Señor, aunque en el huracán no estaba el Señor. Después del huracán, un terremoto, pero en el terremoto no estaba el Señor. Después del terremoto, fuego, pero en el fuego tampoco estaba el Señor. Después del fuego, el susurro de una brisa suave. Al oírlo Elías, cubrió su rostro con el manto, salió y se mantuvo en pie a la entrada de la cueva.

• ***Salmo*** 84, 9-14: ***Muéstranos, Señor, tu misericordia y danos tu salvación.***

• ***Romanos*** 9, 1-5: Hermanos: Digo la verdad en Cristo, no miento – mi conciencia me atestigua que es así, en el Espíritu Santo - : siento una gran tristeza y un dolor incesante en mi corazón; pues desearía ser yo mismo un proscrito, alejado de Cristo, por el bien de mis hermanos, los de mi raza según la carne: ellos son israelitas y a ellos pertenece el don de la filiación adoptiva, la gloria, las alianzas, el don de la ley, el culto y las promesas; suyos son los patriarcas y de ellos procede el Cristo, según la carne; el cual está por encima de todo, Dios bendito por los siglos. Amen.

• **MATEO 14, 22-33:** Después de que la gente se hubo saciado, Jesús apremió a sus discípulos a que subieran a la barca y se le adelantaran a la otra orilla mientras él despedía a la gente. Y después de despedir a la gente subió al monte a solas para orar. Llegada la noche estaba allí solo. Mientras tanto la barca iba ya muy lejos de la tierra, sacudida por las olas, porque el viento era contrario. A la cuarta vela de la noche se les acercó Jesús andando sobre el mar. Los discípulos, viéndole andar sobre el agua, se asustaron y gritaron de miedo, diciendo que era un fantasma. Jesús les dijo enseguida: «¡Ánimo, soy yo, no tengáis miedo!» Pedro le contestó: «Señor, si eres tú, mándame ir a ti sobre el agua». Él le dijo: «Ven». Pedro bajó de la barca y echó a andar sobre el agua acercándose a Jesús; pero, al sentir la fuerza del viento, le entró miedo, empezó a hundirse y gritó: «Señor, sálvame». Enseguida Jesús extendió la mano, lo agarró y le dijo: «¡Hombre de poca fe! ¿Por qué has dudado?». En cuanto subieron a la barca amainó el viento. Los de la barca se postraron ante él diciendo: «Realmente eres Hijo de Dios».

ORACIÓN

SEÑOR, cuando tus discípulos navegaban en medio del oleaje, Tú te acercaste a ellos, pero te confundieron con un fantasma, porque caminabas sobre las aguas. Tiempo después, tras tu crucifixión, también creyeron que eras un fantasma cuando te apareciste ante ellos, resucitado. **Jesús, te lo suplico, aumenta mi fe. Que nunca dude de Ti.**

Santos MAXIMILIANO M.ª KOLBE *pb mr*, 800 Mártires de Otranto, Marcelo *ob mr*, Arnulfo *ob*

Papa Francisco: Elijamos la sencillez, la sencillez del pan para volver a encontrar la valentía del silencio y de la oración, fermentos de una vida verdaderamente humana. Elijamos a las personas antes que a las cosas, para que surjan relaciones personales, no virtuales. (21-06-2018)

PALABRA

Mientras Jesús y los discípulos recorrían juntos Galilea, les dijo: «El Hijo del hombre será entregado en manos de los hombres, lo matarán, pero resucitará al tercer día». Ellos se pusieron muy tristes. Cuando llegaron a Cafarnaún, los que cobraban el impuesto de las dos dracmas se acercaron a Pedro y le preguntaron: «¿Vuestro Maestro no paga las dos dracmas?». Contestó: «Sí». Cuando llegó a casa, Jesús se adelantó a preguntarle: «¿Qué te parece, Simón? Los reyes del mundo, ¿a quién le cobran impuestos y tasas, a sus hijos o a los extraños?». Contestó: «A los extraños». Jesús le dijo: «Entonces, los hijos están exentos. Sin embargo, para no dar mal ejemplo, ve al mar, echa el anzuelo, agarra el primer pez que pique, ábrele la boca y encontrarás una moneda de plata. Cógela y págales por mí y por ti».

Deuteronomio 10, 12-22; ***Salmo*** 147, 12-15. 19-20 • **MATEO 17, 22-27**

ORACIÓN

SEÑOR, pagabas los impuestos, aunque algunos te parecían injustos, porque querías dar un buen ejemplo a tus discípulos. También a nosotros las autoridades nos piden cumplir con obligaciones que, en ocasiones, no nos parecen justas. **Jesús, te lo ruego, ayúdame a ser un ciudadano ejemplar.** ***Glorifica al Señor, Jerusalén*** *(Salmo 147, 12a).*

AGOSTO
15
MARTES

ASUNCIÓN DE LA VIRGEN MARÍA,
Virgen de la Paloma, de los Reyes.
Santos Estanislao de Kostka *rl*,
Tarsicio, Luis Batis, Manuel Morales,
Salvador Lara y David Roldán *mrs*

ASUNCIÓN DE LA VIRGEN MARÍA

SOLEMNIDAD DE LA ASUNCIÓN DE SANTA MARÍA, VIRGEN

Papa Francisco: María "engrandece al Señor": no los problemas, que tampoco le faltaban en ese momento, sino al Señor. ¡Cuántas veces, en cambio, nos dejamos vencer por las dificultades y absorber por los miedos! La Virgen no, porque pone a Dios como primera grandeza de la vida. De aquí surge el Magnificat, de aquí nace la alegría: no de la ausencia de los problemas, que antes o después llegan, sino que la alegría nace de la presencia de Dios que nos ayuda, que está cerca de nosotros. Porque Dios es grande. Y sobre todo, Dios mira a los pequeños. Nosotros somos su debilidad de amor: Dios mira y ama a los pequeños. (15-08-2020)

PALABRA

María se levantó y se puso en camino de prisa hacia la montaña, a una ciudad de Judá; entró en casa de Zacarías y saludó a Isabel. Aconteció que, en cuanto Isabel oyó el saludo de María, saltó la criatura en su vientre. Se llenó Isabel de Espíritu Santo y, levantando la voz, exclamó: «¡Bendita tú entre las mujeres, y bendito el fruto de tu vientre! ¿Quién soy yo para que me visite la madre de mi Señor? Pues, en cuanto tu saludo llegó a mis oídos, la criatura saltó de alegría en mi vientre. Bienaventurada la que ha creído, porque lo que le ha dicho el Señor se cumplirá». María dijo: «Proclama mi alma la grandeza del Señor, "se alegra mi espíritu en Dios, mi salvador; porque ha mirado la humildad de su esclava". Desde ahora me felicitarán todas las generaciones, porque el Poderoso ha hecho obras grandes en mí: "su nombre es santo, y su misericordia llega a sus fieles de generación en generación". Él hace proezas con su brazo: dispersa a los soberbios de corazón, "derriba del trono a los poderosos y enaltece a los humildes, a los hambrientos los colma de bienes y a los ricos los despide vacíos. Auxilia a Israel, su siervo, acordándose de la misericordia" –como lo había prometido a nuestros padres– en favor de Abrahán y su descendencia por siempre». María se quedó con Isabel unos tres meses y volvió a su casa.

Apocalipsis 11,19a; 12.1-6a.10ab; ***Salmo*** 44,10-12.16; ***1 Corintios*** 15,20-27a

• LUCAS 1, 39-56

ORACIÓN

SEÑOR, hoy celebramos la Asunción de tu Madre en el Reino Celestial. María fue asumida en cuerpo y alma por Dios Padre, fundiéndose ambos en un eterno lazo de Amor. **Jesús, ayúdame a seguir tu camino, pues, junto a la Virgen, deseo sentir el eterno Amor del Padre.** ***De pie a tu derecha está la reina, enjoyada con oro de Ofir*** (Salmo 44, 10b).

Santos ESTEBAN DE HUNGRÍA *re*, Roque *cf*, Teodoro *ob*

Papa Francisco: El pasaje de hoy habla de la corrección fraterna, y nos invita a reflexionar sobre la doble dimensión de la existencia cristiana: la comunitaria, que exige la protección de la comunión, es decir de la Iglesia, y la personal, que requiere la atención y el respeto de cada conciencia individual. Para corregir al hermano que se ha equivocado, Jesús sugiere una pedagogía de recuperación. Y siempre la pedagogía de Jesús es pedagogía de la recuperación; Él siempre busca recuperar, salvar. (6-9-2020)

PALABRA

Jesús dijo a sus discípulos: «Si tu hermano peca contra ti, repréndelo estando los dos a solas. Si te hace caso, has salvado a tu hermano. Si no te hace caso, llama a otro o a otros dos, para que todo el asunto quede confirmado por boca de dos o tres testigos. Si no les hace caso, díselo a la comunidad, y si no hace caso ni siquiera a la comunidad, considéralo como un pagano o un publicano. En verdad os digo que todo lo que atéis en la tierra quedará atado en los cielos, y todo lo que desatéis en la tierra quedará desatado en los cielos. En verdad os digo, además, que si dos de vosotros se ponen de acuerdo en la tierra para pedir algo, se lo dará mi Padre que está en los cielos. Porque donde dos o tres están reunidos en mi nombre, allí estoy yo en medio de ellos».

Deuteronomio 34, 1-12; *Salmo* 65, 1b-3a.5.16-17 • **MATEO 18, 15-20**

ORACIÓN

SEÑOR, nos animas a ponernos de acuerdo para pedir comunitariamente cosas buenas al Padre. Porque cuando oramos en comunidad, nuestros corazones y nuestras almas se unen hacia lo Alto. **Jesús, te doy gracias por haberme dado una comunidad parroquial, con la que puedo unirme fraternalmente orando junto a ella.** ***Bendito sea Dios, que me ha devuelto la vida*** *(Salmo 65, 20a.9a).*

AGOSTO

17

JUEVES

Jueves 19º Tiempo Ordinario Tomo IV - Salterio 3ª semana

Santos Jacinto de Polonia *pb*, Eusebio *pp*, Beatriz de Silva *vg*, Clara de Montefalco *vg*, Juana Delanoue *vg*

Papa Francisco: El perdón de Dios es la seña de su desbordante amor por cada uno de nosotros; es el amor que nos deja libres de alejarnos, como el hijo pródigo, pero que espera cada día nuestro retorno; es el amor audaz del pastor por la oveja perdida; es la ternura que acoge a cada pecador que llama a su puerta. (17-09-2017)

PALABRA

Acercándose Pedro a Jesús le preguntó: «Señor, si mi hermano me ofende, ¿cuántas veces tengo que perdonarlo? ¿Hasta siete veces?». Jesús le contesta: «No te digo hasta siete veces, sino hasta setenta veces siete. Por esto, se parece el reino de los cielos a un rey que quiso ajustar las cuentas con sus criados. Al empezar a ajustarlas, le presentaron uno que debía diez mil talentos. Como no tenía con qué pagar, el señor mandó que lo vendieran a él con su mujer y sus hijos y todas sus posesiones, y que pagara así. El criado, arrojándose a sus pies, le suplicaba diciendo: "Ten paciencia conmigo, y te lo pagaré todo". Se compadeció el señor de aquel criado y lo dejó marchar, perdonándole la deuda. Pero, al salir, el criado aquel encontró a uno de sus compañeros que le debía cien denarios y, agarrándolo, lo estrangulaba, diciendo: "Págame lo que me debes". El compañero, arrojándose a sus pies, le rogaba, diciendo: "Ten paciencia conmigo, y te lo pagaré". Pero él se negó y fue y lo metió en la cárcel hasta que pagara lo que debía. Entonces el señor lo llamó y le dijo: "¡Siervo malvado! Toda aquella deuda te la perdoné porque me lo rogaste. ¿No debías tú también tener compasión de tu compañero, como yo tuve compasión de ti?". Y el señor, indignado, lo entregó a los verdugos hasta que pagara toda la deuda. Lo mismo hará con vosotros mi Padre celestial, si cada cual no perdona de corazón a su hermano». Cuando acabó Jesús estos discursos, partió de Galilea y vino a la región de Judea, al otro lado del Jordán.

Josué 3, 7-10a. 11. 13-17; ***Salmo*** 113A, 1-6 • **MATEO 18,21–19,1**

ORACIÓN

SEÑOR, nos animas a perdonar siempre, porque no hay otro modo de resolver nuestros problemas y conflictos con otras personas. **Jesús, te lo suplico, ayúdame a perdonar. *Aleluya.***

SANTA ELENA

Santos Elena ***em*****, Alberto Hurtado** ***pb*****,**
Fermín ***ob*****, Agapito** ***mr.***
Beatos Manés de Guzmán ***pb*****,**
Martín Martínez Pascual ***pb mr***

AGOSTO
18
VIERNES

Papa Francisco: Nosotros debemos caminar con estas dos cosas que Jesús nos enseña: la verdad y la comprensión. Y esto no se resuelve como una ecuación matemática, sino con la propia carne: es decir, yo cristiano ayudo a esa persona, a aquellos matrimonios que atraviesan una dificultad, que están heridos, en el camino de acercamiento a Dios. (20-05-2016)

PALABRA

Se acercaron a Jesús unos fariseos y le preguntaron, para ponerlo a prueba: «¿Es lícito a un hombre repudiar a su mujer por cualquier motivo?». Él les respondió: «¿No habéis leído que el Creador, en el principio, los creó hombre y mujer, y dijo: "Por eso dejará el hombre a su padre y a su madre, y se unirá a su mujer, y serán los dos una sola carne"? De modo que ya no son dos, sino una sola carne. Pues lo que Dios ha unido, que no lo separe el hombre». Ellos insistieron: «¿Y por qué mandó Moisés darle acta de divorcio y repudiarla?». Él les contestó: «Por la dureza de vuestro corazón os permitió Moisés repudiar a vuestras mujeres; pero, al principio, no era así. Pero yo os digo que, si uno se repudia a su mujer –no hablo de unión ilegítima– y se casa con otra, comete adulterio». Los discípulos le replicaron: «Si esa es la situación del hombre con la mujer, no trae cuenta casarse». Pero él les dijo: «No todos entienden esto, solo los que han recibido ese don. Hay eunucos que salieron así del vientre de su madre, a otros los hicieron los hombres, y hay quienes se hacen eunucos ellos mismos por el reino de los cielos. El que pueda entender, entienda».

Josue 24, 1-13; ***Salmo*** 135, 1-3. 16-18. 21-24 • **MATEO 19, 3-12**

ORACIÓN

SEÑOR, creaste el matrimonio para que mujeres y hombres pudieran unir sus vidas en un amor perdurable hasta la muerte. Pero para que un amor perdure es necesario cuidarlo y alimentarlo. Y sobre todo requiere sacrificarse, pensando en el bien de la familia. **Jesús, te pido por todos los matrimonios, para que sean un signo de amor en medio del mundo.** ***Porque es eterna su misericordia*** *(Salmo 135, 1b).*

AGOSTO
19
SÁBADO

Sábado 19° Tiempo Ordinario Tomo IV • Salterio 3° semana

Santos EZEQUIEL MORENO *ob*, JUAN EUDES *pb*, Luis *ob*, Sixto III *pp*, Magín *mr.* Beato Guerrico *ab*

SAN EZEQUIEL MORENO

Papa Francisco: El Señor juzga nuestra vida escuchando lo que le refieren los ángeles de los niños, ángeles que «están viendo siempre en los cielos el rostro de mi Padre celestial» (cf. Mt 18, 10). Preguntémonos siempre: ¿qué le contarán a Dios de nosotros esos ángeles de los niños? (08-04-2015)

PALABRA

Le presentaron unos niños a Jesús para que les impusiera las manos y orase, pero los discípulos los regañaban. Jesús dijo: «Dejadlos, no impidáis a los niños acercarse a mí; de los que son como ellos es el reino de los cielos». Les impuso las manos y se marchó de allí.

Josué 24, 14-29; *Salmo* 15, 1-2.5-8.11 • **MATEO 19, 13-15**

ORACIÓN

SEÑOR, impusiste gustosamente las manos a unos niños que te presentaron. También nosotros querríamos presentarte a nuestros hijos, o a nuestros sobrinos, o a los hijos de nuestros amigos. **Jesús, yo te alabo por el amor que tienes a los más pequeños e indefensos.** ***Tú Señor, eres el lote de mi heredad*** *(Salmo 15, 5a).*

SAN BERNARDO (Murillo)

AGOSTO
20
DOMINGO

Santos BERNARDO *ab*, Samuel *prof*, Leovigildo y Cristóbal *mjs mrs*

Papa Francisco: ¿Cuál es la fe grande? La fe grande es aquella que lleva la propia historia, marcada también por las heridas, a los pies del Señor pidiéndole que la sane, que le dé sentido. Cada uno de nosotros tiene su propia historia y no siempre es una historia limpia; muchas veces es una historia difícil, con muchos dolores, muchos problemas y muchos pecados. ¿Qué hago, yo, con mi historia? ¿La escondo? ¡No! Tenemos que llevarla delante del Señor: "¡Señor, si Tú quieres, puedes sanarme!". (16-08-2020)

PALABRA

• ***Isaías*** 56, 1.6-7: Esto dice el Señor: «Observad el derecho, practicad la justicia, porque mi salvación está por llegar, y mi justicia se va a manifestar. A los extranjeros que se han unido al Señor para servirlo, para amar el nombre del Señor y ser sus servidores, que observan el sábado sin profanarlo y mantienen mi alianza, los traeré a mi Monte Santo, los llenaré de júbilo en mi casa de oración; sus holocaustos y sacrificios serán aceptables sobre mi altar; porque mi casa es casa de oración, y así la llamarán todos los pueblos».

• ***Salmo*** 66, 2-3.5-6.8: ***Oh, Dios, que te alaben los pueblos, que todos los pueblos te alaben.***

• ***Romanos*** 11, 13-15.29-32: Hermanos: A vosotros, gentiles, os digo: siendo como soy apóstol de los gentiles, haré honor a mi ministerio, por ver si doy celos a los de mi raza y salvo a alguno de ellos. Pues si su rechazo es reconciliación del mundo, ¿qué no será su reintegración sino volver desde la muerte a la vida? Pues los dones y la llamada de Dios son irrevocables. En efecto, así como vosotros, en otro tiempo, desobedecisteis a Dios, pero ahora habéis obtenido misericordia por la desobediencia de ellos, así también estos han desobedecido ahora con ocasión de la misericordia que se os ha otorgado a vosotros, para que también ellos alcancen ahora misericordia. Pues Dios nos encerró a todos en desobediencia, para tener misericordia de todos.

• **MATEO 15, 21-28:** Jesús salió y se retiró a la región de Tiro y Sidón. Entonces una mujer cananea, saliendo de uno de aquellos lugares, se puso a gritarle: «Ten compasión de mí, Señor, Hijo de David. Mi hija tiene un demonio muy malo». Él no le respondió nada. Entonces los discípulos se le acercaron a decirle: «Atiéndela, que viene detrás gritando». Él les contestó: «Solo he sido enviado a las ovejas descarriadas de Israel». Ella se acercó y se postró ante él diciendo: «Señor, ayúdame». Él le contestó: «No está bien tomar el pan de los hijos y echárselo a los perritos». Pero ella repuso: «Tienes razón, Señor; pero también los perritos se comen las migajas que caen de la mesa de los amos». Jesús le respondió: «Mujer, qué grande es tu fe: que se cumpla lo que deseas». En aquel momento quedó curada su hija.

ORACIÓN

SEÑOR, te quedaste sorprendido ante la fe de una humilde mujer pagana. Por eso atendiste su petición. **Jesús, te lo ruego, dame humildad y, sobre todo, aumenta mi fe.**

Señor, aumenta nuestra fe,
lo necesitamos

Santos PÍO X *pp*, Bonoso y Maximiano *mrs*, Ciriaca *vd*, José Dang Dinh *pb mr*. Beatos Victoria Rasoamanarivo *es*, Ramón Peiró *pb mr*

Papa Francisco: El apego a las riquezas está en el inicio de todo tipo de corrupción, por todas partes: corrupción personal, corrupción en los negocios, también en la pequeña corrupción comercial, de esa que quita cincuenta gramos al peso exacto, corrupción política, corrupción de la educación...Y ¿por qué? Porque los que viven apegados a los propios poderes, a las propias riquezas, se creen en el paraíso. Están cerrados, no tienen horizonte, no tienen esperanza. Al final tendrán que dejar todo. (25-05-2015)

PALABRA

Se acercó uno a Jesús y le preguntó: «Maestro, ¿qué tengo que hacer de bueno para obtener la vida eterna?». Jesús le contestó: «¿Por qué me preguntas qué es bueno? Uno solo es Bueno. Mira, si quieres entrar en la vida, guarda los mandamientos». Él le preguntó: «¿Cuáles?». Jesús le contestó: «No matarás, no cometerás adulterio, no robarás, no darás falso testimonio, honra a tu padre y a tu madre, y ama a tu prójimo como a ti mismo». El joven le dijo: «Todo eso lo he cumplido. ¿Qué me falta?». Jesús le contestó: «Si quieres llegar hasta el final, vende lo que tienes, da el dinero a los pobres –así tendrás un tesoro en el cielo– y luego ven y sígueme». Al oír esto, el joven se fue triste, porque era rico.

Jueces 2, 11-19; *Salmo* 105, 34-40.43-44 • **MATEO 19, 16-22**

ORACIÓN

SEÑOR, le dijiste al joven rico que cumpliera los Diez Mandamientos si quería estar junto a Dios Padre en la vida eterna. Y le animaste a dejarlo todo para poder estar junto a Ti, aquí, en la vida terrena. **Jesús, dame un corazón generoso, porque quiero vivir junto a Ti.** ***Acuérdate de mí, Señor, por amor a tu pueblo*** *(Salmo 105).*

SANTA MARÍA VIRGEN, REINA.
Santos Sinforiano *mr,* Felipe Benizi *pb,* Juan Kemble *pb mr*

CORONACION DE MARIA

BIENAVENTURADA VIRGEN MARÍA REINA

Papa Francisco: María es verdaderamente humilde y no trata de exponerse. Reconoce ser pequeña delante de Dios, y está contenta de ser así. Al mismo tiempo, es consciente de que de su respuesta depende la realización del proyecto de Dios, y que por tanto Ella está llamada a adherirse con todo su ser. (24-12-2017)

PALABRA

El ángel Gabriel fue enviado por Dios a una ciudad de Galilea llamada Nazaret, a una virgen desposada con un hombre llamado José, de la estirpe de David: el nombre de la virgen era María. El ángel, entrando en su presencia, dijo: «Alégrate, llena de gracia, el Señor está contigo». Ella se turbó grandemente ante estas palabras y se preguntaba qué saludo era aquel. El ángel le dijo: «No temas, María, porque has encontrado gracia ante Dios. Concebirás en tu vientre y darás a luz un hijo, y le pondrás por nombre Jesús. Será grande, se llamará Hijo del Altísimo, el Señor Dios le dará el trono de David, su padre; reinará sobre la casa de Jacob para siempre, y su reino no tendrá fin». Y María dijo al ángel: «¿Cómo será eso, pues no conozco varón?». El ángel le contestó: «El Espíritu Santo vendrá sobre ti, y la fuerza del Altísimo te cubrirá con su sombra; por eso el Santo que va a nacer será llamado Hijo de Dios. También tu pariente Isabel ha concebido un hijo en su vejez, y ya está de seis meses la que llamaban estéril, "porque para Dios nada hay imposible"». María contestó: «He aquí la esclava del Señor; hágase en mí según tu palabra». Y el ángel se retiró.

Isaías 9,1-6; *Salmo* 112,1b-8 • **LUCAS 1, 26-38**

ORACIÓN

SEÑOR, hoy celebramos que tu Madre, la «esclava del Señor», es la Reina de todo lo creado y, asimismo, es la Reina de nuestro corazón. **Jesús, te doy gracias por haberme dado a María como Reina y como Madre.** ***Bendito sea el nombre del Señor, por siempre*** *(Salmo 112, 2)*

AGOSTO
23
MIÉRCOLES

Santos ROSA DE LIMA *vg*, Eugenio *ob*, Abundio e Ireneo *mrs*

Papa Francisco: Jesús quiere hacernos contemplar la mirada de aquel jefe: la mirada con la que ve a cada uno de los obreros en espera de trabajo y les llama a ir a su viña. Es una mirada llena de atención, de benevolencia; es una mirada que llama, que invita a levantarse, a ponerse en marcha, porque quiere la vida para cada uno de nosotros, quiere una vida plena, ocupada, salvada del vacío y de la inercia. Dios que no excluye a ninguno y quiere que cada uno alcance su plenitud. (24-09-2017)

PALABRA

Dijo Jesús a sus discípulos esta parábola: «El reino de los cielos se parece a un propietario que al amanecer salió a contratar jornaleros para su viña. Después de ajustarse con ellos en un denario por jornada, los mandó a la viña. Salió otra vez a media mañana, vio a otros que estaban en la plaza sin trabajo, y les dijo: «Id también vosotros a mi viña, y os pagaré lo debido». Ellos fueron. Salió de nuevo hacia mediodía y a media tarde e hizo lo mismo. Salió al caer la tarde y encontró a otros, parados, y les dijo: "¿Cómo es que estáis aquí el día entero sin trabajar?". Le respondieron: "Nadie nos ha contratado". Él les dijo: "Id también vosotros a mi viña". Cuando oscureció, el dueño dijo al capataz: "Llama a los jornaleros y págales el jornal, empezando por los últimos y acabando por los primeros". Vinieron los del atardecer y recibieron un denario cada uno. Cuando llegaron los primeros, pensaban que recibirían más, pero ellos también recibieron un denario cada uno. Entonces se pusieron a protestar contra el amo: "Estos últimos han trabajado solo una hora, y los has tratado igual que a nosotros, que hemos aguantado el peso del día y el bochorno". Él replicó a uno de ellos: "Amigo, no te hago ninguna injusticia. ¿No nos ajustamos en un denario? Toma lo tuyo y vete. Quiero darle a este último igual que a ti. ¿Es que no tengo libertad para hacer lo que quiera en mis asuntos? ¿O vas a tener tú envidia porque yo soy bueno?". Así, los últimos serán los primeros y los primeros, los últimos».

Jueces 9, 6-15; ***Salmo*** 20, 2-7 • **MATEO 20, 1-16**

ORACIÓN

SEÑOR, hasta el último momento sales a nuestro encuentro para animarnos a trabajar por tu Reino de Amor. Y a todos los que aceptamos colaborar contigo, nos das el mismo «salario»: la felicidad que se vive estando junto a Ti, siendo coherentes con tu Evangelio. **Jesús, yo te alabo y te bendigo por invitarme a trabajar en tu Reino.** ***Señor, el rey se alegra por tu fuerza*** *(Salmo 20).*

AGOSTO

24

JUEVES

FIESTA DE SAN BARTOLOMÉ, APÓSTOL

SS. Jorge *mj*, Juana Antida Thouret *vg*, Emilia de Vialar *vg*

SAN BARTOLOMÉ, APÓSTOL

Papa Francisco: La liturgia es vida para todo el pueblo de la Iglesia. Por su naturaleza la liturgia es de hecho «popular» y no clerical, siendo —como enseña la etimología— una acción para el pueblo, pero también del pueblo. Como recuerdan muchas oraciones litúrgicas, es la acción que Dios mismo cumple a favor de su pueblo, pero también la acción del pueblo que escucha a Dios que habla y reacciona alabándolo, invocándolo, acogiendo la inagotable fuente de vida y de misericordia que fluye de los santos signos. La Iglesia en oración recoge a todos aquellos que tienen el corazón en escucha del Evangelio, sin descartar a nadie. (24-08-2017)

PALABRA

Felipe encontró a Natanael y le dice: «Aquel de quien escribieron Moisés en la Ley y los Profetas, lo hemos encontrado: Jesús, hijo de José, de Nazaret». Natanael le replicó: «¿De Nazaret puede salir algo bueno?». Felipe le contestó: «Ven y verás». Vio Jesús que se acercaba Natanael y dijo de él: «Ahí tenéis a un israelita de verdad, en quien no hay engaño». Natanael le contesta: «¿De qué me conoces?». Jesús le responde: «Antes de que Felipe te llamara, cuando estabas debajo de la higuera, te vi». Natanael respondió: «Rabí, tú eres el Hijo de Dios, tú eres el Rey de Israel». Jesús le contestó: «¿Por haberte dicho que te vi debajo de la higuera, crees? Has de ver cosas mayores». Y le añadió: «En verdad, en verdad os digo: veréis el cielo abierto y a los ángeles de Dios subir y bajar sobre el Hijo del hombre».

Apocalipsis **21, 9b-14;** ***Salmo*** **144, 10-13.17-18 • JUAN 1, 45-51**

ORACIÓN

SEÑOR, Felipe te conocía bastante bien, por eso pudo animar a Natanael a conocerte. Difícilmente podremos nosotros dar testimonio de Ti si no te conocemos. **Jesús, ayúdame a saber de Ti.** ***Tus santos, Señor, proclaman la gloria de tu reinado*** *(Salmo 144, 12).*

SAN JOSÉ DE CALASANZ

AGOSTO **25** VIERNES

Santos LUIS IX DE FRANCIA *re*, JOSÉ DE CALASANZ *pb*, Ginés *mr*. Beato Luis Urbano *pb mr*

Papa Francisco: La mejor motivación para decidirse a comunicar el Evangelio de hoy es contemplarlo con amor, es detenerse en sus páginas y leerlo con el corazón. Si lo abordamos de esa manera, su belleza nos asombra, vuelve a cautivarnos una y otra vez. (24-11-2013)

PALABRA

Los fariseos, al oír que Jesús había hecho callar a los saduceos, se reunieron en un lugar y uno de ellos, un doctor de la ley, le preguntó para ponerlo a prueba: «Maestro, ¿cuál es el mandamiento principal de la Ley?». Él le dijo: «"Amarás al Señor, tu Dios, con todo tu corazón, con toda tu alma, con toda tu mente". Este mandamiento es el principal y primero. El segundo es semejante a él: "Amarás a tu prójimo como a ti mismo". En estos dos mandamientos se sostienen toda la Ley y los Profetas».

Rut 1, 1.3-6.14b-16.22; ***Salmo*** 145, 5-10 • **MATEO 22, 34-40**

ORACIÓN

SEÑOR, nos dices que toda la Biblia y, por tanto, toda la teología, tienen como centro dos mandamientos, los del amor. Porque cuando amamos sincera y generosamente, teniéndote a Ti por encima de todo, vivimos plenamente tu Evangelio. **Jesús, te doy gracias por mostrarme el camino de tu Amor.** ***Alaba, alma mía, al Señor*** *(Salmo 145, 1b).*

AGOSTO
26
SÁBADO

Sábado 20º Tiempo Ordinario Tomo IV - Salterio 4º semana

Santos TERESA DE J. JORNET *vg*,
Junípero Serra *pb*,
Melquisedec *AT*, Juana Isabel *vg*.

SANTA TERESA DE JESÚS JORNET

Papa Francisco: Todos somos hermanos y no debemos de ninguna manera dominar a los otros y mirarlos desde arriba. No. Todos somos hermanos. Si hemos recibido cualidades del Padre celeste, debemos ponerlas al servicio de los hermanos. No debemos considerarnos superiores a los otros; la modestia es esencial para una existencia que quiere ser conforme a la enseñanza de Jesús. (05-11-2017)

PALABRA

Habló Jesús a la gente y a sus discípulos, diciendo: «En la cátedra de Moisés se han sentado los escribas y los fariseos: haced y cumplid todo lo que os digan; pero no hagáis lo que ellos hacen, porque ellos dicen, pero no hacen. Lían fardos pesados y se los cargan a la gente en los hombros, pero ellos no están dispuestos a mover un dedo para empujar. Todo lo que hacen es para que los vea la gente: alargan las filacterias y ensanchan las orlas del manto; les gustan los primeros puestos en los banquetes y los asientos de honor en las sinagogas; que les hagan reverencias en las plazas y que la gente los llame "rabbí". Vosotros, en cambio, no os dejéis llamar "rabbí", porque uno solo es vuestro maestro, y todos vosotros sois hermanos. Y no llaméis padre vuestro a nadie en la tierra, porque uno solo es vuestro Padre, el del cielo. No os dejéis llamar maestros, porque uno solo es vuestro maestro, el Mesías. El primero entre vosotros será vuestro servidor. El que se enaltece será humillado, y el que se humilla será enaltecido».

Rut 2, 1-3.8-11; 4, 13-17; ***Salmo*** 127, 1-5 • **MATEO 23, 1-12**

ORACIÓN

SEÑOR, los principales en tu Reino son los más humildes y los más servidores, no los que buscan su propio beneficio. Por eso tu Reino no es de este mundo. **Jesús, ayúdame a formar parte de tu Reino de Amor.** ***Esta es la bendición del hombre que teme al Señor*** *(Salmo 127, 4)*

SANTA MÓNICA

Santos MÓNICA *mf*, Cesáreo de Arlés *ob*, Amadeo *ob*, David Lewis *pb mr*. Beato Domingo Barberi *pb*.

Papa Francisco: Confesar a Jesús es una gracia del Padre. Decir que Jesús es el Hijo del Dios vivo, que es el Redentor, es una gracia que nosotros debemos pedir: "Padre, dame la gracia de confesar a Jesús". Al mismo tiempo, el Señor reconoce la pronta correspondencia de Simón con la inspiración de la gracia y por tanto añade, en tono solemne: «Tú eres Pedro y sobre esta piedra edificaré mi Iglesia, y las puertas del Hades no prevalecerán contra ella» (v. 18). Con esta afirmación, Jesús hace entender a Simón el sentido del nuevo nombre que le ha dado, "Pedro": la fe que acaba de manifestar es la "piedra" inquebrantable sobre la cual el Hijo de Dios quiere construir su Iglesia, es decir la Comunidad. Y la Iglesia va adelante siempre sobre la fe de Pedro, sobre la fe que Jesús reconoce [en Pedro] y lo hace jefe de la Iglesia. (23-08-2020)

PALABRA

• ***Isaías*** 22,19-23: Esto dice el Señor a Sobná, mayordomo de palacio: «Te echaré de tu puesto, te destituirán de tu cargo. Aquel día llamaré a mi siervo, a Eliaquín, hijo de Esquías, le vestiré tu túnica, le ceñiré tu banda, le daré tus poderes; será padre para los habitantes de Jerusalén, para el pueblo de Judá. Pongo sobre sus hombros la llave del palacio de David: abrirá y nadie cerrará; cerrará y nadie abrirá. Lo clavaré como una estaca en un lugar seguro, será un trono de gloria para la estirpe de su padre».

• ***Salmo*** 137, 1-3.6.8: ***Señor, tu misericordia es eterna, no abandones la obra de tus manos.***

• ***Romanos*** 11, 33-36: ¡Qué abismo de riqueza, de sabiduría y de conocimiento el de Dios! ¡Qué insondables sus decisiones y qué irrastreables sus caminos! En efecto, ¿Quién conoció la mente del Señor? O ¿Quién fue su consejero? O ¿Quién le ha dado primero para tener derecho a la recompensa? Porque de él, por él y para él existe todo. A él la gloria por los siglos. Amén.

• **MATEO 16, 13-20:** Al llegar a la región de Cesarea de Filipo, Jesús preguntó a sus discípulos: «¿Quién dice la gente que es el Hijo del hombre?». Ellos contestaron: «Unos que Juan el Bautista, otros que Elías, otros que Jeremías o uno de los profetas». Él les preguntó: «Y vosotros, ¿quién decís que soy yo?». Simón Pedro tomó la palabra y dijo: «Tú eres el Mesías, el Hijo de Dios vivo». Jesús le respondió: «¡Bienaventurado tú, Simón, hijo de Jonás!, porque eso no te lo ha revelado ni la carne ni la sangre, sino mi Padre que está en los cielos. Ahora yo te digo: tú eres Pedro, y sobre esta piedra edificaré mi Iglesia, y el poder del infierno no la derrotará. Te daré las llaves del reino de los cielos; lo que ates en la tierra quedará atado en los cielos, y lo que desates en la tierra, quedará desatado en los cielos». Y les mandó a los discípulos que no dijesen a nadie que él era el Mesías.

ORACIÓN

SEÑOR, san Pedro proclamó que «eres el Mesías, el Hijo de Dios vivo». Eso le salió del corazón. **Jesús, ayúdame a convertirme a tu Evangelio, porque deseo experimentar plenamente tu Presencia dentro de mí.**

Tú eres el Mesías, el Hijo de Dios vivo.

Santos AGUSTÍN *ob dc*, Julián *mr*, Hermes *mr*, Alejandro *ob*

Papa Francisco: La llave que abre la puerta a la fe es la oración. Cuando un cristiano no ora, sucede aquello. Y su testimonio es un testimonio altivo. El que no ora es un soberbio, es un orgulloso, es un seguro de sí mismo. No es humilde. Busca su propia promoción. (17-10-2013)

PALABRA

Jesús dijo: «¡Ay de vosotros, escribas y fariseos hipócritas, que cerráis a los hombres el reino de los cielos! Ni entráis vosotros, ni dejáis entrar a los que quieren. ¡Ay de vosotros, escribas y fariseos hipócritas, que viajáis por tierra y mar para ganar un prosélito y, cuando lo conseguís, lo hacéis digno de la "gehenna" el doble que vosotros! ¡Ay de vosotros, guías ciegos, que decís: "Jurar por el templo no obliga, jurar por el oro del templo sí obliga"! ¡Necios y ciegos! ¿Qué es más, el oro o el templo que consagra el oro? O también: "Jurar por el altar no obliga, jurar por la ofrenda que está en el altar sí obliga". ¡Ciegos! ¿Qué es más, la ofrenda o el altar que consagra la ofrenda? Quien jura por el altar jura también por todo lo que está sobre él; quien jura por el templo jura también por el que habita en él; y quien jura por el cielo jura por el trono de Dios y también por el que está sentado en él».

1Tesaloniceses 1, 1-5. 8b-10; ***Salmo*** 149, 1-6.9 • **MATEO 23, 13-22**

ORACIÓN

SEÑOR, te quejabas de que algunos daban un mal testimonio de Dios Padre, y así animaban a otras personas a seguir un camino de perdición. **Jesús, te pido perdón porque yo también, a veces, doy un mal testimonio de Ti.** ***El Señor ama a su pueblo*** *(Salmo 149, 4a).*

AGOSTO

29

MARTES

Martirio de San Juan Bautista

Santos Sabina *mr*, Víctor *er*, Adelfo *ob*

MARTIRIO DE SAN JUAN BAUTISTA

Papa Francisco: La vida sólo tiene valor al donarla, al donarla en el amor, en la verdad, al donarla a los demás, en la vida cotidiana, en la familia. Donarla siempre. Si alguien toma la vida para sí mismo [...] la vida muere, la vida termina marchitada, non sirve. (08-02-2019)

PALABRA

Herodes había mandado prender a Juan y lo había metido en la cárcel encadenado. El motivo era que Herodes se había casado con Herodías, mujer de su hermano Filipo, y Juan le decía que no le era lícito tener a la mujer de su hermano. Herodías aborrecía a Juan y quería matarlo, pero no podía, porque Herodes respetaba a Juan, sabiendo que era un hombre justo y santo, y lo defendía. Al escucharlo quedaba muy perplejo, porque lo oía con gusto. La ocasión llegó cuando Herodes, por su cumpleaños, dio un banquete a sus magnates, a sus oficiales y a la gente principal de Galilea. La hija de Herodías entró y danzó, gustando mucho a Herodes y a los convidados. El rey le dijo a la joven: «Pídeme lo que quieras, que te lo daré». Y le juró: «Te daré lo que me pidas, aunque sea la mitad de mi reino». Ella salió a preguntarle a su madre: «¿Qué le pido?». La madre le contestó: «La cabeza de Juan el Bautista». Entró ella enseguida, a toda prisa, se acercó al rey y le pidió: «Quiero que ahora mismo me des en una bandeja la cabeza de Juan el Bautista». El rey se puso muy triste; pero, por el juramento y los convidados, no quiso desairarla. Enseguida le mandó a uno de su guardia que trajese la cabeza de Juan. Fue, lo decapitó en la cárcel, trajo la cabeza en una bandeja y se la entregó a la joven; la joven se la entregó a su madre. Al enterarse sus discípulos, fueron a recoger el cadáver y lo pusieron en un sepulcro.

Jeremías 1, 17-19; *Salmo* 70, 1-6.15-17 • **MARCOS 6, 17-29**

ORACIÓN

SEÑOR, san Juan Bautista murió mártir por proclamar tu Verdad ante los poderosos. Muchos otros han muerto mártires por el mismo motivo. Pero ¿y yo?, ¿me juego mi prestigio o mi bienestar por proclamar ante otros tu Verdad? **Jesús, dame valor para seguir el camino de la cruz.** ***Mi boca contará tu salvación*** *(Salmo 70, 15ab).*

Santos Juana Jugán *vg*, Félix y Adauto *mrs*, Margarita Ward *mr*. Beato Alfredo Ildefonso Schuster *ob*

AGOSTO
30
MIÉRCOLES

Papa Francisco: Quien conduce una doble vida es un corrupto. Diferente es quien peca y quisiera no pecar, pero es débil y va al Señor y pide perdón: ¡a ese el Señor lo quiere! Lo acompaña, y está con él. Y nosotros debemos decirnos pecadores, sí, todos lo somos. (11-11-2013)

PALABRA

Jesús dijo: «¡Ay de vosotros, escribas y fariseos hipócritas, que os parecéis a los sepulcros blanqueados! Por fuera tienen buena apariencia, pero por dentro están llenos de huesos de muertos y de podredumbre; lo mismo vosotros: por fuera parecéis justos, pero por dentro estáis repletos de hipocresía y crueldad. ¡Ay de vosotros, escribas y fariseos hipócritas, que edificáis sepulcros a los profetas y ornamentáis los mausoleos de los justos, diciendo: "Si hubiéramos vivido en tiempo de nuestros padres, no habríamos sido cómplices suyos en el asesinato de los profetas"! Con esto atestiguáis en contra vuestra, que sois hijos de los que asesinaron a los profetas. ¡Colmad también vosotros la medida de vuestros padres!».

1 Tesalonicenses 2, 9-13; ***Salmo*** 138, 7-12 • **MATEO 23, 27-32**

ORACIÓN

SEÑOR, a algunas personas que parecían ser buenas y justas, les echabas en cara su falsedad. Eran como sepulcros que relucían por fuera y apestaban por dentro. **Jesús, te pido perdón, porque también yo, a veces, me preocupo más de mi apariencia que de mi corazón.** ***Señor, tú me sondeas y me conoces*** *(Salmo 138, 1b)*

AGOSTO
31
JUEVES

Jueves 21° Tiempo Ordinario — Tomo IV - Salterio 1ª semana

Santos Ramón Nonato *rl*, José de Arimatea y Nicodemo *NT*, Dominguito del Val *mr.* Beato Pedro Tarrès y *co mrs*

Papa Francisco: Si habremos vivido en sintonía con el Evangelio y los mandamientos de Dios, Él nos hará partícipes de su felicidad eterna en la patria celestial. El pensamiento del encuentro final con el Padre, "rico en misericordia, nos llena de esperanza y nos estimula a comprometernos constantemente en nuestra santificación y en la construcción de un mundo más justo y fraterno. (11-09-2019)

PALABRA

Dijo Jesús a sus discípulos: «Estad en vela, porque no sabéis qué día vendrá vuestro Señor. Comprended que si supiera el dueño de casa a qué hora de la noche viene el ladrón, estaría en vela y no dejaría que abrieran un boquete en su casa. Por eso, estad también vosotros preparados, porque a la hora que menos penséis viene el Hijo del hombre. ¿Quién es el criado fiel y prudente, a quien el señor encarga de dar a la servidumbre la comida a sus horas? Bienaventurado ese criado, si el señor, al llegar, lo encuentra portándose así. En verdad os digo que le confiará la administración de todos sus bienes. Pero si dijere aquel mal siervo para sus adentros: "Mi señor tarda en llegar", y empieza a pegar a sus compañeros, y a comer y a beber con los borrachos, el día y la hora que menos se lo espera, llegará el amo y lo castigará con rigor y lo hará compartir la suerte de los hipócritas. Allí será el llanto y el rechinar de dientes».

1Tesalonicenses 3,7-13; ***Salmo*** 89, 3-4.12-14.17 • **MATEO 24, 42-51**

ORACIÓN

SEÑOR, todos, en mayor o menor medida, somos responsables del bien de las personas que conviven con nosotros. Somos esos criados a los que Tú has encargado que nos preocupemos por el bien común. **Jesús, te lo ruego, ayúdame a hacer felices a los demás.** ***Sácianos de tu misericordia, Señor, y estaremos alegres*** *(Salmo 89, 14).*

SEPTIEMBRE

STABAT MATER DOLOROSA

Virgen de vírgenes santas, llore yo con ansias tantas,
que el llanto dulce me sea; porque su Pasión y Muerte
tenga en mi alma de suerte que siempre sus penas vea.
Haz que la Cruz me enamore, y que en ella viva y more,
de mi fe y amor indicio; porque me inflame y encienda
y contigo me defienda en el gran Día del Juicio.

S E P T I E M B R E

SEPTIEMBRE
1
VIERNES

Viernes 21° Tiempo Ordinario — Tomo IV - Salterio 1° semana

Ntra. Sra. de los Ángeles del Puig

Santos Josué *AT*, Gil *ab*, Sixto *ob*, Vicente *ob*

Papa Francisco: Qué quiere enseñarnos Jesús con esta parábola? Nos recuerda que debemos permanecer listos para el encuentro con Él. Muchas veces, en el Evangelio, Jesús insta a velar y lo hace también al final de este relato. Dice así: «Velad pues, porque no sabéis ni el día ni la hora» (v. 13). Pero con esta parábola nos dice que velar no significa solamente no dormir, sino estar preparados. (12-11-2017)

PALABRA

Dijo Jesús a sus discípulos esta parábola: «El reino de los cielos se parece a diez vírgenes que tomaron sus lámparas y salieron al encuentro del esposo. Cinco de ellas eran necias y cinco eran prudentes. Las necias, al tomar las lámparas, no se proveyeron de aceite; en cambio, las prudentes se llevaron alcuzas de aceite con las lámparas. El esposo tardaba, les entró sueño a todas y se durmieron. A medianoche se oyó una voz: "¡Que llega el esposo, salid a su encuentro!". Entonces se despertaron todas aquellas vírgenes y se pusieron a preparar sus lámparas. Y las necias dijeron a las prudentes: "Dadnos de vuestro aceite, que se nos apagan las lámparas". Pero las prudentes contestaron: "Por si acaso no hay bastante para vosotras y nosotras, mejor es que vayáis a la tienda y os lo compréis". Mientras iban a comprarlo, llegó el esposo, y las que estaban preparadas entraron con él al banquete de bodas, y se cerró la puerta. Más tarde llegaron también las otras vírgenes, diciendo: "Señor, señor, ábrenos". Pero él respondió: "En verdad os digo que no os conozco". Por tanto, velad, porque no sabéis el día ni la hora».

1Tesalonicenses 4, 1-8; ***Salmo*** 96, 1-2.5-6.10-12 • **MATEO 25,1-13**

ORACIÓN

SEÑOR, en la parábola de las diez vírgenes nos hablas de la importancia que tiene la prudencia en la oración. Las vírgenes necias se olvidaron de llevar suficiente aceite, por eso no disfrutaron del banquete de bodas. **Jesús, dame prudencia y sabiduría, porque deseo disfrutar de tu Presencia.** *Alegraos, justos con el Señor* (Salmo 96, 12a).

Santos Zenón *mr,* **Antonino** *mr,*
Teódota *mf.* **Beata Ingrid** *vd rl*

Papa Francisco: Dios se fía de nosotros, Dios tiene esperanza en nosotros. Y esto es lo mismo para todos. No lo decepcionemos. No nos dejemos engañar por el miedo, sino devolvamos confianza con confianza. La Virgen María encarna esta actitud de la forma más hermosa y más plena. Ella recibió y acogió el don más sublime. (16-11-2014)

PALABRA

Dijo Jesús a sus discípulos esta parábola: «Un hombre, al irse de viaje, llamó a sus siervos y los dejó encargados de sus bienes: a uno le dejó cinco talentos, a otro dos, a otro uno, a cada cual según su capacidad; luego se marchó. El que recibió cinco talentos fue enseguida a negociar con ellos y ganó otros cinco. El que recibió dos hizo lo mismo y ganó otros dos. En cambio, el que recibió uno fue a hacer un hoyo en la tierra y escondió el dinero de su señor. Al cabo de mucho tiempo viene el señor de aquellos siervos y se pone a ajustar las cuentas con ellos. Se acercó el que había recibido cinco talentos y le presentó otros cinco, diciendo: "Señor, cinco talentos me dejaste; mira, he ganado otros cinco". Su señor le dijo: "¡Bien, siervo bueno y fiel!; cómo has sido fiel en lo poco, te daré un cargo importante; entra en el gozo de tu señor". Se acercó luego el que había recibido dos talentos y dijo: "Señor, dos talentos me dejaste; mira, he ganado otros dos". Su señor le dijo: "¡Bien, siervo bueno y fiel!, como has sido fiel en lo poco, te daré un cargo importante; entra en el gozo de tu señor". Se acercó también el que había recibido un talento y dijo: "Señor, sabía que eres exigente, que siegas donde no siembras y recoges donde no esparces, tuve miedo y fui a esconder tu talento bajo tierra. Aquí tienes lo tuyo". El señor le respondió: "Eres un siervo negligente y holgazán. ¿Conque sabías que siego donde no siembro y recojo donde no esparzo? Pues debías haber puesto mi dinero en el banco, para que, al volver yo, pudiera recoger lo mío con los intereses. Quitadle el talento y dádselo al que tiene diez. Porque al que tiene se le dará y le sobrará, pero al que no tiene, se le quitará hasta lo que tiene. Y a ese siervo inútil echadlo fuera, a las tinieblas; allí será el llanto y rechinar de dientes"».

1Tesalonicenses 4, 9-11; *Salmo* 97, 1.7-9 • **MATEO 25, 14-30**

ORACIÓN

SEÑOR, en la parábola de los talentos el rey le da a cada uno de sus siervos los talentos correspondientes a su capacidad. Lo mismo haces Tú con los que seguimos tu camino. Por eso me pregunto: ¿qué talentos me has dado para trabajar en tu Reino? **Jesús, ayúdame a emplear correctamente todo lo que me has dado.** ***El Señor llega para regir los pueblos con rectitud*** *(Salmo 97, 9).*

SEPTIEMBRE
3
DOMINGO

DOMINGO XXII TIEMPO ORDINARIO Tomo IV - Salterio 2ª semana

Santos GREGORIO MAGNO *pp dc*, Basilisa *vg mr*, Sandalio *mr*

Papa Francisco: El compromiso de "tomar la cruz" se convierte en participación con Cristo en la salvación del mundo. Pensando en esto, hagamos que la cruz colgada en la pared de casa, o esa pequeña que llevamos al cuello, sea signo de nuestro deseo de unirnos a Cristo en el servir con amor a los hermanos, especialmente a los más pequeños y frágiles. La cruz es signo santo del Amor de Dios, es signo del Sacrificio de Jesús, y no debe ser reducida a objeto supersticioso o joya ornamental. (30-08-2020)

PALABRA

• ***Jeremías*** 20,7-9: Me sedujiste, Señor, y me deje seducir; has sido más fuerte que yo y me has podido. He sido a diario el hazmerreír, todo el mundo se burlaba de mí. Cuando hablo, tengo que gritar, proclamar violencia y destrucción. La palabra del Señor me ha servido de oprobio y desprecio a diario. Pensé el olvidarme del asunto y dije: «No lo recordaré; no volveré a hablar en su nombre»; pero había en mis entrañas como fuego, algo ardiente encerrado en mis huesos. Yo intentaba sofocarlo, y no podía.

• ***Salmo*** 62, 2-6.8-9: ***Mi alma está sedienta de ti, Señor, Dios mío.***

• ***Romanos*** 12, 1-2: Os exhorto, hermanos, por la misericordia de Dios, a que presentéis vuestros cuerpos como sacrificio vivo, santo, agradable a Dios; este es vuestro culto espiritual. Y no os amoldéis a este mundo, sino transformaos por la renovación de la mente, para que sepáis discernir lo cual es la voluntad de Dios, qué es lo bueno, lo que le agrada, lo perfecto.

• **MATEO 16, 21-27:** Comenzó Jesús a manifestar a sus discípulos que tenía que ir a Jerusalén y padecer allí mucho por parte de los ancianos, sumos sacerdotes y escribas y que tenía que ser ejecutado y resucitar al tercer día. Pedro se lo llevó aparte y se puso a increparlo: «¡Lejos de ti tal cosa, Señor! Eso no puede pasarte». Jesús se volvió y dijo a Pedro: «Aléjate de mí, Satanás. Eres para mí piedra de tropiezo; porque tú piensas como los hombres, no como Dios». Entonces dijo a sus discípulos: «El que quiera venir en pos de mí que se niegue a sí mismo, que cargue con su cruz y me siga. Porque quien quiere salvar su vida, la perderá; pero el que la pierda por mí, la encontrará. ¿Pues de qué le servirá a un hombre ganar el mundo entero, si pierde su alma? ¿O qué podrá dar para recobrarla? Porque el Hijo del hombre vendrá con la gloria de su Padre, entre sus ángeles, y entonces pagará a cada uno según su conducta».

ORACIÓN

SEÑOR, el maligno había introducido en el corazón de san Pedro el rechazo a tu camino de la Cruz, porque no correspondía con sus propios intereses. Pero rápidamente le corregiste y, pasado el tiempo, el propio san Pedro también acabó muriendo clavado a una cruz. **Jesús, ayúdame a superar mi egoísmo.**

Quien quiere salvar su vida, la perderá; pero el que la pierda por mí, la encontrará

SEPTIEMBRE
4
LUNES

Lunes 22° Tiempo Ordinario — Tomo IV - Salterio 2ª semana

Ntra. Sra. de la Consolación
Santos Moisés *AT*, Marcelo *mr*,
Cándida *mr*, Rosalía *vg*, Marino *di er*.

SANTA CÁNDIDA DE ROMA

Papa Francisco: Para que haya paz en una comunidad, en una familia o en un país, en el mundo, tenemos que empezar a estar con el Señor. Porque donde está el Señor no hay envidia, no hay criminalidad, no hay celos, hay hermandad. (02-09-2013)

PALABRA

Jesús fue a Nazaret, donde se había criado, entró en la sinagoga, como era su costumbre los sábados, y se puso en pie para hacer la lectura. Le entregaron el rollo del profeta Isaías y, desenrollándolo, encontró el pasaje donde estaba escrito: «El Espíritu del Señor está sobre mí, porque él me ha ungido. Me ha enviado a evangelizar a los pobres, a proclamar a los cautivos la libertad, y a los ciegos la vista; a poner en libertad a los oprimidos; a proclamar el año de gracia del Señor». Y enrollando el rollo y devolviéndolo al que lo ayudaba, se sentó. Toda la sinagoga tenía los ojos clavados en él. Y él comenzó a decirles: «Hoy se ha cumplido esta Escritura que acabáis de oír». Y todos le expresaban su aprobación y se admiraban de las palabras de gracia que salían de su boca. Y decían: «¿No es este el hijo de José?». Pero Jesús les dijo: «Sin duda me diréis aquel refrán: "Médico, cúrate a ti mismo", haz también aquí, en tu pueblo, lo que hemos oído que has hecho en Cafarnaún». Y añadió: «En verdad os digo que ningún profeta es aceptado en su pueblo. Puedo aseguraros que en Israel había muchas viudas en los días de Elías, cuando estuvo cerrado el cielo tres años y seis meses y hubo una gran hambre en todo el país; sin embargo, a ninguna de ellas fue enviado Elías, sino a una viuda de Sarepta, en el territorio de Sidón. Y muchos leprosos había en Israel en tiempos del profeta Eliseo, sin embargo, ninguno de ellos fue curado sino Naamán, el sirio». Al oír esto, todos en la sinagoga se pusieron furiosos y, levantándose, lo echaron fuera del pueblo y lo llevaron hasta un precipicio del monte sobre el que estaba edificado su pueblo, con intención de despeñarlo. Pero Jesús se abrió paso entre ellos y seguía su camino.

1 Tesalonicenses 4, 13-18; ***Salmo*** 95, 1-5.11-13 • **LUCAS 4, 16-30**

ORACIÓN

SEÑOR, anunciaste en Nazaret que el Padre te había enviado para evangelizar, liberar y dar la vista a tu pueblo, pero no te creyeron, porque te veían como al hijo del carpintero. **Jesús, ayúdame a meditar tu Palabra sin prejuicios, porque deseo vivir tu Evangelio.** ***El Señor llega a regir la tierra*** *(Salmo 95, 13b).*

SANTA TERESA DE CALCUTA

Santos TERESA DE CALCUTA *vg,*
Bertín *ab,* **Urbano y** *co mrs,*
Pedro Nguyên Tu y *co mrs.*

Papa Francisco: Lo que da autoridad, lo que da identidad es el Espíritu Santo, la unción del Espíritu Santo. Por eso el pueblo no amaba a los predicadores, a los doctores de la ley, porque hablaban, en verdad, de teología, pero no llegaban al corazón, no daban libertad, no eran capaces de hacer que el pueblo encontrase la propia identidad, porque no estaban ungidos por el Espíritu Santo. En cambio, la autoridad de Jesús —y la autoridad del cristiano— viene precisamente de esta capacidad de entender las cosas del Espíritu, de hablar la lengua del Espíritu; viene de esta unción del Espíritu Santo. (02-19-2014)

PALABRA

Jesús bajó a Cafarnaún, ciudad de Galilea, y los sábados enseñaba a la gente. Se quedaban asombrados de su enseñanza, porque su palabra estaba llena de autoridad. Había en la sinagoga un hombre poseído por un espíritu de demonio inmundo, y se puso a gritar con fuerte voz: «¡Basta! ¿Qué tenemos que ver nosotros contigo, Jesús Nazareno? ¿Has venido a acabar con nosotros? Sé quién eres: el Santo de Dios». Pero Jesús le increpó diciendo: «¡Cállate y sal de él!». Entonces el demonio, tirando al hombre por tierra en medio de la gente, salió sin hacerle daño. Quedaron todos asombrados y comentaban entre sí: «¿Qué clase de palabra es esta? Pues da órdenes con autoridad y poder a los espíritus inmundos, y salen». Y su fama se difundía por todos los lugares de la comarca.

1 Tesalonicenses 5, 1-6.9-11; ***Salmo*** 26, 1.4.13-14 • **LUCAS 4, 31-37**

ORACIÓN

SEÑOR, con la autoridad de tu Palabra expulsabas los «espíritus inmundos» y eso te hizo muy famoso. Porque entonces, como ahora, somos muchos los que necesitamos que nos limpies el corazón. **Jesús, ayúdame a acoger tu poderosa Palabra dentro de mí.** ***Espero gozar de la dicha del Señor en el país de la vida*** *(Salmo 26, 13).*

SEPTIEMBRE

6

MIÉRCOLES

Miércoles 22° Tiempo Ordinario Tomo IV - Salterio 2ª semana

Ntra. Sra. de Guadalupe (España)
Santos Zacarías *prof,* Onesíforo *NT,*
Bega *mj.*

VIRGEN DE GUADALUPE (ESPAÑA)

Papa Francisco: La Misericordia de nuestro Dios es infinita e inefable y expresamos el dinamismo de este misterio como una Misericordia "siempre más grande", una Misericordia en camino, una Misericordia que cada día busca el modo de dar un paso adelante, un pasito más allá, avanzando sobre las tierras de nadie, en las que reinaba la indiferencia y la violencia. (24-03-2016)

PALABRA

Al salir Jesús de la sinagoga, entró en la casa de Simón. La suegra de Simón estaba con fiebre muy alta y le rogaron por ella. Él, inclinándose sobre ella, increpó a la fiebre, y se le pasó; ella, levantándose enseguida, se puso a servirles. Al ponerse el sol, todos cuantos tenían enfermos con diversas dolencias se los llevaban; y él, poniendo las manos sobre cada uno, los iba curando. De muchos de ellos salían también demonios, que gritaban y decían: «Tú eres el Hijo de Dios». Los increpaba y no les dejaba hablar, porque sabían que él era el Mesías. Al hacerse de día, salió y se fue a un lugar desierto. La gente lo andaba buscando y, llegando donde estaba, intentaban retenerlo para que no se separara de ellos. Pero él les dijo: «Es necesario que proclame el reino de Dios también a las otras ciudades, pues para esto he sido enviado». Y predicaba en las sinagogas de Judea.

Colosenses **1, 1-8;** ***Salmo*** **51, 10-11 • LUCAS 4, 38-44**

ORACIÓN

SEÑOR, con mucha paciencia curaste en Cafarnaún a todos los enfermos que te llevaron aquella noche. Por desgracia, a veces nosotros no tenemos tanto aguante para atender a los que nos necesitan. **Jesús, te lo ruego, dame paciencia.** ***Confío en tu misericordia, Señor, por siempre jamás*** *(Salmo 51,10cd).*

Santos Regina *mr,* Madelberta *ab,* Clodoaldo *pb.*

Papa Francisco: La Palabra de Jesús tiene algo especial que no deja indiferente a nadie; su Palabra tiene poder para convertir corazones, cambiar planes y proyectos. Es una Palabra probada en la acción, no es una conclusión de escritorio, de acuerdos fríos y alejados del dolor de la gente, por eso es una Palabra que sirve tanto para la seguridad de la orilla como para la fragilidad del mar. (07-09-2017)

PALABRA

En aquel tiempo, la gente se agolpaba entorno a Jesús para oír la palabra de Dios. Estando él de pie junto al lago de Genesaret, vio dos barcas que estaban junto a la orilla; los pescadores, que habían desembarcado, estaban lavando las redes. Subiendo a una de las barcas, que era de Simón, le pidió que la apartara un poco de tierra. Desde la barca, sentado, enseñaba a la gente. Cuando acabó de hablar, dijo a Simón: «Rema mar adentro, y echad vuestras redes para la pesca». Respondió Simón y dijo: «Maestro, hemos estado bregando toda la noche y no hemos recogido nada; pero, por tu palabra, echaré las redes». Y, puestos a la obra, hicieron una redada de tan grande de peces que las redes comenzaban a reventarse. Entonces hicieron señas a los compañeros, que estaban en la otra barca, para que vinieran a echarles una mano. Vinieron y llenaron las dos barcas, hasta el punto que casi se hundían. Al ver esto, Simón Pedro se echó a los pies de Jesús diciendo: «Señor, apártate de mí, que soy un hombre pecador». Y es que el estupor se había apoderado de él y de los que estaban con él, por la redada de peces que habían recogido; y lo mismo les pasaba a Santiago y Juan, hijos de Zebedeo, que eran compañeros de Simón. Y Jesús dijo a Simón: «No temas; desde ahora serás pescador de hombres». Entonces sacaron las barcas a tierra y, dejándolo todo, lo siguieron.

Colosenses 1, 9-14; *Salmo* 97, 2-6 • **LUCAS 5, 1-11**

ORACIÓN

SEÑOR, predicaste a la multitud desde la barca de san Pedro, mientras él limpiaba las redes con sus compañeros. Porque el ámbito laboral era también para Ti un ámbito de predicación. **Jesús, dame sabiduría para dar testimonio de Ti en mi trabajo.** ***El Señor da a conocer su salvación*** *(Salmo 97, 2a).*

SEPTIEMBRE
8
VIERNES

FIESTA DE LA NATIVIDAD DE MARÍA

Ntra. Sra. de Covadonga, de la Caridad, del Cobre, de Gracia, del Pino, de los Llanos, del Coro, de la Victoria, de Nuria.
Santos Fausto *mr*, Sergio *pp*.
Beato Federico Ozanam *cf*

NATIVIDAD DE MARÍA

Papa Francisco: Si bien el Evangelio de hoy con la genealogía puede parecer un poco aburrido, es el camino de Dios entre los hombres, buenos y malos. Hay pecado, pero Dios no se asusta: camina, camina con su pueblo, hace crecer la esperanza de su pueblo en el Mesías... En el día del nacimiento de la Virgen, pidamos la gracia de la unidad, de la reconciliación y la paz. (08-09-2015)

PALABRA

Genealogía de Jesucristo, hijo de David, hijo de Abrahán. Abrahán engendró a Isaac, Isaac a Jacob, Jacob a Judá y a sus hermanos. Matán engendró a Jacob; y Jacob engendró a José, el esposo de María, de la cual nació Jesús, llamado Cristo. La generación de Jesucristo fue de esta manera: María, su madre, estaba desposada con José y, antes de vivir juntos, resultó que ella esperaba un hijo por obra del Espíritu Santo. José, su esposo, que era justo y no quería denunciarla, decidió repudiarla en secreto. Pero, apenas había tomado esta resolución, se le apareció en sueños un ángel del Señor que le dijo: «José, hijo de David, no tengas reparo en llevarte a María, tu mujer, porque la criatura que hay en ella viene del Espíritu Santo. Dará a luz un hijo, y tú le pondrás por nombre Jesús, porque él salvará a su pueblo de los pecados». Todo esto sucedió para que se cumpliese lo que había dicho el Señor por el Profeta: «Mirad: la Virgen concebirá y dará a luz un hijo y le pondrá por nombre Emmanuel, que significa "Dios con nosotros".

Miqueas 5, 1-4a; **Salmo** 12, 6 • **MATEO 1,1-2.15-16. 18-23**

ORACIÓN

SEÑOR, hoy celebramos la Natividad de tu santísima Madre. Con su nacimiento se pusieron las bases de tu Encarnación en este mundo. **Jesús, junto a María, te doy gracias por venir a salvarnos. *Desbordo de gozo en el Señor*** *(Isaías 61, 10a).*

**Santos PEDRO CLAVER *pb*,
María de la Cabeza *es*.**

Papa Francisco: La Iglesia no es nuestra, hermanos, es de Dios; Él es el dueño del templo y del sembrado; todos tienen cabida, todos son invitados a encontrar aquí y entre nosotros su alimento. Todos. (09-09-2017)

PALABRA

Un sábado, Jesús atravesaba un sembrado y sus discípulos arrancaban y comían espigas, frotándolas con las manos. Unos fariseos dijeron: «¿Por qué hacéis en sábado lo que no está permitido?». Jesús les replicó: «¿No habéis leído lo que hizo David, cuando él y sus compañeros sintieron hambre? Entró en la casa de Dios, y tomando los panes de la proposición, que solo está permitido comer los sacerdotes, comió él y dio a los que estaban con él». Y les decía: «El Hijo del hombre es señor del sábado».

Colosenses 1, 21-23; ***Salmo*** 53, 3-4.6-8 • **LUCAS 6, 1-5**

ORACIÓN

SEÑOR, decías a la gente que Tú eres el Señor del sábado, es decir, que eres el verdadero y único Mediador entre Dios Padre y los seres humanos. **Jesús, ayúdame a orar en tu Nombre. Que mi oración llegue al corazón del Padre.** ***Dios es mi auxilio*** *(Salmo 53, 6a).*

SEPTIEMBRE

10

DOMINGO

DOMINGO XXIII TIEMPO ORDINARIO   Tomo IV - Salterio 3ª semana

Santos Nicolás de Tolentino *pb*, Pedro de Mezonzo *ob.* Beatos Alfonso Navarrete y *co mrs*, Francisco Gárate *rl*.

SAN NICOLAS DE TOLENTINO

Papa Francisco: El pasaje de hoy habla de la corrección fraterna, y nos invita a reflexionar sobre la doble dimensión de la existencia cristiana: la comunitaria, que exige la protección de la comunión, es decir de la Iglesia, y la personal, que requiere la atención y el respeto de cada conciencia individual. Para corregir al hermano que se ha equivocado, Jesús sugiere una pedagogía de recuperación. Y siempre la pedagogía de Jesús es pedagogía de la recuperación; Él siempre busca recuperar, salvar. (06-09-2020)

PALABRA

• ***Ezequiel*** 33, 7-9: Así dice el Señor: «A ti, hijo de hombre, te he puesto de centinela a en la casa de Israel; cuando escuches una palabra de mi boca, les advertirás de mi parte. Si yo digo al malvado: "Malvado, eres reo de muerte", pero tú no hablas, para advertir al malvado que cambie de conducta, él es un malvado y morirá por su culpa, pero a ti te pediré cuenta de su sangre. Pero si tú adviertes al malvado que cambie de conducta, y no lo hace, él morirá por su culpa, pero tú habrás salvado la vida».

• ***Salmo*** 94, 1-2.6-9: ***Ojalá escuchéis hoy la voz del Señor: «No endurezcáis vuestro corazón».***

• ***Romanos*** 13, 8-10: A nadie le debáis nada, más que el amor mutuo; porque el que ama ha cumplido el resto de la ley. De hecho, el «no cometerás adulterio, no matarás, no robarás, no codiciaras», y cualquiera de los otros mandamientos, se resume en esto: «Amarás a tu prójimo como a ti mismo». El amor no hace mal a su prójimo; por eso la plenitud de la ley es el amor.

• **MATEO 18, 15-20:** Dijo Jesús a sus discípulos: «Si tu hermano peca contra ti, repréndelo estando los dos a solas. Si te hace caso, has salvado a tu hermano. Si no te hace caso, llama a otro o a otros dos, para que todo el asunto quede confirmado por boca de dos o tres testigos. Si no les hace caso, díselo a la comunidad, y si no hace caso ni siquiera a la comunidad, considéralo como un pagano o un publicano. En verdad os digo que todo lo que atéis en la tierra quedará atado en los cielos y todo lo que desatéis en la tierra quedará desatado en los cielos. Os digo, además, que si dos de vosotros se ponen de acuerdo en la tierra para pedir algo, se lo dará mi Padre del cielo. Porque donde dos o tres están reunidos en mi nombre, allí estoy yo en medio de ellos».

ORACIÓN

SEÑOR, nos animas a corregir fraternalmente a aquellos que obran mal, porque, en cierta medida, somos responsables de la felicidad de los que viven junto a nosotros, ya que son nuestros hermanos. **Jesús, dame sabiduría y dulzura para aconsejar correctamente a otras personas.**

Yo estoy siempre en medio de vosotros

SEPTIEMBRE
11
LUNES

Lunes 23° Tiempo Ordinario Tomo IV • Salterio 3ª semana

Ntra. Sra. de Valvanera de Coromoto
Santos Proto y Jacinto *mrs*, Félix y Régula *mrs*,
Emiliano *ob.* Beato Buenaventura Gran *rl*.

SANTOS PROTO Y JACINTO

Papa Francisco: Jesús no es un sanador, es un hombre que recrea la existencia. Y esto nos da esperanza, porque Jesús ha venido precisamente para este gran milagro, para recrear todo. [...] La gran maravilla es la gran reforma de Jesús. Y esto nos da esperanza: Jesús que recrea todo. Y cuando nos unimos a Jesús en su pasión con Él rehacemos el mundo, lo hacemos nuevo. (09-09-2013)

PALABRA

Un sábado, entró Jesús en la sinagoga y se puso a enseñar. Había allí un hombre que tenía la mano derecha paralizada. Los escribas y los fariseos estaban al acecho para ver si curaba en sábado, y encontrar de qué acusarlo. Pero él conocía sus pensamientos y dijo al hombre de la mano atrofiada: «Levántate y ponte en medio». Y levantándose, se quedó en pie. Jesús les dijo: «Os voy a hacer una pregunta: ¿Qué está permitido en sábado, hacer el bien o el mal, salvar una vida o destruirla?». Y, echando en torno una mirada a todos, le dijo: «Extiende tu mano». Él lo hizo, y su mano quedó restablecida. Pero ellos, ciegos por la cólera, discutían qué había que hacer con Jesús.

Colosenses 1 ,24–2, 3; ***Salmo*** 61, 6-9 • **LUCAS 6, 6-11**

ORACIÓN

SEÑOR, el hombre de la mano atrofiada necesitó valentía para dejar que le curases en sábado, pues ambos erais vigilados en la sinagoga por las autoridades religiosas. También a nosotros nos puede acarrear problemas vivir con coherencia tu Evangelio. **Jesús, dame coraje para seguir tu camino.** ***De Dios viene mi salvación y mi gloria*** *(Salmo 61, 8a).*

DULCE NOMBRE DE MARÍA, Ntra. Sra. de la Fuensanta (Murcia), de Lluc, de Estíbaliz. Santos Guido *cf*, Albeo *ob*

Papa Francisco: Jesús no es un profesor, un maestro, un místico que se aleja y habla desde la cátedra, sino más bien una persona que está en medio de la gente; se deja tocar; deja que la gente le pida. Así es Jesús: cercano a la gente. Y esta cercanía, no es algo nuevo para Él: Él lo pone de relieve en su modo de actuar, pero es una cosa que viene desde la primera elección de Dios por su pueblo. (09-09-2014)

PALABRA

Jesús salió al monte a orar, y pasó la noche orando a Dios. Cuando se hizo de día, llamó a sus discípulos, escogió de entre ellos a Doce a los que también nombró apóstoles: Simón, al que puso de nombre Pedro, y Andrés, su hermano; Santiago, Juan, Felipe, Bartolomé, Mateo, Tomás, Santiago el de Alfeo, Simón, llamado el Zelote; Judas el de Santiago y Judas Iscariote, que fue el traidor. Después de bajar con ellos, se paró en una llanura, con un grupo grande de discípulos y una muchedumbre del pueblo, procedente de toda Judea, de Jerusalén y de la costa de Tiro y de Sidón. Venían a oírlo y a que los curara de sus enfermedades; los atormentados por espíritus inmundos quedaban curados, y toda la gente trataba de tocarlo, porque salía de él una fuerza que los curaba a todos.

Colosenses 2, 6-15; *Salmo* 144, 1-2.8-11 • **LUCAS 6, 12-19**

ORACIÓN

SEÑOR, antes de escoger a los Doce, saliste al monte para orar, y allí estuviste hablando con el Padre toda la noche. **Jesús, ayúdame a orar antes de tomar decisiones importantes.** ***El Señor es bueno con todos*** *(Salmo 144, 9a).*

SEPTIEMBRE
13
MIÉRCOLES

Miércoles 23° Tiempo Ordinario   Tomo IV - Salterio 3ª semana

Santos JUAN CRISÓSTOMO *ob dc*, Julián *pr mr*, Marcelino *mr*.

Papa Francisco: La página del Evangelio de hoy nos invita, pues, a reflexionar sobre el profundo significado de tener fe, que consiste en fiarnos totalmente del Señor. Se trata de derribar los ídolos mundanos para abrir el corazón al Dios vivo y verdadero; solo él puede dar a nuestra existencia esa plenitud tan deseada y sin embargo tan difícil de alcanzar. (17-02-2019)

PALABRA

Jesús, levantando los ojos hacia sus discípulos, les decía: «Bienaventurados los pobres, porque vuestro es el reino de Dios. Bienaventurados los que ahora tenéis hambre, porque quedaréis saciados. Bienaventurados los que ahora lloráis, porque reiréis. Bienaventurados vosotros, cuando os odien los hombres, y os excluyan, y os insulten, y proscriban vuestro nombre como infame, por causa del Hijo del hombre. Alegraos ese día y saltad de gozo, porque vuestra recompensa será grande en el cielo. Eso es lo que hacían vuestros padres con los profetas. Pero, ¡ay de vosotros, los ricos!, porque habéis recibido vuestro consuelo. ¡Ay de vosotros, los que estáis saciados!, porque tendréis hambre. ¡Ay de los que ahora reís!, porque haréis duelo y lloraréis. ¡Ay si todo el mundo habla bien de vosotros! Eso es lo que hacían vuestros padres con los falsos profetas».

Colosenses 3, 1-11; *Salmo* 144, 2-3. 10-13 • **LUCAS 6, 20-26**

ORACIÓN

SEÑOR, a todos nos gusta que hablen bien de nosotros. Por desgracia, para lograrlo, podemos caer en la tentación de hacer lo que la gente desea, en lugar de lo que Tú deseas. **Jesús, dame valor para hacer tu voluntad, aunque a algunos no les guste y hablen mal de mí.** ***El Señor es bueno con todos*** *(Salmo 144, 9a).*

FIESTA DE LA EXALTACIÓN DE LA SANTA CRUZ

Santos Alberto *ob*, Notburga *vg*

SEPTIEMBRE
14
JUEVES

Papa Francisco: Es posible comprender un poquito el misterio de la cruz de rodillas, en la oración, pero también con las lágrimas. Es más, son precisamente las lágrimas las que nos acercan a este misterio. Sin llorar en el corazón, jamás entenderemos este misterio. [...] Que María nos haga sentir cuán grande y cuán humilde es este misterio, cuán dulce como la miel y cuán amargo como el áloe. (14-09-2013)

PALABRA

Dijo Jesús a Nicodemo: «Nadie ha subido al cielo, sino el que bajó del cielo, el Hijo del hombre. Lo mismo que Moisés elevó la serpiente en el desierto, así tiene que ser elevado el Hijo del hombre, para que todo el que cree en él tenga vida eterna. Porque tanto amó Dios al mundo, que entregó a su Unigénito, para que todo el que cree en él no perezca, sino que tengan vida eterna. Porque Dios no envió a su Hijo al mundo para juzgar al mundo, sino para que el mundo se salve por él». El que cree en él no será juzgado; el que no cree ya está juzgado, porque no ha creído en el nombre del Unigénito de Dios».

Números 21, 4b-9; ***Salmo*** 77, 1-2.34-38; ***Filipenses*** 2, 6-11

• JUAN 3, 13-17

ORACIÓN

SEÑOR, en la fiesta de la Exaltación de la Cruz celebramos que nos abriste las puertas de la salvación, dando la vida por todos nosotros. **Jesús, yo te alabo y te ensalzo por todo el bien que me has hecho.**

No olvidéis las acciones del Señor *(Salmo 77, 7b).*

SEPTIEMBRE
15
VIERNES

NUESTRA SEÑORA, LA VIRGEN DE LOS DOLORES,
del Camino, de Aránzazu, de las Angustias, Bien Aparecida.
Santos Nicomedes *mr*, Valeriano *mr*, Alpino *ob*

Papa Francisco: Estamos llamados a "tocar" el sufrimiento de los demás. Vayamos al encuentro de nuestro pueblo para consolarlo y acompañarlo; no tengamos miedo de experimentar la fuerza de la ternura y de implicarnos y complicarnos la vida por los otros (cf. ibíd., 270). Y, como María, permanezcamos firmes y de pie: con el corazón puesto en Dios y animados, levantando al que está caído, enalteciendo al humilde, ayudando a terminar con cualquier situación de opresión que los hace vivir como crucificados. (24-09-2018)

PALABRA

Junto a la cruz de Jesús estaban su madre, la hermana de su madre, María, la de Cleofás, y María, la Magdalena. Jesús, al ver a su madre y junto a ella al discípulo que amaba, dijo a su madre: «Mujer, ahí tienes a tu hijo». Luego, dijo al discípulo: «Ahí tienes a tu madre». Y desde aquella hora, el discípulo la recibió como algo propio.

Hebreos 5, 7-9; ***Salmo*** 30, 2-6.15-16.20 • **JUAN 19, 25-27**

ORACIÓN

SEÑOR, tu Madre estuvo junto a Ti, consolándote, cuando las autoridades te crucificaron. También lloró junto a tu cadáver cuando te bajaban de la Cruz, y cuando te enterraron. Estuvo hasta el final a tu lado. **Jesús, junto a la Virgen María, deseo seguir tu camino de salvación hasta el final.** ***Sálvame, Señor, por tu misericordia*** *(Salmo 30)*.

Santos CORNELIO Y CIPRIANO *mrs*, Juan Macías *rl*, Eufemia *mr*, Rogelio *mj*

Papa Francisco: Los niños y los jóvenes son frutos buenos cuando el árbol tiene buenas raíces –que son los abuelos– y un buen tronco –que son los padres–. Decía Jesús: "No hay árbol bueno que dé fruto malo, ni árbol malo que dé fruto bueno". La gran familia humana es como un bosque, donde los árboles buenos aportan solidaridad, comunión, confianza, apoyo, seguridad, amistad. La presencia de las familias numerosas es una esperanza. Los abuelos custodian los valores de un pueblo, y ayudan a los padres a transmitirlos a los hijos (28-12-2014)

PALABRA

Decía Jesús a sus discípulos: «No hay árbol bueno que dé fruto malo, ni árbol malo que dé fruto bueno; por ello cada árbol se conoce por su fruto; porque no se recogen higos de las zarzas, ni se vendimian racimos de los espinos. El que es bueno, de la bondad que atesora en su corazón saca el bien, y el que es malo, de la maldad saca el mal; porque lo que rebosa del corazón, lo habla la boca. ¿Por qué me llamáis "Señor, Señor", y no hacéis lo que digo? Todo el que viene a mí, escucha mis palabras y las pone en práctica, os voy a decir a quién se parece: se parece a uno que edificó una casa: cavó, ahondó y puso los cimientos sobre roca; vino una crecida, arremetió el río contra aquella casa, y no pudo derribarla, porque estaba sólidamente construida. El que escucha y no pone en práctica se parece a uno que edificó una casa sobre tierra, sin cimiento; arremetió contra ella el río, y enseguida se derrumbó desplomándose, y fue grande la ruina de aquella casa».

1Timoteo 1, 15-17; ***Salmo*** 112, 1-7 • **LUCAS 6, 43-49**

ORACIÓN

SEÑOR, nos animas a construir nuestra vida sobre los sólidos cimientos de tu Palabra. Porque quien es coherente con tu Evangelio, vive en tu Reino de Amor. **Jesús, te pido perdón por las veces en las que no pongo en práctica tu Palabra.** ***Bendito sea el nombre del Señor por siempre*** *(Salmo 112, 2).*

SEPTIEMBRE
17
DOMINGO

DOMINGO XXIV TIEMPO ORDINARIO   Tomo IV - Salterio 4ª semana

Santos ROBERTO BELARMINO *ob dc*, Hildegarda de Bingen *vg dc*, Lamberto *ob*, Columba *vg mr*, Pedro de Arbués *pb mr*

SAN ROBERTO BELARMINO

Papa Francisco: No podemos pretender para nosotros el perdón de Dios, si nosotros, a nuestra vez, no concedemos el perdón a nuestro prójimo. Es una condición: piensa en el final, en el perdón de Dios, y deja ya de odiar; echa el rencor, esa molesta mosca que vuelve y regresa. Si no nos esforzamos por perdonar y amar, tampoco seremos perdonados ni amados. (13-09-2020)

PALABRA

• ***Eclesiástico*** 27, 30–28, 7: Rencor e ira también son detestables, el pecador los posee. El vengativo sufrirá la venganza del Señor que llevará cuenta exacta de sus pecados. Perdona la ofensa a tu prójimo y, cuando reces, tus pecados serán perdonados. Si un ser humano alimenta la ira contra otro, ¿Cómo puede esperar la curación del Señor? Si no se compadece de sus semejantes, ¿Cómo pide perdón por sus propios pecados? Si él, simple mortal, guarda rencor, ¿quién perdonará sus pecados? Piensa en tu final y deja de odiar, acuérdate de la corrupción y de la muerte y se fiel a los mandamientos. Acuérdate de los mandamientos y no guardes rencor a tu prójimo; acuérdate de la alianza del Altísimo y pasa por alto la ofensa.

• ***Salmo*** 102,1-4.9-12: ***El Señor es compasivo y misericordioso, lento a la ira y rico en clemencia.***

• ***Romanos*** 14, 7-9: Hermanos: Ninguno de nosotros vive para sí mismo y ninguno muere para sí mismo. Si vivimos, vivimos para el Señor; si morimos, morimos para el Señor. Así que, ya vivamos ya muramos, somos del Señor. Pues para esto murió y resucitó Cristo: para ser Señor de muertos y vivos.

• **MATEO 18, 21-35:** Acercándose Pedro a Jesús le preguntó: «Señor, si mi hermano me ofende, ¿cuántas veces tengo que perdonarlo? ¿Hasta siete veces?». Jesús le contesta: «No te digo hasta siete veces, sino hasta setenta veces siete. Por esto, se parece el reino de los cielos a un rey que quiso ajustar las cuentas con sus criados. Al empezar a ajustarlas, le presentaron uno que debía diez mil talentos. Como no tenía con qué pagar, el señor mandó que lo vendieran a él con su mujer y sus hijos y todas sus posesiones, y que pagara así. El criado, arrojándose a sus pies, le suplicaba diciendo: "Ten paciencia conmigo, y te lo pagaré todo". Se compadeció el señor de aquel criado y lo dejó marchar, perdonándole la deuda. Pero al salir, el criado aquel encontró a uno de sus compañeros que le debía cien denarios y, agarrándolo, lo estrangulaba, diciendo: "Págame lo que me debes". El compañero, arrojándose a sus pies, le rogaba, diciendo: "Ten paciencia conmigo, y te lo pagaré". Pero él se negó y fue y lo metió en la cárcel hasta que pagara lo que debía. Sus compañeros, al ver lo ocurrido, quedaron consternados y fueron a contarle a su señor todo lo sucedido. Entonces el señor lo llamó y le dijo: "¡Siervo malvado! Toda aquella deuda te la perdoné porque me lo rogaste. ¿No debías tú también tener compasión de tu compañero, como yo tuve compasión de ti?". Y el señor, indignado, lo entregó a los verdugos hasta que pagara toda la deuda. Lo mismo hará con vosotros mi Padre celestial, si cada cual no perdona de corazón a su hermano».

ORACIÓN

SEÑOR, nos dices que para habitar en tu Reino debemos perdonar misericordiosamente el daño que nos hacen los demás, sin guardarles ningún rencor. Así seremos realmente felices. **Jesús, te lo suplico, ayúdame a perdonar.**

Santos María de la Purísima *vg*, José de Cupertino *pb*, Ariadna *mr*, Sofía, Domingo Trach *pb mr*, Ricarda *re rl*

Papa Francisco: Roguemos por los gobernantes, para que nos gobiernen bien. Para que lleven a nuestra patria, a nuestra nación, adelante, y también al mundo; y que exista la paz y el bien común. Que esta Palabra de Dios nos ayude a participar mejor en la vida común de un pueblo: los que gobiernan, con el servicio de la humildad y con el amor; los gobernados, con la participación y sobre todo con la oración. (16-09-2013)

PALABRA

Cuando Jesús terminó de exponer todas sus enseñanzas al pueblo, entró en Cafarnaún. Un centurión tenía enfermo, a punto de morir, a un criado a quien estimaba mucho. Al oír hablar de Jesús, el centurión le envió unos ancianos de los judíos, rogándole que viniese a curar a su criado. Ellos, presentándose a Jesús, le rogaban encarecidamente: «Merece que se lo concedas, porque tiene afecto a nuestra gente y nos ha construido la sinagoga». Jesús se puso en camino con ellos. No estaba lejos de la casa, cuando el centurión le envió unos amigos a decirle: «Señor, no te molestes; porque no soy yo digno de que entres bajo mi techo; por eso tampoco me creí digno de venir personalmente. Dilo de palabra y mi criado quedará sano. Porque también yo soy un hombre sometido a una autoridad y con soldados a mis órdenes; y le digo a uno: "Ve", y va; al otro: "Ven", y viene; y a mi criado: "Haz esto", y lo hace». Al oír esto, Jesús se admiró de él y, volviéndose a la gente que lo seguía, dijo: «Os digo que ni en Israel he encontrado tanta fe». Y al volver a casa, los enviados encontraron al siervo sano.

1Timoteo 2, 1-8; *Salmo* 27, 2.7-9 • **LUCAS 7, 1-10**

ORACIÓN

SEÑOR, el centurión a cuyo criado Tú sanaste, era una persona de gran sensibilidad espiritual que, además de ayudar a otros a construir una sinagoga en la que pudieran reunirse para orar, era también muy consciente de sus propias imperfecciones interiores. **Jesús, dame un corazón sensible y generoso.** ***Bendito el Señor que escuchó mi voz suplicante*** *(Salmo 27, 6).*

Santos JENARO *ob mr*, Alonso de Orozco *pb*, Mariano *er*, María de Cervelló *vg*, M.ª Emilia de Rodat *vg*

Papa Francisco: Sucede, de hecho, que muchas veces vemos los telediarios o la portada de los periódicos, las tragedias... «pero mira, en ese país los niños no tienen qué comer; en aquel país los niños hacen de soldados; en ese país las mujeres son esclavizadas; en aquel país... ¡oh, qué calamidad! Pobre gente...». Pero después cambio de página y paso a la novela, a la telenovela que viene después. Y esto no es cristiano. ¿Soy capaz de tener compasión, de rezar? Cuando veo estas cosas que me llevan a casa a través de los medios, la televisión... ¿Se mueven las vísceras? El corazón palpita con esa gente, o siento pena, digo «pobre gente», y después, ¿termina ahí? (19-09-2017)

PALABRA

Iba Jesús camino de una ciudad llamada Naín, y caminaban con él sus discípulos y mucho gentío. Cuando se acercaba a la puerta de la ciudad, resultó que sacaban a enterrar a un muerto, hijo único de su madre, que era viuda; y un gentío considerable de la ciudad la acompañaba. Al verla el Señor, se compadeció de ella y le dijo: «No llores». Y acercándose al ataúd, lo tocó (los que lo llevaban se pararon) y dijo: «¡Muchacho, a ti te lo digo, levántate!». El muerto se incorporó y empezó a hablar, y se lo entregó a su madre. Todos, sobrecogidos de temor, daban gloria a Dios, diciendo: «Un gran Profeta ha surgido entre nosotros», y «Dios ha visitado a su pueblo». Este hecho se divulgó por toda Judea y por toda la comarca circundante.

1Timoteo 3, 1-13; *Salmo* 100, 1-6 • **LUCAS 7, 11-17**

ORACIÓN

SEÑOR, tu predicabas un Reino de vida, no sólo porque revitalizabas el corazón de los que te escuchaban, sino porque, además, allá por donde Tú pasabas, mucha gente sanaba. Y un día, lleno de compasión, resucitaste al hijo de una mujer que se había quedado sola. **Jesús, deseo dar vida junto a Ti, compartiendo el Amor que me das.** ***Andaré con rectitud de corazón*** *(Salmo 100, 2c).*

SEPTIEMBRE

20

MIÉRCOLES

Miércoles 24° Tiempo Ordinario   Tomo IV - Salterio 4ª semana

Santos ANDRÉS KIM, PABLO CHONG y *co mrs*, Juan Carlos Cornay *pb mr.* Beatos Francisco de Posadas *pb*, José de Yermo *pb*

Papa Francisco: No hay que hacer esperar a quien está necesitado. El bien no tolera el congelador: el bien es hoy, y si tú no lo haces hoy, mañana no existirá. Hay que llevar adelante la luz recibida gratuitamente, esa luz de Dios que hace tanto bien: la luz de la amistad, de la benevolencia, de la fe, de la esperanza, de la paciencia, la luz de la bondad. (19-09-2016)

PALABRA

Dijo el Señor: «¿A quién, pues compararé los hombres de esta generación? ¿A quién son semejantes? Se asemejan a unos niños, sentados en la plaza, que gritan a otros aquello de: "Hemos tocado la flauta y no habéis bailado, hemos entonado lamentaciones, y no habéis llorado". Porque vino Juan el Bautista, que ni come ni bebe vino, y decís: "Tiene un demonio"; vino el Hijo del hombre, que come y bebe, y decís: "Mirad qué hombre más comilón y borracho, amigo de publicanos y pecadores". Sin embargo, todos los hijos de la sabiduría le han dado la razón».

1Timoteo **3, 14-16;** ***Salmo*** **110, 1-6 • LUCAS 7, 31-35**

ORACIÓN

SEÑOR, te quejabas de la poca sensibilidad de algunas personas de tu tiempo, que ni reían con los que ríen, ni lloraban con los que lloran. Sabes bien que ahora, en la sociedad actual, la gente es aún más egocéntrica. Porque tenemos tendencia a ir a nuestro aire, siguiendo nuestros propios intereses. **Jesús, ayúdame a ser más sensible con los demás.**
Grandes son las obras del Señor *(Salmo 110, 2a).*

FIESTA DE SAN MATEO, APÓSTOL

Santos Jonás *prof*, Cástor *ob*, Landelino *mj*, Maura *vg*

SEPTIEMBRE
21
JUEVES

Papa Francisco: Comprender la misericordia del Señor es un misterio; pero el misterio más grande y más bello es el corazón de Dios. Si quieres ir directo al corazón de Dios, toma el camino de la misericordia y déjate tratar con misericordia. (21-09-2018)

PALABRA

Al pasar vio Jesús a un hombre llamado Mateo sentado al mostrador de los impuestos, y le dijo: «Sígueme». Él se levantó y lo siguió. Y, estando en la casa, sentado a la mesa, muchos publicanos y pecadores, que habían acudido, se sentaban con Jesús y sus discípulos. Los fariseos, al verlo, preguntaron a los discípulos: «¿Cómo es que vuestro maestro come con publicanos y pecadores?». Jesús lo oyó y dijo: «No tienen necesidad de médico los sanos, sino los enfermos. Andad, aprended lo que significa "Misericordia quiero y no sacrificios": que no he venido a llamar a los justos, sino a los pecadores».

Efesios 4, 1-7.11-13; ***Salmo*** 18, 2-5 • **MATEO 9, 9-13**

ORACIÓN

SEÑOR, sabías que Mateo era un buen hombre, pero se dedicaba a un oficio que corrompía el corazón de las personas. Por eso le llamaste para que te siguiese por el buen camino. **Jesús, te lo suplico, sáname, porque yo también soy un pobre pecador.** ***A toda la tierra alcanza su pregón*** *(Salmo 18, 5a).*

Santos Mauricio y *co mrs,* Emérita *mr.*
Beatos José Aparicio
y 232 mártires de Valencia

Papa Francisco: La Palabra del Señor entra por las orejas, llega al corazón, y va a las manos, a las buenas obras. Si nos ponemos a la escucha de la Buena Noticia, seremos convertidos y transformados, y por lo tanto seremos capaces de cambiar nosotros mismos y al mundo. (07-02-2018)

PALABRA

Jesús iba caminando de ciudad en ciudad y de pueblo en pueblo, proclamando y anunciando la Buena Noticia del reino de Dios, acompañado por los Doce, y por algunas mujeres que habían sido curadas de espíritus malos y de enfermedades: María la Magdalena, de la que habían salido siete demonios; Juana, mujer de Cusa, administrador de Herodes; Susana y otras muchas que les servían con sus bienes.

1Timoteo 6, 2c-12; ***Salmo*** 48, 6-10.17-20 • **LUCAS 8, 1-3**

ORACIÓN

SEÑOR, un grupo de mujeres a las que Tú habías sanado su corazón, te seguían a donde fueses, y compartían sus bienes contigo y con los Doce. Ciertamente, formaste una comunidad que era una verdadera familia en la que todos se ayudaban. **Jesús, te doy gracias por mi comunidad parroquial. Ayúdame a integrarme en ella.** ***Bienaventurados los pobres en el espíritu, porque de ellos es el reino de los cielos*** *(Mateo 5, 3).*

SAN PÍO DE PIETRELCINA

SEPTIEMBRE 23 SÁBADO

Santos PÍO DE PIETRELCINA *pb*, Zacarías e Isabel *es.* Cristóbal, Antonio y Juan de Taxkala, niños *mrs*, Lino *pp*.

Papa Francisco: ¿Cómo se manifiesta la Iglesia? Por los frutos de las buenas obras, para que la gente vea y glorifique al Padre que está en los cielos – dice Jesús – y en la celebración – la alabanza y el sacrificio del Señor – es decir en la Eucaristía. Allí se manifiesta la Iglesia; en la Eucaristía y en las buenas obras. (15-11-2018)

PALABRA

Habiéndose reunido una gran muchedumbre y gente que salía de toda la ciudad, dijo Jesús esta parábola: «Salió el sembrador a sembrar su semilla. Al sembrarla, algo cayó al borde del camino, lo pisaron, y los pájaros del cielo se lo comieron. Otro poco cayó en terreno pedregoso y, después de brotar, se secó por falta de humedad. Otro poco cayó entre abrojos, y los abrojos, creciendo al mismo tiempo, lo ahogaron. Y otra parte cayó en tierra buena y, después de brotar, dio fruto al ciento por uno». Dicho esto, exclamó: «El que tenga oídos para oír, que oiga». Entonces le preguntaron los discípulos qué significa esa parábola. Él dijo: «A vosotros se os ha otorgado conocer los misterios del reino de Dios; pero a los demás, en parábolas, "para que viendo no vean y oyendo no entiendan". El sentido de la parábola es este: la semilla es la palabra de Dios. Los del borde del camino son los que escuchan, pero luego viene el diablo y se lleva la palabra de sus corazones, para que no crean y se salven. Los del terreno pedregoso son los que, al oír, reciben la palabra con alegría, pero no tienen raíz; son los que por algún tiempo creen, pero en el momento de la prueba fallan. Lo que cayó entre abrojos son los que han oído, pero, dejándose llevar por los afanes, riquezas y placeres de la vida, se quedan sofocados y no llegan a dar fruto maduro. Los de la tierra buena son los que escuchan la palabra con un corazón noble y generoso, la guardan y dan fruto con perseverancia».

1Timoteo 6, 13-16; *Salmo* 99, 1-5 • **LUCAS 8, 4-15**

ORACIÓN

SEÑOR, una parte de tu Palabra, en lugar de meditarla e introducirla en mi corazón, dejo que se quede casi fuera, en el borde, donde pronto es pisoteada por mis malos pensamientos o es comida por mis malos sentimientos. **Jesús, ayúdame a vivir, en lo más íntimo de mí, todo tu Evangelio.** ***Entrad en la presencia del Señor con vítores*** *(Salmo 99, 2b).*

SEPTIEMBRE

24

DOMINGO

DOMINGO XXV TIEMPO ORDINARIO Tomo IV • Salterio 1ª semana

Ntra. Sra. de la Merced. Santos Gerardo Sagredo *ob mr*, Antonio González *pb mr*. Beato Dalmacio Moner *pb*

JORNADA MUNDIAL DEL MIGRANTE Y DEL REFUGIADO

Papa Francisco: Recordemos quién fue el primer santo canonizado en la Iglesia: el Buen Ladrón. "Robó" el Cielo en el último momento de su vida. Esto es Gracia, así es Dios, también con todos nosotros. El que piensa en sus propios méritos, fracasa; quien se confía con humildad a la misericordia del Padre, pasa de último —como el Buen Ladrón— a primero (cfr. v. 16). (20-09-2020)

PALABRA

• ***Isaías*** 55, 6-9: Buscad al Señor mientras se deja encontrar, invocadlo mientras está cerca; que el malvado abandone su camino, y el malhechor sus planes; que se convierta al Señor, y él tendrá piedad; a nuestro Dios, que es rico en perdón. Porque mis planes no son vuestros planes, vuestros caminos no son mis caminos –oráculo del Señor–. Cuanto dista el cielo de la tierra, así distan mis caminos de los vuestros, y mis planes de vuestros planes.
• ***Salmo*** 144, 2-3. 8-9. 17-18: ***Cerca está el Señor de los que lo invocan.***
• ***Filipenses*** 1, 20c-24. 27a: Cristo será glorificado en mi cuerpo, por mi vida o por mi muerte. Para mí la vida es Cristo, y el morir una ganancia. Pero si el vivir esta vida mortal me supone trabajo fructífero no sé qué escoger. Me encuentro en esta alternativa: por un lado deseo partir para estar con Cristo, que es con mucho lo mejor; pero por otro, quedarme en esta vida, veo que es más necesario para vosotros. Lo importante es que vosotros llevéis una vida digna del Evangelio de Cristo.

• **MATEO 20, 1-16:** Dijo Jesús a sus discípulos esta parábola: «El reino de los cielos se parece a un propietario que al amanecer salió a contratar jornaleros para su viña. Después de ajustarse con ellos en un denario por jornada, los mandó a la viña. Salió otra vez a media mañana, vio a otros que estaban en la plaza sin trabajo, y les dijo: «Id también vosotros a mi viña, y os pagaré lo debido». Ellos fueron. Salió de nuevo hacia mediodía y a media tarde e hizo lo mismo. Salió al caer la tarde y encontró a otros, parados, y les dijo: "¿Cómo es que estáis aquí el día entero sin trabajar?". Le respondieron: "Nadie nos ha contratado". Él les dijo: "Id también vosotros a mi viña". Cuando oscureció, el dueño dijo al capataz: "Llama a los jornaleros y págales el jornal, empezando por los últimos y acabando por los primeros". Vinieron los del atardecer y recibieron un denario cada uno. Cuando llegaron los primeros, pensaban que recibirían más, pero ellos también recibieron un denario cada uno. Entonces se pusieron a protestar contra el amo: "Estos últimos han trabajado solo una hora, y los has tratado igual que a nosotros, que hemos aguantado el peso del día y el bochorno". Él replicó a uno de ellos: "Amigo, no te hago ninguna injusticia. ¿No nos ajustamos en un denario? Toma lo tuyo y vete. Quiero darle a este último igual que a ti. ¿Es que no tengo libertad para hacer lo que quiera en mis asuntos? ¿O vas a tener tú envidia porque yo soy bueno?". Así, los últimos serán los primeros y los primeros, los últimos».

ORACIÓN

SEÑOR, en la parábola del propietario de la viña, nos cuentas que éste salió varias veces a lo largo del día para contratar a más jornaleros, porque no quería que nadie se quedase sin trabajar. **Jesús, te pido por la gente que no logra encontrar un buen trabajo, con un salario digno.**

SEPTIEMBRE
25
LUNES

Lunes 25° Tiempo Ordinario Tomo IV - Salterio 1ª semana

Ntra. Sra. de la Fuencisla
Santos Cleofás *NT*, Fermín *ob mr*, Pablo y Tata *es*
y cuatro hijos *mrs*.

Papa Francisco: Un cristiano es un testigo. De hecho, un cristiano no puede sino mostrar la luz que lleva dentro. Si un cristiano prefiere su propia oscuridad a la luz de Dios, entonces falta algo. La oscuridad entra en su corazón porque le teme a la luz. (28-01-2016)

PALABRA

Dijo Jesús al gentío: «Nadie que ha encendido una lámpara, la tapa con una vasija o la mete debajo de la cama, sino que la pone en el candelero para que los que entren vean la luz. Pues nada hay oculto que no llegue a descubrirse, ni nada secreto que no llegue a saberse y hacerse público. Mirad, pues, cómo oís, pues al que tiene se le dará y al que no tiene se le quitará hasta lo que cree tener».

Esdras 1, 1-6; *Salmo* 125, 1-6 • **LUCAS 8, 16-18**

ORACIÓN

SEÑOR, nos dices que al que no tiene amor se le quitará hasta el amor que cree tener. Porque deseas que nuestro amor sea como una lámpara que alumbre la vida de los que están a nuestro lado. **Jesús, ayúdame a compartir con amor la vivencia de tu Evangelio.** ***El Señor ha estado grande con nosotros*** *(Salmo 125, 3a).*

Santos COSME y DAMIÁN ***mrs,***
Gedeón ***AT,*** **Nilo** ***ab,***
Lucía Kim y ***co mrs***

Papa Francisco: Dios no sólo habla a todos, sino también a cada uno de nosotros. El Evangelio se escribió para cada uno de nosotros. Y cuando tomo la Biblia, tomo el Evangelio y leo, debo preguntarme qué me dice el Señor a mí. Por otra parte, esto es lo que Jesús dice que hacen sus verdaderos parientes, sus verdaderos hermanos: escuchar con el corazón la palabra de Dios. Y luego la ponen en práctica. (23-09-2014)

PALABRA

Vinieron a Jesús su madre y sus hermanos, pero con el gentío no lograban llegar hasta él. Entonces le avisaron: «Tu madre y tus hermanos están fuera y quieren verte». Él respondió diciéndoles: «Mi madre y mis hermanos son estos: los que escuchan la palabra de Dios y la cumplen».

Esdras 6, 7-8.12b. 14-20; ***Salmo*** 121, 1-5 • **LUCAS 8, 19-21**

ORACIÓN

SEÑOR, tan importante y fundamental es la escucha y el cumplimiento de tu Palabra, que consideras que son hermanos tuyos los que así actúan. **Jesús, te doy gracias por tu Palabra. Ayúdame a ser coherente con ella.** ***Vamos alegres a la casa del Señor*** *(Salmo 121, 1bc).*

Santos VICENTE DE PAÚL *pb*, Cayo *ob*, Adolfo y Juan *mrs*

SAN VICENTE DE PAÚL

Papa Francisco: Jesús como buen maestro, pedagogo, envía a los Doce a vivir la hospitalidad. Les dice: "Permanezcan donde les den alojamiento". Los envía a aprender una de las características fundamentales de la comunidad creyente. Podríamos decir que cristiano es aquel que aprendió a hospedar, que aprendió a alojar. (12-07-2015)

PALABRA

Habiendo convocado Jesús a los Doce, les dio poder y autoridad sobre toda clase de demonios y para curar enfermedades. Luego los envió a proclamar el reino de Dios y a curar a los enfermos, diciéndoles: «No llevéis nada para el camino: ni bastón ni alforja, ni pan ni dinero; tampoco tengáis dos túnicas cada uno. Quedaos en la casa donde entréis, hasta que os vayáis de aquel sitio. Y si algunos no os reciben, al salir de aquel pueblo sacudíos el polvo de vuestros pies, como testimonio contra ellos». Se pusieron en camino y fueron de aldea en aldea, anunciando la Buena Noticia y curando en todas partes.

Esdras 9, 5-9; ***Salmo: Tobías*** 13, 1b-5.10 • **LUCAS 9, 1-6**

ORACIÓN

SEÑOR, enviaste a tus discípulos a anunciar el Evangelio, pidiéndoles que sólo llevaran lo imprescindible y que aceptaran quedarse en las casas donde les acogiesen, por muy pobres que fueran. **Jesús, ayúdame a ser austero, para que pueda dar un buen testimonio de Ti.** ***Bendito sea Dios, que vive eternamente*** *(Salmo, Tobías 13, 1b).*

SAN WENCESLAO

Santos WENCESLAO *re mr*, LORENZO RUIZ y *co mrs*, Simón de Rojas *pb.* Beato Francisco Castelló *mr*

SEPTIEMBRE
28
JUEVES

Papa Francisco: No se puede conocer a Jesús sin involucrarse con Él, sin apostar la vida por Él. Así que, para conocerle, verdaderamente es necesario leer lo que la Iglesia te dice de Él, hablar con Él en la oración y andar por su camino con Él. Este es el camino y cada uno debe hacer su elección. (26-09-2013)

PALABRA

El tetrarca Herodes se enteró de lo que pasaba sobre Jesús y no sabía a qué atenerse, porque unos decían que Juan había resucitado de entre los muertos; otros, en cambio, que había aparecido Elías, y otros que había vuelto a la vida uno de los antiguos profetas. Herodes se decía: «A Juan lo mandé decapitar yo. ¿Quién es este de quien oigo semejantes cosas?». Y tenía ganas de verlo.

Ageo 1, 1-8; *Salmo* 149, 1-6. 9 • **LUCAS 9, 7-9**

ORACIÓN

SEÑOR, el tetrarca Herodes tenía curiosidad por verte, porque le habían dicho cosas muy interesantes sobre Ti. También ahora son muchos los que desean conocerte superficialmente para satisfacer su curiosidad. **Jesús, ayúdame a despertar en otros el deseo de conocerte real y profundamente, dentro de su corazón.** ***El Señor ama a su pueblo*** *(Salmo 149, 4a).*

SEPTIEMBRE
29
VIERNES

FIESTA DE LOS SANTOS ARCÁNGELES MIGUEL, GABRIEL Y RAFAEL

Papa Francisco: Satanás es astuto: lo dice la primera página del Génesis. Es astuto, presenta las cosas como si fueran buenas. Pero su intención es la destrucción. Ante esta obra de Satanás los ángeles nos defienden. Es por eso que la Iglesia honra a los ángeles, porque son ellos los que estarán en la gloria de Dios —están en la gloria de Dios— porque defienden el gran misterio escondido de Dios, es decir, que el Verbo vino en la carne. (29-09-2014)

PALABRA

Vio Jesús que se acercaba Natanael y dijo de él: «Ahí tenéis a un israelita de verdad, en quien no hay engaño». Natanael le contesta: «¿De qué me conoces?». Jesús le responde: «Antes de que Felipe te llamara, cuando estabas debajo de la higuera, te vi». Natanael respondió: «Rabí, tú eres el Hijo de Dios, tú eres el Rey de Israel». Jesús le contestó: «¿Por haberte dicho que te vi debajo de la higuera, crees? Has de ver cosas mayores». Y le añadió: «En verdad, en verdad os digo: veréis el cielo abierto y a los ángeles de Dios subir y bajar sobre el Hijo del hombre».

Daniel 7, 9-10.13-14; ***Salmo*** 137,1-5 • **JUAN 1, 47-51**

ORACIÓN

SEÑOR, los ángeles que Tú nos envías pueden ser sobrenaturales, como Miguel, Gabriel y Rafael, pero también pueden ser de carne y hueso. A veces ese ángel es el panadero, que nos trasmite tu sonrisa, o un amigo que nos da un buen consejo. **Jesús, te doy gracias por velar siempre por mí. *Delante de los ángeles tañeré para ti, Señor*** *(Salmo 137, 1d).*

SAN JERÓNIMO (Salzillo)

SEPTIEMBRE
30
SÁBADO

Santos JERÓNIMO *pb dc*, Eusebia *vg*, Antonio *mr*, Honorio *ob*

Papa Francisco: La conversión del corazón; conversión que significa "cambiar de vida", es decir, que el corazón que no va por buen camino encuentre uno bueno. [...] El encuentro con Dios, la conversión, es de ambas partes; ambos buscan el encuentro. El perdón no es sólo ir allí, llamar a la puerta y decir: "Perdóname", y desde el interfono te contestan: "Te perdono". Vete." El perdón es siempre un abrazo de Dios. Pero Dios camina, como caminamos nosotros, para encontrarnos. (26-09-2020)

PALABRA

Entre la admiración general por lo que hacía, Jesús dijo a sus discípulos: «Meteos bien en los oídos estas palabras: el Hijo del hombre va a ser entregado en manos de los hombres». Pero ellos no entendían este lenguaje; les resultaba tan oscuro que no captaban el sentido. Y les daba miedo preguntarle sobre el asunto.

Zacarías 2, 5-9.14-15c; ***Salmo: Jeremías*** 31, 10-13 • **LUCAS 9, 43b-45**

ORACIÓN

SEÑOR, en aquellos tiempos en los que te seguían las multitudes y todo parecía que iba muy bien, tus discípulos no entendían por qué les advertías de que acabarías muriendo en la Cruz (y resucitando). También ahora nos gusta vivir el Evangelio cuando las cosas van bien, pero nos cuesta sacrificarnos cuando vienen mal dadas. **Jesús, ayúdame a ser siempre coherente con tu Palabra.** ***El Señor nos guardará, como pastor a su rebaño*** *(Salmo, Jeremías 31, 10d).*

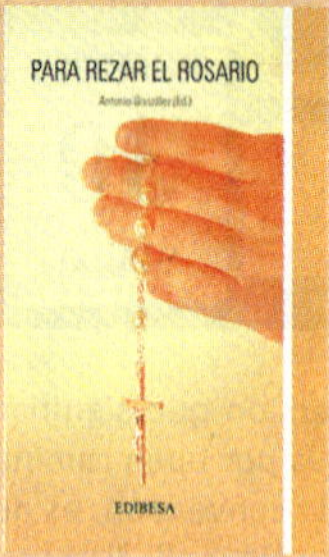

OCTUBRE, MES DEL ROSARIO

LIBROS

- El libro del Rosario. *Historia, doctrina, práctica, diccionario*. **J. A. M. Puche, O.P. 304 p. Cartoné.** 12,50 €
- Rosario Bíblico. **Comentario y meditaciones de los veinte misterios. Salvador Muñoz. 178 p.** 5 €
- La Virgen del Rosario y santo Domingo en el arte. **Domingo Iturgaiz, O.P. 144 p.+24 láminas color. Cartoné.** 11,50 €
- El Rosario, oración de un corazón en vela. *Mis conversaciones con Maciej, que no lo reza.* **E. Cárdenas, SM. 130 p.** 5,25 €
- Rosarios para las fiestas del Señor. **Sor Marie de la Visitation. Prólogo de Sor Emmanuel Mayllard. 168 p.** 10 €. **Veinticuatro rosarios originales para todo el año litúrgico.**
- Para rezar el Rosario. **A. González (Ed.). 104 p.** 5 €. **Libro básico para rezar el Rosario. Por qué, cómo y diversas formas de hacerlo.**

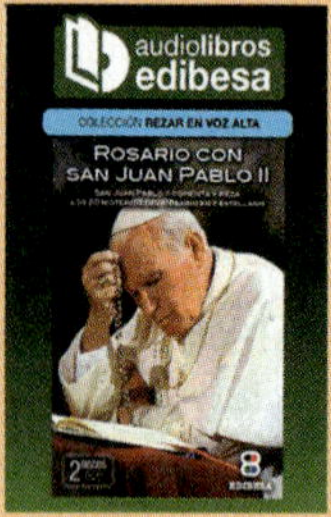

AUDIOLIBROS. COMPACT DISC CD, ROSARIO ELECTRÓNICO

PARA REZAR EL ROSARIO: **guiones de J. A. Mtnez. Puche O.P.;**

- Rosario con san Juan Pablo II. **Comentario y rezo de los 20 Misterios, letanías y Salve. 2 CD+Libro 86 p.** 16 €.
- El Rosario. **Comentario bíblico, rezo de los 15 Misterios y letanías. 1 casete:** 4 €. **En catalán:** 4 €
- El Rosario/20. **Comentario y rezo de los 20 Misterios, letanías y Salve. 2 CD:** 13 €
- Santo Rosario/20. **Los 20 Misterios con comentario de san Josemaría Escrivá de Balaguer. 2 CD+folleto:** 18,50 €.
- El Rosario del Papa. **Juan Pablo II comenta y reza los 15 Misterios. Letanías, Ángelus y Salve. 2 CD:** 14 €
- Rosario con el Papa/20. **Juan Pablo II comenta y reza los 20 Misterios. Letanías y Salve. 2 CD:** 16 €.
- Rosario con Juan Pablo II. **Reflexiones y rezo por el Papa de los 15 Misterios. Letanías y Salve. 1 casete:** 5 €
- Misterios luminosos. **Complemento de "Rosario con el Papa" y "El Rosario". 1 CD:** 5 €.
- EL ROSARIO ELECTRÓNICO. **Rosario en español con san Juan Pablo II. Guión J.A.M. Puche, O.P.** 39 €. **Con auriculares:** 49 €. **Aparato electrónico con los 20 misterios del Rosario, automatizados para cada día de la semana.**

OCTUBRE

El Rosario ha tenido un puesto importante en mi vida espiritual desde mis años jóvenes. El Rosario me ha acompañado en los momentos de alegría y en los de tribulación. A él he confiado tantas preocupaciones y en él siempre he encontrado consuelo. El 29 de octubre de 1978, dos semanas después de la elección a la Sede de Pedro, escribía: "El Rosario es mi oración predilecta. ¡Plegaria maravillosa! Maravillosa en su sencillez y en su profundidad". La historia del Rosario muestra cómo esta oración ha sido utilizada especialmente por los Dominicos, en momentos difíciles para la Iglesia a causa de la difusión de la herejía. Hoy estamos ante nuevos desafíos. ¿Por qué no volver a tomar en la mano las cuentas del rosario con la fe de quienes nos han precedido?

(Juan Pablo II, Carta Apost. "Rosarium V.M.", 2 y 17. 16-10-2002).

OCTUBRE

1

DOMINGO

DOMINGO XXVI DEL TIEMPO ORDINARIO Tomo IV - Salterio 2ª semana

Santos TERESA DEL NIÑO JESÚS *vg dc,*
Verísimo, Máxima y Julia *mrs,*
Román *di mr*

Papa Francisco: El Evangelio de hoy cuestiona la forma de vivir la vida cristiana, que no está hecha de sueños y bonitas aspiraciones, sino de compromisos concretos, para abrirnos siempre a la voluntad de Dios y al amor hacia los hermanos. Pero esto, también el compromiso concreto más pequeño, no se puede hacer sin la gracia. La conversión es una gracia que debemos pedir siempre: "Señor dame la gracia de mejorar. Dame la gracia de ser un buen cristiano". (27-09-2020)

PALABRA

• ***Ezequiel*** 18,25-28: Así dice el Señor: «Insistís: no es justo el proceder del Señor. Escuchad, casa de Israel: ¿Es injusto mi proceder?; ¿o no es más bien vuestro proceder el que es injusto? Cuando el inocente se aparta de su inocencia, comete la maldad y muere, muere por la maldad que cometió. Y cuando el malvado se convierte de la maldad que hizo, y practica el derecho y la justicia, él salva su propia vida. Si recapacita y se convierte de los delitos cometidos, ciertamente vivirá y no morirá».

• ***Salmo*** 24, 4-9: ***Recuerda, Señor, tu ternura.***

• ***Filipenses*** 2,1-11: Si queréis darme el consuelo de Cristo y aliviarme con vuestro amor, si nos une el mismo Espíritu y tenéis entrañas compasivas, dadme esta gran alegría: manteneos unánimes y concordes con un mismo amor y un mismo sentir. No obréis por rivalidad ni por ostentación, considerando por la humildad a los demás superiores. No os encerréis en vuestros intereses, sino buscad todos el interés de los demás. Tened entre vosotros los sentimientos propios de Cristo Jesús. Él cual, siendo de condición divina, no retuvo ávidamente el ser igual a Dios; al contrario, se despojó de sí mismo tomando la condición de esclavo, hecho semejante a los hombres. Y así, reconocido como un hombre por su presencia, se humillo así mismo, hecho obediente hasta la muerte, y una muerte de cruz. Por eso Dios lo exaltó sobre todo y le concedió el «Nombre-sobre-todo-nombre», de modo que al nombre de Jesús toda rodilla se doble –en el Cielo, en la Tierra, en el Abismo– y toda lengua proclame: «¡Jesucristo es Señor!» para gloria de Dios Padre.

• **MATEO 21, 28-32:** Dijo Jesús a los sumos sacerdotes y a los ancianos del pueblo: «¿Qué os parece? Un hombre tenía dos hijos. Se acercó al primero y le dijo: "Hijo, ve hoy a trabajar en la viña". Él le contestó: "No quiero". Pero después se arrepintió y fue. Se acercó al segundo y le dijo lo mismo. Él le contestó: "Voy, señor". Pero no fue. ¿Quién de los dos cumplió la voluntad de su padre?». Contestaron: «El primero». Jesús les dijo: «En verdad os digo que los publicanos y las prostitutas van por delante de vosotros en el reino de Dios. Porque vino Juan a vosotros enseñándoos el camino de la justicia y no le creísteis; en cambio, los publicanos y prostitutas le creyeron. Y, aun después de ver esto, vosotros no os arrepentisteis ni le creísteis».

ORACIÓN

SEÑOR, en la parábola del padre que pide a sus dos hijos que vayan a trabajar a su viña, el segundo hijo supo rectificar, y gracias a eso pudo hacer la voluntad del padre. **Jesús, dame humildad para reconocer mis errores, y sabiduría para rectificar.**

Jesucristo es Señor para gloria de Dios Padre

Ntra. Sra. de la Academia
Santos ÁNGELES CUSTODIOS,
Saturio ***er.***
Beato Antonio Chevrier ***pb.***

Santos Ángeles Custodios

Papa Francisco: Todos nosotros según la tradición de la Iglesia tenemos un ángel con nosotros, que nos protege, nos hace oír las cosas. Cuántas veces hemos escuchado: "Pero, esto... debería hacer así... esto no está bien... ¡ten cuidado!". Es la voz de este compañero nuestro de viaje. Y podemos estar seguros que él nos llevará al final de nuestra vida con sus consejos. Por eso se necesita escuchar su voz, no rebelarnos. Sin embargo, la rebelión, las ganas de ser independiente, es algo que todos tenemos: es la misma soberbia, la que tuvo nuestro padre Adán en el paraíso terrestre. ¡No te rebeles, sigue sus consejos! (02-10-2014)

PALABRA

En aquel momento, se acercaron los discípulos a Jesús y le preguntaron: ¿Quién es el mayor en el reino de los cielos?». Él llamó a un niño, lo puso en medio y dijo: «En verdad os digo que, si no os convertís y os hacéis como niños, no entraréis en el reino de los cielos. Por tanto, el que se haga pequeño como este niño, ese es el más grande en el reino de los cielos. El que acoge a un niño como este en mi nombre me acoge a mí. Cuidado con despreciar a uno de estos pequeños, porque os digo que sus ángeles están viendo siempre en el cielo el rostro de mi Padre celestial».

Éxodo 23, 20-23; ***Salmo*** 90, 1-6.10-11 • **MATEO 18, 1-5.10**

ORACIÓN

SEÑOR, nos dices que los que son tan vulnerables y humildes como un niño, son los más grandes en tu Reino. Por eso moriste en la Cruz, mostrando la vulnerabilidad y la humildad del Hijo de Dios. **Jesús, te pido perdón por las veces en las que me muestro soberbio y autosuficiente.** ***A sus ángeles ha dado órdenes para que te guarden en tus caminos*** *(Salmo 90, 11).*

SAN FRANCISCO DE BORJA

Santos FRANCISCO DE BORJA *pb*, Dionisio Areopagita *NT*, Gerardo *ab*

Papa Francisco: Tomemos un poco de tiempo para pensar: Jesús nos ha amado tanto y no fue entendido por los suyos. Es importante pensar en Jesús solo, hacia la cruz, decidido, en medio de la incomprensión de los suyos, pensar esto y ver a Jesús caminar decididamente hacia la cruz y darle las gracias. Decir, en conclusión: «Gracias Señor, porque has sido obediente, has sido valiente; has querido tanto, me has querido tanto». Tomemos un poco de tiempo, pocos minutos —cinco, diez, quince— frente al crucifijo, tal vez, o veamos con la imaginación a Jesús caminar decididamente hacia Jerusalén y pedir la gracia de tener el valor de seguirlo de cerca. (03-10-2017)

PALABRA

Cuando se completaron los días en que iba a ser llevado al cielo, Jesús tomó la decisión de ir a Jerusalén. Y envió mensajeros delante de él. Puestos en camino, entraron en una aldea de samaritanos para hacer los preparativos. Pero no lo recibieron, porque su aspecto era el de uno que caminaba hacia Jerusalén. Al ver esto, Santiago y Juan, discípulos suyos, le dijeron: «Señor, ¿quieres que digamos que baje fuego del cielo que acabe con ellos?». Él se volvió y los regañó. Y se encaminaron hacia otra aldea.

Zacarías 8, 20-23; *Salmo* 86, 1b-7 • **LUCAS 9, 51-56**

ORACIÓN

SEÑOR, cuando subías hacia Jerusalén para dar allí tu vida por nosotros, te topaste con aldeas samaritanas en las que te rechazaban por ser judío. Y Tú, como manso Cordero de Dios, seguiste humildemente tu camino. **Jesús, te lo ruego, dame humildad y docilidad.** ***Dios está con nosotros*** *(Salmo: Zacarias 8, 23c).*

OCTUBRE
4
MIÉRCOLES

Miércoles 26° Tiempo Ordinario Tomo IV - Salterio 2ª semana

San FRANCISCO DE ASÍS ***rl*****,**
Áurea de París ***ab*****,**
Petronio ***ob*****, Quintín** ***mr***

SAN FRANCISCO DE ASÍS

Papa Francisco: La urgencia de comunicar el Evangelio, que rompe la cadena de la muerte e inaugura la vida eterna, no admite retrasos, sino que requiere inmediatez y disponibilidad. Por lo tanto, la Iglesia es itinerante, y aquí la Iglesia es decidida, actúa con prontitud, en el momento, sin esperar. (30-06-2019)

PALABRA

Mientras Jesús y sus discípulos iban de camino, le dijo uno: «Te seguiré adondequiera que vayas». Jesús le respondió: «Las zorras tienen madrigueras, y los pájaros del cielo nidos, pero el Hijo del hombre no tiene donde reclinar la cabeza». A otro le dijo: «Sígueme». Él respondió: «Señor, déjame primero ir a enterrar a mi padre». Le contestó: «Deja que los muertos entierren a sus muertos; tú vete a anunciar el reino de Dios». Otro le dijo: «Te seguiré, Señor, pero déjame primero despedirme de los de mi casa». Jesús le contestó: «Nadie que pone la mano en el arado y mira hacia atrás vale para el reino de Dios».

Nehemías 2, 1-8; ***Salmo*** 136, 1-6 • **LUCAS 9, 57-62**

ORACIÓN

SEÑOR, deseas que te sigamos sin poner excusas ni condiciones, porque las condiciones sólo las pones Tú. **Jesús, te pido perdón por las veces en las que pongo excusas para no hacer tu voluntad.** ***Que se me pegue la lengua al paladar, si no me acuerdo de ti*** *(Salmo 136, 6ab).*

SANTA FAUSTINA KOWASKA

Santos M.ª Faustina Kowalska *vg*, Froilán, *ob*, Apolinar *ob*, Atilano *ob*, Mauro y Plácido *mjs*. Beatos Raimundo de Capua *pb*, Bartolomé Longo

OCTUBRE
5
JUEVES

TÉMPORAS DE ACCIÓN DE GRACIAS Y DE PETICIÓN

Papa Francisco: Jesús es el compañero de camino que nos da lo que pedimos; el Padre que se preocupa de nosotros y nos ama; y el Espíritu Santo que es el regalo, es ese de más que da el Padre, lo que nuestra consciencia no se atreve a pedir. (09-10-2014)

PALABRA

Dijo Jesús a sus discípulos: «Pedid y se os dará, buscad y encontraréis, llamad y se os abrirá; porque todo el que pide recibe, quien busca encuentra y al que llama se le abre. Si a alguno de vosotros le pide su hijo pan, ¿le dará una piedra?; y si le pide pescado, ¿le dará una serpiente? Pues si vosotros, aun siendo malos, sabéis dar cosas buenas a vuestros hijos, ¡cuánto más vuestro Padre que está en los cielos dará cosas buenas a los que le piden!».

Deuteronomio 8, 7-18; ***Salmo: 1Crónicas*** 29, 10-12; ***2Corintios*** 5, 17-21
• MATEO 7, 7-11

ORACIÓN

SEÑOR, nos animas a pedir, a buscar y a llamar, porque Tú estás a nuestro lado, dándonos lo que mejor nos conviene, según tu sabio parecer. **Jesús, te agradezco tu divina Providencia.** ***Tú eres Señor del universo*** *(1Crónicas 29, 12b).*

**Santos BRUNO *pb*, Fe *mr*,
María Francisca *vg*,
Román *ob*. Beato Juan de Palafox**

Papa Francisco: Queremos la salvación, pero como nosotros la queremos. No como la quiere el Señor. [...] Este es el drama de la historia de la salvación. El drama de la resistencia a ser salvados. Se trata de una herencia que todos hemos recibido, porque también en nuestro corazón está esta semilla de resistencia a ser salvados como el Señor quiere salvarnos. (03-10-2014)

PALABRA

Dijo Jesús: «¡Ay de ti, Corozaín; ay de ti, Betsaida! Si en Tiro y en Sidón se hubieran hecho los milagros que en vosotras, hace tiempo que se habrían convertido, vestidos de sayal y sentados en la ceniza. Por eso el juicio les será más llevadero a Tiro y a Sidón que a vosotras. Y tú, Cafarnaún, ¿piensas escalar el cielo? Bajarás al abismo. Quien a vosotros os escucha, a mí me escucha; quien a vosotros rechaza, a mí me rechaza; y quien me rechaza a mí, rechaza al que me ha enviado».

Baruc 1, 15-22; *Salmo* 78, 1b-5.8-9 • **LUCAS 10, 13-16**

ORACIÓN

SEÑOR, le das mucha importancia a esas personas que, a veces sin saberlo, actúan en tu Nombre, como colaboradores tuyos. Puede tratarse de una abuela que enseña a orar a sus nietos, o de un amigo que nos lleva a un santuario. **Jesús, deseo colaborar contigo, porque quiero participar en la construcción de tu Reino.** ***Por el honor de tu nombre, Señor, líbranos*** *(Salmo 78, 9b).*

NTRA. SRA. LA VIRGEN DEL ROSARIO

Santos Justina *vg mr*, Martín Cid *ab*, Marcelo *mr*

Papa Francisco: Dios mismo es el que toma la iniciativa y elige insertarse, como hizo con María, en nuestros hogares, en nuestras luchas diarias, llenas de ansias y al mismo tiempo de deseos. Y es precisamente dentro de nuestras ciudades, de nuestras escuelas y universidades, de las plazas y los hospitales que se escucha el anuncio más bello que podemos oír: «¡Alégrate, el Señor está contigo!». Una alegría que genera vida, que genera esperanza, que se hace carne en la forma en que miramos al futuro, en la actitud con la que miramos a los demás. Una alegría que se convierte en solidaridad, hospitalidad, misericordia hacia todos. (27-03-2017)

PALABRA

El ángel Gabriel fue enviado por Dios a una ciudad de Galilea llamada Nazaret, a una virgen desposada con un hombre llamado José, de la casa de David: el nombre de la virgen era María. El ángel, entrando en su presencia, dijo: «Alégrate, llena de gracia, el Señor está contigo». Ella se turbó grandemente ante estas palabras y se preguntaba qué saludo era aquel. El ángel le dijo: «No temas, María, porque has encontrado gracia ante Dios. Concebirás en tu vientre y darás a luz un hijo, y le pondrás por nombre Jesús. Será grande, se llamará Hijo del Altísimo, el Señor Dios le dará el trono de David, su padre; reinará sobre la casa de Jacob para siempre, y su reino no tendrá fin». Y María dijo al ángel: «¿Cómo será eso, pues no conozco varón?». El ángel le contestó: «El Espíritu Santo vendrá sobre ti, y la fuerza del Altísimo te cubrirá con su sombra; por eso el Santo que va a nacer será llamado Hijo de Dios. También tu pariente Isabel ha concebido un hijo en su vejez, y ya está de seis meses la que llamaban estéril, "porque para Dios nada hay imposible"». María contestó: «He aquí la esclava del Señor; hágase en mí según tu palabra». Y el ángel se retiró.

Hechos 1,12-14; ***Salmo: Lucas*** 1,46b-55 • **LUCAS 1, 26-38**

ORACIÓN

SEÑOR, nos das la oportunidad de orar junto a tu Madre, rezando el santo Rosario, para que ella nos conduzca hasta Ti, poniendo en tus manos nuestra vida. **Jesús, deseo rezarte, con devoción, junto a María.** ***Bienaventurada eres Virgen María, que llevaste en tu seno al Hijo del Padre eterno*** *(Lucas 1, 49).*

OCTUBRE
8
DOMINGO

DOMINGO XXVII DEL TIEMPO ORDINARIO Tomo IV - Salterio 3ª semana

Santos Hugo *rl*, Pelagia *vg mr*, Evodio *ob*, Reparada *vg mr*

Papa Francisco: En cada época, los que tienen autoridad, cualquier autoridad, incluso en la Iglesia, en el pueblo de Dios pueden sentir la tentación de seguir su propio interés en lugar del de Dios. Y Jesús dice que la verdadera autoridad se cumple cuando se presta servicio, está en servir, no en explotar a los demás. La viña es del Señor, no nuestra. La autoridad es un servicio, y como tal debe ser ejercida, para el bien de todos y para la difusión del Evangelio. Es muy feo cuando en la Iglesia se ve que las personas que tienen autoridad buscan el propio interés. (04-10-2020)

PALABRA

• ***Isaías*** 5,1-7: Voy a cantar a mi amigo el canto de mi amado por su viña. Mi amigo tenía una viña en fértil collado. La entrecavó, quitó las piedras y plantó buenas cepas; construyó en medio una atalaya y cavó un lagar. Y esperaba que diese uvas, pero dio agrazones. Pues ahora, habitantes de Jerusalén, hombres de Judá, por favor, sed jueces entre mí y mi viña. ¿Qué más podía hacer yo por mi viña que no hubiera hecho? ¿Por qué, cuando yo esperaba que diera uvas, dio agrazones? Pues os hago saber lo que haré con mi viña: quitar su valla y que sirva de leña, que sea pisoteada. La convertiré en un erial: no la podarán ni la escardarán, allí crecerán zarzas y cardos, prohibiré a las nubes que lluevan sobre ella. La viña del Señor del universo es la casa de Israel; son los hombres de Judá su plantel preferido. Esperaba de ellos derecho, y ahí tenéis: sangre derramada; esperaba justicia, y ahí tenéis: lamentos.

• ***Salmo*** 79, 9. 12-16. 19-20: ***La viña del Señor es la casa de Israel.***

• ***Filipenses*** 4, 6-9: Nada os preocupe; sino que en toda ocasión, en la oración y súplica con acción de gracias, vuestras peticiones sean presentadas a Dios. Y la paz de Dios, que sobrepasa todo juicio, custodiará vuestros corazones y vuestros pensamientos en Cristo Jesús. Finalmente, hermanos, todo lo que es verdadero, noble, justo, puro, amable, laudable; todo lo que es virtud o mérito tenedlo en cuenta. Y lo que aprendisteis, recibisteis, oísteis y visteis en mí, ponedlo por obra. Y el Dios de la paz estará con vosotros.

• **MATEO 21, 33-43:** Dijo Jesús a los sumos sacerdotes y a los ancianos del pueblo: «Escuchad otra parábola: Había un propietario que plantó una viña, la rodeó con una cerca, cavó en ella un lagar, construyó una torre, la arrendó a unos labradores y se marchó lejos. Llegado el tiempo de los frutos, envió sus criados a los labradores, para percibir los frutos que le correspondían. Pero los labradores, agarrando a los criados, apalearon a uno, mataron a otro, y a otro lo apedrearon. Envió de nuevo otros criados, más que la primera vez, e hicieron con ellos lo mismo. Por último les mandó a su hijo, diciéndose: "Tendrán respeto a mi hijo". Pero los labradores, al ver al hijo, se dijeron: "Este es el heredero: venid, lo matamos y nos quedamos con su herencia". Y, agarrándolo, lo sacaron fuera de la viña y lo mataron. Cuando vuelva el dueño de la viña, ¿qué hará con aquellos labradores?». Le contestaron: «Hará morir de mala muerte a esos malvados y arrendará la viña a otros labradores, que le entreguen los frutos a su tiempo». Y Jesús les dice: «¿No habéis leído nunca en la Escritura: "La piedra que desecharon los arquitectos es ahora la piedra angular. Es el Señor quien lo ha hecho, ha sido un milagro patente"? Por eso os digo que se os quitará a vosotros el reino de Dios y se dará a un pueblo que produzca sus frutos».

ORACIÓN

SEÑOR, en la parábola de los viñadores homicidas, el propietario –que es Dios Padre– envía a su hijo –que eres Tú– para que se haga cargo de los frutos de la viña –que somos nosotros–. Y eso te costó la vida. **Jesús, no tengo palabras para agradecerte el inmenso sacrificio que, sin yo merecerlo, hiciste por mí.**

Santos DIONISIO *ob*, JUAN LEONARDI *pb*, Luis Bertrán *pb*, Abrahán, patriarca

Papa Francisco: Ser capaz de tener compasión: esta es la clave. Esta es nuestra clave. Si no sientes compasión ante una persona necesitada, si tu corazón no se mueve, entonces algo está mal. No nos dejemos llevar por la insensibilidad egoísta. La capacidad de compasión se ha convertido en la piedra de toque del cristiano, es más, de la enseñanza de Jesús. Jesús mismo es la compasión del Padre hacia nosotros. (14-07-2019)

PALABRA

Se levantó un maestro de la ley y preguntó a Jesús para ponerlo a prueba: «Maestro, ¿qué tengo que hacer para heredar la vida eterna?». Él le dijo: «¿Qué está escrito en la Ley? ¿Qué lees en ella?». Él respondió: «"Amarás al Señor, tu Dios, con todo tu corazón y con toda tu alma y con toda tu fuerza" y con toda tu mente. Y "a tu prójimo como a ti mismo"». Él le dijo: «Has respondido correctamente. Haz esto y tendrás la vida». Pero el maestro de la ley, queriendo justificarse, dijo a Jesús: «¿Y quién es mi prójimo?». Respondió Jesús diciendo: «Un hombre bajaba de Jerusalén a Jericó, cayó en manos de unos bandidos, que lo desnudaron, lo molieron a palos y se marcharon, dejándolo medio muerto. Por casualidad, un sacerdote bajaba por aquel camino y, al verlo, dio un rodeo y pasó de largo. Y lo mismo hizo un levita que llegó a aquel sitio: al verlo dio un rodeo y pasó de largo. Pero un samaritano que iba de viaje llegó a donde estaba él y, al verlo, se compadeció, y acercándose, le vendó las heridas, echándoles aceite y vino, y, montándolo en su propia cabalgadura, lo llevó a una posada y lo cuidó. Al día siguiente, sacando dos denarios, se los dio al posadero, le dijo: "Cuida de él, y lo que gastes de más yo te lo pagaré cuando vuelva". ¿Cuál de estos tres te parece que ha sido prójimo del que cayó en manos de los bandidos?». Él dijo: «El que practicó la misericordia con él». Jesús le dijo: «Anda y haz tú lo mismo».

Jonás 1, 1-2,1.11; ***Salmo: Jonás*** 2, 3-5.8 • **LUCAS 10, 25-37**

ORACIÓN

SEÑOR, tras escuchar la parábola del buen samaritano, me pregunto: ¿me comporto como un «prójimo»?, es decir, ¿me muestro próximo a las personas que necesitan mi ayuda? **Jesús, te lo suplico, dame de tu Amor misericordioso.** ***Tú, Señor, me sacaste vivo de la fosa*** *(Jonás 2, 7de).*

SANTO TOMÁS DE VILLANUEVA

Santos TOMÁS DE VILLANUEVA *ob*,
Daniel Comboni *ob*,
Telquilda *ab*, Casio y Florencio *mrs*

OCTUBRE
10
MARTES

Papa Francisco: La palabra del Señor es clara: María ha elegido la mejor parte, la de la oración, la de la contemplación de Jesús. A los ojos de su hermana era perder tiempo. María se detiene a mirar al Señor como una niña maravillada. La actitud de María es la justa porque ella escuchaba al Señor y oraba con su corazón. He aquí qué quiere decirnos el Señor. La primera tarea en la vida es ésta: la oración. Pero no la oración de las palabras como los papagayos, sino la oración del corazón, a través de la cual es posible mirar al Señor, escuchar al Señor, pedir al Señor. Y nosotros sabemos que la oración hace milagros. (11-10-2013)

PALABRA

Entró Jesús en una aldea, y una mujer llamada Marta lo recibió en su casa. Esta tenía una hermana llamada María, que, sentada a los pies del Señor, escuchaba su palabra. Marta, en cambio, andaba muy afanada con los muchos servicios; hasta que, acercándose, dijo: «Señor, ¿no te importa que mi hermana me haya dejado sola para servir? Dile que me eche una mano». Respondiendo, le dijo el Señor: «Marta, Marta, andas inquieta y preocupada con muchas cosas; solo una es necesaria. María, pues, ha escogido la parte mejor, y no le será quitada».

Jonás 3, 1-10; ***Salmo*** 129, 1b-4.7-8 • **LUCAS 10, 38-42**

ORACIÓN

SEÑOR, te hiciste presente en el hogar de Betania y, mientras María te atendía escuchando tu Palabra, Marta te preparaba afanosamente una buena comida. Porque, para ambas, Tú eras el centro de su vida. **Jesús, te pido perdón por las veces en las que, al hacerte presente en mi vida, no te presto suficiente atención.** ***Si llevas cuenta de los delitos, Señor, ¿quién podrá resistir?*** *(Salmo 129, 3).*

Ntra. Sra. de Begoña
Santos JUAN XXIII *pp*,
Mª SOLEDAD TORRES *vg*,
Felipe el Diácono *NT*, Fermín *ob*.
Beata María de Jesús *mf rl*.

Papa Francisco: No se puede rezar con enemigos en el corazón, con hermanos y enemigos en el corazón: no se puede rezar. Esto es difícil así, no es fácil. Pero Jesús nos ha prometido al Espíritu Santo: es Él quien nos enseña, desde dentro, del corazón, como decir "Padre" y como decir "Nuestro". Pidamos hoy al Espíritu Santo que nos enseñe a decir "Padre" y a decir "Nuestro", haciendo la paz con todos nuestros enemigos. (08-10-2013)

PALABRA

Una vez que estaba Jesús orando en cierto lugar, cuando terminó, uno de sus discípulos le dijo: «Señor, enséñanos a orar, como Juan enseñó a sus discípulos». Él les dijo: «Cuando oréis decid: "Padre, santificado sea tu nombre, venga tu reino, danos cada día nuestro pan cotidiano, perdónanos nuestros pecados, porque también nosotros perdonamos a todo el que nos debe, y no nos dejes caer en tentación"».

Jonás 4,1-11; *Salmo* 85, 3-6.9-10 • **LUCAS 11, 1-4**

ORACIÓN

SEÑOR, tus discípulos deseaban orar bien, como lo hacías Tú cuando hablabas con tu Padre. Por eso me pregunto: ¿me preocupo yo de orar bien?, ¿he asistido a algún curso o he leído algún libro que trate sobre la oración?, ¿necesito que alguien de confianza me enseñe a orar mejor? **Jesús, deseo ser un buen orante.** ***Tú, Señor, eres lento a la cólera y rico en piedad*** *(Salmo 85, 15).*

FIESTA DE LA VIRGEN DEL PILAR

Santos Félix IV *pp*, Serafín *rl*, Maximiliano *ob*

OCTUBRE
12
JUEVES

Papa Francisco: María se caracteriza por ser la humilde sierva del Señor, de hecho, este es el rol que ha ocupado durante toda su vida terrena y que conserva para siempre. A un cierto punto, en los Evangelios, ella parece casi desaparecer; pero vuelve en los momentos cruciales, como en Caná, cuando el Hijo, gracias a su intervención atenta, realizó la primera "señal" y después en el Gólgota, a los pies de la cruz. Jesús extendió la maternidad de María a toda la Iglesia cuando se la encomendó al discípulo amado, poco antes de morir en la cruz: Desde ese momento todos nosotros estamos colocados bajo su manto. (24-03-2021)

PALABRA

Mientras Jesús hablaba a la gente, una mujer de entre el gentío levantando la voz, le dijo: «Bienaventurado el vientre que te llevó y los pechos que te criaron». Pero él dijo: «Mejor, bienaventurados los que escuchan la palabra de Dios y la cumplen».

1Crónicas 15, 3-4. 15-16; 16,1-2 (o ***Hechos*** 1,12-14); ***Salmo*** 26,1-4

• LUCAS 11, 27-28

ORACIÓN

SEÑOR, una persona del gentío estaba tan impresionada por lo bien que hablabas, que públicamente ensalzó a la mujer que te dio a luz y que te crio. **Jesús, yo también alabo y ensalzo a tu Madre, pues es el Pilar que sostiene mi vida y me conduce hacia Ti.** ***El Señor me ha coronado, sobre la columna me ha exaltado*** *(Salmo 26).*

Santos Teófilo *ob*, Fausto, Jenaro y Marcial *mrs*, Florencio *mr*, Venancio *ab*

Papa Francisco: Muchas veces Jesús en sus predicaciones nos advierte que debemos ser vigilantes, velar, quedar en espera. En una ocasión, pidió vigilar «porque vosotros no conocéis la hora en la que vendrá el hijo del hombre». De hecho, la vigilancia debe ser preparada en función de la venida del Señor. [...] «Vigilad», por tanto, es la sugerencia de Jesús que, otras veces, lo hace aconsejando la oración, la vigilancia para no caer en tentación. (13-10-2017)

PALABRA

Habiendo expulsado Jesús a un demonio, algunos de entre la multitud dijeron: «Por arte de Belzebú, el príncipe de los demonios, echa los demonios». Otros, para ponerlo a prueba, le pedían un signo en el cielo. Él, conociendo sus pensamientos, les dijo: «Todo reino dividido contra sí mismo va a la ruina y se cae casa sobre casa. Si, pues, también Satanás se ha dividido contra sí mismo, ¿cómo mantendrá su reino? Pues vosotros decís que yo echo los demonios con el poder de Belzebú. Pero, si yo echo los demonios con el poder de Belzebú, vuestros hijos, ¿por arte de quién los echan? Po r eso, ellos mismos serán vuestros jueces. Pero, si yo echo los demonios con el dedo de Dios, entonces es que el reino de Dios ha llegado a vosotros. Cuando un hombre fuerte y bien armado guarda su palacio, sus bienes están seguros, pero, cuando otro más fuerte lo asalta y lo vence, le quita las armas de que se fiaba y reparte su botín. El que no está conmigo está contra mí; el que no recoge conmigo desparrama. Cuando un espíritu inmundo sale de un hombre, da vueltas por lugares áridos, buscado un sitio para descansar, y, al no encontrarlo, dice: "Volveré a la casa de donde salí". Al volver, s e la encuentra barrida y arreglada. Entonces va y toma otros siete espíritus peores que él, y se mete a vivir allí. Y el final de aquel hombre resulta peor que el principio».

Joel 1, 13-15; 2, 1-2; *Salmo* 9, 2-3.6.16.8-9 • **LUCAS 11, 15-26**

ORACIÓN

SEÑOR, mostrabas que tu Reino ya está entre nosotros, porque, si somos coherentes con tu Evangelio, Tú expulsas con tu dedo a los «demonios» que habitan en nuestro corazón. **Jesús, te doy gracias por haberme llamado a formar parte de tu Reino.** ***El Señor juzgará el orbe con justicia*** *(Salmo 9a).*

OCTUBRE
14
SÁBADO

San CALIXTO I *pp.*
Beata María Poussepin *vg*

Papa Francisco: La fe sin el fruto en la vida, una fe que no da fruto en las obras, no es fe. También nosotros nos equivocamos a veces sobre esto: 'Pero yo tengo mucha fe', escuchamos decir. 'Yo creo todo, todo...' Y quizá esta persona que dice eso tiene una vida tibia, débil. Su fe es como una teoría, pero no está viva en su vida. (21-02-2014)

PALABRA

Mientras Jesús hablaba a la gente, una mujer de entre el gentío levantando la voz, le dijo: «Bienaventurado el vientre que te llevó y los pechos que te criaron». Pero él dijo: «Mejor, bienaventurados los que escuchan la palabra de Dios y la cumplen».

Joel 4, 12-21; ***Salmo*** 96, 1-2. 5-6. 11-12 • **LUCAS 11, 27-28**

ORACIÓN

SEÑOR, nos dices que no hay mayor felicidad que la de escuchar tu Palabra y cumplirla: llevando a la práctica tu Evangelio. Así es como se alcanza –aquí y ahora– la bienaventuranza. **Jesús, ayúdame a interiorizar y vivir tu Palabra.** ***Alegraos, justos, con el Señor*** *(Salmo 96, 12a).*

OCTUBRE
15
DOMINGO

DOMINGO XXVIII DEL TIEMPO ORDINARIO Tomo IV - Salterio 4ª semana

Santa Teresa de Jesús vg, dc
Santos Severo *ob*, Tecla *ab*

Papa Francisco: La Iglesia está llamada a ir a las encrucijadas de hoy, es decir, a las periferias geográficas y existenciales de la humanidad, esos lugares marginales, esas situaciones en las que se encuentran acampados y viven fragmentos de humanidad sin esperanza. Se trata de no apoltronarse en las formas cómodas y habituales de evangelización y testimonio de la caridad, y de abrir las puertas de nuestro corazón y de nuestras comunidades a todos, porque el Evangelio no está reservado a unos pocos elegidos. También los que viven al margen, incluso los rechazados y despreciados por la sociedad, son considerados por Dios dignos de su amor. Él prepara su banquete para todos. (11-10-2020)

PALABRA

• ***Isaías*** 25, 6-10a: Preparará el Señor del universo para todos los pueblos, en este monte, un festín de manjares suculentos, un festín de vinos de solera; manjares exquisitos, vinos refinados. Y arrancará en este monte el velo que cubre a todos los pueblos, el lienzo extendido sobre todas las naciones. Aniquilará la muerte para siempre. Dios, el Señor, enjugará las lágrimas de todos los rostros, y alejará del país el oprobio de su pueblo –lo ha dicho el Señor–. Aquel día se dirá: «Aquí está nuestro Dios. Esperábamos en él y nos ha salvado. Este es el Señor en quien esperamos. Celebremos y gocemos con su salvación, porque reposará sobre este monte la mano del Señor».

• ***Salmo*** 22, 1b-6: ***Habitaré en la casa del Señor por años sin término.***

• ***Filipenses*** 4, 12-14.19-20: Sé vivir en pobreza y abundancia. Estoy avezado en todo y para todo: la hartura y el hambre, la abundancia y la privación. Todo lo puedo en aquel que me conforta. En todo caso hicisteis bien en compartir mi tribulación. En pago, mi Dios proveerá a todas vuestras necesidades con magnificencia, conforme a su riqueza en Cristo Jesús. A Dios, nuestro Padre, la gloria por los siglos de los siglos. Amén.

• **MATEO 22, 1-14:** Volvió a hablar Jesús en parábolas a los sumos sacerdotes y a los ancianos del pueblo, diciendo: «El reino de los cielos se parece a un rey que celebraba la boda de su hijo; mandó a sus criados para que llamaran a los convidados, pero no quisieron ir. Volvió a mandar otros criados encargándoles que dijeran a los convidados: "Tengo preparado el banquete, he matado terneros y reses cebadas y todo está a punto. Venid a la boda". Pero ellos no hicieron caso; uno se marchó a sus tierras, otro a sus negocios, los demás agarraron a los criados y los maltrataron y los mataron. El rey montó en cólera, envió sus tropas, que acabaron con aquellos asesinos y prendieron fuego a la ciudad. Luego dijo a sus criados: "La boda está preparada, pero los convidados no se la merecían. Id ahora a los cruces de los caminos y a todos los que encontréis, llamadlos a la boda". Los criados salieron a los caminos y reunieron a todos los que encontraron, malos y buenos. La sala del banquete se llenó de comensales. Cuando el rey entró a saludar a los comensales reparó en uno que no llevaba traje de fiesta y le dijo: "Amigo, ¿cómo has entrado aquí sin el vestido de boda?". El otro no abrió la boca. Entonces el rey dijo a los servidores: "Atadlo de pies y manos y arrojadlo fuera, a las tinieblas. Allí será el llanto y el rechinar de dientes. Porque muchos son los llamados y pocos los elegidos"».

ORACIÓN

SEÑOR, en la parábola de la boda del hijo del rey, nos dices que tu Reino es una gran celebración a la que sólo asisten los humildes y sencillos. **Jesús, te lo pido, dame humildad, porque deseo formar parte de tu Reino de Amor.**

OCTUBRE
16
LUNES

**Santos EDUVIGIS *rl*,
MARGARITA M.ª DE ALACOQUE *vg*,
Longinos *NT*, Gerardo Mayela *rl*.
Beata Petra de S. José *vg***

SANTA MARGARITA Mª ALACOQUE

Papa Francisco: Dios no está cerrado en sí mismo, sino que se abre y se pone en comunicación con la humanidad. En su inmensa misericordia, supera el abismo de la infinita diferencia entre Él y nosotros, y sale a nuestro encuentro. Para realizar esta comunicación con el hombre, Dios se hace hombre: no le basta hablarnos a través de la ley y los profetas, sino que se hace presente en la persona de su Hijo, la Palabra hecha carne. Jesús es el gran "constructor de puentes" que construye en sí mismo el gran puente de la comunión plena con el Padre. (06-09-2015)

PALABRA

La gente se apiñaba alrededor de Jesús, y él se puso a decirles: «Esta generación es una generación perversa. Pide un signo, pero no se le dará más signo que el signo de Jonás. Pues como Jonás fue un signo para los habitantes de Nínive, lo mismo será el Hijo del hombre para esta generación. La reina del Sur se levantará en el juicio contra los hombres de esta generación y hará que los condenen; porque ella vino desde los confines de la tierra para escuchar la sabiduría de Salomón, y aquí hay uno que es más que Salomón. Los hombres de Nínive se alzarán en el juicio contra esta generación, y harán que la condenen; porque ellos se convirtieron con la predicación de Jonás, y aquí hay uno que es más que Jonás».

Romanos 1, 1-7; *Salmo* 97, 1-4 • LUCAS 11, 29-32

ORACIÓN

SEÑOR, nos dices que Tú mismo eres el signo que necesitamos para alcanzar la salvación. No tenemos más que escucharte y ser coherentes con tu Palabra, para que Tú nos guíes por el buen camino. **Jesús, yo te alabo, por ser el signo que da sentido a mi vida.** ***El Señor da a conocer su salvación*** *(Salmo 97, 2a).*

Santos IGNACIO DE ANTIOQUÍA *ob mr,* **Oseas** *prof,* **Rufo y Zósimo** *mrs,* **Ricardo Gwyn** *mr.* **Beato Contardo Ferrini** *cf*

OCTUBRE
17
MARTES

Papa Francisco: En toda la Biblia se habla mucho de limosna, tanto de la pequeña de cada día como de la más significativa. Es necesario, sin embargo, estar atentos a dos cosas: no debemos hacer sonar la trompeta cuando se da limosna y no debemos limitarnos a dar lo superfluo. Es necesario despojarse y no dar sólo aquello que sobra. Quien da limosna y hace sonar la trompeta para que todos lo sepan, no es cristiano. Esto es un obrar farisaico, es hipócrita. (14-10-2014)

PALABRA

Cuando Jesús terminó de hablar, un fariseo le rogó que fuese a comer con él. Él entró y se puso a la mesa. Como el fariseo se sorprendió al ver que no se lavaba las manos antes de comer, el Señor le dijo: «Vosotros, los fariseos, limpiáis por fuera la copa y el plato, pero por dentro rebosáis de rapiña y maldad. ¡Necios! El que hizo lo de fuera, ¿no hizo también lo de dentro? Con todo, dad limosna de lo que hay dentro, y lo tendréis limpio todo».

Romanos 1, 16-25; ***Salmo*** 18, 2-5b • **LUCAS 11, 37-41**

ORACIÓN

SEÑOR, nos pides que demos «limosna» de lo que hay dentro de nosotros, porque así limpiamos toda nuestra persona. Y es que vivir tu Evangelio consiste, básicamente, en compartir el amor caritativo que brota de nuestro corazón. **Jesús, te lo suplico, ayúdame a ser generoso.**
El cielo proclama la gloria de Dios *(Salmo 18, 2a).*

OCTUBRE

18

MIÉRCOLES

FIESTA DE SAN LUCAS, EVANGELISTA

Santos Amable *pb*, Asclepiades *ob*

Papa Francisco: Además de los doce apóstoles, Jesús llamó a otros setenta y dos discípulos y los mandó de dos en dos para la misión (cf. Lc 10,1-16). Efectivamente, si la Iglesia «es misionera por su naturaleza» (Vaticano II. Decreto Ad gentes, 2), la vocación cristiana nace necesariamente dentro de una experiencia de misión. Así, escuchar y seguir la voz de Cristo Buen Pastor, dejándose atraer y conducir por Él y consagrando a Él la propia vida, significa aceptar que el Espíritu Santo nos introduzca en este dinamismo misionero, suscitando en nosotros el deseo y la determinación gozosa de entregar nuestra vida y gastarla por la causa del Reino de Dios (29-3-2015).

PALABRA

Designó el Señor otros setenta y dos y los mandó por delante de él, de dos en dos, a todos los pueblos y lugares adonde pensaba ir él. Y les decía: «La mies es abundante y los obreros pocos; rogad, pues, al dueño de la mies que envíe obreros a su mies. ¡Poneos en camino! Mirad que os envío como corderos en medio de lobos. No llevéis bolsa, ni alforja, ni sandalias; y no saludéis a nadie por el camino. Cuando entréis en una casa, decid primero: "Paz a esta casa". Y si allí hay gente de paz, descansará sobre ellos vuestra paz; si no, volverá a vosotros. Quedaos en la misma casa, comiendo y bebiendo de lo que tengan, porque el obrero merece su salario. No andéis cambiando de casa. Si entráis en una ciudad y os reciben, comed lo que os pongan, curad a los enfermos que haya en ella, y decidles: "El reino de Dios ha llegado a vosotros"».

2 Timoteo 4,10-17b; ***Salmo*** 144,10-13.17-18 • **LUCAS 10, 1-9**

ORACIÓN

SEÑOR, enviaste a setenta y dos discípulos para que anunciasen la llegada de tu Reino en aquellos lugares donde Tú ibas a ir. Eso mismo nos lo pides ahora a tus discípulos, porque deseas que demos testimonio de Ti. **Jesús, te doy gracias por haberme llamado a ser discípulo tuyo.**

Tus santos, Señor, proclaman la gloria de tu reinado *(Salmo 144, 12)*

OCTUBRE
19
JUEVES

Santos PEDRO DE ALCÁNTARA *pb*, JUAN DE BRÉBEUF E ISAAC JOGUES *pbs mrs*, PABLO DE LA CRUZ *ob*, Joel *prof*

Papa Francisco: La llave que abre la puerta a la fe es la oración. Porque cuando un cristiano no ora, su testimonio es soberbio. Y él mismo es un soberbio, es un orgulloso, es uno seguro de sí, no es humilde. Busca la propia promoción. En cambio, cuando un cristiano ora, no se aleja de la fe: habla con Jesús (17-10-2013)

PALABRA

Dijo el Señor: «¡Ay de vosotros, que edificáis mausoleos a los profetas, a quienes mataron vuestros padres! Así sois testigos de lo que hicieron vuestros padres, y lo aprobáis; porque ellos los mataron, y vosotros les edificáis mausoleos. Por eso dijo la Sabiduría de Dios: "Les enviaré profetas y apóstoles; a algunos de ellos los matarán y perseguirán"; y así, a esta generación se le pedirá cuenta de la sangre de todos los profetas derramada desde la creación del mundo; desde la sangre de Abel hasta la sangre de Zacarías, que pereció entre el altar y el santuario. Sí, os digo: se le pedirá cuenta a esta generación. ¡Ay de vosotros, maestros de la ley, que os habéis apoderado de la llave de la ciencia; vosotros no habéis entrado y a los que intentaban entrar se lo habéis impedido!». Al salir de allí, los escribas y fariseos empezaron a acosarlo implacablemente y a tirarle de la lengua con muchas preguntas capciosas, tendiéndole trampas para cazarlo con alguna palabra de su boca.

Romanos 3, 21-30; *Salmo* 129, 1b-7ab • **LUCAS 11, 47-54**

ORACIÓN

SEÑOR, a ciertas personas las avisabas de que tuvieran mucho cuidado, pues les iban a pedir cuentas por sus malas acciones. Y es que, ciertamente, todos somos responsables de nuestras decisiones. **Jesús, te lo ruego, ten misericordia de mí, porque soy un pobre pecador.** ***Del Señor viene la misericordia, la redención copiosa*** *(Salmo 129, 7cd).*

OCTUBRE

20

VIERNES

Viernes 28° Tiempo Ordinario Tomo IV - Salterio 4ª semana

Santos Cornelio Centurión *NT*, Vital *ob*, Adelina *ab*, Andrés Calibia *mj mr*

SAN CORNELIO EL CENTURIÓN

Papa Francisco: Jesús nos quiere así: siempre en el camino con la levadura del Espíritu Santo que nunca nos hace crecer hacia adentro, como los doctores de la ley, como los hipócritas. Porque el Espíritu Santo te empuja, te empuja hacia el horizonte. Y precisamente de esta manera el Señor quiere que sean los cristianos: personas que siempre avanzan, con dificultad, con sufrimiento, con problemas, con caídas, pero siempre adelante con la esperanza de encontrar la herencia, porque tienen la levadura que es anticipo, que es el Espíritu Santo. (19-10-2018)

PALABRA

Miles y miles de personas se agolpaban. Jesús empezó a hablar, dirigiéndose primero a sus discípulos: «Cuidado con la levadura de los fariseos, que es la hipocresía, porque nada hay cubierto que no llegue a descubrirse, nada hay escondido que no llegue a saberse. Por eso, lo que digáis en la oscuridad será oído a plena luz, y lo que digáis al oído en las recámaras se pregonará desde la azotea. A vosotros os digo, amigos míos: no tengáis miedo a los que matan el cuerpo, y después de esto no pueden hacer más. Os voy a enseñar a quién tenéis que temer: temed al que, después de la muerte, tiene poder para arrojar a la "gehenna". A ese tenéis que temer, os lo digo yo. ¿No se venden cinco pájaros por dos céntimos? Pues ni de uno solo de ellos se olvida Dios. Más aún, hasta los cabellos de vuestra cabeza están contados. No tengáis miedo: valéis más que muchos pájaros».

Romanos 4, 1-8; ***Salmo*** 31, 1b-2.5.11 • **LUCAS 12, 1-7**

ORACIÓN

SEÑOR, nos adviertes de que debemos estar precavidos contra aquellos que pueden conducirnos por el camino de la perdición. Y nos pides que renunciemos a todo lo que pueda conducirnos, de algún modo, por ese mal camino. **Jesús, te lo pido, protégeme de esas personas que me tientan para que me aleje de Ti.** ***Tú eres mi refugio, me rodeas de cantos de liberación*** *(Salmo 31, 7a.c).*

Santos Hilarión de Gaza *ab*, **Viator** *cf*, **Celina** *mf*, **Severino** *ob*, **Úrsula** *vg mr*, **Laura de S. Catalina S. Montoya** *vg*

OCTUBRE

21

SÁBADO

Papa Francisco: Aprendamos qué hacer cuando necesitamos un cambio verdadero. ¿Quién de nosotros no lo necesita? Sobre todo, cuando estamos hundidos, cuando estamos cansados por el peso de la vida, cuando nuestras debilidades nos oprimen, cuando avanzar es difícil y amar parece imposible. Entonces necesitamos un fuerte "reconstituyente": es el Espíritu Santo, la fuerza de Dios. (20-05-2018)

PALABRA

Dijo Jesús a sus discípulos: «Todo aquel que se declare por mí ante los hombres, también el Hijo del hombre se declarará por él ante los ángeles de Dios, pero si uno me niega ante los hombres, será negado ante los ángeles de Dios. Todo el que diga una palabra contra el Hijo del hombre podrá ser perdonado, pero al que blasfeme contra el Espíritu Santo no se le perdonará. Cuando os conduzcan a las sinagogas, ante los magistrados y las autoridades, no os preocupéis de cómo o con qué razones os defenderéis o de lo que vais a decir, porque el Espíritu Santo os enseñará en aquel momento lo que tenéis que decir».

Romanos 4, 13.16-18; ***Salmo*** 104, 6-9.42-43 • **LUCAS 12, 8-12**

ORACIÓN

SEÑOR, nos pides que siempre demos testimonio de Ti, incluso ante los que te atacan. Pero nos dices que no estaremos indefensos, porque el Espíritu Santo nos ayudará en esos momentos. Y, más adelante, Tú responderás por nosotros en el Juicio Final. **Jesús, te lo pido, dame valor para anunciar tu Evangelio.** ***El Señor se acuerda de su alianza eternamente*** *(Salmo 104, 8a).*

Santos JUAN PABLO II *pp*,
Nunilo y Alodía *vgs mrs.*
Beato Timoteo Giaccardo *pb*

JORNADA MUNDIAL POR LA EVANGELIZACIÓN DE LOS PUEBLOS (DOMUND)

Papa Francisco: Y con esta respuesta, Jesús se sitúa por encima de la polémica. Jesús siempre más allá. Por una parte, reconoce que se debe pagar el tributo al César —también nosotros: hay que pagar los impuestos—, porque la imagen sobre la moneda es la suya; pero, sobre todo, recuerda que cada persona lleva en sí otra imagen —la llevamos en el corazón, en el alma—, la de Dios, y por tanto es a Él, y solo a Él, a quien cada uno debe la propia existencia, la propia vida. (18-10-2020)

PALABRA

• ***Isaías*** 45,1.4-6: Esto dice el Señor a su Ungido, a Ciro: «Yo lo he tomado de la mano, para doblegar ante él las naciones y desarmar a los reyes, para abrir ante él las puertas, para que los portales no se cierren. Por mi siervo Jacob, por mi escogido Israel, te llamé por tu nombre, te di un título de honor, aunque no me conocías. Yo soy el Señor y no hay otro; fuera de mí no hay dios. Te pongo el cinturón, aunque no me conoces, para que sepan de Oriente a Occidente que no hay otro fuera de mí. Yo soy el Señor y no hay otro».

• ***Salmo*** 95, 1-5.7-10: ***Aclamad la gloria y el poder del Señor.***

• ***1Tesalonicenses*** 1, 1-5b: Pablo, Silvano y Timoteo a la Iglesia de los tesalonicenses, en Dios Padre y en el Señor Jesucristo. A vosotros, gracia y paz. En todo momento damos gracias a Dios por todos vosotros y os tenemos presentes en nuestras oraciones, pues sin cesar recordamos ante Dios, nuestro Padre, la actividad de vuestra fe, el esfuerzo de vuestro amor y la firmeza de vuestra esperanza en Jesucristo nuestro Señor. Bien sabemos, hermanos amados de Dios, que él os ha elegido, pues cuando os anuncié nuestro Evangelio no fue solo palabras, sino también con la fuerza del Espíritu Santo y con plena convicción.

• **MATEO 22, 15-21:** Se retiraron los fariseos y llegaron a un acuerdo para comprometer a Jesús con una pregunta. Le enviaron algunos discípulos suyos, con unos herodianos, y le dijeron: «Maestro, sabemos que eres sincero y que enseñas el camino de Dios conforme a la verdad, sin que te importe nadie, porque no te fijas en apariencias. Dinos, pues, qué opinas: ¿es lícito pagar impuesto al César o no?». Comprendiendo su mala voluntad, les dijo Jesús: «¡Hipócritas!, ¿por qué me tentáis? Enseñadme la moneda del impuesto». Le presentaron un denario. Él les preguntó: «¿De quién son esta imagen y esta inscripción?». Le respondieron: «Del César». Entonces les replicó: «Pues dad al César lo que es del César y a Dios lo que es de Dios».

ORACIÓN

SEÑOR, algunas malas personas te ponían a prueba planteándote preguntas con trampa, para que cayeras y quedaras así desacreditado públicamente. Pero Tú les desenmascarabas con la Verdad. También a nosotros algunas personas nos ponen trampas para desacreditar nuestra fe en Ti. **Jesús, te lo ruego, ilumíname con tu Verdad.**

Dad al César lo que es del César y a Dios lo que es de Dios

Santos JUAN DE CAPISTRANO *pb*, Marcos *ob*, Valerio *di mr*

SAN JUAN DE CAPISTRANO

Papa Francisco: El dinero no hay que demonizarlo en sentido absoluto. El dinero sirve para llevar adelante muchas cosas buenas, muchos trabajos, para desarrollar la humanidad. Lo que hay que condenar, en cambio, es su uso distorsionado. (21-10-2013)

PALABRA

Dijo uno de entre la gente a Jesús: «Maestro, dile a mi hermano que reparta conmigo la herencia». Él le dijo: «Hombre, ¿quién me ha constituido juez o árbitro entre vosotros?». Y dijo a la gente: «Mirad: guardaos de toda clase de codicia. Pues, aunque uno ande sobrado, su vida no depende de sus bienes». Y les propuso una parábola: «Las tierras de un hombre rico produjeron una gran cosecha. Y empezó a echar cálculos, diciéndose: "¿Qué haré? No tengo donde almacenar la cosecha". Y se dijo: "Haré lo siguiente: derribaré los graneros y construiré otros más grandes, y almacenaré allí todo el trigo y mis bienes. Y entonces me diré a mí mismo: alma mía, tienes bienes almacenados para muchos años; descansa, come, bebe, banquetea alegremente". Pero Dios le dijo: "Necio, esta noche te van a reclamar el alma, y ¿de quién será lo que has preparado?". Así será el que atesora para sí y no es rico ante Dios».

Romanos 4, 20-25; ***Salmo: Lucas*** 1, 69-75 • **LUCAS 12, 13-21**

ORACIÓN

SEÑOR, nos animas a atesorar riquezas en el corazón, porque eso nos ayudará a disfrutar del Reino Celestial. Sin embargo, a veces estamos tan preocupados en asegurar nuestro propio futuro en la vida terrena, que nos olvidamos de la vida eterna. **Jesús, te pido perdón por mi egoísmo.** ***Bendito sea el Señor, Dios de Israel, porque ha visitado a su pueblo*** *(Lucas 1, 68).*

Santos ANTONIO M.ª CLARET *ob*, Proclo *ob*, Luis Guanella *pb*

Papa Francisco: La espera del retorno del Señor es el tiempo de la acción, el tiempo de hacer rendir los dones de Dios no para nosotros mismos, sino para él, para la Iglesia, para los demás: que crezca el bien en el mundo. Y, en este período de crisis, es importante no cerrarse en uno mismo, enterrando nuestras riquezas espirituales, intelectuales, materiales, todo lo que el Señor nos ha dado, sino abrirse, ser solidarios, estar atento al otro (23-4-2013).

PALABRA

Jesús dijo a sus discípulos: «Tened ceñida la cintura y encendidas las lámparas. Vosotros estad como los hombres que aguardan a que su señor vuelva de la boda, para abrirle apenas venga y llame. Bienaventurados aquellos criados a quienes el señor, al llegar, los encuentre en vela; en verdad os digo que se ceñirá, los hará sentar a la mesa y, acercándose, les irá sirviendo. Y si llega a la segunda vigilia o a la tercera y los encuentra así, bienaventurados ellos».

Romanos 5, 12.15b.17-19.20b-21; ***Salmo*** 39, 7-10.17 • **LUCAS 12, 35-38**

ORACIÓN

SEÑOR, nos pides que estemos alerta, porque no sabemos cuándo te harás presente en nuestra vida, llenándonos con tu Amor. **Jesús, te pido perdón por las veces en las que no estoy atento para sentir tu Presencia en mi vida.** ***Aquí estoy, Señor, para hacer tu voluntad*** *(Salmo 39, 8a -9a).*

Santos Bernardo Calbó *ob*, Crisanto y Daría *mrs*, Frutos, Valentín y Engracia *mrs*

Papa Francisco: El triunfo de Jesús al final de los tiempos, será el triunfo de la Cruz; la demostración de que el sacrificio de uno mismo por amor al prójimo y a imitación de Cristo, es el único poder victorioso y el único punto fijo en medio de la confusión y tragedias del mundo. (15-11-2015)

PALABRA

Dijo Jesús a sus discípulos: «Comprended que si supiera el dueño de casa a qué hora viene el ladrón, velaría y no le dejaría abrir un boquete en casa. Lo mismo vosotros, estad preparados, porque a la hora que menos penséis viene el Hijo del hombre». Pedro le preguntó: «Señor, ¿dices esta parábola por nosotros o por todos?». El Señor dijo: «¿Quién es el administrador fiel y prudente a quien el señor pondrá al frente de su servidumbre para que reparta la ración de alimento a sus horas? Bienaventurado aquel criado a quien su amo, al llegar, lo encuentre portándose así. En verdad os digo que lo pondrá al frente de todos sus bienes. Pero si aquel criado dijere para sus adentros: "Mi señor tarda en llegar", y empieza a pegarles a los criados y criadas, a comer y beber y emborracharse, vendrá el señor de ese criado el día que no espera y a la hora que no sabe y lo castigará con rigor, y le hará compartir la suerte de los que no son fieles. El criado que, conociendo la voluntad de su señor, no se prepara ni obra de acuerdo con su voluntad, recibirá muchos azotes; pero el que, sin conocerla, ha hecho algo digno de azotes, recibirá menos. Al que mucho se le dio, mucho se le reclamará; al que mucho se le confió, más aún se le pedirá».

Romanos 6, 12-18; ***Salmo*** 123, 1b-8 • **LUCAS 12, 39-48**

ORACIÓN

SEÑOR, para guiarnos hacia la salvación, nos has dado el don de tu Palabra, y también nos has dado el don de formar parte de tu Iglesia, para que podamos comprender y asimilar correctamente tu Palabra. Pero todo eso, además de un don, es una responsabilidad que nosotros debemos asumir. **Jesús, ayúdame a ser coherente con tu Evangelio.** ***Nuestro auxilio es el nombre del Señor*** *(Salmo 123, 8a).*

Santos Albino *ob*, Fulco *ob*, Luciano y Marciano *mrs*, Amando *ob*

Papa Francisco: Su deseo más ardiente: traer a la tierra el fuego del amor del Padre, que ilumina la vida y a través del cual el hombre se salva. Él nos llama a difundir este fuego en el mundo, gracias al cual seremos reconocidos como sus verdaderos discípulos. (18-08-2019)

PALABRA

Dijo Jesús a sus discípulos: «He venido a prender fuego en el mundo, ¡y cuánto deseo que ya esté ardiendo! Con un bautismo tengo que ser bautizado, ¡y qué angustia sufro hasta que se cumpla! ¿Pensáis que he venido a traer paz a la tierra? No, sino división. Desde ahora estarán divididos cinco en una casa: tres contra dos y dos contra tres; estarán divididos el padre contra el hijo y el hijo contra el padre, la madre contra la hija y la hija contra la madre, la suegra contra la nuera y la nuera contra la suegra».

Romanos 6, 19-23; ***Salmo*** 1, 1-6 • **LUCAS 12, 49-53**

ORACIÓN

SEÑOR, todos nosotros, de un modo u otro, hemos sufrido conflictos familiares a causa de tu Evangelio. Pues en la actualidad las familias, generalmente, están compuestas por personas de diversas creencias, deseos y ambiciones. **Jesús, dame paciencia y sabiduría para que pueda dar un buen testimonio de Ti en mi ámbito familiar.** ***Dichoso el hombre que ha puesto su confianza en el Señor*** *(Salmo 39, 5ab).*

OCTUBRE

27

VIERNES

Viernes 29º Tiempo Ordinario Tomo IV · Salterio 1ª semana

Santos Evaristo *pp*, Gaudioso *ob*, Vicente, Sabina y Cristeta *mrs*

SS. VICENTE, SABINA Y CRISTETA

Papa Francisco: Somos libres por el don de la libertad que nos dio Jesucristo. Pero nuestro trabajo es examinar lo que sucede dentro de nosotros, discernir nuestros sentimientos, nuestros pensamientos; y analizar lo que sucede fuera de nosotros, discernir los signos de los tiempos. ¿Cómo? Con el silencio, con la reflexión y con la oración. (23-10-2015)

PALABRA

Decía Jesús a la gente: «Cuando veis subir una nube por el poniente, decís enseguida: "Va a caer un aguacero", y así sucede. Cuando sopla el sur, decís: "Va a hacer bochorno", y sucede. Hipócritas: sabéis interpretar el aspecto de la tierra y del cielo, pues ¿cómo no sabéis interpretar el tiempo presente? ¿Cómo no sabéis juzgar vosotros mismos lo que es justo? Por ello, mientras vas con tu adversario al magistrado, haz lo posible en el camino por llegar a un acuerdo con él, no sea que te lleve a la fuerza ante el juez, y el juez te entregue al guardia, y el guardia te meta en la cárcel. Te digo que no saldrás de allí hasta que no pagues la última monedilla».

Romanos 7, 18-24; *Salmo* 118, 66.68.76-77.93-94 • **LUCAS 12, 54-59**

ORACIÓN

SEÑOR, nos pides que estemos muy atentos al momento presente, sobre todo a lo que pueden estar sufriendo otras personas por culpa nuestra. Y también nos pides que reparemos cuanto antes ese mal, porque, si no, antes o después, sufriremos las consecuencias. **Jesús, ayúdame a contemplar el presente con los ojos del corazón.** ***Instrúyeme, Señor, en tus decretos*** *(Salmo 118, 68b).*

FIESTA DE LOS SANTOS SIMÓN Y JUDAS TADEO, APÓSTOLES

Santos Fidel *mr*, Francisco Serrano *ob* y *co mrs*, Rodrigo Aguilar *pb mr*

OCTUBRE
28
SÁBADO

Papa Francisco: Jesús cercano a la gente. No es un profesor, un maestro, un místico que se aleja y habla desde la cátedra, sino más bien una persona que está en medio de la gente; se deja tocar; deja que la gente le pida. [...] La cercanía de Dios a su pueblo es la cercanía de Jesús con la gente. Toda la gente trataba de tocarlo, porque salía de Él una fuerza que los curaba a todos. Así cercano, en medio del pueblo. (09-09-2014)

PALABRA

En aquellos días, Jesús salió al monte a orar, y pasó la noche orando a Dios. Cuando se hizo de día, llamó a sus discípulos, escogió de entre ellos a Doce a los que también nombró apóstoles: Simón, al que puso de nombre Pedro, y Andrés, su hermano; Santiago, Juan, Felipe, Bartolomé, Mateo, Tomás, Santiago el de Alfeo, Simón, llamado el Zelote; Judas el de Santiago y Judas Iscariote, que fue el traidor. Después de bajar con ellos, se paró en una llanura, con un grupo grande de discípulos y una gran muchedumbre del pueblo, procedente de toda Judea, de Jerusalén y de la costa de Tiro y de Sidón. Venían a oírlo y a que los curara de sus enfermedades; los atormentados por espíritus inmundos quedaban curados, y toda la gente trataba de tocarlo, porque salía de él una fuerza que los curaba a todos.

Efesios 2, 19-22; *Salmo* 18, 2-5b • **LUCAS 6, 12-19**

ORACIÓN

SEÑOR, entre los Doce que escogiste para que fueran tus apóstoles, uno de ellos era Judas Iscariote, a sabiendas de que era un traidor. Y es que, como consecuencia de su traición, fuiste crucificado, y así diste la vida por nuestra salvación. **Jesús, te doy gracias por tu infinita sabiduría.**
A toda la tierra alcanza su pregón *(Salmo 18, 5a).*

OCTUBRE
29
DOMINGO

DOMINGO XXX TIEMPO ORDINARIO Tomo IV · Salterio 2ª semana

Santos Narciso *ob*, Feliciano *mr*, Honorato *ob*, Joaquín Royo *pb mr*

Papa Francisco: En el Evangelio de hoy, una vez más, Jesús nos ayuda a ir a la fuente viva y que brota del Amor. Y tal fuente es Dios mismo, para ser amado totalmente en una comunión que nada ni nadie puede romper. Comunión que es un don para invocar cada día, pero también compromiso personal para que nuestra vida no se deje esclavizar por los ídolos del mundo. Y la verificación de nuestro camino de conversión y de santidad está siempre en el amor al prójimo. (25-10-2020)

PALABRA

• ***Éxodo*** 22, 20-26: Esto dice el Señor: «No matarás ni oprimirás al emigrante, pues emigrantes fuisteis vosotros en la tierra de Egipto. No explotarás a viudas ni a huérfanos. Si los explotas y gritan a mí, yo escucharé su clamor, se encenderá mi ira y os mataré a espada; vuestras mujeres quedarán viudas y vuestros hijos huérfanos. Si prestas dinero a uno de mi pueblo, a un pobre que habita contigo, no serás con él un usurero cargándole intereses. Si tomas en prenda el manto de tu prójimo, se lo devolverás antes de ponerse el sol, porque no tiene otro vestido para cubrir su cuerpo, y ¿dónde, si no, se va a acostar? Si grita a mí yo lo escucharé, porque yo soy compasivo».

• ***Salmo*** 17, 2-4.47.51ab: *Yo te amo, Señor, tú eres mi fortaleza.*

• ***1 Tesalonicenses*** 1, 5c-10: Sabéis cómo nos comportamos entre vosotros para vuestro bien. Y vosotros seguisteis nuestro ejemplo y el del Señor, acogiendo la palabra en medio de una gran tribulación, con alegría del Espíritu Santo. Así llegasteis a ser un modelo para todos los creyentes de Macedonia y de Acaya. No solo ha resonado la palabra del Señor en Macedonia y en Acaya desde vuestra comunidad, sino que además vuestra fe en Dios se ha difundido por doquier, de modo que nosotros no teníamos necesidad de explicar nada, ya que ellos mismos cuentan los detalles de la visita que os hicimos: cómo, os convertisteis a Dios, abandonando los ídolos, para servir al Dios vivo y verdadero, y vivir aguardando la vuelta de su Hijo Jesús desde el cielo, a quien ha resucitado de entre los muertos y que nos libra del castigo futuro.

• **MATEO 22, 34-40:** Los fariseos, al oír que Jesús había hecho callar a los saduceos, se reunieron en un lugar y uno de ellos, un doctor de la ley, le preguntó para ponerlo a prueba: «Maestro, ¿cuál es el mandamiento principal de la Ley?». Él le dijo: «"Amarás al Señor tu Dios con todo tu corazón, con toda tu alma, con toda tu mente". Este mandamiento es el principal y primero. El segundo es semejante a él: "Amarás a tu prójimo como a ti mismo". En estos dos mandamientos se sostiene toda la Ley y los Profetas».

ORACIÓN

SEÑOR, cuando te preguntaron cuál es el principal mandamiento de la Ley, Tú no dudaste en hablar de los dos mandamientos del amor. Porque al amar caritativamente hacemos la voluntad divina, es decir, actuamos en armonía con Dios Padre. **Jesús, te lo pido, dame de tu Amor.**

Que el amor de Dios se derrame en nuestro ser

Santos Claudio, Lupercio y Victorio ***mrs,*** **Marcelo** ***mr,*** **Germán** ***ob,*** **Gerardo** ***ob***

SS. CLAUDIO, LUPERCIO Y VICTORIO

Papa Francisco: En la sinagoga había una mujer que estaba encorvada, completamente encorvada, pobre, y no era capaz de estar derecha: una enfermedad de la columna la mantenía así desde hace años. Y ¿qué hace Jesús? A mí me impresionan los verbos que usa el evangelista para decir lo que hizo Jesús: "vio", la vio; "llamó", la llamó; "le dijo"; "impuso sus manos sobre ella y la sanó". Son cinco verbos de cercanía. Antes de nada, Jesús se acercó a ella: la actitud del buen pastor, la cercanía. Porque un buen pastor es cercano, siempre. (30-10-2017)

PALABRA

Un sábado, enseñaba Jesús en una sinagoga. Había una mujer que desde hacía dieciocho años estaba enferma por causa de un espíritu, y andaba encorvada, sin poderse enderezar de ningún modo. Al verla, Jesús la llamó y le dijo: «Mujer, quedas libre de tu enfermedad». Le impuso las manos, y enseguida se puso derecha. Y glorificaba a Dios. Pero el jefe de la sinagoga, indignado porque Jesús había curado en sábado, se puso a decir a la gente: «Hay seis días para trabajar; venid, pues, a que os curen en esos días y no en sábado». Pero el Señor, le respondió y dijo: «Hipócritas: cualquiera de vosotros, ¿no desata en sábado su buey o su burro del pesebre, y los lleva a abrevar? Y a esta, que es hija de Abrahán, y que Satanás ha tenido atada dieciocho años, ¿no era necesario soltarla de tal ligadura en día de sábado?». Al decir estas palabras, sus enemigos quedaron abochornados, y toda la gente se alegraba por todas las maravillas que hacía.

Romanos 8, 12-17; ***Salmo*** 67, 2-7.20-21 • **LUCAS 13, 10-17**

ORACIÓN

SEÑOR, te quejabas de que algunos llevaban demasiado lejos el cumplimiento de la Ley, pues la convertían en algo malo para las personas. Por eso les pedías que cumplieran la Ley sabiamente, es decir, con misericordia y sentido común. **Jesús, te lo pido, dame sabiduría.** ***Nuestro Dios es un Dios que salva*** *(Salmo 67, 21a).*

Santos Jerónimo Hermosilla ***ob mr,*** **Alonso Rodríguez** ***rl,*** **Quintín** ***mr***

Papa Francisco: Levadura y semilla mueren. La levadura ya no es levadura: se mezcla con la harina y se convierte en pan para todos, comida para todos. La semilla ya no será semilla: será árbol y se convierte en casa para todos, para los pájaros... No se trata de un problema de pequeñez, por el cual se puede pensar: es pequeño, es poca cosa, o algo grande. Es, más bien, un problema de camino, y precisamente en el camino sucede la transformación. (28-10-2016)

PALABRA

Decía Jesús: «¿A qué es semejante el reino de Dios o a qué lo compararé? Es semejante a un grano de mostaza que un hombre toma y siembra en su huerto; creció, se hizo un árbol y los pájaros del cielo anidaron en sus ramas». Y dijo de nuevo: «¿A qué compararé el reino de Dios? Es semejante a la levadura que una mujer tomó y metió en tres medidas de harina, hasta que todo fermentó».

Romanos 8, 18-25; ***Salmo*** 125, 1b-6 • **LUCAS 13, 18-21**

ORACIÓN

SEÑOR, quieres que nosotros seamos esa pizca de «levadura» que se mezcla con nuestro entorno para que, dando testimonio de tu Evangelio, lo transformemos en tu Reino de Amor. **Jesús, te pido perdón porque a veces no doy un buen testimonio de Ti.** ***El Señor ha estado grande con nosotros*** *(Salmo 125, 3a).*

EL MATRIMONIO Y LA FAMILIA

Libros para fortalecer la vida matrimonial y familiar

- **El amor humano.** ***Su sentido y su alcance.*** A. López Quintás. 256 p. 9,00 €. Ética y amor.
- **No tienen vino.** ***Espiritualidad matrimonial y familiar.*** Mons. Francisco Cerro, arzobispo de Toledo. 70 p. 6,75 €
- **El matrimonio en Cristo.** J.Mª Iraburu. 144 p. 4,25 €
- **Amor y vida.** *Acerca del Matrimonio Cristiano.* F. García. 308 p. 11,45 €
- **Familia, vida y sociedad.** ***Textos sociales católicos.*** M, J. Núñez. 346 p. 11,75 v
- **La familia cristiana.** ***Iglesia doméstica.*** Atilano Aláiz, 346 p. 11,50 €
- **Escuela de padres en casa** (3ª ed.). N. Martínez, 212 p. 7,25 €. Para educar desde la familia y el diálogo.
- **Quince cartas a un padre preocupado** (3ª ed.). Venancio Luis Agudo. 150 p. 5,25 €

NOVIEMBRE

A TI, OH DIOS, TE ALABAMOS.

Los ángeles todos, los cielos,
los querubines y serafines te cantan sin cesar.
A ti te ensalza el glorioso coro de los apóstoles,
la multitud admirable de los profetas,
el blanco ejército de los mártires.
Padre de inmensa majestad,
Hijo único, digno de adoración,
Espíritu Santo, Defensor.

NOVIEMBRE
1
MIÉRCOLES

SOLEMNIDAD DE TODOS LOS SANTOS

TODOS LOS SANTOS

Papa Francisco: Los santos y los beatos son los testigos más autorizados de la esperanza cristiana, porque la han vivido plenamente en su existencia, entre alegrías y sufrimientos, poniendo en práctica las Bienaventuranzas que Jesús predicó y que hoy resuenan en la liturgia. Las Bienaventuranzas evangélicas son, en efecto, el camino de la santidad. (01-11-2020)

PALABRA

Al ver Jesús el gentío, subió al monte, se sentó y se acercaron sus discípulos; y, abriendo su boca, les enseñaba diciendo: «Bienaventurados los pobres en el espíritu, porque de ellos es el reino de los cielos. Bienaventurados los mansos, porque ellos heredarán la tierra. Bienaventurados los que lloran, porque ellos serán consolados. Bienaventurados los que tienen hambre y sed de la justicia, porque ellos quedarán saciados. Bienaventurados los misericordiosos, porque ellos alcanzarán misericordia. Bienaventurados los limpios de corazón, porque ellos verán a Dios. Bienaventurados los que trabajan por la paz, porque ellos serán llamados hijos de Dios. Bienaventurados los perseguidos por causa de la justicia, porque de ellos es el reino de los cielos. Bienaventurados vosotros cuando os insulten y os persigan y os calumnien de cualquier modo por mi causa. Alegraos y regocijaos, porque vuestra recompensa será grande en el cielo».

Apocalipsis 7, 2-4.9-14; ***Salmo*** 23, 1b-6; ***1Juan*** 3, 1-3 • **MATEO 5, 1-12a**

ORACIÓN

SEÑOR, ahora mismo estás sentado en tu trono, rodeado de una multitud de felices personas que, antes, durante su vida mortal, fueron coherentes con tu Evangelio arriesgando su bienestar o, incluso, su vida. **Jesús, deseo disfrutar algún día de tu Reino Celestial. Guíame por el buen camino.** ***Esta es la generación que busca tu rostro, Señor*** *(Salmo 23, 6).*

CONMEMORACIÓN DE TODOS LOS FIELES DIFUNTOS

Papa Francisco: La esperanza es un ancla que tenemos del otro lado: nosotros, aferrándonos a la cuerda, nos sujetamos. "Sé que mi Redentor está vivo y lo ve": repetir esto en los momentos de alegría y en los malos momentos, en los momentos "de muerte", por decirlo así. (...)El Señor nos recibe allí, donde está el ancla. La vida en la esperanza es vivir así: aferrándose, con la cuerda en la mano, fuerte, sabiendo que el ancla está ahí. Y este ancla no decepciona: no defrauda. (02-11-2020)

PALABRA

Dijo Jesús a sus discípulos: «No se turbe vuestro corazón; creed en Dios y creed también en mí. En la casa de mi Padre hay muchas moradas; si no, os lo habría dicho, porque me voy a prepararos un lugar. Cuando vaya y os prepare un lugar, volveré y os llevaré conmigo, para que donde estoy yo estéis también vosotros. Y adonde yo voy, ya sabéis el camino». Tomás le dice: «Señor, no sabemos adónde vas, ¿cómo podemos saber el camino?». Jesús le responde: «Yo soy el camino y la verdad y la vida. Nadie va al Padre, sino por mí».

Lamentaciones 3, 17-26; ***Salmo*** 129, 1b-8; • **JUAN 14, 1-6**

ORACIÓN

SEÑOR, hoy hacemos memoria de nuestros familiares y amigos difuntos. Son personas que fueron muy importantes en nuestra vida, y lo siguen siendo, pues los tenemos presentes en nuestro corazón. **Jesús, te lo ruego, ponlos en tus misericordiosas manos, para que disfruten de tu Amor eterno.** ***Espero en el Señor, espero en palabra*** *(Salmo 129, 5).*

NOVIEMBRE
3
VIERNES

Viernes 30° Tiempo Ordinario — Tomo IV - Salterio 2ª semana

Santos MARTÍN DE PORRES *rl*, Pedro Almató *pb mr*, Germán, Silvia *mf*, Beato Manuel Lozano Garrido (Lolo) *la*

Papa Francisco: Hay que preguntarse cuál es el camino para ser fieles a la ley sin descuidar la justicia, sin descuidar el amor. La respuesta es precisamente el camino que viene de lo opuesto. «Y esta es mi oración: que vuestro amor siga creciendo más y más en penetración y en sensibilidad para apreciar los valores. Así llegaréis al Día de Cristo limpios e irreprochables» Carta a los Filipenses (1, 1-11). (31-10-2014)

PALABRA

Un sábado, entró Jesús en casa de uno de los principales fariseos para comer, y ellos lo estaban espiando. Había allí, delante de él, un hombre enfermo de hidropesía, y, tomando la palabra, dijo a los maestros de la ley y a los fariseos: «¿Es lícito curar los sábados, o no?». Ellos se quedaron callados. Jesús, tocando al enfermo, lo curó y lo despidió. Y a ellos les dijo: «¿A quién de vosotros se le cae al pozo el asno o el buey y no lo saca enseguida en día de sábado?». Y no pudieron replicar a esto.

Romanos 9, 1-5; ***Sal*** 147, 12-15. 19-20 • **LUCAS 14, 1-6**

ORACIÓN

SEÑOR, nos dices que la Ley se escribió para ayudar a las personas a ser libres, no para esclavizarlas. **Jesús, te doy gracias por liberarme, con tu Evangelio, del poder del pecado.** ***Glorifica al Señor, Jerusalén*** *(Salmo 147, 12a).*

Santos CARLOS BORROMEO *ob,* Vital y Agrícola *mrs,* Modesta *ab,* Félix de Valois *pb*

Papa Francisco: El Señor nos invita a que no busquemos por nuestra propia iniciativa la atención y la consideración de los demás, sino, más bien, dejar que sean los otros las que nos la presten, y a seguir el camino de la humildad, porque es el más auténtico, el camino de la humildad, que también nos permite tener relaciones auténticas. (01-09-2019)

PALABRA

Un sábado, entró Jesús en casa de uno de los principales fariseos para comer, y ellos lo estaban espiando. Notando que los convidados escogían los primeros puestos, les decía una parábola: «Cuando te conviden a una boda, no te sientes en el puesto principal, no sea que hayan convidado a otro de más categoría que tú; y vendrá el que os convidó a ti y al otro y te diga: "Cédele el puesto a este". Entonces, avergonzado, irás a ocupar el último puesto. Al revés, cuando te conviden, vete a sentarte en el último puesto, para que, cuando venga el que te convidó, te diga: "Amigo, sube más arriba". Entonces quedarás muy bien ante todos los comensales. Porque todo el que se enaltece será humillado; y el que se humilla será enaltecido».

Romanos 11, 1-2a.11-12.25-29; ***Sal*** 93, 12-15.17-18 • **LUCAS 14, 1.7-11**

ORACIÓN

SEÑOR, nos animas a guiarnos humildemente, dejando lo peor para nosotros y lo mejor para los demás. Porque, paradójicamente, eso nos hará muy felices. **Jesús, te lo suplico, ayúdame a ser humilde y generoso.** ***El Señor no rechaza a su pueblo*** *(Salmo 93, 14a).*

NOVIEMBRE
5
DOMINGO

DOMINGO XXXI TIEMPO ORDINARIO Tomo IV - Salterio 3ª semana

Santos ÁNGELA DE LA CRUZ *vg,*
Bertila *ab,* **Domingo Mâu** *pb mr,*
Guido M. Conforti *ob.*
Beata María Rafols *vg.*

Papa Francisco: Nosotros, discípulos de Jesús no debemos buscar título de honor, de autoridad o de supremacía. Yo os digo que a mí personalmente me duele ver a personas que psicológicamente viven corriendo detrás de la vanidad de las condecoraciones. Nosotros, discípulos de Jesús, no debemos hacer esto, ya que entre nosotros debe haber una actitud sencilla y fraterna. (05-11-2017)

PALABRA

• ***Malaquías*** 1, 14b-2, 2b.8-10: Yo soy un gran rey, dice el Señor del universo; y todas las naciones temen mi nombre. Esto es lo que os mando, sacerdotes: Si no escucháis y no ponéis todo vuestro corazón en glorificar mi nombre, dice el Señor del universo, os enviaré la maldición. Os habéis separado del camino recto y habéis hecho que muchos tropiecen en la ley, invalidando la alianza de Leví, dice el Señor del universo. Pues yo también os voy a hacer despreciables y viles para todo el pueblo, ya que vuestra boca no ha guardado el camino recto y habéis sido parciales en la aplicación de la ley. ¿No tenemos todos un mismo padre? ¿No nos creó el mismo Dios? ¿Por qué entonces nos traicionamos unos a otros profanando la alianza de nuestros padres?

• ***Salmo*** 130,1-3: ***Guarda mi alma en la paz, junto a ti, Señor.***

• ***1Tesalonicenses*** 2,7b-9.13: Nos portamos con delicadeza entre vosotros, como una madre que cuida con cariño de sus hijos. Os queríamos tanto que deseábamos entregaros no solo el Evangelio de Dios, sino hasta nuestras propias personas, porque os habíais ganado nuestro amor. Recordad, hermanos, nuestros esfuerzos y fatigas; trabajando día y noche para no ser gravosos a nadie, proclamamos entre vosotros el Evangelio de Dios. Por tanto, también nosotros damos gracias a Dios sin cesar, porque, al recibir la palabra de Dios, que os predicamos, la acogisteis no como palabra humana, sino, cual es en verdad, como palabra de Dios, que permanece operante en vosotros los creyentes.

• **MATEO 23, 1-12:** Habló Jesús a la gente y a sus discípulos, diciendo: «En la cátedra de Moisés se han sentado los escribas y los fariseos: haced y cumplid todo lo que os digan; pero no hagáis lo que ellos hacen, porque ellos dicen, pero no hacen. Lían fardos pesados y se los cargan a la gente en los hombros, pero ellos no están dispuestos a mover un dedo para empujar. Todo lo que hacen es para que los vea la gente: alargan las filacterias y agrandan las orlas del manto; les gustan los primeros puestos en los banquetes y los asientos de honor en las sinagogas; que les hagan reverencias en las plazas y que la gente los llame "rabbí". Vosotros, en cambio, no os dejéis llamar "rabbí", porque uno solo es vuestro maestro, y todos vosotros sois hermanos. Y no llaméis padre vuestro a nadie en la tierra, porque uno solo es vuestro Padre, el del cielo. No os dejéis llamar maestros, porque uno solo es vuestro maestro, el Mesías. El primero entre vosotros será vuestro servidor. El que se enaltece será humillado, y el que se humilla será enaltecido».

ORACIÓN

SEÑOR, aunque nos previenes contra la tentación de la vanagloria, a veces caemos en ella muy fácilmente, porque nos gusta sentirnos mejores o especiales. **Jesús, te lo pido, dame humildad.**

El que se enaltece será humillado, y el que se humilla será enaltecido.

NOVIEMBRE

6

LUNES

Lunes 31° Tiempo Ordinario Tomo IV - Salterio 3ª semana

Santos PEDRO POVEDA e INOCENCIO CANOURA *pbs y co mrs,* **Severo** *ob,* **Leonardo** *er,* **Melanio** *ob.* **Beata Josefa Naval** *vg*

Papa Francisco: A quien quiere seguirlo, Jesús le pide amar a los que no lo merecen, sin esperar recompensa, para colmar los vacíos de amor que hay en los corazones, en las relaciones humanas, en las familias, en las comunidades, en el mundo. (23-02-2014)

PALABRA

Dijo Jesús a uno de los principales fariseos que lo había invitado: «Cuando des una comida o una cena, no invites a tus amigos, ni a tus hermanos, ni a tus parientes, ni a los vecinos ricos; porque corresponderán invitándote, y quedarás pagado. Cuando des un banquete, invita a pobres, lisiados, cojos y ciegos; y serás bienaventurado, porque no pueden pagarte; te pagarán en la resurrección los justos».

Romanos 11,29-36; *Salmo* 68,30-37 • **LUCAS 14,12-14**

ORACIÓN

SEÑOR, nos animas a dar generosamente, sin esperar nada a cambio, porque es así como podemos experimentar –aquí y ahora– tu Reino de Amor, disfrutando de la auténtica felicidad. **Jesús, te doy gracias por el bien que me haces por medio de tu Evangelio.** ***Señor, que me escuche, tu gran bondad*** *(Salmo 68, 14c).*

Santos Lázaro *cf*, Jerón *mr*, Florencio *ob*, Jacinto Castañeda y Vicente Lê *pbs mrs*. Beato Francisco Palau *pb*

Papa Francisco: La salvación es un regalo de Dios al cual se responde con otro regalo, el regalo de mi corazón. Pero hay quien tiene otros intereses, cuando escuchan hablar de regalos: "Sí, es cierto, sí, pero se debe hacer regalos". E inmediatamente piensan: "He aquí, yo haré este regalo y él mañana y pasado mañana, en otra ocasión, me hará otro". Así hay siempre un intercambio. En cambio, el Señor no pide nada a cambio: solo amor, fidelidad, como Él es amor y Él es fiel. Porque la salvación no se compra. (07-11-2017)

PALABRA

Uno de los comensales dijo a Jesús: «¡Bienaventurado el que coma en el reino de Dios!». Jesús le contestó: «Un hombre daba un gran banquete y convidó a mucha gente; a la hora del banquete mandó a su criado a avisar a los convidados: "Venid, que ya está preparado". Pero todos a una empezaron a excusarse. El primero le dijo: "He comprado un campo y necesito ir a verlo. Dispénsame, por favor". Otro dijo: "He comprado cinco yuntas de bueyes y voy a probarlas. Dispénsame, por favor". Otro dijo: "Me acabo de casar y, por ello, no puedo ir". El criado volvió a contárselo a su señor. Entonces el dueño de casa, indignado, dijo a su criado: "Sal aprisa a las plazas y calles de la ciudad y tráete aquí a los pobres, a los lisiados, a los ciegos y a los cojos". El criado dijo: "Señor, se ha hecho lo que mandaste, y todavía queda sitio". Entonces el amo le dijo: "Sal por los caminos y senderos e insísteles hasta que entren y se me llene mi casa". Y os digo que ninguno de aquellos convidados probará mi banquete».

Romanos 12, 5-16a; ***Salmo*** 130, 1-3 • **LUCAS 14, 15-24**

ORACIÓN

SEÑOR, en la parábola de la boda del hijo del rey, muchos optaron por no asistir, a pesar de que dicho banquete iba a ser magnífico. A nosotros nos pasa lo mismo: nos invitas a disfrutar de tu Reino de Amor, y en lugar de eso, a veces optamos por rechazarlo. **Jesús, te pido perdón por no seguir siempre tu camino.** ***Guarda mi alma en la paz junto a ti, Señor*** *(Salmo 130).*

Santos Godofredo *ob*, Adeodato *pp*.
Beato Juan Duns Escoto *pb*

B. JUAN DUNS ESCOTO

Papa Francisco: El estilo cristiano, sin cruz no es cristiano, y si la cruz es una cruz sin Jesús, no es cristiana. El estilo cristiano toma la cruz con Jesús y va adelante. No sin cruz, no sin Jesús. (06-03-2014)

PALABRA

Mucha gente acompañaba a Jesús; él se volvió y les dijo: «Si alguno viene a mí y no pospone a su padre y a su madre, y a su mujer y a sus hijos, y a sus hermanos y a sus hermanas, e incluso a sí mismo, no puede ser discípulo mío. Quien no carga con su cruz y viene en pos de mí, no puede ser discípulo mío. Así, ¿quién de vosotros, si quiere construir una torre, no se sienta primero a calcular los gastos, a ver si tiene para terminarla? No sea que, si echa los cimientos y no puede acabarla, se pongan a burlarse de él los que miran, diciendo: "Este hombre empezó a construir y no puede acabar". ¿O qué rey, si va a dar la batalla a otro rey, no se sienta primero a deliberar si con diez mil hombres podrán salir al paso del que lo ataca con veinte mil? Y si no, cuando el otro está todavía lejos, envía legados para pedir condiciones de paz. Así, pues, todo aquel de entre vosotros que no renuncia a todos sus bienes no puede ser discípulo mío».

Romanos 13, 8-10; ***Salmo*** 111, 1b-2.4-5.9 • **LUCAS 14, 25-33**

ORACIÓN

SEÑOR, sabes que nos cuesta mucho renunciar a nuestros caprichos egoístas, porque nos sentimos muy cómodos con ellos. Pero si logramos «desengancharnos» de ellos, Tú nos ofreces tu Reino de Amor. **Jesús, dame fortaleza, porque sabes que soy débil.** ***Dichoso el que se apiada y presta*** *(Salmo 111, 5a).*

SANTA ISABEL DE LA TRINIDAD

FIESTA DE LA DEDICACIÓN DE LA BASÍLICA DE LETRÁN

Ntra. Sra. de la Almudena, Santos Isabel de la Trinidad *vg*, Jorge *ob*, Ursino *ob*.

NOVIEMBRE **9** JUEVES

Papa Francisco: Cristo resucitado es precisamente el lugar de la cita universal —de todos— entre Dios y los hombres. Por eso su humanidad es el verdadero templo en el que Dios se revela, habla, se lo puede encontrar; y los verdaderos adoradores de Dios no son los custodios del templo material, los detentadores del poder o del saber religioso, sino los que adoran a Dios «en espíritu y verdad». (08-03-2015)

PALABRA

Se acercaba la Pascua de los judíos y Jesús subió a Jerusalén. Y encontró en el templo a los vendedores de bueyes, ovejas y palomas, y a los cambistas sentados; y, haciendo un azote de cordeles, los echó a todos del templo, ovejas y bueyes; y a los cambistas les esparció las monedas y les volcó las mesas; y a los que vendían palomas les dijo: «Quitad esto de aquí; no convirtáis en un mercado la casa de mi Padre». Sus discípulos se acordaron de lo que está escrito: «El celo de tu casa me devora». Entonces intervinieron los judíos y le preguntaron: «¿Qué signos nos muestras para obrar así?». Jesús contestó: «Destruid este templo, y en tres días lo levantaré». Los judíos replicaron: «Cuarenta y seis años ha costado construir este templo, ¿y tú lo vas a levantar en tres días?». Pero él hablaba del templo de su cuerpo. Y, cuando resucitó de entre los muertos, los discípulos se acordaron de que lo había dicho, y creyeron a la Escritura y a la Palabra que había dicho Jesús.

Ezequiel 47, 1-2.8-9.12; ***Salmo*** 45, 2-3.5-6.8-9 • **JUAN 2, 13-22**

ORACIÓN

SEÑOR, te devoraba el celo de la casa de tu Padre, donde los judíos acudían para orar. Y es que la oración es tan importante en nuestra vida, que no se la puede banalizar. **Jesús, te pido perdón por esas ocasiones en las que no oro correctamente, porque no pongo todo de mi parte.** ***Un rio y sus canales alegran la ciudad de Dios, el Altísimo consagra su morada*** *(Salmo 45, 5).*

NOVIEMBRE
10
VIERNES

Viernes 31° Tiempo Ordinario — Tomo IV - Salterio 3ª semana

Santos LEÓN MAGNO ***pp dc,***
Orestes ***mr,*** **Andrés Avelino** ***pb***

Papa Francisco: El recorrido de la vida necesariamente conlleva una elección entre dos caminos: entre la honestidad y deshonestidad, entre fidelidad e infidelidad, entre egoísmo y altruismo, entre bien y mal. No se puede oscilar entre el uno y el otro, porque se mueven en lógicas distintas y contrastantes. (18-09-2016)

PALABRA

Decía Jesús a sus discípulos: «Un hombre rico tenía un administrador, a quien acusaron ante él de derrochar sus bienes. Entonces lo llamó y le dijo: "¿Qué es eso que estoy oyendo de ti? Dame cuenta de tu administración, porque en adelante no podrás seguir administrando". El administrador se puso a decir para sí: "¿Qué voy a hacer, pues mi señor me quita la administración? Para cavar no tengo fuerzas; mendigar me da vergüenza. Ya sé lo que voy a hacer para que, cuando me echen de la administración, encuentre quien me reciba en su casa". Fue llamando uno a uno a los deudores de su amo y dijo al primero: "¿Cuánto debes a mi amo?". Este respondió: "Cien barriles de aceite". Él le dijo: "Toma tu recibo; aprisa, siéntate y escribe cincuenta". Luego dijo a otro: "Y tú, ¿cuánto debes?". Él respondió: "Cien fanegas de trigo". Le dice: "Toma tu recibo y escribe ochenta". Y el amo alabó al administrador injusto, porque había actuado con astucia. Ciertamente, los hijos de este mundo son más astutos con su propia gente que los hijos de la luz».

Romanos 15, 14-21; ***Salmo*** 97, 1-4 • **LUCAS 16, 1-8**

ORACIÓN

SEÑOR, en la parábola del mal administrador, éste, con astucia, supo emplear caritativamente el dinero de su señor y así ganó, para ambos, unos buenos amigos. Por eso, dicho administrador fue alabado por su señor. **Jesús, te lo ruego, ayúdame a emplear mi astucia para hacer el bien.** ***El Señor revela a las naciones su salvación*** *(Salmo 97, 2b).*

Santos MARTÍN DE TOURS *ob*, Teodoro Estudita *ab*, Marina de Ômura *vg mr*

NOVIEMBRE
11
SÁBADO

Papa Francisco: El Señor nos dice que el servicio es único, no se pueden servir a dos amos: O Dios o las riquezas. Podemos alejarnos de esta actitud de servicio, primero, por un poco de pereza. Y esta pone tibio el corazón, la pereza te convierte en un cómodo: La pereza nos aleja del servicio, y nos lleva a la comodidad, al egoísmo. (11-11-2014)

PALABRA

Decía Jesús a sus discípulos: «Ganaos amigos con el dinero de iniquidad, para que, cuando os falte, os reciban en las moradas eternas. El que es fiel en lo poco, también en lo mucho es fiel; el que es injusto en lo poco, también en lo mucho es injusto. Pues, si no fuisteis fieles en la riqueza injusta, ¿quién os confiará la verdadera? Si no fuisteis fieles en lo ajeno, ¿lo vuestro, ¿quién os lo dará? Ningún siervo puede servir a dos señores, porque, o bien aborrecerá a uno y amará al otro, o bien se dedicará al primero y no hará caso del segundo. No podéis servir a Dios y al dinero». Los fariseos, que eran amigos del dinero, estaban escuchando todo esto y se burlaban de él. Y les dijo: «Vosotros os las dais de justos delante de la gente, pero Dios conoce vuestros corazones, pues lo que es sublime entre los hombres es abominable ante Dios».

Romanos 16, 3-9.16.22-27; ***Salmo*** 144, 2-5.10-11 • **LUCAS 16, 9-15**

ORACIÓN

SEÑOR, bien sabes que, a veces, cuando tenemos que elegir entre nuestro propio beneficio y el bien común, elegimos egoístamente lo primero. Y así tomamos el camino de la perdición. **Jesús, te lo ruego, dame de tu Amor.** ***Bendeciré tu nombre por siempre, Dios mío, mi Rey*** *(Salmo 144, 1bc).*

NOVIEMBRE
12
DOMINGO

DOMINGO XXXII TIEMPO ORDINARIO Tomo IV - Salterio 4ª semana

**Santos JOSAFAT *ob*,
Millán de la Cogolla *pb*, Nilo *ab*,
Margarito Flores *pb mr***

DIA Y COLECTA DE LA IGLESIA DIOCESANA

Papa Francisco: Ser sabios y prudentes significa no esperar hasta el último momento para corresponder a la gracia de Dios, sino hacerlo activamente de inmediato, empezar ahora. [...] Si queremos estar preparados para el último encuentro con el Señor, debemos cooperar con él a partir de ahora y realizar buenas acciones inspiradas en su amor. (08-11-2020)

PALABRA

• **Sabiduría** 6, 12-16: Radiante e inmarcesible es la sabiduría; la ven con facilidad los que la aman y quienes la buscan la encuentran. Se adelanta en manifestarse a los que la desean. Quien madruga por ella no se cansa, pues la encuentra sentada a su puerta. Meditar sobre ella es prudencia consumada, y quien vela por ella pronto se ve libre de preocupaciones. Pues ella misma va de un lado a otro buscando a los que son dignos de ella; los aborda benigna por los caminos y les sale al encuentro en cada pensamiento.

• ***Salmo*** 62, 2-8: ***Mi alma está sedienta de ti, Señor, Dios mío.***

• ***1Tesalonicenses*** 4, 13-18: No queremos que ignoréis, hermanos, la suerte de los difuntos para que no os aflijáis como los que no tienen esperanza. Pues si creemos que Jesús murió y resucitó, de igual modo Dios llevará con él, por medio de Jesús a los que han muerto. Esto es lo que os decimos apoyados en la palabra del Señor: Nosotros, los que quedamos hasta la venida del Señor, no precederemos a los que hayan muerto; pues él mismo Señor, a la voz del arcángel y al son de la trompeta divina, descenderá del cielo, y los muertos en Cristo resucitarán en primer lugar; Después nosotros, los que vivamos, los que quedemos, seremos llevados con ellos entre nubes al encuentro del Señor, por los aires. Y así estaremos siempre con el Señor. Consolaos, pues, mutuamente con estas palabras.

• **MATEO 25, 1-13:** Dijo Jesús a sus discípulos esta parábola: «Se parecerá el reino de los cielos a diez vírgenes que tomaron sus lámparas y salieron al encuentro del esposo. Cinco de ellas eran necias y cinco eran prudentes. Las necias, al tomar las lámparas, no se proveyeron de aceite; en cambio, las prudentes se llevaron alcuzas de aceite con las lámparas. El esposo tardaba, les entró sueño a todas y se durmieron. A medianoche se oyó una voz: "¡Que llega el esposo, salid a su encuentro!". Entonces se despertaron todas aquellas vírgenes y se pusieron a preparar sus lámparas. Y las necias dijeron a las prudentes: "Dadnos de vuestro aceite, que se nos apagan las lámparas". Pero las prudentes contestaron: "Por si acaso no hay bastante para vosotras y nosotras, mejor es que vayáis a la tienda y os lo compréis". Mientras iban a comprarlo, llegó el esposo, y las que estaban preparadas entraron con él al banquete de bodas, y se cerró la puerta. Más tarde llegaron también las otras vírgenes, diciendo: "Señor, señor, ábrenos". Pero él respondió: "En verdad os digo que no os conozco". Por tanto, velad, porque no sabéis el día ni la hora».

ORACIÓN

SEÑOR, en la parábola de las diez vírgenes, todas ellas se levantaron inmediatamente cuando escucharon que venía el esposo, pero sólo las prudentes estaban bien preparadas para participar en el banquete de boda. **Jesús, te pido perdón por esas ocasiones en las que, imprudentemente, no me preparo bien para acudir al sagrado banquete de la Eucaristía.**

NOVIEMBRE

13

LUNES

Lunes 32° Tiempo Ordinario — Tomo IV - Salterio 4ª semana

Ntra. Sra. de los Treinta y Tres
Santos LEANDRO *ob*, Diego de Alcalá *rl*,
Eugenio *ob*, Agustina *vg*.

Papa Francisco: La semilla de la mostaza es pequeñísima, pero Jesús dice que basta tener una fe así, pequeña, pero auténtica, sincera, para hacer cosas humanamente imposibles, impensables. ¡Y es verdad! Todos conocemos a personas sencillas, humildes, pero con una fe muy firme, que de verdad mueven montañas. (06-10-2013)

PALABRA

Dijo Jesús a sus discípulos: «Es imposible que no haya escándalos; pero ¡ay de quien los provoca! Al que escandaliza a uno de estos pequeños, más le valdría que le ataran en el cuello una piedra de molino y lo arrojasen al mar. Tened cuidado. Si tu hermano te ofende, repréndelo; y si se arrepiente, perdónalo; si te ofende siete veces en un día, y siete veces vuelve a decirte: "Me arrepiento", lo perdonarás». Los apóstoles le pidieron al Señor: «Auméntanos la fe». El Señor dijo: «Si tuvierais fe como un granito de mostaza, diríais a esa morera: "Arráncate de raíz y plántate en el mar". Y os obedecería».

Sabiduría 1, 1-7; *Salmo* 138, 1b-10 • **LUCAS 17, 1-6**

ORACIÓN

SEÑOR, nos pides que no cometamos el error de dar un mal testimonio de Ti a los demás, sobre todo a los pequeños y sencillos. Porque nuestra misión, como discípulos tuyos, es ayudar a otros a seguir el buen camino. **Jesús, ayúdame a dar un buen testimonio de tu Evangelio.** ***Guíame, Señor, por el camino eterno*** *(Salmo 138, 24b).*

Santos José Pignatelli *pb*, Rufo *ob*, Lorenzo O'Toole *ob*, Serapio *mr*

Papa Francisco: La fe es un encuentro con Jesús, y nosotros debemos hacer lo mismo que hace Jesús: encontrar a los demás. Vivimos una cultura del desencuentro, una cultura de la fragmentación, una cultura en la que lo que no me sirve lo tiro, la cultura del descarte. [...] Pero nosotros debemos ir al encuentro y debemos crear con nuestra fe una "cultura del encuentro", una cultura de la amistad, una cultura donde hallamos hermanos, donde podemos hablar también con quienes no piensan como nosotros, también con quienes tienen otra fe, que no tienen la misma fe. (18-05-2013)

PALABRA

Dijo el Señor: «¿Quién de vosotros, si tiene un criado labrando o pastoreando, le dice cuando vuelve del campo: "Enseguida, ven y ponte a la mesa"? ¿No le diréis más bien: "Prepárame de cenar, cíñete y sírveme mientras como y bebo, y después comerás y beberás tú"? ¿Acaso tenéis que estar agradecidos al criado porque ha hecho lo mandado? Lo mismo vosotros: cuando hayáis hecho todo lo que se os ha mandado, decid: "Somos siervos inútiles, hemos hecho lo que teníamos que hacer"».

Sabiduría 2, 23-3,9; *Salmo* 33, 2-3.16-19 • **LUCAS 17, 7-10**

ORACIÓN

SEÑOR, nos pides que sigamos tu camino gratuita y generosamente, sin esperar que nos recompenses por ello. Porque seguir tu camino es, en sí mismo, un gran premio para nosotros. **Jesús, yo te alabo y te bendigo por haberme llamado a ser discípulo tuyo.** ***Bendigo al Señor en todo momento*** *(Salmo 33, 2a).*

NOVIEMBRE
15
MIÉRCOLES

Miércoles 32° Tiempo Ordinario Tomo IV - Salterio 4ª semana

Santos ALBERTO MAGNO *ob dc*, Marino y Aniano *mrs*, Leopoldo *cf*, Roque y Alfonso *pbs mrs*

Papa Francisco: Qué importante es saber agradecer al Señor, saber alabarlo por todo lo que hace por nosotros. Y así, nos podemos preguntar: ¿Somos capaces de saber decir gracias? ¿Cuántas veces nos decimos gracias en familia, en la comunidad, en la Iglesia? ¿Cuántas veces damos gracias a quien nos ayuda, a quien está cerca de nosotros, a quien nos acompaña en la vida? Con frecuencia damos todo por descontado. Y lo mismo hacemos también con Dios. Es fácil ir al Señor para pedirle algo, pero regresar a darle las gracias... (09-10-2016)

PALABRA

Una vez, yendo Jesús camino de Jerusalén, pasaba entre Samaría y Galilea. Cuando iba a entrar en una ciudad, vinieron a su encuentro diez leprosos, que se pararon a lo lejos y a gritos le decían: «Jesús, maestro, ten compasión de nosotros». Al verlos, les dijo: «Id a presentaros a los sacerdotes». Y sucedió que, mientras iban de camino, quedaron limpios. Uno de ellos, viendo que estaba curado, se volvió alabando a Dios a grandes gritos y se postró a los pies de Jesús, rostro en tierra, dándole gracias. Este era un samaritano. Jesús tomó la palabra y dijo: «¿No han quedado limpios los diez?; los otros nueve, ¿dónde están? ¿No ha habido quien volviera a dar gloria a Dios más que este extranjero?». Y le dijo: «Levántate, vete; tu fe te ha salvado».

Sabiduría 6, 1-11; ***Salmo*** 81, 3-4. 6-7 • **LUCAS 17, 11-19**

ORACIÓN

SEÑOR, de los diez leprosos a los que curaste, sólo el samaritano regresó para darte gracias. Y es que, dado que los judíos y los samaritanos se llevaban muy mal, aquel leproso se sintió muy agradecido de que Tú, que eras judío, le sanaras. **Jesús, dame generosidad para ayudar caritativamente a los que me resultan extraños y diferentes.** ***Levántate, oh, Dios, y juzga la tierra*** *(Salmo 81, 8a).*

SANTA MARGARITA DE ESCOCIA

Santos MARGARITA DE ESCOCIA *re mf*, GERTRUDIS *vg*, Edmundo *ob*

Papa Francisco: Del reino de Dios forma parte también el sufrimiento, la cruz; la cruz cotidiana de la vida, la cruz del trabajo, de la familia. El reino de Dios es humilde, como la semilla: humilde; pero se hace grande por el poder del Espíritu Santo. Y a nosotros nos toca dejarlo crecer en nosotros, sin gloriarnos. Dejar que el Espíritu venga, nos cambie el alma y nos lleve adelante en el silencio, la paz, la quietud, la cercanía a Dios, a los demás, sin espectáculos. (13-11-2014)

PALABRA

Los fariseos preguntaron a Jesús: «¿Cuándo va a llegar el reino de Dios?». Él les contestó: «El reino de Dios no viene aparatosamente, ni dirán: "Está aquí" o "Está allí", porque, mirad, el reino de Dios está en medio de vosotros». Dijo a sus discípulos: «Vendrán días en que desearéis ver un solo día del Hijo del hombre, y no lo veréis. Entonces se os dirá: "Está aquí" o "Está allí"; no vayáis ni corráis detrás, pues como el fulgor del relámpago brilla de un extremo al otro del cielo, así será el Hijo del hombre en su día. Pero primero es necesario que padezca mucho y sea reprobado por esta generación».

Sabiduría 7,22; 8,1; ***Salmo*** 118, 89-91.130.135.175 • **LUCAS 17, 20-25**

ORACIÓN

SEÑOR, encontramos ahora en los medios de comunicación y en Internet a personas u organizaciones que nos dicen que la felicidad «está aquí» o «está allí». Y, ciertamente, suelen ser muy atrayentes y convincentes. Pero nosotros sabemos que sólo hallamos la auténtica felicidad escuchando y viviendo tu Palabra. **Jesús, te doy gracias por tu Evangelio.** ***Tu palabra, Señor, es eterna*** *(Salmo 118, 89a).*

NOVIEMBRE
17
VIERNES

Viernes 32° Tiempo Ordinario Tomo IV - Salterio 4ª semana

Santos ISABEL DE HUNGRÍA *re mf*, **Acisclo** *mr*, **Aniano** *ob*, **Hugo** *ob*, **Hilda** *ab*, **Filipina Duchesne** *rl*, **Juan del Castillo** *pb mr*

SANTA ISABEL DE HUNGRÍA

Papa Francisco: La Iglesia nos prepara, durante esta semana, al final del año litúrgico, y nos hace pensar precisamente en el final de las cosas creadas. Serán transformadas, pero hay un consejo que Jesús nos da en este Evangelio de hoy: "No retroceder, no mirar hacia atrás". Seguir siempre adelante por este camino, contemplando las bellezas, y con los hábitos que todos tenemos, pero sin divinizarlos: que sean estas pequeñas bellezas, que reflejan la gran belleza, nuestros hábitos para sobrevivir en el canto eterno, en la contemplación de la gloria de Dios (13-11-2015).

PALABRA

Dijo Jesús a sus discípulos: «Como sucedió en los días de Noé, así será también en los días del Hijo del hombre: comían, bebían, se casaban los hombres y las mujeres tomaban esposo, hasta el día que Noé entró en el arca; entonces llegó el diluvio y acabó con todos. Asimismo, como sucedió en los días de Lot: comían, bebían, compraban, vendían, sembraban, construían; pero el día que Lot salió de Sodoma, llovió fuego y azufre del cielo y acabó con todos. Así sucederá el día que se revele el Hijo del hombre. Aquel día, el que esté en la azotea y tenga sus cosas en casa no baje a recogerlas; igualmente, el que esté en el campo, no vuelva atrás. Acordaos de la mujer de Lot. El que pretenda guardar su vida, la perderá; y el que la pierda, la recobrará. Os digo que aquella noche estarán dos juntos: a uno se lo llevarán y al otro lo dejarán; estarán dos moliendo juntas: a una se la llevarán y a la otra la dejarán». Ellos le preguntaron: «¿Dónde, Señor?». Él les dijo: «Donde está el cadáver, allí se reunirán los buitres».

Sabiduría 13, 1-9; ***Salmo*** 18, 2-5b • **LUCAS 17, 26-37**

ORACIÓN

SEÑOR, nos pides que no hagamos como la mujer de Lot, que cuando escapaba de Sodoma, miró hacia atrás y, por ello, se convirtió en una estatua de sal. Nosotros, por desgracia, a veces también nos volvemos para mirar con nostalgia aquellos tiempos en los que vivíamos en pecado. **Jesús, dame fortaleza para seguir fielmente tu camino de salvación.** ***El cielo proclama la gloria de Dios*** *(Salmo 18, 2a).*

NOVIEMBRE
18
SÁBADO

DEDICACIÓN DE LAS BASÍLICAS DE LOS SANTOS PEDRO Y PABLO

San Román *mr.*

Ntra. Sra. de la Divina Providencia

Papa Francisco: El culmen de la fuerza de Dios, de la salvación de Dios está en la Encarnación del Verbo. El trabajo de todos los sacerdotes es precisamente llamar al corazón de Dios, rezar, reza al Señor por el pueblo de Dios. (16-11-2015)

PALABRA

Jesús dijo a sus discípulos una parábola para enseñarles que es necesario orar siempre, sin desfallecer: «Había un juez en una ciudad que ni temía a Dios ni le importaban los hombres. En aquella ciudad había una viuda que solía ir a decirle: "Hazme justicia frente a mi adversario". Por algún tiempo se estuvo negando, pero después se dijo a sí mismo: "Aunque ni temo a Dios ni me importan los hombres, como esta viuda me está molestando, le voy a hacer justicia, no sea que siga viniendo a cada momento a importunarme"». Y el Señor añadió: «Fijaos en lo que dice el juez injusto; pues Dios, ¿no hará justicia a sus elegidos que le claman día y noche?; ¿o les dará largas? Os digo que les hará justicia sin tardar. Pero, cuando venga el Hijo del hombre, ¿encontrará esta fe en la tierra?».

Sabiduría 18, 14-16; 19, 6-9; ***Salmo*** 104, 2-3.36-37.42-43

• LUCAS 18, 1-8

ORACIÓN

SEÑOR, en la parábola de la viuda y el juez injusto, nos animas a pedir a Dios sin desfallecer lo que, en conciencia, consideramos que es justo. Pero para pedir insistentemente hace falta tener fe, porque, sin ella, abandonamos pronto la oración. **Jesús, te lo suplico, aumenta mi fe.**

Recordad las maravillas que hizo el Señor *(Salmo 104, 5a).*

NOVIEMBRE
19
DOMINGO

DOMINGO XXXIII TIEMPO ORDINARIO Tomo IV - Salterio 1ª semana

Santos Abdías *prof*, Matilde *vg*,
Rafael J. Kalinowski *pb*,
Máximo *mr*, Inés de Asís *vg*

JORNADA MUNDIAL DE LOS POBRES

SAN ABDÍAS PROFETA

Papa Francisco: Todos hemos recibido de Dios un "patrimonio" como seres humanos, una riqueza humana, del tipo que sea. Y como discípulos de Cristo, también hemos recibido la fe, el Evangelio, el Espíritu Santo, los sacramentos, y tantas otras cosas. Estos dones hay que emplearlos para hacer el bien, el bien en esta vida, como servicio a Dios y a los hermanos. (15-11-2020)

PALABRA

• ***Proverbios*** 31, 10-13.19-20.30-31: Una mujer, ¿quién la hallará?, supera en valor a las perlas. Su marido se fía de ella, pues no le faltan riquezas. Le trae ganancias, no pérdidas, todos los días de su vida. Busca la lana y lino, los trabaja con la destreza de sus manos. Aplica sus manos al huso, con sus dedos sostiene la rueca. Abre sus manos al necesitado y tiende sus brazos al pobre. Engañosa es la gracia, fugaz la hermosura; la que teme al Señor merece alabanza. Cantadle por el éxito de su trabajo, que sus obras la alaben en público.

• ***Salmo*** 127, 1-5: ***Dichoso el que teme al Señor.***

• ***1Tesalonicenses*** 5, 1-6: En lo referente al tiempo y a las circunstancias, hermanos, no necesitáis que os escriba, pues vosotros sabéis perfectamente que el Día del Señor llegará como un ladrón en la noche. Cuando estén diciendo: «Paz y seguridad», entonces, de improviso, les sobrevendrá la ruina, como los dolores de parto a la que está encinta, y no podrán escapar. Pero vosotros, hermanos, no vivís en tinieblas, de forma que ese día os sorprenda como un ladrón; porque todos sois hijos de la luz e hijos del día; no somos de la noche ni de las tinieblas. Así, pues, no nos entreguemos al sueño como los demás, sino estemos en vela y vivamos sobriamente.

• **MATEO 25, 14-30:** Dijo Jesús a sus discípulos esta parábola: «Un hombre, al irse de viaje, llamó a sus siervos y los dejó encargados de sus bienes: a uno le dejó cinco talentos, a otro dos, a otro uno, a cada cual según su capacidad; luego se marchó. El que recibió cinco talentos fue enseguida a negociar con ellos y ganó otros cinco. El que recibió dos hizo lo mismo y ganó otros dos. En cambio, el que recibió uno fue a hacer un hoyo en la tierra y escondió el dinero de su señor. Al cabo de mucho tiempo viene el señor de aquellos siervos y se pone a ajustar las cuentas con ellos. Se acercó el que había recibido cinco talentos y le presentó otros cinco, diciendo: "Señor, cinco talentos me dejaste; mira, he ganado otros cinco". Su señor le dijo: "¡Bien, siervo bueno y fiel!; como has sido fiel en lo poco, te daré un cargo importante; entra en el gozo de tu señor". Se acercó luego el que había recibido dos talentos y dijo: "Señor, dos talentos me dejaste; mira, he ganado otros dos". Su señor le dijo: "¡Bien, siervo bueno y fiel!; como has sido fiel en lo poco, te daré un cargo importante; entra en el gozo de tu señor". Se acercó también el que había recibido un talento y dijo: "Señor, sabía que eres exigente, que siegas donde no siembras y recoges donde no esparces, tuve miedo y fui a esconder mi talento bajo tierra. Aquí tienes lo tuyo". El señor le respondió: "Eres un siervo negligente y holgazán. ¿Con que sabías que siego donde no siembro y recojo donde no esparzo? Pues debías haber puesto mi dinero en el banco, para que, al volver yo, pudiera recoger lo mío con los intereses. Quitadle el talento y dádselo al que tiene diez. Porque al que tiene se le dará y le sobrará, pero al que no tiene, se le quitará hasta lo que tiene. Y a ese siervo inútil echadlo fuera, a las tinieblas; allí será el llanto y el rechinar de dientes».

ORACIÓN

SEÑOR, como le pasa al siervo holgazán de la parábola de los talentos, a veces nosotros también desaprovechamos los dones que nos has dado, porque, en lugar de emplearlos para hacer el bien a los demás, preferimos, cómodamente, no hacer nada. **Jesús, te pido perdón por mi pereza.**

NOVIEMBRE

20

LUNES

Lunes 33° Tiempo Ordinario — Tomo IV - Salterio 1ª semana

Stos. Crispín *ob mr,* Edmundo *re mr,* Francisco J. Cân *ct mr.* Beata Ángela y *co mrs*

Papa Francisco: Cuando la fe es viva, la oración es sentida: no mendiga centavos, no se reduce a las necesidades del momento. A Jesús, que todo lo puede, se le pide todo. No se olviden de esto. A Jesús, que todo lo puede, se le pide todo, con mi insistencia ante Él. Él está impaciente por derramar su gracia y su alegría en nuestros corazones, pero lamentablemente somos nosotros los que mantenemos las distancias, quizás por timidez, flojera o incredulidad. (24-10-2021)

PALABRA

Cuando se acercaba Jesús a Jericó, había un ciego sentado al borde del camino, pidiendo limosna. Al oír que pasaba gente, preguntaba qué era aquello; y le informaron: «Pasa Jesús el Nazareno». Entonces empezó a gritar: «¡Jesús, hijo de David, ten compasión de mí!». Los que iban delante lo regañaban para que se callara, pero él gritaba más fuerte: «¡Hijo de David, ten compasión de mí!». Jesús se paró y mandó que se lo trajeran. Cuando estuvo cerca, le preguntó: «¿Qué quieres que haga por ti?». Él dijo: «Señor, que recobre la vista». Jesús le dijo: «Recobra la vista, tu fe te ha salvado». Y enseguida recobró la vista y lo seguía glorificando a Dios. Y todo el pueblo, al ver esto, alabó a Dios.

1Macabeos 1, 10-15.41-43.54-57.62-64;
Salmo 118, 53.61.134.150.155.158 • **LUCAS 18, 35-43**

ORACIÓN

SEÑOR, te fijaste en el ciego de Jericó, pues, desesperadamente, te pedía que fueras compasivo con Él. Por eso yo me pregunto: cuando te pido algo importante, ¿lo hago con la insistencia y la intensidad de aquel ciego? **Jesús, te lo ruego, enséñame a orar.** ***Dame vida, Señor, para que observe tus preceptos*** *(Salmo 118, 88)*

NOVIEMBRE **21** MARTES

PRESENTACIÓN DE LA SANTÍSIMA VIRGEN.

Santos Gelasio I *pp*, Mauro *ob*, Rufo *NT.*
Ntra. Sra. de la Paz

Papa Francisco: Zaqueo descubre de Jesús que es posible amar gratuitamente: hasta entonces era tacaño, y ahora se vuelve generoso; le gustaba acopiar, y ahora se regocija en el compartir. Encontrándose con el Amor, descubriendo que es amado a pesar de sus pecados, se vuelve capaz de amar a los demás, haciendo del dinero un signo de solidaridad y de comunión. (03-11-2019)

PALABRA

Entró Jesús en Jericó e iba atravesando la ciudad. En esto, un hombre llamado Zaqueo, jefe de publicanos y rico, trataba de ver quién era Jesús, pero no lo lograba a causa del gentío, porque era pequeño de estatura. Corriendo más adelante, se subió a un sicomoro, para verlo, porque tenía que pasar por allí. Jesús, al llegar a aquel sitio, levantó los ojos y dijo: «Zaqueo, date prisa y baja, porque es necesario que hoy me quede en tu casa». Él se dio prisa en bajar y lo recibió muy contento. Al ver esto, todos murmuraban, diciendo: «Ha entrado a hospedarse en casa de un pecador». Pero Zaqueo, de pie, dijo al Señor: «Mira, Señor, la mitad de mis bienes se la doy a los pobres; y si he defraudado a alguno, le restituyo cuatro veces más». Jesús dijo: «Hoy ha sido la salvación de esta casa; pues también este es hijo de Abrahán. Porque el Hijo del hombre ha venido a buscar y a salvar lo que estaba perdido».

2Macabeos 6, 18-31; ***Salmo*** 3, 2-8a • **LUCAS 19, 1-10**
(O de la Presentación de María: ***Zacarías*** 2, 14-17; ***Salmo: Lucas*** 1, 46b-55 • **MATEO 12, 46-50)**

ORACIÓN

SEÑOR, el rico Zaqueo hizo un gran esfuerzo trepando a un árbol, porque deseaba contemplarte. ¿Y yo?, ¿me esfuerzo para poder contemplarte en mi vida? **Jesús, te pido perdón, porque a veces, al orar, me dejo llevar por la pereza.** ***El Señor me sostiene*** *(Salmo 3, 6b).*

NOVIEMBRE
22
MIÉRCOLES

Miércoles 33º Tiempo Ordinario Tomo IV - Salterio 1ª semana

Santos CECILIA *vg mr*, Filemón *NT*, Benigno *ob.*

SANTA CECILIA

Papa Francisco: Cualquier ambiente, también el más lejano e impracticable, puede convertirse en un lugar donde hacer rendir los talentos. No existen situaciones o lugares excluidos a la presencia y al testimonio cristiano. (16-11-2014)

PALABRA

Jesús dijo una parábola, porque estaba cerca de Jerusalén y ellos pensaban que el reino de Dios iba a manifestarse enseguida. Dijo, pues: «Un hombre noble se marchó a un país lejano para conseguirse el título de rey, y volver después. Llamó a diez siervos suyos y les repartió diez minas de oro, diciéndoles: "Negociad mientras vuelvo". Pero sus conciudadanos lo aborrecían y enviaron tras de él una embajada diciendo: "No queremos que este llegue a reinar sobre nosotros". Cuando regresó con el título real, mandó llamar a su presencia a los siervos a quienes había dado el dinero, para enterarse de lo que había ganado cada uno. El primero se presentó y dijo: "Señor, tu mina ha producido diez". Él le dijo: "Muy bien, siervo bueno: ya que has sido fiel en lo pequeño, recibe el gobierno de diez ciudades". El segundo llegó y dijo: "Tu mina, señor, ha rendido cinco". A ese le dijo también: "Pues toma tú el mando de cinco ciudades". El otro llegó y dijo: "Señor, aquí está tu mina; la he tenido guardada en un pañuelo, porque te tenía miedo, pues eres un hombre exigente, que retiras lo que no has depositado y siegas lo que no has sembrado". Él le contestó: "Por tu boca te juzgo, siervo malo ¿Conque sabías que soy exigente, que retiro lo que no he depositado y siego lo que no he sembrado? Pues, ¿por qué no pusiste mi dinero en el banco? Al volver yo, lo habría cobrado con los intereses". Entonces dijo a los presentes: "Quitadle a este la mina y dádsela al que tiene diez minas". Le dijeron: "Señor, ya tiene diez minas". "Os digo: al que tiene se le dará, pero al que no tiene se le quitará hasta lo que tiene. Y en cuanto a esos enemigos míos, que no querían que llegase a reinar sobre ellos, traedlos acá y degolladlos en mi presencia"». Dicho esto, caminaba delante de ellos, subiendo hacia Jerusalén.

2Macabeos 7, 1.20-31; *Salmo* 16, 1.5-8.15 • **LUCAS 19, 11-28**

ORACIÓN

SEÑOR, estando cerca de Jerusalén, donde ibas a dar tu vida por nuestra salvación, contaste a tus discípulos la parábola de los talentos, para que viesen que los dones que nos has dado son para que, con esfuerzo y sacrificio, los empleemos para construir tu Reino de Amor. **Jesús, ayúdame a emplear correctamente todo lo que me has dado.** ***Al despertar me saciaré de tu semblante, Señor*** *(Salmo 16, 15b).*

Santos CLEMENTE I *pp*, COLUMBANO *ab*, Lucrecia *mr.* Beato Miguel A. Pro *pb mr*

Papa Francisco: Una guerra se puede justificar —entre comillas— con muchas, muchas razones. Pero cuando todo el mundo, como sucede hoy, está en guerra —¡todo el mundo! — es una guerra mundial por fascículos: aquí, allí, allá, por todos lados. Y no hay justificación. Y Dios llora. Jesús llora. (19-11-2015)

PALABRA

Al acercarse Jesús a Jerusalén y ver la ciudad, lloró sobre ella, mientras decía: «¡Si reconocieras tú también en este día lo que conduce a la paz! Pero ahora está escondido a tus ojos. Pues vendrán días sobre ti en que tus enemigos te rodearán de trincheras, te sitiarán, apretarán el cerco de todos lados, te arrasarán con tus hijos dentro, y no dejarán piedra sobre piedra. Porque no reconociste el tiempo de tu visita».

1Macabeos 2, 15-29; *Salmo* 49, 1b-6.14-15 • **LUCAS 19, 41-44**

ORACIÓN

SEÑOR, te quejabas de que la ciudad de Jerusalén no hubiera aceptado tu Evangelio. Y sentías que hubiera optado por seguir el mal camino, el de la perdición. También sufres cada vez que nosotros optamos por rechazarte. **Jesús, ayúdame a liberarme del pecado, porque deseo seguir tu camino de salvación.** ***Al que sigue buen camino le haré ver la salvación de Dios*** *(Salmo 49, 23cd).*

NOVIEMBRE

24

VIERNES

Viernes 33° Tiempo Ordinario — Tomo IV - Salterio 1ª semana

Santos ANDRÉS DUNG-LAC *pb y co mrs*, Crisógono *mr*, Flora y María *vgs mrs*, Mateo Alonso y *co mrs*

Papa Francisco: Párrocos y laicos que tienen responsabilidades pastorales deben «mantener limpio el templo» y acoger a cada persona como si fuera María, cuidando de no dar escándalo al pueblo de Dios y evitando transformar a la iglesia en un intercambio de dinero, porque la salvación es gratuita. (21-11-2014)

PALABRA

Jesús entró en el templo y se puso a echar a los vendedores, diciéndoles: «Escrito está: "Mi casa es casa de oración"; pero vosotros la habéis hecho una "cueva de bandidos"». Todos los días enseñaba en el templo. Por su parte, los sumos sacerdotes, los escribas y los principales del pueblo buscaban acabar con él, pero no sabían qué hacer, porque el pueblo estaba pendiente de él, escuchándolo.

1Macabeos 4, 36-37.52-59; ***Salmo: 1Crón*** 29, 10-12 • **LUCAS 19, 45-48**

ORACIÓN

SEÑOR, las autoridades de Jerusalén deseaban acabar contigo, porque denunciabas el mal que ellos hacían convirtiendo el templo en un lucrativo negocio. Pero no se atrevían a capturarte, porque el pueblo estaba pendiente de Ti. **Jesús, yo también deseo estar pendiente de tu Palabra. Ayúdame a tenerte muy presente en mi vida.** ***Alabamos tu nombre glorioso, Señor*** *(1Crónicas 29, 13b).*

Santos CATALINA *vg mr*, Moisés *pb*, Pedro y Águeda Yi *mrs*

Papa Francisco: En Jesús, Dios nos da la vida eterna, nos la da a todos, y todos gracias a Él tienen la esperanza de una vida aún más verdadera que la actual. La vida que Dios nos prepara no es un simple embellecimiento de la actual: esa supera nuestra imaginación, porque Dios nos asombra continuamente con su amor y con su misericordia. (10-11-2013)

PALABRA

Se acercaron algunos saduceos, los que dicen que no hay resurrección, y le preguntaron a Jesús: «Maestro, Moisés nos dejó escrito: "Si a uno se le muere su hermano, dejando mujer, pero sin hijos, que tome la mujer como esposa y dé descendencia a su hermano". Pues bien, había siete hermanos; el primero se casó y murió sin hijos. El segundo y el tercero se casaron con ella, y así los siete, y murieron todos sin dejar hijos. Por último, también murió la mujer. Cuando llegue la resurrección, ¿de cuál de ellos será la mujer? Porque los siete la tuvieron como mujer». Jesús les dijo: «En este mundo, los hombres se casan y las mujeres toman esposo, pero los que sean juzgados dignos de tomar parte en el mundo futuro y en la resurrección de entre los muertos no se casarán ni ellas serán dadas en matrimonio. Pues ya no pueden morir, ya que son como ángeles; y son hijos de Dios, porque son hijos de la resurrección. Y que los muertos resucitan, lo indicó el mismo Moisés en el episodio de la zarza, cuando llama al Señor "Dios de Abrahán, Dios de Isaac, Dios de Jacob". No es Dios de muertos, sino de vivos; porque para él todos están vivos». Intervinieron unos escribas: «Bien dicho, Maestro». Y ya no se atrevían a hacerle más preguntas.

1Macabeos 6, 1-13; ***Salmo*** 9, 2-6.16.19 • **LUCAS 20, 27-40**

ORACIÓN

SEÑOR, los saduceos, buscando tenderte una trampa, te hicieron una pregunta sobre lo que ocurre en el Cielo. Pero Tú les hiciste ver que el Cielo es para nosotros un misterio. Nos basta saber que en él seremos como ángeles, y que amaremos con un corazón plenamente puro. **Jesús, confío en Ti.** ***Gozaré con tu salvación, Señor*** *(Salmo 9, 15c)*

DOMINGO XXXIV TIEMPO ORDINARIO

Santos Juan Berchmans *rl*, Delfina *re*, Conrado *ob*, Leonardo *pb*, Tomás Dinh y Domingo Nguyên *pbs mrs.* Beato Santiago Alberione

SOLEMNIDAD DE JESUCRISTO REY DEL UNIVERSO

Papa Francisco: «En verdad os digo que cuanto hicisteis (o no hicisteis) a uno de estos hermanos míos más pequeños, a mí lo hicisteis (o no lo hicisteis)» (vv. 40.45). Seremos juzgados por el amor. El juicio será por el amor. No por el sentimiento, no: por las obras, por la compasión que se hace cercanía y ayuda solícita. ¿Yo me acerco a Jesús presente en la persona de los enfermos, de los pobres, de los que sufren, de los presos, de los que tienen hambre y sed de justicia? ¿Me acerco a Jesús presente allí? Esta es la pregunta de hoy.
El Señor, pues, en el fin del mundo, pasará revista a su rebaño, y lo hará no sólo *del lado del pastor,* sino también *del lado de las ovejas,* con las que se ha identificado. Y nos preguntará: "¿Has sido un poco pastor, como yo?". "¿Has sido pastor mío, de mí, que estaba presente en esa gente necesitada, o has sido indiferente? (22-11-2020)

PALABRA

• ***Ezequiel*** 34, 11-12.15-17: Esto dice el Señor Dios: «Yo mismo buscaré a mi rebaño y lo cuidaré. Como cuida un pastor de su grey dispersa, así cuidaré yo de mi rebaño y lo liberaré, sacándolo de los lugares por donde se había dispersado un día de oscuros nubarrones. Yo mismo apacentaré mis ovejas y las haré reposar – Oráculo del Señor Dios –. Buscaré la oveja perdida, recogeré a la descarriada; vendaré a las heridas; fortaleceré a la enferma; pero a la que está fuerte y robusta la guardaré: la apacentaré con justicia». En cuanto a vosotros, mi rebaño, esto dice el Señor Dios: «Yo voy a juzgar entre oveja y oveja, entre carnero y macho cabrío».

• ***Salmo*** 22, 1b-6: ***El Señor es mi pastor, nada me falta.***

• ***1Corintios*** 15, 20-26.28: Cristo ha resucitado de entre los muertos y es primicia de los que han muerto. Si por un hombre vino la muerte, por un hombre vino la resurrección. Pues lo mismo que en Adán mueren todos, así en Cristo todos serán vivificados. Pero cada uno en su puesto: primero Cristo como primicia; después todos los que son de Cristo, en su venida; después el final, cuando Cristo entregue el reino a Dios Padre, cuando haya aniquilado todo principado, poder y fuerza. Pues Cristo tiene que reinar hasta que ponga a todos sus enemigos bajo sus pies. El último enemigo en ser destruido será la muerte. Y, cuando le haya sometido todo, entonces también el mismo hijo se someterá al que se lo había sometido todo. Así Dios será todo en todos.

• **MATEO 25, 31-46:** Dijo Jesús a sus discípulos: «Cuando venga en su gloria el Hijo del hombre, y todos los ángeles con él, se sentará en el trono de su gloria y serán reunidas ante él todas las naciones. Él separará a unos de otros, como un pastor separa las ovejas de las cabras. Y pondrá las ovejas a su derecha y las cabras a su izquierda. Entonces dirá el rey a los de su derecha: "Venid vosotros, benditos de mi Padre; heredad el reino preparado para vosotros desde la creación del mundo. Porque tuve hambre y me disteis de comer, tuve sed y me disteis de beber, fui forastero y me hospedasteis, estuve desnudo y me vestisteis, enfermo y me visitasteis, en la cárcel y vinisteis a verme". Entonces los justos le contestarán: "Señor, ¿cuándo te vimos con hambre y te alimentamos, o con sed y te dimos de beber?; ¿cuándo te vimos forastero y te hospedamos, o desnudo y te vestimos?; ¿cuándo te vimos enfermo o en la cárcel y fuimos a verte?". Y el rey les dirá: "En verdad os digo que cada vez que lo hicisteis con uno de estos, mis hermanos más pequeños, conmigo lo hicisteis". Entonces dirá a los de su izquierda: "Apartaos de mí, malditos, id al fuego eterno preparado para el diablo y sus ángeles. Porque tuve hambre y no me disteis de comer, tuve sed y no me disteis de beber, fui forastero y no me hospedasteis, estuve desnudo y no me vestisteis, enfermo y en la cárcel y no me visitasteis". Entonces también estos contestarán: "Señor, ¿cuándo te vimos con hambre o con sed, o forastero o desnudo, o enfermo o en la cárcel, y no te asistimos?". Él replicará: "En verdad os digo: lo que no lo hicisteis con uno de estos, los más pequeños, tampoco lo hicisteis conmigo". Y estos irán al castigo eterno, y los justos a la vida eterna».

ORACIÓN

SEÑOR, nos dices que cuando vengas con toda tu gloria en tu Segunda Venida, expulsarás de tu Reino a aquellos que, egoístamente, no se ocuparon de los necesitados e indefensos. **Jesús, ilumíname con tu Amor misericordioso, para que siempre sepa actuar generosamente.**

Ntra. Sra. de la Medalla Milagrosa. Santos Facundo y Primitivo *mrs,* Sigfrido *ob,* Bilgilda *vg.* Beato Ramón Llull *mr*

Papa Francisco: La viuda, la mujer que tiene que arreglárselas como puede, que vive de la caridad pública. La viuda del Evangelio tenía su única esperanza en el Señor. Y Jesús vio que esta había echado solo dos pequeñas monedas y dijo: «Esa pobre viuda ha echado más que todos, porque ha echado todo lo que tenía para vivir». Me gusta contemplar en las viudas del Evangelio la imagen de "viudez" de la Iglesia que espera el regreso de Jesús. La Iglesia es esposa de Jesús, y su único tesoro es su Señor. La Iglesia, cuando es fiel, deja todo a la espera de su Señor. Pero cuando no es fiel, o no es tan fiel, trata de arreglárselas con otras cosas, con otras seguridades, más propias del mundo que de Dios (23-11-2015).

PALABRA

Jesús, alzando los ojos, vio unos ricos que echaban donativos en el tesoro del templo; vio también una viuda pobre que echaba dos monedillas, y dijo: «En verdad os digo que esa pobre viuda ha echado más que todos, porque todos esos han contribuido a los donativos con lo que les sobra, pero ella, que pasa necesidad, ha echado todo lo que tenía para vivir».

Daniel 1, 1-6.8-20; ***Salmo: Daniel*** 3, 52-56 • **LUCAS 21, 1-4**

ORACIÓN

SEÑOR, les pedías a tus discípulos que no se fijaran en los ricos egoístas, sino en la gente pobre y sencilla que, generosamente, consagraban lo que tenían a Dios Padre. Por eso me pregunto: ¿en qué personas me fijo yo?, ¿quiénes son mis modelos? **Jesús, te lo pido, dame sabiduría para seguir el ejemplo de los humildes y generosos.** ***A ti gloria y alabanza por los siglos*** *(Daniel 3, 52b).*

Santos Catalina Labouré *vg*, Esteban *mj mr*, Andrés Trân *mr*

Papa Francisco: Los cristianos que sufren tiempos de persecución, tiempos de prohibición de adoración son una profecía de lo que nos sucederá a todos. [...] Ese será el momento de levantar la cabeza, porque estará cerca la victoria de Jesucristo. (28-11-2013)

PALABRA

Como algunos hablaban del templo, de lo bellamente adornado que estaba con piedra de calidad y exvotos, Jesús les dijo: «Esto que contempláis, llegarán días en que no quedará piedra sobre piedra que no sea destruida». Ellos le preguntaron: «Maestro, ¿cuándo va a ser eso?, ¿y cuál será la señal de que todo eso está para suceder?». Él dijo: «Mirad que nadie os engañe. Porque muchos vendrán en mi nombre, diciendo: "Yo soy", o bien: "Está llegando el tiempo"; no vayáis tras ellos. Cuando oigáis noticias de guerras y de revoluciones, no tengáis pánico. Porque es necesario que eso ocurra primero, pero el fin no será enseguida». Entonces les decía: «Se alzará pueblo contra pueblo y reino contra reino, habrá grandes terremotos, y en diversos países, hambres y pestes. Habrá también fenómenos espantosos y grandes signos en el cielo».

Daniel 2, 31-45; ***Salmo: Daniel*** 3, 57-61 • **LUCAS 21, 5-11**

ORACIÓN

SEÑOR, nos adviertes contra los farsantes que tratan de engañarnos diciéndonos que ellos nos guiarán cómoda y placenteramente a la felicidad. Porque a la auténtica felicidad se llega con sacrificio, superando –con tu ayuda– muchos problemas y conflictos. **Jesús, te doy gracias por mostrarme el verdadero camino de la salvación.** ***Ensalzadlo con himnos por los siglos*** *(Daniel 3, 59b).*

NOVIEMBRE
29
MIÉRCOLES

Miércoles 34° Tiempo Ordinario Tomo IV - Salterio 2ª semana

Santos Saturnino *mr,* Iluminada *vg,* Francisco A. Fasani *pb.* Beato Bernardo F. de Hoyos *pb*

Papa Francisco: No temáis a los que matan el cuerpo, pero no pueden matar el alma. No hay que temer a los que intentan extinguir el poder de la evangelización mediante la arrogancia y la violencia, pues no pueden hacer nada contra el alma, es decir, contra la comunión con Dios: Nadie puede quitársela a los discípulos, porque es un regalo de Dios. El único temor que debe tener el discípulo es el de perder este don divino, renunciando a vivir según el Evangelio y procurándose así la muerte moral, efecto del pecado. (21-06-2020)

PALABRA

Dijo Jesús a sus discípulos: «Os echarán mano, os perseguirán, entregándoos a las sinagogas y a las cárceles, y haciéndoos comparecer ante reyes y gobernadores, por causa de mi nombre. Esto os servirá de ocasión para dar testimonio. Por ello, meteos bien en la cabeza que no tenéis que preparar vuestra defensa, porque yo os daré palabras y sabiduría a las que no podrá hacer frente ni contradecir ningún adversario vuestro.Y hasta vuestros padres, y parientes, y hermanos, y amigos os entregarán, y matarán a algunos de vosotros, y todos os odiarán a causa de mi nombre. Pero ni un cabello de vuestra cabeza perecerá; con vuestra perseverancia salvaréis vuestras almas».

Daniel 5, 1-6.13-14.16-17.23-28; ***Salmo: Daniel*** 3, 62-67
• LUCAS 21, 12-19

ORACIÓN

SEÑOR, poco antes de dar tu vida en la Cruz, animabas a tus discípulos a que fueran perseverantes en el seguimiento de tu Evangelio, porque sin ello no serían capaces de superar los conflictos que iban a sufrir. Y sabes que para nosotros tampoco es fácil seguir tu camino. **Jesús, te lo ruego, dame perseverancia.** ***Ensalzadlo con himnos por los siglos*** *(Daniel 3, 59b).*

FIESTA DE SAN ANDRÉS, APÓSTOL

Santos Cutberto *pb mr*, Tadeo Liu *pb mr*, José Marchand *pb mr*

NOVIEMBRE
30
JUEVES

Papa Francisco: Como los apóstoles Pedro, Andrés, Santiago y Juan, dejemos todo lo que nos impide avanzar en el anuncio del testimonio de Cristo. Estemos cerca de la Iglesia de Constantinopla, la Iglesia de Andrés, orando por la unidad de las Iglesias. (30-11-2018)

PALABRA

Paseando Jesús junto al mar de Galilea, vio a dos hermanos, a Simón, llamado Pedro, y a Andrés, que estaban echando la red en el mar, pues eran pescadores. Les dijo: «Venid en pos de mí y os haré pescadores de hombres». Inmediatamente dejaron las redes y lo siguieron. Y, pasando adelante, vio a otros dos hermanos, a Santiago, hijo de Zebedeo, y a Juan, su hermano, que estaban en la barca repasando las redes con Zebedeo, su padre, y los llamó. Inmediatamente dejaron la barca y a su padre y lo siguieron.

Romanos 10, 9-18; ***Salmo*** 18, 2-5b; • **MATEO 4, 18-22**

ORACIÓN

SEÑOR, el apóstol san Andrés dejó la red con la que pescaba en el mar de Galilea y te siguió fielmente, hasta dar su vida por tu Evangelio. Aunque la predicación del Reino le ocasionó muchos problemas y sufrimientos, fue una persona muy feliz, porque, interiormente, estaba junto a Ti. **Jesús, ayúdame a dejar todo aquello que me impide seguirte.** ***A toda la tierra alcanza su pregón*** *(Salmo 18, 5a).*

VIVE MEJOR LA NAVIDAD

CANTAR LA NAVIDAD

CD para cantar y escuchar. Villancicos.

Gran orquesta de Navidad. Orquestal, Maravillosa. Paul Mauriat. 12,50 €

A la lumbre del Portal II. Villancicos. Grupo Tahona. 12,50 €

Canciones de Navidad. Villancicos. Escolanía del Valle de los Caídos. 12,50 €

En el Portal de Belén. Villancicos. 6 €

Navidad musical. *Misa de Pastorela. Villancicos.* 12,50 €

Oratorio de Navidad. F. Palazón. 12,50 €

Villancicos del Padre Soler, 12,50 €

Villancicos espirituales.
F. Palazón, J.L. Martín Descalzo. 12,50 €

VER LA NAVIDAD

Películas en DVD

Cuentos para Navidad. 2 DVD dibujos. 19 €

LEER LA NAVIDAD

El misterio de la Navidad. *Padres de la Iglesia.*
96 p. 5 €

La Navidad de Pemán, 144 p. 7,25 €

Adviento y Navidad con los Santos Padres.
A. González. 102 p. 7 €

DICIEMBRE

Hoy grande gozo en el cielo todos hacen,
porque en un barrio del suelo nace Dios.
¡Qué gran gozo y alegría tengo yo!
Mas no nace solamente en Belén,
nace donde hay un caliente corazón.

Santos Nahún ***prof,*** **Florencia** ***vg,*** **Eligio** ***ob,*** **Edmundo, Radulfo y Alejandro** ***pbs mrs.,*** **Carlos de Foucauld** ***pb,*** **Beatos Juan de Vercelli** ***pb,***

Papa Francisco: Jesús, con palabras sencillas alienta a pensar para comprender [...] Jesús nos pide que pensemos libremente, pensar para comprender lo que sucede. Solos no podemos: necesitamos la ayuda del Señor, necesitamos al Espíritu Santo para comprender los signos de los tiempos. (29-11-2013)

PALABRA

Dijo Jesús a sus discípulos una parábola: «Fijaos en la higuera y en todos los demás árboles: cuando veis que ya echan brotes, conocéis por vosotros mismos que ya está llegando el verano. Igualmente vosotros, cuando veáis que suceden estas cosas, sabed que está cerca el reino de Dios. En verdad os digo que no pasará esta generación sin que todo suceda. El cielo y la tierra pasarán, pero mis palabras no pasarán».

Daniel 7, 2-14; ***Salmo: Daniel*** 3, 75a. 76a. 77a. 78a. 79a. 80a. 81a

• LUCAS 21, 29-33

ORACIÓN

SEÑOR, aseguraste a tus discípulos que ellos vivirían el Reino de Dios. De hecho, lo predicaron con tanto ahínco, que dieron la vida por él. **Jesús, ayúdame a colaborar en la construcción de tu Reino.** ***Ensalzadlo con himnos por los siglos*** *(Daniel 3, 59b)*

Santos Habacuc *prof,* Bibiana *mr,* Silverio *pp mr.* Beatos M.ª Ángela Astorch *ab,* Juan de Ruusbroeck *pb*

Papa Francisco: Estar *despiertos y orar:* he aquí como vivir este tiempo desde hoy hasta la Navidad. Estar despiertos y orar. El sueño interno viene siempre de dar siempre vueltas en torno a nosotros mismos, y del permanecer encerrados en nuestra propia vida con sus problemas, alegrías y dolores, pero siempre dando vueltas en torno a nosotros mismos. Y eso cansa, eso aburre, esto cierra a la esperanza. Esta es la raíz del letargo y de la pereza de las que habla el Evangelio. El Adviento nos invita a un esfuerzo de vigilancia, mirando más allá de nosotros mismos, alargando la mente y el corazón para abrirnos a las necesidades de la gente, de los hermanos y al deseo de un mundo nuevo. (02-12-2018)

PALABRA

Dijo Jesús a sus discípulos: «Tened cuidado de vosotros, no sea que se emboten vuestros corazones con juergas, borracheras y las inquietudes de la vida, y se os eche encima de repente aquel día; porque caerá como un lazo sobre todos los habitantes de la tierra. Estad, pues, despiertos en todo tiempo, pidiendo que podáis escapar de todo lo que está por suceder y manteneros en pie ante el Hijo del hombre».

Daniel 7, 15-27; ***Salmo Daniel*** 3, 82a.83a.84a.85a.86a.87a.

• LUCAS 21, 34-36

ORACIÓN

SEÑOR, nos dices que en cualquier momento regresarás a este mundo para instaurar aquí, definitiva y plenamente, tu Reino. Pero nos adviertes de que los que no estén preparados para ello, quedarán fuera. **Jesús, te lo ruego, ayúdame a vivir siempre –con coherencia– tu Evangelio.** ***Ensalzadlo con himnos por los siglos*** *(Daniel 3, 59b).*

MAÑANA, NUEVO TOMO DE LA "LITURGIA DE LAS HORAS": TOMO I

DICIEMBRE
3
DOMINGO

DOMINGO I DE ADVIENTO Tomo I - Salterio 1ª semana

Santos FRANCISCO JAVIER *pb*, **Sofonías** *prof*, **Lucio** *er*, **Casiano** *mr*

NUEVO AÑO LITÚRGICO CICLO "B"
"LITURGIA DE LAS HORAS": TOMO I
TIEMPO DE ADVIENTO

Papa Francisco: El Adviento es una llamada incesante a la esperanza: nos recuerda que Dios está presente en la historia para conducirla a su fin último para conducirla a su plenitud, que es el Señor, el Señor Jesucristo. Dios está presente en la historia de la humanidad, es el «Dios con nosotros», Dios no está lejos, siempre está con nosotros, hasta el punto que muchas veces llama a las puertas de nuestro corazón. Dios camina a nuestro lado para sostenernos. El Señor no nos abandona; nos acompaña en nuestros eventos existenciales para ayudarnos a descubrir el sentido del camino, el significado del cotidiano, para infundirnos valentía en las pruebas y en el dolor. (20-11-2020)

PALABRA

• ***Isaías*** 63, 16c-17.19c; 64, 2b-7: Tú, Señor, eres nuestro padre, tu nombre de siempre es «nuestro Libertador». ¿Por qué nos extravías, Señor, de tus caminos, y endureces nuestro corazón para que no te tema? Vuélvete por amor a tus siervos y a las tribus de tu heredad. ¡Ojalá rasgases el cielo y descendieses! En tu presencia se estremecerían las montañas. "descendiste, y las montañas se estremecieron". Jamás se oyó ni se escuchó, ni ojo vio un Dios, fuera de ti, que hiciera tanto por quien espera en él. Sales al encuentro de quien practica con alegría la justicia y, andando en tus caminos, se acuerda de ti. He aquí que tú estabas airado y nosotros hemos pecado. Pero en los caminos de antiguo seremos salvados. Todos éramos impuros, nuestra justicia era un vestido manchado; todos nos marchitábamos como hojas, nuestras culpas nos arrebatan como el viento. Nadie invocaba tu nombre, nadie salía del letargo para adherirse a ti; pues nos ocultabas tu rostro y nos entregabas al poder de nuestra culpa. Y, sin embargo, Señor, tú eres nuestro padre, nosotros la arcilla y tú nuestro alfarero: todos somos obra de tu mano.

• *Salmo* 79, 2-3.15-16.18-19: ***Oh, Dios, restáuranos, que brille tu rostro y nos salve***

• *1Corintios* 1, 3-9: Hermanos: a vosotros, gracia y paz de parte de Dios, nuestro Padre, y del Señor Jesucristo. Doy gracias a mi Dios continuamente por vosotros, por la gracia que Dios os ha dado en Cristo Jesús; pues en él habéis sido enriquecidos en todo: en toda palabra y en toda ciencia; porque en vosotros se ha probado el testimonio de Cristo, de modo que no carecéis de ningún don gratuito, mientras aguardáis la manifestación de nuestro Señor Jesucristo. Él os mantendrá firmes hasta el final, para que seáis irreprensibles el día de nuestro Señor Jesucristo. Fiel es Dios, el cual os llamó a la comunión con su Hijo, Jesucristo nuestro Señor.

• **MARCOS 13, 33-37:** Dijo Jesús a sus discípulos: «Estad atentos, vigilad: pues no sabéis cuándo es el momento. Es igual que un hombre que se fue de viaje, y dejó su casa y dio a cada uno de sus criados su tarea, encargando al portero que velara. Velad entonces, pues no sabéis cuándo vendrá el señor de la casa, si al atardecer, o a medianoche, o al canto del gallo, o al amanecer: no sea que venga inesperadamente y os encuentre dormidos. Lo que os digo a vosotros, lo digo a todos: ¡Velad!».

ORACIÓN

SEÑOR, nos animas a estar siempre preparados para tu Segunda Venida, cuando llegues en toda tu gloria y majestad para instaurar aquí tu Reino. Por eso quieres que velemos, viviendo tu Evangelio. **Jesús, te lo ruego, ayúdame a seguir tu camino.**

Estad atentos, vigilad

DICIEMBRE
4
LUNES

Lunes 1° de Adviento Tomo I - Salterio 1ª semana

Santos JUAN DAMASCENO ***pb dc,***
Bárbara ***vg mr,***
Juan Taumaturgo ***ob,*** **Bernardo** ***ob***

Papa Francisco: Cuando sólo nos limitamos a encontrar al Señor somos nosotros —pero esto digámoslo entre comillas— los "dueños" de este encuentro. Cuando, en cambio, nos dejamos encontrar por Él, es Él quien entra dentro de nosotros y nos renueva completamente. Esto es lo que significa que venga Cristo: rehacer todo de nuevo, rehacer el corazón, el alma, la vida, la esperanza, el camino. (02-12-2013)

PALABRA

Al entrar Jesús en Cafarnaún, un centurión se le acercó rogándole: «Señor, tengo en casa un criado que está en cama paralítico y sufre mucho». le contestó: «Voy yo a curarlo». Pero el centurión le replicó: «Señor, no soy digno de que entres bajo mi techo. Basta que lo digas de palabra, y mi criado quedará sano. Porque yo también vivo bajo disciplina y tengo soldados a mis órdenes; y le digo a uno: "Ve", y va; al otro: "Ven", y viene; a mi criado: "Haz esto", y lo hace». Al oírlo, Jesús quedó admirado y dijo a los que le seguían: «En verdad os digo que en Israel no he encontrado en nadie tanta fe. Os digo que vendrán muchos de oriente y occidente y se sentarán con Abrahán, Isaac y Jacob en el reino de los cielos».

Isaías 2, 1-5; ***Salmo*** 121, 1-9 • **MATEO 8, 5-11**

ORACIÓN

SEÑOR, admiraste la fe que te profesaba un militar romano, que era pagano, pues confiaba más en Ti que muchos judíos a los que les habías anunciado el Evangelio. Actualmente, también son muchos los que han escuchado tu Palabra, pero han tomado otro camino. **Jesús, te lo suplico, aumenta mi fe, porque quiero seguirte fielmente.** ***Vamos alegres a la casa del Señor*** *(Salmo 121,1).*

Santos Sabas *ab*, Juan Almond *pb mr*, Crispina *mf mr*. Beato Felipe Rinaldi *pb*

Papa Francisco: La alegría del Evangelio llena el corazón y la vida entera de los que se encuentran con Jesús. Quienes se dejan salvar por Él son liberados del pecado, de la tristeza, del vacío interior, del aislamiento. Con Jesucristo siempre nace y renace la alegría. (Jornada Mundial de las Misiones 2014)

PALABRA

Jesús se llenó de la alegría en el Espíritu Santo y dijo: «Te doy gracias, Padre, Señor del cielo y de la tierra, porque has escondido estas cosas a los sabios y entendidos, y las has revelado a los pequeños. Sí, Padre, porque así te ha parecido bien. Todo me ha sido entregado por mi Padre, y nadie conoce quién es el Hijo sino el Padre; ni quién es el Padre, sino el Hijo, y aquel a quien el Hijo se lo quiere revelar». Y, volviéndose a sus discípulos, les dijo aparte: «¡Bienaventurados los ojos que ven lo que vosotros veis! Porque os digo que muchos profetas y reyes quisieron ver lo que vosotros veis, y no lo vieron; y oír lo que vosotros oís, y no lo oyeron».

Isaías 11, 1-10; ***Salmo*** 71, 1-2.7-8.12-13.17 • **LUCAS 10, 21-24**

ORACIÓN

SEÑOR, ciertamente, nos hubiera gustado mucho ver lo que vieron los Doce, cuando convivieron contigo durante tu vida terrena. Sin embargo, a nosotros nos ofreces algo mejor, pues podemos sentir ahora tu Presencia dentro de nuestro corazón. **Jesús, ayúdame a prepararme bien en este tiempo de Adviento, para poder sentir tu Presencia en la fiesta de la Navidad.** ***En sus días florezca la justicia y la paz abunde eternamente*** *(Salmo 71,7).*

DICIEMBRE

6

MIÉRCOLES

Miércoles 1° de Adviento Tomo I - Salterio 1ª semana

Santos NICOLÁS *ob*, Pedro Pascual *ob mr*, Carmen M.ª Sallés *vg*

Papa Francisco: El Evangelio de hoy es una clara referencia a la Eucaristía. Más que una multiplicación es un compartir, animado por la fe y la oración. Comieron todos y sobró: es el signo de Jesús, pan de Dios para la humanidad. (02-06-2013)

PALABRA

Jesús se dirigió al mar de Galilea, subió al monte y se sentó en él. Acudió a él mucha gente llevando tullidos, ciegos, lisiados, sordomudos y muchos otros; los ponían a sus pies, y él los curaba. La gente se admiraba al ver hablar a los mudos, sanos a los lisiados, andar a los tullidos y con vista a los ciegos, y daban gloria al Dios de Israel. Jesús llamó a sus discípulos y les dijo: «Siento compasión de la gente, porque llevan ya tres días conmigo y no tienen qué comer. Y no quiero despedirlos en ayunas, no sea que desfallezcan en el camino». Los discípulos le dijeron: «¿De dónde vamos a sacar en un despoblado panes suficientes para saciar a tanta gente?». Jesús les dijo: «¿Cuántos panes tenéis?». Ellos contestaron: «Siete y algunos peces». Él mandó que la gente se sentara en el suelo. Tomó los siete panes y los peces, pronunció la acción de gracias, los partió y los fue dando a los discípulos, y los discípulos a la gente. Comieron todos hasta saciarse y recogieron las sobras: siete canastos llenos.

Isaías 25, 6-10a; *Salmo* 22, 1-6 • MATEO 15, 29-37

ORACIÓN

SEÑOR, predicabas un Reino que, aunque no es de este mundo, es capaz de transformarlo. Pues, cuando vivimos tu Evangelio, nuestra vida cambia totalmente. **Jesús, te doy gracias por darme la oportunidad de escuchar y vivir tu Palabra.** ***Habitaré en la casa del Señor por años sin término*** *(Salmo 22, 6cd).*

Santos AMBROSIO *ob dc*, Sabino *ob mr*, Urbano *ob*, Fara *ab*

Papa Francisco: El cristiano es fuerte cuando no sólo dice que lo es, sino cuando vive su vida como cristiano, cuando pone en práctica la doctrina cristiana, las palabras de Dios, los mandamientos, las bienaventuranzas. El punto central es, de hecho, poner en práctica. (04-12-2014)

PALABRA

Dijo Jesús a sus discípulos: «No todo el que me dice "Señor, Señor" entrará en el reino de los cielos, sino el que hace la voluntad de mi Padre que está en los cielos. El que escucha estas palabras mías y las pone en práctica se parece a aquel hombre prudente que edificó su casa sobre roca. Cayó la lluvia, se desbordaron los ríos, soplaron los vientos y descargaron contra la casa; pero no se hundió, porque estaba cimentada sobre roca. El que escucha estas palabras mías y no las pone en práctica se parece a aquel hombre necio que edificó su casa sobre arena. Cayó la lluvia, se desbordaron los ríos, soplaron los vientos y rompieron contra la casa, y se derrumbó. Y su ruina fue grande».

Isaías 26, 1-6; *Salmo* 117, 1.8-9.19-21.25-27a • **MATEO 7, 21.24-27**

ORACIÓN

SEÑOR, sabes bien que a veces edificamos nuestros proyectos sobre ideales y valores que distan mucho de tu Evangelio. Y entonces dichos proyectos nos conducen a la infelicidad y la perdición. Jesús, deseo edificar mi vida sobre la roca de tu Palabra. **Te lo ruego, ayúdame a seguir tu camino.** ***Bendito el que viene en nombre del Señor*** *(Salmo 117, 26a).*

DICIEMBRE

8

VIERNES

Ntra. Sra. de Caacupé,
Santa Narcisa de Jesús *vg*

INMACULADA CONCEPCIÓN DE MARÍA

SOLEMNIDAD DE LA INMACULADA CONCEPCIÓN DE SANTA MARÍA VIRGEN

Papa Francisco: La fiesta litúrgica de hoy celebra una de las maravillas de la historia de la salvación: la Inmaculada Concepción de la Virgen María. También ella fue salvada por Cristo, pero de una forma extraordinaria, porque Dios quiso que desde el instante de la concepción la madre de su Hijo no fuera tocada por la miseria del pecado. Y por tanto María, durante toda su vida terrena, estuvo libre de cualquier mancha de pecado, ha sido la «llena de gracia» (Lc 1,28), como la llamó el ángel, y disfrutó de una singular acción del Espíritu Santo, para poder mantenerse siempre en su relación perfecta con su hijo Jesús; es más, era la discípula de Jesús: la Madre y la discípula. Pero el pecado no estaba en Ella. (08-12-2020)

PALABRA

En aquel tiempo, el ángel Gabriel fue enviado por Dios a una ciudad de Galilea llamada Nazaret, a una virgen desposada con un hombre llamado José, de la casa de David; el nombre de la virgen era María. El ángel, entrando en su presencia, dijo: «Alégrate, llena de gracia, el Señor está contigo». Ella se turbó grandemente ante estas palabras y se preguntaba qué saludo era aquel. El ángel le dijo: «No temas, María, porque has encontrado gracia ante Dios. Concebirás en tu vientre y darás a luz un hijo, y le pondrás por nombre Jesús. Será grande, se llamará Hijo del Altísimo, el Señor Dios le dará el trono de David, su padre; reinará sobre la casa de Jacob para siempre, y su reino no tendrá fin». Y María dijo al ángel: «¿Cómo será eso, pues no conozco varón?». El ángel le contestó: «El Espíritu Santo vendrá sobre ti, y la fuerza del Altísimo te cubrirá con su sombra; por eso el Santo que va a nacer será llamado Hijo de Dios. También tu pariente Isabel ha concebido un hijo en su vejez, y ya está de seis meses la que llamaban estéril, "porque para Dios nada hay imposible"». María contestó: «He aquí la esclava del Señor; hágase en mí según tu palabra». Y el ángel se retiró.

Génesis 3, 9-15.20; ***Salmo*** 97, 1-4; ***Efesios*** 1, 3-6.11-12 • **LUCAS 1, 26-38**

ORACIÓN

SEÑOR, hoy celebramos la Inmaculada Concepción de la Virgen María. Cuando la contemplamos con devoción, podemos sentir cómo su purísimo corazón nos transforma, elevándonos interiormente hacia Ti. Jesús, te doy gracias por la sanadora pureza de María, nuestra Madre. ***Cantad al Señor un cántico nuevo, porque ha hecho maravillas*** *(Salmo 97,1bc).*

Santos JUAN DIEGO *cf*, Leocadia *vg mr*, Siro *ob*, Pedro Fourier *pb*

Papa Francisco: El Adviento es el tiempo para hacer memoria de la cercanía de Dios, que ha descendido hasta nosotros. Por ello, el primer paso de la fe es decirle al Señor que lo necesitamos, necesitamos su cercanía. Es también el primer mensaje del Adviento y del Año Litúrgico, reconocer que Dios está cerca, y decirle: "¡Acércate más!". Él quiere acercarse a nosotros, pero se ofrece, no se impone. (29-11-2020)

PALABRA

Jesús recorría todas las ciudades y aldeas, enseñando en sus sinagogas, proclamando el evangelio del reino y curando toda enfermedad y toda dolencia. Al ver a las muchedumbres, se compadecía de ellas, porque estaban extenuadas y abandonadas, «como ovejas que no tienen pastor». Entonces dice a sus discípulos: «La mies es abundante, pero los trabajadores son pocos; rogad, pues, al Señor de la mies que mande trabajadores a su mies». Llamó a sus doce discípulos y les dio autoridad para expulsar espíritus inmundos y curar toda enfermedad y toda dolencia. A estos doce los envió Jesús con estas instrucciones: «Id a las ovejas descarriadas de Israel. Id y proclamad que ha llegado el reino de los cielos. Curad enfermos, resucitad muertos, limpiad leprosos, arrojad demonios. Gratis habéis recibido, dad gratis».

Isaías 30, 19-21. 23-26; ***Salmo*** 146, 1-6 • **MATEO 9, 35; 10, 1.5a.6-8**

ORACIÓN

SEÑOR, te apiadabas de aquellas muchedumbres que te seguían, porque nadie se ocupaba de la salud de su alma. Por eso enviaste delante de Ti a tus discípulos, para que sanaran el corazón de las personas y les anunciaran tu Evangelio. **Jesús, me pongo a tu disposición, porque deseo ayudar a construir en mi entorno tu Reino de Amor.** ***Dichosos los que esperan en el Señor*** *(Isaías 30,18).*

DICIEMBRE
10
DOMINGO

DOMINGO II DE ADVIENTO Tomo I - Salterio 2ª semana

Ntra. Sra. de Loreto
Santos EULALIA DE MÉRIDA ***vg mr,***
Mauro ***mr,*** **Gregorio III** ***pp.***

SANTA EULALIA DE MÉRIDA

Papa Francisco: El Salvador que esperamos es capaz de transformar nuestra vida con su gracia, con la fuerza del Espíritu Santo, con la fuerza del amor. En efecto, el Espíritu Santo infunde en nuestros corazones el amor de Dios, fuente inagotable de purificación, de vida nueva y de libertad. La Virgen María vivió en plenitud esta realidad, dejándose «bautizar» por el Espíritu Santo que la inundó de su poder. Que Ella, que preparó la venida del Cristo con la totalidad de su existencia, nos ayude a seguir su ejemplo y guíe nuestros pasos al encuentro con el Señor que viene. (10-12-2017)

PALABRA

• ***Isaías*** 40,1-5.9-11: Consolad, consolad a mi pueblo, dice vuestro Dios; hablad al corazón de Jerusalén, gritadle: que se ha cumplido su servicio, y está pagado su crimen, pues de la mano del Señor ha recibido doble paga por sus pecados. Una voz grita: «En el desierto preparadle un camino al Señor; allanad en la estepa una calzada para nuestro Dios; que los valles se levanten, que los montes y colinas se abajen, que lo torcido se enderece y lo escabroso se iguale. Se revelará la gloria del Señor, y la verán todos juntos –ha hablado la boca del Señor–». Súbete a un monte elevado, heraldo de Sion; alza con fuerza la voz, heraldo de Jerusalén, álzala, no temas, di a las ciudades de Judá: aquí está vuestro Dios. Mirad, Señor Dios llega con poder y con su brazo manda. Mirad, viene con él su salario, y su recompensa lo precede. Como un pastor apacienta el rebaño, reúne con su brazo los corderos y los lleva sobre el pecho; cuida él mismo a las ovejas que crían».

• ***Salmo*** 84, 9-14: ***Muéstranos, Señor, tu misericordia y danos tu salvación.***

• ***2Pedro*** 3, 8-14: No olvidéis una cosa, queridos míos, que para el Señor, un día es como mil años y mil años, como un día. El Señor no retrasa su promesa, como piensan algunos, sino que tiene paciencia con vosotros, porque no quiere que nadie se pierda sino que todos accedan a la conversión. Pero el Día del Señor llegará como un ladrón. Entonces los cielos desaparecerán estrepitosamente, los elementos se disolverán abrasados y la tierra con cuantas obras hay en ella quedará al descubierto. Puesto que todas estas cosas van a disolverse de este modo, ¡qué santa y piadosa debe ser vuestra conducta, mientras esperáis y apresuráis la llegada del Día de Dios! Ese día los cielos se disolverán incendiados y los elementos se derretirán los elementos. Pero nosotros, según su promesa, esperamos unos cielos nuevos y una tierra nueva, en los que habite la justicia. Por eso, queridos míos, mientras esperáis estos acontecimientos, procurad que Dios os encuentre en paz con él, intachables e irreprochables.

• **MARCOS 1, 1-8:** Comienzo del Evangelio de Jesucristo, Hijo de Dios. Como está escrito en el Profeta Isaías: «Yo envío mi mensajero delante de ti, el cual preparará tu camino; una voz grita en el desierto: «Preparad el camino del Señor, enderezad sus senderos»; se presentó Juan en el desierto bautizando y predicando un bautismo de conversión para el perdón de los pecados. Acudía a él toda la región de Judea y toda la gente de Jerusalén. Él los bautizaba en el río Jordán y confesaban sus pecados. Juan iba vestido de piel de camello, con una correa de cuero a la cintura y se alimentaba de saltamontes y miel silvestre. Y proclamaba: «Detrás de mí viene el que es más fuerte que yo, y no merezco agacharme para desatarle la correa de sus sandalias. Yo os he bautizado con agua, pero él os bautizará con Espíritu Santo».

ORACIÓN

SEÑOR, san Juan Bautista fue tu gran precursor. Bautizaba con agua para limpiar el pecado del corazón de los que acudían a él. Y les anunciaba que Tú vendrías después para bautizarles con el fuego del Espíritu Santo. Así preparaba la venida de tu Reino. **Jesús, ayúdame a preparar la celebración de tu nacimiento en la fiesta de Navidad.**

DICIEMBRE
11
LUNES

Lunes 2º de Adviento Tomo I - Salterio 2ª semana

Santos DÁMASO I *pp*, Maravillas de Jesús *vg*, Daniel *pb*, Sabino *ob*

Papa Francisco: El Sacramento de la Reconciliación es un sacramento de curación, cuando voy a confesarme es para curarme, curarme el alma, curarme el corazón, de algo que he hecho que no está bien. El icono bíblico que mejor los expresa, en su profundo vínculo, es el episodio del perdón y la curación del paralítico, donde el Señor Jesús se revela al mismo tiempo médico de las almas y de los cuerpos. (19-02-2014)

PALABRA

Un día, estaba Jesús enseñando, y estaban sentados unos fariseos y maestros de la ley, venidos de todas las aldeas de Galilea, Judea y Jerusalén. Y el poder del Señor estaba con él para realizar curaciones. En esto, llegaron unos hombres que traían en una camilla a un hombre paralítico y trataban de introducirlo y colocarlo delante de él. No encontrando por donde introducirlo, a causa del gentío, subieron a la azotea, lo descolgaron con la camilla a través de las tejas, y lo pusieron en medio, delante de Jesús. Él, viendo la fe de ellos, dijo: «Hombre, tus pecados están perdonados». Entonces se pusieron a pensar los escribas y los fariseos: «¿Quién es este que dice blasfemias? ¿Quién puede perdonar pecados sino solo Dios?». Pero Jesús, conociendo sus pensamientos, respondió y les dijo: «¿Qué pensáis en vuestros corazones? ¿Qué es más fácil, decir: "Tus pecados te son perdonados", o decir: "Levántate y echa a andar"? Pues, para que veáis que el Hijo del hombre tiene poder en la tierra para perdonar pecados –dijo al paralítico–: "A ti te lo digo, ponte en pie, toma tu camilla y vete a tu casa"». Y, al punto, levantándose a la vista de ellos, tomó la camilla donde había estado tendido y se marchó a su casa dando gloria a Dios. El asombro se apoderó de todos y daban gloria a Dios. Y, llenos de temor, decían: «Hoy hemos visto maravillas».

Isaías 35, 1-10; *Salmo* 84, 9-14 • **LUCAS 5, 17-26**

ORACIÓN

SEÑOR, aquellas personas hicieron un gran esfuerzo para que curases al paralítico, descolgándolo por el techo, a través de las tejas. Nosotros tenemos que hacer ahora un gran esfuerzo para prepararnos bien para celebrar la Navidad. Jesús, ayúdame a vivir con coherencia este tiempo de Adviento. ***He aquí nuestro Dios; viene en persona y nos salvará*** *(Isaías 35,4ce).*

NTRA. SRA. DE GUADALUPE
(México: Solemnidad)
Santos Israel *pb,* Simón Phan *pf mr.*

Papa Francisco: Quien no conoce las caricias del Señor no conoce la doctrina cristiana. Quien no se deja acariciar por el Señor está perdido. Y es precisamente este el mensaje alegre, esta es la sincera exultación que nosotros queremos hoy. Esta es la alegría, esta es la consolación que buscamos: que venga el Señor con su poder, que son las caricias, para encontrarnos, salvarnos, como a la oveja descarriada y a llevarnos de regreso al rey de su Iglesia. (06-12-2016)

PALABRA

Dijo Jesús a sus discípulos: «¿Qué os parece? Suponed que un hombre tiene cien ovejas: si una se le pierde, ¿no deja las noventa y nueve en los montes y va en busca de la perdida? Y si la encuentra, en verdad os digo que se alegra más por ella que por las noventa y nueve que no se habían extraviado. Igualmente, no es voluntad de vuestro Padre que está en el cielo que se pierda ni uno de estos pequeños».

Isaías 40, 1-11; *Salmo* 95, 1-3.10-13 • MATEO 18, 12-14

ORACIÓN

SEÑOR, prestas más atención a las personas extraviadas que a las que ya caminan por la senda de la salvación. Porque viniste al mundo para salvar, no para condenar. **Jesús, te lo suplico, ten piedad de mí, porque soy un pobre pecador.** ***Aquí está nuestro Dios, que llega con fuerza*** *(Isaías 40,9-10).*

DICIEMBRE
13
MIÉRCOLES

Miércoles 2° de Adviento Tomo I - Salterio 2ª semana

Santos LUCÍA *vg mr*, Otilia *ab*, Autberto *ob*. Beato Antonio Gras *pb*

Papa Francisco: A veces nuestro cansancio está causado por haber depositado nuestra confianza en cosas que no son lo esencial, porque nos hemos alejado de lo que vale realmente en la vida. Que el Señor nos enseñe a no tener miedo de seguirle, para que la esperanza que ponemos en Él no sea defraudada. Estamos llamados a aprender de Él qué significa vivir de misericordia para ser instrumentos de misericordia: vivir de misericordia es sentirse necesitado de la misericordia de Jesús, y cuando nosotros nos sentimos necesitados de perdón, de consolación, aprendemos a ser misericordiosos con los demás. (14-09-2016)

PALABRA

Jesús tomó la palabra y dijo: «Venid a mí todos los que estáis cansados y agobiados, y yo os aliviaré. Tomad mi yugo sobre vosotros y aprended de mí, que soy manso y humilde de corazón, y encontraréis descanso para vuestras almas. Porque mi yugo es llevadero y mi carga ligera».

Isaías 40, 25-31; ***Salmo*** 102, 1-4.8.10 • **MATEO 11, 28-30**

ORACIÓN

SEÑOR, nos pides que llevemos mansamente el yugo de tu Evangelio. Porque cuando vivimos en armonía con tu voluntad, siguiendo fielmente tu Palabra, nuestra vida se hace más ligera y llevadera. **Jesús, te pido perdón por las veces en las que me resisto a seguir tu camino.** ***Bendice, alma mía, al Señor*** *(Salmo 102,1b).*

Jueves 2° de Adviento

DICIEMBRE 14 JUEVES

Santos JUAN DE LA CRUZ *pb dc*, Venancio Fortunato *ob*, Jerón y *co mrs*, Pompeyo *ob*, Drósida *mr*

Papa Francisco: El hombre más grande nacido de mujer -Juan el Bautista- y el Hijo de Dios eligieron el camino de la humillación. Este es el camino que Dios muestra a los cristianos para seguir adelante. No se puede ser humilde sin humillaciones. (07-02-2020)

PALABRA

Dijo Jesús al gentío: «En verdad os digo que no ha nacido de mujer uno más grande que Juan el Bautista; aunque el más pequeño en el reino de los cielos es más grande que él. Desde los días de Juan el Bautista, hasta ahora el reino de los cielos sufre violencia y los violentos lo arrebatan. Los Profetas y la Ley han profetizado hasta que vino Juan; él es Elías, el que tenía que venir, con tal que queráis admitirlo. El que tenga oídos que oiga».

Isaías 41, 13-20; *Salmo* 144,1.9-13ab • **MATEO 11, 11-15**

ORACIÓN

SEÑOR, alababas a san Juan Bautista ante tus discípulos, porque él fue el profeta que, humildemente, anunció tu venida. Y deseas que nosotros anunciemos a nuestros familiares y amigos la fiesta de la Navidad, en la que vendrás a nosotros hecho Niño. **Jesús, te lo pido, dame humildad, para que pueda dar un buen testimonio de Ti.** ***El Señor es clemente y misericordioso, lento a la cólera y rico en piedad*** *(Salmo 144,8).*

Santos Valeriano *ob*, Maximino *pb*, María C. de Rosa *vg*

Papa Francisco: El pueblo de Dios tiene una cierta alergia por los predicadores de la Palabra: a los profetas los ha perseguido, los ha asesinado. Estas personas dicen aceptar la verdad de la revelación, pero al predicador, la predicación, no. Prefieren una vida enjaulada en sus preceptos, en sus compromisos, en sus planes revolucionarios o en su espiritualidad desencarnada. Son aquellos cristianos siempre descontentos de lo que dicen los predicadores. (13-12-2013)

PALABRA

Dijo Jesús al gentío: «¿A quién compararé esta generación? Se asemeja a unos niños sentados en la plaza, que gritan diciendo: "Hemos tocado la flauta, y no habéis bailado; hemos entonado lamentaciones, y no habéis llorado". Porque vino Juan, que ni comía ni bebía, y dicen: "Tiene un demonio". Vino el Hijo del hombre, que come y bebe, y dicen: "Ahí tenéis a un comilón y borracho, amigo de publicanos y pecadores". Pero la sabiduría se ha acreditado por sus obras».

Isaías 48, 17-19; ***Salmo*** 1, 1-6 • **MATEO 11, 16-19**

ORACIÓN

SEÑOR, en el tiempo de Navidad, que pronto llegará, la Iglesia nos pedirá que estemos felices, porque durante esos días conmemoramos tu venida al mundo. Pero si queremos estar realmente alegres durante esos días, ahora, en el tiempo de Adviento, debemos prepararnos bien. **Jesús, ayúdame a aprovechar este tiempo de preparación.** ***El que te sigue, Señor, tendrá la luz de la vida*** *(Juan 8,12).*

Santos Ageo *prof,* José Mañanet *pb,* Everardo *mj,* Adelaida *em*

Papa Francisco: Cada uno de nosotros -no lo olvidemos- es una misión a cumplir. Así que no tengamos miedo de preguntar al Señor: ¿Qué debo hacer? Para eso sirve el tiempo de Adviento, para detenernos y preguntarnos cómo podemos preparar la Navidad. Estamos ocupados con tantos preparativos, para regalos y cosas que pasan, pero preguntémonos qué debemos hacer por Jesús y por los demás. (12-12-2020)

PALABRA

Cuando bajaban del monte, los discípulos preguntaron a Jesús: «¿Por qué dicen los escribas que primero tiene que venir Elías?». Él les contestó: «Elías vendrá y lo renovará todo. Pero os digo que Elías ya ha venido, y no lo reconocieron, sino que han hecho con él lo que han querido. Así también el Hijo del hombre va a padecer a manos de ellos». Entonces entendieron los discípulos que se refería a Juan el Bautista.

Eclesiástico 48, 1-4.9-11b; ***Salmo*** 79, 2-3.15-16.18-19
• MATEO 17, 10-13

ORACIÓN

SEÑOR, te quejabas de que no hubieran reconocido a tu precursor, san Juan Bautista, cuya misión era preparar tu venida. También nos resulta difícil preparar ahora la celebración de la Navidad, porque son muchos los que no quieren saber nada de tu venida a este mundo. **Jesús, te ruego por esas personas para las que la Navidad no significa nada.** ***Oh Dios, restáuranos, que brille tu rostro y nos salve*** *(Salmo 79,4).*

DICIEMBRE

17

DOMINGO

DOMINGO III DE ADVIENTO Tomo I - Salterio 3ª semana

Santos Juan de Mata *pb*, Modesto *ob*

Papa Francisco: Juan el Bautista recorrió *un largo camino* para llegar a testimoniar a Jesús. El camino de la alegría no es fácil, no es un paseo. Se necesita trabajo para estar siempre en la alegría. Juan dejó todo, desde joven, para poner a Dios en primer lugar, para escuchar con todo su corazón y con todas sus fuerzas la Palabra. Juan se retiró al desierto, despojándose de todo lo superfluo, para ser más libre de seguir el viento del Espíritu Santo. Cierto, algunos rasgos de su personalidad son únicos, irrepetibles, no se pueden proponer a todos. Pero su testimonio es paradigmático para todo aquel que quiera buscar el sentido de su propia vida y encontrar la verdadera alegría. De manera especial, el Bautista es un modelo para cuantos están llamados en la Iglesia a anunciar a Cristo a los demás: pueden hacerlo solo despegándose de sí mismos y de la mundanidad, no atrayendo a las personas hacia sí sino orientándolas hacia Jesús. (13-12-2020)

PALABRA

• ***Isaías*** 61, 1-2a.10-11: El Espíritu del Señor, Dios, está sobre mí, porque el Señor me ha ungido. Me ha enviado para dar la buena noticia a los pobres, para curar los corazones desgarrados, para proclamar la amnistía a los cautivos, y a los prisioneros la libertad; para proclamar un año de gracia del Señor. Desbordo de gozo con el Señor, y me alegro con mi Dios: porque me ha puesto un traje de salvación, y me ha envuelto con un manto de justicia, como novio que se pone la corona, o novia que se adorna con sus joyas. Como el suelo echa sus brotes, como un jardín hace brotar sus semillas, así el Señor hará brotar la justicia y los himnos, ante todos los pueblos.

• ***Salmo: Lucas*** 1, 46b-50.53-54: ***Me alegro con mi Dios.***

• ***1Tesalonicenses*** 5, 16-24: Estad siempre alegres. Sed constantes en orar. Dad gracias en toda ocasión: esta es la voluntad de Dios en Cristo Jesús respecto de vosotros. No apaguéis el espíritu, no despreciéis las profecías; examinadlo todo y quedaos con lo bueno. Guardaos de toda clase de mal. Que el mismo Dios de la paz os santifique totalmente, y que todo vuestro espíritu, alma y cuerpo se mantenga sin reproche hasta la venida de nuestro Señor Jesucristo. El que os llama es fiel, y él lo realizará.

• **JUAN 1, 6-8.19-28:** Surgió un hombre enviado por Dios, que se llamaba Juan: este venía como testigo, para dar testimonio de la luz, para que todos creyeran por medio de él. No era él la luz, sino el que daba testimonio de la luz. Y este es el testimonio de Juan, cuando los judíos enviaron desde Jerusalén sacerdotes y levitas a que le preguntaran: «¿Tú quién eres?». Él confesó y no negó; confesó: «Yo no soy el Mesías». Le preguntaron: «¿Entonces, qué? ¿Eres tú Elías?». Él dijo: «No lo soy». «¿Eres tú el Profeta?». Respondió: «No». Y le dijeron: «¿Quién eres, para que podamos dar una respuesta a los que nos han enviado? ¿Qué dices de ti mismo?». Él contestó: «Yo soy la voz que grita en el desierto: "Allanad el camino del Señor", como dijo el profeta Isaías». Entre los enviados había fariseos y le preguntaron: «Entonces, ¿por qué bautizas si tú no eres el Mesías, ni Elías, ni el Profeta?». Juan les respondió: «Yo bautizo con agua; en medio de vosotros hay uno que no conocéis, el que viene detrás de mí, y al que no soy digno de desatar la correa de la sandalia». Esto pasaba en Betania, en la otra orilla del Jordán, donde Juan estaba bautizando.

ORACIÓN **SEÑOR**, muchos pensaban que san Juan Bautista era el Mesías, pero él, además de negarlo rotundamente, anunció que eras Tú al que estaban esperando. Y humildemente reconoció que no era nada en comparación contigo. **Jesús, te pido perdón porque, como bien sabes, a veces me dejo llevar por la vanagloria, dando así un pésimo testimonio de Ti.**

DICIEMBRE

18

LUNES

FERIA MAYOR

Ntra. Sra. de la O (Expectación, Esperanza, Macarena). Santos Malaquías *prof,* Pablo Nguyên y *co cts mrs*

Papa Francisco: San José fue un hombre que *tomó en sus manos el misterio,* tal como se explica en la Primera Lectura. El misterio de volver a conducir al Pueblo de Dios; el misterio de la re-Creación que – como dice la Liturgia – es más maravillosa que la Creación. (18-12-2017)

PALABRA

La generación de Jesucristo fue de esta manera: María, su madre, estaba desposada con José y, antes de vivir juntos, resultó que ella esperaba un hijo por obra del Espíritu Santo. José, su esposo, como era justo y no quería difamarla, decidió repudiarla en privado. Pero, apenas había tomado esta resolución, se le apareció en sueños un ángel del Señor que le dijo: «José, hijo de David, no temas acoger a María, tu mujer, porque la criatura que hay en ella viene del Espíritu Santo. Dará a luz un hijo y tú le pondrás por nombre Jesús, porque él salvará a su pueblo de sus pecados». Todo esto sucedió para que se cumpliese lo que había dicho el Señor por medio del profeta: «Mirad: la virgen concebirá y dará a luz un hijo y le pondrá por nombre Enmanuel, que significa "Dios-con-nosotros"». Cuando José se despertó, hizo lo que le había mandado el ángel del Señor y acogió a su mujer.

Jeremías 23, 5-8; ***Salmo*** 71, 1-2.12-13.18-19 • **MATEO 1, 18-24**

ORACIÓN

SEÑOR, cuando estabas en el vientre de tu Madre, José, su prometido, se fio de lo que el ángel le dijo en sueños, y por eso la acogió como esposa. **Jesús, ayúdame a confiar plenamente en tu Palabra, para que transforme mi corazón.** ***En sus días florezca la justicia, y la paz abunde eternamente*** *(Salmo 71,7).*

FERIA MAYOR

Santos Anastasio I *pp*, Urbano V *pp*, Gregorio *ob*

DICIEMBRE
19
MARTES

Papa Francisco: Ante el anuncio del nacimiento de un hijo, Zacarías se quedó incrédulo. [...] Dios no depende de nuestras lógicas y de nuestras limitadas capacidades humanas. Es necesario aprender a fiarse y a callar frente al misterio de Dios y a contemplar en humildad y silencio su obra, que se revela en la historia y que tantas veces supera nuestra imaginación. (24-06-2018)

PALABRA

En los días de Herodes, rey de Judea, había un sacerdote de nombre Zacarías, del turno de Abías, casado con una descendiente de Aarón, cuyo nombre era Isabel. Los dos eran justos ante Dios, y caminaban sin falta según los mandamientos y leyes del Señor. No tenían hijos, porque Isabel era estéril, y los dos eran de edad avanzada. Una vez que Zacarías oficiaba delante de Dios con el grupo de su turno, según la costumbre de los sacerdotes, le tocó en suerte a él entrar en el santuario del Señor a ofrecer el incienso; la muchedumbre del pueblo estaba fuera rezando durante la ofrenda del incienso. Y se le apareció el ángel del Señor, de pie a la derecha del altar del incienso. Al verlo, Zacarías se sobresaltó y quedó sobrecogido de temor. Pero el ángel le dijo: «No temas, Zacarías, porque tu ruego ha sido escuchado: tu mujer Isabel te dará un hijo, y le pondrás por nombre Juan. Te llenarás de alegría y gozo, y muchos se alegrarán de su nacimiento. Pues será grande a los ojos del Señor: no beberá vino ni licor; estará lleno del Espíritu Santo ya en el vientre materno, y convertirá muchos hijos de Israel al Señor, su Dios. Irá delante del Señor, con el espíritu y poder de Elías, "para convertir los corazones de los padres hacia los hijos", y a los desobedientes, a la sensatez de los justos, para preparar al Señor un pueblo bien dispuesto». Zacarías replicó al ángel: «¿Cómo estaré seguro de eso? Porque yo soy viejo, y mi mujer es de edad avanzada». Respondiendo el ángel le dijo: «Yo soy Gabriel, que sirvo en presencia de Dios; he sido enviado para hablarte y comunicarte esta buena noticia. Pero te quedarás mudo, sin poder hablar, hasta el día en que esto suceda, porque no has dado fe a mis palabras, que se cumplirán en su momento». El pueblo, que estaba aguardando a Zacarías, se sorprendía de que tardase tanto en el santuario. Al salir no podía hablarles, y ellos comprendieron que había tenido una visión en el santuario. Él les hablaba por señas, porque seguía mudo. Al cumplirse los días de su servicio en el templo volvió a casa. Días después concibió Isabel, su mujer, y estuvo sin salir de casa cinco meses, diciendo: «Esto es lo que ha hecho por mí el Señor, cuando se ha fijado en mí para quitar mi oprobio ante la gente».

Jueces 13, 2-7.24-25a; *Salmo* 70, 3-6.16-17 • **LUCAS 1, 5-25**

ORACIÓN

SEÑOR, intervinisteis en la vida de Isabel y Zacarías para que, a pesar de su vejez, tuvieran un hijo, el cual estaba destinado a anunciar, unos años después, tu venida. Porque para el Padre no hay nada imposible. **Jesús, te lo ruego, ayúdame a confiar en Dios Padre.** ***Que se llene mi boca de tu alabanza, y así cantaré tu gloria*** *(Salmo 70, 8a).*

DICIEMBRE
20
MIÉRCOLES

FERIA MAYOR

Santos Domingo de Silos *ab*, Ceferino *pp*, Ursicino *er*

Papa Francisco: Si nosotros vivimos así, en la presencia del Señor, nuestro corazón siempre estará en la alegría. La alegría «de alto nivel», cuando está, es plena, y la alegría humilde de todos los días, es decir, la paz. La paz es la alegría más pequeña, pero es alegría. (16-12-2018)

PALABRA

En el mes sexto, el ángel Gabriel fue enviado por Dios a una ciudad de Galilea llamada Nazaret, a una virgen desposada con un hombre llamado José, de la casa de David; el nombre de la virgen era María. El ángel, entrando en su presencia, dijo: «Alégrate, llena de gracia, el Señor está contigo». Ella se turbó grandemente ante estas palabras y se preguntaba qué saludo era aquel. El ángel le dijo: «No temas, María, porque has encontrado gracia ante Dios. Concebirás en tu vientre y darás a luz un hijo, y le pondrás por nombre Jesús. Será grande, se llamará Hijo del Altísimo, el Señor Dios le dará el trono de David, su padre; reinará sobre la casa de Jacob para siempre, y su reino no tendrá fin». Y María dijo al ángel: «¿Cómo será eso, pues no conozco varón?». El ángel le contestó: «El Espíritu Santo vendrá sobre ti, y la fuerza del Altísimo te cubrirá con su sombra; por eso el Santo que va a nacer será llamado Hijo de Dios. También tu pariente Isabel ha concebido un hijo en su vejez, y ya está de seis meses la que llamaban estéril, "porque para Dios nada hay imposible"». María contestó: «He aquí la esclava del Señor; hágase en mí según tu palabra». Y el ángel se retiró.

Isaías 7, 10-14; ***Salmo*** 23, 1-6; • **LUCAS 1, 26-38**

ORACIÓN

SEÑOR, contemplando la bella escena de la Encarnación, en la que María aceptó el cometido de ser tu Madre, nuestro corazón se llena de anhelo, esperando la cercana fiesta de tu nacimiento. **Jesús, ayúdame a acogerte dentro de mi corazón.** ***Va a entrar el Señor; él es el Rey de la gloria*** *(Salmo 23,7c.10c).*

FERIA MAYOR

Santos PEDRO CANISIO *pb dc*, Miqueas *prof*, Temístocles *mr*

DICIEMBRE

21

JUEVES

Papa Francisco: La visita del evangelio de María a Isabel, que escuchamos hoy en la misa, nos prepara para vivir bien la Navidad, comunicándonos el dinamismo de la fe y la caridad. Este dinamismo es obra del Espíritu Santo: el Espíritu de amor que fecundó el seno virginal de María y que la instó a acudir al servicio de su pariente anciana. Un dinamismo lleno de alegría, como vemos en el encuentro entre las dos madres, que es todo un himno de júbilo alegre en el Señor, que hace grandes cosas con los pequeños que se fían de él. (23-12-2018)

PALABRA

María se levantó y se puso en camino de prisa hacia la montaña, a una ciudad de Judá; entró en casa de Zacarías y saludó a Isabel. Aconteció que, en cuanto Isabel oyó el saludo de María, saltó la criatura en su vientre. Se llenó Isabel de Espíritu Santo y, levantando la voz, exclamó: «¡Bendita tú entre las mujeres, y bendito el fruto de tu vientre! ¿Quién soy yo para que me visite la madre de mi Señor? Pues, en cuanto tu saludo llegó a mis oídos, la criatura saltó de alegría en mi vientre. Bienaventurada la que ha creído, porque lo que le ha dicho el Señor se cumplirá».

Cantar 2, 8-14; ***Salmo*** 32, 2-3.11-12.20-21 • **LUCAS 1, 39-45**

ORACIÓN

SEÑOR, María acudió caritativamente a la casa de su prima Isabel, para ayudarla en sus últimos meses de embarazo. Siendo la Madre de Dios, María actuó como una humilde servidora, pues su corazón estaba lleno de amor. **Jesús, te pido perdón por las veces en las que, en lugar de servir humildemente a los demás, me creo superior a ellos.** ***Aclamad, justos, al Señor, cantadle un cántico nuevo*** *(Salmo 32, 1a.3a).*

DICIEMBRE

22

VIERNES

FERIA MAYOR

Santos Francisca J. Cabrini *vg,* Isquirión *mr*

SANTA FRANCISCA J. CABRINI

Papa Francisco: La fe es el corazón de toda la historia de María; ella es la creyente, la gran creyente; ella sabe – y así lo dice – que en la historia pesa la violencia de los prepotentes, el orgullo de los ricos, la arrogancia de los soberbios. Sin embargo, María cree y proclama que Dios no deja solos a sus hijos, humildes y pobres, sino que los socorre con misericordia. (15-08-2013)

PALABRA

María dijo: «Proclama mi alma la grandeza del Señor, "se alegra mi espíritu en Dios, mi salvador; porque ha mirado la humildad de su esclava". Desde ahora me felicitarán todas las generaciones, porque el Poderoso ha hecho obras grandes en mí: "su nombre es santo, y su misericordia llega a sus fieles de generación en generación". Él hace proezas con su brazo: dispersa a los soberbios de corazón, "derriba del trono a los poderosos y enaltece a los humildes, a los hambrientos los colma de bienes y a los ricos los despide vacíos. Auxilia a Israel, su siervo, acordándose de la misericordia" –como lo había prometido a nuestros padres– en favor de Abrahán y su descendencia por siempre». María se quedó con Isabel unos tres meses y volvió a su casa.

1Samuel 1, 24-28; ***Salmo: 1Samuel*** 2, 1.4-8; **• LUCAS 1, 46-56**

ORACIÓN

SEÑOR, cuando meditamos el Magníficat, que María proclamó ante su prima Isabel, nuestro corazón se contagia de su alegría, y también irrumpe en alabanzas a Dios Padre, por las maravillas que obra por medio de los más sencillos. **Jesús, te lo ruego, dame humildad, porque deseo que Tú hagas obras grandes por medio de mí.** ***Mi corazón se regocija en el Señor, mi Salvador*** *(1Samuel 2, 1a).*

FERIA MAYOR

Santos JUAN DE KETY *pb,* **Ivón** *ob,*
Juan Stone *pb mr,* **M.ª Margarita** *mf rl.*
Beatos Nicolás Factor *pb,*
Antonio Galvão de França *pb*

DICIEMBRE
23
SÁBADO

Papa Francisco: El Evangelio de hoy anuncia el nacimiento y luego se detiene en el momento de la imposición del nombre al niño. Isabel elige un nombre extraño a la tradición familiar y dice: «Se llamará Juan», don gratuito y también inesperado, porque Juan significa «Dios ha hecho la gracia». Y este niño será heraldo, testigo de la gracia de Dios para los pobres que esperan con humilde fe su salvación. (24-06-2018)

PALABRA

A Isabel se le cumplió el tiempo del parto y dio a luz un hijo. Se enteraron sus vecinos y parientes de que el Señor le había hecho una gran misericordia, y se alegraban con ella. A los ocho días vinieron a circuncidar al niño, y querían llamarlo Zacarías, como su padre; la madre intervino diciendo: «¡No! Se va a llamar Juan». Y le dijeron: «Ninguno de tus parientes se llama así». Entonces preguntaban por señas al padre cómo quería que se llamase. Él pidió una tablilla y escribió: «Juan es su nombre». Y todos se quedaron maravillados. Inmediatamente se le soltó la boca y la lengua, y empezó a hablar bendiciendo a Dios. Los vecinos quedaron sobrecogidos, y se comentaban todos estos hechos por toda la montaña de Judea. Y todos los que los oían reflexionaban diciendo: «Pues ¿qué será este niño?». Porque la mano del Señor estaba con él.

Malaquías 3, 1-4.23-24; *Salmo* 24, 4-5a. 8-10.14 • **LUCAS 1, 57-66**

ORACIÓN

SEÑOR, los vecinos de Isabel y Zacarías se quedaron atónitos ante las maravillas que Dios Padre había hecho con ellos, y se preguntaban qué sería de aquel niño que, milagrosamente, habían tenido. **Jesús, que nunca deje yo de alabar las maravillas que Dios Padre obra en mi vida.**
Levantaos, alzad la cabeza: se acerca vuestra liberación *(Lucas 21,28).*

DICIEMBRE
24
DOMINGO

DOMINGO IV DE ADVIENTO Tomo I - Salterio 4ª semana

Santos Antepasados de Jesús: Adán, Abrahán, Jacob, David…, Delfín *ob*, Tarsila *vg*

Papa Francisco: *«Hágase en mí según tu palabra».* Es la última frase de la Virgen en este último domingo de Adviento, y es la invitación a dar un paso concreto hacia la Navidad. Porque si el nacimiento de Jesús no toca nuestra vida —la mía, la tuya, la de todos—, si no toca la vida pasa en vano. En el *Ángelus* también nosotros diremos ahora: *"Hágase en mí según tu palabra"*: que la Virgen nos ayude a decirlo con nuestra vida, con la actitud de estos últimos días para prepararnos bien a la Navidad. (20-12-2020)

PALABRA

• ***2Samuel*** 7, 1-5.8b-12. 14a.16: Cuando el rey David se asentó en su casa, y el Señor le hubo dado reposo de todos sus enemigos de alrededor, dijo al profeta Natán: «Mira, yo habito en una casa de cedro, mientras el arca de Dios habita en una tienda». Natán dijo al rey: «Ve y haz lo que desea tu corazón, pues el Señor está contigo». Aquella noche vino esta palabra del Señor a Natán: «Ve y habla a mi siervo David: "Así dice el Señor: ¿Tú me vas a construir una casa para morada mía? Yo te tomé del pastizal, de andar tras el rebaño, para que fueras jefe de mi pueblo Israel. He estado a tu lado por donde quiera que has ido, he suprimido a todos tus enemigos ante ti y te he hecho tan famoso como los grandes de la tierra. Dispondré un lugar para mi pueblo Israel y lo plantaré para que resida en él sin que lo inquieten, ni le hagan más daño los malvados, como antaño, cuando nombraba jueces sobre mi pueblo Israel. A ti te he dado reposo de todos tus enemigos. Pues bien, el Señor te anuncia que te va a edificar una casa. En efecto, cuando se cumplan tus días y reposes con tus padres, yo suscitaré descendencia tuya después de ti. Al que salga de tus entrañas le afirmaré su reino. Yo seré para él un padre y el será para mí un hijo. Tu casa y tu reino se mantendrán siempre firme ante mí, tu trono durará para siempre"».

• ***Salmo*** 88, 2-5.27.29: ***Cantaré eternamente tus misericordias Señor.***

• ***Romanos*** 16, 25-27: Al que puede consolidaros según mi Evangelio y el mensaje de Jesucristo que proclamo, con forme a la revelación del misterio mantenido en secreto durante los siglos eternos y manifestado ahora mediante las escrituras proféticas, dado a conocer según disposición del Dios eterno para que todas las gentes llegaran a la obediencia de la fe; a Dios, único sabio, por Jesucristo, la gloria por los siglos de los siglos. Amen.

• **LUCAS 1, 26-38:** El ángel Gabriel fue enviado por Dios a una ciudad de Galilea llamada Nazaret, a una virgen desposada con un hombre llamado José, de la casa de David: el nombre de la virgen era María. El ángel, entrando en su presencia, dijo: «Alégrate, llena de gracia, el Señor está contigo». Ella se turbó grandemente ante estas palabras y se preguntaba qué saludo era aquel. El ángel le dijo: «No temas, María, porque has encontrado gracia ante Dios. Concebirás en tu vientre y darás a luz un hijo, y le pondrás por nombre Jesús. Será grande, se llamará Hijo del Altísimo, el Señor Dios le dará el trono de David, su padre; reinará sobre la casa de Jacob para siempre, y su reino no tendrá fin». Y María dijo al ángel: «¿Cómo será eso, pues no conozco varón?». El ángel le contestó: «El Espíritu Santo vendrá sobre ti, y la fuerza del Altísimo te cubrirá con su sombra; por eso el Santo que va a nacer será llamado Hijo de Dios. También tu pariente Isabel ha concebido un hijo en su vejez, y ya está de seis meses la que llamaban estéril, "porque para Dios nada hay imposible"». María contestó: «He aquí la esclava del Señor; hágase en mí según tu palabra». Y el ángel se retiró.

ORACIÓN

SEÑOR, durante la escena de la Encarnación, el Espíritu Santo cubrió con su sombra a María y, así, se convirtió en la Madre de Dios. Esta es, sin comparación, la experiencia espiritual más profunda y transformante de toda la historia. **Jesús, que la meditación de esta escena me ayude a celebrar esta noche tu nacimiento.**

NATIVIDAD DEL SEÑOR

NATIVIDAD DE JESÚS

SOLEMNIDAD DE LA NATIVIDAD DEL SEÑOR

Papa Francisco: Ha nacido un niño: el nacimiento es siempre una fuente de esperanza, es la vida que florece, es una promesa de futuro. Y este Niño, Jesús, "ha nacido para nosotros": un nosotros sin fronteras, sin privilegios ni exclusiones. El Niño que la Virgen María dio a luz en Belén nació para todos: es el "hijo" que Dios ha dado a toda la familia humana. Gracias a este Niño, todos podemos dirigirnos a Dios llamándolo "Padre", "Papá". Jesús es el Unigénito; nadie más conoce al Padre sino Él. Pero Él vino al mundo precisamente para revelarnos el rostro del Padre. Y así, gracias a este Niño, todos podemos llamarnos y ser verdaderamente hermanos: de todos los continentes, de todas las lenguas y culturas, con nuestras identidades y diferencias, sin embargo, todos hermanos y hermanas. (25-12-2020)

MISA DE MEDIANOCHE

PALABRA

• ***Isaías*** 9,1-6: El pueblo que caminaba en tinieblas vio una luz grande; habitaba en tierra y sombras de muerte, y una luz les brilló. Acreciste la alegría, aumentaste el gozo; se gozan en tu presencia, como gozan al segar, como se alegran al repartirse el botín. Porque la vara del opresor, el yugo de su carga, el bastón de su hombro, los quebrantaste como el día de Madián. Porque la bota que pisa con estrépito y la túnica empapada de sangre serán combustible, pasto del fuego. Porque un niño nos ha nacido, un hijo se nos ha dado: lleva a hombros el principado, y es su nombre: «Maravilla de Consejero, Dios fuerte, Padre de eternidad, Príncipe de la paz». Para dilatar el principado, con una paz sin límites, sobre el trono de David y sobre su reino. Para sostenerlo y consolidarlo con la justicia y el derecho, desde ahora y por siempre. El celo del Señor del universo lo realizará.

• ***Salmo*** 95,1-3.11-13: ***Hoy nos ha nacido un Salvador: el Mesías, el Señor.***

• ***Tito*** 2,11-14: Se ha manifestado la gracia de Dios, que trae la salvación para todos los hombres, enseñándonos a que, renunciando a la impiedad y a los deseos mundanos, llevemos ya desde ahora una vida sobria, justa y piadosa, aguardando la dicha que esperamos y la manifestación de la gloria del gran Dios y

Salvador nuestro, Jesucristo, el cual se entregó por nosotros para rescatarnos de toda iniquidad y purificar para sí un pueblo de su propiedad, dedicado enteramente a las buenas obras.

• **LUCAS 2,1-14:** Sucedió en aquellos días que salió un decreto del emperador Augusto, ordenando que se empadronase todo el Imperio. Este primer empadronamiento se hizo siendo Cirino gobernador de Siria. Y todos iban a empadronarse, cada cual a su ciudad. También José, por ser de la casa y familia de David, subió desde la ciudad de Nazaret, en Galilea, a la ciudad de David, que se llama Belén, en Judea, para empadronarse con su esposa María, que estaba encinta. Y sucedió que, mientras estaban allí, le llegó a ella el tiempo del parto y dio a luz a su hijo primogénito, lo envolvió en pañales y lo recostó en un pesebre, porque no había sitio para ellos en la posada. En aquella misma región había unos pastores que pasaban la noche al aire libre, velando por turno su rebaño. De repente un ángel del Señor se les presentó; la gloria del Señor los envolvió de claridad, y se llenaron de gran temor. El ángel les dijo: «No temáis, os anuncio una buena noticia, que será de gran alegría para todo el pueblo: hoy, en la ciudad de David, os ha nacido un Salvador, el Mesías, el Señor. Y aquí tenéis la señal: encontraréis un niño envuelto en pañales y acostado en un pesebre». De pronto, en torno al ángel, apareció una legión del ejército celestial, que alababa a Dios, diciendo: «Gloria a Dios en el cielo, y en la tierra paz a los hombres de buena voluntad».

MISA DEL DÍA

PALABRA

• ***Isaías*** 52, 7-10: Qué hermosos son sobre los montes los pies del mensajero que proclama la paz, que anuncia la buena noticia, que pregona la justicia, que dice a Sion: «¡Tu Dios reina!». Escucha: tus vigías gritan, cantan a coro, porque ven cara a cara al Señor, que vuelve a Sion. Romped a cantar a coro, ruinas de Jerusalén, porque el Señor ha consolado a su pueblo, ha rescatado a Jerusalén. Ha descubierto el Señor su santo brazo a los ojos de todas las naciones, y verán los confines de la tierra la salvación de nuestro Dios.

• ***Salmo*** 97, 1-6: ***Los confines de la tierra han contemplado la salvación de nuestro Dios.***

• ***Hebreos*** 1,1-6: En muchas ocasiones y de muchas maneras habló Dios antiguamente a los padres por los profetas. En esta etapa final, nos ha hablado por el Hijo, al que ha nombrado heredero de todo, y por medio del cual ha realizado los siglos. Él es reflejo de su gloria, impronta de su ser. Él sostiene el universo con su palabra poderosa. Y, habiendo realizado la purificación de los pecados, está sentado a la derecha de la Majestad en las alturas; tanto más encumbrado sobre los ángeles, cuanto más sublime es el nombre que ha heredado. Pues, ¿a qué ángel dijo jamás: "Hijo mío eres tú, yo te he engendrado hoy"; y en otro lugar: "Yo seré para él un padre y él será para mí un hijo"? Asimismo, cuando introduce en el mundo al primogénito, dice: "Adórenlo todos los ángeles de Dios".

• **JUAN 1,1-5.9-14:** En el principio existía el Verbo, y el Verbo estaba junto a Dios, y el Verbo era Dios. Él estaba en el principio junto a Dios. Por medio de él se hizo todo, y sin él no se hizo nada de cuanto se ha hecho. En él estaba la vida, y la vida era la luz de los hombres. Y la luz brilla en la tiniebla, y la tiniebla no lo recibió. El Verbo era la luz verdadera, que alumbra a todo hombre, viniendo al mundo. En el mundo estaba; el mundo se hizo por medio de él, y el mundo no lo conoció. Vino a su casa y los suyos no lo recibieron. Pero a cuantos lo recibieron, les dio poder de ser hijos de Dios, a los que creen en su nombre. Estos no han nacido de sangre, ni de deseo de carne, ni de deseo de varón, sino que han nacido de Dios. Y el Verbo se hizo carne y habitó entre nosotros, y hemos contemplado su gloria: gloria como del Unigénito del Padre, lleno de gracia y de verdad.

ORACIÓN

SEÑOR, junto al portal de Belén, una legión de ángeles te cantaba alabanzas, porque habías traído al mundo tu Reino de Amor. **Jesús, en esta fiesta de Navidad, me sumo a los ángeles, alabándote de todo corazón por ser el Mesías, el Hijo de Dios.**

FIESTA DE SAN ESTEBAN PROTOMÁRTIR

Santos Dionisio *pp*, Zenón *ob*, Zósimo *pp*

DICIEMBRE
26
MARTES

Papa Francisco: San Esteban, mientras recibía las piedras del odio, devolvía palabras de perdón. Así cambió la historia. También nosotros podemos transformar el mal en bien todos los días, como sugiere un hermoso proverbio que dice: «Haz como la palmera, le tiran piedras y deja caer dátiles». Recemos hoy por los que sufren persecución por el nombre de Jesús. Lamentablemente son muchos. Más que en los primeros tiempos de la Iglesia. Encomendemos a la Virgen María estos hermanos y hermanas nuestros, que responden a la opresión con mansedumbre y, como verdaderos testigos de Jesús, vencen el mal con el bien. (26-12-2020)

PALABRA

Dijo Jesús a sus discípulos: «¡Cuidado con la gente!, porque os entregarán a los tribunales, os azotarán en las sinagogas y os harán comparecer ante gobernadores y reyes, por mi causa, para dar testimonio ante ellos y ante los gentiles. Cuando os entreguen, no os preocupéis de lo que vais a decir o de cómo lo diréis: en aquel momento se os sugerirá lo que tenéis que decir, porque no seréis vosotros los que habléis, sino que el Espíritu de vuestro Padre hablará por vosotros. El hermano entregará al hermano a la muerte, el padre al hijo; se rebelarán los hijos contra sus padres y los matarán. Y seréis odiados por todos a causa de mi nombre; pero el que persevere hasta el final, se salvará».

Hechos 6, 8-10; 7,54-59; ***Salmo*** 30, 3cd-4.6.8ab.16b-17
• MATEO 10, 17-22

ORACIÓN

SEÑOR, justo después del día de Navidad, la Iglesia celebra la fiesta de su primer mártir: san Esteban, porque Tú viniste al mundo para mostrarnos el camino de la cruz, que nos conduce a la resurrección. **Jesús, te doy gracias por haber venido al mundo para salvarnos.** ***A tus manos, Señor, encomiendo mi espíritu*** *(Salmo 30, 6a).*

DICIEMBRE
27
MIÉRCOLES

FIESTA DE SAN JUAN, APÓSTOL Y EVANGELISTA

Santos Fabiola *vd*, Teodoro *mj*

SAN JUAN EVANGELISTA (Salzillo)

Papa Francisco: Cuando san Pablo habló de la resurrección, los griegos sabios y filósofos se asustaban. La resurrección de los cristianos es un escándalo, no pueden entenderlo. Y por esto Pablo hace este razonamiento: Si Cristo ha resucitado, también los muertos resucitarán. Hay una resistencia a la obra del Espíritu, que hemos recibido en el Bautismo, nos transforme en la resurrección. (19-09-2014)

PALABRA

El primer día de la semana, María la Magdalena echó a correr y fue donde estaba Simón Pedro y el otro discípulo, a quien Jesús amaba, y les dijo: «Se han llevado del sepulcro al Señor y no sabemos dónde lo han puesto». Salieron Pedro y el otro discípulo camino del sepulcro. Los dos corrían juntos, pero el otro discípulo corría más que Pedro; se adelantó y llegó primero al sepulcro; e, inclinándose, vio los lienzos tendidos; pero no entró. Llegó también Simón Pedro detrás de él y entró en el sepulcro: vio los lienzos tendidos y el sudario con que le habían cubierto la cabeza, no con los lienzos, sino enrollado en un sitio aparte. Entonces entró también el otro discípulo, el que había llegado primero al sepulcro; vio y creyó.

1Juan 1, 1-4; ***Salmo*** 96 ,1-2. 5-6. 11-12 • **JUAN 20, 1a. 2-8**

ORACIÓN

SEÑOR, san Juan, además de ser tu «discípulo amado», también fue muy querido por la comunidad cristiana que –como Apóstol– fundó, y en la que –como Evangelista– escribió el cuarto Evangelio y sus otros escritos del Nuevo Testamento, en los que nos dice que «Dios es Amor». **Jesús, yo también deseo ser tu discípulo amado.** ***Alegraos, justos, con el Señor*** *(Salmo 96, 12a).*

FIESTA DE LOS SANTOS INOCENTES,
Antonio *mj*, Gaspar del Búfalo *pb*

Papa Francisco: La huida a Egipto causada por las amenazas de Herodes nos muestra que Dios está allí donde el hombre está en peligro, allí donde el hombre sufre, allí donde huye, donde experimenta el rechazo y el abandono; pero Dios está también allí donde el hombre sueña, espera volver a su patria en libertad, proyecta y elige en favor de la vida y la dignidad suya y de sus familiares. (29-12-2013)

PALABRA

Cuando se retiraron los magos, el ángel del Señor se apareció en sueños a José y le dijo: «Levántate, toma al niño y a su madre y huye a Egipto; quédate allí hasta que yo te avise, porque Herodes va a buscar al niño para matarlo». José se levantó, tomó al niño y a su madre, de noche, se fue a Egipto y se quedó hasta la muerte de Herodes para que se cumpliese lo que dijo el Señor por medio del profeta: «De Egipto llamé a mi hijo». Al verse burlado por los magos, Herodes montó en cólera y mandó matar a todos los niños de dos años para abajo, en Belén y sus alrededores, calculando el tiempo por lo que había averiguado de los magos. Entonces se cumplió lo dicho por medio del profeta Jeremías: «Un grito se oye en Ramá, llanto y lamentos grandes; es Raquel que llora por sus hijos, y rehúsa el consuelo, porque ya no viven».

1Juan 1, 5-2,2; ***Salmo*** 123, 2-5.7c-8 • MATEO 2, 13-18

ORACIÓN

SEÑOR, en la fiesta de los Santos Inocentes, hacemos memoria de todas esas sencillas personas que, como aquellos niños de Belén, han sufrido a manos de los que no te aceptan. **Jesús, te pido perdón por las veces en las que, cobardemente, no defiendo a los inocentes.** ***Hemos salvado la vida, como un pájaro, de la trampa del cazador*** *(Salmo 123,7ab).*

DICIEMBRE
29
VIERNES

Día V dentro de la Octava de Navidad

Santos TOMÁS BECKET *ob mr,* David *re prof,* Martiniano *ob,* Marcelo *ab,* Trófimo *ob*

Papa Francisco: La paciencia de Simeón es reflejo de la paciencia de Dios. De la oración y de la historia de su pueblo, Simeón aprendió que Dios es paciente. Con su paciencia —dice san Pablo— «nos conduce a la conversión» (Rm 2,4). (02-02-2021)

PALABRA

Cuando se cumplieron los días de su purificación, según la ley de Moisés, los padres de Jesús lo llevaron a Jerusalén, para presentarlo al Señor, de acuerdo con lo escrito en la ley del Señor: «Todo varón primogénito será consagrado al Señor», y para entregar la oblación, como dice la ley del Señor: «un par de tórtolas o dos pichones». Había entonces en Jerusalén un hombre llamado Simeón, hombre justo y piadoso, que aguardaba el consuelo de Israel; y el Espíritu Santo estaba con él. Le había sido revelado por el Espíritu Santo que no vería la muerte antes de ver al Mesías del Señor. Impulsado por el Espíritu, fue al templo. Y cuando entraban con el niño Jesús sus padres para cumplir con él lo acostumbrado según la ley, Simeón lo tomó en brazos y bendijo a Dios diciendo: «Ahora, Señor, según tu promesa, puedes dejar a tu siervo irse en paz. Porque mis ojos "han visto a tu Salvador", a quien has presentado ante todos los pueblos: "luz para alumbrar a las naciones" y gloria de tu pueblo Israel». Su padre y su madre estaban admirados por lo que se decía del niño. Simeón los bendijo y dijo a María, su madre: «Este ha sido puesto para que muchos en Israel caigan y se levanten; y será como un signo de contradicción -a ti misma una espada te traspasará el alma-, para que se pongan de manifiesto los pensamientos de muchos corazones».

1Juan 2, 3-11; *Salmo* 95, 1-3.5b-6 • **LUCAS 2, 22-35**

ORACIÓN

SEÑOR, el anciano Simeón, al cogerte tiernamente en sus brazos, le anunció a tu Madre que, por tu causa, una espada atravesaría su alma. Y así fue, porque viniste al mundo para dar tu vida por nuestra salvación. **Jesús, cuando medito tu Pasión y Muerte, mi corazón también es traspasado por una espada de dolor.** ***Alégrese el cielo, goce la tierra*** *(Salmo 95, 11a).*

SAN FÉLIX I, papa

Día VI dentro de la Octava de Navidad

Santos Félix I *pp*, Hermes *mr*, Rainiero *ob*, Rogelio *ob*

DICIEMBRE
30
SÁBADO

Papa Francisco: Simeón y Ana reconocieron al Niño, y descubrieron una nueva fuerza, para una nueva tarea: dar gracias y dar testimonio por este signo de Dios. Simeón improvisó un bellísimo himno de júbilo (cf. Lc 2, 29-32) —fue un poeta en ese momento— y Ana se convirtió en la primera predicadora de Jesús: «hablaba del niño a todos lo que aguardaban la liberación de Jerusalén» (Lc 2, 38). Queridos abuelos, queridos ancianos, pongámonos en la senda de estos ancianos extraordinarios. Convirtámonos también nosotros un poco en poetas de la oración: cultivemos el gusto de buscar palabras nuestras, volvamos a apropiarnos de las que nos enseña la Palabra de Dios. (11-03-2015)

PALABRA

Había una profetisa, Ana, hija de Fanuel, de la tribu de Aser, ya muy avanzada en años. De joven había vivido siete años casada, y luego viuda hasta los ochenta y cuatro; no se apartaba del templo, sirviendo a Dios con ayunos y oraciones noche y día. Presentándose en aquel momento, alababa también a Dios y hablaba del niño a todos los que aguardaban la liberación de Jerusalén. Y, cuando cumplieron todo lo que prescribía la ley del Señor, Jesús y sus padres volvieron a Galilea, a su ciudad de Nazaret. El niño, por su parte, iba creciendo y robusteciéndose, lleno de sabiduría; y la gracia de Dios estaba con él.

1Juan 2, 12-17; ***Salmo*** 95, 7-10 • **LUCAS 2, 36-40**

ORACIÓN

SEÑOR, la anciana Ana, contemplándote en brazos de tu Madre, alababa a Dios Padre en la puerta del templo de Jerusalén, porque te había enviado al mundo para liberarnos del pecado y de la muerte. **Jesús, yo también te alabo por haber venido a este mundo para salvarnos.** *Alégrese el cielo, goce la tierra* (*Salmo 95, 11a*).

DICIEMBRE
31
DOMINGO

Día VII dentro de la Octava de Navidad

Santos SILVESTRE I *pp*, Columba *vg mr*, Melania *es*, Juan F. Regis *pb*, Mario *ob*

JORNADA POR LA FAMILIA Y POR LA VIDA

SAN SILVESTRE, PAPA

FIESTA DE LA SAGRADA FAMILIA

Papa Francisco: En cada familia hay problemas, y a veces también se discute. "Padre, me he peleado..."; somos humanos, somos débiles, y todos tenemos a veces este hecho de que peleamos en la familia. Os diré una cosa: si nos peleamos en familia, que no termine el día sin hacer las paces. "Sí, he discutido", pero antes de que termine el día, haz las paces. Y sabes ¿por qué? Porque la guerra fría del día siguiente es muy peligrosa. No ayuda. Y luego, en la familia hay tres palabras, tres palabras que hay que custodiar siempre: "Permiso", "gracias", "perdón". (27-12-2020)

PALABRA

• ***Eclesiástico*** 3,2-6.12-14: El Señor honra más al padre que a los hijos y afirma el derecho de la madre sobre ellos. El que honra a su padre expía sus pecados, y quien respeta a su madre es como quien acumula tesoros. Quien honra a su padre se alegrará de sus hijos y cuando rece, será escuchado. Quien respeta a su padre tendrá larga vida, y quien honra a su madre, obedece al Señor. Hijo, cuida de tu padre en su vejez y durante su vida no le causes tristeza. Aunque pierda el juicio, sé indulgente con él y no lo desprecies aun estando tú en pleno vigor. Porque la compasión hacia el padre no será olvidada, y te servirá para reparar tus pecados.

• ***Salmo*** 127, 1-5: ***Dichosos los que temen al Señor, y siguen sus caminos.***

• ***Colosenses*** 3, 12-21: Hermanos: Como elegidos de Dios, santos y amados, revestíos de compasión entrañable, bondad, humildad, mansedumbre, paciencia. Sobrellevaos mutuamente y perdonaos, cuando alguno tenga quejas contra otro. El Señor os ha perdonado: haced vosotros lo mismo. Y por encima de todo esto, el amor, que es el vínculo de la unidad perfecta. Que la paz de Cristo reine en vuestro corazón: a ella habéis sido convocados, en un solo cuerpo. Sed también agradecidos. La Palabra de Cristo habite entre vosotros en toda su riqueza; enseñaos unos a otros con toda sabiduría; exhortaos mutuamente. Cantad a Dios, dando gracias de corazón, con salmos, himnos y cánticos inspirados. Y todo lo que de palabra o de obra realicéis, sea todo en nombre de Jesús, dando gracias a Dios Padre por medio de él. Mujeres, sed sumisa a vuestros maridos, como conviene en el Señor. Maridos, amad a vuestras mujeres, y no seáis ásperos con ellas. Hijos, obedeced a vuestros padres en todo, que eso agrada al Señor. Padres, no exasperéis a vuestros hijos, no sea que pierdan el ánimo.

• **LUCAS 2, 22-40:** Cuando se cumplieron los días de su purificación, según la ley de Moisés, los padres de Jesús lo llevaron a Jerusalén, para presentarlo al Señor, de acuerdo con lo escrito en la ley del Señor: «Todo varón primogénito será consagrado al Señor», y para entregar la oblación, como dice la ley del Señor: «un par de tórtolas o dos pichones». Había entonces en Jerusalén un hombre llamado Simeón, hombre justo y piadoso, que aguardaba el consuelo de Israel; y el Espíritu Santo estaba con él. Le había sido revelado por el Espíritu Santo que no vería la muerte antes de ver al Mesías del Señor. Impulsado por el Espíritu, fue al templo. Y cuando entraban con el niño Jesús sus padres para cumplir con él lo acostumbrado según la ley, Simeón lo tomó en brazos y bendijo a Dios diciendo: «Ahora, Señor, según tu promesa, puedes dejar a tu siervo irse en paz. Porque mis ojos han visto a tu Salvador, a quien has presentado ante todos los pueblos: luz para alumbrar a las naciones y gloria de tu pueblo Israel». Su padre y su madre estaban admirados por lo que se decía del niño. Simeón los bendijo y dijo a María, su madre: «Este ha sido puesto para que muchos en Israel caigan y se levanten; y será como un signo de contradicción -y a ti misma una espada te traspasará el alma-, para que se pongan de manifiesto los pensamientos de muchos corazones». Había también una profetisa, Ana, hija de Fanuel, de la tribu de Aser, ya muy avanzada en años. De joven había vivido siete años casada, y luego viuda hasta los ochenta y cuatro; no se apartaba del templo, sirviendo a Dios con ayunos y oraciones noche y día. Presentándose en aquel momento, alababa también a Dios y hablaba del niño a todos los que aguardaban la liberación de Jerusalén. Y, cuando cumplieron todo lo que prescribía la ley del Señor, se volvieron a Galilea, a su ciudad de Nazaret. El niño, por su parte, iba creciendo y robusteciéndose, lleno de sabiduría; y la gracia de Dios estaba con él.

ORACIÓN **SEÑOR,** Dios Padre tuvo a bien que nacieras y crecieras en el seno de la Sagrada Familia, para que en ella vivieras en un ambiente de amor, trabajo y alegría. **Jesús, te pido por mi familia, para que en ella reine tu Amor.**

NOVEDADES 2021-2022 DE EDIBESA

El poder del amor cambia tu vida.
Eusebio Gomez Navarro. 200 p. 16 €

San Felipe Neri, el santo de la Alegría.
Cristián Abel Lascurain. 144 p. 11 €

Seducidos por la sabiduría.
Javier Carballo. 256 p. 19 €

San José, el más grande con Jesús y María.
José Antonio Martínez Puche. 250 p. 15 €

Palabra de vida. Ciclo C.
Jesús Espeja Pardo. 186 p. 14 €

Adoraciones eucarísticas 5.
Padres Sacramentinos. 96 p. 11 €

Adoraciones eucarísticas 6.
Padres Sacramentinos. 92 p. 11 €

Próximamente...

366 Textos de San Manuel González
Pablo Cervera Barranco

366 Textos de San John Henry Newman
Pablo Cervera Barranco

Teología ¿para qué?
Martín Gelabert Ballester

ÍNDICE DE SANTOS, BEATOS Y CELEBRACIONES

Los beatos llevan asterisco (★) después del nombre.

N

O

P

ORACIONES Y VIDA CRISTIANA

1. ORACIONES MÁS COMUNES

1. SEÑAL DE LA CRUZ

Por la señal + de la Santa Cruz, de nuestros + enemigos líbranos, Señor + Dios nuestro. En el nombre del Padre, y del Hijo + y del Espíritu Santo. Amén.

2. PADRENUESTRO

Padre nuestro, que estás en el cielo, santificado sea tu nombre, venga a nosotros tu reino, hágase tu voluntad en la tierra como en el cielo. Danos hoy nuestro pan de cada día, perdona nuestras ofensas como también nosotros perdonamos a los que nos ofenden, no nos dejes caer en la tentación, y líbranos del mal. Amén. *(Este Amén se suprime en la misa.)*

3. AVEMARÍA

Dios te salve, María, llena eres de gracia, el Señor es contigo. Bendita tú eres entre todas las mujeres y bendito es el fruto de tu vientre, Jesús. Santa María, Madre de Dios, ruega por nosotros, pecadores, ahora y en la hora de nuestra muerte. Amén.

4. GLORIA

Gloria al Padre, y al Hijo, y al Espíritu Santo. Como era en el principio, ahora y siempre, por los siglos de los siglos. Amén.

5. ACTO DE CONTRICIÓN

Señor mío Jesucristo, Dios y hombre verdadero, Creador y Redentor mío: por ser tú quien eres, Bondad Infinita, y porque te amo sobre todas las cosas, me pesa de todo corazón haberte ofendido; propongo firmemente nunca más pecar, apartarme de todas las ocasiones de ofenderte; confesarme, y cumplir la penitencia que me fuere impuesta. Te ofrezco mi vida, obras y trabajos, en satisfacción de todos mis pecados; y así como te lo suplico, así confío en tu bondad y misericordia infinita que me los perdonarás por los merecimientos de tu sangre, pasión, muerte y resurrección; y me darás gracia para enmendarme, y para perseverar en tu santo servicio hasta la muerte. Amén

6. COMUNIÓN ESPIRITUAL

Creo, Jesús mío, que estás presente en el Santísimo Sacramento del Altar; te amo sobre todas las cosas y deseo recibirte dentro de mi alma. Mas, no pudiendo hacerlo ahora sacramentalmente, ven espiritualmente a mi corazón. No permitas, Jesús mío, que jamás me aparte y separe de ti. Así sea.

7. INVOCACIÓN AL ESPÍRITU SANTO

Ven, Espíritu Santo, llena los corazones de tus fieles y enciende en ellos el fuego de tu amor.

V. Envía, Señor, tu Espíritu y habrá una nueva creación.

R. Y renovarás la faz de la tierra.

Oración: Oh Dios, que has iluminado los corazones de tus fieles con la luz del Espíritu Santo; haznos dóciles a sus inspiraciones para gustar siempre el bien y gozar de su consuelo. Por Cristo nuestro Señor. Amén.

8. SALVE

Dios te salve, Reina y Madre de misericordia, vida, dulzura y esperanza nuestra, Dios te salve. A ti llamamos los desterrados hijos de Eva; a ti suspiramos, gimiendo y llorando, en este valle de lágrimas. Ea, pues, Señora, abogada nuestra, vuelve a nosotros esos tus ojos misericordiosos, y, después de este destierro, muéstranos a Jesús, fruto bendito de tu vientre. ¡Oh clementísima, oh piadosa, oh dulce Virgen María! Ruega por nosotros, santa Madre de Dios, para que seamos dignos de alcanzar las promesas de nuestro Señor Jesucristo. Amén.

9. CÁNTICO DE LA VIRGEN MARÍA (MAGNÍFICAT)

Proclama mi alma la grandeza del Señor, se alegra mi espíritu en Dios, mi salvador; porque ha mirado la humildad de su esclava. Desde ahora me felicitarán todas las generaciones, porque el Poderoso ha hecho obras grandes por mí: su nombre es santo, y su misericordia llega a sus fieles de generación en generación. Él hace proezas con su brazo: dispersa a los soberbios de corazón, derriba del trono a los poderosos y enaltece a los humildes, a los hambrientos los colma de bienes y a los ricos los despide vacíos. Auxilia a Israel, su siervo, acordándose de la misericordia –como lo había prometido a nuestros padres– en favor de Abrahán y su descendencia por siempre.

10. BAJO TU AMPARO

Bajo tu amparo nos acogemos, Santa Madre de Dios: No desprecies nuestras súplicas en las necesidades, mas líbranos siempre de todos los peligros. ¡Oh Virgen gloriosa y bendita!

11. "ACORDAOS" (San Bernardo)

Acuérdate, oh piadosísima Virgen María, que jamás se ha oído decir que ninguno de los que han acudido a tu protección, implorando tu asistencia y reclamando tu socorro, haya sido abandonado de ti. Animado con esta confianza, a ti también acudo, ¡oh Madre, Virgen de las vírgenes! Y, aunque gimiendo bajo el peso de mis pecados, me atrevo a comparecer ante tu presencia soberana. No desoigas mis súplicas, ¡oh Madre de Dios!, antes bien, inclina a ellas tus oídos y dígnate atenderlas favorablemente. Amén.

12. BENDITA SEA TU PUREZA

Bendita sea tu pureza /y eternamente lo sea, /pues todo un Dios se recrea /en tan graciosa belleza. /A ti, celestial princesa, /Virgen sagrada María, /te ofrezco en este día /alma, vida y corazón, mírame con compasión, /no me dejes, Madre mía.

13. HAZ DE MÍ INSTRUMENTO DE TU PAZ (San Francisco)

Señor, haz de mí un instrumento de tu paz: donde haya odio, ponga yo amor; donde haya ofensa, ponga yo perdón; donde haya discordia, ponga yo armonía; donde haya error, ponga yo verdad; donde haya duda, ponga yo la fe; donde haya desesperación, ponga yo esperanza; donde haya tinieblas, ponga yo la luz; donde haya tristeza, ponga yo alegría. Que no me empeñe tanto: en ser consolado, como en consolar; en ser comprendido, como en comprender; en ser amado, como en amar. Porque dando, se recibe; olvidándose de sí, se encuentra; perdonando, se es perdonado; muriendo, se resucita a la Vida.

14. ACTO DE AMOR A CRISTO CRUCIFICADO

No me mueve, mi Dios, para quererte,
el cielo que me tienes prometido,
ni me mueve el infierno tan temido
para dejar por eso de ofenderte.
Tú me mueves, Señor,
muéveme el verte
clavado en esa cruz y escarnecido,
muéveme el ver tu cuerpo tan herido,
muévenme tus afrentas y tu muerte.
Muéveme, en fin, tu amor de tal manera,
que, aunque no hubiera cielo, yo te amara,
y, aunque no hubiera infierno, te temiera.
No me tienes que dar por que te quiera;
porque, aunque lo que espero no esperara,
lo mismo que te quiero, te quisiera.

15. ME PONGO EN TUS MANOS (P. Foucauld)

Padre, me pongo en tus manos, haz de mí lo que quieras: sea lo que sea, te doy las gracias. Estoy dispuesto a todo, lo acepto todo, con tal de que tu voluntad se cumpla en mí y en todas tus criaturas. No deseo nada más, Padre. Te confío mi alma, te la doy con todo el amor de que soy capaz, porque te amo y necesito darme, ponerme en tus manos sin medida, con una infinita confianza, porque tú eres mi Padre.

16. MÍRAME, AMADO Y BUEN JESÚS

Mírame, ¡mi amado y buen Jesús!, postrado en tu divina presencia. Te ruego con el mayor fervor que imprimas en mi corazón vivos sentimientos de fe, esperanza y caridad, verdadero dolor de mis pecados y propósito de jamás ofenderte. Mientras, yo, con el mayor afecto y compasión de que soy capaz, voy considerando tus cinco llagas y tengo presente lo que dijo de ti el santo Profeta David: "Han taladrado mis manos y mis pies y se pueden contar todos mis huesos" (Salmo 22,17).

17. VISITA AL SANTÍSIMO

• *Se repite cinco veces:* Bendito y alabado sea el Santísimo Sacramento del Altar. Sea por siempre bendito y alabado. Padrenuestro... Avemaría... Gloria al Padre...

• *Y una sexta vez, por las intenciones del Papa.*

• Dios mío, que estás aquí presente, yo te adoro con toda humildad, quiero amarte con todo mi corazón y concluir este día y toda mi vida en tu servicio. Amén.

18. OFRECIMIENTO DIARIO POR LA HUMANIDAD

Dios, Padre nuestro, yo te ofrezco toda mi jornada, mis oraciones, pensamientos, afectos y deseos, palabras, obras, alegrías y sufrimientos, en unión con tu Hijo Jesucristo, que sigue ofreciéndose a ti en la Eucaristía, por la salvación del mundo. Que el Espíritu Santo que guio a Jesús, sea mi guía y mi fuerza en este día, para que pueda ser testigo de tu amor. Con María, la Madre del Señor y de la Iglesia, te pido especialmente por las intenciones del Papa y de nuestros obispos para este mes.

19. OFRECIMIENTO A LA VIRGEN MARÍA

¡Oh Señora mía! ¡Oh Madre mía!
Yo me ofrezco enteramente a ti. Y, en prueba de mi filial afecto, te consagro en este día mis ojos, mis oídos, mi lengua, mi corazón: en una palabra, todo mi ser. Ya que soy todo tuyo, Madre de bondad, guárdame y defiéndeme como cosa y posesión tuya. Amén.

20. OFRECIMIENTO AL SEÑOR

Toma, Señor, y recibe toda mi libertad, mi memoria, mi entendimiento y toda mi voluntad, todo mi haber y mi poseer. Tú me lo diste, a ti, Señor, lo torno. Todo es tuyo. Dispón de todo según tu voluntad. Dame tu amor y tu gracia, que esta me basta.

2. LA JORNADA DEL BUEN CRISTIANO

• AL LEVANTARSE

(Hacer la señal de la Cruz)
Yo te adoro, Señor y Padre mío, y te amo con todo mi corazón. Te doy gracias por haberme creado y hecho cristiano y por el nuevo día que me regalas. Te ofrezco las acciones de este día: haz que sean según tu voluntad y para mayor gloria tuya. Líbrame del pecado y de todo mal. Que tu gracia esté siempre conmigo y con todos los que yo quiero. Amén.
(Rezar un Padrenuestro y tres Avemarías).
–Puede hacerse el «Ofrecimiento diario por la humanidad» y el «Ofrecimiento a la Virgen María» (núms. 18 y 19).

• AL MEDIODÍA. Ángelus

El Ángel del Señor anunció a María;
Y concibió por obra del Espíritu Santo.
Dios te salve, María...
Aquí está la esclava del Señor;
Hágase en mí según tu palabra.
Dios te salve, María...
Y el Hijo de Dios se hizo hombre;
Y habitó entre nosotros.
Dios te salve, María...
V. Ruega por nosotros, Santa Madre de Dios.
R. Para que seamos dignos de las promesas de Cristo.

Oración: Derrama, Señor, tu gracia en nuestros corazones, para que, habiendo conocido por el anuncio del Ángel la encarnación de tu Hijo Jesucristo, por los méritos de su pasión y de su cruz, y con la intercesión de la Virgen María, lleguemos a la gloria de la resurrección. Por el mismo Jesucristo, nuestro Señor. Amén.

Regina Coeli

(En tiempo pascual, en lugar del Ángelus se recita esta oración)
Reina del cielo, alégrate, aleluya; porque el Señor, a quien mereciste llevar en tu seno, aleluya; ha resucitado, según su palabra, aleluya. Ruega a Dios por nosotros, aleluya.
V. Gózate y alégrate, Virgen María, aleluya.

R. Porque verdaderamente ha resucitado el Señor, aleluya.

Oración: ¡Oh Dios, que por la resurrección de tu Hijo, nuestro Señor Jesucristo, te has dignado alegrar al mundo! Concédenos, te rogamos, que por la intercesión de su Madre, la Virgen María, alcancemos los gozos de la vida eterna. Por el mismo Jesucristo, nuestro Señor. Amén.

• BENDICIÓN DE LA MESA Y ACCIÓN DE GRACIAS

1. Bendice, Señor, los alimentos que vamos a tomar: que nos den fuerzas para hacer el bien a los demás.
2. Te bendecimos, Señor, por estos alimentos recibidos de tu infinita bondad. Da pan a los que tienen hambre, y hambre de ti a los que tenemos pan. Por Cristo nuestro Señor. Amén.

---

1. Te damos gracias, Padre de bondad, por el alimento que nos regalas y por todos tus beneficios: a ti, que vives y reinas por los siglos de los siglos. Amén.
2. Dios, que nos ha dado para hoy, nos dé para mañana: su gracia y su bendición, salud para el cuerpo y salvación para el alma. Amén.

• AL ACOSTARSE

Te adoro, Señor y Padre mío, y te amo con todo mi corazón. Te doy gracias por haberme creado y hecho cristiano y por haberme conservado en este día.
Guárdame en el descanso y líbrame de todos los peligros. Perdona los males que hoy he cometido y acepta el bien que he hecho. Sálvame, Señor, despierto, y protégeme mientras duermo, para que viva con Cristo y descanse en paz. Amén.

Jesús, José y María, os doy el corazón y el alma mía.
Jesús, José y María, asistidme en mi última agonía.
Jesús, José y María, descanse con vosotros en paz el alma mía.
(Rezo de un Padrenuestro y tres Avemarías).

3. PRECES ESPECIALES

POR LOS ENFERMOS

En la enfermedad del cristiano se cumple especialmente lo que dijo Jesús: «El que quiera seguirme, que tome su cruz y me siga» (Mc 8,34). Es muy conveniente que el Crucifijo esté presente y visible para el enfermo, a fin de que se sienta unido a los dolores del Señor y encuentre en Cristo y en María el consuelo que tanto necesita. También, según las circunstancias, se le puede ayudar a rezar el rosario (por ejemplo, con el CD "El Rosario/20" o el Rosario electrónico) *u otras oraciones. Y animarle a pedir que cada día le lleven la Comunión.*

Ante una operación delicada y una situación terminal

Es importantísimo llamar a la parroquia o al capellán para que le administre el Sacramento de la Unción de los Enfermos, sin esperar a última hora. Habrá que advertir al enfermo que es el "sacramento de los enfermos", no la "extremaunción de los moribundos".

POR LOS MORIBUNDOS

Ayudar a bien morir es seguramente la más importante obra de caridad que se puede hacer a un ser querido o conocido. Cuando aparecen los síntomas de una muerte inminente, conviene que el moribundo escuche la

Recomendación de su alma

Querido hermano/a, te entrego a Dios, y, como criatura suya, te pongo en sus manos, pues es tu Creador, el que te formó del polvo de la tierra. Que al dejar esta vida, salgan a tu encuentro la Virgen María y todos los ángeles y santos.

Que Cristo, que sufrió muerte de cruz por ti, te conceda la verdadera libertad. Que Cristo, Hijo de Dios vivo, te aloje en su paraíso. Que Cristo, buen Pastor, te cuente entre sus queridas ovejas. Que te perdone todos los pecados y te agregue al número de sus elegidos. Que puedas contemplar cara a cara a tu Redentor y gozar de la visión de Dios por los siglos de los siglos. Amén.

Cuando, acabada la recomendación del alma, haya síntomas de muerte inminente, se le puede dar a besar el Crucifijo y decir, haciéndole la señal de la cruz en la frente:

Que el Padre, el Hijo y el Espíritu Santo estén contigo, te infundan esperanza y te conduzcan a la paz de su reino celestial, por los siglos de los siglos. Amén.

PRECES POR EL DIFUNTO

En el momento de expirar

Al cerrarle los ojos, rezar esta oración:

Concede, Señor, a nuestro/a hermano/a **N.**, cuyos ojos no verán más la luz de este mundo, contemplar eternamente tu belleza y gozar de tu presencia, por los siglos de los siglos. Amén.

Otras preces por el difunto

A continuación, después de hacerle la señal de la cruz en la frente, se rezan estas preces, que también pueden repetirse en distintos momentos del velatorio y entierro:

V. Este primer mundo ha pasado definitivamente para nuestro/a hermano/a **N.** Pidamos al Señor que le conceda gozar ahora del cielo nuevo y de la tierra nueva que Él ha dispuesto para sus elegidos.

Venid en su ayuda, santos de Dios; salid a su encuentro, ángeles del Señor.

Todos. ***Recibid su alma y presentadla ante el Altísimo.***

V. Cristo, que te llamó, te reciba, y los ángeles te conduzcan al regazo de Abrahán.

Todos. ***Recibid su alma y presentadla ante el Altísimo.***

V. Dale, Señor el descanso eterno, y brille para él (ella) la luz perpetua.

Todos. ***Recibid su alma y presentadla ante el Altísimo.***

V. Hacia ti, Señor, levantamos nuestros ojos; contempla, Señor, nuestra fe en este momento de prueba y concede a **N.** el descanso eterno. Oremos con la oración que Cristo nos enseñó y el Avemaría a nuestra Madre, para que interceda por nuestro/a hermano/a **N.**

Padre nuestro... Dios te salve, María...

V. Dale, Señor, el descanso eterno.

Todos. ***Y brille para él (ella) la luz perpetua.***

V. Descanse en paz.

Todos. ***Amén.***

Otro formulario de preces en el velatorio y en el cementerio

V. Oremos por nuestro/a hermano/a **N.**, que ha dejado este mundo. Que Cristo, que sufrió la muerte de cruz por él (ella), le conceda la felicidad verdadera.

Todos. ***Te lo pedimos, Señor.***

V. Que Cristo, el Hijo de Dios vivo, lo/a reciba en su paraíso.

Todos. ***Te lo pedimos, Señor.***

V. Que le perdone todos sus pecados y lo/a agregue al número de los elegidos.

Todos. ***Te lo pedimos, Señor.***

V. Que pueda contemplar cara a cara a su Redentor y gozar de la visión de su Señor por toda la eternidad.

Todos. ***Te lo pedimos, Señor.***

V. Te pedimos, Señor, que tu siervo/a **N.**, que ha muerto ya para este mundo, viva ahora para ti y que tu amor misericordioso borre los pecados que cometió por fragilidad humana. Por Jesucristo nuestro Señor.

Todos. ***Amén.***

Recemos el *Padre nuestro*, la oración que Cristo nos enseñó, y el *Avemaría* a nuestra Madre, para que interceda por nuestro/a hermano/a **N.**

Padre nuestro... Dios te salve, María...

V. Dale, Señor, el descanso eterno.

Todos. ***Y brille para él/ella la luz perpetua.***

V. Descanse en paz.

Todos. ***Amén.***

POR LAS ALMAS DEL PURGATORIO

"Los que mueren en la gracia y en la amistad de Dios, pero imperfectamente purificados, aunque están seguros de su eterna salvación, sufren después de la muerte una purificación, a fin de obtener la santidad necesaria para entrar en la alegría del cielo. La Iglesia llama *purgatorio* a esta purificación final de los elegidos. Desde los primeros tiempos, la Iglesia ha honrado la memoria de los difuntos y ha ofrecido sufragios en su favor, en particular el sacrificio eucarístico, para que, una vez purificados, puedan llegar a la visión beatífica de Dios". *(Catecismo de la Iglesia Católica 1031-1032).*

Ya el Antiguo Testamento recomienda la ayuda espiritual que los vivos podemos prestar a las almas del purgatorio. Leemos en el segundo libro de los Macabeos (12,43-46): *Judas Macabeo recogió dos mil dracmas de plata y las envió a Jerusalén para que ofreciesen un sacrificio de expiación. Obró con gran rectitud y nobleza, pensando en la resurrección. Si no hubiera esperado la resurrección de los que habían caído [en la batalla], habría sido inútil y ridículo rezar por los muertos. Pero, considerando que a los que habían muerto piadosamente les estaba reservado un magnífico premio, la idea era piadosa y santa. Por eso, encargó un sacrificio de expiación por los muertos, para que fueran liberados del pecado.*

Se atribuye a Jacinto Verdaguer esta afirmación certera: ***"Las flores se secan, las lágrimas se evaporan, la oración llega al cielo".***

Lo único valioso que podemos hacer por nuestros difuntos y por todas las almas del purgatorio, además de lo que dice el *Catecismo*, es rezar, ofrecer la santa misa por ellos. Aquí añadimos algunas oraciones por las almas del purgatorio.

Oración de santa Gertrudis

Santa Gertrudis la Grande (1256-1301), monja alemana de Turingia, recibió del Señor esta oración por las almas del purgatorio, muy eficaz para la liberación de las benditas almas del purgatorio:

"Eterno Padre, yo te ofrezco la preciosísima Sangre de tu divino Hijo Jesús, en unión con todas las misas celebradas hoy en todo el mundo, por todas las benditas almas del purgatorio".

Se puede añadir:

Y por los pecadores del mundo, de la Iglesia universal, de mi familia y de mi comunidad (parroquial, religiosa, cristiana). Amén

Oraciones de la Liturgia

•Acuérdate, Señor, de tus hijos *(nombres de familiares y conocidos difuntos)* que me han precedido con el signo de la fe y duermen ya el sueño de la paz. A ellos y a cuantos descansan en Cristo, concédeles el lugar del consuelo, de la luz y de la paz.

•A mis familiares y conocidos difuntos y a cuantos murieron en tu amistad recíbelos en tu reino, donde esperamos gozar todos juntos de la plenitud eterna de tu gloria. Por Cristo, Señor nuestro, por quien concedes al mundo todos los bienes.

•Dios misericordioso y eterno, vida de los mortales y gozo de los santos, escucha mi oración por todas las benditas almas del purgatorio; líbralas de las cadenas de la muerte y admítelas en las alegrías eternas de tu reino.

•Oh Dios, que resucitaste a tu Hijo para que, venciendo la muerte entrara en tu reino, escucha mi oración por las benditas almas del purgatorio. Que los difuntos que fueron en este mundo miembros de tu Iglesia peregrina, superada su condición mortal puedan participar con todos los santos en la asamblea de la Iglesia celestial y contemplarte cara a cara por toda la eternidad.

•Presta oídos, Señor Jesús, a la oración con la que imploro tu misericordia en favor de las benditas almas del purgatorio. Tú que hiciste, a quienes ya han muerto, miembros de tu Iglesia durante su vida mortal, llévalos contigo a la patria de la luz, para que ahora participen de la ciudadanía de los santos, contigo y con tu Madre María, que nos diste por Madre desde la Cruz.

Dales, Señor, el descanso eterno.
Y brille para ellos la luz perpetua.
Que todos los fieles difuntos, por la misericordia de Dios, descansen en paz.
Amén.

(¿Cómo agradecerán las benditas almas del purgatorio nuestra oración a Dios por ellos, cuando lleguen al cielo gracias a nuestra oración? -Ayudándonos con su santa intercesión en presencia de Dios, Padre misericordioso, Hijo que nos salva, y Espíritu Santo que nos alienta en nuestro caminar hacia la Patria)

4. SACRAMENTOS

Los sacramentos son siete:

El primero, Bautismo.
El segundo, Confirmación.
El tercero, Penitencia.
El cuarto, Eucaristía.
El quinto, Unción de los enfermos.
El sexto, Orden Sacerdotal.
El séptimo, Matrimonio.

El **Bautismo** *y la* **Confirmación,** *sacramentos de la iniciación cristiana, suelen re-*

cibirse de niño y de joven, una sola vez. La **Penitencia** *(confesión) y la* **Eucaristía** *(comunión) deben recibirse con frecuencia. El* **Matrimonio** *y el* **Orden Sacerdotal** *sirven a la edificación y salvación de los demás, por medio de los cónyuges cristianos y de los ministros sagrados. La* **Unción de los enfermos** *reconforta a los atribulados por la enfermedad.*

LA PENITENCIA

Para celebrar bien este sacramento es necesario:

– el examen de conciencia, *para poner toda tu vida a la luz del Evangelio;*

– el dolor de los pecados (contrición), *por haber ofendido a Dios;*

– el propósito de la enmienda, *porque quieres cambiar de vida, convertirte, con la gracia de Dios;*

– la confesión de los pecados al sacerdote*: exponer todos los pecados con sencillez y sinceridad;*

– la satisfacción*: cumplir la penitencia, reparar el daño causado al prójimo, restituir lo robado (bienes, fama...).*

• *Examen de conciencia*

Es necesario confesar los pecados graves, o «mortales», *que son los que tienen como objeto una materia grave (contra los Mandamientos), se cometen con pleno conocimiento y consentimiento deliberado. Sin embargo, para una más profunda y progresiva conversión, será bueno que también te arrepientas y confieses tus* pecados veniales. *A continuación tienes un cuestionario para ayudarte a examinar tu conciencia.*

Primer Mandamiento: ¿Tengo a Dios por encima de todo y trato de aumentar mi fe y mi amor a Dios? ¿He admitido en serio dudas contra las verdades de la fe?, etc.

Segundo Mandamiento: ¿He blasfemado? ¿He pronunciado palabras injuriosas contra Dios, la Virgen María, los santos o las cosas sagradas, incluso delante de otros?, etc.

Tercer Mandamiento (y Mandamientos de la Iglesia): ¿He santificado el domingo, asistiendo consciente y devotamente a la celebración de la Eucaristía y guardando el descanso sagrado?, etc. ¿Cumplo los mandamientos de la Iglesia?

Cuarto Mandamiento: ¿Honro a mis padres con el amor, el respeto y la obediencia debidos, o los maltrato y hago sufrir con mi conducta? ¿Ayudo a mis padres en sus necesidades, enfermedad, ancianidad?, etc.

Quinto Mandamiento: ¿Tengo odio, rencor o enemistad con alguien? ¿He escandalizado a otros, induciéndolos al mal? ¿He causado algún mal físico a otros? ¿He quitado la vida a alguien, en todos los sentidos? ¿He abortado o colaborado en aborto o eutanasia? ¿He conducido imprudentemente el coche o la moto? ¿He tomado drogas, o alcohol en exceso?

Sexto y noveno Mandamientos: ¿Me he entretenido en pensamientos, deseos o recuerdos impuros? ¿He cometido –o deseado– alguna acción impura: solo o con otros, de distinto o del mismo sexo, parientes, consagrados, menores de edad? ¿Me he puesto en peligro con diversiones, lecturas, espectáculos, páginas indecentes de internet? ¿Tengo amistades peligrosas? ¿Guardo la debida castidad en el noviazgo o en el matrimonio?, etc.

Séptimo y décimo Mandamientos: ¿He robado alguna cosa o cantidad de dinero? ¿Lo he devuelto? ¿Cumplo fielmente mis deberes sociales: impuestos, seguros, votaciones, etc.?

Octavo Mandamiento: ¿He mentido? ¿He reparado el daño derivado de mis mentiras? ¿He criticado a otros, descubriendo faltas graves? ¿He calumniado a otros atribuyéndoles algo que es falso? ¿He reparado o estoy dispuesto a reparar esa calumnia?, etc.

LA EUCARISTÍA, LA SANTA MISA

Todos los domingos y fiestas de precepto debes participar en la celebración de la Eucaristía, la Santa Misa, y procura comulgar. Si has cometido algún pecado, confiésate. Y celebra el domingo, día del Señor, en unión con todos los cristianos del mundo. Para participar activamente en la celebración, lee y aprende las oraciones y respuestas que hay a continuación.

Saludo inicial

SACERDOTE: En el nombre del Padre, y del Hijo y del Espíritu Santo.

TODOS: ***Amén.***

S: La gracia de nuestro Señor Jesucristo, el amor del Padre y la comunión del Espíritu Santo estén con vosotros.

T: ***Y con tu espíritu.***

Acto penitencial

S: Para celebrar dignamente estos sagrados misterios, reconozcamos nuestros pecados.

T: ***Yo confieso ante Dios todopoderoso y ante vosotros, hermanos, que he pecado mucho de pensamiento, palabra, obra y omisión. Por mi culpa, por mi culpa, por mi gran culpa.***

Por eso ruego a Santa María, siempre Virgen, a los ángeles, a los santos y a vosotros, hermanos, que intercedáis por mí ante Dios, nuestro Señor.

S: Dios todopoderoso tenga misericordia de nosotros, perdone nuestros pecados y nos lleve a la vida eterna.

T: ***Amén.***

S: Señor, ten piedad.

T: ***Señor, ten piedad.***

S: Cristo, ten piedad.

T: ***Cristo, ten piedad.***

S: Señor, ten piedad.

T: ***Señor, ten piedad.***

Gloria

Gloria a Dios en el cielo, y en la tierra paz a los hombres que ama el Señor. Por tu inmensa gloria te alabamos, te bendecimos, te adoramos, te glorificamos, te damos gracias. Señor Dios, Rey celestial, Dios Padre todopoderoso. Señor Hijo único, Jesucristo, Señor Dios, Cordero de Dios, Hijo del Padre; Tú que quitas el pecado del mundo, ten piedad de nosotros; Tú que quitas el pecado del mundo, atiende nuestra súplica; Tú que estás sentado a la derecha del Padre, ten piedad de nosotros.

Porque solo tú eres Santo, solo tú Señor, solo tú Altísimo Jesucristo.

Con el Espíritu Santo, en la gloria de Dios Padre. Amén.

Final de la oración

S: Por Jesucristo... que vive y reina por los siglos de los siglos (*otras oraciones:* Por Jesucristo nuestro Señor).

T: ***Amén.***

Final de las lecturas

Lector: Palabra de Dios.

T: ***Te alabamos, Señor.***

Evangelio

S: El Señor esté con vosotros.

T: ***Y con tu espíritu.***

S: Lectura del Santo Evangelio, según San...

T: ***Gloria a ti, Señor.***

S *(final):* Palabra del Señor.

T: ***Gloria a ti, Señor Jesús.***

Profesión de fe (Credo apostólico)

Creo en Dios, Padre todopoderoso, Creador del cielo y de la tierra.

Creo en Jesucristo, su único Hijo, nuestro Señor, que fue concebido por obra y gracia del Espíritu Santo, nació de Santa María Virgen, padeció bajo el poder de Poncio Pilato, fue crucificado, muerto y sepultado, descendió a los infiernos, al tercer día resucitó de entre los muertos, subió a los cielos y está sentado a la derecha de Dios, Padre todopoderoso.

Desde allí ha de venir a juzgar a vivos y muertos.

Creo en el Espíritu Santo, la santa Iglesia católica, la comunión de los santos, el perdón de los pecados, la resurrección de la carne y la vida eterna. Amén.

Presentación de las ofrendas

S: *(Pan)* Bendito seas, Señor... será para nosotros pan de vida.

T: ***Bendito seas por siempre, Señor.***

S: *(Vino)* Bendito seas, Señor... será para nosotros bebida de salvación.

T: ***Bendito seas por siempre, Señor.***

S: Orad, hermanos, para que este sacrificio, mío y vuestro, sea agradable a Dios, Padre todopoderoso.

T: ***El Señor reciba de tus manos este sacrificio para alabanza y gloria de su nombre, para nuestro bien y el de toda su santa Iglesia.***

Plegaria Eucarística. Prefacio

S: El Señor esté con vosotros.

T: ***Y con tu espíritu.***

S: Levantemos el corazón.

T: ***Lo tenemos levantado hacia el Señor.***

S: Demos gracias al Señor nuestro Dios.

T: ***Es justo y necesario.***

S: *(recita el Prefacio)*

T: ***Santo, Santo, Santo es el Señor, Dios del universo. Llenos están los cielos y la tierra de tu gloria. Hosanna en el cielo. Bendito el que viene en nombre del Señor. Hosanna en el cielo.***

S: *Santo eres en verdad, Señor, fuente de toda santidad; por eso te pedimos que santifiques estos dones con la efusión de tu Espíritu, de manera que se conviertan para nosotros en el Cuerpo y + la Sangre de Jesucristo, nuestro Señor.*

El cual, cuando iba a ser entregado a su pasión, voluntariamente aceptada, tomó pan, dándote gracias, lo partió y lo dio a sus discípulos, diciendo:

TOMAD Y COMED TODOS DE ÉL, PORQUE ESTO ES MI CUERPO, QUE SERÁ ENTREGADO POR VOSOTROS.

Del mismo modo, acabada la cena, tomó el cáliz, y, dándote gracias de nuevo, lo pasó a sus discípulos, diciendo:

TOMAD Y BEBED TODOS DE ÉL, PORQUE ESTE ES EL CÁLIZ DE MI SANGRE, SANGRE DE LA ALIANZA NUEVA Y ETERNA

QUE SERÁ DERRAMADA POR VOSOTROS Y POR MUCHOS PARA EL PERDÓN DE LOS PECADOS. HACED ESTO EN CONMEMORACIÓN MÍA.

Después de la Consagración

S: Este es el Sacramento de nuestra fe.

T:Anunciamos tu muerte, proclamamos tu Resurrección.

¡Ven, Señor Jesús!

Final de la Plegaria Eucarística

S: Por Cristo... todo honor y toda gloria, por los siglos de los siglos.

T: AMÉN.

Rito de la Comunión

–Rezo del Padrenuestro...

S: Líbranos... esperamos la venida gloriosa de nuestro Salvador Jesucristo.

T:Tuyo es el reino, tuyo el poder y la gloria, por siempre, Señor.

Rito de la Paz

S: Señor Jesucristo... tú que vives y reinas por los siglos de los siglos.

T:Amén

S: La paz del Señor esté siempre con vosotros.

T:Y con tu espíritu.

S: Daos fraternalmente la paz.

(se da la paz a los más cercanos, diciendo: ***La paz sea contigo).***

T: Cordero de Dios, que quitas el pecado del mundo, ten piedad de nosotros *(dos veces).* ***Cordero de Dios, que quitas el pecado del mundo, danos la paz.***

Comunión:

S: Este es el Cordero... invitados a la Cena del Señor.

T: Señor, no soy digno de que entres en mi casa, pero una palabra tuya bastará para sanarme.

S: El Cuerpo de Cristo.

COMULGANTE: Amén.

Rito de despedida

S: El Señor esté con vosotros.

T:Y con tu espíritu.

S: La bendición de Dios... descienda sobre vosotros.

T:Amén.

S: Podéis ir en paz.

T: Demos gracias a Dios.

• *PARA ANTES DE LA COMUNIÓN*

Oración de santo Tomás de Aquino

Omnipotente y eterno Dios: llego al sacramento de tu Hijo unigénito, como enfermo al médico de la vida, como manchado a la fuente de la misericordia, como ciego a la luz de la eterna claridad, como pobre al Señor de cielos y tierra, como desvalido al Rey de la gloria.

Por eso, Señor, ruego a tu infinita bondad y misericordia, que tengas a bien sanar mi enfermedad, limpiar mis manchas, alumbrar mi ceguera, enriquecer mi pobreza y vestir mi desnudez. Así podré recibir al Rey de los Ángeles y Señor de los señores, con tanta reverencia y humildad, con tanta contrición y ternura, con tanta pureza y fe, con tal propósito e intención, cual conviene a la salud de mi alma. Concédeme, te ruego, recibir no solo el Sacramento del Cuerpo y la Sangre del Señor, sino también la gracia y virtud de este Sacramento. Concédeme, Dios mío benignísimo, recibir de tal manera el Cuerpo que tu Hijo unigénito tomó de la Virgen María, que merezca ser incorporado a su Cuerpo Místico y contado entre sus miembros. Concédeme, Padre amantísimo, que logre yo contemplar un día cara a cara, por toda la eternidad, a este tu amadísimo Hijo, a quien ahora, en mi vida mortal, me propongo recibir encubierto bajo el velo del Sacramento. Te lo pido en nombre de tu Hijo Jesucristo, el cual vive y reina contigo en la unidad del Espíritu Santo, por los siglos de los siglos. Amén.

• *PARA DESPUÉS DE LA COMUNIÓN*

Alma de Cristo

Alma de Cristo, santifícame.
Cuerpo de Cristo, sálvame.
Sangre de Cristo, embriágame.
Agua del costado de Cristo, lávame.
Pasión de Cristo, confórtame.
¡Oh buen Jesús!, óyeme.
Dentro de tus llagas escóndeme.
No permitas que me aparte de ti.
Del maligno enemigo, defiéndeme.
En la hora de mi muerte, llámame, y mándame ir a ti, para que con tus santos te alabe por los siglos de los siglos. Amén.

A Jesús Crucificado

Mírame, ¡oh mi amado y buen Jesús!, postrado en tu divina presencia. Te ruego, con el mayor fervor, que imprimas en mi corazón los sentimientos de fe, esperanza y caridad, verdadero dolor de los pecados y propósito firme de jamás ofenderte. Mientras, yo, con gran amor y compasión, voy considerando tus cinco llagas, comenzando por aquello que dijo el profeta David:
Han taladrado mis manos y mis pies, y se pueden contar todos mis huesos.

5. SANTO ROSARIO

(Después del enunciado de cada Misterio que se ha de meditar, se reza un Padrenuestro, diez Avemarías y el Gloria).

Misterios gozosos *(lunes y sábados)*
1º La Encarnación del Hijo de Dios.
2º La Visitación de la Virgen María a su prima Santa Isabel.
3º El Nacimiento del Hijo de Dios.
4º La Presentación del Niño Jesús en el Templo.
5º El Niño Jesús, perdido y hallado en el Templo.

Misterios luminosos *(jueves)*
1º El Bautismo del Señor en el Jordán.
2º La revelación de Jesús en las bodas de Caná.
3º El anuncio del Reino de Dios, invitación a la conversión.
4º La Transfiguración del Señor.
5º La institución de la Eucaristía.

Misterios dolorosos *(martes y viernes)*
1º La Oración de Jesús en el Huerto.
2º Los azotes que padeció el Señor, atado a la columna.
3º La coronación de espinas.
4º Jesús con la Cruz a cuestas.
5º La Crucifixión y Muerte del Señor.

Misterios gloriosos *(miércoles y domingos)*
1º La Resurrección del Señor.
2º La Ascensión del Señor a los cielos.

3° La venida del Espíritu Santo.
4° La Asunción de la Virgen María en cuerpo y alma a los cielos.
5° La Coronación de Nuestra Señora como Reina de cielos y tierra.

LETANÍAS DE NUESTRA SEÑORA

Señor, ten piedad.
R. *(Se repite lo mismo).*
Cristo, ten piedad. R.
Señor, ten piedad. R.
Cristo, óyenos. R.
Cristo, escúchanos. R.
Dios, Padre celestial.
R. *Ten misericordia de nosotros.*
Dios, Hijo Redentor del mundo.
R. *Ten misericordia de nosotros.*
Dios, Espíritu Santo. R.
Trinidad Santa, un solo Dios. R.
(A partir de aquí, se responde:
Ruega por nosotros)
Santa María,
Santa Madre de Dios,
Santa Virgen de las vírgenes,
Madre de Cristo,
Madre de la Iglesia,
Madre de la misericordia,
Madre de la divina gracia,
Madre de la esperanza,
Madre purísima,
Madre castísima,
Madre y virgen,
Madre santa,
Madre inmaculada,
Madre amable,
Madre admirable,
Madre del buen consejo,
Madre del Creador,
Madre del Salvador,
Virgen prudentísima,
Virgen digna de veneración,
Virgen digna de alabanza,
Virgen poderosa,
Virgen clemente,
Virgen fiel,
Ideal de santidad,
Morada de la sabiduría,
Causa de nuestra alegría,
Templo del Espíritu Santo,
Honor de los pueblos,
Modelo de entrega a Dios,
Rosa escogida,
Fuerte como la torre de David,
Hermosa como torre de marfil,
Casa de oro,
Arca de la Nueva Alianza,
Puerta del Cielo,
Estrella de la mañana,
Salud de los enfermos,
Refugio de los pecadores,
Consuelo de los migrantes,
Consoladora de los afligidos,
Auxilio de los cristianos,
Reina de los Ángeles,
Reina de los Patriarcas,
Reina de los Profetas,
Reina de los Apóstoles,
Reina de los Mártires,
Reina de los que viven su fe,
Reina de las Vírgenes,
Reina de todos los Santos,
Reina concebida sin pecado original,
Reina elevada al cielo,
Reina del Santo Rosario,
Reina de la familia,
Reina de la paz,

Cordero de Dios, que quitas el pecado del mundo.
R. *Perdónanos, Señor.*

Cordero de Dios, que quitas el pecado del mundo.

R. *Escúchanos, Señor.*

Cordero de Dios, que quitas el pecado del mundo.

R. *Ten misericordia de nosotros.*

V. Ruega por nosotros, Santa Madre de Dios.

R. *Para que seamos dignos de las promesas de Cristo.*

Oremos: Te pedimos, Señor, que nosotros, tus siervos, gocemos siempre de salud de alma y cuerpo, y por la intercesión de santa María, la Virgen, líbranos de las tristezas de este mundo y concédenos las alegrías del cielo. Por Jesucristo nuestro Señor. Amén.

Ave María Purísima. Sin pecado concebida.

6. VÍA CRUCIS

Al comenzar cada Estación, se reza:

V. Te adoramos, Cristo, y te bendecimos.

R. **Porque por tu Santa Cruz redimiste al mundo.**

Y se termina con esta invocación:

Jesús, pequé: ten piedad y misericordia de mí.

Y termina la Estación con

1ª *estación:* Jesús es condenado a muerte.
2ª Jesús carga con la Cruz.
3ª Jesús cae bajo el peso de la Cruz.
4ª Jesús se encuentra con su Santísima Madre.
5ª El Cireneo ayuda a Jesús a llevar la Cruz.
6ª La Verónica limpia el rostro de Jesús.
7ª Jesús cae en tierra por segunda vez.
8ª Jesús consuela a las hijas de Jerusalén.
9ª Jesús cae por tercera vez.
10ª Jesús es despojado de sus vestiduras.
11ª Jesús es clavado en la Cruz.
12ª Jesús muere en la Cruz.
13ª Jesús es bajado de la Cruz y puesto en brazos de su Madre.
14ª Jesús es puesto en el sepulcro.

7. CONOCIMIENTOS CRISTIANOS BÁSICOS

1. Los diez Mandamientos de la Ley de Dios

1º Amarás a Dios sobre todas las cosas.
2º No tomarás el nombre de Dios en vano.
3º Santificarás las fiestas.
4º Honrarás a tu padre y a tu madre.
5º No matarás.
6º No cometerás actos impuros.
7º No robarás.
8º No dirás falsos testimonios ni mentirás.
9º No consentirás pensamientos ni deseos impuros.
10º No codiciarás los bienes ajenos.

Estos diez Mandamientos se resumen en dos: Amarás a Dios sobre todas las cosas, y al prójimo como Jesús te ha amado y te ama.

2. Las ocho Bienaventuranzas

1ª Bienaventurados los pobres en el espíritu, porque de ellos es el reino de los cielos.
2ª Bienaventurados los mansos, porque ellos heredarán la tierra.
3ª Bienaventurados los que lloran, porque ellos serán consolados.
4ª Bienaventurados los que tienen hambre y sed de la justicia, porque ellos quedarán saciados.
5ª Bienaventurados los misericordiosos, porque ellos alcanzarán misericordia.
6ª Bienaventurados los limpios de corazón, porque ellos verán a Dios.
7ª Bienaventurados los que trabajan por la paz, porque ellos serán llamados hijos de Dios.
8ª Bienaventurados los perseguidos por causa de la justicia, porque de ellos es el reino de los cielos.

Bienaventurados vosotros cuando os insulten y os persigan y os calumnien de cualquier modo por mi causa. Alegraos y regocijaos, porque vuestra recompensa será grande en el cielo (Mt 5, 3-12).

3. Los siete dones del Espíritu Santo

Don de sabiduría.
Don de inteligencia.
Don de consejo.
Don de fortaleza.
Don de ciencia.
Don de piedad.
Don de temor de Dios.

4. Los doce frutos del Espíritu Santo

Caridad, gozo, paz, paciencia, longanimidad, bondad, benignidad, mansedumbre, fidelidad, modestia, continencia y castidad.

5. Las siete virtudes

Teologales: fe, esperanza y caridad.
Cardinales: prudencia, justicia, fortaleza y templanza.

7. Las catorce obras de misericordia

Siete espirituales:

1ª Enseñar al que no sabe.
2ª Dar buen consejo al que lo necesita.
3ª Corregir al que yerra.
4ª Perdonar las injurias.
5ª Consolar al triste.
6ª Sufrir con paciencia los defectos del prójimo.
7ª Rogar a Dios por vivos y difuntos.

Siete corporales:

1ª Visitar y cuidar a los enfermos.
2ª Dar de comer al hambriento.
3ª Dar de beber al sediento.
4ª Dar posada al peregrino.
5ª Vestir al desnudo.
6ª Redimir al cautivo.
7ª Enterrar a los muertos.

8. Los siete pecados capitales

1º Soberbia (contra la humildad).
2º Avaricia (contra la largueza).
3º Lujuria (contra la castidad).
4º Ira (contra la paciencia).
5º Gula (contra la templanza).
6º Envidia (contra la caridad).
7º Pereza (contra la diligencia).

9. Los cinco mandamientos de la Iglesia

1º Participar en la misa entera todos los domingos y demás fiestas de precepto, y no realizar trabajos serviles.
2º Confesar, al menos una vez al año, los pecados graves de que se tenga conciencia.
3º Recibir el sacramento de la Eucaristía al menos por Pascua.
4º Abstenerse de comer carne, y ayunar en los días establecidos por la Iglesia (ayuno y abstinencia: *el miércoles de ceniza y el viernes santo;* abstinencia: *los viernes de cuaresma).*
5º Ayudar a las necesidades de la Iglesia.

ORACIÓN A SAN JOSÉ

Salve, custodio del Redentor
y esposo de la Virgen María.

A ti Dios confió a su Hijo, en ti María depositó su confianza, contigo Cristo se forjó como hombre.

Oh, bienaventurado José, muéstrate padre también a nosotros y guíanos en el camino de la vida.

Concédenos gracia, misericordia y valentía, y defiéndenos de todo mal. Amén.

El Evangelio en crucigramas. *Textos de los evangelios concordados con pasatiempos* (4ª ed.) 614 p. 15 €
Ejercicios y pasatiempos de "El Evangelio en crucigramas" (2ª ed.). 310 p. 4 €. Sólo los pasatiempos del libro anterior.
Evangelio de los Hebreos. *Vida de Jesús, según los Evangelios y escritos apócrifos.* Pseudo Leví Hispano. 276 p. 8,50 €

EL EVANGELIO PARA ESCUCHAR

Los Evangelios. *Vida y doctrina de Jesucristo en los Cuatro Evangelios.* Textos seleccionados. Libro: 100 p. 2,75 €. Libro+ 1 CD: 9 € seleccionados por J. A. Martínez Puche.
Las Palabras de Jesús. Todo lo que dijo el Señor (extraído de los Cuatro Evangelios por J. A. Martínez Puche.). Libro: 264 p. 5,50 €. Libro + 4 CD: 29 €

PARA COMPRENDER LA BIBLIA

Libros de exégesis, estudios, comentarios bíblicos y reflexión espiritual sobre la Palabra de Dios

Comprender las Escrituras. *Curso completo para el estudio de la Biblia* Scott Hahn. 550 p. Color. Cartoné. 21,50x28 cm. 35 €. Un buen regalo para cualquier ocasión.
La Biblia, comentada por ella misma. Jesús Cantera. 368 p. 11,50 €

EL ANTIGUO TESTAMENTO

El Pentateuco. *Historia y sentido* (2ª ed.). A.-Á. García. 292 p. 15 €
Moisés, contado por los sabios. E. Fleg. 246 p. Escritos de los sabios de Israel. 12,50 €
Comentario al Cantar de los Cantares. J-F. Rey. 212 p. 12 €
Cantar de los Cantares. *Resonancias bíblicas.* E. Jiménez. 314 p. 15,25 €
Introducción al estudio de los Salmos. J. G. Trapiello. 232 p. 12 €

EL NUEVO TESTAMENTO

Palabras de Cristo. *El mensaje del Evangelio de Mateo.* Mons. P. Mori. 168 p. 11 €
Hágase en mí. *Comentario espiritual a San Mateo, en 24 charlas.* Ch. Villarroel. 312 p. + CD (56 charlas). 11,25 €
Cristo, mi justicia. *En Cristo estamos salvados.* Comentario y vivencia de Romanos 1-8. Chus Villarroel. 374 p. 12,50 €
Comentario al Evangelio según San Juan. Santo Tomás de Aquino. Del Tomo I al VIII: 7,50 €; Tomos IX y X: 10 €. **Tomo I.** *Cap. 1.* 264 p. **Tomo II.** *Cap. 2, 3 y 4.* 256 p. **Tomo III.** *Cap. 5 y 6.* 256 p. **Tomo IV.** *Cap. 7 y 8.* 224 p. **Tomo V.** *Cap. 9 y 10.* 188 p. **Tomo VI.** *Cap. 11 y 12.* 208 p. **Tomo VII.** *Cap. 13 y 14.* 214 p. **Tomo VIII.** *Cap. 15, 16 y 17.* 252 p. **Tomo IX.** *Cap. 18 y 19, 140 p.* **y Tomo X.** *Capítulos 20 y 21, 236 p.*
Precio de la colección de 10 tomos: 60 €
Pasión de Nuestro Señor Jesucristo. F. Fdez. Ramos. 240 p. 20 €
Pasión y muerte del Señor. Mons. Celso Morga. 252 p. 7,50 €
El Evangelio leído con humor. S. Gil del Muro. 176 p. 8,25 €.
Claves para leer los evangelios sinópticos (2ª ed.). Gerardo Sánchez. 276 p. 14 €
La revolución de la misericordia. *Comentario a la parábola del hijo pródigo y al relato de la mujer pecadora.* Mons. Francisco Cerro. 136 p. 9,50 €
El evangelio de la misericordia. J. Peraire. 160 p. 10,50 €
La familia, hogar de la misericordia. J-R. Flecha. 160 p. 10,50 €

2. DIOS . JESUCRISTO

DIOS

Misterio trinitario. *Dios, desde el silencio y la cercanía* (2ª ed.). S. Fuster. 298 p. 15 €
Eucaristía y Trinidad para el siglo XXI. *Doce catequesis* (2ª ed.). Sebastián Fuster. 180 p. 3,75 €
Para encontrar a Dios. *Vida teologal.* M. Gelabert. 292 p. Las virtudes teologales. 15 €
Vivencias de gratuidad. *Dios me salva* (3ª ed.). Chus Villarroel. 366 p. 10 €
Historia de la salvación. *Historia de amor de Dios al hombre.* Emiliano Jiménez. 342 p. 16,25 €
Más que Padre. *El Dios de cada día* (2ª ed.). Rafael de Andrés. 386 p. 11,50 €. 500 textos sobre Dios.

JESUCRISTO

Las credenciales de Jesús. *Perfil humano y mensaje divino*. J. Álvarez. 276 p. Presentación de Jesús para creyentes y no creyentes. 14,50 €
El Señor de la Historia. *Manifestaciones extraordinarias de Jesucristo.* D. Pajariño. 372 p. Recorrido histórico de apariciones de Jesús. 18 €
Jesús. Volver a los comienzos. F.J. Sáez de Maturana. 1144 p. Cartoné. Una obra completa sobre Jesús. Presentación: J.A. Pagola. 29,80 €
Jesús de Nazaret. A. Hari. 228 p. Cartoné. Color. 18,5x23.5 cm. 18 €. Los niños conocen a Jesús a través de diez temas.
Un hombre llamado Jesús. L. Ruegenberg (ilust.), G. Wieghaus (Texto). 46 p. Color. Cartoné. 23,5x31 cm. 13,75 €. Jesús visto a través de los ojos de dos niños, que están presentes en las principales escenas de su vida, según el Evangelio de Lucas.
Jesucristo, revelación del misterio del hombre. *Ensayo de Antropología Teológica* (4ª ed.). Martín Gelabert. 268 p. 15 €
Jesucristo en sus misterios. Columba Marmion. 344 p. 10,50 €
El lado humano de Jesús de Nazaret. J. Salvador. 438 p. 12,50 €
Emaús. *Era necesaria la pasión y la glorificación de Cristo.* I. Domínguez. 156 p. 5,75 €
Mi Cristo roto. *Guión literario.* R. Cué. 160 p. Meditaciones cuaresmales en TVE. 4,50 €
Mi Cristo roto, de casa en casa (3ª ed.). Ramón Cué. 196 p. Segunda parte de *Mi Cristo Roto*. 5,50 €
La Sábana Santa de Turín. *Su autenticidad* (10ª ed.). J. Loring. 254 p. 9,50 €
Jesús, el dinero y los negocios. J. Salvador. 256 p. 10,50 €
Jesucristo. *Todo un Hombre, todo un Dios.* J. Álvarez. 288 p. 8,75 €
Jesús, siempre y más. *Mil opiniones sobre Cristo* (2ª ed.). R. de Andrés. 526 p. 11,50 €
La Cristiada. *Vida de Jesús, N.S.* (1611). F. Diego de Hojeda. 528 p. Edición facsímil de 1896, bicolor, con dibujos originales. 41 €

Colección DOCE VIDAS DE JESÚS

Colección de obras clásicas de la exégesis y de la teología sobre Jesucristo. Formato 13,50 x 20,50 cm. Colección completa 179 €

Vida de Jesucristo según el Evangelio (2ª ed.). J. M. Lagrange, O.P. XII + 544 p. Obra clásica de la exégesis. 17,45 €
La más antigua vida de Jesús: Diatessaron (2ª ed.). Taciano. 270 p. 10,50 €. Los cuatro Evangelios en un solo relato del siglo II.
Vida de Cristo (2ª ed.) Fray Luis de Granada, O.P. 366 p. 13,25 €
Jesucristo (2ª ed.). L. Grandmaison. 644 p. 21 €. Cristología clásica.
Vida de Jesús según los Evangelios sinópticos (2ª ed.) J. Salguero, O.P 356 p. 13,85 €.
Nuestro Señor Jesucristo según los Evangelios (2ª ed.) L.C. Fillion. 448 p. 14,45 €
Memorias de un reportero de los tiempos de Cristo (2ª ed.) Carlos Mª de Heredia, S.J. 1.010 p. 23,45 €. Texto novelado, fiel al Evangelio.
Vida de Nuestro Señor Jesucristo (2ª ed.). Remigio Vilariño, S.J. 654 p. 21 €

Vida de Jesús. François Mauriac 224 p. 10,50 €. Joya literaria del novelista francés.
Historia de Cristo (3ª ed.). Giovanni Papini. 384 p. 14,45 €. Su obra cumbre.
Vida de Jesucristo (2ª ed.) Giovanni Ricciotti. 596 p. 19,25 €
Vida de Jesús en el país y pueblo de Israel. Franz Michele William. 494 p. 17,45 €

3. LA VIRGEN MARÍA. EL SANTO ROSARIO

Colección BIBLIOTECA MARIANA

Colección de grandes clásicos sobre la Virgen María. Formato 14 x 17 cm.

María en la Biblia y en los Padres de la Iglesia (3ª ed.). J-R. Flecha, K. Stock, J. A. M. Puche. 392 p. 13,25 €
Documentos pontificios marianos (3ª ed.). J. A. M. Puche, J. Gil. 510 p. Diecinueve siglos de Magisterio. 16,50 €
San Bernardo de Claraval y san Alberto Magno hablan de María. *Homilías marianas. Marial* (2ª ed.). D. Yáñez, J. Álvarez., J. A. M. Puche. 322 p. 11,30 €
San Luis Mª G. de Montfort y san Alfonso hablan de María (3ª ed.). San Luis: *Tratado de la verdadera devoción a la Santísima Virgen. El secreto de María.* San Alfonso: *Las glorias de María, La salve. Las virtudes de María*. 490 p. 17,25 €
Antología mariana. *100 autores hablan de María* (3ª ed.). J. A. M. Puche, R. de Andrés. 422 p. 14,90 €
María en la literatura y en el arte (2ª ed.). Fray Luis de Granada (*Vida de María*). Poetas, pintores y escultores honran a la Virgen. 382 p. Color. 19,50 €
El Año Mariano. *Cada día con María* (2ª ed.). J. A. M. Puche. 688 p. Liturgia, teología, historia, piedad. Apéndice: El Rosario. El Escapulario del Carmen. 23,50 €
María, Madre de la Hispanidad (2ª ed.). *Vírgenes patronas de España y América.* J. A. Martínez Puche, O.P., R. del Olmo. 636 p. + 84 en color. 24,50 €
Enciclopedia de la Virgen. J. A. M. Puche, O.P., I. H. de la Mota, R del Olmo, O.S.A. 1950 p. 59,50 €
Biblioteca Mariana. Colección completa + Enciclopedia de la Virgen 179 €

Colección LA SIERVA DEL SEÑOR

María y la renovación carismática. Vicente Martínez-Blat. 152 p. 10 €
María, madre del Redentor. E. Jiménez. 328 p. 15,75 €. María, en su virginidad fiel y fecunda, nos muestra el verdadero camino de la fe.
El Evangelio de María. G. Blanquière 152 p. 12,75 €
La hija de Joaquín. *Comprensión de la humanidad de María.* C. Paradinas. 128 p. 8 €
Vida de la Virgen María. R. L. Melús. 226 p. 13,75 €
La Virgen María. *Historia. Teología. Devoción.* J.Á. Maestro. 220 p. 9 €
El misterio de Guadalupe. Ramiro Ribas. 272 p. 11,50 €. María ayuda a extender la fe y combatir el mal.
Secretos de Fátima. G. Gòrny, J. Rosikon. El Mayor enigma del siglo XX en un libro completamente ilustrado. Imprescindible para conocer la historia y mensajes de Fátima. 400 p. 29 €.

Y además

Imitación de María. T. de Kempis. 144 p. 6,80 €
La Iglesia habla de María. *50 años de documentos marianos pontificios.* AA.VV. 418 p. 15 documentos, desde Pío XII a Juan Pablo II. 5,75 €
María. *Un itinerario dogmático.* D. Cerbelaud. 384 p. 25 €
María, la Madre del Señor, en el Nuevo Testamento. Klemens Stock. 184 p. 9 €.
Vida de María. *Vida y misterio de la Santísima Virgen.* Fray Luis de Granada. 108 p. 5,50 €
El libro de la Inmaculada. *Doctrina, historia, poesía y arte.* J. A. M. Puche. 208 p. 10,25 €

Mariam de Judá. *Vida de María.* Jaime Colomina. 278 p. 11,75 €
Queridos hijos. Testimonios sobre Medjugorje. M. Danelon. 400 p. 14,50 €
El Avemaría. L. L. de las Heras. 82 p. 5,25 €. Estudio bíblico y espiritual del Avemaría.
Virgen de Guadalupe, Señora del Tepeyac (2ª ed.). J. A. Montes. 70 p. Historia de las apariciones y actualidad. 4,75 €
Memorias de María, memorias de Juan. *La vida de Jesús contada por la Madre y el Discípulo.* S. Valero. 252 p. 11,45 €
Fátima, ternura y misericordia, por Mons. Francisco Cerro. 2ª edición ampliada y al día. 196 p. 10,75 €
Adorar con María. M-B. Angot. 146 p. La oración con María y oraciones de adoración, por la fundadora de *Casas de Adoración.* 5,25 €

LIBROS SOBRE EL ROSARIO

Rosarios para las fiestas del Señor. Sor Marie. 168 p. Veinticuatro rosarios originales para todo el año litúrgico. 10 €
Para rezar el Rosario. A. González. 104 p. Libro básico para rezar el Rosario. Por qué, cómo y diversas formas de hacerlo. 5 €
El Rosario meditado. *Una reflexión del Evangelio para cada Avemaría* (8ª ed.). P. Meseguer. 48 p. Color. Los 20 misterios. 1,50 €
El Rosario de la Virgen María (6ª ed.). *Carta apostólica.* Juan Pablo II. 46 p. 2,50 €
El Rosario de Juan Pablo II. *Los 20 misterios comentados por el Papa.* (12ª ed.). J. A. M. Puche. 48 p. Color. 1,50 €
El libro del Rosario. *Historia, doctrina, práctica, diccionario.* J. A. M. Puche. 304 p. Cartoné. 12,50 €
Rosario Bíblico. *Comentario y meditaciones de los veinte misterios.* Salvador Muñoz Iglesias. 178 p. 5 €
El Rosario de María. *Palabra de Dios para la contemplación de los 20 Misterios.* J. A. M. Puche. Desplegable 7,5 x 21,5 cm., a todo color (100 unidades). 10 €
El Rosario de la Virgen. Hoja bicolor plastificada de bolsillo (100 unidades). 7 €
El Rosario, oración de un corazón en vela. *Mis conversaciones con Maciej, que no lo reza.* Emilio Cárdenas. 130 p. 5,25 €
La Virgen del Rosario y santo Domingo en el arte. D. Iturgaiz. 144 p. + 24 láminas color. Cartoné. 11,50 €

PARA REZAR EL ROSARIO

Rosario con san Juan Pablo II. Comentario y rezo de los 20 Misterios, letanías y Salve. 2 CD+Libro 88 p. 16 €
El Rosario. Comentario bíblico, rezo de los 15 Misterios y letanías. 1 casete: 4 €. J.A. M. Puche. En catalán (**Sant Rosari**): 4 €
El Rosario/20. Comentario y rezo de los 20 Misterios. J.A.M. Puche. 2 CD: 13 €.
Santo Rosario/20. Los 20 Misterios con comentario de san Josemaría Escrivá. 2 CD + folleto: 18,50 €. 2 casetes: 8 €
El Rosario del Papa. Juan Pablo II comenta y reza los 15 Misterios. Letanías, Ángelus y Salve. 2 CD: 14 €.
Rosario con Juan Pablo II. Reflexiones y rezo por el Papa de los 15 Misterios. Letanías y Salve. 1 casete. 5 €
El Rosario del Papa (electrónico). Rosario Juan Pablo II. Aparato electrónico con los 20 misterios del Rosario, automatizados para cada día de la semana.
Con auriculares 49 €, sin auriculares 39 €

ROSARIO ELECTRÓNICO

EL ROSARIO ELECTRÓNICO es un aparato ideal para que los mayores y los enfermos puedan rezar cada día el rosario, sencillamente pulsando solo el botón del día de la semana: L.M.M.J.V.S.D. El mismo aparato contiene las 7 grabaciones.

4. ESPIRITUALIDAD

Palabras de oro
CLÁSICOS DE ESPIRITUALIDAD

Imitación de Cristo (6ª ed.). Tomás de Kempis. 456 p. Traducción de Fray Luis de Granada. 11,75 €
Tratado del Amor de Dios (3ª ed.). S. Francisco de Sales. 952 p. 17,50 €
Credo, Padrenuestro. Avemaría. *Exposición y comentarios.* Santo Tomás de Aquino. 240 p. 12,15 €
El arte de aprovechar nuestras faltas según san Francisco de Sales. J. Tissot. 216 p. 11,75 €
Guía de pecadores. Fray Luis de Granada. 784 p. 19,75 €
A los catequistas y catecúmenos. San Agustín. 320 p. 12,50 €
Libro de la vida. Santa Teresa. 516 p. 17,50 €
Relatos de un peregrino ruso. Anónimo. 112 p. El gran libro de la espiritualidad del Oriente cristiano. 5 €
Confesiones. San Agustín. 448 p. Texto íntegro. 7,75 €
Tratados espirituales de San Vicente Ferrer. *De la vida espiritual, Sobre las tentaciones de la fe, Vida de Cristo en la Misa*. San Vicente Ferrer. 168 p. 5,50 €
El alma de todo apostolado. J. B. Chautard. 240 p. 8,90 €

Colección
ESPIRITUALIDAD DE LOS PADRES DE LA IGLESIA

Nueve libros de divulgación patrística, preparados por las Benedictinas de la Abadía argentina de Santa Escolástica, con selección de textos por temas. Formato 12 x 18 cm. Cada libro 5 €. Colección completa: 37,50 €
La Virgen María *Padres de la Iglesia.* 132 p.
El Bautismo. *Padres de la Iglesia.* 128 p.
El tiempo de Cuaresma *Padres de la Iglesia.* 126 p.
Felices los pobres. *Padres de la Iglesia.* 112 p. Sobre la pobreza.
El misterio de la Navidad. *Padres de la Iglesia.* 96 p.
La conversión. *Padres de la Iglesia.* 104 p.
La unidad de la Iglesia *Padres de la Iglesia.* 88 p.
Dios y el César. *Padres de la Iglesia.* 144 p. Sobre las relaciones Iglesia-Estado.
La oración *Padres de la Iglesia.* 136 p.

Colección
EL PAN DE CADA DIA

Colección de libros de espiritualidad para la reflexión y la meditación breve de cada día. Formato 11 x 18 cm.
1. Los cinco minutos de Dios (34ª ed.). Alfonso Milagro. 402 p. 8 €. Pensamiento bíblico y reflexión para cada día del año.
2. El Evangelio para cada día. *Y vocabulario evangélico popular.* J. A. M. Puche. 326 p. 5,25 € Texto evangélico para cada día. Índices de textos, onomástico y numérico. Santoral.
3. Silencios en alta voz. A. Barriales. 406 p. 8,75 € Reflexiones para cada día del año emitidas en la COPE.
5. El poder del amor cambia tu vida. E. Gómez Navarro. 200 p. 16 € Textos sobre el amor inspirados en la Carta de San Pablo a los Corintios.

PARA LOS MOMENTOS DIFÍCILES

¿Para qué sufrir? *Sentido del dolor humano, a la luz de la fe en Cristo.* Á. Mª Rojas. 140 p. 10 €
Crecer desde el sufrimiento. 319 p. 10,75 €
¿Por qué a mí? A. Grün. 154 p. El misterio del dolor y la justicia de Dios. 10,50 €

Colección AGUA VIVA
Para meditar y reflexionar

Colección de escritos de espiritualidad, meditación y reflexión cristiana. Formato 15 x 21 cm. Serie Minor 12x18 cm.

1. La vida como oblación por los sacerdotes. Pensamientos de la Madre María del Carmen. 152 p. 6 €
2. Autorretrato de Santa Gema Galgani. 184 p. 7,50 €
3. Autorretrato de Edith Stein. 148 p. 7 €
4. Teología y espiritualidad de la santa Juana. *Una mujer predicadora.* I.García. 386 p. 14 €
5. Las enseñanzas espirituales del Maestro Gracián. Amigo y director espiritual de santa Teresa. V. Martínez-Blat O.C.D. 288 p. 11 €
6. La predicación de san Antonio de Padua. *Exposición sistemática.* L. Pérez O.F.M. 416 p. 15,90 €
7. Nacimiento e infancia de Jesús. Ana Catalina Emmerick. 232 p. 11,75 €
8. Pasión y Resurrección de Jesús. A. C. Emmerick. 338 p. 13,50 €
9. Vida de la Virgen María, los Apóstoles, los Mártires y los Santos. A. C. Emmerick. 252 p. 11 €
10. San Juan Crisóstomo. *Pensamiento espiritual.* J.Álvarez. 208 p. 10 €
11. Cartas de santa Gema Galgani. *A su director espiritual, P. Germán de San Estanislao, pasionista.* P. García M. 352 p. 13,50 €

Y además:

Meditaciones y devociones. Beato J. H. Newman. 332 p. Escritos de la etapa católica del cardenal. 7,50 €
El pozo y los charcos. G. K. Chesterton. 288 p. 7,25 €
Escritos esenciales. *Una confianza muy sencilla.* Roger de Taizé. 208 p. Antología de Marcello Fidanzio. 11,75 €
Santa Faustina y la Divina Misericordia. R. Iaria. 264 p. Escritos de santa Faustina Kowalska. 6 €
Encuentros con Merton. *Reflexiones espirituales.* H. Nouwen. 112 p. Introducción a su vida y pensamiento. 9,50 €
Guía de la vida interior. J. Otón. 232 p. Un seglar escribe para el cristiano actual. 7,75 €
Aquí en la tierra como en el cielo. *Los novísimos, asunto de esta vida.* Atilano Aláiz. 230 p. 8,75 €
Síntesis de espiritualidad católica. J. Rivera, J.Mª Iraburu. 432 p. 9 €
La tierra del Maestro. *Ejercicios espirituales en los santos lugares* (2ª ed.). Francisco Mª López Melús. 314 p. 10,50 €
El Apostolado de la Oración. *Ascuas o cenizas, en 66 preguntas y respuestas.* D. Muñoz. 146 p. 2,50 €
Corazón de Cristo. *Belleza que salva al mundo.* Mons. Francisco Cerro. 78 p. 5 €
Cartas de un ángel a su sobrino. Janusz Pyda. 126 p. 6,40 €
Armonía interior. *Un camino posible* (9ª ed.). Anselm Grün. 150 p. Cómo lograr la paz espiritual. 11 €
Sanación del alma. *Sanar las heridas de la infancia. Impulsos espirituales.* Anselm Grün. 222 p. 15,30 €

Colección LUX FIDEI

Ángeles y demonios. *Criaturas celestiales.* Santiago Cantera. 280 p. 13,50 €
El Dios que viene. G. Blanco, J. Carballo, M. Santos (eds) 228 p. 16 €
Lo humano que viene. G. Blanco, J. Carballo, M. Santos (eds). 136 p. 15 €
Palabra de Dios en lenguaje humano.
Seducidos por la Sabiduría. Vivir honestamente, estudiar y enseñar. Javier Carballo. 256 p. 19 €

EL EVANGELIO DE JUAN, COMENTADO POR SANTO TOMÁS (10 tomos)

Tomo I. *Capítulo 1.* 264 p.
Tomo II. *Capítulos 2, 3 y 4.* 254 p.
Tomo III. *Capítulos 5 y 6.* 264 p.
Tomo IV. *Capítulos 7 y 8.* 224 p.
Tomo V. *Capítulos 9 y 10.* 188 p.
Tomo VI. *Capítulos 11 y 12.* 208 p.
Tomo VII. *Capítulos 13 y 14.* 216 p.
Tomo VIII. *Capítulos 15, 16 y 17.* 216 p.
Tomo IX. *Capítulos 18 y 19.* 140 p.
Tomo X. *Capítulos 20 y 21.* 236 p.
Del Tomo I al VIII: 7.50 € cada tomo.
Del Tomo IX y X: 10 € cada tomo.

5. FRASES, PENSAMIENTOS y PEQUEÑOS LIBROS

Colección UN PENSAMIENTO PARA CADA DÍA

Colección de pensamientos o reflexiones del personaje para cada uno de los días del año... Formato 10x14,5 cm.

1. Los Salmos. 192 p. 4 € 2. Salomón y los sabios de Israel. 160 p. 4 € 3. S. Pablo. 216 p. 5 € 4. S. Agustín. 160 p. 4 € 5. Padres de la Iglesia 1. 170 p. 4 € 6. Sto. Tomás de Aquino. 192 p. 4,50 € 7. Sta. Catalina de Siena . 192 p. 4,50 € 8. S. Ignacio de Loyola. 160 p. 4 € 9. Sta. Teresa. 160 p. 4 € 10. S. Juan de la Cruz. 158 p. 4 € 11. S. Juan de Ávila. 164 p. 4 € 12. Fray Luis de Granada. 204 p. 4,50 € 13. S. Francisco de Sales. 160 p. 4 € 14. El cura de Ars. 128 p. 4 € 15. Sta. Teresita del Niño Jesús. 184 p. 4,50 € 16. S. Juan Bosco. 128 p. 3,50 € 17. S. Claudio de la Colombière. 144 p. 3,70 € 18. Sta. Faustina Kowalska. 194 p. 4 € 19. Sta. Genoveva Torres. 160 p. 4 € 20. Sta. Ángela de la Cruz. 160 p. 4 € 21. Sta. Maravillas de Jesús. 160 p. 4 € 22. El Padre Pío. 144 p. 3,50 € 23. Madre Teresa de Calcuta. 168 p. 4 €. 24. S. Juan Pablo II. 158 p. 4 € 25. Padres de la Iglesia / 2. 170 p. 4 € 26. Sta. Margarita Mª Alacoque. 136 p. 3,50 € 27. S. Francisco Javier. 132 p. 4 € 28. S. Rafael Arnaiz Barón. 168 p. 4 € 29. S. Josemaría Escrivá de Balaguer. 192 p. 4 € 30. Roger de Taizé. 192 p. 4 € 31. Medjugorje. Mensaje de Ntra. Sra. de la Paz. 256 p. 5,50 € 32. S. Pedro Julián Eymard. S. Aylwin. 160 p. 5 € 33. Bta. Esperanza de Jesús. C. Caballero. 176 p. 4 € 34. Sto. Tomás Moro. 184 p. 5 € 35. Sta. Gema Galgani. 140 p. 5,50 € 36. S. Felipe Neri. 108 p. 5 € 37. S. Alberto Hurtado. 144 p. 5 € 38. Bto. Carlos de Foucauld. 148 p. 5,50 € 39. S. Antonio de Padua. 140 p. 5,50 € 40. S. Vicente de Paúl. 140 p. 5,50 €

Colección PEQUEÑAS HISTORIAS DE SANTIDAD

Libritos divulgativos a todo color. Formato 8,50 x 12 cm. 34 p. (1,44) 1,50 € cada uno.
Colección Completa 12,50 €

San Juan Bautista, predicador
San Pedro, Apóstol
San Juan Bosco
Santa María Goretti
San José, esposo de María
San Agustín, obispo
Beato Juan XXIII
Santiago el Mayor, Apóstol
San Pablo, Apóstol

FRASES Y RECOPILACIONES

Tu palabra me da vida. (2ª ed.). *1000 pensamientos de la Biblia.* J. Sáinz. 240 p. 4 €
Al dictado de Dios. *1400 pensamientos a la escucha del Señor.* Mª L. Vila. 264 p. 6,50 €
Mil pensamientos para vivir mejor (2ª ed.). Á. Rodríguez (recopilador). 220 p. 5,15 €
Gracias. Meditar con Teresa y Juan Pablo II. G. Schindler (Recopilación). 78 p. Cartoné. Textos selectos de la Madre Teresa de Calcuta y Juan Pablo II. 6,75 €

Colección EL MENSAJE DE...

Colección de libritos a todo color, cartoné. 48 p. 10,5 x 15 cm. Autor: Luis Glinka. 4,50 € cada uno

El mensaje de Jesús
El mensaje de san Agustín
El mensaje de Francisco de Asís
El mensaje de Teresa de Ávila
El mensaje de Juan de la Cruz

6. IGLESIA. ECUMENISMO. PAPAS

IGLESIA. ECLESIOLOGÍA

Atlas histórico de la caridad. Juan Mª Laboa. 240 p. Recorrido histórico por el desarrollo del ejercicio de la caridad en la Iglesia, en sus muchas formas, instituciones y personajes más señalados. 28,50 €

El sentido de la Iglesia. La Iglesia del Señor. Romano Guardini. 188 p. 8,30 €

Esta es tu Iglesia. *Perspectivas desde la fe.* J. Álvarez. 244 p. 9 €

Esta es nuestra fe. *Símbolos de la fe, Teología, Magisterio.* Jesús Álvarez. 278 p. 11,30 €

Mi querida Iglesia, santa y pecadora. M. Purroy. 164 p. 4,50 €

La Iglesia necesita santos. *Santidad, experiencia de Dios.* G. Aparicio. 264 p. 8,90 €

DIÁLOGO INTERRELIGIOSO. ECUMENISMO

Convivencia y Diálogo. *Benedicto XVI y los musulmanes.* Mons. C. Amigo. 168 p. 7,50 €

Hemos roto la Cruz. *Manual de ecumenismo para el pueblo cristiano.* J. Álvarez. 228 p. 9 €

Las religiones del mundo. *Historia, fe y moral en las religiones.* J. Álvarez. 352 p. 11,25 €

MOVIMIENTOS DE IGLESIA

La Parroquia y el Camino Neocatecumenal (2ª ed.). J. Higueras. 144 p. 7,75 €

Legio Mariae. *Manual oficial de la Legión de María.* Legión de María. 468 p. 8,50 €

El alma de la Legión de María. D. Castañón. 110 p. 5,25 €

María y la Renovación Carismática. 152 p. 10 € V. Martínez-Blat

PAPAS

Francisco, nuevo Papa. J. Fernández.128 p. Crónica de la transición de Benedicto XVI a Francisco. Primeros días de pontificado. 9,50 €

Enviados a hacer el bien. J. M. Bergoglio (Francisco). 144 p. Mensajes para sacerdotes y agentes de pastoral. 11,50 €

Europa, identidad y misión. *Aportación de Juan Pablo II a la construcción de Europa.* B. Gazapo, E. Cambón. 408 p. 17,50 €

Juan Pablo II, ¡Santo súbito! *Un nuevo Pentecostés.* A. J. González. 378 p. 6,50 €

Benedicto XVI/Ratzinger habla de Juan Pablo II/Wojtyla. Mª E. Schindler. 112 p. Color, ilustrado. 17x24 cm. 13,75 €

El Papa Benedicto XVI. *Sucesor de Pedro.* M. Collins. 118 p. 14x21 cm. 5,75 €. Biografía completa.

7. MAGISTERIO. DOCTRINA CRISTIANA

ANTOLOGÍAS DE DOCUMENTOS

Encíclicas de Pablo VI. J. A. M. Puche. (ed.). 510 p. 22,50 €. Sus seis encíclicas más la Exhortación "*Evangelii nuntiandi*". Índice onomástico y de materias.

Encíclicas de San Juan Pablo II (7ª ed.). J. A. M. Puche. (ed.). 1876 p. 30 €. Las 14 encíclicas. Con abundantes y prácticos índices.

Padre, Hijo y Espíritu Santo. *Encíclicas sobre Dios.* Juan Pablo II. 438 p. 5,25 €. *Redemptor hominis, Dominum et vivificantem, Dives in misericordia* y *Tertio millennio adveniente.*

Exhortaciones Apostólicas de San Juan Pablo II *y la "Evangelii nuntiandi", de Pablo VI.* J. A. M. Puche (ed.). 1296 p. 33 €. Con abundantes y prácticos Índices.

Dios Padre. *Vocabulario de Juan Pablo II sobre el Padre. Encíclica "Dives in misericordia".* J. A. M. Puche. 222 p. 6 €

La Nueva Evangelización. *Enseñanzas del San Juan Pablo II. Aportaciones de Benedicto XVI.* J. A. M. Puche. 142 p. 9,20 €

Sacerdotes para nuestro tiempo. *Juan Pablo II y Benedicto XVI hablan sobre el sacerdocio.* J. A. M. Puche. 382 p. 13,50 €

La Misericordia. *100 textos del Papa Francisco.* J.A. M. Puche (Ed.).196 p. 10 €

Colección ENSEÑANZAS DE BENEDICTO XVI

Colección preparada por José A. Martínez Puche, O.P. y J. Gil Aguilar, O.Carm. Formato 15,50x21 cm. Cartoné. Recoge todas las intervenciones del Papa a lo largo del año. Cada tomo ofrece un diccionario completo de temas y nombres.

Tomo 1: 2005. 570 p. 19,50 €
Tomo 2: 2006. 1.030 p. 35 €
Tomo 3: 2007. 1.270 p. 43 €
Tomo 4: 2008. 1.022 p. 35 €
Tomo 5: 2009. 970 p. 32 €
Tomo 6: 2010. 942 p. 33 €
Tomo 7: 2011. 1.000 p. 32 €
Tomo 8: 2012. 928 p. 31 €

Los 8 tomos: 260'50 €. ¡¡OFERTA: 175 €!!

Colección ENSEÑANZAS DEL PAPA FRANCISCO

- **Diccionario primero del papa Francisco. 2013.** 816 p. 31 €
- **Diccionario segundo del papa Francisco. 2014.** 904 p. 39 €
- **Diccionario tercero del papa Francisco. 2015.** 1032 p. 35 €

ENCÍCLICAS Y OTROS DOCUMENTOS

Lumen fidei. *Encíclica sobre la fe.* Francisco. 84 p. 2,30 €
La alegría del Evangelio. *Evangelii Gaudium.* Francisco. 224 p. 3,50 €
Laudato si'. Francisco. 192 p. 2,50 €
La alegría del amor. Francisco. 240 p. 3,60 €
Alegraos y Regocijaos. Francisco. 128 p. 2,90 €
Vive Cristo, esperanza nuestra. Francisco. 192 p. 3,40 €.
Querida Amazonia. Francisco. 96 p. 2,30 €.
Fratelli Tutti. Sobre la fraternidad y la amistad social. 218 p. 3,40 €.
Caminar desde Cristo (6ª ed.). El compromiso de la vida consagrada. 64 p. 3,75 €.
Las personas consagradas y su misión en la escuela. C. Educación Católica. 48 p. 2,50 €. Reflexiones y orientaciones.
Ecclesia de Eucharistia. Juan PabloII. 80 p. 2,50 €. Encíclica sobre la Eucaristía.
El sacramento de la redención (3ª ed.). C. Culto Divino. 70 p. 2,50 €. Instrucción sobre la celebración de la Eucaristía
Quédate con nosotros (6ª ed.). Juan Pablo II. 32 p. 1,25 €. Carta Apostólica sobre la Eucaristía.
El Día del Señor. *Carta Apostólica "Dies Domini" sobre la santificación del domingo.* Juan Pablo II. 96 p. 2,75 €
Fides et ratio (2ª ed.). *Encíclica sobre las relaciones entre fe y razón.* Juan Pablo II. 194 p. 4 €. Con índices de materias, onomástico y de citas bíblicas.
Evangelium vitae (2ª ed.). *Encíclica sobre el valor y el carácter inviolable de la vida humana.* Juan Pablo II. 252 p. 5,50 €. Apéndice: Instrucción "*Donum vitae*". Con índices.
Reconciliatio et paenitentia. *Exhortación Apostólica sobre la reconciliación y la penitencia.* Juan Pablo II. 162 p. 4 €
Salvados por la esperanza. Benedicto XVI. 64 p. 2 €. Encíclica sobre la esperanza cristiana.
Dios es amor (7ª ed.). Benedicto XVI. 80 p. 2,25 €. Encíclica sobre el amor cristiano.
El Sacramento de la caridad. Benedicto XVI. 120 p. 2,50 €. Exhortación Apostólica sobre la Eucaristía.
La Palabra del Señor. *Exhortación Apostólica Verbum Domini.* Benedicto XVI. 204 p. 2,90 €
Caritas in veritate. Benedicto XVI. 120 p. 2,50 €. Encíclica sobre la caridad en la verdad.
Enseñanzas del Papa en la JMJ 2011 Madrid. Benedicto XVI. 144 p. 2,20 €. Todas las Intervenciones y el Viacrucis.

DICCIONARIOS

Obras bien preparadas, elegantes, en cartoné, exhaustivas en contenidos. Necesarias para toda buena biblioteca.

Diccionario bíblico ilustrado. N. Molina. 688 p. Color. Cartoné. 20x27 cm. 26,50 €.
Diccionario abreviado del cristianismo. J Álvarez, J. A. M. Puche. 494 p. Más de tres mil voces. 19,50 €.
Diccionario social de los Padres de la Iglesia. Restituto Sierra. 420 p. 17,50 €.
Diccionario doctrinal de san Agustín. P. J. Lasanta, R. del Olmo. 968 p. 29,50 €.
Diccionario teológico de santo Tomás. *Textos de la "Suma" por orden alfabético* J. A. M. Puche. 892 p. 28,75 €
Diccionario de santa Teresa de Jesús. Jesús Martí B. 884 p. 28,50 €. Semblanza, biografía, textos y complemento teológico.
Diccionario teológico-espiritual de san Juan de Ávila. P.J. Lasanta. 552 p. 15 €.
Diccionario de espiritualidad de santa Teresita. *La doctrina de Teresa del Niño Jesús en un millar de textos.* V. Martínez-Blat. 368 p. 11,50 €
Diccionario de Pablo VI. P. J. Lasanta. 870 p. 32 €.
Diccionario social y moral de Juan Pablo II. P.J. Lasanta. 734 p. 2.210 textos. 23,50 €.
Diccionario de teología y espiritualidad de Juan Pablo II. P.J. Lasanta. 1268 p. 32 €.
Diccionario de valores. *De Juan Pablo II a los jóvenes del mundo.* R. Cuadrado. 524 p. 9,80 €.
Doctrina social de la Iglesia. *Diccionario de textos de Benedicto XVI.* J.A.M. Puche. 266 p. 6,50 €.

SÍNTESIS DE LA FE. CATECISMOS

En el nombre del Señor. *Síntesis de la fe y vida cristianas.* E. Carretón. 200 p. 9 €
La fe cristiana explicada. Introducción al cristianismo. Scott Hahn. 616 p. 39 €
Catecismo del Pueblo de Dios, *Creer, vivir, amar y orar con Jesús.* Diego Muñoz. 124 p. 5,50 €
El cristiano ante el judaísmo y el islam. C. de Francisco. 102 p. 5,50 €
Compendio del nuevo Catecismo. *Con notas pastorales y ejemplos.* Mons. J. A. Flores. 510 p. (2ª ed.). 10,75 €
Vive tu fe (4ª ed.). *Esquema Guía para estudiar el Catecismo de la Iglesia Católica.* L. Caram. 388 p. 96 fichas de trabajo con preguntas y pasatiempos. 13,25 €
Enseñanzas del Nuevo Catecismo. Mons. J. A. Flores. 222 p. 4,75 €
Para salvarte. Jorge Loring. 1.004 p. Enciclopedia del católico. (58ª ed.) 16 €
La escuela de Jesús. *Lo fundamental de la vida cristiana en 25 catequesis.* D. Muñoz. 224 p. 6,50 €
Catecismo popular de Dios, uno y trino. *Dios Padre, Jesús, Espíritu Santo.* Diego Muñoz. 248 p. 6,75 €
Catecismo popular de la Eucaristía. Diego Muñoz. 92 p. 2,75 €
Catecismo popular de la Penitencia. Diego Muñoz. 96 p. 5,50 €

LA FE EN IMÁGENES

¡Oh noche realmente gloriosa! M. Coghe. 168 p. La vigilia Pascual y los símbolos de la Pascua. 15 €
El Credo en imágenes. J. A. Rodríguez. 144 p. El mejor regalo para el día de la Confirmación 17 €
El Padrenuestro en imágenes. J. A. Rodríguez. Reflexiones y meditaciones en torno al padrenuestro a través de imágenes. 188 p. 17 €

8. SANTOS, BEATOS Y TESTIGOS

Colección NUEVO AÑO CRISTIANO

Enciclopedia de doce libros, uno por mes. Dirigida por José A. Martínez Puche, O.P. Contiene: liturgia, santoral -santos, beatos, venerables, siervos de Dios- jornadas eclesiales y tiempos litúrgicos. Encuadernación: cartoné y rústica. Formato 13,50 x 20,50 cm. Los precios indicados son para la encuadernación en rústica; para la de cartoné hay que sumar 2 € más. Colección completa: Rústica: 179 €. Cartoné: 198 €

1. Enero (5ª ed.). 634 p. 20,25 € **2. Febrero** (4ª ed.). 490 p. 15,65 € **3. Marzo** (5ª ed.). 422 p. 13,50 € **4. Abril** (4ª ed.). 475 p. 14 € **5. Mayo** (4ª ed.). 590 p. 18,50 € **6. Junio** (4ª ed.). 570 p. 17,50 € **7. Julio** (4ª ed.). 678 p. 21 € **8. Agosto** (4ª ed.). 756 p. 23,75 € **9. Septiembre** (4ª ed.). 662 p. 20,45 € **10. Octubre** (5ª ed.). 654 p. 20,30 € **11. Noviembre** (4ª ed.). 584 p. 18,25 € **12. Diciembre** (4ª ed.). 634 p. 20,25 €

Colección VIDAS Y SEMBLANZAS

Biografías y vidas ejemplares de santos, beatos y buenos cristianos. Formato 15x21 cm. Serie Minor: 12x18 cm.

1. Santa Brígida de Suecia. J. Álvarez. 148 p. 8 €

2. Vida de san Romualdo, abad. San Pedro Damián, J-F. Rey. 92 p. 7 €

3. Balduino. el rey que supo amar. J. Mª Salaverri. 128 p. 7,50 €

6. Hildegarda de Bingen. *Profetisa y doctora para el tercer milenio.* P. Dumoulin. 274 p.18 €. Biografía e introducción a la obra de la cuarta "Doctora de la Iglesia"

7. San Bernardo. *El Medievo en su plenitud.* Santiago Cantera Montenegro O.S.B. Prior del Valle de los Caídos. 158 p. 10 €

8. Domingo Barberi. *Apóstol del ecumenismo.* Autobiografía del beato que recibió en la Iglesia católica al cardenal Newman. P. García. 88 p. 7 €

9. San Juan XXIII. *Una vida con sabor a Evangelio.* F. Javier Sáez de Maturana. 408 p. 19 €

10. San Juan Pablo II. Su vida cotidiana. Mons. M. Mokrzycki, B. Grysiak. 132 p. 12,50 €

11. San Juan Pablo II vivía con Dios. Mons. M. Mokrzycki, B. Grysiak. 176 p. 15 €

12. Beata Lucila González. Thomas Baumert. 235 p. 14 €

13. P. Marie-Dominique Philippe. *Obrero de la sabiduría.* Fr. Benoît-Emmanuel. 212 p. Perfil y pensamiento del dominico fundador de los grupos de la Familia San Juan. 14 €

14. Madre Josefa de la Resurrección. J. R. H. Figueiredo. 284 p. Biografía de la fundadora de las Clarisas Reparadoras. 14,50 €

15. Santa Teresa de Jesús. *Biografía poética de una pasión.* P. Galán. 92 p. 7,50 €

16. Santa Isabel de Hungría. *Sólo el amor queda.* S. Cabot. 272 p. 14,50 €

17. San José. *Biografía. Teología. Devoción.* J. Álvarez. 144 p. 10 €

18. Thomas Merton. *Maestro y amigo.* Mª L. López. 188 p. 11,50 €

19. Santa María de la Purísima. T. León. 96 p. 8,50 €

20. Madre María Félix. I.l Roser. 176 p. 10,50 €

21. Santa Bonifacia, maestra de vida. A. Cáceres: 200 p. 11 €

22. Pedro Reyero. Chus Villarroel. 186 p. 10,50 €

23. Madre Esperanza Alhama Valera. Beata, testigo del Amor Misericordioso. G. Rossi, F. A. M. 108 p. 8€

24. Edith Stein. Filosofa. Judía. Atea. Monja. Mártir. Santa. Jacinto Peraire. 168 p. 10,50 €.

26. San Gabriel de la Dolorosa. Biografía del copatrón de la juventud católica italiana. Pablo García Macho. 136 p. 9 €

27. Albino Luciani. Biografía del Papa Juan Pablo I, "el Papa de la sonrisa". Jesús Martí Ballester. 228 p. 11,50 €

28. El santo cura de Ars. El hombre que se hizo misericordia. Jorge López Teulón. 264 p. 11,50 €
30. Pablo VI en el corazón. Un papado que marcó un antes y un después en la historia de la Iglesia. 140 p. 9,00 €
31. Yo, Paula, apasionada por la palabra. Gloria Ladislao. 78 p. 9,50 €.
32. San Felipe Neri, el santo de la Alegría. Cristián Abel Lascurain. 144 p. 11 €

Serie MAIOR:
1. San Pedro Nolasco. J. Millán. 352 p. 18 €
2. Martínez Izquierdo. Diputado, senador y primer obispo de Madrid-Alcalá (1830-1886). Francisco Rodríguez de Coro. 1008 p. 28 €

Serie MINOR:
1. San Giovanni Antonio Farina. Fundador de las Hermanas Maestras de Santa Dorotea Hijas de los Sagrados Corazones. F. Vaquerizo. 60 p. 4 €
2. Santa Bonifacia, una mujer trabajadora. Fundadora de las Siervas de San José. A. de Cáceres. 48 p. 3 €
3. Pura Sánchez Maqueda. A. Obra de Jesús. 140 p. 7 €
4. Confío. *Las huellas de santa Faustina Kowalska.* J. Rosikon. 328 p. 29 €
5. María del Pilar Cimadevilla "Pilina". Enferma misionera. Alfonso López Quintás. 96 p. 6,50 €

Otras biografías clasificadas por orden alfabético: San, Santa, Santo, Beatas/os, Colectivos / Otros

San

San Antonio de Padua. *Vida, doctrina, devoción.* Luis Pérez. 170 p. 8,50 €
Damián de Molokai a través de sus cartas. O. Aparicio. 144 p. Color. 5 €
Florecillas de San Francisco de Asís. A. Nucifora. 256 p. 5,50 €
San Francisco de Sales y la Orden de la Visitación de María. *Una escuela de perfección cristiana.* P. Fernández. 222 p. 11 €
Ignacio de Loyola. *Tras el rastro de Jesús.* W. Hewet. 224 p. Guía y complemento de CD de igual título. 7,75 €
San Martín de Porres. La vida de "Fray Escoba" (10ª ed.). S. Velasco. 390 p. 7,75 €
San Pedro de Alcántara (1499-1999). B. Jiménez. 104 p. 3 €
El Padre Pío, la Madre Teresa. *Memorias de un colaborador médico de ambos.* F. di Raimondo. 214 p., fotos en color. 10,50 €
Padre Pío. A. Pandiscia. 192 p. 7,90 €
San Rafael Arnaiz Barón. *Vida y mensaje del Hermano Rafael* (2ª ed.). A. Mª Martín. 280 p. Cartoné. 14,50 €
San Raimundo de Peñafort. F. Valls. 246 p. 13,50 €
San Tarsicio (2ª ed.). *El mártir de la Eucaristía.* I. Domínguez. 108 p. 5,25 €

Santa

Santa Catalina de Siena. C. Miglioranza. 168 p. 6,50 €
Santa Juana de Arco. *La vida por la misión.* T. Resusta. 104 p. 7,25 €
Santa María Magdalena. *Según Vicente Ferrer, Luis de Granada y Lacordaire.* A. Esponera. 182 p. 6,75 €
Teresa de Jesús. J. Rouco. 250 p. 11,45 €. La santa a través de sus cartas.
Vida de la Madre Teresa de Jesús. *Fundadora de las Descalzas y Descalzos Carmelitas.* F. de la Ribera. 688 p. Cartoné. La primera y más completa vida de Santa Teresa. 21,30 €

Santo

Santo Domingo de Guzmán. Escritos de sus contemporáneos. Vito T. Gómez. (Ed.). 1198 p. 35 €
Santo Domingo y su Orden. H. Lacordaire. 218 p. (2ª ed.). La *Vida de Santo Domingo* y otros escritos del autor. 9 €
Historia de Santo Domingo. H. M. Vicaire. 974 p. La más prestigiosa biografía de Domingo de Guzmán. 25,50 €

Dones, carismas y frutos de Santo Domingo de Guzmán. 420 p. 18 €.
Santo Tomás de Aquino. *Biografía documentada de un hombre bueno, inteligente, verdaderamente grande.* R. Spiazzi. 418 p. Cartoné. 16,50 €
Santo Domingo: Misión cumplida. 800 años dando vida en abundancia. 382 p. 22 €
El carisma de Santo Domingo. 800 años después. 56 p. 5 €
Domingo de Guzmán. Entre el silencio y la palabra. 160 p. 12 €
Domingo de Caleruega. Las palabras del santo. 120 p. 12 €
Tomás de Aquino. *El Santo, el Maestro.* A. Lobato, J.A. M. Puche. 148 p. 3,75 €

Santos y Beatos

Evangelio de una santa. Teresa de Calcuta. P. Arribas. 220 p. 8,75 €
Madre Teresa de Calcuta. J. Córdova (dibujos). 32 p. Color. 1,50 €
A la sombra de la Madre Teresa. P. Jara, voluntario, testigo de las últimas semanas de M. Teresa. 288 p. 11,75 €
Pedro Jorge Frassati. *El joven cristiano ejemplo para hoy.* C. Casalegno. 500 p. 12,50 €
Autobiografía de Ana Catalina Emmerick. 160 p. 9,50 €

Colectivos

EL AÑO DOMINICANO. ***514 santos y beatos de la Orden de Predicadores.*** J.A. Martínez Puche (Director) 1.408 p. color, cartoné. 75 €.
Los frutos de la siembra de Madre Maravillas. *Catorce carmelitas ejemplares.* B. Jiménez. 116 p. 5,25 €

Otros

Ana de San Bartolomé. *Compañera inseparable de Teresa de Jesús.* B. Yuste. 106 p. 5,75 €
A la escucha del Cardenal Congar. Juan Bosch. 282 p. 11,45 €. Estudio de la vida y obra del teólogo dominico precursor del Vaticano II.
Eckhart, Tauler y Susón. *Vida y doctrina del Maestro y de sus dos mejores discípulos.* Brian Farrelly. 358 p. Los grandes místicos dominicos alemanes. 11,45 €

Amaneció de noche. *Despedida de Narciso Yepes* (4ª ed.). M. Szumlakowska de Yepes. 294 p. Cartoné. Últimos años del músico. 17,50 €
Pilina. *La niña cristiana del siglo XX para los niños del siglo XXI.* T. Resusta. 138 p. 6,50 €
La voz que aún resuena. *Síntesis de la vida de José Luis Gago de Val.* J. A. Solórzano, Salus Mateos. 244 p. 18,00 €

Colección TESTIMONIO

Secretos. 15 mujeres se confiesan. J.J. Montes. C. López Schlichting. 144 p. 2ª ed. 10 €
Ángelo. *Testimonio de fe de un joven con cáncer.* D. Mondrone. 174 p. 7,50 €. Con prólogo del P. Mario Pezzi.
Sobre la marcha. *Un tetrapléjico que ama la vida* (3ª ed.). 11,50 €. **Luis de Moya**. 212 p.
El día que me encontré a Dios. *Testimonios de vida y conversión.* 12 €. J.J. Montes. 216 p.

MÁRTIRES

El martirio de Cristo y de los cristianos. J.Mª Iraburu. 156 p. 4,25 €
Mártires de ayer y de hoy. *Héroes del amor a Cristo.* O. y R. Mª López Melús. 320 p. Cartoné. 15,50 €
Mártires españoles (1934-1939). *Beatificaciones y canonizaciones.* J. López Teulón. 292 p. Cartoné. (2ª ed.) 15,90 €
El hábito y la cruz (2ª ed.). *Religiosas asesinadas en la Guerra Civil Española.* G. Rodríguez. 614 p. Cartoné. Datos de 296 mártires. 19,75 €
Mártires dominicos españoles. *92 mártires de la persecución religiosa de 1936.* J. A. M. Puche (Coord.). 296 p. 15,50 €
Mártires de Toledo. *Trece clérigos diocesanos, testigos de Cristo en la España de 1936.* J. L. Teulón. 442 p. Cartoné. 18,50 €
Mártires de Ciudad Real. *El obispo Narciso Estenaga y diez de sus diocesanos.* F. del Campo Real. 212 p. Cartoné. 13,50 €
Mártires franciscanos de Castilla (1936-1938). *73 testigos de Cristo para el siglo XXI.* M. Rincón. 260 p. Cartoné. 14,25 €
El arcipreste mártir de Talavera. *Vida, obra y martirio del beato Saturnino Ortega (+ 1936).* P. Arganda. 162 p. Cartoné. 12,50 €
Toledo 1936, ciudad mártir. *Persecución y martirio.* J. L Teulón. 310 p. Cartoné. 19,50 €

Mártires de Motril. *Y persecución religiosa en la archidiócesis de Granada (1931-1936).* T. Calvo. 536 p. Cartoné. 24,75 €
El mártir de cada día 1: *enero-junio*. J. L. Teulón. 964 p. Cartoné. Breve reseña biográfica para cada día del año de un mártir de la guerra española 1936-1939. 28,50 €
El mártir de cada día 2: *julio-diciembre*. J. L. Teulón. 942 p. Cartoné. 28,50 €
Bajo un manto de estrellas. Marco histórico y guion de la película del mismo título sobre el martirio de los dominicos de Almagro. J. A. M. Puche. 96 p. 5 €
Martirio en el corazón de la Mancha. Francisco del Campo Real. 208p. Cartoné. 14,75 €

Colección EL CAMINO DE DAMASCO

Colección de grandes convertidos en la historia del cristianismo. Formato 13,50 x 20,50 cm. (Col. Completa: 7 libros). 65 €

San Pablo y convertidos de la Biblia (2ª ed.). J-R. Flecha. 270 p. 12,50 €
San Agustín y convertidos de la era patrística. R. del Olmo. 360 p. 13,75 €
San Francisco y convertidos de la Edad Media. L. Pérez. 176 p. 8 €
San Ignacio, Santa Teresa y convertido del siglo XVII. I. Iglesias, S. Ros. 218 p. 9 €
Cardenal Newman y convertidos de los siglos XVIII y XIX. P. Langa. 224 p. 9,25 €
Carlos de Foucauld y convertidos del siglo XX. J. L. Vázquez, J. Peraire. 296 p. 13 €
Edith Stein y convertidos de los siglos XX y XXI. J. Peraire, J. A. M. Puche. 420 p. 14,50 €

Colección SANTOS, AMIGOS DE DIOS

Colección de libros biográficos de santos, beatos y otras personalidades cristianas. Formato 14 x 20 cm.

1. **San Pablo.** *Cuenta su vida. Expone su doctrina.* L.L. de las Heras, J. A. M. Puche. 172 p. 6,50 €
2. **San Judas Tadeo.** *El apóstol de la misericordia de Cristo.* J. L. Teulón. 288 p. 15 €
3. **Santa Mónica.** Cuenta su vida en 50 cartas a las madres y mujeres de hoy. 336 p. 16 €
4. **San Agustín.** R. del Olmo. 160 p. 6,50 €
5. **San Juan Crisóstomo.** J. Álvarez. 188 p. 7,20 €
6. **San Francisco de Asís.** L. Pérez. 230 p. 8,30 €
7. **San Ignacio de Loyola.** *Del Íñigo en busca de Dios al Ignacio compañero de Jesús.* Ignacio Iglesias, S. I. 190 p. 7,20 €
8. **Beato Carlos de Foucauld.** J. L. Vázquez. 120 p. 5,80 €
9. **Santa Rita de Casia.** *Esposa. Madre. Viuda. Religiosa.* J. Álvarez. 208 p. 8,20 €
10. **Jóvenes testigos de Cristo.** *Ejemplos de vida y fe en nuestro tiempo.* J. Mª Montiu, J. A. M. Puche. (Coords.) 358 p. 11,20 €
11. **San Juan Pablo II.** *Habla la historia. Habla el pueblo de Dios. Habla Benedicto XVI.* J. L. Teulón, J. A. M. Puche. 344 p. 11,20 €
12. **Madre María de la Purísima.** *La fuerza heroica del amor.* Teodoro León. 248 p. 8,70 €
13. **Beato Leopoldo de Alpandeire.** *El gemido de un pobre evangélico.* Alfonso Ramírez. 308 p. 9,50 €
14. **Saturnino López Novoa.** *Fundador de las Hermanitas de los Ancianos Desamparados.* Mons. J. J. Asenjo. 304 p. 9,50 €
15. **Beato Juan E. Newman.** *El Cardenal del Movimiento de Oxford.* Pedro Langa. 262 p. 9 €
16. **San Josemaría Escrivá de Balaguer.** M. Dolz. 400 p. 10,20 €
17. **Santa Rosa de Lima.** V. Forcada, 198 p. 7,20 €
18. **Frassati.** *Pedro Jorge: joven, deportista, un cristiano para nuestros días.* Aristónico Montero. 200 p. 5,90 €
19. **Manuel Díaz Martínez.** *Se inmoló por los sacerdotes (1918-1947). Vida y escritos.* E. Vera. 256 p. (2ª ed.). 12,50 €
20. **Santo Domingo de Guzmán.** *Fundador de los dominicos.* Chus Villarroel. 296 p. 9 €
21. **San José.** *Así pudo ser su vida.* F. Álvarez. 460 p. 19,50 €

22. **Madre Rosario Vilallonga Lacave.** *Fundadora de la Institución Benéfica del Sagrado Corazón. 1911-1991.* B. Medina, C. Hdez-Carrillo. 608 p. 19,50 €
23. **Fray Jesús de la Cruz.** *Franciscano. Vida oculta de un místico.* A. Muñoz. 432 p. 17,50 €
24. **San Juan de Ávila.** *Doctor de la Iglesia.* Jorge L. Teulón. 296 p. 8,80 €
25. **Los Santos Padres.** *Vida y obra de los Padres de la Iglesia.* J. Álvarez. 408 p. 12.30 €
26. **Beato Juan José Lataste.** *Fundador de las Dominicas de Betania, apóstoles de la mujer maginada.* E. Marie. 256 p. 10.50 €
27. **Santo Domingo de Guzmán.** *Vida, ejemplaridad y legado.* Vito T. Gómez. 352 p. 11,50 €

SAN JUAN DE ÁVILA

Vida del Padre Maestro Juan de Ávila. *Y las partes que ha de tener un predicador del evangelio.* Fray Luis de Granada. 174 p. 5,75 €

San Juan de Ávila. Tomo I. *Sacerdote y Maestro de espíritu. Pensamientos y sentencias.* San Juan de Ávila. 282 p. 12,75 €. A sacerdotes, religiosos y seglares.

San Juan de Ávila. Tomo II. *Sacerdote, Maestro del Pueblo de Dios. Pensamientos y sentencias.* San Juan de Ávila. 304 p. Año litúrgico. Espíritu Santo, Stmo. Sacramento. María. Santos. 13 €

También: Diccionario teológico-espiritual de san Juan de Ávila / San Juan de Ávila. Doctor de la Iglesia

SANTA MARAVILLAS DE JESÚS

Si Tú le dejas... *Vida de Santa Maravillas de Jesús* (5ª ed.). Carmelitas Descalzas 550 p. 13,25 €

Nuestra Dulcísima Madre. *La Virgen María en la vida y escritos de Santa Maravillas de Jesús* (2ª ed.). R. Mª López Melús. 326 p. 11,50 €

Vida mística de la Madre Maravillas de Jesús. *Su alma.* (2ª ed.). Baldomero Jiménez. 270 p. 11,50 €

Cartas de la Madre Maravillas. *Antología epistolar de Santa Maravillas de Jesús* (2ª ed.). 518 p. Cartoné. 18 €

Mis recuerdos de la Madre Maravillas. M. Dolores de Jesús. 316 p. Cartoné. 13,50 €

Maravillas de Jesús. *Una "maravilla" de naturaleza y gracia.* Mª C. López. 114 p. 4,75 €

Santa Maravillas. *Naturalidad en lo sobrenatural. Influjos configurantes en su fisonomía espiritual.* Alberto J. González Chaves. 652 p. Cartoné. 22,50 €

Madre Maravillas, una llama que arde y enciende. *Selección de artículos sobre la Santa. 1920 y 1974-2003.* Carmelitas Descalzas 296 p. 12,80 €

SANTA TERESA DE LISIEUX

Historia de un alma. Santa Teresita del Niño Jesús. Ed. Bolsillo: 334 p. 4 €

Historia póstuma de Santa Teresa de Lisieux. *Las páginas más bellas sobre su vida y doctrina.* V. Martínez-Blat. 366 p. Cientos de testimonios sobre la santa. 11,75 €

Santa Teresita, día a día. *Biografía íntima de Santa Teresita de Lisieux.* V. Martínez-Blat. 216 p. 9,50 €

Los padres de Santa Teresita. *Beatos Celia y Luis Martín.* A. y H. Quantin. 144 p. 7,50 €

Diccionario de espiritualidad de Santa Teresita. V. Mtez-Blat. 368 p. 11,50 €

BEATO MANUEL LOZANO GARRIDO "LOLO"

Las estrellas se ven de noche. *Diario Póstumo.* 332 p. 5,75 €

Dios habla todos los días. *Diario de un inválido.* (4ª ed.). 260 p. 5,75 €

El árbol desnudo. *Novela autobiográfica.* 264 p. 5,75 €

Las golondrinas nunca saben la hora. 282 p. 5,75 €

Cuentos en "La" sostenido. 180 p. 5,75 €

El sillón de ruedas (2ª ed.). 344 p. 5,75 €

Cartas con la señal de la cruz. *La utilidad... de lo inútil.* 284 p. 5,75 €
Mesa redonda con Dios (2ª ed.). 250 p. 5,75 €
Reportajes desde la cumbre (2ª ed.). 350 p. 5,75 €
Bien venido, amor. 178 p. Mil pensamientos. 1,85 €
La alegría vivida en el dolor. *Vida y virtudes de Manuel Lozano Garrido, inválido y ciego, periodista y escritor.* Rafael Higueras. 270 p. 5,75 €
Lolo, un cristiano. *Semblanza espiritual de Manuel Lozano Garrido.* P. Cámara. 172 p. 2,50 €

9. SACRAMENTOS. VIDA CONSAGRADA

LITURGIA. SACRAMENTOS

Introducción a la liturgia. P. Fernández. 314 p. 18 €
Celebrar, un reto apasionante. *Bases para una comprensión de la liturgia.* J. M. Bernal. 456 p. 23,50 €
Los sacramentos de la Iglesia a tu alcance. P. J. Lasanta. 182 p. 9 €
Las tres grandes catequesis bautismales. *Samaritana, ciego de nacimiento, resurrección de Lázaro.* A. Pardo. 92 p. 3,75 €
Celebrar desde el corazón. Una invitación a saborear la liturgia. Francisco J. Sáez de Maturana. 532 p. 21,95 €

PENITENCIA

Arte de confesión. Ramón Llull. 94 p. 3,15 €
El sacramento de la penitencia. *Teología del pecado y del perdón.* P. Fernández. 352 p. 18,50 €
La alegría del perdón. *2000 años de doctrina sobre el Sacramento de la Penitencia.* J. Atienza. 290 p. 11,45 €

EUCARISTÍA

La Eucaristía del Nuevo Testamento (2ª ed.)**.** J. L. Espinel. 304 p. 15 €
Preparación para la celebración de la Santa Misa. R. Guardini. 144 p. 7,50 €
Eucaristía. Misterio, vida y fraternidad. *El "Obispo del Sagrario", testigo.* Mons. R. Palmero. 124 p. 5,50 €
Jesús en la Eucaristía. *¿Comprendéis lo que he hecho con vosotros?* A. J. González. 378 p. 12,50 €
De la Eucaristía a la Trinidad (2ª ed.). V. M. Bernadot, O.P. 230 p. 5,15 €
Dar la propia vida. *De la Eucaristía a la vida.* Mons. Pierre Claverie. 128 p. 6,40 €
El Misal de Pablo VI. *De "decir Misa" a "celebrar la Eucaristía".* AA.VV. 316 p. 11,45 €. Evaluación y propuestas por especialistas.

MATRIMONIO. FAMILIA

El amor humano. *Su sentido y su alcance.* A. López Quintás. 352 p. 12,50 €. Ética y amor.
No tienen vino. *Espiritualidad matrimonial y familiar.* Mons. F. Cerro. 70 p. 6,75 €
El matrimonio en Cristo. J. Mª Iraburu. 144 p. 4,25 €
Amor y vida. *Acerca del Matrimonio Cristiano.* F. García. 304 p. 11,45 €
Familia, vida y sociedad. *Textos sociales católicos.* M-J. Núñez. 346 p. 11,75 €
La familia cristiana. *Iglesia doméstica.* Atilano Aláiz, 346 p. 11,50 €

SACERDOCIO

1. Celibato por el Reino de Dios. *Formación y vivencia.* A-L. Crespo. 236 p. 13,75 €
2. Los sacerdotes en el corazón de san Juan Pablo II. S. Fernández. 382 p. 18 €
3. En cada Iglesia designaban presbíteros. *El clero diocesano secular: vocación, misión, espiritualidad.* A. Hiraldo. 470 p. 22,50 €

4. Discípulos y pastores. Seguir a Jesús en el camino. Antonio Hiraldo Velasco. 300 p. 19 €
El sacerdote en el pueblo de Dios. J-R. Flecha. 120 p. 8,75 €
Sacramento del Orden. *Estudio teológico. Vida y santidad del sacerdote ordenado.* P. Fernández. 276 p. 20 €
Hombres de Dios. *Tú puedes ser sacerdote.* J. Álvarez. 158 p. 6 €
Sugerencias sacerdotales. Baldomero Jiménez. 190 p. 603 pensamientos. 5,15 €
Sacerdotes para nuestro tiempo. *Juan Pablo II y Benedicto XVI hablan sobre el sacerdocio.* J. A. M. Puche. 382 p. 13,50 €

VIDA CONSAGRADA

La Vida consagrada a la luz del kerigma. Gerardo Sánchez. 192 p. 8 €
La Santa Regla. San Benito de Nursia. 122 p. 4,75 €
La vida religiosa. *Exposición teológico-jurídica.* José J. Fernandez Castaño. 181 p. 10,50 €
Espiritualidad de la vida religiosa y sus razones teológicas. P. Fernández. 336 p. 16,75 €
Religiosos para la Nueva Evangelización. *Religiosas y religiosos, testigos de Jesús.* P. J. Lasanta. 304 p. 11,45 €.
Proceso de maduración personal. *Madurez humana y vida consagrada.* E. J. Ferreras. 278 p. 9,75 €
El seguimiento de Jesús en la vida consagrada. E. J. Ferreras. 272 p. 9,75 €
Pensando en Dios. *Experimentar a Dios para ser sus testigos.* Chus Villarroel. 252 p. 8,75 €

10. MORAL. DERECHOS HUMANOS

MORAL. ÉTICA

Compendio de Teología Moral. *Moral católica para el siglo XXI.* G. Cappelluti. 200 p. 5,50 €
Moral de convicciones, moral de principios. *Una introducción a la ética desde las ciencias humanas.* E. Pérez-Delgado, O.P. 290 p. 15 €
Impacto de la religión en el pensamiento moral de los jóvenes. *El punto de vista psicológico y otros puntos de vista.* E. Pérez-Delgado, O.P. 252 p. 20 €
Síntesis de la moral católica. *Preguntas y respuestas.* Dominicos de Bolonia. 142 p. 4,50 €

Divorcio, aborto, natalidad y educación. *¿Cuatro batallas perdidas?* L. Riesgo. 290 p. 9 €
De la utopía a la política económica. *Para una ética de las políticas económicas.* J. A. Chaves. 280 p. 15 €
Tras la justicia. *Introducción a una filosofía política.* R. Larrañeta. 236 p. 12 €
La conciencia, a examen. I. Domínguez. 208 p. Doctrina y pastoral. 6,50 €
Ética informática y ética e internet. D. G. Johnson. 256 p. 21 €
El desafío ético de la información. N. Blázquez. 354 p. 18,50 €
Ecología, *compromiso Cristiano.* Pedro Jesús Lasanta. 228 p. 15 €.
Covid-19 Dios e Iglesia: *Una lectura creyente de la pandemia.* Cardenal Felipe Arizmendi. 240 p. 16 €.

DERECHOS HUMANOS

Teoría de los derechos humanos. *Conocer para practicar.*
A. Osuna. 254 p.14,50 €
Los derechos humanos. *Ámbitos y desarrollo.* A. Osuna. 340 p. 19 €
Dignidad y aventura humana.
A. Lobato. 274 p. 13,50 €
Nuestro arquetipo humano. *Trazos de su razón soberana.* E. Chávarri. 282 p. 14 €
Francisco de Vitoria y su "Relección sobre los Indios". *Los derechos de los hombres y de los pueblos.* R. Hernández. 185 p. 9 €

11. PASTORAL. CATEQUESIS. NIÑOS

Colección BUEN PASTOR

Libros para la reflexión y la práctica pastoral dirigidos a los diversos agentes de pastoral. Formato 12x19 cm. Serie Materiales 17x24 cm

1. La nueva parroquia evangelizadora. *Renovación interior y creatividad pastoral.* J. Álvarez. 304 p. 12 €

2. El amor: un nombre, un rostro. *En camino con los jóvenes.* Giovanni Marini. 172 p. 10 €

3. ¿Nos casamos o nos vamos a vivir juntos? P. Mª Reyes. 112 p. 9 €.

4. El matrimonio, camino eucarístico. É. y D. Lemaître. 102 p. 9,25 €

5. Preguntas candentes sobre Dios. *Para encontrar y progresar en la fe.* Respuesta a 57 preguntas que recogen las inquietudes actuales sobre Dios, la fe y la vida cristiana. E.Pastore. 228 p. 12,50 €

6. Atreverse a vivir el amor. El reto de vivir de verdad el amor en pareja. G. Blaquière. 228 p. 12,50 €

7. Propuesta pastoral del Papa Francisco. *Desde la "Evangelii Gaudium".* Antonio Danoz. 136 p. 7,50 €

Serie MATERIALES

1. Catequesis familiares con el CIC. *35 temas para fortalecer la fe de los padres.* S. Fernández. 126 p. 7,50 €

Jóvenes felices, jóvenes con valores. R. Cuadrado. 256 p. 9 €

Colección BUEN SAMARITANO

Libros para ayudarse y ayudar a tener una vida feliz y de calidad. Comprenden la persona humana en su triple dimensión: corporal, psicológica y espiritual. Formato 12 x 18 cm.

1. Cuídate, quiérete, *Tú escribes tu historia.* C.F. Martín. 160 p. 12,50 €

2. Vivir la angustia de otra manera. *Aproximación médica, psicológica, espiritual.* L. Masquin. 106 p. 11,75 €

3. La mejor brújula para la vida. Casildo F. Martínez. 134 p. 12 €

4. Combatir los pensamientos negativos. J. Pralong. 130 p. 12 €

5. Para acabar con la culpabilidad. J. Pralong. 146 p. 12,80 €

6. Vencer los miedos y afrontar el futuro. J. Pralong. 160 p. 12 €

7. Dime que me quieres. *36 formas de amar.* Ch. Prince. 80 p. 9 €

8. Cómo ser un buen padre. O. Belleil. 288 p. 14,50 €

Colección CAMINOS DE SANTIDAD

Libros de recopilación de materiales para facilitar el camino de la felicidad y caminar hacia Dios. Muy útiles para la catequesis, la predicación y la pastoral en todos los ambientes. Hnos. López Melús (Rafael y Justo). Formato 13,50 x 20,50 cm. 9 € cada libro.

Tomo I. *Decálogos que dirigen.* 396 p.
II. *Semillas que dan vida.* 366 p.
III. *Destellos que iluminan.* 336 p.
IV. *Bienaventuranzas que bendicen.* 336 p.
V. *Ejemplos que edifican.* 384 p.

Colección CICLO LITÚRGICO

Libros de utilidad pastoral en los tiempos litúrgicos. Formato 12 x 18 cm.

1. Adviento y Navidad con los Santos Padres. A. González. 104 p. 7 €

2. Cuaresma con los Santos Padres. A. González. 100 p. 7 €

3. Vivir el Adviento en el ciclo B. Una reflexión y oración para cada día al ritmo de las lecturas litúrgicas. Monjas Trinitarias de Suesa 120 p. 7 €

4. Vivir la Cuaresma en el ciclo B. M. T. de Suesa 106 p. 7 €

5. Festivos de Cuaresma a Pascua. Ciclo B. Evangelio, Comentario. Oración. Reflexión. S. Moranchel. 200 p. 8,75 €
6. El camino del Adviento.
A. Danoz. 180 p. 9,50 €
7. El camino de la Cuaresma.
A. Danoz. 176 p. 9,50 €

HOMILÍAS

Libros de homilías o textos que pueden ayudar a prepararlas.

1. Los cuentos de mis homilías. Ciclos A, B, C. A. Illescas. 510 p. 4ª ed. Un cuento para cada domingo del año como recurso para comenzar la homilía. 16 €
2. Reflexiones evangélicas para los días de diario 1. Leonardo García Martín. OFM. Una breve homilía para cada día de Adviento, Navidad, Cuaresma y Pascua. 282 p. 14,50 €
3. Reflexiones evangélicas para los días de diario 2.
Tiempo Ordinario 436 p. 16,75 €
4. Palabras de vida. Ciclos A, B, C
J-R. Flecha. 688 p. 20,25 €
6. Dios con nosotros. Ciclo A.
J-R. Flecha. 292 p. 11 €
7. Hijo de Dios. Ciclo B.
J-R. Flecha. 316 p. 11 €
8. Despertar con Dios. Ciclo B.
Á. Galindo. 208 p. 11,45 €
9. Despertar con Dios. Ciclo C.
Á. Galindo. 236 p. 11,45 €
10. Homilías para exequias.
Gerardo Sánchez. 184 p. 7,75 €
11. Palabra de Vida. Evangelio y breve reflexión para meditar. Domingos del año. Ciclo A. Jesús Espeja. 176 p. 14 €.
12. Palabra de Vida. Evangelio y breve reflexión para meditar. Domingos del año. Ciclo B. Jesús Espeja. 184 p. 14 €.
13. Palabra de Vida. Evangelio y breve reflexión para meditar. Domingos del año. Ciclo C. Jesús Espeja. 186 p. 14 €

LIBROS PARA NIÑOS

Colección preparada por Mª E. Schindler y C. Ramos 24 p. Color. Cartoné. 5 € *cada uno*

El libro de los ositos para mi Primera Comunión.
El libro de los ositos para rezar. *Oraciones para los más chiquitos.*
El libro de los ositos. Mi angelito de la guarda. *Descubro a mis amigos los ángeles*
El libro de los ositos. Rezamos a Mamá María. *Descubro a mi Madre del Cielo*
El libro de los ositos para aprender las virtudes
María, mi mamá del cielo

Colección HABLANDO CON MI PAPÁ DEL CIELO

Libros con forma de mano 13,5 x 16 cm., con oraciones elementales para los niños más pequeños. Cartoné. Color. 12 p. 6,50 € *cada uno.*

Oraciones diarias. Oraciones de alabanza. Oraciones para las comidas. Oraciones para dormir

VIDAS DE SANTOS en CÓMIC

Libros a todo color. 40 páginas. Formato 22 x 28 cm. Con texto de Miguel Ángel Requena y dibujo de Pilarín Bayés. 5,75 € *cada uno.*

-Santo Domingo de Guzmán. -San Vicente Ferrer. -El Santo de la Escoba. San Martín de Porres (3ª ed.). **Santa Gema. -El Buen papa Juan.** *Beato Juan XXIII.* **-Josemaría Escrivá.** *La santidad en la vida corriente* (2ª ed.). Edición en castellano o catalán. **-El santo Hermano Rafael cuenta su vida a los niños.** C. Aspas (Texto). M. Jiménez (Dibujos). 86 p. Bicolor. 6,50 €

JUEGOS

Tres juegos para la familia, catequesis y clases de religión.

YOBEL. *El juego del peregrino.* De 2 a 25 jugadores. Caja, tablero, fichas, dados y 200 tarjetas con mil preguntas de cultura religiosa sobre Biblia, Historia de la Iglesia, María, los santos y doctrina cristiana. 39 €.

¡ADELANTE! Juego de la Nueva Evangelización. Juego para la familia, catequesis y clases de religión con 330 preguntas. Caja, tablero, fichas, dados y seis barajas con nombres de santos para aprender cultura religiosa sobre la fe, sacramentos, vida de Cristo, oración, liturgia e historia sagrada. 39 €.

Biblia. Memory Game. Juego de cartas para jugar a las familias con personajes bíblicos. 13 €

12. ORACIÓN. PIEDAD POPULAR

Colección TU ROSTRO BUSCARÉ

Colección de libros sobre la oración (Formatos 13 x 21 cm.) y de oraciones (Formato 12 x 18 cm.)

1. 33 días para consagrarse a Jesús por María. *Consagración personal. Consagración del mundo.* F. Breynaert. 132 p. 12 €
2. Oraciones sálmicas. 4 series de oraciones..F. Rafael de Pascual (Ed.) Monje Cisterciense. 226 p. 13,75 €
3. La Palabra en la vida diaria. *Saber orar cada día.* Guía de oración para todas las semanas y días del año a partir de la Biblia. T. Rodríguez. 72 p. 4,50 €
4. Orar con la Lectio Divina. *El beso de Dios a su pueblo creyente.* B. Olivera. 96 p. 6,50 €
5. Orar con santa Maravillas. Carmelitas Descalzas de la Aldehuela. 100 p. 2ª ed. 5 €
6. Buenos días, Ángel de mi Guarda. *Doctrina y devocionario angélico.* R. Mª López Melús. 136 p. 8 €
7. Oraciones y devociones. Oracional completo en español y latín. Principalmente para sacerdotes y para todos. J. Socías. 622 p. 16 €
8. Así oraba y nos propone orar santa Teresa. Los cuatro grados de oración de santa Teresa comentados y presentados para los fieles de hoy. J. M. Ballester. 252 p. 11,50 €
10. Reflexiono y rezo en mi enfermedad. Reflexiones y oraciones para cada día y Devocionario apropiado. R. Cuadrado, A. Glez. 164 p. 7,50 €
11. Ante ti, Señor. *Con mi vida en la oración eucarística.* Meditaciones y oraciones para los momentos de oración ante el Santísimo. V. Viguera. 272 p. 10,50 €
12. Orar con el Evangelio de Lucas. A. Danoz. 304 p. 10,75 €
13. Adoraciones eucarísticas 1. *Con las obras de misericordia espirituales.* PP. Sacramentinos. 108 p. 6,75 €
16. Adoraciones eucarísticas 2. Eucaristía, banquete de misericordia.100 p. 6,75 €
19. Adoraciones eucarísticas 3. *Para el tiempo de Adviento y Navidad.* PP. Sacramentinos. 90 p. 9,50 €
20. Rezar, orar, contemplar. Fr. Julián de Cos. 132 p. 12 €
21. Adoraciones eucarísticas 4. La alegría del amor en oración por la familia. 90 p. 10 €
22. Adoraciones eucarísticas 5. Con José hasta Jesús. 96 p. 11 €
23. Adoraciones eucarísticas 6. Para los tiempos de Cuaresma y Pascua. 92 p. 11 €

Y además

Orar con san Benito. P. Minteguía. 80 p. 5,50 €
Caminando en el tiempo. *Salmos para la vida.* F. Clemente. 102 p. (2ª ed.). 5,50 €
Nueva oración de los fieles (I y II). L. Caram. 18 X 27 cm. Tomo I: Festivos. 408 p. 21 €. Tomo II: Ferial. 544 p. 24 €.
Oraciones y vida cristiana (7ª ed.). J. A. M. Puche. 32 p. Oraciones comunes, sacramentos y minicatecismo. 0,75 €
Vida en plenitud. *Orar en la tercera edad.* M. Prieto. 286 p. 10,75 €
Al Dios desconocido. Oraciones al Espíritu Santo. R. de Andrés. 268 p. 9,50 €
Laudes y Vísperas. El Oficio Divino en un formulario para cada día entre semana y cuatro para los domingos. Libro + 4 CD: 29 €

PIEDAD POPULAR

Materiales para las diversas manifestaciones de la piedad popular: celebraciones, viacrucis, meses especiales, novenas...

Celebraciones

Vivencias de Eucaristía. *10 celebraciones eucarísticas vivas fuera de la misa.* R. Cuadrado. 100 p. 3,50 €

Viacrucis

De la cruz a la luz. *20 viacrucis.* J-R. Flecha. 206 p. 8,75 €

Vía-Crucis Vía-Passionis. Cuatro viacrucis y meditación sobre el rostro de Cristo. P. Gª Macho. 72 p. 6 €

Vía Crucis nuevo. *El itinerario de la crucifixión.* Salvador Muñoz. 70 p. 4 €

Vía Crucis bíblico. *De la Palabra de Dios a la vida del hombre.* J. A. M. Puche. 74 p. 3,75 €. Libro + 1 CD. 9,50 €

Meses

Hallaréis vuestro descanso. *Mes del Corazón de Jesús.* Olga Mª del Redentor. 208 p. 11,75 €

Mes de mayo a María. R. Mª L. Melús. 120 p. 9 €

Un mes con la Madre de Jesús. *Conocer y amar a María.* M-M. Breynaert. 168 p. 10 €.

Corazón vivo. *El Corazón de Cristo, fuente de vida.* Mons. Francisco Cerro, arzobispo de Toledo. 78 p. 30 reflexiones para el mes de junio. (2ª ed.). 5,50 €

Novenas

1. Novena a la Virgen del Carmen. R. Mª L. Melús. 60 p. 4 €

2. Novenas a san Josemaría Escrivá de Balaguer. E. Fernández. 88 p. 5 €

3. Novenas a santa Maravillas. Carmelitas Descalzas de la Aldehuela. 94 p. 5 €

4. Novena y oraciones a san Antonio de Padua. L. Pérez. 100 p. 7,00 €

5. Novenas a la Virgen del Rosario. R. Cuadrado. 96 p. 5 €

6. Novena y devociones a la Divina Misericordia. A. González. 100 p. 6 €

7. Novenas y oraciones a san Juan Bosco. V. Viguera. 96 p. 6 €

13. LIBROS VARIOS

Cuentos y fábulas. *Para los niños y niñas que asisten a las escuelas.* 132 cuentos y fábulas: el ser humano, los animales, la naturaleza y los objetos. A. Molina. 256 p. Color. 19,50 €

La voz que aún resuena. *José Luis Gago de Val. Biografía.* J. A. Solórzano y Salus Mateos. 244 p. 18 €

JOSÉ MARÍA PEMÁN

Colección de escritos originales del autor, obras religiosas y de temática general. Formato 14 x 21,50 cm. Colección preparada por J.A.Martínez Puche.

La Navidad de Pemán. Poesía y prosa. 144 p. 7,25 €

La pasión según Pemán. Poesía y prosa. 148 p. 7,25 €

Lo que María guardaba en su corazón *y otros escritos marianos.* Poemas, discursos y artículos. 350 p. 13,25 €

Las flores del bien. *De la vida sencilla y otras obras poéticas.* 318 p. 11,75 €

Los testigos de Jesús. Personajes y santos. 174 p. 9 €

A la luz del misterio. *Y otros escritos sobre Dios, la Iglesia, el hombre, la vida.* 374 p. 13,25 €

El "Séneca" y sus puntos de vista. Artículos de sabiduría popular. 192 p. 9 €.

Mis mejores artículos. 326 p. 13,25 €

De las letras y las artes. *El mundo de las letras. Escritores y artistas de ayer y de hoy.* 396 p. 15 €

Mis almuerzos con gente importante. 228 p. 10,50 €

Mis encuentros con Franco. 176 p. 9 €

El "Séneca" en televisión. 224 p. 10,50 €

Teatro selecto. *Cuando las Cortes de Cádiz, La casa, Edipo,* y cuatro obras más. 580 p. 18,75 €

Andalucía. 458 p. 17,45 €. *La eternamente vencedora, Barrio de Santa Cruz, Señorita del mar,* y otros temas andaluces.

Apuntes autobiográficos: 222 p. 10,50 €

JOSÉ LUIS MARTÍN DESCALZO

Antologías de textos publicados en diversos medios, principalmente en el programa de RTVE "Pueblo de Dios". Textos recopilados y ordenados por J.A. Martínez Puche.

María de Nazaret 160 p. Sobre la Virgen. 10 €

Yo amo a la Iglesia (2ª ed.). 290 p. Sobre la Iglesia. 11,75 €

Días grandes de Jesús. 300 p. 11,75 €. Sobre Navidad, Semana Santa, Pascua y santos

Para mí la vida es Cristo. *El sacerdote habla a sus hermanos.* (3ª ed.). 300 p. 11,75 €. Sobre la vida cristiana.

Relatos de un cura joven 1. *Al filo de la Palabra*. 196 p. 9 €. Antología de folletos de tema bíblico.

Relatos de un cura joven, 2. *Cristianos para nuestro tiempo*. 204 p. Antología de folletos sobre la vida cristiana. 9 €

ARTE

En teoría, es arte. *Una introducción a la estética.* S. J. Castro. 276 p. 16 €

Guía de las Cartujas de España. L. Doeijo. 248 p. con ilustraciones. 11x21 cm. 8,50 €

Los santos y los patronos. Cómo reconocerlos en el arte y en las imágenes populares. Fernando y Gioia Lanzi. 264 p. Cartoné. Color. 300 ilustraciones. Formato: 22x27,5 cm. 25 €.

JOSÉ A. MÁRTINEZ PUCHE (DIRECTOR)

EL AÑO DOMINICANO, de José A. Martínez Puche (Director). 514 SANTOS y beatos de la Orden de Predicadores. 1.408 págs. todo color, cartoné. 75 €.

14. AUDIOLIBROS. TEXTOS SONORIZADOS

LOS SANTOS Y SUS ESCRITOS (Extractos selectos de Teresa Uriburu y J.A.M. Puche.)

Libro de la Vida. Santa Teresa. 104 p. + 2 CD. 16 €

Para Vos nací. Santa Teresa. Poesías y Exclamaciones. 72 p. + 2 CD. 16 €

Camino de perfección. Santa Teresa. 120 p. 2 CD. 16 €

Confesiones. San Agustín. Libro: 135 p. 3,50 €. Libro + 2 CD: 16 €

Cántico espiritual. San Juan de la Cruz. Libro: 228 p. 5,50 €. Libro + 4 CD: 29 €

Diario del alma. Juan XXIII. Libro: 82 p. 2,75 € Libro + 1 CD: 9 €

Historia de un alma. Santa Teresita del Niño Jesús. Libro 140 p.+ 2 CD. 16 €.

Vida de Cristo. Fray Luis de Granada. Libro: 106 p. 2,75 € Libro + 2 CD: 16 €

Hermano Rafael. *Escritos selectos.* Rafael Arnáiz. Libro: 160 p. 3,75 € Libro + 2 CD: 16 €

San Rafael. Monje trapense. Rafael Arnaiz. 12 CD. 35 €

Santa Margarita María y el Corazón de Dios. Santa Margarita Mª Alacoque. Vida y mensaje. Libro: 78 p. 2,75 €. Libro + 2 CD: 16 €

San Pablo cuenta su vida. L. L. de las Heras. Libro: 156 p. 5 € Libro + 2 CD: 16 €

Santa Maravillas de Jesús. Vida y mensaje. J. Onrubia. Libro: 72 p. 2,50 € Libro + 1 CD: 9 €

San Francisco de Sales. M. Salesas. Semblanza biográfica. Libro: 76 p. 1,75 €. Libro + 1 CD: 9 €

Santa Teresa (de Jesús). Pancracio Celdrán. Biografía dramatizada. Libro: 60 p. 1,75 €. Libro + 1 CD: 9 €

Santa Juana Jugan. P. Milcent. Libro + 2 CD: 16 €

Fátima. *Historia. Secreto. Mensaje.* Hna. Lucía. Libro: 90 p. 3,50 €.

Historia de una escoba (*san Martín de Porres*). A. Sánchez. Libro: 64 p. 3,70 €. Libro + 1 CD: 9 €

LITERATURA (Extractos selectos)

El ingenioso hidalgo Don Quijote de la Mancha. M. de Cervantes. Libro + 4 CD: 29 €

Cantar de Mío Cid. Anónimo. Libro + 1 CD: 9 €

Lazarillo de Tormes. Anónimo. Libro + CD: 9 €

La vida es sueño. P. Calderón de la Barca. Libro + 1 CD:9 €

Fuenteovejuna. F. Lope de Vega. Libro + 1 CD:9 €

El divino impaciente. J. M. Pemán. Libro + 2 CD: 16 €

Joyas de la palabra I y II. Antología de poemas espirituales. AA.VV. 2 CD: 12,50 € cada uno.

HISTORIA. SEMBLANZAS

Isabel la Católica. T. Uriburu. Libro + 1 CD: 9 € Libro, 68 p. 1.75 €

CHARLAS. DRAMATIZACIONES

No os pido más que le miréis. *Jesucristo a través de los ojos de santa Teresa de Jesús.* M. Olga Mª del Redentor.72 p. 2 CD (67+68 min.).16 €

Darnos del todo al Todo sin hacernos partes. *Santa Teresa de Jesús y la vida consagrada.* M. Olga Mª del Redentor. 272 p. 1 DVD-MP3 (12 horas)17,50 €

Hacia la Luz, el Amor y la Vida. *Reflexiones para Cuaresma y Pascua.* M. Olga Mª del Redentor. 258 p. 1 DVD-MP3 (12 horas)17,50 €

Mi Cristo roto. Ramón Cué. Libro + 2 CD: 16 €

Ojos que vieron a Cristo. Ramón Cué. Nueve charlas sobre personajes del Evangelio. Libro + 2 CD: 12 €

Yo creo en la alegría. Ramón Cué. Ocho charlas de vida cristiana. Libro + 1 CD: 9 €

Buscando su rostro. *Memorial de una vida.* Ignacio Larrañaga. 15 horas de reflexiones espirituales. 14 CD: 68 €

Diálogos de Pasión. J.L. Martín Descalzo. Jesús habla con los diversos personajes de sus últimos momentos. Libro + 1 CD: 9 €

Amigos de Dios. J. Escrivá de Balaguer. 18 homilías. Libro (460 p.) + 9 CD: 49,50 €

Juan Pablo II, a los cristianos. Mensajes en español a la familia, jóvenes, sacerdotes y religiosos. 2 CD: 12,50 €

15. MÚSICA. CDs. Partituras. Cancioneros

POLIFÓNICA. PROCESIONAL

Santo entierro magno. Sevilla. 2 CD + DVD + Fotos: 23 €

PADRE. HIJO. ESPÍRITU SANTO

Al Dios de mi alabanza. A. Gutiérrez. CD: 12,50 €. Partituras: 28 p. 3,50 €
Dios, Padre bueno. V. Muñoz. CD: 12,50 €. Partituras: 28 p. 3,50 €
En el nombre del Padre. *Nuevos espirituales.* E. Bastida. CD: 12,50 €. Partituras: 28 p. 3,50 €.
Manos de Dios. A. de Armas. CD: 12,50 €.
Alabanza de gloria. V. Borragán CD: 12,50 €. Partituras: 32 p. 3,50 €
Ven, Señor Jesús. V. Borragán. CD: 12,50 €. Partituras: 36 p. 3,50 €. Cantos a Jesucristo: súplica y esperanza.
Hijo del Hombre. Abelardo de Armas. CD: 12,50 €
La otra mejilla. CD: 12,50 €. Seminaristas de Getafe.
Seguir a Cristo. J. Sagüés (música), santa Genoveva Torres (letra). 2 CD: 21 €. Partituras: 52 p 3,50 €
Espíritu Santo ¡ven! V. Borragán. CD: 12,50 €. Partituras: 30 p. 3,50 €

EUCARISTÍA

Al partir el Pan. *Cantos de Eucaristía.* A. Gutiérrez. CD: 12,50 €. Partituras: 20 p. 3,50 €
Misa del tercer milenio. A. Gutiérrez. CD: 12,50 €. Partituras: 28 p. 3,50 €
Vendremos a él. *Canciones de Trinidad y Eucaristía.* J. M. Glez. Durán. CD: 12,50 €. Partituras: 36 p. 3,50 €.
Panis vivus. *Cantata a la Ascensión. Triludios eucarísticos.* L. Iruarrízaga. Escolanía del Valle de los Caídos. CD: 12,50 €.
Venimos a tu mesa. M. Carchenilla. Canciones e instrumental. CD: 12,50 €. Partituras: 28 p. 3,50 €.

NAVIDAD

Gran orquesta de Navidad. Paul Mauriat. CD: 12,50 €.
A la lumbre del Portal II. Grupo Tahona. Villancicos. CD: 12,50 €.
En el Portal de Belén. 16 villancicos populares. CD: 6 €.
Los villancicos del Padre Soler (1729-1783). CD: 12,50 €.
Canciones de Navidad. Escolanía del Valle de los Caídos. 24 villancicos. CD: 12,50 €.
Navidad musical. *Misa de Pastorela. Villancicos populares (Molina de Segura).* CD: 12,50 €.
Oratorio de Navidad. F. Palazón. Cuatro piezas sinfónicas y un Oratorio. 12,50 €
Villancicos espirituales. F. Palazón, J. L. Martín Descalzo (Letra). 9 Villancicos y un himno a San Juan de la Cruz. 12,50 €. Libreto de partituras: 34 p. 5,50 €
Villancicos por rumbas 1, 2 y 3. Coros rocieros. Cada uno 2 CD: 16 €

MARÍA

Salve, Madre. *Cantos marianos populares y polifónicos.* CD: 12,50 €. Partituras: 34 p. 3,50 €.
Ofrenda musical a María. Coral "Tomás Luis de Vitoria". Salve Marinera, Salve cartagenera, cantigas, himnos marianos. CD: 12,50 €
María Madre del 2000. *Canciones nuevas a Santa María.* A. Gutiérrez. CD: 12,50 €. Partituras: 24 p. 3,50 €.
Flor escondida. A. de Armas. CD: 12,50 €. Cantos a la Virgen.
Salve rociera. Antología. 2 CD: 21 €.
Al Rocío. Antología. 2 CD: 21 €.

FE Y VIDA

Cantos para el siglo nuevo. V. Muñoz. CD: 12,50 €. Partituras: 32 p. 3,50 €
Dominicos. *Ochocientos años (1216-2016).* V. Muñoz. CD: 12,50 €. Partituras: 26 p. 3,50 €
Ama. Es posible el amor. A. Di Mario, P. Tombolato. 12,50 €
Contagiando fe. T. Titos. Cantos juveniles. 12,50 €

Rosa del mundo. Teresa de Calcuta y su mensaje. R. Cabado. Canto a Madre Teresa. Canciones. 12,50 €

Palabras sagradas de Pablo Apóstol. Frei L. Turra. Canciones "estilo Taizé" con textos de san Pablo. 12,50 €

Ignacio de Loyola. *Tras el rastro de Jesús.* W. Hewett. Oratorio musical para coro, solista, orquesta, órgano y narrador. CD: 12,50 €. Partituras: 48 p. 3,50 €

Vamos a Javier. *Javierada musical.* J. Sagüés. Himnos y cantos a san Francisco Javier. CD: 12,50 €. Partituras y catequesis: 28 p. 4,50 €

Camino de Santiago. *Canciones para la marcha y el encuentro.* J.M. G. Durán y Recoletos. CD: 12,50 €. Partituras y catequesis: 54 p. 3,50 €

LA MÚSICA DE JUAN ANTONIO ESPINOSA

Las canciones de la asamblea. 49 canciones. 2 CD. 21 €. Partituras 83 canciones: 276 p. 11,75 €. 2 CD (instrumental) 21 €

Al Señor del nuevo siglo. CD: 12,50 €. Partituras: 36 p. 3,50 €

A los que ama el Señor. CD: 12,50 €. Partituras: 52 p. 3,50 €

Eres uno de los nuestros. CD: 12,50 €. Partituras: 36 p. 3,50 €

Cantares de libertad. La tierra grita. Cantares con ojos abiertos. Hombres sin tierra. 2 CD: 21 €

Testigos de Jesús. 41 canciones. 2 CD: 21 €. Partituras: 140 p. 9,50 €

El Senyor es la meva força. CD: 12,50 €

Colección CANCIONES DEL PADRE JOSICO

Nº 1. **Por la Cuaresma a la Pascua / De Ramos a Pascua.** CD: 21 €. Partituras: 64 p. 6,40 €

Nº 2. **Nuevas Cantigas a María / Gracias, María.** CD: 21 €. Partituras: 84 p. 7,25 €

Nº 3. **Celebramos tus fiestas, Señor / Los niños cantan a Dios.** CD: 21 €. Partituras: 68 p. 6,40 €

Nº 4. **Mensajero de tu paz / En tus manos, Señor.** CD. 21 €. Partituras: 52 p. 5,50 €

CANCIONEROS

Himnos de la Liturgia de las Horas. Mª C. Villar. 288 p. Cancionero con partituras: 12,50 €.

Maravillas, nombre y vida. *Himnos y canciones a Santa Maravillas de Jesús.* AA.VV. 222 p. 43 Partituras. 7,75 €

Mira a Jesucristo (4ª ed.). *Himnos, cantos y elementos comunes de las celebraciones.* R. Mª Riera. 200 p. 85 Partituras 6,25 €

¡¡EL CAMINO DE DAMASCO!!

Libros para conocer a grandes personajes que cambiaron su vida al encontrarse con Cristo. Dirección: J.A.M. Puche, O.P.

- **San Pablo y convertidos de la Biblia.** J. R. Flecha. 270 p. 2ª ed. 12,50 €

- **San Agustín y convertidos de la era patrística.** R. del Olmo. 360 p. 13,75 €
- **San Francisco y convertidos de la Edad Media.** L. Pérez. 176 p. 8 €
- **San Ignacio, Santa Teresa y convertido del siglo XVII.** Ignacio Iglesias. 218 p. 9 €
- **Cardenal Newman y convertidos de los siglos XVIII y XIX** P. Langa. 224 p. 9,25 €
- **Carlos de Foucauld y convertidos del siglo XX.** J. L. Vázquez. 296 p. 13 €

- **Edith Stein y convertidos de los siglos XX y XXI.** J. Peraire y J. A. M. Puche. 420 p. 14,50 €

Colección completa: Solo 65 €

16. PELÍCULAS Y DOCUMENTALES en DVD

La Biblia. Personajes y episodios (13 DVD). Episodios de 50 min. en dibujos animados. 1. El jardín del Edén. 2. José y la túnica sagrada. 3. La historia de Moisés. 4. Josué y la batalla de Jericó. 5. Sansón y Dalila. 6. Sodoma y Gomorra. 7. Daniel y la guarida del león. 8. David y Goliat. 9. Jonás y la ballena. 10. La Natividad. 11. Los milagros de Jesús. 12. Los Apóstoles. 13. La pasión. 64,50 €

Historias de la Biblia. *Los grandes acontecimientos del Antiguo Testamento.* 5 DVD. 26 capítulos de 30 min. Dibujos animados. 39,50 €.

Los misterios de la Biblia. 150 min. Reportaje de Discovery Channel que intenta una explicación de algunos temas bíblicos. DVD 1 (El Éxodo. Los evangelios perdidos) DVD 2 (Sodoma y Gomorra). 21 €.

Los Diez Mandamientos. 222 min. Dir.: C.B. de Mille. Int.: Ch. Heston, Y. Brynner. 16 €.

El Principio. 189 min. Dir.: Kevin Connor. Int.: Martin Landau, Jaqueline Bisset. Recreación histórica de los relatos bíblicos desde Abraham a Moisés. 16 €.

Sansón y Dalila. 12 €. 95 min. Dir.: L. Philips.

El rey de Israel (Moisés). 135 min. Dir.: G. de Bosio. Int.: B. Lancaster. 12 €.

NUEVO TESTAMENTO. JESUCRISTO

Reportajes

Jesús. La verdadera historia. 180 min. Discovery Channel presenta a Jesús desde diversos enfoques. 2 DVD: 21 €.

El Sudario de Cristo. 12 €. 55 min.

La Sábana Santa. *La evidencia científica de la Pasión.* 45 min. Dir.: D. Rolfe. 12 €

El Santo Grial. *Leyenda y realidad del Cáliz de la Última Cena.* 40 min. 12 €

Los Reyes Magos. *¿Leyenda o realidad?* 40 min. Reportaje sobre todo lo relacionado con los personajes. 12 €

Los 40 días ignorados de Jesús. 88 min. Documental. 16 €

Películas sobre Jesucristo

Rey de reyes. 154 min. 16 €. Dir.: N. Ray.

Quo Vadis. 170 min. 16 €. Dir.: M. LeRoy.

La túnica sagrada. 135 min. 16 €. Dir.: H. Koster.

Jesús de Nazaret. 400 min. 2 DVD: 21 €. Dir.: F. Zeffirelli.

Un niño llamado Jesús. 110 min. 16 €. Dir.: F. Rossi

Los años perdidos de Jesús. 60 min. 12 €. Dir.: T. Jennings. La vida de Jesús entre los 12 y 30 años.

Películas sobre personajes del NT

Tomás. 96 min. 12 €. Dir.: R. Mertes. El apóstol incrédulo.

Judas. 91 min. 12 €. Dir.: R. Mertes. El apóstol traidor.

El beso de Judas. 90 min. 12 €. Dir.: R. Gil.

María Magdalena. 98 min. 12 €. Dir.: R. Mertes.

Otras películas relacionadas

Cuentos para Navidad. 260 min. 2 DVD: 19 €. Dir.: Burbank. Animación.

Mi Cristo roto. 83 min. 12 €. R. Cué

MARÍA

Reportajes

De Fátima a Medjugorje. 60 min. 12 €. Dir.: G. Frascarolo. Documental.

El Rocío es compartir. 55 min. 16 €. Dir.: F. Campos. Documental sobre la popular y tradicional romería.

Películas

La Señora de Fátima. 90 min. 12 €. Dir.: R. Gil.

Aquella joven de blanco (Lourdes). 95 min. 12 €. Dir.: L. Klimovsky.

La Virgen de Guadalupe. 82 min. 12 €. Dir.: A. Salazar.

María de Nazaret (Serie Tv). 205 min. 2 DVD 21 €

SANTOS Y BEATOS

Fray Escoba. 98 min. 16 €. Dir.: R. Torrado. Vida de san Martín de Porres.

Teresa de Jesús. 3 DVD: 25 €. Serie de TVE. Dir.: J. Molina.

San Agustín. 199 min. 16 €. Dir.: Ch. Duguay.

Francesco. *San Francisco de Asís.* 127 min. 16 €. Dir.: M. Soavi.

San Ignacio de Loyola (El capitán Loyola). 100 min. 16 €. Dir.: J. Díaz.

Isidro el Labrador. 100 min. 16 €. Dir.: R.l J. Salvia.

Juana de Arco. 145 min. 16 €. Dir.: V. Fleming.

El cielo sobre el pantano (Santa María Goretti). 105 min. 16 €. Dir.: A. Genina.

Maximilian Kolbe. 91 min. 16 €. Dir.: K. Zanussi.

Padre Pío. 206 min. 16 €. Dir.: C. Carlei.

Rosa de Lima. 97 min. 16 €. Dir.: J. Mª Elorrieta

Thérèse. 94 min. 16 €. Dir.: A. Cavalier.

Becket. 107 min. 16 €. Dir.: P. Glenville.

Un hombre para la eternidad (Tomás Moro). 115 min. 16 €. Dir.: F. Zinnemann.

Monsieur Vincent (San Vicente de Paúl). 111 min. 16 €. Dir: M. Cloche.

Teresa de Calcuta. 111 min. 16 €. Dir.: F. Costa.

San Pedro Claver. *Esclavo de los esclavos.* 24 min. 9 €. Dir.: C. Portabella. Documental

Scoto, el defensor de la Inmaculada (Beato Duns Scoto). 95 min. 19 €. Dir.: F. Muraca.

Francisco, juglar de Dios. 83 min. Dir.: R. Rossellini. 19 €

Santa Bárbara. 115 min. Dir.: C. Elia. 19 €

Faustina, Apóstol de la Divina Misericordia. 88 min. 19 €. Dir.: J. Lukaszewicz. Película biográfica de santa Faustina Kowalska.

María Goretti. 95 min. 19 €. Dir.: G. Base.

Bajo un manto de estrellas. 88 min. 16 €. Dir.: Óscar Parra. Vida, persecución y martirio de los dominicos de Almagro.

Colección HÉROES DE LA FE

Colección de relatos de vidas de santos pensadas para presentar los santos a los niños de hoy. Películas realizadas en dibujos animados de gran calidad. Producidas por Mondo TV Group. 12 € cada título

El Padre Karol, Juan Pablo II. 90 min.

San Josemaría Escrivá de B. *Infancia y juventud.* 65 min.

Madre Teresa de Calcuta. 90 min.

San Antonio de Padua. *Doctor de la Iglesia.* 90 min.

Padre Pío. 92 min.

Santa Catalina de Siena. *Maestra de oración.* 30 min.

Santa Juana de Arco. 100 min.
Santas Perpetua y Felicidad. 30 min.

TESTIMONIOS Y VALORES

El credo. La fe de la Iglesia. 75 min. 19 €. 15 vídeos de 5 minutos para explicar el credo y la fe de la Iglesia.
Érase una fe. 84 min. 19 €. Documental. Dir.: P. Barnérias. Los cristianos olvidados y perseguidos.
El camino de la vida. 172 min. 16 €. Dir.: B. Riveiro. El Camino de Santiago.
Alexia. 70 min. 16 €. Dir.: P. Delgado. Vida de Alexia González-Barros, adolescente en proceso de beatificación por su forma ejemplar de afrontar la enfermedad.
Cartas a Dios. 155 min. 16 €. Dir.: E.Emmanuel. Un niño habla a Dios en su enfermedad.
Intocable. 108 min. 19 €. Dir.: E. Toledano. Comedia basada en hechos reales. Un aristócrata tetrapléjico recupera las ganas de vivir animado por su joven cuidador.
En el vientre materno. 100 min. 21 €. Documental de National Geographic+ libro de los nueve primeros meses de vida del ser humano
Bella. 115 min. 16 €. Dir.: A. Gómez. El aborto y la adopción.

PAPAS

Las sandalias del pescador. 155 min. 16 €. Dir. M. Anderson
Juan XXIII, *el Papa de la paz.* 180 min. 16 €. Dir.: G. Capitani.
Juan Pablo II. En España y en el mundo. 98 min. 12 €. Reportaje
Karol / I. *El hombre que se convirtió en Papa.* 187 min. 16 €. Dir.: G. Battiato. Vida de Juan Pablo II.
Karol / II. *El Papa, el hombre.* 183 min. 16 €. Segunda parte. Dir: G. Battiato.
Juan Pablo II, el amigo de toda la humanidad. 60 min. 9 €. Dir.: J. L. López-Guardia. Biografía en dibujos animados y documental temático doctrinal de sus viajes.
Benedicto XVI, el Papa alemán. 50 min. 9 €. Dir.: C. Singer. Documental biográfico hasta ser elegido Papa.

SACERDOTES

Diario de un cura rural. 120 min. 16 €. Dir.: R. Bresson. Basada en la novela de G. Bernanos.
Balarrasa. 90 min. 16 €. Dir.: J. A. Nieves Conde.
Elefante blanco.103 min. 19 €. Dir.: P. Trapero. Dos sacerdotes en una barriada de Buenos Aires.
La última cima. 80 min. 16 €. Dir.: J. Ml. Cotelo. Documental sobre la vida del sacerdote Pablo Domínguez.
Las campanas de Santa María. 125 min. 12 €. Dir.: L. McCarey. El P. O'Malley en un barrio de Nueva York.
La guerra de Dios. 96 min. 16 €. Dir.: R. Gil. Un sacerdote lucha por los derechos de los trabajadores.
El noveno día. 98 min. 16 €. Dir.: V. Schlöndorff. El P. Kremer se negó a aceptar las leyes racistas nazis.
El Padrecito. 128 min. 19 €.. Dir.: M. M. Delgado. Int.: Cantinflas.
La mies es mucha. 142 min. : 15 € Dir.: J.L. Sáenz de Heredia. Int.: Fernando Fernán Gómez.
Forja de hombres-La ciudad de los muchachos. 90 y 102 min. : 16 € Dir.: N. Taurog. Int.: S. Tracy, M. Rooney.

RELIGIOSOS

Diálogo de carmelitas. 107 min. 16 €. Dir.: Ph. Agostini. Vida y martirio de 16 monjas en 1794.
El gran silencio. 164 min. 16 €. Dir.: Ph. Gröning. La vida cotidiana en un monasterio cartujo.
La Misión. 120 min. 16 €. Dir.: R. Joffé.
Marcelino Pan y Vino. 87 min. 16 €. Dir.: L. Vajda.

RELIGIOSAS

Un día perdido. 82 min. 19 €. Dir.: J. Mª Forqué. Tres monjas y un taxista tratan de localizar a los padres de un niño por Madrid.
Canción de cuna. 93 min. 15 €. Dir.: J. Mª Elorrieta. Historia de una niña y su adopción en un convento de monjas en el siglo XIX.
Narciso negro. 96 min. 15 €. Dir.: M. Powell. Unas monjas anglicanas viven el choque de dos culturas.
Bendito paladar. 9 horas, 56 min. 4 DVD. 30 €. 22 programas de TVE sobre cocina de tres monjas.
Sister Act 1. Una monja de cuidado. 96 min. 16 €. Dir. E. Ardolino. Int.: Whoopi Goldberg.
Sister Act 2. De vuelta al convento. 107 min. 16 €. Dir. B. Duke. Int.: Whoopi Goldberg.

EDUCACIÓN

Profesor Lazhar. 91 min. 19 €. Dir.: Ph. Falardeau. Un maestro de primaria de origen argelino entra en contacto con un grupo de adolescentes de Montreal obsesionados por el misterio de la muerte.
Solo es el principio. 98 min. 19 €. Dir.: J. Pierre Barougier. Idioma: Francés con subtítulos en español. Una lección de humanidad, calidez, educación, tolerancia y sentido común. El despertar del pensamiento crítico.

También están disponibles basta agotar stock, a 16 € cada una:

- **El club de los poetas muertos.**
- **El pequeño salvaje.**
- **Los cuatrocientos golpes.**
- **Rebelión en las aulas**

HISTORIA

El Cid. 172 min. 16 €. Dir.: A. Mann
La caída del Imperio Romano. 173 min. 16 €. Dir.: A. Mann.
Constantino el Grande. 127 min. 16 €. Dir.: L. de Felice
Jerusalén. La creación de una ciudad santa. 173 min. 16 €. Documental de la BBC
Las Cruzadas. Una guerra de 200 años. 150 min. 16 €. Dir.: Documental de la BBC

LOS CUENTOS DE LOS HERMANOS GRIMM

Cuentos inmortales de los Hermanos Grimm en dibujos animados de gran calidad. Una producción de Greenlight Media Film. Duración aproximada de cada cuento 30 min., una hora cada DVD. PVP de cada DVD 7 €

Blancanieves / Rumpelstiltskin
La bella durmiente / Los dos hermanos
Cenicienta / Las dos princesas
Pulgarcito / Los músicos de Bremen
Hansel y Gretel / Rapunzel
Juan sin miedo / El rey rana
El rey pico de loro / El maestro ladrón
Los tres pelos de oro del diablo / Los seis criados
Mesita Ponte / Juan el fiel
La luz azul / Los seis cisnes
La doncella de los gansos / Bola de cristal

¡Oh noche realmente gloriosa!

Explicación de la Vigilia Pascual y los símbolos de la Pascua. Precioso libro en color. Cartoné. 15 €

El fuego santo. *El milagro del Sábado Santo en el sepulcro de Cristo*

Un libro sorprendente para conocer lo que sucede desde hace siglos en la vigilia pascual de Jerusalén. 288 p. Color. Cartoné. 10 €

DOCE VIDAS DE JESÚS

1. Vida de Jesucristo según el Evangelio,
del **P. LAGRANGE, O.P.** (2.ª ed.). XII + 544 págs. 17,45 €.
2. La más antigua Vida de Jesús.
Diatessaron de Taciano (2.ª ed.). 260 págs. 10,50 €.
3. Vida de Cristo,
de **FRAY LUIS DE GRANADA** (2.ª ed.). 366 págs. 13,25 €.
4. Jesucristo,
de **L. DE GRANDMAISON, S.J.** (2.ª ed.). 644 págs. 21 €.
5. Vida de Jesús según los Evangelios sinópticos,
de **JOSÉ SALGUERO, O.P.** (2.ª ed.). 356 págs. 13,85 €.
6. Nuestro Señor Jesucristo según los Evangelios,
de **L.-Cl. FILLION** (2.ª ed.). 448 págs. 14,45 €.
7. Memorias de un reportero de los tiempos de Cristo,
del **P. Carlos M.ª de HEREDIA, S. J.** 1.010 págs. 23,45 €.
8. Vida de Nuestro Señor Jesucristo,
del **P. REMIGIO VILARIÑO, S. J.** (2.ª ed.). 654 págs. 21 €.
9. La vida de Jesús, en el país y pueblo de Israel,
de **F. M. WILLAM** (2.ª ed.). 494 págs. 17,45 €.
10. Vida de Jesús
de **FRANÇOIS MAURIAC.** 224 págs 10,50 €.
11. Historia de Cristo,
de **GIOVANNI PAPINI** (2.ª ed.). 384 págs. 14,45 €.
12. Vida de Jesucristo,
de **GIUSEPPE RICCIOTTI** (2.ª ed.). 590 págs. 19,25 €.

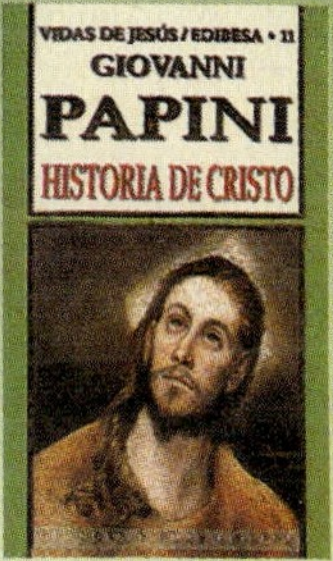

• **Precio especial de las 12 Vidas de Jesús: 179 €** *(no 196,50 €).*

Nombre y apellidos ______________________________

Calle ______________________________

Población ______________________________

C. Postal ______________ Provincia ______________________

Teléfono ______________ Móvil ______________ CIF/DNI ______________

E-mail ______________________________

Les ruego envíen contra reembolso:

Cantidad	Título	Importe
	EVANGELIO 2023 (bolsillo)	
	EVANGELIO 2023 (letra grande)	
	EL AÑO DOMINICANO (1.408 p.)	75 €
	NUEVO AÑO CRISTIANO. 12 TOMOS. 7.160 p.	(OFERTA) ¡SOLO 179€! CARTONÉ 198€

Recorte o fotocopie esta hoja y envíela a:

EDIBESA. c/ Juan de Urbieta, nº 51. 28007 MADRID. Tlf. 91 345 19 92

pedidos@edibesa.com (Los precios no incluyen los gastos de envío)